단기완성 공략서!

Win-Q

KB145201

관광 통역안내사 필기

+ 무료동영상 (최신기출해설 1회분)

SD에듀
(주)시대고시기획

머리말

관광문화산업은 나라를 지탱하는 국가의 주요 산업입니다. 풍요로운 생활과 정보통신의 발달로 개인의 여가시간이 늘어남에 따라 현대인들은 질적인 삶을 추구하고 있습니다. 특히 지구촌 일일 생활권 시대가 다가옴으로써 관광문화산업의 비중은 점차 확대되었고, 선진국가들은 차세대 지식기반 중점사업으로 선정하여 발전시켜 왔습니다.

우리나라도 21세기 국가 기간산업으로 관광산업에 집중 투자하여 '관광한국'시대를 대비한 홍보와 투자를 아끼지 않고 있습니다. 유구한 역사를 가진 우리나라는 유명한 사적지와 풍부한 관광자원을 집중 육성해 세계 속의 문화 관광국가로 도약하는 기틀을 마련하고 있으며, 세계 여러 나라에서는 홍보와 마케팅을 통해 관광객을 유치하고자 끝없는 전쟁을 하고 있다고 해도 과언이 아닐 것입니다.

따라서 세계 각지에서 들어오는 관광객들을 안내하고 정해진 시간 내에 효율적으로 관광할 수 있도록 돕는 우수한 안내자가 절대적으로 필요하므로 관광종사원은 한 나라의 민간외교관에 견줄 수 있는 중요한 위치에 있습니다.

2023년에도 코로나19 바이러스의 여파가 이어지고 있는 것이 사실이나, 이제는 코로나와 함께 공존하는 '위드 코로나' 시대를 맞이할 준비를 하여야 합니다. 국내 · 해외여행을 막론하고 관광산업도 점차 제자리를 찾을 것으로 보이며, 실제 항공사 등 관광과 밀접한 관련을 가진 업계에서도 다시금 도약할 준비를 하고 있습니다.

이에 SD 관광교육연구소는 보다 효율적이고 확실한 효과가 있는 학습을 위하여 본서를 출간하게 되었습니다. 책의 특징은 다음과 같습니다.

첫째 | 시험에 매번 출제되는 개념을 바탕으로 핵심이론과 핵심예제를 수록하였습니다.

둘째 | 최신 기출문제에 덧붙여 과년도 기출문제까지 총 5개년(2018~2022)의 기출문제를 수록하였습니다.

셋째 | 최신 관광현황과 개정법령을 충실하게 반영하였습니다.

SD에듀는 독자 여러분의 합격을 진심으로 기원합니다.

편저자 올림

자격시험 안내

관광통역안내사는?

관광도 하나의 산업으로서 국가경제에 미치는 영향이 크다는 판단 아래 문화체육관광부에서 실시하는 통역분야의 유일한 국가공인자격으로서 외국인 관광객에게 국내여행 안내 및 한국의 문화를 소개하는 역할을 함

시행처

- 주관 : 문화체육관광부
- 시행 : 한국산업인력공단

응시자격

제한 없음

접수방법

- Q-net(www.q-net.or.kr) 자격별 홈페이지에서 접수
- 인터넷 원서 접수 시 최근 6개월 이내에 촬영한 탈모 상반신 사진(JPG, JPEG)을 파일로 첨부하여 인터넷 회원가입 후 접수
- 원서접수 마감 시까지 접수완료 및 응시수수료를 결제완료하고 수험표를 출력해야 함
- 제 1 · 2차 시험 동시접수에 따라 제2차 시험에만 응시하는 경우에도 해당 기간에 접수해야 함

합격자 결정기준

- 1차 필기 : 매 과목 4할 이상, 전 과목의 점수가 배점비율로 환산하여 6할 이상을 득점한 자
- 2차 면접 : 총점의 6할 이상을 득점한 자

시험과목 및 시간

<table>
<tr><th rowspan="3">자격명</th><th colspan="5">1차 필기</th><th colspan="2">2차 면접</th></tr>
<tr><th rowspan="2">과 목</th><th rowspan="2">배점비율</th><th rowspan="2">문항수</th><th colspan="2">시험시간</th><th rowspan="2">평가사항</th><th rowspan="2">시험시간</th></tr>
<tr><th>일반응시</th><th>과목면제</th></tr>
<tr><td rowspan="4">관광
통역
안내사</td><td>국 사</td><td>40</td><td>25</td><td colspan="2" rowspan="4">9:30~11:10
(100분)</td><td rowspan="4">• 국가관 · 사명감 등 정신자세
• 전문지식과 응용능력
• 예의 · 품행 및 성실성
• 의사발표의 정확성과 논리성</td><td rowspan="4">1인당
10분
내외</td></tr>
<tr><td>관광자원해설</td><td>20</td><td>25</td></tr>
<tr><td>관광법규</td><td>20</td><td>25</td></tr>
<tr><td>관광학개론</td><td>20</td><td>25</td></tr>
<tr><td rowspan="4">국내
여행
안내사</td><td>국 사</td><td>30</td><td>15</td><td colspan="2" rowspan="4">9:30~11:10
(100분)</td><td rowspan="4">• 국가관 · 사명감 등 정신자세
• 전문지식과 응용능력
• 예의 · 품행 및 성실성
• 의사발표의 정확성과 논리성</td><td rowspan="4">1인당
5~10분
내외</td></tr>
<tr><td>관광자원해설</td><td>20</td><td>10</td></tr>
<tr><td>관광법규</td><td>20</td><td>10</td></tr>
<tr><td>관광학개론</td><td>30</td><td>15</td></tr>
</table>

※ 기존 1, 2교시로 나누어 치러졌던 시험이 2023년부터는 통합되어 치러집니다. 자세한 내용은 큐넷 홈페이지에 방문하시어 확인하시기 바랍니다.

시험일정 및 장소

<table>
<tr><th>자격명</th><th>1차 필기</th><th>2차 면접</th></tr>
<tr><td rowspan="2">관광통역안내사</td><td>09.02(토)</td><td>11.18(토)~11.19(일)</td></tr>
<tr><td colspan="2">서울, 부산, 대구, 인천, 대전, 제주</td></tr>
<tr><td rowspan="2">국내여행안내사</td><td>11.04(토)</td><td>12.16(토)</td></tr>
<tr><td>서 울</td><td>서울, 부산, 대구, 인천, 광주, 대전, 경기, 제주</td></tr>
</table>

※ 2023년 시행일정 사전공고를 바탕으로 작성하였습니다. 2023년 수험생분들께서는 반드시 큐넷 홈페이지에 방문하시어 최종 시험일정 및 장소를 확인하시기 바랍니다.

자격시험 안내

시험 응시에 필요한 공인어학성적

언 어	어학시험	기준점수
영 어	토플(TOEFL) PBT	584점 이상
	토플(TOEFL) IBT	81점 이상
	토익(TOEIC)	760점 이상
	텝스(TEPS)	372점 이상
	지텔프(G-TELP)	레벨 2 74점 이상
	플렉스(FLEX)	776점 이상
	아이엘츠(IELTS)	5점 이상
일본어	일본어능력시험(JPT)	740점 이상
	일본어검정시험(日檢, NIKKEN)	750점 이상
	플렉스(FLEX)	776점 이상
	일본어능력시험(JLPT)	N1 이상
중국어	한어수평고시(HSK)	5급 이상
	플렉스(FLEX)	776점 이상
	실용중국어시험(BCT) (B)	181점 이상
	실용중국어시험(BCT) (B)L&R	601점 이상
	중국어실용능력시험(CPT)	750점 이상
	대만중국어능력시험(TOCFL)	5급(유리) 이상
프랑스어	플렉스(FLEX)	776점 이상
	델프/달프(DELF/DALF)	델프(DELF) B2 이상
독일어	플렉스(FLEX)	776점 이상
	괴테어학검정시험(Goethe Zertifikat)	B1(ZD) 이상
스페인어	플렉스(FLEX)	776점 이상
	델레(DELE)	B2 이상
러시아어	플렉스(FLEX)	776점 이상
	토르플(TORFL)	1단계 이상
이탈리아어	칠스(CILS)	레벨 2(Livello Due-B2) 이상
	첼리(CELI)	첼리(CELI) 3 이상
태국어, 베트남어, 말레이 · 인도네시아어, 아랍어	플렉스(FLEX)	600점 이상

※ 2021년도 시험부터 아이엘츠(IELTS)가 추가되었습니다. 공인어학성적 기준은 시행처 사정에 따라 변경될 수 있으므로 접수 전 해당 회차 시험공고를 반드시 확인하시기 바랍니다.

※ 국내여행안내사는 해당사항 없습니다.

필기시험 합격현황

연 도	응시(명)	합격(명)	합격률(%)
2022	1,498	947	63.2
2021	1,574	997	63.3
2020	2,358	1,676	71.1
2019	3,206	1,890	58.9
2018	3,356	1,503	44.8

면접시험 합격현황

연 도	응시(명)	합격(명)	합격률(%)
2022	1,110	790	71.2
2021	1,319	881	66.8
2020	1,992	1,327	66.6
2019	2,178	1,428	65.6
2018	2,041	1,251	61.2

언어권별 자격 취득현황

연 도	영 어	일 어	중국어	불 어	독 어	스페인어	러시아어	마인어	베트남어	태국어	아랍어	이태리어	합 계
2022	370	151	192	2	3	5	6	14	20	18	9	-	790
2021	456	134	194	6	3	9	6	17	39	10	6	1	881
2020	617	204	343	14	–	7	16	46	61	13	4	2	1,327
2019	678	269	335	9	2	12	7	41	56	13	5	1	1,428
2018	512	208	416	7	4	6	10	42	30	13	3	–	1,251

출제경향 및 학습방법

▌1과목 관광국사▐

출제경향

관광국사 과목에서는 관광통역안내사로서 알아야 할 기본적인 한국사 소양을 평가하는 문제가 출제됩니다. 대부분의 역사서에서 다루고 있는 기본적인 내용으로, 한국사의 전반적인 흐름과 각 시기의 주요 사건 및 특징을 파악하는 문제가 출제됩니다. 한국사의 시대사별로 정치, 경제, 사회, 문화 등 전 분야에 걸쳐 출제되며, 난도별로 단답형, 합답형, 긍정형, 부정형 등 다양한 유형으로 출제됩니다. 선사시대, 삼국시대, 고려시대, 조선시대, 근·현대사 등에서 출제가 이루어지며, 이 중에서도 '우리 역사의 형성과 고대 국가의 발전'의 출제비율이 34.4%로 가장 높습니다. 최근 5개년(2018~2022) 관광국사 과목 출제비율을 단원별로 분류하였습니다. 단원별 출제비율의 차이를 한눈에 파악할 수 있으므로, 이를 감안하여 그에 맞게 시험을 준비하시기 바랍니다.

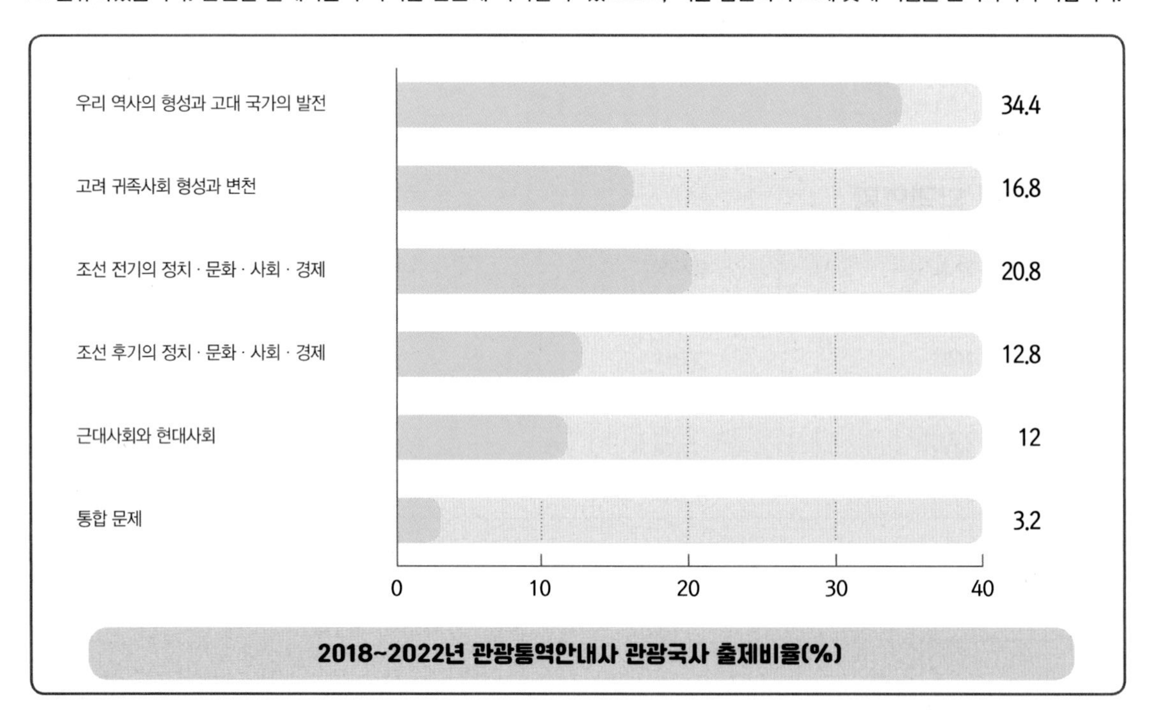

2018~2022년 관광통역안내사 관광국사 출제비율(%)

학습방법

관광국사는 배점비율이 40%로 다른 과목에 비해 2배나 높아 시간을 더 할애해서 준비해야 하는 과목입니다. 수험생을 헷갈리게 하기 위한 까다로운 문제보다는 대체로 각 시대의 역사에 대한 배경과 사실을 명확하게 인지하고 있는지를 묻는 문제가 많습니다. 따라서 무작정 암기하기보다는 한국사 전반에 대한 흐름을 이해하는 것이 중요합니다. 알고 보면 시험에 주로 출제되는 부분은 어느 정도 정해져 있습니다. 따라서 많은 문제를 풀어보며 빈출되는 내용에 익숙해지는 것이 좋습니다. 시험 준비를 위한 시간이 부족한 경우에는 출제비율이 높은 부분을 중점으로 학습하여 점수를 얻는 전략도 있습니다. 관광자원해설과 관련된 문화재를 주제로 한 문제도 종종 출제되고 있으니 관광자원해설과 병행하여 학습하면 일석이조입니다.

2과목 관광자원해설

출제경향

관광자원해설은 관광통역안내사로서 업무 수행에 필요한 기본 소양과 역량을 합리적 · 객관적으로 검증하고, 향후 실무 업무에 적용할 수 있는 문제가 출제됩니다. 현장성 높은 문제와 비교적 쉬운 문제가 혼합되어 출제되며, 전통적인 관광자원뿐만 아니라 변화하는 관광자원의 트렌드를 반영한 문제가 출제되기도 합니다. 관광자원의 이해, 관광자원의 해설, 자연관광자원, 문화관광자원, 복합형 관광자원 등에서 문제가 출제되며, 이 중에서도 '문화관광자원'의 출제비율이 50.4%로 가장 높습니다. 최근 5개년(2018~2022) 관광통역안내사 시험의 관광자원해설 과목 출제비율을 단원별로 분류하였습니다. 단원별 출제비율의 차이를 한눈에 파악할 수 있으므로 이를 감안하여 그에 맞게 시험을 준비하시기 바랍니다.

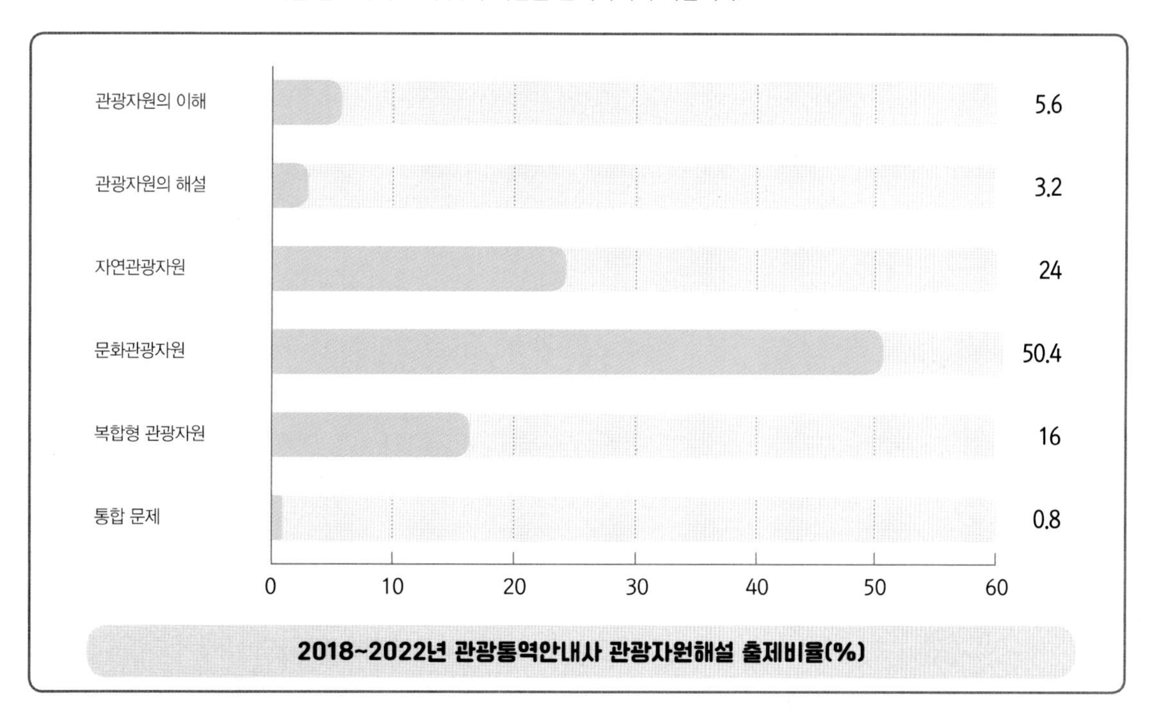

2018~2022년 관광통역안내사 관광자원해설 출제비율(%)

학습방법

관광자원해설은 무궁무진한 범위의 방대함 때문에 수험생이 어렵게 느끼는 과목 중 하나입니다. 하지만 반대로 생각해보면 우리나라의 자연자원, 문화자원 등 '어디선가 한 번쯤은 들어본' 소재가 많이 출제되니 그만큼 쉽게 학습할 수 있고 하나씩 알아가는 재미도 쏠쏠합니다. 특히 '문화관광자원'의 출제비율이 매우 높으므로 주의 깊게 학습해야 합니다. 유네스코 등재유산이나 한국의 슬로시티, 지역축제, 지역별 문화재 등은 시험에 자주 나오는 단골문제이므로 필수적으로 알아두는 것이 좋습니다. 또한 관광자원 소식은 시시각각 변하므로 문화재청 홈페이지(www.cha.go.kr)나 뉴스포털사이트 등에서 문화재 및 지역 관광 관련 뉴스를 꾸준히 접하는 것이 도움이 됩니다.

출제경향 및 학습방법

▌3과목 관광법규▐

출제경향

관광법규는 관광통역안내사 실무에 요구되는 법령 지식뿐만 아니라 일반적인 자격요건을 측정하기 위해 시험범위 내에서 다양한 유형의 객관식 문제가 출제됩니다. 또한, 법령 해석 능력과 중요 내용에 대한 이해도를 평가할 수 있는 내용이 출제됩니다. 「관광기본법」, 「관광진흥법」, 「관광진흥개발기금법」, 「국제회의산업 육성에 관한 법률」에서 문제가 출제되며, 이 중에서도 '관광진흥법'의 출제비율이 71.2%로 가장 높습니다. 최근 5개년(2018~2022) 관광통역안내사 시험의 관광법규 과목의 출제비율을 법률별로 분류하였습니다. 법률별 출제비율의 차이를 한눈에 파악할 수 있으므로 이를 감안하여 그에 맞게 시험을 준비하시기 바랍니다.

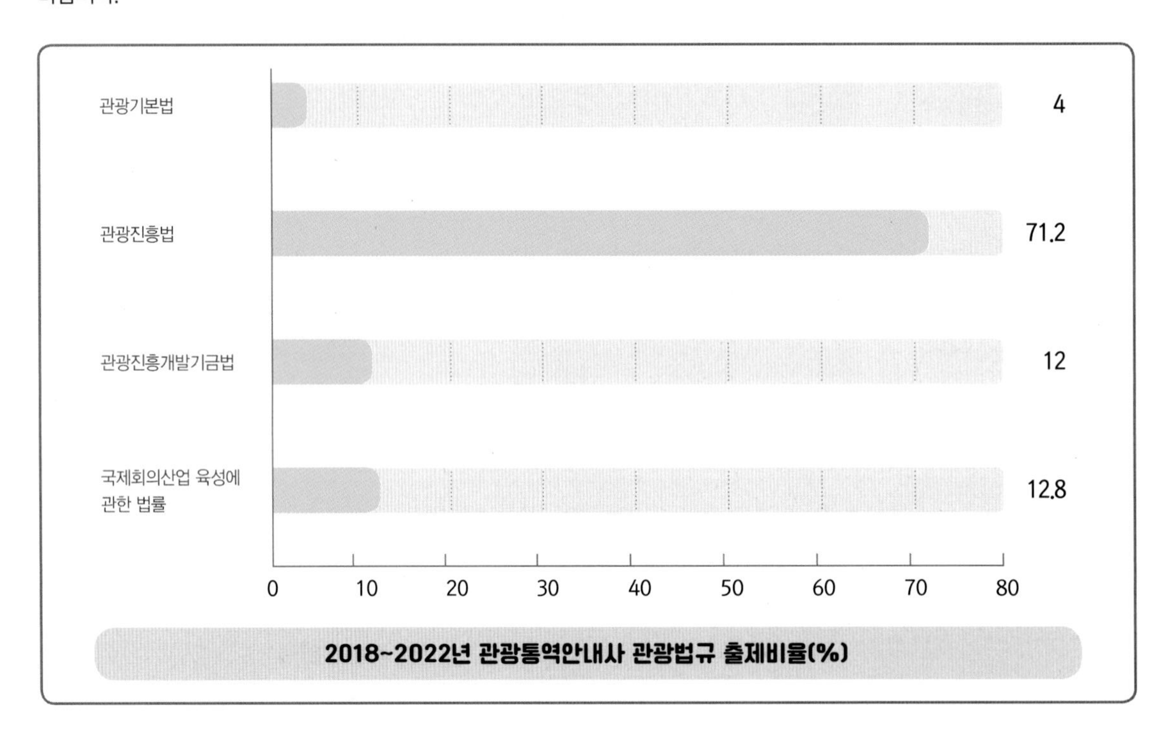

학습방법

관광법규의 수많은 법령들을 어떻게 다 외워야 할지 걱정하는 수험생이 많습니다. 하지만 그동안의 기출 키워드를 잘 살펴보면 출제되었던 개념들이 다시 반복되어 출제되는 경우가 대부분입니다. 따라서 기출문제를 먼저 살펴보면서 빈출 개념을 파악하고, 그 다음에 이론을 학습하는 것도 효율적인 방법입니다. 법의 목적, 대상 외에도 기간, 금액, 범위 등의 수치에 주목하여 암기하는 것을 추천합니다. 「관광진흥법」에서 문제가 70% 이상 출제되므로 해당 부분은 반드시 집중해서 학습해야 합니다. 또한, 법령이 자주 개정되므로 법제처 국가법령정보센터 홈페이지(www.law.go.kr)에서 최신 개정된 법령을 확인하는 것이 중요합니다.

4과목 관광학개론

출제경향

관광학개론은 관광종사원이 기본적으로 숙지해야 할 사항과 관광에 대한 기본 개념 및 실무지식에 대한 이해 여부를 묻는 문제가 출제됩니다. 관광종사원으로서 숙지해야 할 필수적인 내용을 이해하고 있는지를 측정하는 데 중점을 두며, 최근 관광이슈와 관광트렌드 변화를 파악할 수 있는 문제도 출제됩니다. 관광의 기초, 관광여행업, 관광숙박업, 국제관광 및 관광정책 등에서 문제가 출제되며, 이 중에서도 '관광의 기초'의 출제비율이 28.8%로 가장 높습니다. 최근 5개년(2018~2022) 관광통역안내사 관광학개론 과목의 출제비율을 단원별로 분류하였습니다. 단원별 출제비율의 차이를 한눈에 파악할 수 있으므로 이를 감안하여 시험을 준비하시기 바랍니다.

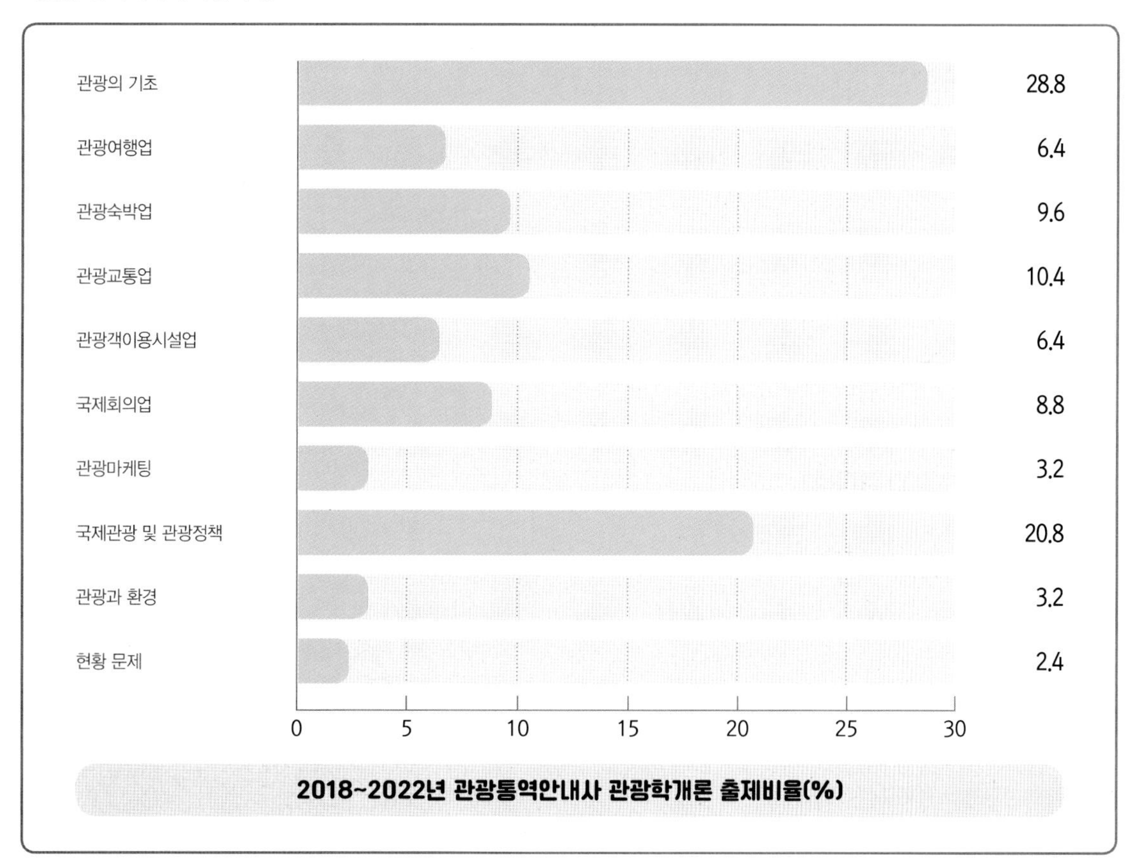

2018~2022년 관광통역안내사 관광학개론 출제비율(%)

학습방법

기본 이론과 개념이 가장 중요한 과목으로, 관광 · 호텔 · 회의 · 마케팅 · 정책 등 관련 이론과 용어의 개념을 확실하게 정리해 두어야 합니다. 특히 어떠한 개념의 여러 가지 유형이나 서로 비슷해 보이는 개념의 명칭을 구분하는 문제가 많습니다. 이러한 기본적인 문제 외에도 정부의 관광정책이나 관광통계 · 관광객의 성향 · 관광축제 등 다양한 현황문제가 출제되고 있습니다. 수험서를 바탕으로 학습하면서, 수시로 문화체육관광부(www.mcst.go.kr)나 한국관광공사 홈페이지(www.visitkorea.or.kr)에서 공식 보도 자료나 관광 · 여행업 관련 기사들을 꾸준히 접하는 것이 좋습니다.

기출키워드 (2022년 필기시험 출제키워드)

제1과목 관광국사

- 신석기시대 유적 및 생활방식
- 청동기시대 생활방식
- 동예의 습속
- 고구려의 문화유산
- 소수림왕의 업적
- 신라 골품제
- 발해 통치 제도
- 통일신라 토지 제도
- 통일신라 말기의 6두품 학자
- 고려시대 승려들의 활동시기
- 고려시대 성종의 업적
- 고려–거란의 대외관계
- 조선시대 정치 기구
- 조선시대 과거 제도
- 조선 태종 대의 역사적 사실
- 용비어천가
- 조선 전기 편찬 서적
- 조선 후기 경제상
- 조선시대 서원
- 조선 후기 사회상
- 조광조
- 영 조
- 흥선 대원군의 정책
- 신민회
- 현대의 발생시기별 사건

제2과목 관광자원해설

- 관광자원의 개념적 특성
- 인적서비스기법
- 호수와 지명의 연결
- 용암동굴
- 강원도 지역의 국립공원
- 우리나라 최초의 도립공원
- 농촌관광의 경제적 기대효과
- 지역과 특산물의 연결
- 관동 8경
- 지역과 축제명의 연결
- 유네스코 세계문화유산에 등재된 민속마을
- 카지노
- 다목적댐
- 수영야류
- 유네스코 등재 인류무형문화유산
- 한국의 전통 지붕
- 경복궁 내 건축물
- 불교의 수인
- 일주문
- 미륵사지 석탑
- 소수서원
- 경기민요
- 진사백자
- 두견주
- 서삼릉

제3과목 관광법규

- 연차보고 및 지방자치단체의 협조 조문
- 민간개발자의 정의
- 한국관광협회중앙회의 업무
- 한국관광 품질인증 대상 관광사업
- 과태료의 부과기준
- 권역별 관광개발계획 포함사항
- 관광사업의 종류
- 관광숙박업의 종류
- 관광사업 중 허가를 받아야 하는 관광사업
- 변경등록사항
- 관광숙박시설의 건축이 가능한 용도지역
- 관광사업의 등록기준
- 분양 및 회원모집
- 카지노 사업자가 납부해야 하는 관광진흥개발기금 납부금
- 호텔업의 등급결정
- 소형호텔업의 등록기준
- 카지노 사업자가 받게 되는 행정처분 기준
- 관광 사업자가 받게 되는 행정처분 기준
- 관광종사원의 관광 업무별 권고 자격 기준
- 관광진흥개발기금의 재원
- 관광진흥개발기금의 납부대상
- 출국납부금
- 국제회의의 종류 및 규모에 관한 조문
- 국제회의집적시설로 지정될 수 있는 시설
- 국제회의시설에 대해서 감면할 수 있는 부담금

제4과목 관광학개론

- Over Tourism
- Grand Tour
- 관광통계에 포함되지 않는 관광객
- 관광 발전단계와 동기의 연결
- 관광사업자단체
- 국민관광의 발전을 도모하기 위해 최초로 시행된 관광관련 법률
- 문화체육관광부의 관광상품 개발 사업
- 시기별 국민관광정책
- 항공사와 IATA 코드 연결
- 국제관광기구의 약자와 명칭의 연결
- 관광의 형태
- 섹터별 관광개발 주체
- 2020 지역관광거점도시
- 카지노 허가 시설
- CVB
- 크루즈업의 등록기준
- 항공운송사업의 특성
- 호텔의 특성에 따른 분류와 호텔 유형 연결
- 호텔업의 특성
- 우리나라 카지노산업의 파급효과
- 스마트관광도시의 사업목표
- 관광사업의 기본적 성격
- 국제의료관광코디네이터의 역할
- 여행업
- 관광의사결정에 영향을 미치는 사회 · 문화적 요인

후기로 입증하는 SD에듀 관광종사원 도서!

외국사람도 할 수 있습니다

자격명 : 관광종사원　구분 : 합격수기　작성자 : 모*콴

저는 홍콩사람인데 한국어 배운 지 2년됐고 시대에듀에서 관통사필기 4과목의 책+동영상에 따라 집에서 공부하고 관통사 필기시험을 합격했습니다

수입이 없는게 참 아쉽지만 정말 감사합니다

관광통역안내사(영어) 합격 후기!

자격명 : 관광종사원　구분 : 합격후기　작성자 : 이*나

저는 시대에듀 인터넷 강의와 책으로 관광통역안내사에 합격했습니다!

오래전부터 관광통역안내사라는 자격증에 관심이 있었는데 직장을 다니면서 4과목을 공부한다는 것이 솔직히 자신이 없었습니다. 게다가 인터넷 강의 세대가 아니라서 인터넷으로 공부한다는게 낯설었고, 가격도 비싸 보여서 망설여지더라고요.

최종적으로 3군데의 회사의 인터넷 강의 샘플들을 보아가면서 골랐는데, 국사는 특히 곽희정 선생님의 강의가 저는 개인적으로 제일 좋았습니다. 한국사 준비를 위해서 유명한 선생님들의 강의도 종종 봤었는데, 곽선생님은 나중에 외국인들을 대상으로 관광통역안내사를 했을 때 그들의 눈높이에 맞춰서 설명할 수 있도록 쉽게 알려줬습니다. 이 분은 유튜브 방송을 해도 재미있게 잘 할 것 같습니다.

관광학개론과 관광법규를 가르쳐주는 심현보 선생님은 너무 책을 읽어주시는게 아닌가 처음에 생각을 했는데, 이 분이야말로 앞뒤로 내용을 콕콕 집어서 시험에 나오는 방향을 생각하면서 강의를 들을 수 있게 잘 알려줬습니다.

솔직히 직장을 다니면서 열심히 공부를 하지는 못했지만, 수업 완강은 했습니다. 자신이 없어서 시험을 그냥 보지 말까도 생각했는데 경험삼아 가자라는 생각에 갔는데, 다행히 선생님들이 문제의 유형대로 시험문제들이 나와서 합격을 했습니다. 수업을 그래도 완강을 했다는 것이 다행이라고 생각이 되었습니다.

문제집을 사서 준비를 했습니다. mp3는 핸드폰에 저장해놓고 매일 출퇴근시 그냥 틀어놨습니다. 들을 당시에 든 생각은 시험 합격을 할 수 있 개인적으로 우리나라에 대한 교양은 많이 늘겠다는 생각이 들었습니다.

직장인도!

도 많고 너무나 일이 많아서 또 제대로 준비를 하지 못했습니다만 책을 한번 다 읽으려고 노력했습니다. 저는 이게 정말 큰 도움이 았던 문제들은 다음과 같습니다.

계기록유산에 대해 설명하시오

형유산에 대해 설명하시오

설명하시오

거부하는 일행이 있을 경우 어떻게 대처할 것인지 설명하시오

시대교육과 함께한 관광통역안내사 합격

자격명 : 관광종사원 구분 : 합격후기 작성자 : 오*훈

여러분, 안녕하세요~
시대교육 **'관광통역안내사'** 교재들을 구매해서 독학으로 한 번에 자격증을 취득한 후기를 공유합니다.

2020 관광통역안내사(영어) 합격 후기!

자격명 : 관광종사원 구분 : 합격후기 작성자 : 이*운

34년간의 회사생활을 마무리하고 퇴직을 앞둔 시점에서 '인생2막 2장을 위해 무엇을 할 것인가?' 에 대한 준비의
하나로 평소 관심이 있었던 **#관광통역안내사** 자격증 취득에 도전해 보기로 하였다.
어릴때부터 역사와 지리공부에 흥미를 가지고 있었고, 34년간의 직장 생활 중 12년간 해외지사(독일3년, 인도5년, 미국4년)
근무 경험과 출장 및 여행으로 35여개국 이상을 방문해 본 경험을 잘 살리면 좋아하는 것을 하면서도 일도 할 수 있는 분야라 생각이 되었다.
20년 관광통역안내사 자격시험 공지(7월중순 원서 접수, 9월5일 1차 필기시험, 11월28일 2차 면접시험, 12월16일 합격자 발표)를 보고 3월부터 시험 준비를 시작하였다.
회사 출근과 시험준비를 병행해야 하므로 시공간적 제약이 많아서 자투리 시간을 활용할 수 있는 시대에듀의 인터넷 강의로 시작하였다.

1. 원서 접수 : 7월20일~24일 (연초에 자격 시험 계획이 공지가 되므로 확인 할것)
-.#Q-Net(한국산업인력공단 : 자격시험 대행기관) 사이트에 회원가입하고 원서 접수. 공지 내용 수시로 확인)
* 공인 어학 성적이 필요하므로 반드시 사전에 취득하여야 합니다. 참고로 영어는 토익 760점 이상.
* 해당 언어권에서 4년이상 근무하거나 유학한 경험이 있으면 어학성적제출이 면제되므로 필요한 증빙 서류를
구비하여 한국산업인력공단에 사전 제출하고 확인을 받아야 함(올해의 경우는 서류 접수는 7월13일~16일)

...시험 준비 (#시대에듀 인터넷강의, 교재포함 \285,000) : 20.3월 ~ 9월)
...로 합격점은 평균 60점이상(과목별 과락 40점이하), 문제 문항은 과목별 25문항.
...0%, 기장 중요), 관광자원해설, 관광법규, 관광학개론(각20%)
...문제풀이, 기출제문항 리뷰, 핵심요약정리)를 차근차근 따라가면서 준비하면
...중.고교 학창시절에 국사와 지리에 관심이 적었던 분들은 상대적으로 준비를 많이
...하겠다는 목표로 시작하였으나 시간적 제약으로 1회완강 후 핵심정리와 기출문제
...고 응시하였음. 다른 과목은 학교에서 배운 내용이나 상식으로 알고 있는 내용
...있다고 생각되나, 관광법규는 내용을 암기하지 않으면 안되는 것이 많으므로
...음. 저의 경우에도 관광법규가 제일 까다로웠으며 취득점수도 유일하게 70%대(19/25:15.2)를 기록한 과목임.
...했으며, 특히 관광국사는 1문제만 틀리는 성과를 거두었다. 근대사의 사건을 시대순으로 나열하는 항목을 틀림.
...아니라 합격이 목표이므로 너무 깊은 곳까지 암기할려고 애쓰지 말고 개념을 파악 하는 위주로 폭넓게 공부하는
...언이 많은 도움이 되었습니다. 실제 70점 정도를 얻겠다는 마음으로 임하면 조바심도 덜 수 있었습니다.

새 출발을 앞둔 사람도!

그 무엇도 No Problem!
SD에듀와 함께라면 합격할 수 있습니다!

※ 도서 및 강의의 구성은 변경될 수 있습니다.

※ 본 후기는 SD에듀 합격자 수기 게시판에 남겨주신 내용을 재구성하였습니다.

이 책의 목차

제1편 핵심이론 + 핵심예제

제1과목 관광국사

제1절 우리 역사의 전개와 고대 국가의 발전 · · · · · · 003
제2절 고려의 성립과 발전 · · · · · · 030
제3절 조선의 성립과 발전 · · · · · · 048
제4절 국제 질서의 변동과 근대 국가 수립 운동 · · · 082
제5절 일제 강점과 민족 운동의 전개 · · · · · · 092
제6절 대한민국의 발전과 현대 세계의 변화 · · · · · · 098

제2과목 관광자원해설

제1절 관광자원의 이해 · · · · · · 101
제2절 관광자원의 해설 · · · · · · 106
제3절 자연관광자원 · · · · · · 109
제4절 문화관광자원 · · · · · · 136
제5절 복합형 관광자원 · · · · · · 189

제3과목 관광법규

제1절 관광기본법 · · · · · · 202
제2절 관광진흥법 · · · · · · 206
제3절 관광진흥개발기금법 · · · · · · 314
제4절 국제회의산업 육성에 관한 법률 · · · · · · 325

제4과목 관광학개론

제1절 관광의 기초 · · · · · · 338
제2절 관광여행업 · · · · · · 352
제3절 관광숙박업 · · · · · · 360
제4절 관광교통업 · · · · · · 373
제5절 관광객이용시설업 · · · · · · 384
제6절 국제회의업 · · · · · · 388
제7절 관광마케팅 · · · · · · 395
제8절 국제관광 및 관광정책 · · · · · · 402
제9절 관광과 환경 · · · · · · 414

제2편 5개년 기출문제

2018년 기출문제 · · · · · · 419
2019년 기출문제 · · · · · · 447
2020년 기출문제 · · · · · · 476
2021년 기출문제 · · · · · · 502
2022년 기출문제 · · · · · · 525

합격에 **윙크(Win-Q)**하다!

관광통역안내사 단기완성

제1편 핵심이론 + 핵심예제

제 1 과목 관광국사

제1절 우리 역사의 전개와 고대 국가의 발전

핵심이론 01 구석기 시대의 문화

① 구석기 시대의 유물과 유적
- ㉠ 구석기 시대의 시작 : 약 70만년 전부터
- ㉡ 구분 : 석기를 다듬는 수법에 따라 전기, 중기, 후기로 구분
  - 전기 : 한 개의 뗀석기를 여러 용도로 사용
  - 중기 : 큰 몸돌에서 떼어낸 돌 조각인 격지를 잔손질하여 제작
  - 후기 : 쐐기를 이용하여 형태가 같은 여러 개의 돌날격지 제작
- ㉢ 유적지
  - 경기도 연천 전곡리 : 동아시아 최초로 아슐리안형 주먹도끼 발견
  - 충북 청주 두루봉 동굴 : 우리나라 최초로 구석기 시대 인류의 완전히 보존된 뼈, '흥수아이' 발견
  - 그밖에 평남 상원 검은모루 동굴, 충남 공주 석장리, 충북 단양 수양개, 충북 단양 금굴 등

[구석기 시대의 유적지]

② 구석기 시대의 생활
- ㉠ 도구 : 뼈도구, 뗀석기, 주먹도끼, 찍개, 긁개, 밀개, 팔매돌
- ㉡ 식생활 : 사냥, 채집, 물고기잡이
- ㉢ 주거 생활
  - 동굴이나 강가의 막집에서 생활하였으며, 후기의 집 자리에는 기둥 자리 · 담 자리 · 불 땐 자리 등의 흔적, 대략 3~4명 내지 10명이 살았을 정도의 규모
  - 대표적 유적지 : 상원의 검은모루, 공주 석장리, 제천 창내 등 → 기둥 자리, 담 자리, 불 땐 자리
- ㉣ 사회 생활 : 무리를 이루어 사냥, 모든 사람이 평등한 공동체적 생활 영위
- ㉤ 예술 : 석회암이나 동물의 뼈, 뿔 등을 이용한 조각품, 고래와 물고기 등을 새긴 조각(공주 석장리, 단양 수양개)이 발견, 여기에는 사냥감의 번성을 비는 주술적 의미가 있음

더 알아보기

우리 민족의 기원
- 형성 : 요서 · 만주 · 한반도를 중심으로 분포하여 신석기 시대에서 청동기 시대를 거치는 과정에서 민족의 기틀 형성
- 특징 : 하나의 민족 단위를 형성, 농경 생활을 바탕으로 하여 독자적인 문화 이룩
- 한반도는 구석기 시대부터 인류의 출현(약 70만년 전)

[핵심예제]

다음과 같이 생활한 시대에 널리 사용한 도구는? [2019년]

> 사람들은 동굴이나 바위 그늘에서 살며 무리를 이루어 사냥감을 찾아다녔다.

① 반달 돌칼 ② 비파형 동검
③ 주먹도끼 ④ 돌괭이

정답 ③

해설
주로 사냥, 채집을 통해 생활하고, 추위를 피해 동굴이나 바위 그늘에서 살았던 시기는 구석기 시대이며, 구석기 시대를 대표하는 도구는 주먹도끼이다.

핵심이론 02 신석기 시대의 문화

① 신석기 시대의 유물과 유적

㉠ 우리나라 신석기 시대의 시작 : B.C. 8000년경
㉡ 유물과 유적
- 간석기 : 도구의 다양화 · 세련화
- 토기 : 진흙을 불에 구워 제작, 음식물 조리 · 저장에 이용
  - 이른 민무늬 토기 · 덧무늬 토기 · 눌러찍기 무늬 토기(압인문 토기) : 제주 한경 고산리, 강원도 고성 문암리, 강원도 양양 오산리, 인천 오이도, 부산 동삼동 조개더미에서 발견

[덧무늬 토기]

  - 빗살무늬 토기 : 신석기 시대의 대표적인 토기로 표면에 빗살 모양의 기하학 무늬를 새겨 넣음, 땅에 구덩이를 파고 묻어서 사용하였으며, 뾰족한 밑 또는 둥근 밑으로 강가나 바닷가(평양 남경, 서울 암사동, 경남 김해 수가리)에서 출토, 농경을 통한 식량생산과 저장을 하게 되었음을 의미

[빗살무늬 토기]

② 신석기 시대의 생활

㉠ 경제 생활
- 농경 생활의 시작 : 탄화된 좁쌀 발견(황해도 봉산 지탑리, 평양 남경 유적), 농기구 사용(돌괭이, 돌삽, 돌보습, 돌낫, 나무로 만든 농기구)

- 사냥과 물고기잡이 : 활이나 창 이용, 그물과 작살, 돌이나 뼈로 만든 낚시, 조개류 채취
- 원시적 수공업 : 가락바퀴, 뼈바늘로 의복이나 그물 제작

㉡ 주거 생활 : 바닥이 원형이나 모가 둥근 방형의 움집, 중앙에 화덕 위치, 강가나 바닷가에 거주

㉢ 사회 생활 : 부족 사회(혈연을 바탕으로 한 씨족이 기본 구성단위), 족외혼으로 부족을 이룸, 평등 사회(경험이 많은 자나 연장자가 부족을 이끌어 감)

㉣ 신앙 생활 : 농경 생활과 밀접한 관련

- 영혼 숭배 : 영혼 불멸 신앙, 조상 숭배
- 애니미즘 : 대자연의 모든 만물에 영혼이 있다고 믿는 정령 신앙, 주로 태양과 물에 대한 숭배
- 샤머니즘 : 무당과 주술 신봉
- 토테미즘 : 부족의 기원을 특정 동·식물과 연결하여 숭배

㉤ 예술품 : 흙으로 빚어 구운 얼굴 모습이나 동물의 모양을 새긴 조각품, 조개껍데기 가면, 조개껍데기로 만든 치레걸이, 짐승의 뼈나 이빨로 만든 장신구 등

[핵심예제]

밑줄 친 이 시대의 생활상으로 옳은 것은? [2016년 정기]

> 이 시대의 사람들은 돌을 가는 기술을 터득하면서 도구의 형태와 쓰임새가 다양해졌다. 또 진흙으로 그릇을 빚어 불에 구워서 만든 토기를 사용하여 음식물을 조리하거나 저장할 수 있게 되었다.

① 농경을 시작하였다.
② 세형 동검을 제작하였다.
③ 거친무늬 거울을 사용하였다.
④ 불을 사용하는 방법을 처음으로 알게 되었다.

정답 ①

해설

제시문은 신석기 시대에 관한 설명이다. 신석기 시대에 비로소 농경이 시작되었다. ② 철기 시대, ③ 청동기 시대, ④ 구석기 시대에 관한 설명이다.

핵심이론 03 청동기 · 철기 시대의 문화

① 청동기 시대

㉠ 청동기 보급의 시기 : B.C. 2000~B.C. 1500년경

㉡ 유적지

- 중국의 요령성, 길림성 지방을 포함하는 만주 지역과 한반도에 걸쳐 널리 분포
- 충남 부여 송국리, 울산 검단리, 경기 여주 흔암리, 울산 무거동 옥현, 평북 의주 미송리, 춘천 중도 등

㉢ 도 구

- 석기 : 반달 돌칼, 바퀴날 도끼, 홈자귀 등
- 청동기 : 비파형 동검(중국 요령성 지역에서 집중 출토, 한반도 남부에서도 확인), 거친무늬 거울, 청동검(수장의 권위 상징) 등
- 토기 : 미송리식 토기, 민무늬 토기, 붉은 간토기 등

㉣ 경 제

- 농기구 : 돌도끼, 홈자귀, 괭이, 반달 돌칼 등
- 농업 : 조·보리·콩·수수 등 밭농사 중심, 일부 저습지에서 벼농사 시작, 농업생산력 증가로 잉여생산물 발생
- 목축 : 돼지·소·말 등 가축 사육 증가, 사냥과 고기잡이 비중 약화

㉤ 사 회

- 사유 재산과 계급(지배·피지배의 관계)의 발생
- 씨족이 통합된 부족사회
- 약탈과 정복을 위한 집단 간 잦은 전쟁
- 정복 전쟁 과정에서 군장(족장) 출현 → 군장은 제사와 정치를 주관(선민사상)

㉥ 주 거

- 집터 유적 : 전통적인 배산임수 지형에 위치
- 가옥 구조 : 대체로 직사각형의 형태, 움집에서 점차 지상 가옥으로 변화, 화덕이 가장자리로 이동
- 취락 구성 : 정착 생활의 규모 확대 → 넓은 지역에 많은 수의 집터가 밀집, 다양한 용도의 집터 발견

ⓢ 무덤 : 고인돌(지배층의 무덤), 돌널무덤 등

[고인돌]

ⓞ 예 술

- 울산 대곡리 반구대 바위 그림 : 사냥과 고기잡이의 성공, 풍성한 수확 기원
- 고령 장기리 알터의 바위 그림 : 동심원, 십자형, 삼각형 등의 기하학 무늬 → 태양 숭배, 풍요로운 생산 기원

② **철기 시대**

㉠ 청동기 보급의 시기 : B.C. 5세기경

㉡ 유 물

- 철기 : 철제 농기구의 사용으로 농업 생산력 증가, 철제 무기 사용
- 청동기 : 의식용 도구로 변화, 독자적인 청동기 문화 발달(세형 동검, 잔무늬 거울, 거푸집)
- 토기 : 덧띠 토기, 검은 간토기 등
- 무덤 : 널무덤, 독무덤
- 중국과의 교류 : 명도전 · 반량전 · 오수전 등의 중국 화폐 출토, 경남 창원 다호리 유적의 붓 출토(한자 사용)

[핵심예제]

고조선 시대의 청동기 문화를 대표하는 유물 · 유적으로 옳지 않은 것은? [2018년]

① 명도전
② 비파형 동검
③ 미송리식 토기
④ 고인돌(탁자식)

정답 ①

해설

명도전은 철기 시대 유물이다. 청동기 문화를 대표하는 유물 · 유적으로는 비파형 동검, 미송리식 토기, 고인돌이 있다.

핵심이론 04 **고조선의 건국과 발전**

① 고조선의 건국

㉠ 건국 : 기원전 2333년 단군왕검이 세움(〈삼국유사〉, 〈동국통감〉 등에 기록) → 이후 철기 문화를 수용하여 연맹체 국가로 성장

㉡ 단군 이야기 : 환인의 아들인 환웅이 웅녀와 결혼하여 낳은 단군이 고조선 건국 → 선민사상(환웅이 하늘의 신 환인의 아들이라는 것), 환웅 부족과 곰 토템 부족의 결합, '홍익인간'의 통치 이념, 제정일치[단군(제사장) + 왕검(임금, 군장)]

㉢ 고조선의 세력 범위

- 요령 지방을 중심으로 성장하여 점차 한반도까지 발전
- 비파형 동검, 미송리식 토기, 탁자식 고인돌 등의 유물로 추정

② 고조선의 성장

㉠ 정치 : '준왕', '부왕' 등 강력한 왕 등장, 관직 설치(상, 대부, 장군)

㉡ 성장 : 기원전 7세기경 산둥 반도에 있던 제나라와 교역, 요서 지방을 경계로 연나라와 대립 → 연나라 장수 '진개'의 침입으로 수도를 왕검성으로 옮김

③ 위만의 집권과 고조선의 멸망

㉠ 정권 교체 과정

- 배경 : 진·한 교체기에 위만의 중국 유이민 집단이 이주
- 집권 : 이주민 세력을 통솔하면서 위만의 세력 확대 → 준왕을 몰아내고 왕위 찬탈(기원전 194)

㉡ 발전 : 철기 문화의 본격 수용, 농업·수공업·상업·무역 발달, 활발한 정복 사업, 중계 무역으로 번성

㉢ 멸망 : 한 무제의 침입으로 멸망(기원전 108) → 한 군현 설치

④ 고조선의 사회

㉠ 8조법(8조법금)

- 사람을 죽인 자는 즉시 죽인다. → 사람의 생명과 노동력 중시
- 남을 다치게 한 자는 곡물로 갚는다. → 농경사회, 사유재산 인정
- 도둑질한 자는 노비로 삼는다. 용서를 받으려면 50만 전을 내야 한다. → 사유재산 인정, 계급 사회(노비의 발생), 화폐 사용
- 여자는 정절을 귀하게 여겼다(한서지리지 기록). → 남성 위주의 가부장적 사회

㉡ 사회 변화 : 한 군현 설치 후 법 조항 60여 조 증가, 풍속 각박해짐

[핵심예제]

4-1. 고조선에 관한 설명으로 옳은 것은? [2016년 정기]

① 상, 대부, 장군 등의 관직이 있었다.
② 신지, 읍차 등의 족장 세력이 있었다.
③ 사자, 조의, 선인 등의 관리가 있었다.
④ 마가, 우가, 저가, 구가 등의 관리가 있었다.

정답 ①

4-2. 다음 내용에 보이는 사회의 모습에 해당하지 않는 것은? [2014년 특별]

- 사람을 죽인 자는 사형에 처한다.
- 상처를 입힌 자는 곡물로 배상한다.
- 남의 물건을 훔친 자는 노비로 삼는다.

① 성리학적 유교 윤리를 중요시했다.
② 사람들의 생명과 재산을 중시하였다.
③ 농경사회를 배경으로 하고 있다.
④ 권력과 경제력의 차이가 있었다.

정답 ①

해설

4-1
② 삼한, ③ 고구려, ④ 부여에 관한 설명이다.

4-2
제시된 내용은 고조선의 8조법이다. ① 조선 시대에 해당한다.

핵심이론 05 연맹왕국들의 성장

① 부 여

㉠ 정치 : 왕 아래 마가, 우가, 저가, 구가와 대사자 · 사자 등의 관직, 5부족 연맹체 → 왕과 사출도(군장 지배), 왕권 약화(흉년이 들면 책임을 물어 왕을 폐위하기도 함)

㉡ 경제 : 반농반목, 특산물(말, 주옥, 모피)

㉢ 사회 : 순장(고조선부터 삼국 시대 초까지 전반적으로 존재), 1책 12법(사람을 죽인 자는 죽이고 그 가족은 노비로 삼으며, 도둑질한 자는 12배를 배상하도록 한 법), 영고(12월) 제천행사, 우제점법(소의 굽으로 길흉을 점침)

㉣ 위치 : 송화강 유역(평야 지대)

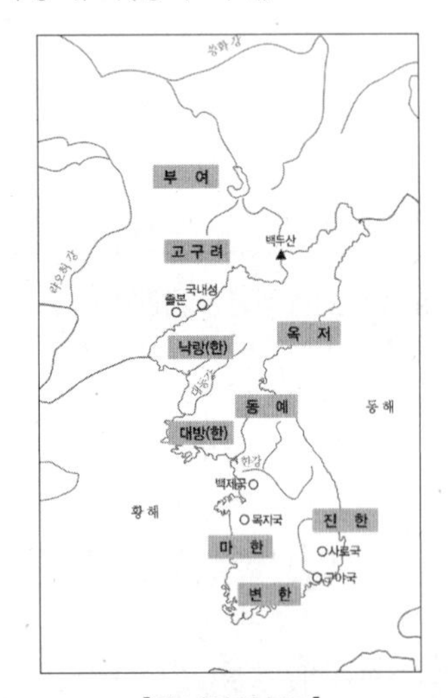

[각 나라의 분포]

② 고구려

㉠ 정치 : 5부족 연맹체, 제가 회의(귀족 회의체)

㉡ 경제 : 산악 지대에 위치, 사냥, 농경지 부족으로 약탈 경제(부경)

㉢ 사회 : 서옥제(데릴사위제), 형사취수제, 1책 12법, 동맹(10월) 제천행사

㉣ 위치 : 동가강 '졸본' 지방에서 건국(압록강 중류)

③ 옥저와 동예

㉠ 위치 : 함경도 및 강원도 북부의 동해안 지대(선진 문화의 수용이 늦음) → 고구려의 압력으로 크게 성장하지 못함

- 옥저 : 함흥 평야
- 동예 : 함경도 일부~강원도 북부에 위치

㉡ 경 제

- 옥저 : 해산물 풍부(어물, 소금), 토지 비옥, 고구려에 소금 · 어물 공납
- 동예 : 해산물 풍부, 토지 비옥, 방직 기술 발달(명주, 삼베), 특산물(단궁, 과하마, 반어피)

㉢ 정치 : 읍군이나 삼로가 자기 부족 지배(군장 국가), 고구려의 압박과 수탈로 통합된 정치 세력을 형성하지 못함

㉣ 풍 속

- 옥저 : 민며느리제, 골장제(가족 공동 무덤, 가족이 죽으면 가매장 후 뼈를 추려 큰 목관에 안치)
- 동예 : 제천 행사(10월, 무천), 족외혼, 책화(다른 부족의 생활권을 침범하면 노비와 소 · 말로 변상해 주는 제도)

④ 삼 한

㉠ 정치 : 마한 목지국(지배자를 진왕으로 추대)이 삼한 전체 주도, 정치 지배자 – 신지, 읍차

㉡ 경제 : 벼농사 발달로 저수지 축조, 철 생산(변한 → 낙랑, 왜 등에 수출, 철을 화폐처럼 사용)

㉢ 사회 : 제정 분리 사회, 두레 노동, 소도(군장의 세력이 미치지 못함) 존재, 수릿날(5월), 계절제(10월), 편두(돌로 머리 모양을 변하게 하는 풍속)

㉣ 위치 : 한강 유역 및 그 이남

㉤ 삼한의 여러 연맹체 : 진(辰)으로부터 기원

㉥ 마한(삼한 중 세력이 가장 큼) : 경기, 충청, 전라도 지방에서 발전, 54개의 소국으로 구성

㉦ 변한, 진한 : 변한은 김해 · 마산을 중심으로, 진한은 대구 · 경주 지역을 중심으로 발전, 12개의 소국으로 구성

[핵심예제]

삼한에 관한 설명으로 옳지 않은 것은? [2019년]

① 변한에서는 철을 화폐처럼 사용하였다.
② 마한에서는 농경이 발달하고 벼농사를 지었다.
③ 진한에는 편두의 풍속이 있었다.
④ 변한에서는 다른 읍락의 생활권을 침범하면 노비와 소, 말로 변상하게 하였다.

정답 ④

해설

다른 부족의 경계를 침범할 경우에는 가축이나 노비로 변상해야 하는 책화의 풍습이 있었던 나라는 동예이다.

핵심이론 06 고대 국가의 성립

① 고대 국가의 성격
- ㉠ 강력한 왕권과 정비된 율령을 바탕으로 중앙 집권 국가 이룩
- ㉡ 활발한 정복 활동으로 영역 국가의 모습을 지님
- ㉢ 고구려 → 백제 → 신라 순서로 체제 정비

② 삼국의 성립
- ㉠ 고구려
  - 졸본성에서 건국, 부여 이주민과 압록강 유역 토착민의 연합(B.C. 37) → 국내성으로 천도(유리왕)
  - 1세기 후반 태조왕 때부터 활발한 정복 활동
  - 고씨에 의한 왕위의 독점적 세습
  - 고국천왕(2세기 후반) : 부족적 성격의 5부 → 행정적 성격의 5부로 개편, 왕위의 부자 상속제 수립, 을파소의 건의로 진대법 실시
  - 왕권 강화 및 중앙 집권화 더욱 진전
- ㉡ 백 제
  - 한강 유역에 국가 건설 : 농경에 적합, 중국 교류 유리
  - 한강 유역 토착 세력과 고구려 유이민의 결합(B.C. 18)
  - 고이왕(3세기) : 한 군현과 항쟁하며 낙랑군과 대방군·말갈족을 북으로 몰아내고 한강 유역 장악, 6좌평 16관등 관제 마련, 관리의 복색 제정, 목지국 병합, 율령 반포 → 중앙집권국가의 기틀 마련
- ㉢ 신 라
  - 신라의 소국인 사로국에서 출발(B.C. 57)
  - 박, 석, 김씨 성을 가진 세 사람이 돌아가며 왕의 자리인 이사금 선출, 6부족 연맹체로 발전
  - 내물왕 : 낙동강 동쪽 차지, 김씨에 의한 왕위 계승 확립, 마립간 칭호 사용, 광개토대왕의 도움을 받아 왜의 침입 격퇴 → 고구려군 신라 영토 내 주둔(호우명 그릇), 고구려를 통해 중국 문물 수용

[호우명 그릇]

경주 호우총에서 발굴되었으며, 그릇 밑바닥에 새겨져 있는 글씨로 당시 신라와 고구려의 관계를 알 수 있다.

더 알아보기

신라의 왕호 변천

신라에서는 왕의 칭호가 거서간, 차차웅, 이사금, 마립간, 왕으로 바뀌었다. 거서간은 '왕' 또는 '귀인', 이사금은 '연장자'를 의미한다. 내물왕 때 '최고의 우두머리'와 '대군장'을 뜻하는 마립간의 칭호를 사용하였다.

㉣ 가야 연맹

- 낙동강 하류의 변한 지역에서 성장
- 유이민 집단과 토착 세력이 결합
- 3세기경 전기 가야 연맹 성립(김해의 금관가야 중심) : 농경 문화 발달, 낙랑과 왜의 규슈지방을 연결하는 중계 무역 발달, 풍부한 철 생산으로 번성, 활발한 철 생산으로 덩이쇠를 화폐처럼 사용
- 쇠퇴 : 4세기 말~5세기 초 광개토대왕이 보낸 고구려군의 공격으로 약화

[핵심예제]

신라의 전통적인 왕호가 아닌 것은? [2015년 정기]

① 이사금(尼師今) ② 대대로(大對盧)
③ 차차웅(次次雄) ④ 거서간(居西干)

정답 ②

해설

대대로는 고구려의 최고 관리 수상의 명칭이다.

핵심이론 07 삼국의 정치적 발전

① 고구려의 발전

㉠ 미천왕(4세기 初) : 서안평을 공격하여 낙랑군을 축출(313)하고 대동강 유역 확보, 남쪽으로 진출할 수 있는 기반 마련

㉡ 고국원왕 : 전연 · 백제의 침략으로 국가적 위기, 평양성 전투에서 근초고왕에게 전사

㉢ 소수림왕(4세기 후반) : 중국 전진에서 불교 수용(372), 태학 설립, 율령 반포(373), 부족 세력 통제, 중앙 집권 체제 강화 등 → 중앙 집권 국가 완성

② 백제의 발전

㉠ 근초고왕(4세기 중반 전성기) : 마한 전역 정복, 고구려 평양성 공격, 낙동강 유역의 가야와 여러 나라에 지배권 행사, 수군을 정비하여 중국의 요서 · 산둥과 일본의 규슈 진출, 왕위의 부자 상속 확립

㉡ 침류왕(4세기 후반) : 동진과 교류하며 불교 수용(384) → 중앙 집권 체제를 사상적으로 뒷받침

③ 신라의 발전

㉠ 눌지왕(5세기 초반) : 나 · 제동맹(고구려 간섭 배제)

㉡ 지증왕(6세기 초) : 국호 변경(사로국 → 신라), 왕호 변경(마립간 → 왕), 수도의 행정 구역 정리, 지방의 주 · 군 정비(지방 제도와 군사 제도 병행), 우산국(울릉도) 복속, 우경 장려

㉢ 법흥왕(6세기 초반) : 율령 반포, 병부와 상대등 설치, 독자적 연호(건원) 사용(중앙 집권 완비), 공복 제정, 골품 제도 정비, 병부 설치, 상대등 제도 정비, 불교 공인(이차돈의 순교, 527), 금관가야 정복(532)

[핵심예제]

신라에 있었던 사건을 시기 순으로 바르게 나열한 것은?

[2016년 정기]

ㄱ. 율령의 반포	ㄴ. 국호를 '신라'로 변경
ㄷ. 고령의 대가야 정복	ㄹ. 황룡사 9층탑 건립

① ㄱ → ㄴ → ㄷ → ㄹ
② ㄴ → ㄱ → ㄷ → ㄹ
③ ㄷ → ㄹ → ㄱ → ㄴ
④ ㄹ → ㄷ → ㄴ → ㄱ

정답 ②

해설

ㄱ. 신라의 법흥왕, ㄴ. 신라의 지증왕, ㄷ. 신라의 진흥왕, ㄹ. 신라의 선덕여왕 시기에 해당한다.

핵심이론 08 삼국 간의 항쟁

① 고구려

㉠ 광개토대왕(5세기)
- 영토 확장(요동을 포함한 만주 대부분 지역), 신라에 침입한 왜 격퇴, 백제 압박 → 한반도 남부까지 영향력 행사
- 최초로 독자적인 연호 사용(영락)

㉡ 장수왕(5세기)
- 국내성에서 평양으로 천도(427)하여 왕권 강화의 계기 마련, 남진정책 추진, 백제와 신라 압박의 요인, 서해안 진출(고구려의 전성기)의 계기, 백제의 수도 한성 함락 → 한강 이남 지역까지 진출(죽령~남양만), 광개토대왕릉비(신라의 요청을 받아 왜를 격퇴한 내용 기록, 영토 확장)와 충주 고구려비 건립(475)
- 중국 남북조에 대해 등거리 외교정책 전개

㉢ 문자왕(5세기) : 부여가 고구려에 병합되어 멸망(494)

㉣ 고구려의 전성기 : 광대한 영토와 정치 제도 정비로 대제국 형성 → 동북아시아의 패자로 군림, 중국과 대등한 지위

② 백 제

㉠ 문주왕(5세기) : 웅진 천도(475), 고구려의 남하정책으로 한강 유역 상실, 무역활동 침체 → 왕권 약화

㉡ 동성왕(5세기) : 나 · 제동맹 강화

㉢ 무령왕(6세기)
- 22담로와 왕족 파견 → 중흥의 발판 마련, 지방에 대한 통제 강화
- 중국 남조의 양나라와 화친, 왜국과 밀접한 관계

㉣ 성왕(6세기)
- 사비 천도(538), 국호 변경(남부여)
- 중앙 관서와 지방 제도 강화(22부의 실무관청 설치)
- 중국 남조와 활발한 교류, 불교의 진흥
- 신라와 관산성 전투에서 전사 → 나 · 제동맹 결렬

더 알아보기

관산성 전투

백제는 고구려로부터 한강 유역을 수복하였으나 신라 진흥왕이 나·제동맹을 깨고 한강 유역을 차지하였다. 이에 성왕이 군사를 이끌고 신라를 공격하였으나 참패하고, 성왕이 전사하면서 신라가 한강 하류 유역 지배를 공고히 하게 되었다.

③ 신라 : 진흥왕(6세기)

㉠ 영토 확장 : 한강 유역 차지(단양 적성비, 북한산 순수비), 낙동강 유역의 대가야 정복(창녕비), 함경도 지역 진출(마운령비, 황초령비)

㉡ 한강 유역 차지 : 경제 기반과 전략 거점 확보, 황해를 통해 중국과 직접 교류

㉢ 화랑도 개편, 불교 교단 정비(사상통합 도모), 황룡사 건립

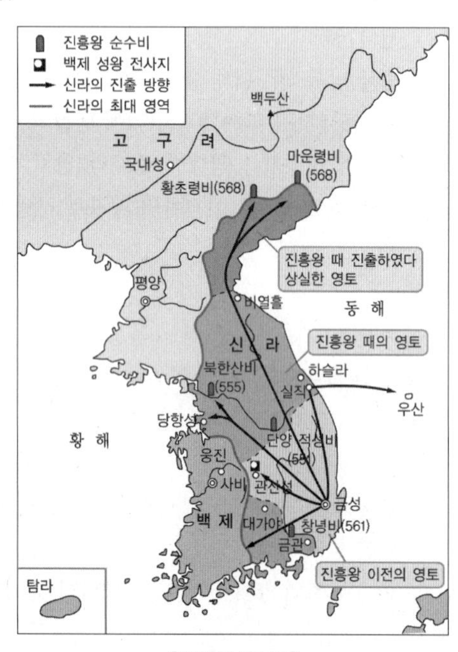

[신라의 전성기]

④ 가야 연맹

㉠ 후기 가야 연맹(5세기 말~6세기 초) : 고령지방의 대가야 중심, 신라와 대등한 세력 다툼, 신라와의 결혼동맹으로 국제적 고립 탈피

㉡ 가야 멸망 : 금관가야는 신라 법흥왕에게 멸망(532), 대가야는 신라 진흥왕에게 멸망(562)

핵심예제

밑줄 친 그의 업적으로 옳은 것은? [2016년 정기]

> 그는 고구려의 내정이 불안한 틈을 타서 신라와 연합하여 일시적으로 한강 유역을 부분적으로 수복하였지만, 곧 신라에게 빼앗기고 자신도 신라를 공격하다가 관산성에서 전사하고 말았다.

① 웅진으로 천도하였다.
② 미륵사를 창건하였다.
③ 지방의 22담로에 왕족을 파견하였다.
④ 중앙 관청을 22부로 확대 정비하였다.

정답 ④

해설

제시문에 해당되는 왕은 백제의 성왕이다.
① 문주왕, ② 무왕, ③ 무령왕에 대한 설명이다.

핵심이론 09 삼국의 통치 체제

① 성 격

㉠ 왕의 권한이 강화되고, 각 부의 부족 성격이 행정적 성격으로 바뀌어 중앙 집권 체제가 형성

㉡ 관직 체계의 운영은 신분제에 의한 제약을 받음

② 관등제와 지방 통치 체제 정비

㉠ 삼국의 체제

구 분	고구려	백 제	신 라
재 상	대대로	상좌평	상대등
중앙귀족	14관등제	6좌평 등 16관등제	17관등제, 골품제
귀족 회의	제가 회의	정사암 회의 (좌평을 중심으로 운영)	화백 회의 (상대등을 중심으로 한 귀족 합의체)
행정 구역	성 중심으로 구분, 지방을 5부로 구성	22담로(무령왕), 전국 5방(성왕)	전국을 주 · 군으로 구분 (6주), 촌 설치
지방장관	욕 살	방 령	군 주

㉡ 삼국의 관등제도의 특징

• 고구려 : 관등조직이 '형' 계열과 '사자' 계열로 분화 편제

• 백제 : 16관품을 세 단계로 구분, 공복색깔로 구별

• 신라 : 골품제도로 신분 이동 불가능, 득난(6두품 세력)의 불만 고조

[핵심예제]

삼국의 통치 체제에 관한 설명으로 옳지 않은 것은? [2019년]

① 삼국 초기에 연맹을 구성한 각 부의 지배자는 독자적으로 자신의 영역을 통치하였다.

② 백제는 좌평을 비롯한 16등급의 관리가 있어 나랏일을 맡아보았다.

③ 관등제와 관직 체계의 운영은 신분제에 의해 제약을 받았다.

④ 신라에서 집사부 시중은 귀족 회의를 주관하며 왕권을 견제하였다.

정답 ④

해설

신라에서 귀족 회의인 화백 회의를 주관하며 왕권을 견제하던 세력은 화백 회의의 수상인 상대등이다.

핵심이론 10 삼국의 경제 생활

① **삼국의 경제 정책**

㉠ 고대 국가 성장 과정 : 토산물 수취, 전쟁 포로를 귀족이나 병사에게 노비로 줌, 군공자에게 식읍(토지와 농민) 지급

㉡ 사회 체제의 동요 : 수취 제도(재산의 정도에 따라 호를 나누어 곡물과 포 징수, 지역의 특산물 수취), 노동력의 동원(왕궁, 성, 저수지 등의 축조를 위해 15세 이상의 남자를 동원)

㉢ 구휼정책 : 진대법(고구려 고국천왕, 홍수 · 가뭄 등으로 흉년이 들면 백성에게 곡식을 나누어 주거나 빌려 줌)

② **귀족의 경제 생활**

㉠ 경제 기반

- 본래 소유하였던 토지와 노비 외에 국가에서 준 녹읍, 식읍, 노비를 가짐
  - 녹읍 : 관직에 대한 대가로 지급한 토지
  - 식읍 : 국가에 특별한 공이 있는 자에게 지급한 토지
- 귀족은 전쟁에 참가하면서 토지와 노비를 더 많이 소유
- 귀족은 토지와 노비를 통하여 곡물, 베 등을 얻음

㉡ 경제 생활 : 고리대 이용, 노비와 농민 동원

㉢ 고구려 고분 벽화에 나타난 생활상

- 기와집, 창고, 마구간, 우물, 주방을 갖추고 있음
- 높은 담을 쌓은 집에서 풍족하고 화려한 생활을 함
- 중국에서 비단을 수입하고 보석, 금, 은으로 치장

③ **농민의 경제 생활**

㉠ 경제 기반 : 자기 소유의 토지를 경작하거나 부유한 자의 토지를 빌려 경작, 대체로 척박한 토지

㉡ 농사 짓기 : 퇴비를 만드는 기술이 없어 대부분 토지를 묵혀 둠

㉢ 농기구 : 돌 · 나무로 만든 것이나 일부 철로 보완(초기) → 철제 농기구 점차 보급(4~5세기경) → 철제 농기구 널리 보급, 우경 점차 확대(6세기)

㉣ 농민의 부담 : 초기의 지나친 수취, 삼국 전쟁기에는 지방 농민도 전쟁에 군사로 동원, 전쟁 물자 조달 부담 더욱 증가

㉤ 농민의 생활 향상 노력 : 스스로 농사 기술 개발, 계곡 · 산비탈 개간(농업 생산력 향상) → 자연 재해를 당하거나 고리대를 갚지 못하는 경우 노비, 유랑민, 도적으로 전락

[핵심예제]

고대 여러 왕의 업적을 설명한 것으로 옳지 않은 것은?

[2017년]

① 고구려 소수림왕은 진대법을 제정하여 빈민을 구제하였다.
② 백제 근초고왕은 고국원왕을 전사시키고 지금의 황해도 일대를 차지하였다.
③ 신라 지증왕은 국호를 신라로 정하고 우경을 장려하였다.
④ 발해 무왕은 일본과 교류하고 당의 산둥지방을 공략하였다.

정답 ①

해설

진대법을 제정한 왕은 고구려 고국천왕이다.

핵심이론 11 삼국 시대 사회의 모습

① 고대 신분제 사회의 성립

㉠ 사회 계층과 신분 제도

- 부여 · 초기 고구려 · 삼한 : 부유한 호민과 하호(평민), 노비(주인에게 예속된 천민층)가 있었음
- 삼국 시대의 신분 구조 : 귀족, 평민, 천민

㉡ 귀족 · 평민 · 천민

- 귀족 : 정치 권력과 사회 경제적 특권을 누림 → 지배층 중심의 신분제를 운영(신라의 골품제)
- 평민 : 자유인, 정치적 · 사회적으로 제약, 조세납부, 노동력 징발
- 천민 : 노비와 촌락을 단위로 한 집단 예속민
- 노비 : 신분 제약, 주인의 시중, 주인의 땅 경작, 가족 구성을 유지하기 어려움
- 노비의 전락 : 전쟁포로, 죄를 지음, 빚을 갚지 못한 자 등 → 통일신라 이후 전쟁노비의 소멸

② 삼국 사회의 모습

㉠ 고구려의 사회

- 율령 제정 : 귀족들이 자신들의 지위를 유지하기 위하여 제정
- 씩씩한 사회 기풍 : 무예를 즐기며 말 타고 사냥하기를 좋아함, 식량부족으로 인한 대외 정복 활동 활발
- 엄격한 형법 적용 : 통치 질서와 사회 기강 유지
- 계 층
  - 귀족 : 왕족인 고씨와 5부 출신의 귀족들이 연합하여 정치를 주도, 귀족 병력 소유
  - 평민 : 일반 백성 → 대부분 자영 농민, 토지를 잃고 몰락(고국천왕 때 진대법 시행)
  - 천민, 노비 : 피정복민, 몰락한 평민, 남의 소나 말을 죽인 자, 빚을 갚지 못한 자가 자식을 노비로 변상 등
  - 혼인 풍습 : 지배층은 형사취수제 · 서옥제, 평민은 남녀간 자유롭게 교제하며 예물은 주지 않음

㉡ 백제의 생활상

- 고구려와 유사 : 언어, 풍속, 의복 등
- 중국과 교류 : 선진 문화 수용
- 상무적인 기풍 : 말타기와 활쏘기 등을 좋아함
- 형법 엄격 적용 : 도둑질한 자는 귀양 보냄과 동시에 2배 배상, 살인자, 반역자, 전쟁에서 퇴군한 자는 사형
- 백제의 지배층 : 왕족인 부여씨와 8성의 귀족

㉢ 신라의 골품 제도와 화랑도

- 신라 사회의 특징 : 중앙 집권화가 늦은 편임 → 신라 초기의 전통을 오랫동안 유지
- 화백 회의 : 초기 전통을 유지한 대표적인 제도, 국왕 추대, 왕권 견제
- 골품 제도
  - 성립 : 연맹 왕국으로 성장할 때 여러 족장 세력을 통합하는 과정에서 그 세력에 따라 신분으로 구분하기 위해 설치
  - 성격 : 신라의 엄격한 신분 제도로, 골품에 따라 개인의 사회 활동과 정치활동의 범위 엄격 제한 → 사회통합을 통한 사회 발전 저해 요인
  - 특징 : 골품과 관등은 밀접한 관련, 골품에 따라 관등의 승진 상한선 존재, 개인능력 무시, 관등에 따라 복색 차이
- 화랑도 : 청소년 집단에서 비롯(씨족 사회의 전통을 계승 · 발전), 귀족에서 평민까지 망라(화랑, 낭도 계층 간 대립과 갈등의 조절 완화), 원광의 세속 5계(마음가짐과 행동의 규범), 진흥왕 때 국가 조직으로 확대

[핵심예제]

고대 국가들에 관한 설명으로 옳지 않은 것은? [2013년 정기]

① 고조선에는 8조법이 전하는데, 도둑질을 하면 사형에 처하였다.
② 고구려 사람들은 무예를 즐기고, 말을 타고 사냥하기를 좋아하였다.
③ 백제는 농경에 적합하고 중국과 교류하기 유리한 한강 유역에 국가를 건설하였다.
④ 신라에는 골품제라는 신분제도가 있어 관등승진의 상한선이 골품에 따라 정해져 있었다.

정답 ①

해설

8조법에 따르면 도둑질한 자는 노비로 삼는다.

핵심이론 12 대외 항쟁과 신라의 삼국 통일

① 고구려와 수 · 당의 전쟁

㉠ 수와의 전쟁 : 고구려(영양왕)의 요서 지방 선제 공격에 수 문제와 양제가 침입 → 을지문덕의 살수대첩(612), 고구려 국가 위기 극복(수 멸망)

더 알아보기

을지문덕이 살수대첩 당시 적장 우중문에게 보낸 시
신묘한 계책은 천문을 꿰뚫어 볼 만하고 오묘한 전술은 땅의 이치를 다 알았도다. 전쟁에서 이겨 공이 이미 높아졌으니 만족함을 알거든 그만두기를 바라노라.

㉡ 당과의 전쟁 : 당 건국 이후 고구려 영류왕이 당나라에 사대정책 → 연개소문의 쿠데타와 보장왕 옹립 → 고구려의 천리장성 축조 및 연개소문의 대당 강경책 → 당 태종의 요동성 정복 → 안시성 전투 → 고구려 양만춘의 승리(645)
㉢ 의의 : 고구려의 국가 보위, 중국의 한반도 침략 저지

② 백제와 고구려의 멸망

㉠ 백제의 멸망(660) : 의자왕의 신라 대야성 등 40여 성 함락(642) → 신라 김춘추가 당나라와 나 · 당연합(648) → 나 · 당 연합군(김유신의 신라군과 소정방의 당군)에 의해 사비성 함락 → 백제의 부흥 운동(복신 · 흑치상지 · 도침)
㉡ 고구려의 멸망(668) : 거듭된 전쟁으로 국력 소모, 연개소문 사후 지배층의 분열 → 평양성 함락 → 고구려 부흥 운동(검모잠 · 고연무 · 안승)

③ 신라의 삼국 통일

㉠ 당의 한반도 지배 야욕 : 웅진 도독부, 안동 도호부, 계림 도독부 설치
㉡ 나 · 당 전쟁(670~676) : 신라는 고구려 · 백제 유민과 연합(당과의 정면 대결), 매소성 · 기벌포 전투

ⓒ 삼국 통일의 의의
- 한계 : 외세의 협조, 대동강 이남에 국한
- 의의 : 자주적 성격(당 축출), 민족 문화 발전(고구려 · 백제 문화의 전통 수용, 경제력 확충)의 토대

[핵심예제]

백제의 부흥운동에 참여한 인물로 옳지 않은 것은? [2018년]

① 복 신
② 도 침
③ 검모잠
④ 흑치상지

정답 ③

해설

복신과 도침, 흑치상지 등은 백제 부흥운동 세력이다.
③ 검모잠은 고구려 부흥운동을 대표하는 인물이다.

핵심이론 13 남북국 시대의 정치 변화

① **통일신라의 발전**

㉠ 통일 후의 변화 : 영역 확대, 인구 증가, 생산력 증대, 강력한 군사력 확보 → 정치 안정

㉡ 전제 왕권의 강화 : 태종 무열왕계의 왕위 세습 확립(무열왕이 집사부의 장관인 시중 기능 강화, 상대등 세력 억제), 신문왕의 체제 정비(녹읍 폐지, 관료전 지급, 687), 6두품 세력의 사회적 두각(학문적 식견을 바탕으로 왕의 정치적 조언자로 활동하거나 행정 실무 담당)

㉢ 사회의 동요(경덕왕 이후) : 전제 왕권에 대한 진골 귀족 세력의 반발, 녹읍 부활

㉣ 통일신라 말기의 상황 : 녹읍 부활, 면세전 증가, 귀족들의 향락과 사치 생활(농민부담 증가)

② **발해의 건국과 발전**

㉠ 발해의 건국 : 고구려 출신 대조영이 길림성의 동모산에서 건국(698)

㉡ 발해의 발전
- 무왕(719~737) : 북만주 일대 장악, 당의 산둥지방 공격(장문휴, 732), 돌궐 · 일본과 연결하여 당과 신라 견제, 당과 대립, 독자적 연호 '인안' 사용
- 문왕(737~793) : 당과 친교, 신라와 교통로 개설(신라도), 상경용천부로 천도, 독자적 연호 '대흥' 사용
- 선왕(818~830) : 발해의 전성기, 말갈족 복속 및 요동지역 진출, 남쪽으로 신라와 국경 인접, 지방제도 완비, 당에서는 '해동성국'이라 부름

㉢ 발해의 멸망 : 거란의 세력 확대, 내부의 권력 다툼 등으로 거란에게 멸망(926)

㉣ 의의 : 고구려 계승 의식(일본에 보낸 국서에 '고려', '고려국왕'이라는 명칭 사용, 지배층이 고구려인, 고려 문화의 계승 · 유사성)

③ 남북국의 통치 체제

㉠ 조 직

구 분	통일신라	발 해
중앙 조직	집사부를 비롯한 13부	3성 6부 (이원적 체제)
수 상	집사부의 시중	정당성의 대내상
수 도	6부	–
지방 행정 조직	9주(총관 → 도독) 5소경	5경 15부 62주
감찰기구	사정부, 외사정	중정대
국립대학	국 학	주자감
지방 세력 견제	상수리 제도	–
특수 행정 구역	향, 부곡	–
군사 조직	9서당(중앙), 10정(지방)	10위(왕궁과 수도의 경비)

㉡ 특 징

- 통일신라
  - 통일 전에 두었던 5부를 중국의 6전제와 비슷하게 6부로 개혁
  - 9서당에 고구려, 백제 및 말갈족을 포함하여 개편
- 발 해
  - 소수 고구려인과 다수 말갈족으로 구성, 토인이라고 불린 고구려 유민이 촌장을 맡아 지배
  - 중앙 조직은 당의 3성 6부 제도 수용, 3성은 정당성, 선조성, 중대성으로 편성
  - 상경 용천부 · 중경 현덕부 · 동경 용원부 · 남경 남해부 · 서경 압록부 등 각자 다른 기능을 수행하는 5개 수도 설치

[발해 5경의 위치]

[핵심예제]

통일신라의 지방행정에 관한 설명으로 옳은 것은?

[2016년 특별]

① 정복한 국가의 귀족들을 소경으로 이주시켜 감시하였다.
② 지방관 감찰을 위해 관리를 파견하는 상수리 제도를 실시하였다.
③ 행정적 기능보다 군사적 기능을 강화하여 전국을 9주로 나누었다.
④ 경주의 지역적 편협성을 보완하기 위해 고구려와 백제 지역에 5소경을 설치하였다.

정답 ①

해설

① 통일신라의 5소경은 수도의 편재성 보완, 지방문화 발달, 고구려와 백제 유민의 회유 정책으로 만들어진 지방 도시이다.
② 상수리 제도는 지방세력의 자제를 중앙에 거주시켜 인질로 삼는 제도(고려의 기인 제도)이다.
③ 신라는 전국을 5주[책임자는 군주(군사적 성격)]로, 통일 이후 9주[책임자는 총관에서 도독(행정적 성격의 강화)]로 나누었다.
④ 고구려 지역에는 5소경이 설치되지 않았다.

핵심이론 14 신라 말기 정치 변동과 후삼국 성립

① 신라 말기의 정치 변동

㉠ 왕위쟁탈전 : 진골 귀족의 왕위쟁탈전으로 왕권 약화, 지방 세력들도 왕위쟁탈전 가담(지방통제 약화), 김헌창의 난(822), 장보고의 난(846)

㉡ 귀족들의 대토지 소유 확대 : 농민들이 몰락하여 노비로 전락하거나 초적이 됨

㉢ 호족 세력의 성장 : 스스로 성주와 장군이라 호칭, 중앙 정부의 통제력 약화, 선종 승려와 6두품 지식인 포섭

㉣ 6두품 출신의 유학생과 선종 승려 : 골품제 사회에 대한 반발

② 후삼국의 성립

㉠ 후백제 : 견훤이 군진(군대를 보유한 지방의 독자적인 호족 세력) · 호족 세력을 토대로 완산주에서 건국(900)

㉡ 후고구려(태봉) : 북원에서 반란을 일으킨 양길의 휘하에 있다 세력을 키운 궁예가 초적 · 호족 세력을 토대로 송악에 건국(901)

㉢ 신라의 위축 : 후백제와 태봉의 세력이 커지자, 경주를 중심으로 명맥 유지

[핵심예제]

신라 하대의 정세에 관한 설명으로 옳지 않은 것은?

[2020년]

① 백제의 침탈로 대야성이 함락되었다.
② 왕위 계승 문제로 김헌창이 봉기를 일으켰다.
③ 성주와 장군이라 칭하는 호족세력이 늘어났다.
④ 6두품 세력을 중심으로 골품제에 대한 불만이 높아졌다.

정답 ①

해설

대야성의 함락은 642년이다.

핵심이론 15 통일신라의 경제

① 통일신라의 경제 정책

㉠ 경제적 조치의 방향 : 피정복민과의 갈등 해소, 사회 안정을 위한 조치

㉡ 수취 체제의 정비 : 조세(생산량의 10분의 1), 공물(촌락 단위로 그 지역의 특산물 부과), 역(16세에서 60세까지의 남자)

㉢ 민정문서 : 촌락의 토지 크기, 인구 수, 소와 말의 수, 토산물 등을 파악하여 조세, 공물, 부역 등을 거둠 → 매년 변동사항을 조사하여 3년마다 작성(수취 근거 자료로 활용)

㉣ 토지 제도의 변화 : 구휼정책 강화로 귀족에 대한 국왕의 권한 강화, 농민 경제의 안정 도모 목적

- 신문왕 : 문무 관료에게 관료전 · 곡식 지급, 녹읍 폐지
- 성덕왕 : 백성에게 정전 지급
- 경덕왕 : 귀족 세력의 반발로 녹읍 부활

② 통일신라의 경제 활동

㉠ 경제의 비약적 성장 : 농업 생산력의 성장을 토대로 경주의 인구가 증가하고 상품 생산이 늘어나 상업 발달, 지방 중심지와 교통 요지에도 시장 개설 → 경주에 동시 외에 서시와 남시 설치

㉡ 무역 발달

- 당과의 무역
  - 수출품 : 베, 해표피, 산삼, 금 · 은 세공품
  - 수입품 : 비단, 책, 사치품(귀족의 수요품)
- 신라인의 당 진출 : 산둥 반도와 양쯔강 하류 일대, 신라방 · 신라촌(신라인의 거주지), 신라소(신라인을 다스리는 관청), 신라관(여관), 신라원(절)
- 청해진 설치(장보고) : 남해와 황해의 해상 교통 지배, 당 · 일본과의 무역 독점

③ 귀족의 경제 생활

㉠ 귀족의 경제

- 농민들의 노동력 동원, 관청 수공업 이용, 국가에서 준 토지와 곡물 외에 물려받은 토지 · 노비 · 목장 · 섬 등 소유
- 문무 관료에게 토지 지급, 녹읍을 폐지하는 대신 해마다 곡식을 지급(통일 후)

㉡ 당시의 생활상 : 양탄자, 유리 그릇, 귀금속, 비단(당 · 아라비아에서 수입) 등 사치품 사용

④ 농민의 경제 생활

㉠ 농업 생산력의 한계

- 시비법의 미발달(휴경법)로 연속적인 경작 불가능
- 1년 또는 몇 년을 묵혀 두었다가 경작
- 비옥한 토지는 왕실, 귀족, 사원 등 세력가의 소유, 농민은 척박한 토지로 생산량이 적음
- 남의 토지를 빌려 경작하여 수확량의 반 이상을 토지 소유자에게 줌

㉡ 수취 제도

- 전세 : 생산량의 10분의 1 정도
- 공물 : 삼베, 명주실, 과실류 등 여러 가지 물품
- 부역 : 농사에 지장을 초래할 정도로 많았음
- 군역 : 농사지을 노동력이 없어 생활에 어려움을 겪음
- 조세 : 통일 이전보다 줄었으나 귀족이나 촌주 등 세력가에 의한 수탈은 줄지 않음

㉢ 농민의 경제 생활 실태

- 농민 : 척박한 토지, 조세 부담 증가, 권력가의 수탈, 고리대 성행 등으로 노비 · 유랑민 · 도적으로 몰락함
- 향 · 부곡민 : 일반 농민보다 더 많은 공물을 부담
- 노비 : 왕실 · 관청 · 귀족 · 절 등에 소속되어 각종 필수품을 생산하고, 주인의 농장 관리 및 경작

[핵심예제]

통일신라의 경제제도에 관한 설명으로 옳은 것은? [2017년]

① 금성(경주)에 동시, 서시, 남시의 시장이 있었다.
② 신문왕 때 실시된 녹읍 제도는 멸망할 때까지 지속되었다.
③ 성덕왕 때 관료전 제도를 폐지하고 정전 제도를 실시하였다.
④ 주전관을 두고 해동통보, 동국통보를 발행하였다.

정답 ①

해설

① 7세기 말 경주에는 종전에 있던 동시 이외에 서시와 남시가 새로 생겨나고, 이를 관장하는 관청도 설치되었다.
② 신문왕 시기에는 녹읍 제도가 폐지되고 관료전이 지급되었다.
③ 경덕왕 때 관료전이 폐지되고 녹읍이 부활하였다. 그리고 백성들에게 지급된 정전도 유명무실해졌다.
④ 해동통보, 동국통보 등은 고려 시대에 발행된 화폐이다.

핵심이론 16 발해의 경제

① 수취 제도
  ㉠ 조세 : 조, 콩, 보리 등 곡물
  ㉡ 공물 : 베, 명주, 가죽 등의 특산물
  ㉢ 부역 : 궁궐, 관청 등의 건축에 농민들을 동원
② 발해의 귀족 생활 : 대토지를 소유, 당의 비단, 서적 등을 수입하여 화려한 생활
③ 농업의 발달 : 밭농사 중심, 일부 지역 벼농사, 목축 · 수렵의 발달
④ 수공업의 발달 : 금속 가공업, 직물업과 도자기업, 많은 철 생산, 품질 좋은 구리 생산
⑤ 상업의 발달 : 상경 용천부 등 도시와 교통 요충지에 발달, 현물 화폐와 외국 화폐 함께 사용
⑥ 무역의 발달
  ㉠ 당 : 해로 · 육로 이용, 발해관 설치
  ㉡ 일본 : 외교 관계를 중시하여 교류 활발
    • 수출품 : 모피 · 인삼 등 토산물, 불상 · 자기 등 수공업품
    • 수입품 : 귀족의 수요품인 비단, 책 등

[핵심예제]

발해의 경제상황에 관한 설명으로 잘못된 것은? [예상 문제]

① 농업은 밭농사 중심이었으나 벼농사를 하는 지역도 있었다.
② 수공업이 발달하여 금속 가공업, 직물업, 도자기업 등이 성행했다.
③ 당, 일본 등과 활발한 무역을 전개하였다.
④ 주요 수입품으로는 모피, 불상, 자기 등이 있다.

정답 ④

해설

모피, 인삼, 자기, 불상 등이 주요 수출품이었으며, 귀족의 수요품인 비단, 책 등이 주요 수입품이었다.

핵심이론 17 남북국 시대의 사회 구조

① 통일 후 신라 사회의 변화
  ㉠ 민족 문화의 발전 : 삼국 상호간의 혈연적 동질성과 문화적 공통성(언어, 풍습)을 바탕으로 통합된 민족 문화 발전 계기
  ㉡ 민족 통합 노력 : 백제, 고구려의 옛 지배층에게는 관직을 부여하고, 유민은 9서당에 편성
  ㉢ 통일신라의 경제력 증가
  ㉣ 전제 왕권의 강화 : 통일 전쟁 과정에서 국왕의 역할 강화, 신문왕의 일부 진골 귀족 숙청
  ㉤ 진골 귀족 사회 : 여전히 정치적 · 사회적으로 비중이 높음
  ㉥ 6두품의 활약 : 학문적 식견과 실무 능력 바탕으로 국왕 보좌 → 신분적 제약으로 고위직 진출 한계
  ㉦ 골품 제도의 변화 : 하위 신분층은 점차 희미 → 3두품에서 1두품 사이의 구분 의미 상실
② 통일신라인의 생활
  ㉠ 도시 중심의 귀족 생활
    • 금성(경주) : 정치와 문화의 중심지
    • 5소경 : 과거 백제, 고구려, 가야의 지배층과 이주한 신라 귀족 거주 → 지방 문화의 중심지
  ㉡ 금성의 모습
    • 구획된 시가지 : 궁궐, 관청, 사원, 귀족의 저택과 민가(17만호), 기와 지붕, 숯 사용
    • 소비 도시 : 전국의 조세와 특산물, 국제 무역품의 집산지
  ㉢ 귀족의 생활 : 호화로운 생활, 대토지와 목장 소유, 고리대업에서 소득, 불교 후원
  ㉣ 평민의 생활 : 대부분 자영농, 가난한 농민은 귀족의 토지를 빌려 경작, 귀족의 빚을 갚지 못한 자는 노비로 전락
③ 통일신라 말의 사회 모순
  ㉠ 신라 말기 상황 : 자영농의 몰락
  ㉡ 호족의 등장 : 지방 유력자들이 곳곳에서 무장 조직 결성

㉢ 정부의 노력 : 수리 시설 정비, 심한 재해 지역에 조세 면제, 구휼 정책 추진, 해적으로부터의 농민 보호 → 효과를 거두지 못함
㉣ 농민의 봉기 : 소작농이 되거나 유랑 농민으로 전락, 걸식, 화전 → 일부는 노비로 전락
㉤ 정치적 혼란 : 귀족들의 정권 다툼, 중앙정부의 통치력 약화로 인한 신흥세력 성장
㉥ 사원 경제의 확대 : 대토지 소유 → 불교의 타락
㉦ 6두품의 개혁(최치원의 시무 10조) : 왕실, 귀족들로부터 배척되어 반신라적 경향, 은둔

④ **발해의 사회 구조**

㉠ 사회 구성
- 지배층 : 왕족 대씨, 귀족 고씨 등 고구려계
- 피지배층 : 대부분 말갈인(농민, 노비 구성) → 말갈 내부 조직 보존

㉡ 지식인 구성
- 당의 빈공과에 응시
- 3성 6부제 수용, 당의 수도 장안성 모방(당 제도와 문화 수용)

[핵심예제]

다음 내용의 인물과 관련이 없는 것은? [2015년 특별]

> 그는 당나라에 유학하여 빈공과에 합격하고, 이름을 날린 뒤 고국에 돌아와 자신의 뜻을 펴보려 했으나, 출세하지 못하고 외직으로 나가 태수가 되었다. 시무책(時務策) 10개조를 올렸으나 받아들여지지 않았다.

① 골품제라는 신분제 때문에 정치활동에 제약이 많았다.
② 3최(崔) 중 한 사람으로 문집 계원필경 20권을 저술하였다.
③ 득난이라고도 하여 진골 다음가는 일반 귀족 신분이었다.
④ 북원(원주)지방의 도적 집단을 규합하여 호족이 되었다.

정답 ④

해설

보기의 내용은 최치원에 대한 설명이다.
④ 후고구려를 건국한 궁예에 대한 설명이다.

핵심이론 18 고대의 문화 – 유학

① **한자의 보급과 교육**

㉠ 철기 시대부터 한자 사용 : 삼국 시대 → 한문의 토착화(향찰, 이두)로 한문학 널리 보급, 중국 양나라 옥편, 문선, 천자문 등의 전래로 한문 전파 이바지

㉡ 교육기관
- 고구려 : 태학(수도, 유교경전과 역사서), 경당(지방, 한학과 무술)
- 백제 : 5경 박사, 의 · 역박사(유교경전과 기술학), 북위에 보낸 국서와 사택지적비문(세련된 문장)

[사택지적비]

백제 의자왕 대의 인물인 대좌평 사택지적이 절을 짓고 세운 비이다. 격조 높은 문체와 서법은 백제의 수준 높은 문화를 잘 보여주며, 백제인들의 도교 사상도 알 수 있다.

- 신라 : 임신서기석(유교 경전 학습을 했다는 사실을 알 수 있음)
- 통일신라
  - 국학 설립(신문왕) : 국립대학, 유교통치이념 학습, 충효일치의 윤리 강조
  - 독서삼품과(원성왕) : 국학의 학생들을 성적(유교경전학습)별로 3등급으로 구분하여 관리로 채용하는 제도, 학문과 유학을 널리 보급하는 데 이바지
- 발해 : 주자감 설립(귀족 자제들에게 유학 경전 교육)

② **역사 편찬과 유학의 보급**

㉠ 역사서 편찬의 목적 : 학문의 발달과 중앙 집권적 체제가 정비됨에 따라 국가와 왕실의 권위를 높이며 백성들의 충성심을 모으기 위해 편찬

㉡ 역사서 편찬
- 고구려(영양왕) : 이문진의 〈신집〉 5권(고구려 초기에 지어진 100권의 역사서 〈유기〉를 간추려 정리)
- 백제(근초고왕) : 박사 고흥의 〈서기〉
- 신라(진흥왕) : 거칠부의 〈국사〉

㉢ 신라의 대표적인 유학자
- 김대문 : 〈화랑세기〉, 〈고승전〉, 〈한산기〉 → 신라 문화를 주체적으로 인식
- 강수 : 외교 문서에 능함 → 문장으로 관계에 진출한 최초의 본격적인 유교적 문인
- 설총 : 경학에 능함, 이두 정리, 〈화왕계〉 저술(도덕정치 강조)
- 최치원 : 당의 빈공과 급제, 시무 10조 건의, 도당 유학생, 〈계원필경〉 등 저술

더 알아보기

최치원

당나라에 유학하고, 빈공과에 합격하여 당나라 관리로 활약하였으며, 879년 황소의 난 때 〈토황소격문〉을 지어 문장가로서 이름을 떨쳤다. 이후 신라에 귀국하여 골품제를 비판하며 894년 시무책 10여 조(條)를 진성여왕에게 상소하였으나 진골들의 견제로 중앙 관직에서 물러났다. 글씨를 잘 썼으며 〈난랑비서문〉은 신라 시대의 화랑도를 말해주는 귀중한 자료이기도 하다. 저서로는 〈계원필경〉 등이 있다. 신라 말부터 고려 초를 거치면서 당대 최고의 학자로 최치원, 최승우(후백제), 최언위(고려)를 나말여초의 '3최'라고 한다. 이들은 경주 최씨이고, 당나라에 유학한 6두품 지식인들이었다.

㉣ 발해의 유학 : 당에 유학생 파견 → 빈공과에 급제자 다수 나옴

핵심예제

삼국 시대에 편찬된 역사책이 아닌 것은? [2019년]

① 서 기
② 국 사
③ 신 집
④ 화랑세기

정답 ④

해설

〈화랑세기〉는 통일신라 시기 김대문이 화랑들의 전기를 모아서 편찬한 책이다.

핵심이론 19 고대의 문화 – 종교

① 불교의 수용

㉠ 불교 전래 시기 : 중앙 집권 체제 확립과 통합 노력의 시기

㉡ 삼국의 불교 수용
- 고구려 : 전진에서 수용(소수림왕, 372)
- 백제 : 동진에서 수용(침류왕, 384)
- 신라 : 고구려를 통해 전래(눌지왕, 475)
  → 법흥왕 때 공인(527, 이차돈의 순교)

㉢ 불교의 역할
- 국가 이념 : 새로운 국가 정신 확립, 이념적으로 왕권 강화 뒷받침, 선진 문화 수용 → 새로운 문화 창조의 역할
- 국가 통치 : 불교식 왕명 사용, 원광의 세속오계

㉣ 신라의 불교 중심 교리
- 업설 : 과거 많은 선행과 불덕을 쌓아 현재에 태어남(왕의 권위와 귀족의 특권 정당화)
- 미륵불 : 진흥왕 때 조직화된 화랑 제도와 밀접한 관련을 가지면서 신라에 정착

㉤ 도교 전래
- 산천 숭배나 신선 사상과 결합 → 귀족 사회에 반영
- 백제의 산수무늬벽돌과 금동대향로, 고구려의 사신도 등에 영향

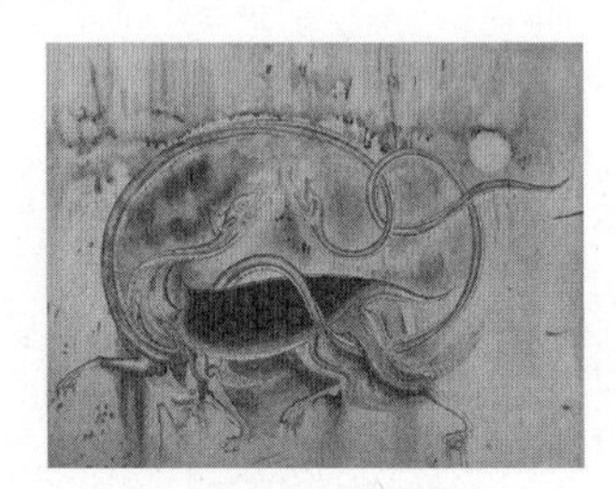

[강서대묘의 현무도]

② 불교 사상의 발달

㉠ 신라의 불교 사상 : 삼국의 문화를 종합하여 한민족 문화의 토대를 마련한 7세기 후반에 정립, 삼국 불교의 유산 토대, 중국과의 교류

㉡ 원 효
- 불교의 사상적 이해 기준을 확립 : 〈대승기신론소〉, 〈금강삼매경론〉 등 저술
- 십문화쟁론 : 일심사상(모든 것은 한마음에서 나옴)을 바탕으로 종파 간의 사상적 대립을 조화시키고, 분파 의식 극복과 화합을 이루기 위한 화쟁사상 주장
- 아미타신앙(극락에 가고자 함)의 전도 : 불교의 대중화

㉢ 의 상
- 화엄사상 정립 : 상호 의존적인 관계에 있고, 서로 조화를 이룸 → 〈화엄일승법계도〉 저술
- 화엄사상을 바탕으로 교단 형성 : 제자 양성, 경북 영주 부석사, 강원 양양 낙산사 등 사찰 건립

[영주 부석사 무량수전]

[양양 낙산사 7층 석탑]

- 현세에서 구원받고자 하는 관음신앙 주도 : 이 시기부터 불교가 널리 알려짐

> **더 알아보기**
>
> **의상대사**
>
> 통일신라 시대 경상남도 양산 지역에서 활동하며 화엄종을 개창한 승려이다. 문무왕(676년)의 명으로 부석사를 창건하고, 일승화엄종을 개창하기 시작하였다. 그 후 많은 화엄종장(華嚴宗匠)을 배출하여 3천 명의 제자가 있었다.

㉣ 자장 : 선덕여왕에게 황룡사 9층 목탑의 건립을 건의, 당으로 가 불법을 구함, 통도사 창건, 금강 계단 설치 등

㉤ 혜초 : 〈왕오천축국전〉 저술(인도와 중앙아시아의 풍물 기록)

㉥ 발해의 불교 : 고구려 불교 계승, 왕실과 귀족 중심으로 성행, 수도 상경에서 절터, 불상, 사원 발견

③ **선종과 풍수지리설**

㉠ 선 종

- 전래 : 통일 전후 전래되었으나 신라 말기에 유행
- 성격 : 사색과 참선 중시, 개인적 정신세계를 추구하는 경향은 지방 호족의 취향에 호응, 새로운 시대의 정신적 기반이 됨
- 9산선문 성립 : 신라 말의 호족 세력과 연결되어 발전
- 영향 : 중국 문화에 대한 이해의 폭이 확대되고, 사회 변혁을 희망하던 6두품 지식인과 함께 새로운 고려 사회 건설에 사상적 바탕을 제공
- 교종과 선종
  - 교종 : 불교의 교리 · 경전 이해 중시, 진골 귀족의 호응
  - 선종 : 개인적 정신세계 추구, 지방 호족의 호응

㉡ 풍수지리설

- 전래 : 신라 말 도선과 같은 선종 승려들이 중국에서 들여옴
- 내용 : 인문지리적 학설(산세, 수세를 살펴 도읍 · 주택 · 묘지 선정), 국토의 효율적인 이용과 관련
- 영향 : 경주 중심에서 다른 지방의 중요성을 자각, 도참 신앙과 결부되어 미래를 예측 → 지방 중심의 국토 재편성 주장으로 발전

[핵심예제]

고려 시대 주요 승려들의 활동 시기가 앞선 순으로 옳게 나열된 것은? [2022년]

ㄱ. 의 천	ㄴ. 보 우
ㄷ. 지 눌	ㄹ. 균 여

① ㄱ → ㄴ → ㄷ → ㄹ
② ㄱ → ㄹ → ㄷ → ㄴ
③ ㄹ → ㄱ → ㄷ → ㄴ
④ ㄹ → ㄴ → ㄱ → ㄷ

정답 ③

해설

균여(923~973) → 의천(1055~1101) → 지눌(1158~1210) → 보우(1509~1565)

핵심이론 20 고대의 문화 – 과학 기술

① **천문학과 수학**

㉠ 천문학

- 천체 관측을 중심으로 발달 → 농경과 밀접한 관련이 있음을 인식, 왕의 권위를 하늘과 연결(고구려 별자리를 그린 천문도, 신라 선덕여왕 때의 첨성대)
- 천문 현상의 관측 기록 : 〈삼국사기〉에 일 · 월식, 혜성의 출현, 기상 이변 등을 정확히 기록

㉡ 수학 : 고구려 고분의 석실이나 천장의 구조, 백제의 정림사지 5층 석탑, 신라의 황룡사 9층 목탑(선덕여왕)과 석굴암 석굴 구조 등에 수학적 지식을 이용함

② **목판 인쇄술과 제지술의 발달**

㉠ 목판 인쇄술의 발달 : 〈무구정광대다라니경〉(8세기 중엽) → 석가탑에서 발견된 현존하는 세계 최고(最古)의 목판 인쇄물, 경덕왕 10년(751)의 것으로 추정

㉡ 제지술의 발달 : 닥나무를 사용, 뛰어난 품질 → 구례 화엄사 석탑의 두루마리 불경 등

㉢ 통일신라의 기록 문화 발전에 크게 기여

③ **금속 기술의 발달**

㉠ 청동기 시대와 철기 시대의 기술을 계승하여 높은 수준으로 발달

㉡ 고구려 : 제철기술 발달 → 철광석이 풍부, 고분 벽화의 제철그림

㉢ 백제 : 칠지도(4세기 후반, 강철로 제작, 금으로 글씨 상감 → 백제와 왜의 교류 관계를 보여줌), 금동대향로(뛰어난 금속 공예 기술) 등

㉣ 신라 : 금관(금 세공 기술 발달, 금관총 · 서봉총 · 금령총 · 천마총 · 황남대총 · 경주 교동)

㉤ 통일신라 : 성덕대왕신종(금속 주조 기술 발달)

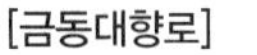

[금동대향로]

[칠지도]

[성덕대왕신종]

④ 농업 기술의 혁신

㉠ 철제 농기구의 사용 : 쟁기, 호미, 괭이 등을 이용해 깊이갈이로 지력 회복, 잡초 제거 효과 → 농업 생산력 증대

㉡ 삼국의 농업 기술

- 고구려 : 일찍부터 쟁기갈이 실시, 4세기경 고구려 지형과 풍토에 맞는 보습 사용
- 백제 : 4~5세기경 크게 발전, 수리 시설 확충, 철제 농기구 개량
- 신라 : 5~6세기경 우경 실시(지증왕)

핵심예제

다음 중 금관이 발견된 유적을 모두 고른 것은? [2018년]

ㄱ. 장군총	ㄴ. 천마총
ㄷ. 정효공주묘	ㄹ. 황남대총

① ㄱ, ㄷ ② ㄱ, ㄹ
③ ㄴ, ㄷ ④ ㄴ, ㄹ

정답 ④

해설

금관은 전 세계에서 현재까지 총 10여 점이 발견되었는데, 그 중에서 6개가 신라의 금관이다. 신라의 금관은 금관총, 서봉총, 금령총, 천마총, 황남대총, 경주 교동 고분에서 출토되었다.

핵심이론 21 고대의 문화 – 고분

① 각 나라의 고분

㉠ 고구려

- 돌무지무덤(초기) → 굴식 돌방무덤(후기)
  - 돌무지무덤 : 돌로 쌓아 만든 무덤, 청동기 시대부터 삼국 시대까지 만들어짐(장군총)

[장군총]

  - 굴식 돌방무덤 : 돌로 1개 이상의 방을 만들고 그것을 통로로 연결한 무덤, 앞방과 널방으로 구분한 것이 일반적, 벽화를 그려 넣은 것이 특징

㉡ 백 제

- 한성 시기 : 계단식 돌무지무덤(서울 석촌동 → 백제 건국 세력이 고구려 계통임을 알 수 있음)
- 웅진 시기 : 굴식 돌방무덤, 벽돌무덤(무령왕릉 → 중국 남조의 영향)

더 알아보기

백제 무령왕릉의 특징

[무령왕릉]

- 중국 남조의 영향을 받은 것이다.
- 전돌(벽돌)로 만들어진 무덤방이 있으며, 벽돌(연화무늬)로 방을 만들어서 그 안에 관을 넣었다.
- 왕과 왕비가 합장된 무덤이다.
- 연대를 확실히 알 수 있는 지석이 발견되었으며, 지석이 발견된 삼국 시대의 유일한 왕릉이다.
- 벽화가 없고, 많은 출토품이 발견되었다.

• 사비 시기 : 세련된 굴식 돌방무덤(부여 능산리 고분군)

㉢ 신라 : 돌무지 덧널무덤(천마총)

㉣ 통일신라

• 불교의 영향으로 화장 유행

• 굴식 돌방무덤(봉토 주위에 둘레돌을 두르고 12지 신상 조각)

㉤ 발해 : 굴식 돌방무덤(정혜공주 묘 → 모줄임 천장 구조, 고구려 영향)

② 고분 벽화

㉠ 당시의 생활, 문화, 종교를 파악하는 데 도움이 됨

㉡ 고구려 : 초기에는 무덤 주인의 생활 표현(사냥 그림)에서 점차 상징적 표현(사신도)으로 바뀜, 무용총의 사냥그림 · 강서대묘의 사신도 등

㉢ 백제 : 부드럽고 온화한 기풍의 사신도

[핵심예제]

다음 유적에 관한 설명으로 옳지 않은 것은? [2017년]

[무령왕릉]

① 중국 남조 문화의 영향을 받았다.
② 무덤에서 묘지석이 발견되었다.
③ 왕과 왕비가 합장되었다.
④ 사비 시기에 만들어진 돌방무덤이다.

정답 ④

해설

제시된 유적은 무령왕릉이다. 무령왕릉은 웅진 시기에 만들어진 벽돌무덤이다.

핵심이론 22 고대의 문화 – 건축과 탑

① 삼국의 건축과 탑

㉠ 궁궐 : 안학궁 → 고구려 장수왕이 평양에 건립

㉡ 사원 : 신라의 황룡사(진흥왕), 백제의 미륵사(무왕)

㉢ 탑 : 백제의 익산 미륵사지 석탑(목탑 양식)과 부여 정림사지 5층 석탑, 신라의 황룡사 9층 목탑(선덕여왕)과 경주 분황사 모전 석탑

더 알아보기

유네스코 세계문화유산으로 등재된 백제역사유적지구

• 공주(웅진)지역 : 공산성, 송산리 고분군
• 부여(사비)지역 : 관북리 유적 및 부소산성, 능산리 고분군, 정림사지, 부여 나성
• 익산지역 : 왕궁리 유적, 미륵사지

② 통일신라의 건축과 탑

㉠ 사원 : 불국사 → 불국토의 이상을 조화와 균형 감각으로 표현

㉡ 석탑 : 이중 기단 위에 3층 석탑(경주 감은사지 동 · 서 3층 석탑, 석가탑, 다보탑 등), 승탑(팔각원당형, 승려의 사리 봉안)과 탑비(승려의 일대기 기록)

③ 발해 : 당의 수도 장안성을 모방한 상경(주작 대로, 온돌 장치)

[익산 미륵사지 석탑]

[경주 분황사 모전 석탑]

[경주 불국사 삼층석탑(석가탑)]

[핵심예제]

다음 중 신라에서 조성된 탑을 모두 고른 것은? [2020년]

ㄱ. 황룡사 9층 목탑
ㄴ. 미륵사지 석탑
ㄷ. 정림사지 5층 석탑
ㄹ. 분황사 모전 석탑

① ㄱ, ㄴ
② ㄱ, ㄹ
③ ㄴ, ㄷ
④ ㄷ, ㄹ

정답 ②

해설

ㄴ · ㄷ. 백제의 대표적인 석탑이다.

※ 실제 기출에서는 '신라 시대에 조성된 탑을 모두 고른 것은?'으로 출제되었으나, '신라 시대'라는 표현의 범위가 명확하지 않아 최종정답에서 전항 정답 처리되었다.

핵심이론 23 고대의 문화 – 예술

① 불상 조각과 공예

㉠ 불상 조각에서 미륵반가사유상 제작이 두드러짐

㉡ 불상 : 금동연가7년명여래입상(고구려), 서산 용현리 마애여래삼존상(백제), 경주 배동 석조여래삼존입상(신라), 경주 석굴암 본존불과 보살상(통일신라)

㉢ 조각 : 통일신라 무열왕릉비 받침돌(거북 조각), 불국사 석등과 보은 법주사 쌍사자 석등, 발해의 벽돌과 기와무늬(고구려의 영향), 발해석 등

㉣ 범종 : 상원사종과 성덕대왕신종(통일신라)

[금동연가7년명 여래입상]

[서산 용현리 마애여래삼존상]

[금동미륵보살 반가사유상]

[보은 법주사 쌍사자 석등]

② 글씨 · 그림과 음악

㉠ 글씨 : 광개토대왕릉비문(고구려, 웅건한 서체), 김생(신라의 독자적 서체 개발)

㉡ 그림 : 천마총의 천마도(신라), 솔거(신라의 대표 화가)의 노송도

[경주 천마총 장니 천마도]

㉢ 음악 : 백결의 방아타령(신라), 왕산악의 거문고(고구려), 우륵의 가야금과 12악곡(가야)

③ 한문학과 향가
  ㉠ 한시 : 황조가, 을지문덕의 오언시(고구려), 회소곡(신라), 정읍사(백제), 구지가(작자 · 연대 미상의 고대 가요)
  ㉡ 향가 : 승려와 화랑들이 주로 지음, 혜성가(신라), 888년(진성여왕 2)에 위홍과 대구화상이 왕명을 받아 향가집 〈삼대목〉 편찬
  ㉢ 발해의 한문학 : 4 · 6 변려체(정혜공주와 정효공주의 묘지)

핵심예제

삼국 시대 예술에 관한 설명으로 옳은 것은? [2016년 특별]

① 천마도는 솔거가 그렸다.
② 12악곡은 왕산악이 지었다.
③ 거문고는 우륵이 만들었다.
④ 방아타령은 백결선생이 지었다.

정답 ④

해설

① 천마도는 신라의 천마총에서 발견된 유물 그림이다. 솔거는 신라의 화가로 대표적인 작품은 황룡사의 〈노송도〉이다.
② 12악곡은 가야에서 신라로 귀부하여 가야금을 전파한 우륵이 만들었다.
③ 거문고는 고구려의 왕산악이 만들었다.

핵심이론 24 일본에 전파된 고대의 문화

① 삼국 문화의 일본 전파
  ㉠ 삼국문화 : 아스카(飛鳥) 문화 → 중앙집권에 영향
  ㉡ 고구려 : 담징(유교의 5경, 종이 · 먹의 제조법, 호류사의 금당벽화 그림), 혜자(쇼토쿠 태자의 스승), 혜관(불교 전파) → 다카마쓰 고분 벽화(수산리 고분 벽화와 흡사)
  ㉢ 백 제
    • 아직기(한자), 왕인(천자문, 논어), 칠지도, 불교
    • 성왕 때 5경박사 · 의박사 · 역박사의 활약, 노리사치계(불상과 불경 전파) → 백제 가람 양식 유행
    • 일본 고류사 목조미륵보살반가사유상, 호류사 백제관음상에 영향을 끼침
    • 일본 문화 발전에 가장 크게 기여
  ㉣ 신라 : 배 만드는 기술, 제방 쌓는 기술 전파 → 한인의 연못
  ㉤ 가야 : 스에키 토기
② 일본에 건너간 통일신라 문화
  ㉠ 불교와 유교 문화의 전래 : 하쿠호 문화 성립에 기여
  ㉡ 심상 : 의상의 화엄사상 전래 → 일본 화엄종 성립에 영향

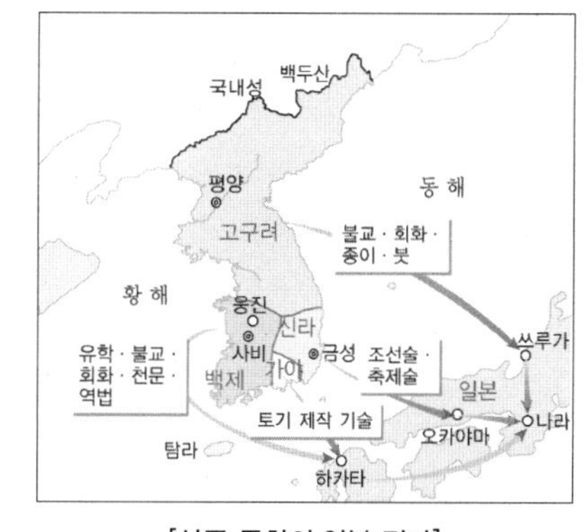

[삼국 문화의 일본 전파]

삼국의 문화는 왜로 전파되어 일본의 고대 아스카 문화와 고대 국가 성립을 비롯한 많은 부분에 크게 이바지하였다.

[핵심예제]

삼국과 일본의 문화 교류 내용으로 옳지 않은 것은?

[2015년 정기]

① 백제의 노리사치계는 불교를 전해주었다.
② 신라는 조선술과 축제술 등을 전해주었다.
③ 백제의 왕인은 천자문과 논어를 전해주었다.
④ 고구려의 담징은 천문학과 역법을 전해주었다.

정답 ④

해설

고구려의 담징은 유교 5경, 종이와 먹, 그리고 호류사 금당 벽화를 일본에 전해주었다.

제2절 고려의 성립과 발전

핵심이론 25 중세 사회의 성립 – 고려의 건국

① 고려의 성립과 민족의 재통일

㉠ 왕건의 등장 : 송악 지방의 호족 출신으로 예성강 유역의 해상 세력과 힘을 합쳐 지배력 강화

㉡ 고려의 건국(918) : 왕건은 국호를 고려라 하고 송악에 도읍을 정함

㉢ 민족의 재통일 : 신라에 우호책(경순왕 귀순으로 신라 병합, 935), 후백제 격파(936), 발해 멸망(926) 후 발해 유민을 수용하여 민족의 재통일 완성(민족의 완전한 재통합)

② 태조의 정책(918~943)

㉠ 태조의 주요 정책
- 백성의 생활안정 도모와 민심 획득
- 개혁 정치 · 북진 정책 추진
- 지방 세력 견제 및 호족 통합
  - 사성(賜姓) 정책 : 호족에게 왕씨 성 하사
  - 혼인 정책 : 유력한 호족의 딸을 왕비로 맞이
  - 역분전 지급 : 호족과 공신에게 논공행상으로 지급한 토지
  - 기인 제도 : 호족의 자제를 개경에 인질로 삼음
  - 사심관 제도 : 지방에 연고가 있는 관리에게 그 지방을 다스리도록 함

㉡ 왕실의 안정 도모 : 〈훈요 10조〉, 〈정계〉, 〈계백료서〉 반포

㉢ 왕위 계승 분쟁 발생 : 고려 초에는 독자적 세력을 가진 호족 출신 공신들의 세력이 강함 → 왕규의 난

③ 광종의 개혁 정치(949~975)

㉠ 주현 공부법 실시 : 국가 수입 증대 도모

㉡ 노비안검법 실시(956) : 불법적인 노비의 해방으로 공신과 호족의 경제적 · 군사적 기반 약화, 국가 재정 확충과 왕권 강화

㉢ 과거 제도 실시(958) : 성적에 따라 관리 채용(신 · 구 세대 교체)

㉣ 백관의 공복 제도 실시 : 관료의 기강 확립, 자 · 단 · 비 · 록으로 구분
㉤ 전제 왕권 확립 : 공신과 호족 세력 숙청, 스스로 황제라 칭하고 개성을 황도로 격상, 자주적 연호(광덕, 준풍) 사용
㉥ 귀법사 창건(균여) : 불교사상의 통합과 지지 세력 확보
㉦ 개혁 정치의 의의 : 왕권 강화와 고려 통치 체제 확립의 토대 마련

④ 성종의 유교적 정치 질서의 강화(981~997)
㉠ 유교 정치 실현 : 최승로의 시무 28조(불교 행사 억제, 지방관 파견 등 주장) → 통치 체제 정비
㉡ 지방관 파견 : 12목 설치, 향리 제도(지방 중소 호족을 향리로 편입) 마련
㉢ 유학 교육 진흥 : 국자감 정비, 경학 · 의학 박사 파견, 과거 제도 정비
㉣ 중앙 관제 마련 : 2성 6부제(당 제도 기반) 중심

더 알아보기

최승로의 시무 28조
- 우리나라에서는 봄에 연등회를 개최하고 겨울에는 팔관회를 열어서 사람들을 동원하여 힘든 일을 많이 시키니 원컨대 이를 줄여서 백성들이 힘을 펴게 하십시오.
- 불교를 믿는 것은 자신을 다스리는 근본이며 유교를 행하는 것은 나라를 다스리는 근원을 구하는 것입니다. 자신을 다스리는 것은 내세에 복을 구하는 일이며, 나라를 다스리는 것은 오늘의 급한 일입니다. 오늘은 아주 가까운 것이요. 내세는 지극히 먼 것입니다. 가까운 것을 버리고 먼 것을 구하는 것은 또한 그릇된 것 아니겠습니까?

[핵심예제]

고려 초기 중앙집권 체제를 구축하기 위해 시행한 정책을 바르게 나열한 것은? [2015년 특별]

① 노비안검법 – 음서제
② 백관의 공복 제정 – 광덕 연호 사용
③ 기인제 – 정동행성 설치
④ 과거제 – 교정도감 설치

정답 ②

해설

고려 초기 중앙집권 체제는 왕권을 강화하여 중앙관료체제와 지방관체제를 구축하는 정책이다. 고려 태조는 호족 융합 정책, 광종은 전제 왕권을 형성하여 강력한 중앙집권을 추구하였다.

핵심이론 26 고려의 통치 체제

① 중앙 정치 조직(2성 6부)

<table>
<tr><th colspan="2">구 분</th><th>기 능</th><th colspan="2">비 고</th></tr>
<tr><td rowspan="8">2성</td><td rowspan="2">중서
문하성
(문하시중)</td><td rowspan="2">최고 정치 기구,
정책 심의 · 결정,
국정 총괄</td><td colspan="2">재신(백관 통솔,
국가 중요정책 총괄)</td></tr>
<tr><td colspan="2">낭사(간쟁, 봉박, 서경)</td></tr>
<tr><td rowspan="6">상서성</td><td rowspan="6">실질 행정 업무
(정책 집행),
상서도성과
6부로 구성</td><td rowspan="6">6부</td><td>이 부</td></tr>
<tr><td>병 부</td></tr>
<tr><td>호 부</td></tr>
<tr><td>형 부</td></tr>
<tr><td>예 부</td></tr>
<tr><td>공 부</td></tr>
<tr><td colspan="2">중추원</td><td>왕명출납,
군사기밀 담당</td><td colspan="2">–</td></tr>
<tr><td colspan="2">어사대</td><td>관리 비리 감찰</td><td colspan="2">–</td></tr>
<tr><td colspan="2">삼 사</td><td>화폐 · 곡식의
출납에 대한
회계 업무</td><td colspan="2">–</td></tr>
<tr><td colspan="2">도병마사</td><td>국가 군사 기밀,
국방 문제 합의
→ 기능 강화,
국사 전반에 관여</td><td colspan="2" rowspan="2">재신과 추밀 구성
(고려의 독자성,
고려 귀족 정치의 특징)</td></tr>
<tr><td colspan="2">식목도감</td><td>법 제정 및
각종 시행 규정</td></tr>
</table>

㉠ 고려 시대의 대간 : 어사대와 중서문하성의 낭사로 구성, 서경 · 간쟁 · 봉박의 임무를 담당하면서 왕권과 신권의 조화 추구 → 정치 권력 간의 견제와 균형 역할 담당

- 서경 : 왕의 관리 임명 · 법령 개폐 시 동의권, 국왕의 독재 견제
- 간쟁 : 왕에게 직언
- 봉박 : 왕의 조칙이 부당할 경우 되돌려 보냄

㉡ 재신(중서문하성의 2품 이상)과 추밀(중추원의 2품 이상) : 중앙 정치운영에서 가장 핵심적인 위치

② 지방 행정 조직의 정비

㉠ 행정 구역 : 5도 양계, 경기로 구분 → 3경 · 4도호부 · 8목과 군 · 현 · 진 등 설치

㉡ 지방 행정 제도의 특징

- 5도 : 안찰사 파견, 주와 군 · 현 설치, 지방관 파견
- 양계 : 병마사 파견, 군사적 요충지에 진 설치
- 주현과 속현 : 지방관이 파견된 주현보다 지방관이 파견되지 않은 속현이 더 많음
- 특수 행정 구역 : 향 · 소 · 부곡
- 향리 : 향촌 사회의 지배층인 토착민, 실제 행정 업무 담당하여 영향력이 강함

③ 군역 제도와 군사 조직

㉠ 중앙군 : 2군(왕 친위 부대), 6위(수도 · 국경 경비) → 직업 군인(군인전 지급, 직역 세습, 군공을 통한 신분 상승 가능)

㉡ 지방군 : 주진군(양계에 주둔한 상비군)과 주현군(5도의 일반 군현에 주둔) → 군적에 오르지 못한 16세 이상의 일반 농민

④ 관리 등용 제도

㉠ 과거 제도 : 양인 이상 응시 가능하였으나, 사실상 농민은 응시하지 못했음

- 제술과 · 명경과(문관 등용 시험) : 귀족, 향리 자제 응시
- 잡과(기술관 등용 시험) : 백정 · 농민 응시

㉡ 음서 제도 : 공신 · 종실 · 5품 이상의 고위 관료의 자손 대상으로 과거 없이 임용 → 고려 관료 체제의 귀족적 특성 반영

[핵심예제]

고려의 정치기구에 관한 설명으로 옳지 않은 것은? [2017년]

① 중서문하성이 최고의 정무기구였다.
② 상서성은 상서도성과 6부로 구성되었다.
③ 중추원은 국방, 대외문제를 논의하는 회의 기구였다.
④ 당, 송 제도의 영향을 받았으나 고려 독자의 기구도 있었다.

정답 ③

해설

중추원은 왕명 출납과 군사 기밀을 담당하는 기구이다. 국방과 대외문제를 논의하는 기구는 도병마사이다.

핵심이론 27 고려 전기 대외 관계

① 거란의 침입과 격퇴

㉠ 제1차 침입(성종, 993) : 서희가 소손녕과 담판하여 외교적 승리를 거둠 → 강동 6주 획득

㉡ 제2차 침입(현종, 1010) : 강조가 정변을 일으켜 목종 폐위하고 현종 옹립(1009) → 거란에 고려 침입 정당화 빌미 제공 → 거란의 2차 침입 → 강조의 패배로 개경까지 함락 → 양규의 활약

㉢ 제3차 침입(현종, 1018) : 소배압이 10만 대군을 이끌고 개경 부근까지 침입 → 강감찬이 귀주에서 거란군 섬멸(귀주대첩)

㉣ 전란의 영향 : 고려 · 송 · 요 사이의 세력 균형 유지, 나성 축조, 천리장성 축조(압록강 입구~동해안의 도련포), 초조대장경 조판

② 여진 정벌과 9성 개척

㉠ 별무반 조직 : 윤관의 건의에 따라 편성(신기군, 신보군, 항마군 3개 조직)

㉡ 여진 정벌 : 예종 때 윤관은 별무반 17만 군대로 여진족을 토벌(1107)하여 동북 9성 개척

㉢ 금의 건국 : 여진족은 세력을 강화하여 만주 일대를 장악한 후 국호를 금이라 정함(1115)

㉣ 금의 압력 : 군신 관계 요구, 금의 요구를 수락하는 사대 외교 추진 → 북진정책 좌절

[핵심예제]

고려의 대외항쟁에 관한 설명으로 옳은 것은? [2017년]

① 서희가 거란 장수 소손녕과 담판을 벌여 북서 4군을 확보하였다.
② 강감찬이 귀주에서 여진족을 크게 물리쳤다.
③ 윤관이 별무반을 이끌고 거란을 정벌하여 동북 9성을 설치하였다.
④ 김윤후와 처인 부곡의 주민들이 힘을 합쳐 몽골 살리타의 군대를 물리쳤다.

정답 ④

해설

① 서희는 거란 장수 소손녕과 담판하여 강동 6주를 확보하였다.
② 강감찬은 귀주에서 거란족을 크게 물리쳤다.
③ 윤관은 별무반을 이끌고 여진을 정벌하여 동북 9성을 설치하였다.

핵심이론 28 고려의 문벌 귀족 사회

① 문벌 귀족 사회의 성립

㉠ 새로운 지배 세력의 형성 : 지방 호족 출신, 신라 6두품 계통의 유학자 → 중앙 정치에 참여

㉡ 문벌 귀족 사회 형성 : 호족 · 6두품 계통의 자손들도 대를 이어 중앙 정치에 참여, 문벌의 자손들은 과거나 음서를 통해 관직 독점, 과전을 받고 공음전의 혜택을 받아 특권을 누림

㉢ 귀족 사회의 폐단과 모순 노출(문종~인종) : 이자겸의 난, 묘청의 서경 천도 운동

② 이자겸의 난과 서경 천도 운동

㉠ 이자겸의 난(1126) : 인종 때 권력을 장악하고 있던 외척 세력인 이자겸이 척준경과 함께 난을 일으켰으나 실패 → 고려 전기의 문벌 귀족 사회가 붕괴되는 발단

㉡ 묘청의 서경 천도 운동(1135)

- 개요 : 서경파가 몰락하고 개경파 득세, 김부식 등 보수적 문벌 귀족들은 자신의 세력을 더욱 강화하여 문신 위주의 문벌 귀족 체제를 굳혀 나가 무신 정변이 일어나는 배경을 만듦, 김부식에 의해 1년 만에 진압
- 성격 : 귀족 내부의 모순, 지역의 대립, 전통사상과 유교 사상의 대립, 금의 압력에 대한 반발
- 결과 : 서경의 분사제 폐지, 숭문천무 조장, 북진정책 좌절

㉢ 의의 : 문벌 귀족 사회 내부의 모순 표출

더 알아보기

서경 천도 운동 당시 개경파와 서경파의 대립

구 분	개경파(김부식)	서경파(묘청, 정지상)
성 격	중앙의 문벌 귀족	지방 출신의 개혁적 관리
정 치	서경 천도 반대, 금에 사대	서경 천도, 칭제건원, 금국 정벌(북진 정책)
특 징	사회 질서 확립, 민생 안정	자주적인 혁신 정치
역사 의식	신라 계승 의식	고구려 계승 의식
사 상	사대적 유교 사상(훈고학)	불교, 풍수지리설, 자주적 전통 사상

핵심예제

묘청의 난에 관한 설명으로 옳지 않은 것은? [2015년 정기]

① 윤관에 의해 진압되었다.
② 풍수도참설이 이용되었다.
③ 금나라 정벌을 주장하였다.
④ 칭제건원(稱帝建元)을 주장하였다.

정답 ①

해설

1135년 인종 때 발생한 묘청의 난은 개경파 김부식에 의해 진압되었다.

핵심이론 29 무신 정권 시기

① **무신정변(1170)** : 보현원 놀이 때 정중부, 이의방 등이 정변을 일으켜 다수의 문신들을 죽이고 의종을 폐하여 거제도로 귀양 보낸 후 명종을 세움(정중부의 난)

② **무신 정권 시기 권력자**

권력자	기 간		권력 기구
이의방	1170~1174	명 종	중 방
정중부	1174~1179		중 방
경대승	1179~1183		중방 / 도방(사병 집단)
이의민	1183~1196		중 방
최충헌	1196~1219	명종~고종	교정도감
최 우	1219~1249	고 종	교정도감 · 정방
최 항	1249~1257		
최 의	1257~1258		
김 준	1258~1268	고종~원종	
임연, 임유무	1268~1270	원 종	

③ **이의방~이의민의 집권기**

㉠ 집권한 무신 사이에 치열한 권력 투쟁

㉡ 중방을 통한 집단지도체제 운영

㉢ 경대승 : 사병기관 도방 설치하여 신변 보호

㉣ 김보당의 난(1173) : 무신정권 타도 및 의종 복위를 목표로 동북면병마사 김보당이 일으킨 난

㉤ 조위총의 난(1174) : 무신정권 타도를 목표로 조위총이 평양에서 일으킨 난

④ **최씨 정권**

㉠ 최충헌 : 교정도감 설치(반대세력 제거, 비위 감찰, 국정 총괄, 1209), 도방 확대 개편, 대토지 확대, 사병 양성, 봉사 10조 제시

㉡ 최우 : 정방 설치, 서방 설치(문인 등용), 군사기반의 삼별초 조직, 문신 등용(이규보 등)

㉢ 의의 : 무신 정권의 정치적 안정

㉣ 한계 : 국가통치질서 약화, 국가발전이나 백성의 안정을 위한 노력 소홀

⑤ **무신 집권기 하층민의 봉기**

㉠ 배경 : 신분제의 동요(하층민 출신이 권력층으로 상승), 중앙 정부의 통제력 약화, 무신들의 농장 확대로 인한 농민 수탈 강화

㉡ 농민의 봉기 : 소극적 저항에서 대규모의 봉기로 전개

- 조위총의 난에 농민 가세 → 난 진압 후에도 농민 항쟁 전개
- 농민 항쟁 : 망이 · 망소이(공주 명학소)의 봉기, 김사미(운문) · 효심(초전)의 봉기

㉢ 봉기의 변화 : 1190년대 이후 경상도, 강원도 지방 중심으로 광범위하게 전개

- 성격 : 왕조 질서 부정, 지방관의 탐학을 국가에 호소
- 천민의 신분 해방 운동 : 최충헌 집권 때 만적의 봉기, 전주 관노의 봉기

[핵심예제]

29-1. 다음 사건을 발생시기가 앞선 순으로 바르게 나열한 것은? [2018년]

ㄱ. 경대승 도방정치	ㄴ. 묘청 서경천도운동
ㄷ. 최충헌 교정도감 설치	ㄹ. 삼별초 대몽항쟁

① ㄱ → ㄴ → ㄹ → ㄷ

② ㄱ → ㄷ → ㄴ → ㄹ

③ ㄴ → ㄱ → ㄷ → ㄹ

④ ㄴ → ㄷ → ㄹ → ㄱ

정답 ③

29-2. 다음 내용과 관련된 고려 무신정권기 천민의 반란은? [2014년 특별]

> 경인년과 계사년 이래 천한 무리에서 높은 관직에 오르는 경우가 많이 일어났으니, 장군과 재상이 어찌 종자가 따로 있으랴? 때가 오면 누구나 할 수 있을 것이다.

① 김보당의 난

② 망이·망소이의 난

③ 전주 관노의 난

④ 만적의 난

정답 ④

해설

29-1

ㄴ. 묘청의 서경천도운동은 1135년이다.

ㄱ. 경대승이 도방을 중심으로 권력을 장악하던 시기는 1179~1183년이다.

ㄷ. 최충헌이 교정도감을 설치했던 시기는 1209년이다.

ㄹ. 삼별초의 대몽항쟁 시기는 1270~1273년까지이다.

29-2

제시된 자료는 고려 무신집권기에 발생한 최충헌의 노비 출신인 만적의 난(1198)이다. 이는 신분해방과 정권 탈취를 목적으로 했으나 결국 실패로 끝났다.

핵심이론 30 몽골과의 전쟁

① **배경** : 몽골의 과중한 공물 요구, 몽골 사신 저고여의 피살

② **무신 정권의 항전** : 몽골의 무리한 조공 요구와 간섭에 반발 → 최씨 정권이 강화도로 천도하여 장기 항전에 대비, 팔만대장경 조판

③ **몽골과의 화의** : 최씨 정권 붕괴, 개경 환도

④ **몽골 침입의 영향**

- ㉠ 국토의 황폐와 문화재 소실 : 대구 부인사의 대장경판, 경주 황룡사 9층목탑
- ㉡ 최씨 정권에 대한 민심 이반 : 가혹한 수탈로 농촌 경제가 파탄 지경에 이름

⑤ **대몽항쟁**

- ㉠ 민중들의 항전
  - 김윤후의 처인성 전투 : 승장 김윤후의 민병이 처인성에서 적장 살리타 사살 및 승리
  - 충주 다인철소 전투 : 다인철소민이 몽고군에게 승리
- ㉡ 삼별초의 항쟁 : 개경 환도에 반발, 강화도에서 진도 용장산성(배중손), 제주도 항파두리성(김통정)으로 이동하며 여·몽 연합군에 항쟁 → 지리적 이점과 민중들의 지원으로 항전 가능

[핵심예제]

다음 중 삼별초가 항쟁한 곳을 모두 고른 것은? [2019년]

ㄱ. 강동성	ㄴ. 귀주성
ㄷ. 용장산성	ㄹ. 항파두리성

① ㄱ, ㄴ　　② ㄱ, ㄹ

③ ㄴ, ㄷ　　④ ㄷ, ㄹ

정답 ④

해설

삼별초는 배중손의 지휘 아래 ㄷ. 진도의 용장산성과 ㄹ. 제주도의 항파두리성으로 근거지를 옮기면서 3년 동안 저항하였으나 몽골군과 정부연합군에게 진압되었다.

핵심이론 31 고려 후기의 정치 변동

① **원의 내정 간섭**
㉠ 영토의 상실 : 쌍성총관부 설치(철령 이북), 동녕부 설치(자비령 이북), 탐라총관부 설치(제주도)
㉡ 관제 격하 : 3성을 첨의부로 단일화, 6부를 4사로 통합, 정동행성을 연락 기관으로 삼음, 감찰 기관인 순마소를 두었으며, 다루가치를 배치하여 내정 간섭, 일본 원정에 동원
㉢ 경제적 수탈 : 막대한 조공물 부담(금, 은, 베, 인삼, 약재) → 농민들의 고통 가중
㉣ 풍속의 변질
- 지배층을 중심으로 몽골풍 유행(변발, 몽골식 복장, 몽골어)
- 고려양(고려의 의복, 그릇, 음식 등)이 몽골에서 유행

㉤ 공녀의 공출 : 원의 요구로 처녀를 뽑아 보냄 → 조혼 풍속 유발

② **권문세족의 득세**
㉠ 전공을 세우거나 몽골 귀족과의 혼인을 통해, 또는 몽골어에 능숙하여 출세 → 친원 세력이 권문세족으로 성장
㉡ 권문세족의 수탈 → 백성의 고통 가중

③ **왜구의 침입** : 쓰시마섬 근거, 식량난으로 고려 해안(경상도, 전라도, 개경 부근)에 자주 침입 → 식량 약탈, 인명 손실 → 사회 불안 → 왜구 격퇴와 불안 해소가 국가적인 과제 → 신흥 무인세력의 성장

④ **공민왕의 개혁 정치**
㉠ 반원 자주 정책 : 친원 세력의 숙청, 정동행성의 이문소 폐지, 쌍성총관부 공격 및 수복, 몽골 풍속 금지, 요동 지방 공략
㉡ 왕권 강화 정책 : 정방 폐지, 전민변정도감 설치(신돈을 등용하여 권문세족의 폐단인 대농장과 노비 확대에 대해 개혁), 유학교육 강화, 과거 제도 정비
㉢ 공민왕의 개혁 실패 : 원의 압력과 권문세족의 반발, 신진 사대부의 세력 미약

⑤ **신진 사대부의 성장**
㉠ 신진 사대부의 성격 : 과거를 통한 진출, 유교적 소양이 높은 지방의 중소 지주 출신, 성리학 수용
㉡ 신진 사대부의 성장 : 고려 왕조를 무너뜨리고 조선 건국의 주체 세력으로 성장
㉢ 권문세족과의 대립 : 권문세족의 인사권 등으로 신진 사대부의 기반 침해 → 개혁 정치에 적극 참여

⑥ **고려의 멸망**
㉠ 위화도 회군(1388) : 명이 요동에 철령위를 설치하며 철령 이북의 땅(쌍성총관부) 요구 → 최영의 요동 정벌 단행, 이성계 4불가론을 내세워 요동정벌 반대 → 이성계의 위화도 회군으로 이성계와 신진 사대부의 정권 장악(우왕 폐위, 창왕 옹립)
㉡ 홍건적과 왜구의 침입 : 홍건적이 두 차례 침입, 쓰시마섬에 있는 해적이 침입 → 토벌 과정에서 최영, 이성계 등 신흥 무인세력 성장
㉢ 고려의 멸망 : 이성계 및 급진 개혁파 사대부의 과전법 실시(1391) → 고려 멸망, 조선 건국(1392)

[핵심예제]

위화도 회군을 전후하여 일어난 일로 옳지 않은 것은?

[2014년 정기]

① 공민왕은 명으로부터 돌려받은 쌍성총관부에 철령위를 설치하였다.
② 이성계는 4불가론을 내세워 요동정벌을 반대하였다.
③ 이성계는 위화도 회군 이후 우왕을 쫓아내고 창왕을 옹립하였다.
④ 최영은 요동정벌을 단행하여 8도도통사가 되었다.

정답 ①

해설

쌍성총관부는 철령 이북의 영토로 공민왕 때 원으로부터 수복한 지역이다. 우왕 때 명나라가 요동에 철령위를 설치하여 쌍성총관부의 영토를 요구하자 최영을 중심(8도도통사)으로 요동을 정벌하자는 주장이 대두되었다. 이에 이성계를 총대장으로 하는 요동정벌군이 출진하였지만, 4불가론을 내세우며 이성계는 위화도 회군(1388)을 일으켜 우왕을 쫓아내고 창왕을 옹립하였다.

핵심이론 32 고려의 경제 정책

① **농업 중심의 산업 발전**

㉠ 중농 정책 추진 : 민생 안정, 국가 재정 확보를 위해 생산력 증대 도모

㉡ 농민 안정책 : 재해를 입었을 때 세금 감면, 고리대의 이자 제한, 의창제를 실시

㉢ 상업 : 개경에 시전을 만들어 국영 점포 개설, 쇠 · 구리 · 은 등 금속 화폐 유통

㉣ 수공업 : 관청 수공업(기술자를 관청에 두어 무기 · 비단 등 생산) → 민간 기술자나 일반 농민을 동원하여 생산을 보조하도록 함, 소(所)에서 수공업 생산

② **국가 재정의 운영**

㉠ 재정 운영 기반 설치 : 토지 대장인 양안과 호구 작성 등 토지와 호구 조사를 근거로 조세, 공물, 부역 등을 부과

㉡ 재정 운영의 원칙 : 수취 제도를 기반으로 세움, 국가에 종사하는 사람(왕실, 중앙, 지방 관리, 향리, 군인)에게 조세를 수취할 수 있는 권리를 줌

㉢ 재정 운영 관청 설치 : 호부(인구와 토지 파악), 삼사(재정의 수입)

㉣ 재정 지출

- 관리의 녹봉 : 중앙과 지방의 문무 관료에게 지급
- 일반 비용 : 연등회나 팔관회 비용, 건물 건축이나 수리비, 왕의 하사품 등에 지출
- 왕실 경비 : 왕실의 공적 경비 등에 지출
- 국방비 : 군선이나 무기의 제조비에 지출

㉤ 관청의 운영 경비 : 공해전 지급, 토지를 받았으나 부족한 경우가 많아 필요한 비용을 관청 스스로 마련

③ **수취 제도**

㉠ 세금의 종류 : 토지에서 거두는 조세, 집집마다 부과하는 공물, 장정의 수에 따라 부과하는 역

㉡ 조 세

- 비옥한 정도에 따라 3등급으로 나누어 부과, 거두는 양은 생산량의 10분의 1
- 각 군현의 농민을 동원하여 조창까지 옮긴 후 조운을 통해 개경의 좌 · 우창으로 운반하여 보관
- 조세의 원활한 운반을 위해 문종 때 5도(군사행정 구역인 양계 제외)에 13개 조창 설치, 조운제 운영

㉢ 공물 : 집집마다 토산물을 거두는 제도, 농민들에게 공물은 조세보다 더 부담

- 상공 : 정기적 공납으로 매년 수취
- 별공 : 필요에 따라 수시로 수취

㉣ 역 : 국가에서 백성의 노동력을 무상으로 동원하는 제도(16~60세까지의 남자는 정남의 의무를 짐)

④ **전시과 제도와 토지 소유**

㉠ 토지 제도의 변천 과정

- 시정 전시과(경종, 976) : 관직의 높고 낮음과 인품 반영, 전 · 현직 관리에게 지급
- 개정 전시과(목종, 998) : 인품은 제외하고 관직만 반영, 전 · 현직 관리에게 지급
- 경정 전시과(문종, 1076) : 현직 관리에게만 지급

㉡ 전시과 제도 : 문무 관리로부터 군인, 한인까지 18등급으로 나누어 곡물을 수취할 수 있는 전지와 땔감을 얻을 수 있는 시지 지급 → 사망하거나 퇴직하면 국가에 반납

㉢ 전시과의 원칙 : 수조권만 지급, 관직 복무와 직역에 의한 대가 → 사망 · 퇴직 시에는 국가에 반납

㉣ 토지의 종류

- 전시과 : 과전(관직 복무와 직역에 대한 반대급부), 공음전(5품 이상, 세습 가능), 한인전(6품 이하 하급 관리로 관직에 오르지 못한 자, 세습 가능), 군인전(군역 자제대가, 세습가능), 구분전(하급 관리와 군인 유가족), 내장전(왕실 경비 충당), 공해전(중앙과 지방관청 경비 충당), 외역전(향리에게 향역 대가), 별사전(승려, 지리업 종사자), 사원전(사원)
- 민전 : 매매 · 상속 · 기증 · 임대 등이 가능한 농민의 사유지, 국가에 세금 납부, 소유권 보장

㉤ 전시과 제도의 붕괴 : 귀족들의 토지 독점 · 세습 → 조세 수취 대상 토지의 부족 → 일시 녹과전 지급 → 권문세족의 농장 경영 → 국가 재정 파탄

[핵심예제]

고려 시대의 토지 종류와 그 대상을 연결한 것으로 옳은 것은? [2015년 정기]

① 과전 – 농민
② 민전 – 향리
③ 공해전 – 관청
④ 내장전 – 군인

정답 ③

해설

① 과전 : 관리, ② 민전 : 농민, ④ 내장전 : 왕실

핵심이론 33 고려의 경제 활동

① 귀족의 경제 생활
㉠ 경제 기반 : 대대로 상속받은 토지와 노비, 관료가 되어 받은 과전이나 녹봉 등
㉡ 귀족의 화려한 생활 : 문벌 귀족이나 권문세족은 큰 누각을 짓고 지방에 별장도 가지고 있었음

② 농민의 경제 생활
㉠ 경제 기반 : 민전 경작, 국·공유지나 다른 사람의 소유지 경작, 품팔이, 부녀자는 삼베·모시·비단을 짜서 생계 유지
㉡ 소득의 확대(경작지 확대)
- 새로운 농업 기술 습득
- 황무지 개간 : 개간 때는 조세 감면, 소작료 감면
- 연해안의 저습지와 간척지 개간 : 12세기 이후 강화도 지방을 중심으로 추진

㉢ 농업 기술의 발달
- 수리시설 발달(김제의 벽골제와 밀양의 수산제 개축)
- 호미와 보습 등 농기구 개량, 종자의 개량
- 소를 이용한 깊이갈이 일반화
- 시비법 발달로 휴경지 감소
- 2년 3작 윤작법 보급(밭농사)
- 고려 말 남부 지방 일부 이앙법 보급

㉣ 농민의 몰락 : 고려 말 권문세족의 농장 확대, 지나친 수취로 노비 전락

③ 수공업자의 활동
㉠ 수공업의 종류 : 관청 수공업, 소(所) 수공업, 사원 수공업, 민간 수공업
㉡ 고려 전기 수공업
- 관청 수공업 : 공장안에 등록된 기술자로 왕실과 국가에서 필요로 하는 물품 생산
- 소(所) 수공업 : 금, 은, 철, 구리, 실, 먹, 종이, 옷감, 차 등을 생산하여 공물로 납부

㉢ 고려 후기 수공업
- 사원 수공업 : 승려와 노비들이 모시, 기와, 베, 술, 소금 등을 생산 → 고려 시대에만 존재

• 민간 수공업 : 삼베나 모시, 명주를 생산하는 농촌 가내 수공업 중심

④ 상업 활동

㉠ 도시의 상업
- 개경에 시전 설치
- 대도시(개경, 서경, 동경) 상점 설치
- 비정기적인 시장
- 경시서 설치(상행위 감독)

㉡ 지방의 상업 : 관아 근처의 일시적 시장 형성
→ 쌀, 베 등 일용품을 서로 교환

㉢ 고려 후기의 상업
- 민간 상품 수요 증가, 관청의 물품 구입량 증가
- 개경의 상업 활동
- 소금 전매제 시행 → 국가 재정 수입 증대 목적

⑤ 화폐 주조와 고리대의 유행

㉠ 화폐 발행 : 건원중보(성종)
- 숙종 때 삼한통보·해동통보·해동중보 등의 동전과 활구(은병)를 만들어 화폐 통용 추진
  → 널리 유통되지는 못함
- 화폐의 유통이 활발하지 못함 → 주로 곡식과 삼베 사용

㉡ 고리대업의 성행 : 귀족, 사원 등이 생활이 빈곤한 농민들에게 고리대업을 하여 농민 생활은 더욱 어려워짐

㉢ 보(寶)의 발달 : 학보, 경보, 팔관보, 제위보 → 고리대업의 성행 속에 기금을 만들어 그 이자로 사업 경비를 충당

⑥ 무역 활동

㉠ 대외 무역의 발달 : 국내 상업이 어느 정도 발달함에 따라 외국과의 무역이 활발(예성강 어귀의 벽란도는 국제 무역항으로 번성)

㉡ 대송 무역
- 수입품 : 비단, 약재, 책, 자기, 악기 등
- 수출품 : 금, 은, 동, 인삼, 종이, 화문석, 나전칠기 등
- 무역로
  - 북송 : 벽란도 → 옹진 → 산둥반도의 덩저우
  - 남송 : 벽란도 → 흑산도 → 양쯔강 입구의 밍저우

㉢ 거 란
- 수입품 : 은, 모피, 말
- 수출품 : 농기구, 곡식, 문방구, 구리, 철

㉣ 여 진
- 수입품 : 은, 모피, 말
- 수출품 : 농기구, 곡식, 포목

㉤ 일 본
- 수입품 : 유황, 수은
- 수출품 : 곡식, 인삼, 서적

㉥ 아라비아
- 수입품 : 수은, 향료, 산호 등
- 수출품 : 인삼
- 고려(Corea)라는 이름을 서방 세계에 알림

[핵심예제]

고려 시대 경제에 관한 설명으로 옳지 않은 것은?

[2015년 특별]

① 나전칠기, 서적, 자기, 인삼, 먹 등을 송나라에서 수입하였다.
② 민전은 매매·상속·증여가 가능한 토지였고, 국가에 10분의 1조를 부담하였다.
③ 숙종 때에는 동전과 활구라는 은전을 만들었으나 널리 유통되지 못하였다.
④ 조세의 원활한 운반을 위해 전국에 13개 조창을 설치하고 조운제를 운영하였다.

정답 ①

해설

고려는 벽란도를 중심으로 대외 무역이 발달하였다. 주로 나전칠기, 서적, 자기, 인삼, 먹 등을 송나라에 수출하였으며, 수입품은 비단, 약재, 서적 등이다.

핵심이론 34 고려의 신분 제도

① 귀 족

㉠ 구성 : 왕족, 5품 이상의 고위 관료가 주류
→ 음서, 공음전의 특혜

㉡ 문벌 귀족 형성 : 관직 독점, 정략결혼, 신분 변동 가능(과거로 관료 진출, 향리 전락)

㉢ 귀족층의 변화 : 무신정변 계기로 문벌 귀족이 몰락하고 무신의 권력 장악

㉣ 권문세족 : 무신 정권이 붕괴되면서 등장한 지배 귀족
→ 정계 요직 장악, 대규모의 농장 소유, 음서로 신분 세습

㉤ 신진 사대부의 등장 : 과거로 등장 → 경제력을 토대로 과거 시험에 합격하여 관계 진출

② 중류층

㉠ 구성 : 서리(중앙 관청의 실무 관리), 남반(궁중의 실무 관리), 지방 향리, 하급 장교, 역리 등
→ 직역 세습, 토지 지급

㉡ 형성 배경 : 고려의 지배 체제가 정비되는 과정에서 통치 체제의 하부 구조를 맡아 중간 역할 담당

㉢ 향리 : 지방의 호족 출신이 향리로 편제(호장, 부호장 등) → 실질적인 지방 지배층

㉣ 말단 행정직 : 남반, 군반(직업군인), 잡류(말단 서리), 하층 향리, 역리 → 직역 세습, 토지 지급

③ 양 민

㉠ 구성 : 군현에 거주하는 농민으로, 조세 · 공납 · 역 부담

㉡ 백정 : 일반 농민을 말함 → 조세 · 공납 · 역의 의무

㉢ 특수 집단 : 특수 행정 구역인 향 · 소 · 부곡에 거주
→ 군 · 현 · 민보다 더 많은 세금 부담

④ 천 민

㉠ 노비 : 천민의 대다수, 매매 · 증여 · 상속의 방법으로 주인에게 예속, 교육 · 과거 응시 기회 없음, 노비 신분 세습(일천즉천법)

㉡ 공노비 : 입역 노비(궁중 · 중앙 관청), 외거 노비(지방 거주, 농업 종사)

㉢ 사노비

- 솔거 노비 : 귀족이나 사원에서 직접 부리는 노비, 주인의 집에 살면서 잡일을 돌봄
- 외거 노비 : 주인과 따로 사는 노비로 농업 등의 일에 종사하고 일정량의 신공을 바침, 신분적으로 예속되어 있으나 경제적으로는 독립된 경제 생활 가능

핵심예제

고려 시대의 사회 상황으로 옳지 않은 것은? [2016년 정기]

① 궁궐의 잡무를 맡은 남반이 있었다.
② 도살업에 종사하는 계층을 백정이라 하였다.
③ 물가 조절을 위한 상평창이라는 기관이 있었다.
④ 죄 지은 자를 본관지로 보내는 귀향이라는 형벌이 있었다.

정답 ②

해설

고려 시대 백정은 도살업자가 아니라 일반 농민을 의미한다.

제1과목

핵심이론 35 고려 백성들의 생활 모습

① 농민의 공동 조직
- ㉠ 공동체 의식 강화 : 일상 의례와 공동 노동을 통하여 의식을 다짐
- ㉡ 향도 : 불교의 신앙 조직 → 매향(미륵을 만나 구원받고자 하는 염원에서 향나무를 땅에 묻는 활동) 활동하는 무리
- ㉢ 향도의 변화 : 신앙적인 향도에서 자신들의 이익을 위해 조직되는 향도로 변모 → 농민 조직으로 발전

② 사회 시책
- ㉠ 농민 보호책 : 농번기에 잡역 동원 금지, 자연 재해 시 피해에 따라 조세와 부역 감면, 고리대 규제
- ㉡ 농민 보호책의 목적 : 농민 생활 안정이 국가 안정에 필수적
- ㉢ 권농 정책 : 황무지 및 진전 경작 시 일정 기간 면세

③ 여러 가지 사회 제도
- ㉠ 의창 : 곡물을 비치하였다가 흉년에 빈민에게 나누어 줌, 고구려의 진대법 계승
- ㉡ 상평창 : 개경과 서경 및 12목에 설치, 물가 안정 정책
- ㉢ 의료기관 : 동·서 대비원(환자 진료 및 빈민 구휼), 혜민국(의약 전담)
- ㉣ 구제도감·구급도감 : 각종 재해 시 임시 기관
- ㉤ 제위보 : 기금을 마련한 후에 이자로 빈민 구제

④ 법률과 풍속
- ㉠ 법률 : 당률을 참작한 71개조 법률 시행 → 주로 관습법에 따름
  - 지방관의 사법권 행사 : 주요 사건 이외에는 재량권 행사
  - 중한 죄 : 반역죄, 불효죄
  - 형벌의 종류 : 태, 장, 도, 유, 사
- ㉡ 장례·제사 : 토착 신앙과 융합된 불교의 전통 의식과 도교 신앙의 풍속을 따름
- ㉢ 명절 : 정월 초하루, 삼짇날, 단오, 유두, 추석 등

⑤ 혼인과 여성의 지위
- ㉠ 혼인 풍속 : 여자는 18세 전후, 남자는 20세 전후에 혼인, 근친혼 성행(왕실)
- ㉡ 여성의 지위 상승 : 자녀 균분 상속, 태어난 차례대로 호적에 기재(남녀차별 없음), 딸도 제사를 지냄, 상복제도에서 친가와 외가의 차이 없음, 사위가 처가의 호적에 입적 가능, 사위와 외손자에게도 음서 혜택, 재가 허용

[핵심예제]

고려 시대 사회상에 관한 설명으로 옳은 것을 모두 고른 것은? [2020년]

ㄱ. 태어난 차례대로 호적에 기재하여 남녀차별을 하지 않았다.
ㄴ. 사위와 외손자까지 음서의 혜택이 있었다.
ㄷ. 혼인 후에 곧바로 남자 집에서 생활하는 경우가 많았다.
ㄹ. 동족마을이 만들어지고 문중을 중심으로 서원과 사우가 세워졌다.

① ㄱ, ㄴ
② ㄱ, ㄹ
③ ㄴ, ㄷ
④ ㄷ, ㄹ

정답 ①

해설

ㄷ. 혼인 후에 곧바로 남자의 집에서 생활하는 것을 친영제도라 하는데, 이는 조선 후기에 정착한 제도이다.
ㄹ. 동족마을이 성행하고, 문중을 중심으로 서원과 사우가 세워진 것은 조선 후기이다.

핵심이론 36 고려 시대 유학의 발전

① 유학의 발달

㉠ 배경 : 유교는 정치와 관련된 치국의 도로서, 불교는 신앙과 관련된 수신의 도로서 서로 보완하며 함께 발전

㉡ 초기 : 유교주의적 정치와 교육의 기틀 마련

- 태조 : 신라 6두품 계통의 최언위, 최응, 최지몽 등 유교주의에 입각한 국가 경영 건의
- 광종 : 과거제 실시 → 유학에 능한 관료 등용
- 성종 : 최승로·김심언 → 유교 정치 사상의 정립과 교육기관 정비
- 최승로 : 성종 때 시무 28조의 개혁안 제출(현재 22개조만 전해짐) → 유교 사상을 치국의 근본으로 삼아 사회 개혁과 새로운 문화 창조 추구

더 알아보기

시무 28조의 내용

- 불교에 대한 비판과 아울러 팔관회와 연등회 및 제사에 대한 비판
- 외관 파견과 호족 세력 견제 등 중앙 집권적인 정치 추구
- 유교적인 군왕 요구와 전제 군주 반대
- 공신의 자손 우대와 존비에 따른 가족 제도 유지 및 귀족의 입장을 비호하는 등 귀족 관료의 권리 보장
- 제도의 개혁과 중국 문물 수용[차마(車馬), 의복 제도는 우리 풍속 유지] 등

㉢ 중기 : 문벌 귀족 사회의 발달 → 보수적 성격

- 학풍의 변화 : 북진파 퇴진과 경원 이씨 집권의 보수화로 인해 유학이 상당한 수준으로 발달하였으나 사회적 모순을 해결할 수 있는 능력 상실
- 학 자
  - 최충 : 9재 학당(사학) 설립과 고려의 훈고학적 유학에 철학적 경향 부가
  - 김부식 : 대표적인 보수적 유학자

㉣ 무신정변 후 : 문신 귀족 세력이 몰락함에 따라 유학이 한동안 크게 위축

② 교육기관

㉠ 설립 목적 : 관리 양성과 유학 교육

㉡ 국자감(국학) : 중앙에 설치, 국립대학, 유학부(국자학, 태학, 사문학)와 기술학부(율학, 서학, 산학)

㉢ 향교 : 지방에 설치, 지방 관리와 서민 자제들의 교육 담당

㉣ 사학의 융성 : 최충의 9재 학당(문헌공도)을 비롯한 사학 12도 융성 → 관학 위축

※ 문헌공도 : 문종 9년(1055) 최충에 의해 설립, 교육의 편재를 9재로 나누었으며 사학 12도 중 가장 번성

㉤ 관학 진흥책 : 숙종(서적포 설치) → 예종(7재, 양현고 설치) → 인종(경사 6학 정비) → 충렬왕(섬학전 설치, 국학을 성균관으로 개칭, 문묘 건립) → 공민왕(성균관을 순수 유교 교육기관으로 개편)

③ 역사서의 편찬

㉠ 초기 : 왕조실록, 황주량의 7대 실록(현종~덕종, 현재 전하지 않음), 박인량의 〈고금록〉

㉡ 중기 : 〈삼국사기〉(김부식이 인종 때 편찬한 것으로, 현존하는 우리나라에서 가장 오래된 역사서 → 유교적 합리주의 사관 반영, 기전체, 신라 계승 의식 반영)

㉢ 후 기

- 민족적 자주 의식을 바탕으로 전통 문화를 이해하려는 경향 대두
- 각훈의 〈해동고승전〉(삼국 시대 승려 30여 명의 전기 수록), 이규보의 〈동명왕편〉(고구려를 건국한 동명왕의 영웅 서사시), 일연의 〈삼국유사〉(충렬왕 때 편찬 → 불교사 중심, 단군의 건국 이야기 수록, 고유 문화와 전통 중시), 이승휴의 〈제왕운기〉(단군에서부터의 역사 서술) 등
- 이제현의 〈사략〉[성리학적 유교 사관 대두(정통 의식과 대의 명분 중시), 현재 전하지 않음]

④ 성리학의 전래

㉠ 전래 과정 : 안향(충렬왕) 소개, 이제현 성리학 이해 심화, 이색 성리학 확산

㉡ 내용 : 실천적 기능 강조, 소학과 주자가례 중시, 권문세족과 불교의 폐단 비판

㉢ 수용 : 신진 사대부 → 현실 사회의 모순을 시정하기 위한 개혁 사상으로 인식, 새로운 국가 사회의 지도 이념으로 등장

[핵심예제]

고려 성종 대 최승로의 시무책에 관한 설명으로 옳은 것을 모두 고른 것은? [2015년 특별]

ㄱ. 유교 사상을 치국의 기본으로 삼아 사회개혁과 새로운 문화의 창조를 추구하였다.
ㄴ. 태조~경종에 이르는 5대 왕의 치적 평가를 통해 교훈으로 삼았다.
ㄷ. 후세의 국왕, 공후, 왕비, 대관들이 사원을 증축하지 못하게 하였다.
ㄹ. 시무책 28조 모두가 전해진다.
ㅁ. 연등회, 팔관회의 과도한 노역 등 불교의 폐단을 지적하였다.

① ㄱ, ㄴ, ㄷ
② ㄱ, ㄴ, ㅁ
③ ㄴ, ㄷ, ㄹ
④ ㄴ, ㄹ, ㅁ

정답 ②

해설

ㄷ. 태조 왕건의 훈요 10조에 대한 내용이다.
ㄹ. 현재 22개조만 전해진다.

핵심이론 37 고려 시대 불교 사상과 신앙

① **불교 정책**

㉠ 태조 : 훈요 10조에서 불교를 숭상할 것과 연등회와 팔관회의 개최 당부

※ 팔관회 : 불교와 도교가 융합된 행사로, 팔관회를 기회로 무역이 행해졌으며 주변국의 사신들이 조공 진상

㉡ 광종 : 승과 제도 실시, 국사와 왕사 제도(왕실의 고문 역할)

㉢ 성종 : 유교 정치 사상 강조, 연등회와 팔관회 등 일시 폐지

㉣ 현종 이후 : 현화사와 흥왕사 등의 사찰 건립 → 계속 융성

② **불교 통합 운동과 천태종**

㉠ 균여의 화엄종 성행 : 화엄종과 법상종 통합, 보살의 실천행, 선종에 대한 높은 관심

㉡ 의천의 교단 통합 운동(11세기) : 국청사 창건, 천태종 창시 → 교관겸수 제창

③ **결사 운동**

㉠ 보조국사 지눌 : 수선사 결사 운동(1204), 조계종 중심(선종과 교종 통합), 정혜쌍수 · 돈오점수 주장(선교일치 사상 완성)

㉡ 혜심의 유불일치설 : 심성의 도야 강조(성리학 수용의 사상적 토대)

㉢ 요세 : 백련결사 제창 → 지방민의 적극적인 호응, 수선사와 양립하여 고려 후기 불교계를 이끎

㉣ 원 간섭기 : 불교의 세속화와 타락(신진 사대부들의 불교 비판)

④ **대장경 간행**

㉠ 대장경 편찬 : 불교 경전의 집대성, 경 · 율 · 논으로 구성

㉡ 초조대장경 : 현종 때 편찬, 거란 격퇴 염원 → 대구 부인사(몽골 침입 시 소실)

㉢ 속장경 : 의천이 설치한 교장도감에서 간행, 교종을 중심으로 고려 · 송 · 요 불서들의 주석서 장소(章疏)를 모아 편찬, 간행 전 목록인 〈신편제종교장총록〉 작성

㉣ 재조대장경(팔만대장경) : 고려 고종 23년(1236)부터 38년(1251)까지 16년에 걸쳐 완성, 방대한 내용, 제작의 정밀성, 서체 등이 세계적 수준, 몽골 퇴치 염원 → 대장도감 설치(합천 해인사 보관)

⑤ 도교와 풍수지리설

㉠ 도교 : 도교 행사, 팔관회, 도교 사원 건립(예종)

㉡ 풍수지리설 : 도참 사상과 결부되어 유행

[핵심예제]

고려 시기 불교계에 관한 설명으로 옳은 것은? [2017년]

① 의상이 지방에 화엄종 사찰을 설립하였다.

② 균여가 귀법사에서 법상종을 부흥시켰다.

③ 의천이 돈오점수를 주창하며 천태종을 개창하였다.

④ 지눌이 수선사를 결사하고 불교 개혁운동을 펼쳤다.

정답 ④

해설

① 의상은 신라를 대표하는 승려로 전국에 10개의 화엄종 사찰을 설립하였다.

② 균여는 화엄종과 법상종의 통합을 이루어낸 승려로 평가받고 있다.

③ 의천은 교관겸수를 주창하며 천태종을 개창하였다.

핵심이론 38 고려 시대 과학 기술

① 천문학과 의학

㉠ 과학 기술의 발달 배경

- 고대 사회의 전통적 과학 기술 계승
- 중국과 이슬람 과학 기술 수용
- 국자감에서 율학, 서학, 산학 등의 잡학 교육
- 과거 제도에서 기술관 등용을 위한 잡과 실시

㉡ 과학 기술의 발전

- 천문학 : 천문 관측과 역법 계산을 중심으로 발달, 사천대(서운관) 설치(첨성대에서 관측업무 수행)
- 역법 : 당의 선명력 사용 → 원의 수시력(충선왕) 채용
- 의학 : 태의감(의료업무 및 교육)을 설치하여 교육과 의과제 실시, 고려 중기 자주적 의학으로 향약방의 발달 → 〈향약구급방〉(현존하는 가장 오래된 의학서로 처방과 약재 180여 종 소개) 등 많은 의서 편찬

② 인쇄술의 발달

㉠ 인쇄술의 발달 : 개경과 서경에 도서관 설치, 서적포 설치(서적 인쇄) → 기술학 수준 중 가장 뛰어남

㉡ 목판 인쇄술의 발달 : 고려대장경 → 최고의 수준, 다량인쇄에 적합

㉢ 금속활자 : 세계 최초 금속활자 인쇄술 발명

- 〈상정고금예문〉(1234) : 금속활자로 가장 오래된 기록(서양 최초 금속활자보다 200여 년 앞섰음)
- 〈직지심체요절〉(1377) : 현존하는 세계에서 가장 오래된 금속활자본, 2001년 세계기록유산으로 등재, 청주 흥덕사에서 간행하였으나 현재 프랑스국립도서관에서 소장

㉣ 제지술의 발달 : 닥나무 재배 장려, 종이 제조 전담 관서 설치, 중국에 수출

③ 농업 기술의 발달

㉠ 권농정책 : 농민 생활 안정, 국가 재정 확보 → 황무지 개간 장려(광종), 무기를 농기구로 제조(성종)

㉡ 농업의 발달

- 토지 개간과 간척, 수리 시설 개선, 시비법 발달

• 고려 중기 : 묵은 땅, 황무지, 산지 개간
• 고려 후기 : 해안 지방의 저습지 간척
• 수리 시설 개간 : 밀물과 썰물 차이 활용, 김제의 벽골제와 밀양의 수산제 개축, 소규모 제언(저수지) 확충, 해안 방조제 설치
• 농업 기술의 발달 : 논농사의 직파법 실시, 2년 3작의 윤작법, 소를 이용한 깊이갈이, 시비법 발달(가축의 배설물 이용, 녹비법 시행, 재를 거름으로 사용) → 생산력 증가
• 원나라의 영향
  – 이암의 〈농상집요〉 소개
  – 문익점의 목화씨 수입(공민왕) → 의생활의 변화

④ 화약무기 제조와 조선 기술
㉠ 화약 제조 기술 : 화통도감 설치(최무선), 진포 싸움에서 왜구 격퇴
㉡ 조선 기술 : 대형 범선 제조, 배에 화포 설치, 대형 조운선 등장

핵심예제

다음 사건을 발생시기가 앞선 순으로 바르게 나열한 것은?

[2018년]

ㄱ. 건원중보(철전) 주조
ㄴ. 삼국사기 편찬
ㄷ. 상정고금예문 인쇄
ㄹ. 직지심체요절 간행

① ㄱ → ㄴ → ㄷ → ㄹ
② ㄱ → ㄷ → ㄹ → ㄴ
③ ㄴ → ㄱ → ㄹ → ㄷ
④ ㄷ → ㄴ → ㄱ → ㄹ

정답 ①

해설

ㄱ. 고려 성종 때인 996년에 건원중보를 주조하였다.
ㄴ. 〈삼국사기〉는 고려 인종 때인 1145년도에 편찬하였다.
ㄷ. 〈상정고금예문〉은 대몽항쟁기인 1234년도에 인쇄하였다.
ㄹ. 〈직지심체요절〉은 고려 우왕 때인 1377년도에 간행하였다.

핵심이론 39 고려 시대 귀족 문화

① 문학의 발달
㉠ 고려 전기 : 과거제와 한문학 발달
• 한문학 : 문치주의 성행, 관리들의 필수 교양, 시인 등장(박인량, 정지상) → 독자적 모습
• 향가 : 균여의 보현십원가 11수
㉡ 최씨 무신 집권기
• 수필 등장 : 현실 도피 경향 → 임춘의 국순전(술 의인화), 이인로의 파한집(과거의 명문에 근거한 표현 방식 강조)
• 최씨 무신 집권기 : 형식보다 내용에 치중하여 현실을 표현 → 이규보, 최자
㉢ 고려 후기
• 신진 사대부와 민중이 주축
• 신진 사대부 : 향가 형식 계승, 경기체가 창작(한림별곡, 관동별곡, 죽계별곡) → 유교 정신과 자연의 아름다움을 노래
• 패관문학 유행 : 이규보의 백운소설 · 국선생전, 이제현의 역옹패설, 이곡의 죽부인전 → 현실 비판
• 한시 : 이제현, 이곡(당시 사회 부패상 표현), 정몽주(단심가)
㉣ 속요(장가) : 서민의 감정을 대담하고 자유분방한 형식으로 표현(청산별곡, 가시리, 쌍화점 등) → 시가 분야의 새로운 경지 개척

② 건축과 조각
㉠ 건 축
• 궁궐(개성 만월대 터)과 사원 중심
• 고려 전기 : 주심포 양식
  – 안동 봉정사 극락전(13세기, 국보) : 가장 오래된 건물
  – 영주 부석사 무량수전(13세기, 국보) : 예산 수덕사 대웅전(13세기, 국보)과 함께 균형 잡힌 외관과 잘 짜여진 치밀한 배치로 고려 시대 건축의 단아함과 세련미를 표현

[안동 봉정사 극락전]

[예산 수덕사 대웅전]

- 고려 후기
  - 다포식 건물의 등장 : 조선 시대 건축에 큰 영향을 끼침
  - 성불사 응진전(황해도 사리원) : 고려 시대 다포식 건물

㉡ 석 탑

- 고려 석탑의 특징
  - 신라 양식을 일부 계승하면서도 독자적인 조형 감각을 가미하여 다양한 형태로 제작
  - 형식에 구애받지 않는 자연스러운 면을 보여 줌
- 다양한 형태의 다각 다층탑, 개성 불일사 5층석탑, 평창 월정사 8각 9층석탑(국보), 부여 무량사 5층석탑(보물), 개성 경천사지 10층석탑(국보, 원 석탑의 영향)

㉢ 승탑 : 대부분 팔각원당형 계승, 여주 고달사지 승탑(국보), 원주 법천사지 지광국사탑(국보)

㉣ 불 상

- 초기 양식 : 대형 철불이 많이 조성됨, 하남 하사창동 철조석가여래좌상(보물)
- 지방화된 불상양식 : 논산 관촉사 석조미륵보살입상(국보), 안동 이천동 마애여래입상(보물)
- 통일신라 양식 계승 : 영주 부석사 소조여래좌상(국보)

[평창 월정사 8각 9층석탑]

[부여 무량사 5층석탑]

[여주 고달사지 승탑]

[원주 법천사지 지광국사탑]

[하남 하사창동 철조석가여래좌상]

[논산 관촉사 석조 미륵보살입상]

[안동 이천동 마애여래입상]

[영주 부석사 소조여래좌상]

③ 청자와 공예

㉠ 자기 공예 : 고려 공예 중 가장 뛰어난 분야

- 특징 : 신라 토기의 전통에 송의 자기 기술을 도입하여 독특한 미 완성
- 청자의 발달 : 순수 청자(순청자, 초기)에서 상감청자(12~13세기 중엽)를 제작하였으나 원 간섭기에 들어가면서 퇴조, 청자 상감운학문 매병(국보), 청자 동화연화문 표주박모양 주전자(국보)
- 생산지 : 부안, 강진(청자 초기의 가마터 보존)
  → 강진에서는 최고급 청자를 만들어 중앙에 공급

㉡ 금속 공예

- 청동 은입사 공예 : 상감 기법에 따라 청동기 바탕에 은으로 장식 무늬를 넣은 은입사 기술 발달, 청동 은입사 포류수금문 정병(국보)과 향로 등
- 범종 : 신라 시대 양식 계승, 수원의 용주사 동종(국보), 해남 대흥사의 탑산사명 동종(보물)
- 나전칠기 : 불경을 넣는 경함, 화장품 갑, 문방구 등에 자개를 붙여 무늬를 내는 기술, 조선 시대를 거쳐 오늘날까지 전해짐

[청자 상감운학문 매병]

[청자 동화연화문 표주박모양 주전자]

[청동 은입사 포류수금문 정병]

[탑산사명 동종]

④ 글씨 · 그림 · 음악

㉠ 서예 : 구양순체(전기 – 탄연), 송설체(후기 – 이암)

㉡ 그 림

- 도화원 소속 전문화원의 그림, 문인이나 승려의 문인화
- 이령의 〈예성강도〉, 공민왕의 〈천산대렵도〉
- 불화 발달 : 혜허의 〈관음보살도〉, 부석사 조사당의 벽화(국보), 사경화

㉢ 음악 : 아악(궁중음악), 향악(속악), 민중의 속요(동동, 한림별곡, 대동강 등)

[핵심예제]

고려 시대에 건립된 건축물로 옳지 않은 것은? [2018년]

① 구례 화엄사 각황전
② 예산 수덕사 대웅전
③ 안동 봉정사 극락전
④ 영주 부석사 무량수전

정답 ①

해설

구례 화엄사 각황전은 조선 후기를 대표하는 건축물이다.
② · ③ · ④ 고려 시대를 대표하는 건축물이다.

제3절 조선의 성립과 발전

핵심이론 40 근세사회의 성립 – 조선의 건국 과정

① 조선의 건국

㉠ 신진 사대부의 개혁 노력 : 온건 개혁파(고려 왕조 유지 → 이색, 정몽주), 급진 개혁파(역성 혁명 → 정도전, 조준)

㉡ 조선의 건국 : 급진 개혁파가 이성계 세력과 통합하여 과전법 실시(1391) → 이성계가 조선 건국

② 국왕 중심의 통치 체제 정비

㉠ 태조(1392~1398) : 국호 제정(조선), 도읍 천도(한양), 국방력 강화, 정도전(재상 중심 정치 주장, 〈불씨잡변〉 저술, 성리학을 통치 이념으로 확립) 활약

㉡ 태종(1400~1418) : 왕권 중심의 집권 체제 확립, 사병제도 폐지, 호패법 시행, 양전 사업 실시, 사원전 · 사원노비 제한, 의정부 설치와 6조 직계제 실시(6조의 기능 강화), 사간원 독립

③ 세종의 유교 정치 실현 노력(1418~1450)

㉠ 왕권과 신권의 조화(집현전 설치, 의정부 권한을 강화한 의정부 서사제 실시)를 이룬 유교 정치의 실현

㉡ 왕도 정치 표방 : 유교적 민본 사상의 실현으로 여론 중시, 청렴 정치

㉢ 민족 문화 발전 : 훈민정음 창제, 〈농사직설〉, 〈향약집성방〉, 〈의방유취〉 등 편찬

④ 문물 제도의 정비

㉠ 왕권 약화 : 문종, 단종 → 재상(김종서, 황보인)에게 정치적 실권이 넘어감

㉡ 세조(1455~1468) : 중앙 집권과 부국강병 정책, 6조 직계제 부활, 집현전 · 경연제도 폐지, 〈경국대전〉 편찬 시작

㉢ 성종(1469~1494) : 조선의 통치 체제 확립, 문물 제도 완성, 홍문관(집현전 계승) 설치, 〈경국대전〉 완성, 〈악학궤범〉, 〈동국여지승람〉, 〈국조오례의〉 등 편찬, 경연 확대

[핵심예제]

조선 태종의 정치에 관한 설명으로 옳지 않은 것은?

[2019년]

① 사병을 혁파하였다.
② 6조의 기능을 강화하였다.
③ 호패법을 실시하였다.
④ 경국대전 편찬을 시작하였다.

정답 ④

해설

세조는 국가의 통치체제를 확립하기 위해서 각종 법전과 명령들을 종합하여 〈경국대전〉을 편찬하기 시작하였다.

핵심이론 41 조선의 중앙 정치 체제

① 〈경국대전〉으로 법제화 : 문무 양반 체제, 30등급(18품 30계), 경관직(중앙) · 외관직(지방)

② 주요 정치 기구

기구	내용	
의정부	국정 총괄, 재상 합의 기구, 3정승(영의정 · 좌의정 · 우의정) 구성	
사헌부	언론, 관리 감찰	삼사 : 언론기관, 정사 비판, 학문적 자문 → 권력의 독점과 부정 방지
사간원	국왕에 대한 간쟁	
홍문관	학술 연구	
춘추관	역사서 편찬, 보관	
승문원	외교 문서 작성	
6조	실제 행정 집행 → 행정의 전문성과 효율성을 높임	
의금부	국가 중죄인 치죄 등 특별 사법 기구	
승정원	국왕 비서 기관, 왕명출납	
한성부	서울(수도)의 행정, 치안	
장례원	공사 노비 문서 관리, 노비소송 전담	
성균관	최고 교육기관(국립대학)	

[핵심예제]

조선 시대 정치 기구에 관한 설명으로 옳지 않은 것은?

[2022년]

① 사헌부는 관리의 비리를 감찰하였다.
② 삼사는 회계와 출납의 업무를 맡았다.
③ 한성부는 수도의 치안과 행정을 관장하였다.
④ 춘추관은 역사서의 편찬과 보관을 담당하였다.

정답 ②

해설

회계와 출납의 업무를 맡았던 것은 고려 시대의 삼사이다. 조선 시대의 삼사는 사헌부, 사간원, 승정원을 말하며 권력의 독점 및 부정을 막기 위해 언론 활동을 중시하였다.

핵심이론 42 조선의 지방 행정 및 군사 제도

① 지방 행정 조직

㉠ 지방 조직 : 전국을 8도로 나누고, 하부에 부·목·군·현 설치, 모든 군현에 지방관 파견

㉡ 향촌 사회 : 향·소·부곡 폐지하고 면·리·통 설치, 양반 중심의 향촌 사회 질서 확립, 유향소, 경재소

㉢ 중앙 집권 체제 강화 : 관찰사 파견(전국 8도 임명, 각 도에 감찰·행정·사법·군사권을 지님), 오가작통법, 암행어사 파견

㉣ 수령과 향리 : 수령의 권한 강화, 향리의 권한 약화(수령의 단순 보좌역)

② 군역 제도와 군사 조직

㉠ 군역 제도 : 양인 개병과 농병 일치의 원칙, 16~60세의 양인 장정의 의무, 현역 군인인 정군(正軍)이 되거나 정군의 비용을 부담하는 보인이 됨(보법), 현직 관료, 학생, 서리, 향리 등은 군역 면제

㉡ 군사 조직

- 중앙군
  - 5위 : 궁궐의 수비와 수도의 방비 담당
  - 편성 : 정병, 갑사, 특수병(품계, 녹봉 받음) → 문반 관료가 지휘
- 지방군 : 육군과 수군을 배치하여 방어
- 잡색군 : 향토 방위 예비군(전직 관료, 서리, 향리, 교생, 노비)

㉢ 진관 체제(세조) : 군현 단위의 독자적 방위 체제

[핵심예제]

조선 시대 지방행정에 관한 설명으로 옳지 않은 것은?

[2017년]

① 전국 8도에 관찰사를 파견하였다.
② 향리는 행정실무를 맡아 수령을 보좌하였다.
③ 수령은 왕의 대리인으로 행정·사법·군사권을 가졌다.
④ 속현과 향·부곡은 주현을 통해 중앙 정부의 통제를 받았다.

정답 ④

해설

조선 시대에 오면 속현과 향, 부곡, 소가 소멸하게 된다.

핵심이론 43 조선의 관리 등용 제도

① 과거의 종류
- ㉠ 문과 : 문관 선발 → 예비 시험인 소과에 합격하면 생원, 진사가 됨, 후에는 큰 제한이 없었음
- ㉡ 무과 : 무관 선발 → 병조와 훈련원에서 주관, 문과와 같은 절차를 거쳐 치러지며(예비시험인 소과 없음), 최종선발은 28명임
- ㉢ 잡과 : 기술관 선발, 역과 · 율과 · 의과 · 음양과 등
  → 기술관을 뽑는 잡과는 예조와 해당관청에서 주관하에 3년마다 치러지며, 분야별로 정원이 있었음

② 과거의 실시
- ㉠ 시험의 구성 : 문과는 초시(각 도의 인구 비례로 선발) → 복시 → 전시 거쳐 33명 선발
- ㉡ 정기시험으로 식년시(3년마다 실시), 부정기시험으로 수시로 실시하는 증광시, 별시, 알성시 등

③ 특별채용
- ㉠ 천거 : 고관의 추천, 기존 관리 대상
- ㉡ 음서 : 고려 시대에 비해 2품 이상으로 축소, 고관 승진 제한
- ㉢ 취재 : 서리 · 하급 관리 선발 시험

④ 과거 응시 대상 : 원칙적으로는 양인 이상에게 응시할 자격이 주어짐

⑤ 관리 임용 제도
- ㉠ 인사관리 : 품계에 따른 관리 등용, 근무 성적 평가(승진 · 좌천의 자료), 임기제로 운영 → 합리적 인사 행정, 관료적 성격 강화
- ㉡ 상피제 : 관리의 고향 파견 금지, 형제의 한 지역 근무 금지 → 권력 집중과 부정 방지
- ㉢ 서경제 : 관리의 임명 시 대간의 서명을 거침 → 인사의 공정성 확보

[핵심예제]

조선 시대 관리 등용 제도에 관한 설명으로 옳지 않은 것은?

[2015년 정기]

① 무과 예비 시험으로 소과가 있었다.
② 잡과는 분야별로 합격 정원이 있었다.
③ 과거, 음서, 천거를 통해 관리를 선발하였다.
④ 권력의 집중과 부정을 막기 위해 상피제를 실시하였다.

정답 ①

해설

조선 시대 관리 등용에는 과거가 중심이었고, 음서(문음 – 2품 이상 세습, 고위관리 진출은 어려움)와 천거(추천) 등이 있었다. 문과 예비 시험으로 소과(생진과 – 명경과와 진사과)가 있었으며, 초시와 복시로 구성되었다. 문과는 초시 · 복시 · 전시(왕 앞에서 순위 결정)로 구성된 것으로 소과와 문과는 모두 초시에서 도별 인구비례를 적용하였다. 무과와 잡과는 각각 해당 관청에서 주관했는데, 합격 정원이 있었다. 과거는 3년마다 정기적으로 보는 식년시가 있었고, 비정기적인 시험인 증광시 · 별시 · 알성시도 있었다. 관리는 상피제와 임기제가 적용되었다.

핵심이론 44 사림의 대두

① 훈구 세력과 사림 세력

㉠ 훈구 세력(15세기) : 조선 초 관학파의 학풍을 계승, 문물 제도 정비에 기여, 중앙 집권 체제 · 부국강병 주장

㉡ 사림 세력(15세기 중반 이후) : 성리학에 투철한 지방 사족들, 고려 말 온건파 사대부 계승, 15세기 중반 이후 영남과 기호 지방을 중심으로 성장

② 사림의 정치적 성장

㉠ 사림의 성장

- 성종의 훈구 세력 견제 의도에 부응, 국가 재정 확보와 자신들의 경제적 입지 확보를 위해 훈구 세력의 대토지 소유를 비판
- 3사의 언관직 차지
- 거듭된 사화로 정치적으로 위축되었으나, 향촌 사회에서 서원과 향약을 통해 세력 확대

㉡ 사화의 발생 : 사림과 훈구 세력 간의 정치적 · 학문적 대립(무오사화 → 갑자사화 → 기묘사화 → 을사사화) → 사림의 정치적 위축

- 무오사화(연산군, 1498) : 김일손이 스승 김종직의 조의제문을 사초에 기록한 사건이 발단, 훈구파(유자광, 이극돈)와 사림파(김일손)의 대립
- 갑자사화(연산군, 1504) : 폐비 윤씨 사사 사건이 배경, 무오사화 때 피해를 면한 사림과 일부 훈구 세력까지 피해
- 기묘사화(중종, 1519) : 조광조의 개혁 정치와 위훈 삭제로 인한 훈구 세력의 반발(기묘명현 : 기묘사화로 화를 입은 사림)
- 을사사화(명종, 1545) : 인종의 외척 윤임(대윤파)과 명종의 외척 윤원형(소윤파)의 대립

㉢ 조광조의 혁신 정치 : 사림의 대두와 붕당 정치, 현량과 실시, 불교 · 도교 행사 폐지, 향약의 전국적 시행, 공론정치

[핵심예제]

다음 빈칸에 들어갈 내용으로 옳은 것은? [2018년]

> 남곤, 심정 등과 같은 공신들은 중종반정 이후 개혁을 추진하던 조광조 일파를 모함하여, 죽이거나 유배를 보냈다. 이 사건을 (　　)라고 한다.

① 무오사화
② 갑자사화
③ 기묘사화
④ 을사사화

정답 ③

해설

조광조를 비롯한 대부분의 사림세력이 처형되거나 중앙정계에서 쫓겨난 사건을 '기묘사화'라고 한다.

핵심이론 45 붕당 정치

① 붕당의 출현

㉠ 사림의 정권 장악 : 16세기 후반 선조 즉위 이후 사림 세력이 대거 중앙 정계로 진출하여 정국을 주도

㉡ 붕당의 발단

- 명종 때 척신 정치 잔재 처리 문제로 인해 갈등을 겪으면서 동인과 서인으로 분화
- 동인 : 신진 사림(김효원 등), 척신 정치의 과감한 개혁 주장
- 서인 : 기성 사림(심의겸 등), 척신 정치 청산에 소극적

㉢ 붕당의 형성

- 이조 전랑의 임명 문제로 사림 세력 간의 갈등
- 학문적 경향과 정치적 이념에 따라 결집
- 동인 → 이황, 조식, 서경덕의 학문 계승
- 서인 → 이이와 성혼의 문인

② 붕당 정치의 전개

㉠ 동인의 분열

- 정여립 모반 사건을 계기로 온건파(남인)와 급진파(북인)로 나누어져 붕당 발생
- 처음에는 남인이 정국을 주도하였으나 임진왜란 이후부터 광해군 대까지 북인이 주도

㉡ 광해군의 정치

- 명과 후금 사이에서의 중립 외교 정책
- 인조반정(1623) : 서인의 주도로 광해군을 몰아내고 정권 차지

㉢ 붕당 정치의 진전(인조~현종)

- 서인과 남인의 상호 비판적 공존체제와 학문적 입장 인정 → '산림'이란 이름으로 재야에서 여론 주재
- 예송 논쟁 : 왕위 계승에 대한 정통성과 관련, 서인과 남인의 대립 격화

③ 붕당 정치의 성격

㉠ 운영 : 공론 중시, 비변사를 통해 의견 수렴, 3사 언관과 이조 전랑의 정치적 비중 증대, 산림의 출현, 서원(지방 사족의 의견을 모으는 수단) 활용

㉡ 부정적 기능 : 국론 분열 우려, 국리 민복 외면하고 학벌 · 문벌 · 지연과 연결, 지배층의 의견 수렴에 국한

[핵심예제]

조선 시대 붕당에 관한 설명으로 옳지 않은 것은? [2019년]

① 척신 정치의 잔재 청산과 이조 전랑 임명 문제를 둘러싸고 동인과 서인으로 분열하였다.
② 효종의 적장자 자격 인정 여부를 둘러싸고 서인과 남인 사이에 예송논쟁이 전개되었다.
③ 영조는 노론과 소론의 강경파를 등용하여 서로 견제하게 하는 탕평책을 실시하였다.
④ 사람과 짐승의 본성이 같은지 여부를 둘러싸고 노론이 낙론과 호론으로 나뉘었다.

정답 ③

해설

영조는 당파의 시비를 가리지 않고 어느 당파든 온건하고 타협적인 인물을 등용하여 왕권을 강화시키는 데 주력하였다.

핵심이론 46 조선 전기의 대외 관계

① 명과의 관계

㉠ 친명 정책의 추진 : 사대 교린 정책 → 왕권의 안정과 국가의 안정 도모

㉡ 조공 외교 : 정기 사절과 부정기 사절 파견

㉢ 대명 사대 외교의 변화 : 초기는 자주적 실리 추구와 국토 확장을 둘러싸고 대립 → 중기 이후는 지나친 친명 정책으로 흐름

② 여진과의 관계

㉠ 강경책

- 4군 6진 개척(세종) : 압록강~두만강까지의 영토 확보

㉡ 온건책

- 사민(徙民) 정책 : 수만의 남방 민호를 북방으로 이주, 북방 개척, 국토의 균형 발전
- 토관(土官)제도 : 토착인을 하급관리로 등용하여 민심 수습

③ 일본 및 동남아시아와의 관계

㉠ 일본과의 관계 : 세종 때 이종무가 쓰시마섬(대마도) 정벌, 제한된 조공무역 허락, 3포 개항(부산포, 제포, 염포), 계해약조(1443)

㉡ 동남아시아와의 교류 : 류큐, 시암, 자와(사신 파견, 토산물 거래) → 조선의 선진 문물 전파

핵심예제

세종대왕 때 일어난 일로 옳은 것을 모두 고른 것은? [2014년 특별]

ㄱ. 집현전 설치	ㄴ. 4군 6진 설치
ㄷ. 호패법 실시	ㄹ. 경국대전 완성

① ㄱ, ㄴ
② ㄱ, ㄷ
③ ㄴ, ㄷ
④ ㄴ, ㄹ

정답 ①

해설

ㄷ. 호패법 실시는 태종 때이다.

ㄹ. 경국대전은 세조 때 시작(호전과 형전 완성)되고, 성종 때 완성(6전)되었다.

핵심이론 47 조선 전기의 경제 정책

① 농본주의 경제 정책

㉠ 농본주의 경제 정책 : 고려 말의 힘든 국가 재정과 민생 문제 해결, 왕도 정치 실현, 양전 사업 실시, 경지 면적 확대(토지 개간)

㉡ 억상 정책 : 국가의 상공업 통제 → 상공업과 무역 부진, 화폐 유통 부진

㉢ 유교적 경제관의 근검 생활 강조 : 물자 소비 등을 억제

㉣ 자급자족적 농업 중심 경제

㉤ 16세기 이후의 변화 : 자유로운 상업 활동 전개

② 토지 제도의 시행과 변화

㉠ 과전법

- 직관과 산관에게 소유권이 아닌, 수조권을 부여한 토지를 지급하는 제도
- 경기 지방의 토지에 한해 지급
- 받은 사람이 죽거나 반역을 하면 국가에 반환
- 공신전 · 수신전(죽은 관료의 아내에게 지급) · 휼양전(죽은 관료의 자식들에게 지급) 등은 세습 가능

㉡ 토지 제도의 변천

구 분	과전법	직전법	관수 관급제
시 기	고려 말 공양왕	조선 세조	조선 성종
목 적	사대부의 경제적 기반 마련	지급할 토지의 부족현상 해결	국가의 토지 지배권 강화
지급 대상	전직, 현직 관리	현직 관리	국가가 수조권 대행
결 과	누적된 토지 제도의 모순 해결	농장 확대의 계기	토지 사유화 현상 진전

㉢ 직전법 소멸 : 16세기 중엽 이후 토지 지급 중단, 지주 전호제 일반화

③ 수취 체제의 확립과 변천

㉠ 조세 : 과전법의 경우 수확량의 1/10, 풍흉과 토지 비옥도에 따라 전세를 차등 징수하는 전분 6등법과 연분 9등법 시행(세종), 평안도와 함경도의 조세는 군사비와 사신 접대비로 사용(잉류지역)

㉡ 공물 : 할당된 각 지역의 토산물 징수 → 공물은 전세보다 납부가 어렵고 부담도 컸음

㉢ 역 : 16세 이상의 정남에게 부과

- 군역 : 정군(일정 기간 군사 복무를 교대로 근무), 보인(정군의 복무 비용을 보조)
  → 양반, 서리, 향리 등은 면제
- 요역 : 가호를 기준으로 정남의 수를 고려하여 징발 → 성종 이후 토지 8결당 1인 징발(원칙은 1년 중 6일 이내 동원, 실제는 임의로 징발)

핵심예제

과전법에 관한 설명으로 옳지 않은 것은? [2013년 특별]

① 공신전은 세습할 수 있었다.
② 과전은 경기 지방의 토지로 지급하였다.
③ 전세를 토지 1결당 미곡 4두로 고정시켰다.
④ 죽거나 반역을 하면 국가에 반환하도록 정하였다.

정답 ③

해설

토지 1결당 미곡 4두는 영정법에 대한 설명이다.

제1과목

핵심이론 48 조선 전기의 신분 제도

① 양천 제도와 반상 제도

㉠ 양천 제도 : 양인과 천민으로 구분 → 법제적(갑오개혁 이전까지 조선 사회의 기본적인 신분 제도)

㉡ 반상 제도 : 지배층(양반)과 피지배층(상민) 간의 차별

㉢ 신분 이동 가능 : 양인이면 과거에 응시하여 관직 진출 가능, 양반도 노비로 전락 가능, 고려에 비해 개방적 → 신분제 사회의 틀 유지

② 양 반

㉠ 개념 : 문반과 무반 → 문·무반직뿐만 아니라 그 가족이나 가문까지 지칭

㉡ 양반 사대부의 기득권 유지 : 문무 양반의 관직을 받은 자들만 사족으로 인정, 하급 지배 신분 중인으로 격하, 서얼(양반 첩의 소생) 차별

㉢ 생 활

- 토지와 노비 소유
- 과거·음서·천거 등을 통해 관직 독점
- 정치적으로는 관료층, 경제적으로는 지주층
- 신분적 특권의 제도화 → 양반, 중인, 상민으로 분화

③ 중 인

㉠ 의 미

- 넓은 의미 : 양반과 상민의 중간 계층(15세기부터 형성) → 조선 후기에 독립된 신분층으로 정착
- 좁은 의미 : 기술관만을 의미

㉡ 서리, 향리, 기술관 : 15세기부터 양반과 상민의 중간 신분 계층 형성 → 직역 세습, 신분 안에서 혼인, 관청 주변에 거주

㉢ 서얼 : 중인 신분 처우(중서), 문과 응시 금지, 무반직 등용

㉣ 지위 : 양반들로부터 멸시와 하대 → 전문 기술이나 행정 실무를 담당하여 나름대로 행세(역관은 사신을 수행하여 무역의 이득, 향리는 수령을 보좌하며 위세)

④ 상민(평민, 양인)

㉠ 양인의 범위 : 농민, 수공업자, 상인 등 백성의 대부분을 차지

㉡ 상민의 지위 : 과거 응시 자격이 있으나 사실상 어려움, 군공을 통한 신분 상승의 기회 습득

㉢ 농민 : 조세, 공납, 역의 의무 부담

㉣ 수공업자 : 관영이나 민영 수공업에 종사, 공장세 부과

㉤ 상인 : 국가의 통제하에 상거래에 종사, 상인세 부과

㉥ 신량역천(身良役賤) : 신분은 양인이나 천역을 담당하는 계층

⑤ 천 민

㉠ 노비의 지위 : 천민의 대부분이 노비에 해당, 재산 취급(상속, 매매, 증여의 대상), 비자유인

㉡ 노비의 종류

- 공노비 : 입역 노비(관청에 노동력 제공), 납공 노비(국가에 신공을 바침)
- 사노비 : 솔거 노비(주인과 함께 기거), 외거 노비(주인과 떨어져 독립적인 생활, 재산·가족 소유 가능)

㉢ 천민 : 백정, 무당, 창기, 광대 등으로 천대받음

[핵심예제]

조선의 신분제에 관한 설명으로 옳지 않은 것은? [2019년]

① 법제적인 신분 제도는 양인과 천인으로 구분하는 양·천제였다.
② 상민은 농민·수공업자·상인을 말하며 평민으로도 불렸다.
③ 서얼은 무과와 잡과에 응시할 수 있었다.
④ 노비는 가족을 구성할 수 있었으나 재산은 주인의 소유가 되었다.

정답 ④

해설

노비 중에 외거노비는 재산을 소유할 수 있었고, 소작을 하는 일반 농민과 처지가 비슷하였다.

※ 실제 기출에서는 ②가 '백정은 법제상 양인이지만 관습적으로는 천인으로 취급되었다.'로 출제되어 복수 정답 처리되었다.

핵심이론 49 조선 전기의 양반과 평민의 경제 활동

① 양반 지주의 생활

㉠ 경제 기반 : 과전, 녹봉, 자신 소유의 토지와 노비 등 → 풍요로운 생활

㉡ 지주의 주 수입원 : 경상도 · 전라도 · 충청도의 비옥한 토지에 집중 → 농장의 형태를 이루고 있었음

㉢ 15세기 후반에 농장의 형태 더욱 증가 : 유랑민을 노비로 만들어 토지를 경작하게 함

㉣ 노비 소유 : 재산의 한 형태로 소유, 다수의 노비는 주인과 따로 살며 주인 땅을 경작

② 농민 생활의 변화

㉠ 정부의 농업 권장

- 농업 생산력 증가 → 개간 장려, 수리 시설 보수 · 확충, 농서 보급(〈농사직설〉, 〈금양잡록〉)
- 농업 기술 개량(밭농사의 2년 3작, 논농사의 남부 일부 지역에서 모내기 시행, 연작 가능한 시비법 발달)
- 목화 재배 확대(의생활 개선)
- 약초와 과수 재배 확대 등

㉡ 농민 생활의 어려움

- 어려움의 배경 : 지주제 확대, 자연 재해, 고리대, 세금 부담 → 소작농이 됨 → 자기 토지를 팔고 소작농으로 전락, 수확의 반 이상을 지주에게 납부
- 정부의 안정책 : 잡곡, 도토리, 나무껍질 등을 가공하여 먹을 수 있는 구황 방법 제시, 호패법, 오가작통법 등을 강화 → 농민의 유망을 막고 통제 강화, 양반들의 향약 시행

③ 수공업 생산 활동

㉠ 관영 수공업 : 조선 전기 관영 수공업 중심 → 공장안 작성, 관청 필수품 생산

㉡ 민영 수공업 : 가내 수공업 형태 → 주문받은 물품 제작 · 공급, 주로 양반의 사치품과 농기구 생산

④ 상업 활동

㉠ 시전 설치 : 한양으로 천도하면서 종로거리 설치, 시전 상인, 육의전

㉡ 경시서의 설치 : 도량형 검사, 시전의 불법적 상행위 규제

㉢ 장시의 등장 : 15세기 후반에 등장, 농업 생산력의 발달에 따라 증가, 16세기 중엽 전국적으로 확대, 보부상의 물품 유통(농산물, 수공업 제품, 수산물, 약재)

㉣ 화폐의 유통 : 저화, 조선통보 등을 유통하려 했으나 부진, 농민은 화폐로 쌀과 무명 사용

㉤ 무역정책

- 명 : 사신 왕래 시에 공무역과 사무역 허용
- 여진과 일본 : 무역소(여진)와 왜관(일본)을 통해 교역, 국경 부근의 사무역은 엄격하게 감시

⑤ 수취 제도의 문란

㉠ 폐단의 배경 : 16세기 수취 제도의 운영 과정에서의 폐단으로 농민의 몰락이 증가

㉡ 공납 : 방납, 족징 · 인징 등 불법 성행 → 유랑 농민 급증 → 공납을 특산물이 아닌 쌀로 거두자고(수미법) 주장(이이 · 유성룡)

㉢ 역 : 농민들의 요역 동원 기피

㉣ 환곡제 시행 : 농민 생활 안정을 위해 시행

㉤ 농민 생활의 악화 : 지방에서 유민의 증가, 도적의 발생(임꺽정)

[핵심예제]

조선 전기의 경제 상황에 관한 설명으로 옳은 것은?

[2018년]

① 저화, 조선통보가 발행되었다.
② 상평통보가 전국적으로 유통되었다.
③ 조세와 지대의 금납화가 이루어졌다.
④ 시중에 동전이 부족한 전황이 발생하였다.

정답 ①

해설

②·③·④ 조선 후기의 경제상황에 대한 설명이다.
② 상평통보는 조선 후기에 널리 통용된 화폐이다.
③ 18세기 후반에는 대동미와 기타의 세금도 동전으로 납부할 수 있게 되었다.
④ 조선 후기에 양반지주들이나 상인들은 화폐를 유통의 수단으로만 이용한 것이 아니라 많은 화폐를 감추어 두고 고리대의 방식으로 부를 늘려갔다. 그래서 국가가 동전을 대량으로 발행할수록 감추어지는 화폐가 많아져 유통화폐의 부족현상을 가져왔는데, 이를 '전황'이라고 한다.

핵심이론 50 조선 전기 사회 정책과 제도

① 사회 정책

㉠ 농본 정책 : 성리학 명분론에 입각한 사회 신분 질서 유지와 농민 생활 안정
㉡ 농민의 몰락 : 무거운 조세와 요역의 부담, 양반 지주의 수탈 → 전호, 노비, 유민으로 전락 → 국가의 안정과 재정 근간을 위협하는 요소

② 사회 제도

㉠ 사회 안정책 : 환곡 제도 실시, 국가 주도의 의창·상평창 설치
㉡ 사창 제도 : 양반 지주가 향촌의 농민 생활 안정화 → 양반 중심의 향촌 질서 유지
㉢ 의료시설 : 혜민국, 동·서 대비원(수도권 환자의 구제와 약재 판매), 제생원(지방민의 구호 및 진료 담당), 동·서 활인서(유랑자의 수용과 구휼)

③ 법률 제도

㉠ 〈경국대전〉에 의거 : 실제로는 관습법과 대명률에 의존
㉡ 형법 : 반역죄, 강상죄에 연좌제 적용(심할 경우 고을의 호칭 강등, 수령 파면) → 태·장·도·유·사의 형벌에 처함
㉢ 민법 : 지방관이 관습법에 따라 처리
㉣ 상속 : 종법에 따름, 조상의 제사와 노비 상속을 중시

[핵심예제]

조선 시대 법률제도에 관한 설명으로 옳지 않은 것은?

[2013년 특별]

① 노비에 관련된 문제는 의금부에서 처리하였다.
② 형벌에 관한 사항은 대부분 대명률의 적용을 받았다.
③ 범죄 중에 가장 무겁게 취급된 것은 반역죄와 강상죄였다.
④ 관찰사와 수령이 관할구역 내의 사법권을 가졌다.

정답 ①

해설

조선 시대에 공사 노비 문서의 관리와 노비 소송을 맡아보던 관청은 장례원이다.

핵심이론 51 조선 전기 향촌 사회

① 향촌 사회의 모습

㉠ 향촌 개념 : 중앙과 대칭되는 개념
- 향 : 행정 구역상 군현의 단위(부, 목, 군, 현) → 수령 파견
- 촌 : 마을을 의미하며 군, 현 밑에는 면, 이(里) 등을 설치 → 중앙에서 관리 파견 안 됨(지방 자치적 성격)

㉡ 유향소 : 지방 자치를 위하여 설치한 기구 → 수령 보좌, 향리 감찰, 향촌 사회의 풍속 교정

㉢ 경재소 : 중앙 정부가 현직 관료로 하여금 연고지의 유향소를 통제하게 하는 제도로, 중앙과 지방의 연락 업무를 맡아봄 → 유향소와 경재소는 고려 시대 사심관 제도에서 분화 · 발전

㉣ 향촌 질서의 변화 : 경재소 혁파(17세기 초), 유향소의 명칭 변경[향소(향청)], 향안 작성(지방 사족의 명단), 향규 제정(향회의 운영 규칙), 향약 조직 형성

㉤ 향안, 향규, 향약 : 지방 사족의 지배력을 확보하고 유지하기 위한 장치

② 촌락의 구성과 운영

㉠ 촌락 : 농민 생활의 기본 단위 → 향촌을 구성하는 기본 단위(자연촌) → 동, 이(里)로 편제

㉡ 정부의 촌락 지배 : 면리제(조선 초), 오가작통제(17세기 중엽 이후)로 국가는 촌락 주민에 대해 지배

㉢ 향촌 사회
- 반촌 : 양반 거주(동성, 친족, 외족, 처족 등으로 구성) → 18세기 이후 동성 촌락으로 발전
- 민촌 : 대부분 평민과 천민으로 구성 → 18세기 이후 구성원 다수가 신분 상승

㉣ 향촌 조직 : 사족이 동계와 동약 조직

㉤ 농민 조직
- 두레 : 공동 노동의 작업 공동체
- 향도 : 불교와 민간신앙 등의 신앙적 기반과 동계 조직과 같은 공동체 조직의 성격

③ 촌락 풍습

㉠ 상무 정신 함양 : 석전(돌팔매 놀이)

㉡ 향도계, 동린계 : 자생적 생활 문화 조직 → 양반 사족은 향도계와 동린계를 음사로 취급하여 배척

핵심예제

다음과 관련된 조선의 사회 현상으로 옳지 않은 것은?

[2019년]

> 아버지와 아들, 손자는 단일한 기가 서로 전하는 관계이니 살아서는 한 집에 살고자 하고 죽어서는 같은 묘역에 묻히고자 한다.

① 향음주례 확산
② 묘지 분쟁 빈발
③ 동성 촌락 형성
④ 남귀여가혼 쇠퇴

정답 ①

해설

① 향음주례는 향촌의 선비들이 학식과 연륜이 높은 향촌의 어른들을 모시고 술을 마시며 잔치를 하는 것으로 향촌의 례의 하나이다.
② 같은 묘역에 묻히고자 하기 때문에 묘지 분쟁이 빈발했으리라 추측이 가능하다.
③ 아버지, 아들, 손자가 단일한 기를 전하고자 한 집에 살려고 하는 것으로 봐서는 동성 촌락 형성을 유추할 수 있다.
④ 남귀여가혼은 처가살이를 말하는 것인데 처가살이는 남성중심의 사회에서는 쇠퇴하게 된다.

핵심이론 52 조선 전기의 성리학적 사회 질서 강화

① 예학과 족보의 보급

㉠ 예학(禮學)의 발달 : 성리학적 도덕 윤리를 강조하여 신분 질서의 안정을 추구하고자 성립한 학문, 삼강오륜 강조, 성리학적 사회 질서 유지

㉡ 보학(譜學)의 발달 : 족보를 만들어 종족의 내력 기록, 암기

② 서원과 향약

㉠ 서 원

- 백운동 서원(주세붕이 설립한 우리나라 최초의 서원)
- 선현에 대한 제사(사우 · 사당)
- 교육과 학문 연구 → 유교 보급과 향촌 사림의 결집 구실
- 봄 · 가을에 향음주례(향촌의 선비 · 유생들이 향교 · 서원 등에 모여 학덕과 연륜이 높은 이를 모시고 술을 마시고 잔치를 하는 향촌의례) 거행

㉡ 향 약

- 중종 때 조광조 등 사림세력이 처음 시행 후 이황과 이이의 노력으로 전국적 확산
- 향촌 교화의 규약, 치안 담당
- 전통적 공동 조직과 미풍양속 계승
- 삼강오륜을 중심으로 유교 윤리 가미
  → 교화 및 질서 유지에 알맞도록 구성

㉢ 서원과 향약을 기반으로 사림 세력 성장

핵심예제

빈칸에 들어갈 내용으로 옳은 것은? [2017년]

> (　)은(는) 중종 때 조광조 등 사림세력이 처음 시행한 이후 전국적으로 확산되었다. 조선 사회의 풍속을 교화하는 데 많은 역할을 하였으며, 향촌의 질서 유지와 치안을 담당하는 등 향촌사회의 자치 기능을 수행하였다.

① 의 창
② 향 교
③ 향 약
④ 환 곡

정답 ③

해설

제시문은 향촌의 규약인 향약에 관한 설명이다.

핵심이론 53 조선 시대 교육 기관

① 성균관 : 국립교육기관, 최고 학부 구실, 입학자격은 생원 · 진사 원칙

② 사학(4부학당) : 중등교육기관, 중앙에 설치, 중학 · 동학 · 남학 · 서학

③ 향교 : 중등교육기관, 지방에 설치, 성현에 대한 향례, 유생들의 교육, 지방민의 교화를 위해 부 · 목 · 군 · 현에 설립, 중앙에서 교수 · 훈도 파견

④ 서원 : 사립교육기관, 주세붕이 세운 백운동 서원(최초의 서원), 봄 · 가을 향음주례를 지냄, 인재 양성, 선비나 공신 숭배, 덕행을 추모 → 향촌 사회의 교화에 공헌

⑤ 서당 : 초등 교육을 담당한 사립교육기관이자 사학이나 향교에 입학하지 못한 평민이나 선비 자제들의 교육기관(교육받는 연령은 대개 8~9세부터 15~16세에 해당)

[핵심예제]

조선 시대 교육기관에 관한 설명으로 옳지 않은 것은?

[2018년]

① 서원과 서당은 사립교육기관이었다.

② 성균관의 입학자격은 생원과 진사를 원칙으로 하였다.

③ 잡학은 해당 기술 관청에서 직접 교육을 담당하였다.

④ 중앙에 향교를 두고 지방에 서학, 동학, 남학, 중학의 4부학당을 두었다.

정답 ④

해설

조선 시대 서울에는 최고 학부인 성균관과 서학, 동학, 남학, 중학의 4부학당이 있었다. 그리고 각 지방의 군현에는 향교가 있었다.

핵심이론 54 조선 전기의 문화 사업

① 훈민정음(1443 창제, 1446 반포)

㉠ 보급 : 〈용비어천가〉 · 〈월인천강지곡〉 간행, 불경 · 농서 등 간행, 행정 실무에 이용

㉡ 결과 : 백성들의 문자 생활, 국문학 발전

② 역사서의 편찬

㉠ 초기 : 왕조의 정통성 확립과 성리학적 통치 규범 정착을 위해 편찬

예 〈고려국사〉(정도전) → 조선 건국의 정당성

㉡ 15세기 중엽 : 자주적 입장에서 고려사 재정리

예 〈고려사〉(기전체), 〈고려사절요〉(편년체), 〈동국통감〉(편년체, 서거정)

㉢ 16세기 : 민족 문화의 융성, 사림의 정치문화 의식의 반영

예 〈동국사략〉(박상)

더 알아보기

조선왕조실록

- 조선 태조부터 철종까지 472년간의 역사를 편년체로 기록한 역사서로, 유네스코 세계기록유산에 등재되었다.
- 춘추관에서 사관들이 〈조선왕조실록〉의 편찬과 보관을 담당하였다.
- 왕의 사후에 다음 왕이 즉위하면 춘추관에 실록청을 설치하여 사초와 시정기 등을 근거로 작성하는 방식으로 편찬하였다.
- 임진왜란 이전에는 4부를 만들어 춘추관, 전주, 성주, 충주 사고에 보관하였으나, 임진왜란 때 전주사고본만 남고 소실되었다.

③ 지리서의 편찬

㉠ 편찬 목적 : 중앙 집권과 국방의 강화

㉡ 지도 : 〈혼일강리역대국도지도〉(태종, 현존하는 동양에서 가장 오래된 세계지도), 〈팔도도〉(세종, 전국 지도), 〈동국지도〉(세조 때 양성지 등), 〈조선방역지도〉(16세기, 현존하는 지도)

㉢ 지리지 : 〈신찬팔도지리지〉(세종), 〈동국여지승람〉(성종), 〈신증동국여지승람〉(중종)

④ 윤리 · 의례서와 법전의 편찬

㉠ 윤리서 및 의례서

- 〈삼강행실도〉 : 세종 때에 모범이 될 만한 충신, 효자, 열녀 등의 행적을 그림으로 그리고 설명을 붙인 윤리서
- 〈국조오례의〉 : 성종 때 국가의 여러 행사에 필요한 의례를 정비한 의례서
- 〈이륜행실도〉 : 16세기, 연장자와 연소자, 친구 사이에 지켜야 할 윤리를 강조한 윤리서
- 〈동몽수지〉 : 16세기, 어린이가 꼭 지켜야 할 예절을 기록

㉡ 법 전

- 유교적 통치 규범 성문화 → 〈조선경국전〉 · 〈경제문감〉(정도전), 〈경제육전〉(조준)
- 〈경국대전〉 : 세조 때 편찬 시작, 성종 때 완성, 조선의 기본 법전, 유교적 통치 질서와 문물 제도 완성, 이전 · 호전 · 예전 · 병전 · 형전 · 공전으로 구성

[핵심예제]

조선 시대 편찬된 서적에 관한 설명으로 옳지 않은 것은?

[2017년]

① 경국대전은 이전, 호전, 예전, 병전, 형전, 공전으로 구성된 법전이다.
② 국조오례의는 길례, 가례, 빈례, 군례, 흉례를 정리한 의례서이다.
③ 고려사절요는 고려 시대 역사를 정리한 기전체 역사서이다.
④ 동국통감은 고조선부터 고려 말까지의 역사를 정리한 편년체 역사서이다.

정답 ③

해설

〈고려사〉가 기전체 역사서이고, 〈고려사절요〉는 편년체로 쓰여진 역사서이다.

핵심이론 55 조선 시대 성리학의 발달 과정

① 성리학의 정착

㉠ 관학파 : 혁명파 사대부(정도전, 권근 등) → 성리학 이외의 학문 포용(특히 주례를 국가통치 이념으로 중시), 대내외적인 모순 극복, 문물 제도 정비, 부국강병 추진

㉡ 사림파 : 길재의 학문적 전통 계승(성종 때 중앙 정계에 진출) → 교화에 의한 통치 강조(사회 모순을 성리학적 이념으로 극복)

② 성리학의 융성

㉠ 주기론 : 서경덕, 조식 → 이이

- 현실적, 개혁적
- 서경덕 : 이(理)보다는 기(氣)를 중심으로 세계를 이해, 불교와 노장 사상에 개방적 태도
- 조식 : 노장 사상에 포용적, 학문의 실천성 강조

㉡ 주리론 : 이언적 → 이황

- 이언적 : 기(氣)보다는 이(理)를 중심으로 자신의 이론을 전개함
- 인간 심성 중시

㉢ 성리학의 정착 : 이황과 이이

- 이황 : 〈주자서절요〉 · 〈성학십도〉 저술, 주자의 이론을 현실에 반영, 도덕적 행위의 근거로 인간의 심성 중시, 근본적 · 이상주의적 성격이 강함 → 임진왜란 후 일본 성리학 발전에 영향을 미침, 영남학파 형성

더 알아보기

이 황

- 주자의 이기이원론을 발전시켜 주리 철학 확립
- '동방의 주자'로 불리며 일본 성리학에 영향
- 〈성학십도〉 : 왕이 성군이 되길 바라는 뜻에서 이황이 저술한 글로, 10개의 도표와 그에 대한 체계적인 해설을 넣었음

- 이이 : 기의 역할 강조, 현실적 · 개혁적인 성격, 〈동호문답〉 · 〈성학집요〉 저술 → 통치 체제의 정비, 수취 제도 개혁 등을 제시, 기호학파 형성

③ 학파의 형성과 대립
㉠ 학파의 형성 : 16세기 중반부터 학설과 지역적 차이로 서원을 중심으로 학파 형성
㉡ 정파의 형성 : 선조 때 사림들이 중앙 정계의 주도 세력으로 등장
- 동인 : 서경덕 · 조식 · 이황 학파 → 이후 남인과 북인으로 분당
- 서인 : 성혼 · 이이 학파 → 이후 노론과 소론으로 분당
- 동인의 분리 : 정여립 사건을 계기로 이황 학파(남인)와 서경덕 · 조식 학파(북인)의 분리

㉢ 학파의 대립
- 북인 : 광해군 때 집권, 임진왜란의 피해 극복(대동법 시행, 은광 개발), 명과 후금 사이에서의 중립 외교로 서인과 남인의 반발
- 서인 : 인조반정으로 서인이 정국 주도 → 성리학 중심의 사상계
- 서인과 남인 : 명분론 강화, 반청 정책 추진 → 병자호란 초래 → 서인 산림(송시열), 정국 주도

④ 예학의 발달
㉠ 배경 : 흐트러진 유교적 질서 회복 강조, 〈주자가례〉 중심의 생활 규범서 출현, 예치 강조(김장생, 정구)
㉡ 예송 논쟁 : 전례 논쟁 전개

⑤ 성리학의 변화
㉠ 성리학의 절대화 경향
- 서인의 성리학 강화 : 의리 명분론 강화, 주자 중심의 성리학 절대화 → 자신들의 학문적 기반을 공고히 하고자 함
- 성리학의 상대화 : 윤휴(남인), 박세당(소론) → 6경과 제자백가 등에서 모순 해결의 사상적 기반을 찾음
- 이기론 논쟁(16세기) : 영남 남인(이황 학파)과 노론(이이 학파) 간의 논쟁
- 소론 : 성혼의 사상을 계승하고 양명학과 노장 사상 등을 수용 → 탄력적인 성리학 이해
- 호락 논쟁(18세기, 노론 중심) : 호론(인물성이론 주장 → 위정 척사 사상에 계승), 낙론(인물성동론 → 북학 사상에 계승)

㉡ 양명학 수용
- 양명학 : 중종 때 전래, 이후 명과의 교류를 통해 서경덕 학파와 종친 사이에 확산
- 양명학의 영향 : 실학자와 상호 영향, 한말 박은식, 정인보 등이 계승

[핵심예제]

다음 내용의 인물과 관련이 있는 것은? [2015년 특별]

> 그는 왕이 성군이 되기를 바라는 뜻에서 10개의 도표(圖表)와 그에 대한 체계적인 해설이 있는 글을 저술하였다. 여기에서 제1태극도는 우주의 생성 원리를, 제8심학도는 마음 수련법을 구체적으로 제시하고 있다.

① 동호문답과 성학집요를 저술하였다.
② 지행합일의 실천성을 강조하는 양명학을 연구하였다.
③ 유성룡, 김성일 등의 영남학파에 영향을 끼쳤다.
④ 주자의 학문 체계를 비판하여 사문난적으로 몰렸다.

정답 ③

해설

③ 제시된 자료는 〈성학십도〉의 내용으로 영남학파 이황에 대한 설명이다.
① 기호학파 : 이이
② 18세기 강화학파 : 정제두
④ 17세기 후반 남인 : 윤휴, 소론 : 박세당

핵심이론 56 조선 전기 과학 기술

① 천문 · 역법과 의학

㉠ 과학 기술의 발달 배경
- 부국강병과 민생의 안정을 중시하여 국가적 지원으로 발전
- 유학자들도 기술학 중시(전통적 기술 문화의 계승과 서역 및 중국의 과학 기술 수용)

㉡ 농업 관련 기술
- 과학 기구 : 천체 관측 기구(혼의, 간의), 시간 측정 기구(해시계 – 앙부일구, 물시계 – 자격루), 강우량 측정 기구(측우기, 세계 최초, 1441), 토지 측량 기구(인지의, 규형)
- 역법 : 칠정산(세종 때 원의 수시력과 아라비아의 회회력을 참고로 하여 만든 역법서, 우리나라 역사상 최초로 서울을 기준으로 천체 운동을 계산)

㉢ 무기 제조 기술 : 화약, 화포, 화차, 거북선 제작

㉣ 천문도 제작 : 〈천상분야열차지도〉(태조 때 고구려의 천문도를 바탕으로 돌에 새김)

㉤ 의학 : 〈향약집성방〉(우리 풍토에 맞는 약재와 치료 방법 정리), 〈의방유취〉(의학 백과사전)
→ 조선 의약학의 자주적 체계 마련

㉥ 과학 기술의 침체 : 16세기 이후 기술 경시의 풍조로 침체

② 활자 인쇄술과 제지술

㉠ 배경 : 국가적 편찬 사업의 진행으로 활자와 인쇄 기술 문화 발달

㉡ 금속활자 : 주자소에서 계미자(태종), 갑인자(세종) 등 제작, 식자판 조립법 창안

㉢ 제지술 발달 : 종이를 전문적으로 생산하는 관청인 조지서 설치(태종 때 조지소 설치 → 세조 때 조지서로 개칭), 출판 문화의 발달, 문화 수준 향상에 기여

③ 농서의 편찬과 농업 기술의 발달

㉠ 농서 편찬
- 〈농사직설〉(세종) : 정초, 변효문 등이 왕명에 의하여 편찬한 우리나라 최초의 농서, 우리 실정에 맞는 농법 정리(씨앗 저장, 토질 개량, 모내기)
- 〈금양잡록〉(성종) : 강희맹이 기술한 농서, 경기 지방의 농사법 정리

㉡ 농업 기술 발달 : 2년 3작 시행(조, 보리, 콩), 이모작 실시(일부 남부 지역), 시비법 개선으로 휴경지 소멸, 건경법과 수경법, 남부 일부에서의 모내기

㉢ 의생활의 발달 : 의류 작물로 목화 재배(전국으로 확대 → 무명옷이 화폐로 통용), 삼 · 모시 재배 성행, 양잠 확산

④ 병서 편찬과 무기 제조

㉠ 병서 편찬 : 〈총통등록〉(화약무기 제작), 〈동국병감〉(전쟁사 정리), 〈병장도설〉(군사훈련 지침서)

㉡ 무기 제조 : 화약무기 제조(최해산), 화포, 화차, 거북선, 비거도선 제조(수군 전투력 증강)

핵심예제

56-1. 조선 전기 과학기술에 관한 설명으로 옳은 것은?

[2020년]

① 천체관측기구인 혼의와 간의를 만들었다.
② 상정고금예문을 금속활자로 인쇄하였다.
③ 토지측량기구인 앙부일구와 자격루를 제작하였다.
④ 질병처방과 국산약재가 소개된 향약구급방이 편찬되었다.

정답 ①

56-2. 조선 전기 문화에 관한 설명으로 옳은 것은?

[2016년 정기]

① 유득공은 발해고에서 발해의 역사를 본격적으로 다루었다.
② 이중환은 택리지에서 지리적 환경 및 풍속을 자세히 조사하였다.
③ 김정호는 대동여지도에서 산맥, 하천과 함께 도로망을 자세히 표시하였다.
④ 정초는 농사직설에서 우리나라 농토와 현실에 알맞은 농사짓는 법을 소개하였다.

정답 ④

해설

56-1

② 상정고금예문은 고려 시대의 책으로, 금속활자를 사용하여 인쇄하였다고 알려져 있으나 현재에는 전해지지 않는다.

③ 앙부일구 · 자격루는 세종 시기에 만들어진 해시계와 물시계이다.

④ 향약구급방은 국산약재를 이용한 처방집으로 고려 시대에 편찬되었다.

56-2

① · ② · ③ 조선 후기에 해당한다.

핵심이론 57 조선 시대 전기의 문학과 예술

① 다양한 문학

㉠ 15세기의 문학 : 〈용비어천가〉, 〈월인천강지곡〉, 〈동문선〉(서거정), 〈금오신화〉(김시습)

㉡ 16세기의 문학 : 사림의 등장으로 한문학 침체, 여류 문인의 등장(신사임당, 허난설헌)

② 왕실과 양반의 건축

㉠ 신분에 따라 크기와 장식 제한 : 왕권 강화, 신분질서 유지

㉡ 15세기 : 궁궐 · 관아 · 성문 중심, 불교 건축(강진 무위사 극락보전, 합천 해인사 장경판전, 서울 원각사지 10층 석탑)

㉢ 16세기 : 서원 건축(가람 배치 양식과 주택 양식을 결합), 옥산서원, 도산서원

㉣ 궁궐의 정전 : 대부분 다포 양식(경복궁 근정전, 창덕궁 인정전 등)

③ 분청사기, 백자의 공예

㉠ 특징 : 실용과 검소 지향, 생활필수품, 문방구 등

㉡ 자기 : 자기소와 도기소 설치(광주 사옹원 분원), 분청사기(15세기) → 백자 생산(16세기)

㉢ 공예 : 목공예, 돗자리 공예, 화각 공예, 자개 공예, 수와 매듭

[분청사기 철화어문 항아리]

[백자 달항아리]

④ 그림과 글씨

㉠ 그 림

- 15세기 : 독자적 화풍 개발(중국 역대 화풍을 선택적으로 수용) → 〈몽유도원도〉(안견), 〈고사관수도〉(강희안)
- 16세기 : 다양한 화풍 발달(산수화, 사군자 등) → 〈송하보월도〉(이상좌), 이암은 동물, 신사임당은 풀과 벌레, 황집중은 포도, 이정은 대나무, 어몽룡은 매화를 잘 그림

㉡ 서예 : 안평대군(송설체), 양언(초서), 한호(석봉체 - 왕희지체를 바탕으로 자신의 고유한 서체 정립)

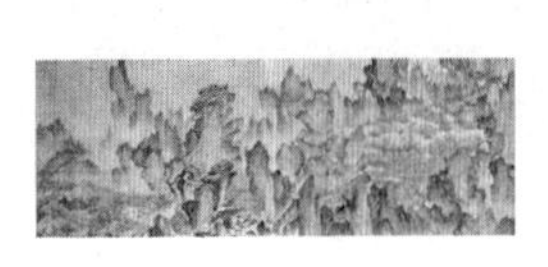
[몽유도원도(안견)]

[고사관수도(강희안)]

[초충도(신사임당)]

⑤ 음악과 무용

㉠ 음 악

- 박연(세종) : 여민락 작곡, 〈정간보〉 창안, 아악 체계화
- 성현(성종) : 〈악학궤범〉 편찬 → 전통 음악 유지 발전에 도움

㉡ 16세기 중엽 : 당악과 향악이 속악으로 발달

㉢ 무용 : 궁중과 관청의 의례에서 음악과 함께 발달

- 처용무 : 전통 춤을 우아하게 변용
- 민간 : 농악무, 무당춤, 승무, 산대놀이(탈춤), 꼭두각시놀이(인형극) 유행

[핵심예제]

다음 도자기를 유행 시기가 앞선 순으로 바르게 나열한 것은?

[2019년]

ㄱ. 순청자	ㄴ. 청화백자
ㄷ. 분청사기	ㄹ. 상감청자

① ㄱ → ㄷ → ㄹ → ㄴ
② ㄱ → ㄹ → ㄴ → ㄷ
③ ㄱ → ㄹ → ㄷ → ㄴ
④ ㄴ → ㄷ → ㄹ → ㄱ

정답 ③

해설

ㄱ. 순청자는 10~11세기에 유행하였다.
ㄹ. 상감청자는 12세기에 유행하였다.
ㄷ. 분청사기는 고려 말에 등장해서 15세기에 궁중이나 관청에서 널리 사용되었다.
ㄴ. 청화백자는 조선 시대 전반에 걸쳐서 생산되었으나 조선 후기에 널리 보급되었다.

핵심이론 58 임진왜란과 그 영향

① 왜군의 침략

㉠ 일본과의 대립 : 일본인의 무역 요구에 대항 → 3포 왜란(1510), 을묘왜변(1555)으로 비변사 설치(군사 문제의 전담과 사신 파견)

㉡ 임진왜란(1592) : 20만 대군의 침입 → 선조가 의주로 피난, 명에 원군 요청

② 수군과 의병의 승리

㉠ 수군의 승리 : 이순신(전라 좌수사)의 활약, 남해의 제해권 장악, 곡창 지대인 전라도 수호, 왜군의 수륙 병진 작전 좌절

- 이순신 장군 주요 해전사

임진왜란 (1592)	옥포해전 (1592.05.07)	이순신 장군의 조선수군이 첫 승리
	사천해전 (1592.05.29)	거북선이 처음으로 실전 투입된 해전
	한산도대첩 (1592.07.08)	진주대첩, 행주대첩과 함께 임진왜란 3대 대첩, 학익진 전법
정유재란 (1597~98)	명량해전 (1597.09.16)	백의종군에서 풀려나 통제사로 돌아온 이순신 장군이 단 13척이 배를 이끌고 왜에 맞서 싸운 해전
	노량해전 (1598.11.19)	조선수군과 일본함대가 벌인 마지막 해전, 전투는 승리하였으나 이순신 장군은 왜군의 총탄에 전사

㉡ 의병의 항쟁 : 농민 주축, 전직 관리 · 사림 · 승려 등이 조직 → 향토 지리에 맞는 전술 활용

㉢ 임진왜란의 사건 순서 : 신립의 충주전투(1592.04) → 이순신의 한산도대첩(1592.07) → 권율의 행주대첩(1593) → 이순신의 명량해전(1597)

③ 전란의 극복과 영향

㉠ 왜란의 극복 : 왜군의 격퇴, 명의 지원, 정유재란 발생(1597)

㉡ 왜란의 영향

- 승리 요인 : 민족의 잠재적 역량 우월, 전 국민적인 차원에서의 국방 능력이 일본 능가, 문화적 우월감과 자발적인 전투 의식
- 국내적 영향 : 인구와 농토 격감, 국가 재정 타개, 토지 대장과 호적 소실, 문화재 소실(경복궁, 불국사, 사고)
- 국제적 영향 : 여진족의 급성장(후금 건국, 1616), 명의 쇠퇴, 일본 문화의 획기적 발전 계기

[핵심예제]

다음을 발생한 순서대로 옳게 나열한 것은? [2014년 정기]

> ㄱ. 옥포해전　　ㄴ. 명량해전
> ㄷ. 한산도대첩　　ㄹ. 노량해전

① ㄱ → ㄴ → ㄹ → ㄷ
② ㄱ → ㄷ → ㄴ → ㄹ
③ ㄷ → ㄱ → ㄴ → ㄹ
④ ㄷ → ㄹ → ㄱ → ㄴ

정답 ②

해설

ㄱ. 옥포해전 → ㄷ. 한산도대첩 → ㄴ. 명량해전 → ㄹ. 노량해전

핵심이론 59 호란의 발발과 대외 관계의 변화

① **광해군의 중립 외교**

㉠ 대륙 정세 : 여진(누르하치)의 후금 건국과 명에 전쟁 선포 → 명이 조선에게 원군 요청

㉡ 광해군의 정책 : 명과 후금 사이의 중립 외교 정책 → 명의 요청을 적절히 거절하면서 후금과 친선을 꾀함

② **호란의 발발과 전개**

㉠ 정묘호란의 발발(1627)

- 배경 : 인조반정을 주도한 서인 정권이 광해군의 중립 외교 정책 비판 및 친명배금 정책으로 후금 자극, 이괄의 난(잔당들이 후금에 인조반정의 부당성 호소)
- 전개 : 후금의 조선 침략 → 인조 강화도 피신, 관군과 의병(정봉수, 이립)의 활약으로 적의 보급로 차단
- 결과 : 후금과 형제의 맹약을 맺고 강화 체결

㉡ 병자호란의 발발(1636)

- 원인 : 청의 군신 관계 요구 → 조선의 거부(척화주전론 우세)
- 전개 : 청의 조선 공격(1636) → 인조는 남한산성으로 피신하여 항전
- 결과 : 청의 약탈과 살육으로 인한 서북 지방의 황폐화, 청과 굴욕적 강화 체결(삼전도 굴욕, 군신 관계, 북벌 운동 대두, 소현세자, 봉림대군 등 세자와 백성들이 청에 포로로 끌려감)

③ **대청 관계의 변화**

㉠ 북벌운동 추진 : 청을 정벌하여 오랑캐에게 당한 수치를 씻고, 명에 대하여 의리를 지키자는 주장 → 효종의 죽음으로 실현하지 못함

㉡ 나선정벌 : 효종 때 청과 러시아 사이에 국경 분쟁 발생, 청이 조선에 지원군 요청 → 두 차례에 걸쳐 군사 파견(총수병 중심)

㉢ 북학론의 대두 : 청의 국력 신장과 문물 융성에 자극을 받음, 홍대용 · 박제가 · 박지원이 주장

㉣ 백두산 정계비 설립(간도 귀속 문제) : 정계(1712)의 해석상의 차이로 발생하였으나 중국과 일본의 간도협약(1909)으로 상실

④ **일본과의 관계**

㉠ 임진왜란 이후 : 외교 단절 → 도쿠가와 막부의 국교 재개 요청 → 유정 파견, 일본과 강화

㉡ 기유약조(1609) : 부산포를 개항하여 왜관 설치, 제한된 범위에서 교역 허용

㉢ 통신사 파견 : 조선의 선진 문화 수용, 정권 교체 인정받기 위해 일본이 요청 → 외교 · 문화 사절

㉣ 울릉도와 독도 : 신라 지증왕 때 정복 → 일본 어민의 침범 → 숙종 때 우리 영토임을 재확인(안용복이 울릉도와 독도에 출몰하는 왜인 격퇴) → 19세기 조선 정부는 적극적인 울릉도 경영 추진, 독도까지 관할(주민의 이주 장려, 군을 설치하고 관리 파견)

[핵심예제]

조선 시대 대외 관계 중 그 내용이 잘못 연결된 것은?

[2014년 특별]

① 나선정벌(羅禪征伐) – 효종 대 여진 정벌
② 신미양요(辛未洋擾) – 고종 대 미국의 강화도 공격
③ 대마도정벌(對馬島征伐) – 세종 대 왜구 근거지 소탕
④ 병자호란(丙子胡亂) – 인조 대 청의 조선 침입

정답 ①

해설

나선정벌은 17세기 중반 조선 효종 때 연해주 흑룡강 방면으로 남하하는 러시아 세력을 조선 군사(변급 · 신유, 총수병 중심)가 청나라 군사와 함께 정벌한 일이다.

핵심이론 60 조선 후기 정치 · 군사 제도의 변화

① 정치 구조의 변화

㉠ 비변사의 기능 강화

- 설치 : 16세기 중종 초에 여진과 왜구의 대비 목적으로 설치 → 국방 문제에 정통한 재상을 중심으로 운영되던 임시 회의 기구
- 확대 : 임진왜란 때 국가적 위기를 타개하기 위해 구성원과 기능 강화
- 기능 강화의 결과 : 왕권의 약화, 의정부와 6조의 유명무실 → 19세기에는 세도 정치의 중심 기구

㉡ 삼사의 언론 기능

- 삼사 : 각 붕당의 이해관계 대변
- 이조와 병조의 전랑 : 중 · 하급 관원들에 대한 인사권과 자기 후임자를 스스로 추천하는 권한 행사
- 기능과 권한 : 붕당 간의 대립을 격렬하게 만드는 장치로 인식 → 영 · 정조의 탕평 정치로 혁파

② 군사 제도의 변화

㉠ 중앙군의 개편(5군영의 설치) : 훈련도감, 어영청, 총융청, 수어청, 금위영

- 훈련도감 : 유성룡의 건의로 임진왜란 중 설치(선조), 일정한 급료를 받는 직업적 상비군으로 삼수병(포수 · 사수 · 살수)을 양성
- 어영청 : 인조반정 후 이괄의 난을 계기로 설치, 북벌 추진 과정에서 그 기능이 강화됨
- 총융청 : 인조 때 경기 일대 방어를 위해 설치
- 수어청 : 정묘호란 후 남한산성에 설치, 수도 남부 방어
- 금위영 : 숙종 때 왕실과 수도 방어 목적으로 설치

㉡ 5군영의 성격 : 번상병제(의무병)에서 용병제로 전환, 붕당(특히 서인)의 정권을 유지하기 위한 군사적 기반

㉢ 지방군의 변화

- 방어 체제의 변화 : 진관 체제(조선 초기) → 제승방략 체제(16세기 후반) → 속오군 체제(임진왜란 중)
- 속오군 : 양반에서부터 노비까지 편제하여 평상시에는 생업 종사, 유사시에 동원 → 양반들의 회피로 상민과 노비 부담 가중

핵심예제

밑줄 친 '이 기구'에 관한 설명으로 옳은 것은? [2020년]

> 선조 26년(1593) 국왕의 행차가 서울로 돌아왔으나 성 안은 타다 남은 건물 잔해와 시체로 가득했다. 선조는 이 기구를 설치하여 군사를 훈련시키라고 명하였다. 이에 유성룡이 주도하여 명나라의 기효신서를 참고하여 훈련법을 습득하고 조직을 갖추었다.

① 군병은 스스로 비용을 부담하였다.
② 정토군이 편성되어 여진의 침입에 대비하였다.
③ 부대 편성은 삼수군인 포수, 사수, 살수로 하였다.
④ 서울에 내영, 수원에 외영을 두어 국왕의 친위를 담당하였다.

정답 ③

해설

훈련도감에 대한 설명이다. 훈련도감은 임진왜란 중 설치된 것으로, 일정한 급료를 받는 직업적 상비군에 해당한다.

핵심이론 61 조선 후기 수취 체제의 개편

① **농촌 사회의 동요**

㉠ 농촌 사회의 동요 : 양난으로 경작지 황폐, 기근과 질병 → 민생 파탄, 조세의 부담, 도적화

㉡ 국가 수취 체제 개편 : 전세 제도, 공납 제도, 군역 제도 → 농촌 사회 안정과 재정 기반 확대

② **대동법 실시(1608)**

㉠ 배경 : 방납의 폐단으로 농민 부담 가중

㉡ 실시 : 광해군 때 경기도에 처음 실시, 점차 확대되어 숙종 때 평안도와 함경도 등을 제외하고 전국적 실시

㉢ 내용 : 집집마다 부과하던 토산물을 토지를 기준으로 쌀(토지 1결당 쌀 12말), 삼베, 무명, 돈 등으로 징수

㉣ 결과 : 농민의 부담 감소, 관청에 물품을 납품하는 공인의 등장, 상품 화폐 경제 발달

㉤ 조선 시대 공납제의 변화 과정
- 15세기 : 공납 → 16세기 방납의 폐단 대두
- 16세기 말 : 공납을 쌀로 거두자는 수미법 주장
- 17세기 : 대동법 실시

③ **영정법 실시(1635)**

㉠ 배경 : 양난으로 농경지 황폐화, 전세 제도의 문란

㉡ 내용 : 연분 9등법을 폐지하고, 풍흉에 관계없이 전세를 토지 1결당 미곡 4두로 고정
→ 전세의 정액화, 전세율 인하

㉢ 결과 : 전세의 비율이 이전보다 다소 낮아졌지만, 여러 가지 명목의 수수료, 운송비 등에 대한 보충비용의 부과로 농민의 부담은 줄지 않음

④ **균역법 실시(1750)**

㉠ 배경 : 군역 대신 군포를 징수하는 경우 증가, 규정보다 많이 징수하여 농민 부담 가중

㉡ 내용 : 농민들의 군포 부과를 1년에 2필을 내던 것을 1필만 부과

㉢ 재정 보완책 : 줄어든 군포 수입 보충으로 지주에게 결작(토지 1결당 쌀 2두), 일부 상류층에게 선무군관포(군포 1필) 등을 징수, 또한 어장세, 선박세, 소금세 등을 걷어 보충

㉣ 결과 : 농민의 군포 부담 일시 감소, 토지에 부과되는 결작이 소작 농민에게 전가되면서 농민의 부담이 다시 증가, 군적의 문란 심화

핵심예제

조선 시대 균역법의 시행에 관한 설명으로 옳지 않은 것은?

[2017년]

① 농민은 1년에 군포 2필을 부담하게 되었다.
② 어장세와 선박세의 수취를 균역청에서 관할하였다.
③ 지주에게 결작으로 토지 1결당 미곡 2두를 부담시켰다.
④ 일부 상류층에게 선무군관이라는 칭호를 주고 군포 1필을 부과하였다.

정답 ①

해설

① 균역법은 군대를 가지 않는 대신에 1년에 2필을 내던 군포를 1필로 줄여준 것이다.
② 균역법 시행 이후 부족해진 세금은 어장세, 염세, 선박세로 거두었고, ③ 지주에게 결작이라는 이름으로 토지 1결당 2두씩 부과세를 매겼다. 그리고 ④ 일부 상류층에게 선무군관이라는 벼슬을 내리고 선무군관포를 거두었다.

핵심이론 62 정쟁의 격화와 탕평 정치

① 붕당 정치의 변질

㉠ 사회 · 경제적 배경 : 17세기 후반 이후 상품 화폐 경제의 발달 → 정치 집단 사이에 상업적 이익의 독점을 위한 붕당 간의 대립 격화, 정치적 쟁점 또한 사상적인 문제에서 군영 확보 문제로 변화

㉡ 붕당 정치의 발단 : 서인과 남인의 정치적 대립(남인들이 서인들의 북벌 운동 비판, 예송 논쟁)

㉢ 붕당 정치의 변질 : 붕당 간의 균형 파괴, 경신환국(숙종, 1680) → 서인 집권, 남인 탄압(일당전제화)

㉣ 결과 : 외척 · 종친의 역할 증대, 3사와 이조 전랑의 정치적 비중 감소, 비변사의 기능 강화

㉤ 향촌 사회 : 지주제와 신분제의 동요에 따라 사족 중심의 향촌지배가 어려움 → 붕당 정치의 기반이 무너짐

② 탕평론의 대두

㉠ 붕당 정치의 변질과 탕평론의 제기

- 붕당 정치의 변질 : 극단적 정쟁과 일당 전제화의 추세 → 왕권 자체가 불안해짐
- 숙종의 탕평론의 제기 : 왕권과 신권의 균형, 붕당 상호간에 조화를 이루기 위한 방안

㉡ 숙종의 탕평책

- 전개 과정 : 인사 관리를 통한 세력 균형 유지, 잦은 환국으로 인해 오히려 정국이 혼란해짐 → 경종 때 왕세자(영조)의 대리청정 문제로 노론과 소론의 대립
- 붕당 정치의 변질 : 상대 붕당 부정, 삼사의 언론 기능 변질, 노론 중심의 일당 전제화 지속 → 탕평론 제기

㉢ 영조의 탕평책

- 붕당 정치의 폐해를 막고 능력에 따른 인재를 등용하기 위해 탕평책을 실시, 성균관에 탕평비 건립
- 탕평교서 발표, 서원 정리, 이조 전랑 권한 축소, 균역법 실시, 군영 정비, 가혹한 형벌 폐지, 사형수 3심제 시행, 속대전 편찬(법전 체계 재정비), 증수무원록 간행, 고문(낙형 · 압슬형 · 주리형 등) 폐지 → 소론 강경파의 잦은 변란으로 노론이 정국 주도

㉣ 정조의 탕평책

- 영조의 탕평책을 계승하여 적극적인 탕평책 추진, 붕당과 신분을 가리지 않고 인재 등용
- 시파 등용, 규장각 육성, 초계문신제도 시행, 장용영 설치, 수원화성 건설, 수령의 권한 강화(수령이 직접 군현 단위 향약 주관 → 지방사림 영향력 약화), 〈대전통편〉, 〈무예도보통지〉 등을 편찬, 신해통공을 통해 육의전을 제외한 시전상인들의 금난전권 폐지(자유로운 상업 활동 도모)

[핵심예제]

다음의 업적과 관련된 왕으로 옳은 것은? [2016년 정기]

- 속대전을 편찬하였다.
- 지나친 형벌이나 악형을 금지하였다.
- 백성의 부담을 줄여주기 위해 균역법을 시행하였다.

① 성 종
② 숙 종
③ 영 조
④ 정 조

정답 ③

해설

제시문은 영조(조선 제21대 왕)에 관한 설명이다.

핵심이론 63 조선 후기 사회 불안과 변혁

① 조선 후기 정치 질서의 변화
- ㉠ 세도 정치의 전개
  - 정조 이후 외척을 중심으로 한 소수 가문에 권력 집중
  - 안동 김씨(순조) → 풍양 조씨(헌종) → 안동 김씨(철종)
- ㉡ 세도 정치기의 권력 구조
  - 정치 집단의 기반 축소 : 소수의 유력한 가문들이 권력과 이권을 독점하여 언론 활동이 위축됨
  - 비변사의 강화 : 정치 기구의 왜곡으로 의정부나 6조가 유명무실화 → 비변사로의 권력 집중
- ㉢ 세도 정치의 폐단
  - 정치 기강의 문란 : 과거제의 문란, 관직의 매매 성행, 탐관오리들의 부당한 조세 수탈
  - 지방 행정의 문란 : 탐관오리의 수탈 극심, 삼정의 문란으로 농촌 경제의 피폐, 상품 화폐 경제의 성장 둔화
  - 결과 : 사회 개혁에 실패, 민중들의 불만으로 전국적인 저항 운동의 전개

② 사회 불안의 심화
- ㉠ 신분제의 동요 : 지배층과 농민의 갈등이 극심하여 양반 중심의 지배 체제 붕괴 위기
- ㉡ 민심 불안 고조
  - 잦은 재난과 질병의 발생
  - 유민증가 및 도적의 횡행(임꺽정 등)
  - 서양세력의 접근
- ㉢ 농민항거운동 : 농민의식 성장으로 인한 항거운동 전개

③ 예언 사상의 대두
- ㉠ 예언 사상 유행 : 비기, 도참, 정감록(유행한 비기)
- ㉡ 무격 신앙과 미륵 신앙 확산 : 현세에서 얻지 못한 행복을 미륵 신앙을 통해 해결

④ 천주교의 전파
- ㉠ 전래 : 17세기에 우리나라 사신들이 천주당(중국 베이징)을 방문 → 서학으로 소개됨
- ㉡ 신앙으로 발전 : 18세기 후반경 남인계열의 실학자들이 천주교 서적을 읽고 신앙 생활 → 이승훈의 영세로 더욱 활발
- ㉢ 천주교 박해
  - 배경 : 평등 사상, 조상에 대한 제사 거부
  - 신유박해(순조 즉위 직후, 1801) : 노론 강경파인 벽파가 집권하면서 대 탄압
  - 안동 김씨의 세도기에 천주교 탄압 완화 : 조선 교구 설정, 서양인 신부의 포교 활동으로 교세 확장
- ㉣ 교세 확장 : 세도 정치기의 사회 불안, 인간 평등 사상, 내세 신앙 → 일부 백성의 공감

⑤ 동학의 발생
- ㉠ 동학의 창시 : 철종 때(1860) 경주의 몰락 양반인 최제우가 창시
- ㉡ 동학의 사상 : 인내천(人乃天, 사람이 곧 하늘이다), 후천개벽(後天開闢), 보국안민(輔國安民)
- ㉢ 동학의 확산과 탄압 : 민중적이고 민족적인 동학이 삼남 지방의 농촌 사회에 널리 보급되어 번성하자, 정부는 세상을 어지럽히고 백성을 현혹한다는 이유로 탄압
- ㉣ 최시형의 활약 : 2대 교주로 교세 확대, 〈동경대전〉과 〈용담유사〉를 펴냄, 의식과 제도를 정착시켜 교단 조직을 정비

⑥ 농민의 항거
- ㉠ 배경 : 19세기 세도 정치하에서 국가 기강 해이, 삼정의 문란(수령의 부정이 중앙 권력과 연계) → 농민들의 사회 의식 성장
- ㉡ 농민의 저항 : 소극적 소청, 벽서, 괘서 등의 형태 → 전국적 농민 봉기로 변화
- ㉢ 홍경래의 난(1811) : 몰락 양반인 홍경래의 지휘하에 영세 농민, 중소상인, 광산 노동자 등이 합세 → 사회 불안이 수그러지지 않고 각지에서 농민 봉기가 일어났으나 관리의 부정은 시정되지 않음
- ㉣ 임술농민봉기(진주민란, 1862) : 삼정의 문란과 경상우병사 백낙신의 수탈에 대한 농민들의 반발 → 진주에서 시작되어 전국적 확대(함흥으로부터 제주까지 확산)

핵심예제

다음 농민 봉기에 관한 설명으로 옳은 것은? [2016년 특별]

> 임술년(1862년) 2월 19일, 진주민 수만 명이 머리에 흰 수건을 두르고 손에는 몽둥이를 들고 무리를 지어 진주 읍내에 모여 서리들의 가옥 수십 호를 불사르고 부수어, 그 움직임이 결코 가볍지 않았다.
>
> – 〈임술록〉 –

① 농민자치조직인 집강소를 설치하여 개혁을 주장하였다.
② 경상우병사인 백낙신의 수탈에 반발하여 일으킨 것이다.
③ 만적 등 천민의 신분 해방 운동을 촉진하는 요인이 되었다.
④ 홍경래의 지휘 아래 영세 농민, 중소 상인 등이 합세하였다.

정답 ②

해설

제시된 내용은 1862년 백낙신의 수탈에 반발하여 잔반 유계춘의 지휘 아래 일어난 진주민란에 대한 설명이다. 이후 전국으로 확산되어 임술농민봉기의 시초가 되었다.
① 1894년 동학농민운동
③ 1170년 무신정변 이후 무신집권기
④ 1811년 홍경래의 난

핵심이론 64 조선 후기 서민 경제의 발전

① 양반 지주의 경영 변화
- ㉠ 토지 확대 : 양난 이후 토지 개간에 주력, 농민의 토지 매입 → 지주 전호제로 경영, 18세기 말 일반화
- ㉡ 지주 전호제의 변화 : 상품 화폐 경제의 발달, 소작인의 소작권을 인정하고 소작료 낮춤
- ㉢ 양반들의 생활 : 소작료를 거두어 생활하거나 받은 미곡을 시장에 팔아 그 이득으로 생활, 토지 매입

② 농민 경제의 변화
- ㉠ 농사의 경영 방식 변화 : 농토 개간, 수리시설 복구, 농기구와 시비법 개량, 모내기법 전국적 확대, 상품작물 재배(담배, 인삼 등), 견종법 보급(밭고랑에 파종하는 방법)
- ㉡ 광작 농업 : 경작지 규모 확대, 작물 재배
- ㉢ 소작 쟁의 : 좀 더 유리한 조건에서 경작을 하기 위해 지주를 상대로 쟁의를 벌임
- ㉣ 지대의 변화 : 지주와 소작인이 수확량을 일정 비율에 따라 나누어 갖는 방식인 타조법(정률제)에서 일정 액수의 지대를 정해 고정적으로 납부하는 도조법(정액제)으로 변화
- ㉤ 농민계층의 분화 : 농민 소득 증가(소작 쟁의로 소작권 인정), 상실 농민(임노동자, 도시의 상공업자)

③ 민영 수공업의 발달
- ㉠ 관영 수공업의 쇠퇴 : 관장의 부역 노동(공장의 부역 거부로 점차 고용제로 전환됨에 따라 민간 수공업자 사장의 대두)
- ㉡ 민영 수공업의 발달 배경(17세기) : 납포장의 대두, 18세기 말 장인 등록제(공장안) 폐지, 공인의 등장으로 관수품의 대량 주문, 상품수요 증가
- ㉢ 경영 형태의 변화
  - 선대제 유행 : 상인 물주가 자금과 원료를 선대하고 수공업자는 제품을 만들어 납품(종이, 화폐, 철물 분야)
  - 독립 수공업자의 등장(18세기 후반) : 생산과 판매까지 주관

㉣ 농촌 가내 수공업 : 자급자족적 부업 형태에서 소득 증대를 위한 상품 생산으로 발전하여 전문적 생산 농가의 등장, 옷감과 그릇이 생산됨

④ 민영 광산의 증가

㉠ 배경 : 수공업 발달에 따른 광물 수요 증가

㉡ 초기에는 국가가 직접 광산 개발 → 17세기 이후 민간인의 개발을 허용하고 세금 징수(설점수세제)

㉢ 광산운영 전문가 덕대 출현

핵심예제

조선 후기의 농업에 관한 설명으로 옳지 않은 것은?

[2015년 특별]

① 담배, 인삼과 같은 상품 작물이 재배되었다.
② 밭고랑에 곡식을 심는 견종법이 보급되었다.
③ 농사직설, 금양잡록과 같은 농서가 간행되었다.
④ 농법 개량으로 노동력이 절감되어 광작이 성행하였다.

정답 ③

해설

〈농사직설〉(정초)은 조선 15세기 세종 때, 〈금양잡록〉(강희맹)은 15세기 후반 성종 때 간행된 자주적 농서이다.

핵심이론 65 조선 후기 상품 화폐 경제의 발달

① 사상(私商)의 대두

㉠ 공인의 활동 : 처음에는 공인이 상업 활동 주도 → 18세기 이후 서울을 비롯한 각지에서 활발한 활동

㉡ 사상의 활동 : 칠패, 송파 등 도성 주변과 개성, 평양, 의주, 동래 등 지방도시에서도 활발히 활동 → 각 지방의 장시를 연결하면서 물품 교역, 각지에 지점을 두어 상권 확장

- 개성의 송상 : 전국에 지점을 설치하여 활동 기반을 강화 → 인삼재배, 대외 무역 등에 관여하여 부를 축적
- 경강상인 : 운송업에 종사하면서 거상으로 성장 → 선박의 건조 등 생산 분야까지 진출하여 활동분야 확대

㉢ 도고의 등장 : 농업 생산력 증대 및 유통 경제 활성화로 상업 발달 → 유통 과정에서 상품의 매점 · 독점을 통해 가격을 조작하고 이익을 취하는 상인

② 장시의 발달

㉠ 조선 후기 사상(私商)의 성장 : 15세기 말(남부 지방에서 개설 시작), 18세기 중엽(전국에 1,000개소의 장시 개설), 18세기 말(전국적인 유통망을 연결하는 상업의 중심지 형성, 광주의 송파장, 은진의 강경장, 덕원의 원산장, 창원의 마산포장 등)

㉡ 장시의 역할 : 지방민의 교역 장소로 인근의 농민, 수공업자, 상인들이 물건을 교환(5일장), 일부 장시는 상설 시장이 되기도 했지만, 대체로 장시는 인근의 장시와 연계하여 하나의 지역적 시장권을 형성

㉢ 보부상의 활약 : 장날의 차이를 이용하여 지역 안의 시장권 또는 전국적인 장시를 무대로 활동 → 보부상단이라는 조합을 형성하여 자신들의 이익을 지키고 단결을 도모 → 개항 이후 보부상의 보호를 위해 정부가 혜상공국 설치

③ 포구에서의 상업 활동

㉠ 조선 후기 상업 중심지로서의 포구(浦口)

- 수레와 도로가 발달하지 못한 시기에 대규모의 물화가 수로를 통해 운송됨

- 세곡이나 소작료를 운송하는 기지로서의 역할이 18세기에 이르러 상업의 중심지로 성장
- 처음에는 포구 사이에서 또는 인근의 장시와 연계하며 상거래가 이루어졌으나 선상(船商)의 활동으로 전국 각지의 포구가 하나의 유통권을 형성(칠성포, 강경포, 원산포 등의 포구에서는 장시가 열리기도 함)

㉡ 포구에서 활약하는 상인
- 선상 : 선박을 이용해서 각 지방의 물품을 구입해와 포구에서 처분(대표적인 선상 – 경강상인)
- 객주, 여각 : 선상들의 물화를 중개하고 부수적으로 운송, 보관, 숙박, 금융 등의 영업 행위

④ 중계 무역의 발달

㉠ 배경 : 국내 상업의 발달과 17세기 중엽부터 청과의 활발한 무역

㉡ 청과의 무역(대청 무역) : 공무역(개시)과 사무역(후시)이 동시에 성행, 비단 · 약재 · 문방구 등을 수입, 은 · 종이 · 무명 · 인삼 등을 수출

㉢ 일본과의 무역(대일 무역)
- 17세기 이후 기유약조로 일본과의 관계가 정상화된 후 왜관 개시를 통한 대일 무역이 활발
- 은 · 구리 · 유황 · 후추 등을 수입, 인삼 · 쌀 · 무명은 청에서 수입한 물품 등을 수출

㉣ 대외 무역상 : 만상(의주 – 청나라 무역), 송상(개성 – 만상 · 내상 양자 중계), 내상(동래 – 일본 무역)

⑤ 화폐 유통

㉠ 화폐 경제의 발달 : 상공업의 발달에 따라 18세기 후반부터 세금과 소작료도 동전으로 대납 가능(금속 화폐인 상평통보가 전국적으로 유통)

㉡ 화폐 보급의 결과 : 상품의 유통을 촉진시킴, 지주나 대상인이 화폐를 고리대 수단으로 활용하거나 축적했기 때문에 전황(동전 유통량의 부족 현상)을 야기

㉢ 화폐 경제의 진전과 상업 자본의 성장 : 곡물, 옷감 → 동전 → 환, 어음(대규모 상거래), 신용 화폐 사용

[핵심예제]

조선 후기 상품 화폐 경제의 발달에 관한 설명으로 옳지 않은 것은? [2016년 특별]

① 철전인 건원중보를 만들었으며, 삼한통보, 해동통보 등의 동전도 사용하였다.
② 개성의 송상은 전국에 지점을 설치하고 대외무역에도 깊이 관여하여 부를 축적하였다.
③ 동전의 발행량이 늘어났지만 제대로 유통되지 않아 동전 부족 현상이 발생하기도 했다.
④ 상품 매매를 중개하고 운송, 보관, 숙박, 금융 등의 영업을 하는 객주와 여각이 존재하였다.

정답 ①

해설

고려 성종 때 최초의 화폐 건원중보, 고려 숙종 때 주전도감을 통해 삼한통보 – 해동통보 – 동국통보 등이 만들어졌다.

핵심이론 66 조선 후기 사회 구조 변동

① 신분제의 동요

㉠ 조선의 신분 제도 : 법제적으로 양천제 표방, 실제로는 양반 · 중인 · 상민 · 천민의 네 계층 분화
→ 성리학이 신분제의 정당화 이론 제공

㉡ 조선 후기의 신분제 동요
- 양반층의 분화 : 붕당 정치의 변질로 양반 상호간의 정치적 갈등과 일당 전제화로 다수의 양반 몰락 → 향반, 잔반
- 양반의 수 증가 → 상민과 노비 감소 → 신분제 동요 → 부를 축적한 농민이 지위 상승과 부역의 면제를 위해 양반 신분을 사거나 족보 위조(공명첩, 납속, 군공, 족보매매 등)

② 중간 계층의 신분 상승 운동

㉠ 서 얼
- 임진왜란을 계기로 납속책과 공명첩을 통해 관직에 진출
- 정조 때 유득공, 이덕무, 박제가 등 서얼 출신들이 규장각 검서관에 기용됨
- 영 · 정조의 개혁 분위기에 편승하여 적극적인 신분 상승 시도(상소 운동)

㉡ 중인층(기술관, 이서) : 사회적 역할이 크면서도 고급 관료 진출 제한

③ 노비 해방

㉠ 정부의 정책 : 공노비의 유지 비용 때문에 입역 노비를 신공을 바치는 납공 노비로 전환

㉡ 노비의 신분 상승
- 종모법에 따름(어머니가 양인이면 양인으로 삼는 법) → 노비의 신분 상승 추세
- 조선 후기에 군공과 납속 등으로 신분 상승 추구

㉢ 공노비 해방 : 신분제의 동요로 양인이 양반으로 신분 상승을 하게 되면서 신공을 받을 수 없자 순조 때(1801) 66,000여 명을 해방

㉣ 사노비 해방 : 갑오개혁 때(1894) 신분제 폐지 → 노비제는 법제상으로 종말을 고함

④ 가족 제도의 변화와 혼인

㉠ 가족 제도의 변화
- 조선 초기~중기까지 : 혼인 후에 남자가 여자 집에서 생활, 자녀 균분 상속 존재, 형제가 돌아가면서 제사
- 17세기 이후 : 부계 중심의 가족 제도 확립, 남귀여가혼(처가살이) 쇠퇴, 친영 제도 정착(혼인 후 곧바로 남자 집에서 생활), 장자 중심(반드시 제사 지냄, 재산 상속 우대)
- 조선 후기 : 부계 중심의 가족 제도 강화 → 양자 제도의 일반화, 족보 편찬, 동성 마을 형성, 개인보다 종중 우선, 과부 재가 금지, 효와 정절 강조

㉡ 혼인 제도 : 일부일처제가 기본, 본처와 첩 사이의 엄격 구별, 법적으로 혼인할 수 있는 나이는 남자 15세, 여자 14세

⑤ 인구의 변동

㉠ 인구 조사
- 호적대장 : 인구에 대한 기본 자료로 원칙적으로 3년마다 수정하여 작성, 주로 남자들만 기록한 인구 기록
- 호적대장에 기록된 각 군현의 인구 수를 근거로 공물, 군역 등 부과

㉡ 인구 분포 : 경상도 · 전라도 · 충청도에 인구 50%, 경기도 · 강원도에 20%, 평안도 · 황해도 · 함경도에 30% 정도 거주 → 임진왜란 직후 감소, 후기에 증가

[핵심예제]

조선 후기 사회모습에 관한 설명으로 옳은 것을 모두 고른 것은? [2015년 정기]

> ㄱ. 경제적으로 몰락한 양반들은 잔반이 되었다.
> ㄴ. 혼인 후 남자가 여자 집에서 생활하는 경우가 많았다.
> ㄷ. 부농층이 공명첩을 구매하여 신분 상승을 꾀하였다.
> ㄹ. 서얼 출신들이 규장각 검서관으로 등용되기도 하였다.

① ㄱ
② ㄴ, ㄷ
③ ㄴ, ㄹ
④ ㄱ, ㄷ, ㄹ

정답 ④

해설

ㄱ. 조선 후기에는 권반 · 향반 · 잔반으로 양반의 계층분화가 이루어졌다.

ㄷ. 조선 후기에는 신분제가 많이 동요되었는데, 공명첩 · 납속 · 군공 · 족보매매 등을 통하여 신분 상승이 많이 이루어졌다.

ㄹ. 18세기 영 · 정조 때 서얼들의 신분상승을 위한 집단 상소운동이 있었고, 정조는 서얼 출신들을 규장각 검서관(이덕무, 박제가, 유득공 등)으로 등용하기도 하였다.

ㄴ. 고려 시대에서 조선 전기까지 처가살이가 성행하였고, 조선 후기에는 남성중심사회가 되면서 혼인 후 여자가 남자 집에서 생활하는 친영제(시집살이)가 주로 이루어졌다.

핵심이론 67 조선 후기 향촌 질서의 변화

① **양반의 향촌 지배 약화**

㉠ 양반의 동향 : 족보를 만들어 가족 전체가 양반 행세, 양반의 명단인 청금록과 향안의 신분 확인 → 향촌 자치 기구 주도권 장악

㉡ 향촌 질서의 변화 : 부농층의 등장, 지방 사족의 지배에 대한 부농층의 도전, 양반의 지위 유지 노력

㉢ 관권의 강화 : 수령의 권한 강화로 인해 지방 사족의 영향력 약화 → 수령과 향리의 농민 수탈 심화

㉣ 향회의 역할 : 수령의 조세 수령 자문기구로 전락

② **부농 계층의 대두**

㉠ 부농층의 등장 : 납속이나 향직의 매매를 통하여 합법적으로 신분 상승 → 정부의 부세 제도 운영에 참여

㉡ 진출 못한 부농층의 역할 : 향임직 진출, 수령이나 기존의 향촌 세력과 타협하여 지위 확보

③ **농민층의 분화**

㉠ 배경 : 양난 이후 기존의 사회 체제 동요 → 새로운 질서 모색

㉡ 조선 후기 농민층의 구성 : 상층의 중소 지주층, 대다수의 농민

㉢ 농민의 생활 : 각종 의무 부과, 호패법으로 이동 제한, 자급자족적인 생활, 양난 이후 농민 생활 빈곤, 대동법 · 균역법 실시(역부족으로 농민 불만 고조)

㉣ 농민의 분화 : 농업 경영을 통하여 부농으로 부상, 상공업 종사, 도시나 광산의 임노동자로 전환

④ **지주와 임노동자**

㉠ 지 주

- 대부분 양반 : 상품 화폐 경제의 발달, 양반 지주의 이윤 추구 → 광작하는 대지주 등장
- 일반 서민 지주 : 공명첩 매입, 족보 위조 등으로 신분 상승
- 양반 신분 획득 : 군역 면제, 양반의 수탈 면피, 경제 활동 편의, 향촌 사회의 영향력 강화

㉡ 임노동자 : 다수의 농민이 토지에서 밀려나 임노동자로 전락

ⓒ 의의 : 부농층과 임노동자의 출현은 농민층의 분화를 의미함

[핵심예제]

조선 후기 향촌 사회의 변화에 관한 설명으로 옳은 것은?

[2013년 정기]

① 경제력을 갖춘 부농층이 향촌 사회에서 영향력을 강화하였다.
② 향촌 사회의 최고 지배층은 중인 계층이 주류를 이루고 있었다.
③ 신앙 조직의 성격을 지닌 향도가 매향 활동을 주도하였다.
④ 많은 속현에 감무를 파견하여 지방에 대한 통제력을 강화하였다.

정답 ①

해설

조선 후기 부농층은 관권과 결탁, 성장의 기반을 다지면서 향회를 장악하고자 하였으며 기존의 향촌세력과 권력층과도 타협 · 결합하여 지위를 강화하였다.

핵심이론 68 실학의 발달

① 실학의 등장

ⓐ 배경 : 성리학의 한계성 자각, 현실 문제 해결 노력(17~18세기)
- 이수광의 〈지봉유설〉 : 선구자, 문화 인식의 폭 확대
- 한백겸의 〈동국지리지〉 : 우리나라의 역사와 지리를 치밀하게 고증

ⓑ 실학의 확산 : 서학과 고증학의 전래, 민생 안정과 부국강병 목표, 실증적 논리로 사회 개혁론 제시

ⓒ 실학의 특징 : 실증적 · 민족적 · 근대지향적 학문, 북학파 → 개화사상(19세기 후반)

② 농업 중심의 개혁론

ⓐ 성격 : 서울 남인 출신, 농민 입장에서 제도의 개혁추구와 자영농 육성 주장(경세치용 학파)

ⓑ 유형원 : 〈반계수록〉, 균전론(신분에 따라 토지를 차등 분배, 자영농 육성 주장), 양반 문벌제, 과거제, 노비제의 모순 비판 → 농업 중심 개혁론의 선구자, 17세기 후반 활약

ⓒ 이익 : 〈성호사설〉, 유형원의 실학사상 계승 발전, 한전론(생활에 필요한 최소한의 토지인 영업전 매매 금지), 성호학파 성립, 6가지 좀(폐단) 지적

ⓓ 정약용 : 〈목민심서〉, 〈경세유표〉, 실학의 집대성, 여전론(토지를 마을 단위로 공동 소유, 공동 경작, 노동력에 따른 수확물의 분배 주장 → 후에 정전제 실시), 백성의 의사를 반영한 정치 제도 제시, 과학 기술과 상공업 발달에 관심

ⓔ 농민 생활의 안정을 위한 토지 제도의 개혁을 가장 중요히 여김

③ 상공업 중심의 개혁론

ⓐ 성격 : 서울의 노론 출신, 상공업 진흥과 기술의 혁신 주장(북학파, 이용후생학파)

ⓑ 유수원 : 〈우서〉, 중국과 우리 문물 비교, 개혁안 제시, 상공업 진흥, 기술 혁신, 사농공상의 평등화와 전문화 주장

ⓒ 홍대용 : 〈임하경륜〉, 〈의산문답〉, 기술 혁신, 성리학의 극복과 문벌 철폐, 중국 중심의 생각 비판, 지전설 주장

㉣ 박지원 : 〈열하일기〉, 수레와 선박 이용, 화폐 유통 역설, 양반의 비생산성 비판, 농업 생산력 증대
㉤ 박제가 : 〈북학의〉, 상공업 발달, 청과의 통상 강화, 수레와 선박의 이용 주장, 절약보다 소비를 권장하여 생산을 자극

④ 국학 연구의 확대
㉠ 배경 : 민족적 전통과 현실에 대한 관심 고조 → 국학 발달
㉡ 역사 연구
- 이익 : 중국 중심의 역사관 비판(민족에 대한 주체적 자각 고취)
- 안정복 : 〈동사강목〉, 우리 역사의 독자적 정통론 체계화(고증사학 토대 마련)
- 이긍익 : 〈연려실기술〉, 조선의 정치와 문화 정리
- 한치윤 : 〈해동역사〉, 민족사 인식의 폭 확대
- 이종휘 : 〈동사〉, 고구려 역사 연구(한반도 중심의 협소한 사관 극복)
- 유득공 : 〈발해고〉, 발해사 연구 심화(한반도 중심의 협소한 사관 극복)
- 김정희 : 〈금석과안록〉, 북한산비가 진흥왕 순수비임을 확인

㉢ 지리 연구
- 역사지리서 : 한백겸의 〈동국지리지〉, 정약용의 〈아방강역고〉
- 인문지리서 : 이중환의 〈택리지〉(최초의 종합적인 인문지리서, 자연 환경과 물산, 풍속, 인심 등을 서술)
- 지도 : 정상기의 〈동국지도〉, 김정호의 〈대동여지도〉

㉣ 언어 연구 : 신경준의 〈훈민정음운해〉, 유희의 〈언문지〉, 이의봉의 〈고금석림〉
㉤ 백과사전류 : 이수광의 〈지봉유설〉, 이익의 〈성호사설〉, 이덕무의 〈청장관전서〉, 서유구의 〈임원경제지〉, 이규경의 〈오주연문장전산고〉, 홍봉한 등의 〈동국문헌비고〉(우리나라의 역대 문물을 정리한 한국학 백과사전)

[핵심예제]

다음 빈칸에 들어갈 인물로 옳은 것은? [2018년]

> (   )은 실학자로서 '의산문답', '임하경륜' 등을 저술하고, 성리학의 극복과 지전설을 주장하였다

① 이 익
② 홍대용
③ 유수원
④ 박지원

정답 ②

해설

홍대용은 청에 왕래하면서 얻은 경험을 토대로 〈임하경륜〉, 〈의산문답〉 등을 저술하였다.

제1과목

핵심이론 69 조선 후기 과학 기술의 발달

① 서양 문물의 수용

㉠ 과학 기술의 발달 배경 : 조선 전기의 과학적 성과를 토대로 새로이 서양의 과학 기술을 수용

㉡ 서양 문물의 전래 : 중국을 통해 전래(17세기경부터) → 세계지도(이광정), 화포, 천리경, 자명종(정두원) 등 도입

㉢ 서양 문물에 대한 수용 : 이익과 그의 제자들 및 북학파가 수용(일부는 천주교까지 수용)

㉣ 벨테브레이(박연)와 하멜 : 제주도에 표류한 서양인들, 벨테브레이는 조선에 귀화하여 한국인이 된 최초의 서양인이 됨, 하멜은 귀국하여 〈하멜표류기〉 저술 → 서양 문물 전래, 조선 사정을 서양에 전함

② 천문학과 지도 제작 기술의 발달

㉠ 천문학 : 서양 과학의 영향, 지전설, 무한 우주론 주장(홍대용, 김석문 → 근대적 우주관에 접근, 성리학적 세계관 비판의 근거)

㉡ 역법 : 시헌력 도입(김육)

㉢ 수학 : 기하원본(유클리드 기하학의 한문 번역본) 도입, 홍대용의 〈주해수용〉 저술

㉣ 지도 : 마테오 리치의 〈곤여만국전도〉의 전래 → 과학적 · 정밀성, 지리학 지식 습득, 정확한 지도 제작

③ 의학의 발달과 기술의 개발

㉠ 의학의 발달 : 〈동의보감〉(허준, 전통 한의학 정리), 〈침구경험방〉(허임, 침구술 집대성), 〈마과회통〉(정약용, 홍역 연구), 〈동의수세보원〉(이제마, 사상의학 확립)

㉡ 정약용의 기술 개발 : 과학 기술의 중요성을 강조 → 거중기 제작, 배다리 설계

④ 농서의 편찬과 농업 기술의 발달

㉠ 농서의 편찬

- 신속의 〈농가집성〉(17세기 중엽) : 벼농사 소개, 이앙법의 보급에 공헌
- 박세당의 〈색경〉, 홍만선의 〈산림경제〉, 서호수의 〈해동농서〉 : 채소, 과수, 원예, 양잠, 축산 등 농업 기술 소개 → 농업 기술의 발전
- 서유구의 〈임원경제지〉 : 농촌생활 백과사전

㉡ 농업 기술의 발달

- 논농사 : 17세기에 이앙법 보급 → 노동력 절감, 생산량 증대
- 밭농사 : 깊이갈이, 쟁기의 기능 개선, 소를 이용한 쟁기의 사용 보편화

㉢ 쟁기갈이 : 가을갈이가 보편화, 봄갈이 등을 여러 번 시행

㉣ 시비법의 발전 : 여러 종류의 거름 사용 → 토지 생산력 증대

㉤ 수리 관개 시설의 발달 : 당진의 합덕지, 연안의 남대지 등이 만들어짐 → 논의 비율 늘어남, 정조 때 논의 비율이 밭보다 높아짐

㉥ 황무지 개간 : 내륙 산간 지방에서 활발

㉦ 간척 사업 활발 : 서해안과 큰 강 유역의 저습지에서 주로 이루어짐

핵심예제

다음 빈칸에 들어갈 농업서로 옳은 것은? [2018년]

> 조선 후기 신속은 (　)에서 이앙법과 그 밖의 벼농사 농법을 자세히 소개하였다.

① 농사직설
② 농상집요
③ 농가집성
④ 농정신편

정답 ③

해설

③ 〈농가집성〉은 조선 중기의 문신 신속이 1655년에 편찬한 농서로, 조선 전기의 농서인 〈농사직설〉에서 소홀히 다루었던 이앙법과 벼농사 농법에 대한 내용을 보태었다.
① 〈농사직설〉은 조선 전기 세종 때 만들어진 농업서적이다.
② 〈농상집요〉는 고려 말기에 원나라로부터 전해진 농업서적이다.
④ 〈농정신편〉은 구한말 고종 때 편찬된 농업서적이다.

핵심이론 70 조선 후기 문학과 예술

① 서민 문학의 발달

㉠ 배경 : 서당 교육 보급과 서민의 지위 향상, 상공업 발달, 농업 생산력의 증대

㉡ 서민 문화의 등장 : 문예 활동에 중인 · 서민이 참여하고 상민이나 광대들의 활동이 두드러짐

㉢ 특징 : 감정의 적나라한 표현, 양반의 위선적 모습 비판, 사회의 부정과 비리 풍자 · 고발

② 판소리와 탈놀이

㉠ 판소리 : 적나라하게 솔직한 감정 표현 → 서민 문화 중심, 춘향가 · 심청가 · 흥보가 · 적벽가 · 수궁가 등 12마당, 신재효의 판소리 사설을 창작 · 정리(19세기 후반)

㉡ 탈놀이와 산대놀이 : 지배층과 승려들의 부패와 위선을 풍자

③ 한글 소설과 사설 시조

㉠ 한글 소설 : 허균의 〈홍길동전〉, 〈춘향전〉, 〈별주부전〉, 〈심청전〉 등

㉡ 사설 시조 : 격식에 구애됨 없이 감정을 구체적으로 표현, 남녀간의 사랑이나 현실 비판

㉢ 한문학 : 정약용(삼정의 문란을 폭로하는 한시), 박지원(한문 소설을 통해 양반 사회의 허구성 지적, 〈양반전〉 · 〈허생전〉 · 〈호질〉 · 〈민옹전〉 등의 한문 소설)

㉣ 시사(詩社) 조직 : 중인 및 서민층의 문학 창작 활동 활발 → 풍자 시인(김삿갓, 정수동)

④ 진경 산수화와 풍속화

㉠ 진경 산수화

- 우리 자연을 사실적으로 묘사
- 정선 : 18세기에 진경 산수화의 세계를 개척, 〈인왕제색도〉, 〈금강전도〉 등

㉡ 풍속화(18세기 후반)

- 김홍도 : 간결하고 소탈, 농촌 서민의 일하는 모습 묘사, 〈씨름도〉, 〈서당도〉 등
- 신윤복 : 양반과 부녀자의 생활과 유흥, 남녀간의 애정 묘사, 〈단오풍정〉, 〈미인도〉 등
- 19세기 김정희 등의 문인화의 부활로 일시 침체

㉢ 민화 : 서민의 소원을 기원하고 생활 공간을 장식

㉣ 서예 : 이광사(동국진체), 김정희(추사체 창안)

㉤ 기타 회화 : 강세황(서양화 기법 사용), 장승업(강렬한 필법과 채색법, 〈삼인문년도〉 등)

[금강전도(정선)]

[씨름도(김홍도)]

[단오풍정(신윤복)]

⑤ 건축의 변화

㉠ 17세기 : 김제 금산사 미륵전, 구례 화엄사 각황전, 보은 법주사 팔상전 등 규모가 큰 건물, 화려한 다포 양식 → 불교의 사회적 지위 향상과 지배층의 경제적 성장을 반영

㉡ 18세기

- 수원 화성(정조)
  - 공격형 성곽 : 군사적 방어기능과 상업적 기능 함께 보유 → 종합적인 도시계획 건설
  - 중국 · 일본 등지에서 찾아볼 수 없는 평산성 형태
- 논산 쌍계사, 부안 개암사, 안성 석남사 : 부농과 상인의 지원을 받은 사찰

㉢ 19세기 : 경복궁(흥선대원군)의 근정전과 경회루 → 국왕의 권위 강화 목적

[김제 금산사 미륵전]

[구례 화엄사 각황전]

[수원 화성]

[경복궁 근정전]

㉣ 기타 : 안채와 사랑채로 구분된 주택 구조의 발달

⑥ 백자 · 생활공예와 음악

㉠ 자기 : 청화백자 유행(간결 · 소탈 · 세련미) → 서민층의 옹기 사용

㉡ 음 악

- 양반층 : 가곡, 시조 애창
- 광대와 기생 : 판소리, 산조, 잡가 등
- 서민층 : 민요

[핵심예제]

조선 후기 문화에 관한 설명으로 옳은 것을 모두 고른 것은? [2017년]

> ㄱ. 민화와 진경 산수화가 유행하였다.
> ㄴ. 의학 백과사전인 의방유취를 간행하였다.
> ㄷ. 금속활자로 상정고금예문을 인쇄하였다.
> ㄹ. 중인층의 시인들이 시사를 조직하여 활동하였다.

① ㄱ, ㄴ

② ㄱ, ㄹ

③ ㄴ, ㄷ

④ ㄷ, ㄹ

정답 ②

해설

ㄴ. 조선 전기에 간행된 서적이다.

ㄷ. 고려 시기(1234)에 금속활자로 간행된 서적이다.

제4절 국제 질서의 변동과 근대 국가 수립 운동

핵심이론 71 조선 말기 통상 수교 반대 정책

① 조선 말기의 국내 정세

㉠ 대내적 : 세도 정치의 폐단으로 인한 민란의 발생, 프랑스 선교사의 활동으로 천주교 확산

㉡ 대외적 : 일본과 서양 열강의 침략적 접근

② 흥선대원군의 정치

㉠ 국가 기강 확립, 민생 안정, 통상 수교 요구 거부

㉡ 왕권 강화책

- 세도 가문 축출, 고른 인재 등용
- 경복궁 중건 : 왕실의 권위 회복(당백전 발행)
- 서원 철폐 : 붕당의 근거지로 인식된 서원을 47개소만 남기고 철폐
- 삼정의 문란 개혁 : 전정 · 군정 · 환곡 → 양전 사업 실시, 호포제(양반에게 군포 징수), 사창제(향촌 마을 단위 공동 운영)
- 비변사 폐지 및 의정부와 삼군부 기능 회복
- 〈대전회통〉 편찬 : 법전 편찬을 통해 통치 체제 정비

㉢ 대외 정책

- 국방력 강화, 통상 수교 요구 거부, 천주교 탄압
- 통상 수교 거부 정책 : 병인박해(1866) → 제너럴셔먼호 사건(1866) → 병인양요(1866) → 오페르트 도굴 사건(1868) → 신미양요(1971) → 척화비 건립(1871)

㉣ 한계 : 전통 체제 내에서의 개혁, 조선의 문호 개방 지연

핵심예제

밑줄 친 인물이 실시한 정책으로 옳은 것은? [2017년]

> _____은(는) 붕당의 근거지로 인식되어 온 서원을 47개만 남기고 철폐하였으며, 전국에 척화비를 세우고 통상수교를 거부하는 정책을 확고하게 유지하였다.

① 삼수병으로 편성된 훈련도감을 설치하였다.
② 무예도보통지를 편찬하여 병법을 정리하였다.
③ 대전통편을 편찬하여 통치 규범을 재정비하였다.
④ 비변사를 폐지하고 의정부의 기능을 회복하였다.

정답 ④

해설

제시된 인물은 흥선대원군이다.
① 훈련도감은 임진왜란 중에 설치된 중앙군이고, ②·③ 정조 시기이다.

핵심이론 72 조선 말기 개항과 개화 정책

① 개 항
 ㉠ 개항의 배경 : 흥선대원군 하야, 통상 개화론 · 정한론 대두, 일본의 운요호 사건(1875) → 강화도 조약 체결, 문호 개방
 ㉡ 강화도 조약(1876) : 운요호 사건 계기, 세 항구 개항(부산, 원산, 인천), 치외 법권과 해안 측량권 규정 → 최초의 근대적 조약, 불평등 조약, 조선이 자주국임을 명시(청의 간섭 배제 의도)
 ㉢ 열강과의 수교 : 미국, 영국, 독일, 러시아, 프랑스 등과 불평등 조약 체결(치외 법권, 최혜국 대우 규정)
② 개화 운동
 ㉠ 개화 정책 추진 : 부국강병을 목표로 개화파 인물 등용 → 통리기무아문 설치(1880), 별기군 창설, 신식 문물 수용[조사시찰단(일본), 영선사(청), 보빙사(미국) 등 파견]

더 알아보기

유길준의 〈서유견문〉
유길준이 1883년(고종 20) 보빙사 사절단으로 미국 유학 시절과 유럽 각국을 거쳐 귀국하는 과정에서 듣고 본 것을 기록한 책으로, 1895년 간행되었다. 전 20편으로 이루어졌으며, 당시 서양의 역사 · 지리 · 산업 · 정치 · 풍속 등이 잘 나타나 있다.

 ㉡ 위정 척사 운동 전개 : 개화 정책 반대, 성리학적 전통 질서 수호, 외세 배척 → 항일 의병 운동으로 발전
③ 개화와 보수의 대립
 ㉠ 임오군란(1882)
  • 신식군대인 별기군과의 차별대우로 인한 구식군인의 반발이 계기
  • 개화 정책의 후퇴와 청의 내정 간섭, 정부의 친청 정책을 가져옴
  • 일본공사관 파괴, 일본인 살해 등에 대한 손해배상 협상 결과로 제물포 조약 체결

제1과목

㉡ 갑신정변(1884)

- 개화 정책의 후퇴에 대한 반대, 급진적 개혁 추진 → 근대 국가 건설을 목표로 한 최초의 정치 개혁 운동
- 14개조 개혁 정강 발표 : 입헌군주제 지향, 인민 평등권과 능력에 따른 인재 등용 등장, 재정일원화, 지조법 실시, 혜상공국 폐지 등
- 청군의 개입으로 3일 만에 실패 : 미약한 추진 세력, 일본에 의존하여 민중의 지지를 얻지 못함

더 알아보기

갑신정변 14개조 정강

- 청에 잡혀간 흥선대원군을 곧 돌아오게 하며, 종래 청에 대하여 행하던 조공의 허례를 폐지한다.
- 문벌을 폐지하여 인민 평등의 권리를 세워, 능력에 따라 관리를 임명한다.
- 지조법을 개혁하여 관리의 부정을 막고 백성을 보호하며, 국가 재정을 넉넉하게 한다.
- 내시부를 없애고, 그중에 우수한 인재를 등용한다.
- 부정한 관리 중 그 죄가 심한 자는 가려내어 벌한다.
- 각 도의 환상미를 영구히 받지 않는다.
- 규장각을 폐지한다.
- 급히 순사를 두어 도둑을 방지한다.
- 혜상공국을 혁파한다.
- 귀양살이를 하고 있는 자와 옥에 갇혀 있는 자는 그 정상을 참작하여 적당히 형을 감한다.
- 4영을 합하여 1영으로 하되, 영 중에서 장정을 선발하여 근위대를 급히 설치한다.
- 모든 재정은 호조에서 통할한다.
- 대신과 참찬은 의정부에 모여 정령을 의결하고 반포한다.
- 의정부, 6조 외의 모든 불필요한 기관을 없앤다.

㉢ 임오군란과 갑신정변 이후 국내외 정세

- 청의 내정 간섭과 일본의 경제적 침투 심화
- 러시아와 우호 관계, 영국의 거문도 사건(1885)
- 중립화론의 대두

[핵심예제]

다음의 내용과 관련된 사건으로 옳은 것은? [2015년 정기]

- 청과의 의례적 사대 관계를 폐지하고 입헌 군주제적 정치 구조를 지향하였다.
- 혜상공국을 폐지하여 자유로운 상업의 발전을 꾀하였다.
- 지조법을 실시하고 호조로 재정을 일원화하였다.

① 갑신정변
② 갑오개혁
③ 임오군란
④ 105인 사건

정답 ①

해설

제시된 내용과 관련된 사건은 갑신정변이다. 1884년 급진개화파들이 일본공사관의 군사적 도움을 받아 일으킨 사건이 갑신정변이다.

핵심이론 73 동학 농민 운동(1894)

① 배경 : 정부의 무능, 개화와 보수의 대립, 국가 재정 궁핍, 농민 수탈 강화, 일본의 경제적 침투, 농촌 경제의 파탄, 농민들의 사회 변혁 욕구 팽배, 동학의 확산

② 전개 과정 : 고부군수 조병갑의 폭정으로 고부에서 농민 봉기 → 정부에서 진상 조사를 위해 안핵사 이용태 파견 → 황토현 · 황룡촌 전투에서 관군 격파 → 농민군의 전주성 점령 → 전주화약 체결(폐정개혁안) → 집강소 설치, 개혁 실천 → 일본의 내정 간섭 및 청 · 일전쟁 발발 → 2차 봉기 → 우금치 전투 패배

더 알아보기

폐정 개혁 12개조
- 동학과 정부 사이의 반감을 없애고 정치에 협력한다.
- 탐관오리의 죄상을 조사하여 이를 엄중히 처벌한다.
- 횡포한 부호들을 엄중히 처벌한다.
- 불량한 유림과 양반들을 징계한다.
- 노비 문서를 불태워 없앤다(신분제 폐지).
- 모든 천인들의 대우를 개선하고 백정이 쓰는 패랭이를 없앤다.
- 젊은 과부의 재혼을 허락한다(봉건적 악습 철폐).
- 규정 이외의 모든 세금을 폐지한다.
- 관리의 채용은 문벌을 타파하고 인재를 등용한다.
- 일본인과 몰래 통하는 자는 엄벌한다.
- 공 · 사채는 물론이고, 농민이 이전에 진 빚은 모두 무효로 한다.
- 토지는 골고루 나누어 경작한다.

③ 의의 : 아래로부터의 반봉건 · 반외세 민족 운동 → 농민군의 요구가 갑오개혁에 부분적으로 반영

④ 한계 : 근대 국가 건설을 위한 구체적인 방안은 제시하지 못함

핵심예제

(가)와 (나) 사이에 있었던 사건으로 옳은 것을 모두 고른 것은? [2018년]

(가) 고부군수 조병갑의 횡포로 농민들이 고부관아를 습격하였다.
(나) 외세의 개입으로 사태가 악화될 것을 우려한 농민군과 관군은 전주 화약을 맺었다.

ㄱ. 전라도 삼례에서 교조신원운동이 일어났다.
ㄴ. 농민군이 황토현 전투에서 관군을 격파하였다.
ㄷ. 공주 우금치 전투에서 농민군은 크게 패하였다.
ㄹ. 정부는 진상조사를 위해 이용태를 안핵사로 파견하였다.

① ㄱ, ㄴ
② ㄱ, ㄷ
③ ㄴ, ㄹ
④ ㄷ, ㄹ

정답 ③

해설

(가) 1894년 1월에 전라도 고부에서 농민봉기가 일어났다. ㄹ. 이에 정부는 진상조사를 위해서 이용태를 안핵사로 파견하였다. 하지만 이용태는 일방적으로 농민군에게 책임을 돌리면서 농민봉기 참가자를 처벌하였다. 농민군은 다시 봉기하였고, ㄴ. 황토현 전투와 황룡촌 전투에서 관군을 격파하였다. 그리고 마침내 농민군은 전주성을 점령하였다. 상황이 복잡해지자 조선 정부는 농민군의 요구를 수용하는 대신 농민군이 전주성에서 철수한다는 내용의 (나) 전주 화약을 체결하였다.
따라서 (가)와 (나) 사이에 있었던 사건은 ③ 'ㄴ, ㄹ'이다.

핵심이론 74 근대적 개혁 추진과 반발

① 갑오개혁(1894)

㉠ 1차 개혁 : 군국기무처 설치, 과거제 폐지, 연호 사용(개국기원), 신분제 폐지, 과부 재가 허용, 전통적 폐습 타파, 6조를 8아문으로 개편, 경무청 설치, 재정일원화(탁지아문), 은본위 화폐제도, 조세의 금납화

㉡ 2차 개혁 : 홍범 14조 반포, 교육입국조서, 사법권 독립, 8아문을 7부로 개편, 지방 행정 구역 개편(8도 → 23부)

더 알아보기

홍범 14조

- 청국에 의존하려는 마음을 버리고 자주독립하는 기초를 확고히 할 것
- 왕실 전범을 제정하여 왕위의 계승과 종실, 외척의 구별을 밝힐 것
- 대군주가 정사를 친히 각 대신에게 물어 재결하며 왕비와 후궁, 종친이 간여하지 못하게 할 것
- 왕실 사무와 국정 사무를 나누어 서로 혼합하지 아니할 것
- 의정부와 각 아문의 직무 권한을 명확히 할 것
- 인민에 대한 조세 징수는 법령으로 정해서 함부로 거두지 말 것
- 조세의 부과와 징수, 경비 지출은 모두 탁지아문이 관할할 것
- 왕실 비용을 솔선 절감하여 각 아문 및 지방관의 모범이 되게 할 것
- 왕실 비용 및 각 관부 비용은 1년 예산을 세워 재정의 기초를 세울 것
- 지방 관제를 속히 개정하여 지방 관리의 직권을 제한할 것
- 나라 안의 총명한 자제를 널리 파견하여 외국의 학술과 기예를 보고 익히게 할 것
- 장교를 교육하고 징병제를 실행하여 군제의 기초를 확정할 것
- 민법과 형법을 명확하게 제정하고, 인민의 생명과 재산을 보전할 것
- 문벌에 구애받지 않고 사람을 쓰고, 세상에 퍼져 있는 선비를 두루 구해 인재의 등용을 넓힐 것

– 〈고종실록〉 –

② 을미사변(1895) : 삼국 간섭(일본의 청 요동반도 장악에 반대하는 러 · 프 · 독 3국의 공동 간섭)으로 일본 세력 위축 → 민씨 세력이 러시아를 통해 일본 견제 시도 → 일본이 자객을 보내 명성황후 시해

③ 을미개혁(1895) : 친일 내각 구성, 중단된 개혁 추진, 양력 사용, 단발령 실시 → 자주적 근대화 개혁 노력, 아관파천으로 개혁 중단

④ 갑오 · 을미개혁의 의의와 한계

㉠ 의의 : 갑신정변 · 동학 농민 운동에서 제기된 요구를 일부 수용, 근대적 개혁안

㉡ 일본의 강요로 진행, 민중의 지지 획득 실패, 국방력 강화나 토지 개혁의 내용 없음

⑤ 을미의병(1895)

㉠ 을미개혁으로 시행된 단발령이 을미사변으로 인해 격해진 반일감정의 기폭제로 작용

㉡ 유인석, 이소응 등 위정척사 사상을 가진 유생들 중심으로 전국적 항일 운동으로 전개, 농민과 동학군 잔여 세력 가담

㉢ 아관파천 이후 단발령 철회, 고종의 해산 권고로 자진 해산

⑥ 아관파천(1896) : 을미사변으로 신변의 위협을 느낀 고종이 러시아 공사관으로 피신

[핵심예제]

갑오개혁기 홍범 14조의 내용으로 옳은 것을 모두 고른 것은? [2015년 특별]

ㄱ. 토지를 평균하여 분작한다.
ㄴ. 공사채를 막론하고 지난 것은 모두 무효로 한다.
ㄷ. 조세의 과징과 경비의 지출은 모두 탁지아문에서 관할한다.
ㄹ. 나라의 총명한 젊은이들을 파견하여 외국의 학술과 기예를 전습한다.

① ㄱ, ㄴ
② ㄱ, ㄷ
③ ㄴ, ㄹ
④ ㄷ, ㄹ

정답 ④

해설

1894년 12월 갑오 2차 개혁의 시작으로 고종은 종묘에서 홍범 14조를 반포하였다.
ㄱ·ㄴ. 동학농민운동 시기 폐정개혁안의 내용이다.

핵심이론 75 주권 수호 운동 – 독립협회와 대한제국

① 독립협회(1896)

㉠ 내용 : 서재필 주도, 개혁 사상을 지닌 진보적 지식인 · 도시 시민층 중심(학생, 노동자, 해방된 천민 등 광범위한 사회 계층이 참가)

㉡ 배경 : 아관파천 이후 열강의 이권 침탈 심화, 국가의 자주성 손상

㉢ 목적 : 자주 독립 국가 건설, 서재필 등의 자유민주주의 개혁 사상 보급, 의회의 결성, 서구식 입헌군주제 실현

㉣ 활 동

- 독립신문 창간, 독립협회 결성, 독립문 건설(중국 사신을 맞던 영은문 자리), 자주국권 · 자유민권 · 자강개혁 · 국민참정권 운동 전개, 만민공동회 · 관민공동회 개최(헌의 6조 건의)
- 강연회, 토론회 등을 통해 근대적 지식 및 국권 · 민권 사상 전파
- 이권 수호 운동 전개 : 러시아의 절영도 조차 요구 저지
- 지방에 지회가 조직되는 등 전국적 단체로 발전
- 황국협회를 이용한 보수 세력의 탄압으로 해산(1898)

더 알아보기

관민공동회 헌의 6조

- 외국인에게 의지하지 말고 관민이 한마음으로 힘을 합하여 전제 황권을 공고히 할 것
- 외국과의 이권에 관한 계약과 조약은 각 대신과 중추원 의장이 합동 날인하여 시행할 것
- 국가 재정은 탁지부에서 전관하고, 예산과 결산을 국민에게 공표할 것
- 중대 범죄를 공판하되, 피고의 인권을 존중할 것
- 칙임관을 임명할 때에는 황제가 정부에 그 뜻을 물어서 중의에 따를 것
- 정해진 규정을 실천할 것

② 대한제국(1897~1910)

㉠ 성립 : 연호는 광무, 자주국가임을 국내외에 선포

㉡ 광무개혁

- 구본신참을 개혁의 기본 방향으로 설정
- 대한국 국제(1899)를 반포하여 강력한 황제권을 기반으로 한 자주 독립국가임을 선포
- 양전 사업 실시, 지계 발급(근대적 토지 소유 제도), 상공업 진흥책 추진
- 한계 : 집권층의 보수적 성향과 열강의 간섭으로 성과 미흡

더 알아보기

대한국 국제

제1조 대한국은 세계 만국이 공인한 자주독립 제국이다.

제2조 대한국의 정치는 만세불변의 전제 정치이다.

제3조 대한국 대황제는 무한한 군권(군주권)을 누린다.

제5조 대한국 대황제는 육 · 해군을 통솔하고 군대의 편제를 정하며 계엄을 명한다.

제6조 대한국 대황제는 법률을 제정하며 그 반포와 집행을 명하고 대사 · 특사 · 감형 · 복권 등을 명한다.

핵심예제

독립협회에 관한 설명으로 옳지 않은 것은? [2015년 정기]

① 개화파 지식인들이 중심이 되어 설립하였다.

② 회원자격에 제한을 두지 않아 사회적으로 천대받던 계층도 참여하였다.

③ 지방에도 지회가 조직되어 전국적인 단체로 발전하였다.

④ 황국협회와 협력하여 개혁을 추구하였다.

정답 ④

해설

황국협회의 습격과 대한제국 정부의 탄압 속에서 1898년 해산되었다.

독립협회는 아관파천으로 친러 내각이 성립되고, 열강의 이권 침탈이 극심한 시기인 1896년 창립되었다. [독립신문 창간(1896년 4월), 독립협회 창립(1896년 7월)] 지도부는 개혁 사상을 지닌 진보적 지식인들(서재필, 윤치호, 이상재, 남궁억 등)이었고, 도시 시민층, 학생, 노동자, 해방된 천민 등 광범위한 사회 계층 등이 참여하였다.

핵심이론 76 주권 수호 운동 – 항일 의병 전쟁과 애국 계몽 운동

① 항일 의병 전쟁의 전개

㉠ 일본의 침략 : 한일의정서(1904) → 제1차 한일협약(1904, 고문정치, 외교 스티븐스) → 을사조약(1905, 외교권 박탈, 통감부 설치) → 한 · 일 신협약(차관정치, 군대해산) → 국권침탈(1910)

㉡ 을사조약 반대 운동 : 조약 폐기 상소(조병세), 자결(민영환), 5적 암살단 조직(5적의 집 소각, 일진회 사무실 습격), 고종의 헤이그 특사 파견

㉢ 을사의병(1905) : 조약 폐기, 친일내각 타도 주장, 민종식 · 최익현(양반), 신돌석(평민 의병장)

㉣ 정미의병(1907) : 고종 황제의 강제 퇴위와 군대 해산으로 인해 일어남. 해산 군인의 참여로 의병의 전투력 · 조직력 강화, 의병 전쟁으로 발전 및 전국으로 확산

㉤ 의의 : 외세 침략에 대항한 한민족 구국 운동, 민족의 강인한 저항 정신 표출, 국권 회복을 위한 무장 투쟁 주도, 항일 무장 독립 투쟁의 정신적 기반 마련

더 알아보기

일제의 국권 침탈

- 독도 : 러 · 일 전쟁 중 일제가 역사적 사실 및 국제법상으로 우리 영토 독도를 시마네 현에 편입한다고 일방적으로 발표
- 간도 : 19세기 조선과 청의 간도 귀속 문제를 간도협약(1909)에 의해 청의 영토로 귀속

② 애국 계몽 운동의 전개

㉠ 주요 추진 세력

- 보안회 : 일본의 황무지 개간권 요구 반대
- 신민회(1907~1911)
  - 일제에 저항하는 비밀결사조직으로 최초로 공화정 주장 → 국권 회복과 공화정체의 국민 국가 건설 목표
  - 실력 양성 운동 : 민족 교육(대성학교, 오산학교), 민족 산업 육성(평양 자기회사, 태극서관)
  - 독립군 기지 건설 : 서간도 삼원보(신흥무관학교 · 경학사 · 부민단), 북만주 밀산부(한흥동)

- 조선총독부가 데라우치 총독 암살 미수 사건을 조작하여 많은 민족 운동가들이 체포된 105인 사건(1911)으로 해산
• 언 론
- 대한매일신보 : 1904년 양기탁과 영국인 베델이 창간, 항일 민족 운동 지원, 국채 보상 운동 확산
- 황성신문 : 일제의 침략 정책과 매국노 규탄, 보안회 지원, 장지연의 '시일야방성대곡'
• 기타 : 헌정 연구회(입헌 정치 체제 수립 추구), 대한 자강회(헌정 연구회를 모체로 함), 대한협회(교육 보급과 산업 개발, 민권 신장 추구)

㉡ 한계 : 일제에 의한 정치적 · 군사적 예속 상태에서 전개

㉢ 의의 : 민족 독립 운동의 이념 · 전략 제시, 장기적인 민족 독립 운동의 기반 조성

핵심예제

신민회의 활동으로 옳은 것을 모두 고른 것은? [2016년 특별]

ㄱ. 만민공동회 개최
ㄴ. 연통제 실시
ㄷ. 대성학교 설립
ㄹ. 독립군 기지 건설

① ㄱ, ㄴ ② ㄱ, ㄷ
③ ㄴ, ㄹ ④ ㄷ, ㄹ

정답 ④

해설

ㄱ. 만민공동회 개최 : 독립협회
ㄴ. 연통제 실시 : 대한민국 임시정부의 국내 연락망 조직
신민회(1907~1911)는 일제에 저항하는 비밀결사조직으로 최초로 공화정을 주장하였다. 실력양성(대성학교 – 오산학교, 자기회사 – 태극서관)과 독립군 기지 건설(서간도 삼원보에 신한민촌 – 신흥무관학교 – 경학사 – 부민단, 북만주 밀산부에 한흥동)을 동시에 전개하였다. 그러나 1911년 105인 사건으로 와해되었다.

핵심이론 77 개항기 열강의 경제 침탈과 경제적 구국 운동

① 개항과 농촌 경제

㉠ 개항 이후 일본의 경제 침탈 : 불평등 조약을 이용해 약탈적인 무역 자행

㉡ 토지의 약탈 : 청 · 일 전쟁 이후 대규모 농장 조성, 러 · 일 전쟁 이후 토지 약탈 본격화

② 열강의 경제적 침탈

㉠ 개항 이후 열강의 경제적 침탈 심화

㉡ 경제적 침탈 : 상권 침탈, 이권 침탈(미국 – 운산 금광 채굴권 · 경인선 철도부설권, 일본 – 경부선 철도부설권, 러시아 – 삼림채벌권)

③ 경제적 침탈에 대한 저항

㉠ 방곡령 : 일본의 약탈적인 곡물 유출 대항(함경도, 황해도)

㉡ 상권 수호 운동 : 시전 상인들의 황국 중앙 총상회 조직, 경강상인의 운송권 회복 시도

㉢ 독립협회의 이권 침탈 저지 운동

㉣ 국채 보상 운동(1907) : 상인들의 회사 설립(상회사, 주식회사) → 일제에 의한 차관도입으로 인한 경제 예속화에 대항, 거족적인 경제적 구국 운동

㉤ 황무지 개간권 요구 반대 운동(1904) : 보안회를 주축으로 반대 운동 전개 → 일제가 황무지 개간권 요구 철회

④ 정부와 민간의 식산흥업 노력

㉠ 내 용
• 정 부
- 전환국 설치 : 화폐 제도 개혁, 중앙 은행 설립
- 근대적 기업 · 교육기관 설립, 방곡령 시행 등
• 민 간
- 합자 · 상회사 설립, 금융기관 설립, 공업시설 마련
- 독립협회 : 러시아의 절영도 조차 요구 저지
- 황국 중앙 총상회 : 상권 수호 운동

㉡ 한계 : 자본의 축적과 근대적 금융제도를 확립하기 전에 일제의 침략을 당하여 좌절

제1과목

[핵심예제]

아관파천 전후에 나타난 열강의 이권 침탈에 관한 설명으로 옳지 않은 것은? [2014년 정기]

① 미국은 운산 금광 채굴권 등의 이권을 차지하였다.
② 영국은 거문도를 점령하고 서울과 인천을 연결하는 철도부설권을 차지하였다.
③ 일본은 서울과 부산을 연결하는 철도부설권을 차지하였다.
④ 러시아는 삼림벌채권 등의 이권을 차지하였다.

정답 ②

해설

② 영국이 거문도를 점령(1885~1887)한 것은 맞지만, 경인선 부설권은 미국이 차지(1896)하였다가 1897년 일본이 인수하였다.

1896년 아관파천을 전후하여 최혜국 대우를 바탕으로 열강의 이권침탈이 나타났다. 이에 저항하여 독립협회가 구성되었으나, 주로 러시아의 이권 침탈만 저지했다는 한계점이 있다.

핵심이론 78 개화기의 사회 변동

① **평등 의식의 확산**
- ㉠ 종교 활동 : 천주교, 동학, 개신교의 전파(평등 의식의 확산)
- ㉡ 갑신정변의 14개조 정강 : 양반 신분 제도와 문벌 폐지 등 주장

② **동학 농민군의 사회 개혁 운동**
- ㉠ 폐정 개혁안 : 탐관오리 · 횡포한 부호 · 양반 유생의 징벌, 노비 문서 소각, 과부 재가 허용 등
- ㉡ 집강소 설치 : 개혁 사업의 실천을 위해 전라도 각지에 설치했던 농민 자치 기구

③ **갑오개혁과 신분제의 폐지**
- ㉠ 양반 중심의 신분제 폐지, 과거제 폐지, 능력 본위의 인재 등용 계기
- ㉡ 점진적 · 개량적 개혁 : 조선 근대화의 계기, 양반 권력 독점의 해체

④ **갑신정변 · 동학 농민 운동 · 갑오개혁의 공통점** : 신분 제도의 개선

⑤ **독립협회의 민권 운동 전개**
- ㉠ 주권 독립 운동, 자유 민권 운동(인권 확대, 참정권 실현)
- ㉡ 관민 공동회 개최 : 민중의 자발적 참여, 평등 의식의 확산, 헌의 6조 가결
- ㉢ 입헌 군주제 지향 : 애국 계몽 운동으로 계승

[핵심예제]

1894년 조선은 일본의 간섭 아래 정치 · 행정 · 사법 · 경제 · 신분과 관련된 대대적인 개혁을 단행하였고, 이를 갑오개혁(갑오경장)이라고 한다. 갑오개혁(갑오경장)에 관한 설명으로 옳지 않은 것은? [2014년 특별]

① 군국기무처를 설치하여 개혁을 추진하였다.
② 과거제도를 정비하여 새로운 관리를 임용하였다.
③ 개국기원을 사용하여 청과의 종속관계에서 벗어났다.
④ 양반 · 상민이나 문반 · 무반의 차별 등을 없앴다.

정답 ②

해설

1894년 갑오개혁에서는 과거제도를 폐지하였다.

핵심이론 79 개화기 근대 문화의 발달

① 근대 문명의 수용

㉠ 통신시설 : 전신 · 전화 가설, 우정국(1884) 운영

㉡ 교통시설 : 전차 운행, 경인선(1899)과 경부선 철도 부설

㉢ 근대시설 : 외세의 이권 침탈이나 침략 목적에 이용되기도 하였으나 한편으로는 국민 생활의 편리와 생활 개선에 이바지

㉣ 근대의료시설 : 광혜원(1885)을 비롯한 여러 병원들이 설립되어 질병 퇴치와 국민 보건 향상에 공헌하였으며, 경성 의학교 · 세브란스 병원 등에서는 의료 요원을 양성

㉤ 건축 : 근대 문물의 수용과 함께 명동 성당(1898), 덕수궁 석조전(1910) 등 서양식 건물이 세워졌으며, 교회와 학교 건축을 중심으로 서양식 건축의 보급 확산

② 근대 교육과 학문의 보급

㉠ 근대 교육 학교 : 최초의 근대적 사립학교인 원산학사(1883), 한국 최초의 근대식 공립교육기관인 육영공원(1886) → 상류층 자제 대상

㉡ 사립학교의 설립 : 배재학당(1885), 이화학당(1886)

㉢ 국학 연구

- 신채호, 박은식 → 구국 위인들의 전기 보급
- 지석영, 주시경 → 국어 연구

③ 문예와 종교의 새 경향

㉠ 문학 : 신소설(계몽 문학), 신체시(최남선), 번역 문학(천로역정, 이솝이야기, 로빈슨 표류기) → 근대 의식의 보급에 기여

㉡ 예술 : 창가(애국가, 독립가), 서양 연극(서양식 극장 원각사 건립), 서양식 유화

㉢ 종교 : 천주교, 개신교, 천도교(손병희), 불교(한용운), 대종교(단군신앙)

핵심예제

다음 중 개화기에 지어진 근대적 사립학교로 옳지 않은 것은? [예상 문제]

① 육영공원
② 원산학사
③ 배재학당
④ 이화학당

정답 ①

해설

육영공원은 상류층 자제를 대상으로 한 한국 최초의 근대식 공립 교육기관이다.

제5절 일제 강점과 민족 운동의 전개

핵심이론 80 주권의 피탈과 민족의 수난

① 헌병 경찰 통치(1910년대) : 국권 강탈 후 조선 총독부 설치(군인을 총독으로 임명), 헌병 경찰의 즉결 처분권(경찰 업무를 헌병이 담당), 언론 · 출판 · 집회 · 결사의 자유 박탈
② 문화 통치(1920년대) : 3 · 1 운동 이후 무단 통치에서 문화 통치로 전환 → 보통 경찰제 실시, 문관도 총독이 될 수 있었으나 그것은 식민 통치 은폐를 위한 기만책, 일본 식민 지배에 순응하는 우민화 교육
③ 민족 말살 통치(1930년대) : 내선 일체, 일선 동조론, 황국 신민화, 일본식 성명 강요(창씨개명), 우리글 사용 금지, 우리 역사 교육 금지, 강제 징용 · 징병, 정신대 및 일본군 위안부 등

[핵심예제]

일제강점기에 관한 설명으로 옳지 않은 것은? [2013년 특별]

① 총독부를 설치하고 총독을 군인으로 임명하여 무단지배를 추진하였다.
② 경찰 업무를 헌병이 담당하도록 하여 치안, 사법, 행정에 관여할 수 있도록 하였다.
③ 영친왕을 강제로 일본으로 이주시키고, 친일적인 관료들에게는 작위를 내렸다.
④ 일본식 교육을 확대하기 위하여 사립학교를 크게 늘렸다.

정답 ④

해설
일본은 민족주의적 경향이 짙은 사립학교를 탄압하고 관 · 공립학교를 확장하였다.

핵심이론 81 3 · 1 운동과 대한민국 임시 정부

① 1910년대 국내외 독립운동
　㉠ 국내의 비밀 결사 활동
　　• 독립 의군부(1912) : 임병찬이 고종의 밀명을 받고 조직, 총독부에 국권 반환 요구서를 보내고 의병 전쟁을 준비
　　• 대한 광복회(1915) : 공화정체의 근대 국민 국가 수립 지향, 총사령 박상진과 부사령 김좌진을 중심으로 독립군 양성 시도
　㉡ 국외의 독립운동 기지 건설
　　• 권업회(1911) : 연해주 지역에서 이상설을 중심으로 한 자치조직으로 권업신문 · 학교 · 도서관 등 설치)
② 3 · 1 운동(1919)
　㉠ 운동의 배경 : 윌슨의 민족자결주의, 2 · 8 독립 선언, 국내외의 수많은 독립 운동
　㉡ 의의 : 독립의 희망과 함께 민족의 주체성을 확인하는 계기, 전 민족 참가, 세계 약소 민족의 독립 운동에 자극

더 알아보기

기미독립 선언문(3 · 1 독립선언서)
• 종교계를 중심으로 한 민족대표 33인이 발표
• 본문은 최남선이 작성, 공약삼장은 한용운이 작성
"우리는 이에 우리 조선(朝鮮)의 독립국(獨立國)임과 조선인(朝鮮人)의 자주민(自主民)임을 선언하노라. 이로써 세계만방에 알려 인류가 평등하다는 큰 뜻을 밝히며, 이로써 자손만대에 일러 민족이 스스로 생존하는 바른 권리를 영원히 누리게 하노라. 반만년 역사의 권위를 의지하여 이를 선언함이며, 2천만 민중의 충성을 합하여 이를 선명함이며, 민족의 한갈은 자유 발전을 위하여 이를 주장함이며, 인류 양심의 발로에 기인한 세계 개조의 큰 기운에 순응해 나가기 위하여 이를 제기함이니…"

③ 대한민국 임시 정부

㉠ 배경 : 3·1 운동을 계기로 조직적으로 독립 운동을 추진

㉡ 정부의 수립 : 대한국민의회(연해주), 한성정부(국내), 대한민국 임시 정부(상하이) 출범 → 여러 지역의 임시 정부 통합, 최초의 민주 공화체

㉢ 임시 정부의 활동 : 민족 독립 운동의 중추 기관 임무 담당

- 외교 활동 : 구미 위원회 설치, 파리 강화 회의에 대표(김규식) 파견
- 군자금 모금 : 이륭양행·백산상회, 애국공채 발행, 연통제, 교통국(비밀 행정 조직)
- 문화 활동 : 독립신문 간행, 사료 편찬소 설치

[핵심예제]

3·1 운동에 관한 설명으로 옳지 않은 것은? [2019년]

① 아시아 각국의 민족운동에 자극이 되었다.
② 일제가 무단 통치에서 문화 통치로 바꾸는 계기가 되었다.
③ 비폭력, 무저항주의로 출발하였으나 점차 폭력적인 양상을 띠었다.
④ 비타협적 민족주의자와 사회주의자가 주도하였다.

정답 ④

해설

비타협적 민족주의자와 사회주의자가 주도하여 창립한 단체는 신간회이다(1927).

핵심이론 82 1920년대 이후 국내의 항일운동

① 신간회(1927)

㉠ 비타협적 민족주의 세력과 사회주의 세력 연합(민족 유일당 운동), 초대 회장 이상재, 부회장 홍명희

㉡ 착취기관 철폐, 기회주의 배격, 노동쟁의·소작쟁의·동맹휴학 지원, 전국 140여 곳에 지회 설립

㉢ 조선인 본위의 교육 제도 실시 주장

㉣ 원산 노동자 총파업 지원, 광주 학생 항일 운동에 진상조사단 파견

㉤ 국내 민족운동 세력을 총결집한 민족 유일당 운동

② 형평 운동(1923) : 백정들의 신분 해방 운동

③ 6·10 만세 운동(1926) : 순종의 장례식 계기, 일제의 수탈과 식민지 교육에 대한 반발

④ 근우회(1927) : 신간회의 자매단체, 여성 항일구국운동 및 여성 지위향상운동

⑤ 광주 학생 항일 운동(1929) : 전국적 규모, 3·1 운동 이후 최대의 민족 운동

⑥ 국내 독립군 부대 결성 : 보합단, 천마산대, 구월산대 → 일제의 식민 통치 기관 파괴, 일본군·경과의 교전, 친일파 처단, 군자금 모금 활동

[핵심예제]

다음에서 설명하는 단체는? [2018년]

- 민족주의 세력과 사회주의 세력의 민족 유일당 운동으로 창립되었다.
- 광주학생항일운동 당시 진상조사단을 파견하고 대규모 중대회를 개최하려고 하였다.

① 신민회 ② 신간회
③ 보안회 ④ 권업회

정답 ②

해설

신간회는 식민지 시기 국내에서 조직된 최대의 민족운동단체이자 민족 해방이라는 공통의 목표를 위해 이념을 넘어 민족주의자들과 사회주의자들이 함께한 민족협동단체였다.

핵심이론 83 1920년대 이후 국외의 항일운동

① 국외 항일운동

㉠ 독립 운동 기지 건설(1910년대) : 만주 지역(서간도, 북간도), 연해주 → 민족 교육과 군사훈련 실시, 경제적 토대 마련

㉡ 독립군의 활동과 시련(1920년대) : 봉오동 전투와 청산리 대첩의 승리 → 간도 참변, 자유시 참변 → 재정비하여 만주 지역의 독립군들이 3부 조직(참의부, 정의부, 신민부) → 만주 지역 동포 사회의 실질적 정부 역할

㉢ 의거 활동 : 식민 통치 기관 파괴, 일본인 고관 및 친일파 처단

- 의열단 : 1919년 김원봉을 주축으로 중국 지린에서 결성, 신채호의 '조선 혁명 선언'을 행동 강령으로 채택, 친일파 암살과 일제 식민지배기관 파괴를 목표, 김익상 · 김상옥 · 김지석 · 나석주 등이 활동
- 한인애국단 : 임시 정부의 침체를 이겨내고자 김구가 결성, 중국 국민당 정부의 적극적인 지원 계기, 이봉창, 윤봉길 등이 활동

㉣ 한국 광복군 창설(1940년대) : 각지에 산재해 있는 무장 투쟁 세력 통합, 연합군과 공동으로 인도와 미얀마 전선 참전, 국내 진공 작전 준비

② 국제 사회의 한국 독립 약속

㉠ 카이로 회담(1943) : 미 · 영 · 중, 적당한 시기에 한국을 독립시킨다는 것에 합의

㉡ 얄타 회담(1945) : 미 · 영 · 소, 일본과의 전쟁에 소련의 참여 결정

㉢ 포츠담 선언(1945) : 미 · 영 · 중, 일본의 무조건 항복 요구, 한국 독립 재확인

핵심예제

밑줄 친 '이 단체'에 속한 인물로 옳지 않은 것은? [2018년]

> <u>이 단체</u>는 신채호에게 의뢰하여 작성한 조선 혁명 선언을 활동 지침으로 삼아 일제 요인 암살과 식민통치 기관 파괴에 주력하였다.

① 윤봉길
② 나석주
③ 김익상
④ 김상옥

정답 ①

해설

밑줄 친 '이 단체'는 김원봉이 중심이 되어 조직된 의열단이다.

① 윤봉길은 한인애국단 단원이다.

핵심이론 84 일제 강점기의 민족 경제

① 식민지 수탈 경제

㉠ 토지 조사 사업(1910~1918) : 신고하지 않은 토지는 총독부에서 몰수 → 농민의 토지 상실, 기한부 소작농화, 총독부의 토지 약탈

㉡ 회사령(1910) : 회사 설립 · 해지 시 총독부 허가 필요 → 한국인의 회사 설립 억제(민족자본 성장 억제)

㉢ 산미 증식 계획(1920~1934) : 일본 본토로 식량 반출 → 증산량보다 수탈량이 많음, 식량 부족 심화, 지주에게만 이익, 다수의 농민 몰락, 소작농 증가

㉣ 허가제 회사령 철폐(1920) : 신고제로 전환 → 일본 자본 유입

㉤ 국가 총동원령 시행(1930년대 이후) : 침략을 위한 인적 · 물적 자원 수탈

㉥ 병참 기지화 정책(1930년대 이후) : 한반도의 대륙 침략 발판화, 전시 통제 경제 실시(식량 배급제, 물자 공출)

② 경제적 민족 운동

㉠ 소작 쟁의와 노동 쟁의 전개 : 생존권 투쟁(항일 민족 운동)

㉡ 조선인 기업 출현 : 대도시를 중심으로 경공업 공장 설립(평양 메리야스 공장, 경성 방직 등) → 대자본가는 경성 방직 주식회사 설립

㉢ 물산 장려 운동 전개(1920년대 초) : 평양에서 조만식을 중심으로 시작, 국산품 장려 운동, 민족 기업 지원, 민족 경제의 자립 달성 목적

㉣ 노동 운동 : 노동 조건 개선, 임금 인상 주장 → 항일 민족 운동으로 발전

[핵심예제]

빈칸에 들어갈 내용으로 옳은 것은? [2015년 정기]

> 일제는 근대적 토지 소유 관계 확립을 명분으로 ( )을(를) 실시하여 식민지 경제 정책의 기반을 마련하였다.

① 방곡령
② 회사령
③ 국가 총동원법
④ 토지 조사 사업

정답 ④

해설

제시된 자료는 일제강점기의 토지 조사 사업이다.

① 1884~1891년 동안 이루어진 방곡령은 일본에 쌀 유출을 막고자 지방에서 발표한 쌀 유출 금지령이다. 실패로 끝나고, 일본에 막대한 배상금을 지불하게 되었다.

② 회사령은 1910년 총독부의 민족자본 억압정책으로 회사 설립을 신고제에서 허가제로 바꾼 법령이다.

③ 국가 총동원법은 중일전쟁 이후 1938년 전쟁에 조선인을 동원시키기 위한 법령이다.

핵심이론 85 민족 독립 운동기의 사회 변화

① 한인의 국외 이주와 독립 운동

㉠ 만주와 간도, 연해주 일대
- 국내 진공에 유리, 한인들의 협조 → 독립 운동 기지 건설
- 만주와 간도 : 기아와 빈곤, 국권 회복 운동, 일제 탄압으로 인한 정치적 망명 → 독립 운동 전개
- 시베리아의 연해주
  - 대한 광복군 정부 수립(이상설)
  - 연해주 동포들은 1930년대 구소련의 명령으로 중앙아시아로 강제 이주

㉡ 미 국
- 하와이(신민회와 한인 협성회 조직), 본토(유학생, 관리 출신 이주, 흥사단)
- 의연금 모금 및 대한민국 임시정부 송금, 독립운동 지원

㉢ 일 본
- 2 · 8 독립선언(3 · 1 운동의 도화선) 발표
- 관동대지진 때 일제의 유언비어 조작으로 많은 동포들이 학살당함

② 사회주의 운동의 대두와 신간회 운동

㉠ 사회주의 사상의 유입 : 1920년대 수용 → 소수 지식인 · 청년 · 학생 중심(초기) → 노동 · 농민 · 청년 · 여성 · 형평 운동 전개

㉡ 신간회 결성(1927)
- 3 · 1 운동 이후 최초로 비타협적 민족주의 계열과 사회주의 계열의 민족 연합 전선 결성
- 안재홍, 홍명희, 조만식, 한용운 등이 창립, 비타협적인 독립 운동 전개

③ 농민 · 노동 · 여성 · 학생 운동

㉠ 농민 운동 : 소작료 인하 요구, 소작권 이동 반대 → 항일 운동의 성격

㉡ 노동 운동 : 노동 쟁의 → 임금 인상, 노동 조건 개선 등 요구, 원산 노동자 총파업이 대표적

㉢ 여성 운동 : 계몽 차원에서 전개 → 가부장제 혹은 전통적 인습 타파(1920년대 초) → 사회주의 운동과 결합

㉣ 학생 운동 : 시설 개선, 일본인 교원 배척 요구(민족 운동화), 동맹 휴업의 전개 → 광주 학생 항일 운동

[핵심예제]

일제강점기 해외 한인 사회에 관한 설명으로 옳지 않은 것은? [2013년 정기]

① 미주 동포들은 각종 의연금을 거두어 대한민국 임시정부에 송금하는 등 독립 운동을 지원하였다.
② 러시아 연해주의 동포들은 1920년대 일제의 탄압을 피해 중앙아시아로 이주하였다.
③ 일본에서는 관동대지진 때에 조작된 유언비어로 많은 동포들이 학살당하였다.
④ 간도로 이주한 동포들은 황무지를 개간하고 벼농사를 지었다.

정답 ②

해설

스탈린 시절 구소련이 소 · 일 간의 전쟁 발발 시 한국인들이 일본을 지원할 것이라는 명분으로 1937년 연해주 지역의 한국인 17만여 명을 중앙아시아로 강제 이주시켰다.

핵심이론 86 일제 강점기 민족 문화 수호 운동

① 일제의 민족 말살 정책과 한국사 왜곡
  ㉠ 일제의 우민화 교육 : 민족 교육 억압 정책, 동화 정책, 황국 신민화
  ㉡ 민족 말살 정책 : 우리말과 역사 교육 금지(일선동조론)
  ㉢ 한국사 왜곡 : 조선사 편수회 중심, 타율성 · 정체성 · 당파성 등을 강조

② 민족 문화 수호 운동의 전개
  ㉠ 국어 연구
   • 조선어 연구회 : 한글의 보급, 대중화에 공헌
   • 조선어학회 : 한글맞춤법 통일안과 표준어 제정, 우리말 큰사전 편찬 시도
  ㉡ 한국사 연구 : 민족 문화의 우수성, 한국사의 주체적 발전 강조
   • 박은식 : 〈한국통사〉 · 〈한국독립운동지혈사〉 저술 → 우리 민족의 정신을 '혼'으로 파악
   • 신채호 : 〈조선상고사〉 · 〈조선사연구초〉 저술 → 낭가 사상
   • 정인보 : 〈조선사연구〉 저술, '오천 년간 조선의 얼' 동아일보에 연재 → '얼' 강조

③ 민족 교육 진흥 운동
  ㉠ 민립대학 설립 운동(1922) : 조선 교육회 중심, 조선 민립 대학 기성회 조직, '한민족 1천만 한 사람이 1원씩' 구호, 모금 운동 → 일제가 이를 방해하기 위해 경성 제국 대학 설립(1924)
  ㉡ 대학 승격 운동 : 연희 전문 학교, 보성 전문 학교, 이화학당 등 대학 승격 노력 → 일본의 방해로 실패
  ㉢ 문맹 퇴치 운동 : 야학 설립(언론사 중심, 학생 등이 주도), 농촌 계몽 운동으로 발전

④ 일제 강점기의 종교 활동
  ㉠ 천도교 : 제2의 3 · 1 운동 계획, 〈개벽〉을 비롯해 〈신여성〉, 〈어린이〉, 〈조선농민〉 등의 잡지 간행
  ㉡ 개신교 : 민중 계몽과 각종 문화 사업 전개, 신사 참배 거부
  ㉢ 대종교 : 적극적인 무장 항일 투쟁
  ㉣ 원불교 : 박중빈, 불교의 현대화 · 생활화 주창
  ㉤ 불교 : 한용운 중심, 민족 종교 전통 수호 노력

⑤ 일제 강점기의 문예 활동
  ㉠ 문학 : 근대 문학의 개척(이광수, 최남선) → 근대 문학의 발전(한용운, 김소월, 염상섭) → 신경향파 문학(1920년대 – 박영희, 김기진) → 순수 문학의 경향(1930년대 – 정지용, 김영랑) → 한국 문학의 암흑기(일제 말기 – 이육사, 윤동주)
  ㉡ 음악 : 안익태(애국가), 윤극영(반달)
  ㉢ 미술 : 안중식의 전통 회화, 이중섭의 서양화
  ㉣ 연극 : 토월회, 극예술연구회
  ㉤ 영화 : 나운규의 아리랑

핵심예제

빈칸에 들어갈 인물은? [2017년]

(　)은(는) 우리 민족의 정신을 '혼'으로 파악하였으며, 한국통사와 한국독립운동지혈사를 저술하여 일제의 불법적인 침략을 규탄하였다.

① 박은식
② 백남운
③ 신채호
④ 정인보

정답 ①

해설

제시문은 민족주의 역사학자의 대표적 인물인 박은식에 관한 설명이다.

제6절 대한민국의 발전과 현대 세계의 변화

핵심이론 87 대한민국의 발전 과정

① 광복 직후의 국내 정세

㉠ 조선 건국 준비 위원회(1945.08) : 본격적인 건국 준비 착수, 조선 건국 동맹을 바탕으로 결성, 치안대 조직하여 질서 유지, 여운형 중심

㉡ 모스크바 3상 회의(1945.12)에서 신탁통치 결정 → 신탁통치반대 국민총동원위원회 결성(1945.12)

㉢ 좌익과 우익의 대립 → 좌우합작 운동, 좌우합작 위원회 결성(1946.07)

㉣ 유엔소총회에서 남한만의 단독선거 결정(1948.02)

㉤ 남북 협상(김구, 김규식) 추진 → 북한에서 남북 협상회의 개최, 실패(1948.04)

㉥ 국토의 분단 : 38도선을 경계로 남한에는 미군, 북한에는 소련군 주둔

② 대한민국 정부의 수립

㉠ 정부 수립 전개 과정 : 유엔 결의 → 5 · 10 총선거 → 제헌국회 구성 → 헌법 제정 → 대한민국 수립(1948.08.15)

㉡ 좌우익의 대립 격화 : 제주도 4 · 3 사건(1948), 여수 · 순천 10 · 19 사건(1948)

㉢ 북한은 공산당 체제로 조선 민주주의 인민 공화국 수립(1948)

㉣ 6 · 25 전쟁(1950) : 수많은 사람의 살상, 전국토의 초토화, 산업 시설 파괴, 분단의 고착화

③ 민주주의의 시련

㉠ 이승만 정부 : 발췌개헌, 사사오입 개헌, 3 · 15 부정선거(1960) → 장기 집권 획책

㉡ 4 · 19 혁명 : 이승만과 자유당정권 종식(1960.04)

㉢ 5 · 16 군사정변 : 박정희 정부(경제성장 추진, 한일협정, 새마을 운동, 10월 유신 → 장기 집권 체제)

㉣ 10 · 26 사태 : 유신체제의 종말

㉤ 12 · 12 사태 : 신군부 세력의 군권 장악

㉥ 5 · 18 민주화 운동(1980) : 12 · 12 사태, 신군부의 계엄령 등이 발단이 되어 광주에서 일어난 민주화 시위, 유네스코 세계기록유산 등재(2011)

④ 민주주의의 발전

㉠ 6월 민주항쟁(1987) : 6 · 29 민주화 선언(5년 단임 대통령 직선제) → 노태우 정부(북방 정책, 남북 동시 유엔 가입)

㉡ 김영삼 정부 : 금융실명제, 지방자치제, 역사 바로 세우기, OECD 가입

㉢ 김대중 정부 : 외환 위기 극복, 민주주의 시장 경제의 병행 발전, 6 · 15 남북 공동 선언, 이산가족 찾기

㉣ 노무현 정부 : 국민과 함께 하는 민주주의, 균형 발전 사회, 평화와 번영의 동북아시아 시대 목표

⑤ 북한의 변화

㉠ 전후 복구와 자립적 민족 경제 확립 : 중공업과 경공업의 병진 정책 추진, 천리마 운동, 협동화로 생산력 증대

㉡ 1960년대 : 4대 군사 노선 채택(군수 공업 발전), 주체 노선 강조, 대남 정책(연방제 통일 제시, 내부 혁명, 무력 도발)

㉢ 1970년대 : 강경 노선 완화, 김일성의 친인척이 권력의 핵심 장악, 7 · 4 남북 공동 성명을 계기로 헌법 개정, 김정일을 후계자로 공인

㉣ 1980년대 : 김정일의 당 장악, 경제 위기 극복 노력

㉤ 1990년대 : 김일성의 사망(1994), 김정일의 권력 승계

㉥ 2000년대 : 김정일의 사망(2011), 김정은의 권력 승계

⑥ 통일을 위한 노력

㉠ 1970년대 : 7 · 4 남북 공동 성명(1972, 자주 · 평화 · 민족 대단결)

㉡ 1980년대 : 이산가족 교환 방문

㉢ 1990년대 : 남북한 동시 유엔 가입, 민간 차원의 통일 노력 전개, 한반도 비핵화에 관한 공동선언 채택

㉣ 2000년대 : 6 · 15 남북 공동 선언(2000) → 남북 간의 긴장 완화와 화해 협력 진전

[핵심예제]

광복 직후 정부 수립을 위한 활동을 순서대로 바르게 나열한 것은? [2016년 특별]

> ㄱ. 남북협상회의 개최
> ㄴ. 조선건국준비위원회 결성
> ㄷ. 신탁통치반대 국민총동원위원회 결성

① ㄱ – ㄴ – ㄷ
② ㄱ – ㄷ – ㄴ
③ ㄴ – ㄷ – ㄱ
④ ㄷ – ㄴ – ㄱ

정답 ③

해설

ㄴ. 해방 직후 1945년 8월 조선건국준비위원회 결성 → ㄷ. 모스크바 3상 회담 직후 1945년 12월 신탁통치반대 국민총동원위원회 결성 → ㄱ. 1948년 2월 유엔소총회 결정 → 남한만의 단독선거 결정 → 1948년 4월 남한의 김구 · 김규식, 북한의 김일성 · 김두봉 남북협상회의 개최 → 실패

핵심이론 88 현대의 경제 발전

① **광복 직후의 경제 혼란**
  ㉠ 미 · 소 군정과 남북 분단으로 경제 혼란
  ㉡ 농지 개혁법 제정(1949) : 농촌 경제 안정 추구, 소작제도 폐지
  ㉢ 귀속 재산 불하 : 산업·자본 형성

② **경제 발전**
  ㉠ 1950년대 : 전후 복구 사업으로 생산 활동 활발 → 원조 경제, 수입 의존도 심화
  ㉡ 경제 개발 5개년 계획 추진
  - 제1 · 2차 경제 개발 계획(1962~1971), 제3 · 4차 경제 개발 계획(1972~1981)
  - 수출이 비약적으로 증대하는 등 고도 경제 성장, 신흥공업국으로 부상, 국민생활 수준의 향상

  ㉢ 노동 운동의 전개 : 민주화 운동의 진전으로 사회 의식이 높아지면서 노동 운동이 활발해짐

[핵심예제]

다음의 빈칸 안에 들어갈 단어는? [예상 문제]

> 제헌국회 수립 이후 경작자가 땅을 소유해야 한다는 경자유전(耕者有田)의 원칙에 따른 ( )이 제정되어 유상 매수, 유상 분배를 원칙으로 토지 개혁이 실시되었다.

① 농지 개혁법
② 토지 조사 사업법
③ 농지령
④ 토지 개혁법

정답 ①

해설

농지 개혁법은 유상 매수 · 유상 분배를 원칙으로 한 법으로, 1949년 이승만 정부가 제정하였다.

핵심이론 89 현대 문화의 동향

① 현대의 교육

㉠ 광복 이후 미국식 교육 제도 도입

㉡ 4 · 19 혁명 이후 학원 민주화 운동 활발

㉢ 5 · 16 군사정변 이후 반공 교육, 기능 양성 교육 강화, 국민 교육 헌장 발표

② 현대의 사상과 종교

㉠ 사상 : 민족주의와 민주주의(1950년대) → 반공주의에 근대화 이념 가세(1960~1970년대) → 민족주의와 민주주의 정착(1980년대 이후)

㉡ 종교 : 천주교와 기독교의 양적 팽창, 1970년대 이후 민주화 운동에 기여

③ 현대의 문화 활동과 과학 기술의 발전

㉠ 1960년대 이후 문화의 대중화 현상

㉡ 현실 참여 경향의 문학 등장

㉢ 1960년대 이후 과학기술 발전을 위한 정책 추진 : 경제와 산업의 발전을 지원하는 수단으로서의 과학 기술 중시

핵심예제

다음 중 현대의 교육에 대한 내용으로 잘못된 것은?

[예상 문제]

① 광복 이후 미국식 교육 제도가 도입되었다.

② 이승만 정권 때 국민 교육 헌장이 발표되었다.

③ 4 · 19 혁명 이후 학원 민주화 운동이 활발해졌다.

④ 5 · 16 군사정변 이후 기능 양성 교육이 강화되었다.

정답 ②

해설

국민 교육 헌장은 5 · 16 군사정변 이후 발표되었다.

제 2 과목 관광자원해설

제1절 관광자원의 이해

핵심이론 01 관광자원의 개념

① 관광자원(Tourism Resources)의 정의

㉠ 넓은 의미의 관광자원 : 인간의 관광욕구의 대상이 되고, 관광행동을 충족시켜주는 가치를 지닌 유 · 무형의 모든 자원이다. → 자연적 · 문화적 · 사회적 · 산업적 · 위락적 자원

㉡ 좁은 의미의 관광자원 : 인간의 관광동기를 충족시켜 줄 수 있는 생태계 내 유 · 무형의 자원으로서 보존 · 보호하지 않으면 그 가치를 상실하거나 감소할 성질을 내포하고 있는 자원이다.

② 관광자원의 개념적 특성

㉠ 범위의 다양성 : 관광자원은 유 · 무형자원, 자연 및 인문자원 등 그 범위가 다양하다.

㉡ 유인성 : 관광객의 관광행동을 끌어들이는 유인성을 지닌다.

㉢ 매력성

- 관광객의 관광동기 또는 욕구를 일으키는 매력성을 가진다.
- 관광자원의 매력성은 원시적인 자연미, 신기함, 특이성, 보양성 등과 같이 관광객의 욕구에 따라 다양하게 나타난다.

㉣ 가치의 변화

- 관광자원은 시대나 사회구조에 따라서 그 가치를 달리한다.
- 관광자원은 관광객에 의하여 지속적으로 선호 · 이용 · 선택 · 소비될 때 가치를 평가받을 수 있다.
- 관광객의 유형에 따라 가치가 다르고, 시간이 경과함에 따라 범위의 다양성을 지닌다.

㉤ 개발 요구성

- 관광자원은 개발을 통해 관광대상이 된다.
- 개발이란 보통 현재보다 나은 상태나 과정을 의미하는 것으로, 좋지 않은 상태에서 바람직한 상태로 변화하는 목표 지향적이고 가치 지향적인 변화라고 볼 수 있다.
- 관광자원은 단순히 자연적 소산의 상태만으로 관광객의 욕구를 충족시킬 수 있는 측면도 있지만, 대부분 관광자원으로서의 가치를 지니기 위해서는 개발이 반드시 필요하다.

㉥ 보존과 보호의 필요성

- 관광자원은 관광욕구 충족 및 관광경험의 질을 유지 · 향상시키기 위해서 보존 · 보호되어야 한다.
- 관광자원은 천연자원과 달리 관광객의 계속적인 이용에 따라 보존 · 보호하지 않을 때는 관광자원으로서의 가치가 상실되거나 감소할 위험이 있다.

㉦ 자연과 인간의 상호작용 : 관광자원은 자연과 인간의 상호작용의 결과이다.

핵심예제

관광자원의 개념적 특성으로 옳은 것은? [2017년]

① 매력성과 유인성
② 범위의 한계성
③ 개발 제한성
④ 보존과 보호의 불필요성

정답 ①

해설

관광자원의 개념적 특성

- 범위의 다양성
- 유인성
- 매력성
- 가치의 변화
- 개발 요구성
- 보존과 보호의 필요성
- 자연과 인간의 상호작용

핵심이론 02 관광자원의 다양한 분류

① 존재 형태에 따른 분류

유형 관광 자원	자연 관광자원	• 위치 : 대륙관계성, 해양관계성, 접근성 • 기후 : 기온, 강수량, 바람, 일조일수, 안개일수, 쾌청일수 • 지형 : 산악, 하천, 해안, 호수, 약수, 온천, 동굴, 지구대, 사구, 석굴 • 동식물 : 희귀동물 및 식물, 천연기념물
	인문 관광자원	• 문화관광자원 : 문화재, 휴양지 등 • 산업관광자원 : 산업시설, 댐 등
무형 관광 자원	인적 관광자원	국민성, 풍속, 습관, 전통적인 고유기술, 언어, 인심, 예절
	비인적 관광자원	고유 종교, 철학, 사상체계, 역사, 제도 및 문학

② 형성원인에 따른 분류

자연적 관광자원	인간의 기술이 투입되지 않은 자연적 상태의 자원 예 산악, 호수, 계곡, 해안, 온천 등
인문적 관광자원	인간의 아이디어와 노력으로 만들어진 자원으로, 문화관광자원, 사회관광자원, 산업관광자원 등을 총칭

③ 관광행동특성에 의한 분류(Gunn의 분류)

주유형 관광자원	숙박하지 않는 장소를 이동하며 보고 즐기는 자원 예 주변경관, 축제, 토속음식, 쇼핑센터, 도시 등
체재형 관광자원	숙박지역 내에서 또는 주변에서 보고 즐길 수 있는 관광자원 예 휴양지, 캠프장, 해안, 관광목장 등

④ 관광시장특성에 의한 분류(Clawson의 분류)

이용자 중심형	• 일과 후에 쉽게 접근할 수 있는 소규모 공간 또는 인조물로서 지역주민의 일상생활권에 위치하여 이용자의 활동이 중심이 되는 지역이다. • 지역주민의 일상적 여가시간에 이용이 가능한 위치와 적절한 시설의 구비가 일차적으로 중요하며, 도시공원, 놀이터, 실내 수영장 등이 해당된다.
중간형	• 거주지에서 1~2시간 정도 소요되는 거리에 위치하면서 이용자 활동과 자연자원 매력도가 대등한 조건을 갖춘 지역이다. • 일일 또는 주말에 이용 가능한 야유회 · 낚시 · 등산 등의 자연관광지나 볼거리 · 즐길거리 · 놀거리 등이 제공되는 놀이공원 등의 지역이다.

자원 중심형	• 관광활동에 주안점을 두기보다는 자원의 질(Quality)을 우선적으로 고려하는 지역으로 자원의 질적 가치와 매력을 보존 · 보호하는 지역이다. • 비교적 지역민 거주지와는 원거리에 위치하고 있으며, 주로 공원법으로 규정하여 보호하고 있는 산림 · 야생지 등 또는 주요 역사유물 · 유적지가 자리한 지역이다.

⑤ 한국관광공사의 관광자원 분류

유 형	구성요소
유형 관광 자원	• 자연적 관광자원(천연자원, 천문자원, 동식물) • 문화적 관광자원(고고학적 유적, 사적, 사찰공원) • 사회적 관광자원(풍속, 행사, 생활, 예술, 교육, 스포츠) • 산업적 관광자원(공업단지, 유통단지, 광업소, 농장, 목장, 백화점) • 관광 · 레크리에이션자원(캠프장, 수영장, 놀이시설, 어린이공원)
무형 관광 자원	• 인적 관광자원(국민성, 풍속, 관습, 예절) • 비인적 관광자원(고유종교, 사상, 철학, 역사, 가곡, 음악)

[핵심예제]

관광자원의 분류에 관한 설명으로 옳은 것은? [2019년]

① 이용자 중심형 관광자원은 당일 및 주말을 이용하여 방문할 수 있는 자원이다.
② 체재형 관광자원은 숙박하지 않고 이동하면서 보고 즐기는 자원이다.
③ 중간형 관광자원은 일과 후에 쉽게 접근할 수 있는 자원이다.
④ 무형 관광자원은 인적 자원과 비인적 자원으로 구분된다.

정답 ④

해설

① 이용자 중심형 : 일과 후에 쉽게 접근할 수 있는 이용자의 활동이 중심이 되는 지역에 위치한 관광자원이다.
② 체재형 : 숙박지역 내 혹은 주변에서 보고 즐길 수 있는 관광자원이다.
③ 중간형 : 거주지에서 1~2시간 정도 소요되는 거리에 위치한 이용자 활동과 자연자원 매력도가 대등한 조건을 갖춘 관광자원이다.

핵심이론 03 관광자원의 유형별 분류와 특징

① 관광자원의 유형별 분류(김홍운, 1998)

자연적 관광자원	산악, 하천, 계곡, 호수, 폭포, 산림, 해안, 지질, 동식물, 온천, 기후, 자연현상 등
문화적 관광자원	유적, 사적, 사찰, 건축물, 문화재, 기념물, 민속자료, 박물관 등
사회적 관광자원	풍속, 전통예술, 종교, 민간신앙, 신화, 전설, 국민성, 향토축제, 연중행사, 문화 · 교육 · 사회시설 등
산업적 관광자원	공업단지, 유통단지, 목장, 어촌, 백화점, 전시관 등
위락적 관광자원	수영장, 놀이 시설, 카지노, 테마파크 등

② 자연적 관광자원

㉠ 관광자원 가운데 가장 원천적인 것으로, 사람의 손을 거치지 않은 자연현상이 관광효과에 기여할 수 있는 모든 것을 의미한다.
㉡ 자연적 관광자원은 절대적 가치라기보다 상대적 가치를 가지며, 그 지역에서만 볼 수 있는 특수한 자원이어야 한다.
㉢ 자연적 관광자원의 구성요소 : 산악, 하천, 계곡, 호수, 폭포, 산림, 해안, 지질, 동식물, 온천, 기후, 자연현상 등

③ 문화적 관광자원

㉠ 우리나라의 역사적 · 예술적 · 학술적 가치가 있는 유 · 무형의 문화관광자원이다.
예 템플스테이 체험
㉡ 문화적 관광자원은 민족문화의 정통성 확립과 문화유산의 보존 측면에서 매우 중요하며, 대외적으로 우리 문화의 우수성을 알리는 가장 유효적절한 수단이 되고 있다.
㉢ 문화재보호법(제2조 제1항)에 의한 문화재의 분류

구 분	분류내용
유형문화재	건조물, 전적(典籍), 서적(書跡), 고문서, 회화, 조각, 공예품 등
무형문화재	여러 세대에 걸쳐 전승되어 온 무형의 문화적 유산

기념물	• 절터, 옛무덤, 조개무덤, 성터, 궁터, 가마터, 유물포함층 등 • 경치 좋은 곳으로서 예술적 가치가 크고 경관이 뛰어난 것 • 동 · 식물, 지형, 지질, 광물, 동굴, 생물학적 생성물 또는 특별한 자연현상 등
민속문화재	의식주, 생업, 신앙, 연중행사 등에 관한 풍속이나 관습에 사용되는 의복, 기구, 가옥 등

④ 사회적 관광자원
㉠ 한 나라의 역사와 전통, 과거의 생활상과 현재를 이해하는 데 도움이 되는 자산이다.
㉡ 한 나라에 대한 객관적 이해와 경험을 바탕으로 관광객의 자아확대욕구를 충족시켜 준다.
㉢ 사회적 관광자원은 그 범위가 매우 넓다.
㉣ 사회적 관광자원의 예
생활양식, 풍속, 전통예술, 종교, 민간신앙, 신화, 전설, 민족성, 국민성, 향토축제, 연중행사, 문화 · 교육 · 사회시설 등

⑤ 산업적 관광자원
㉠ 오늘날 내국인과 외국인에게 자국의 산업시설과 생산공정을 견학 · 시찰하게 하여 내국인에게는 자국의 산업 수준에 대한 자부심을 부여하고, 외국 관광객에게는 기술교류를 통한 국제 관계 개선 및 자국의 이익확보에 큰 역할을 담당하고 있는 자원이다.
㉡ 산업적 관광자원의 범위

농업 관광자원 (1차 산업)	교육적 측면에서 최근 도시민들에게 매우 각광을 받고 있는 자원이다. 예 관광농원, 농장, 목장, 어촌(어장), 임업 등
공업 관광자원 (2차 산업)	• 공장시설이나 기술, 생산공정, 생산품, 후생시설, 기업홍보관 등을 견학하게 함으로써 공업 관광자원 판매주체의 부가가치를 높이는 자원을 말한다. • 비교적 공업수준이 발달된 선진국에서 많이 활용하고 있는 관광자원이며, 최근에는 대규모 사회간접자본인 공항 · 항만 · 댐 등의 시설을 견학하게 하는 상품도 있다.
상업 관광자원 (3차 산업)	시장에서의 쇼핑, 박람회 견학, 전시회 관람, 백화점 쇼핑 등을 관광자원화한 것을 말한다. 예 서울의 남대문(재래시장)과 이태원 등

⑥ 위락적(관광 · 레크리에이션) 관광자원
㉠ 경제발전으로 인한 오락 및 오락시설에 대한 수요가 증대되면서 등장한 관광자원이다.
㉡ 주제공원(테마파크)이 대표적이며, 수영장, 놀이공원, 카지노, 스키장, 레저타운 등이 있다.
㉢ 테마파크(Theme Park)의 개념
• 주제가 있는 공원이라는 뜻으로, 어떠한 테마를 설정하여 그 테마를 실현시키고자 제반시설, 구경거리, 음식, 쇼핑 등 종합적인 위락공간을 구성하여 방문객들이 놀이에서 휴식까지 하나의 코스로 즐기도록 하는 위락시설이다.
• 테마파크는 관광 · 레크리에이션시설의 기계화 진전과 여가시간의 증대로 그 수요가 증가하고 있기 때문에 공간의 효율적 활용, 수요지향적 자원으로서의 활용가치가 매우 큰 관광자원이라 할 수 있다.
㉣ 테마파크의 분류

놀이테마파크	건강과 스포츠를 테마로 구성
민속테마파크	한 시대와 지역의 환경, 건축, 공예 등을 옛날 그대로 재현한 것
예술테마파크	음악, 미술, 영화 등 예술을 테마로 한 공원
생물테마파크	곤충, 동물, 조류 등을 주제로 하여 원래의 환경을 재현하여 원시적 생태를 보여주는 공원
과학테마파크	우주개발을 주제로 하여 우주과학체험을 할 수 있는 공원
창조의 테마파크	동화, 만화에 등장하는 주인공을 주제로 하여 재현하는 공원

㉤ 테마파크의 공간에 따른 분류

자연 공간	• 주제형 : 동물, 식물, 어류, 정원 등의 테마파크 예 동 · 식물 자연파커, 바다수족관, 바이오 파크 등 • 활동형 : 리조트, 바다, 산, 온천 등의 테마파크 예 자연리조트형파크, 바다, 온천형파크 등
도시 공간	• 주제형 : 산업, 과학, 풍속, 구조물 등의 테마파크 예 외국촌, 역사촌, 사이언스파크 등 • 활동형 : 스포츠, 놀이, 건강, 예술 등의 테마파크 예 도시리조트형파크, 어뮤즈먼트파크, 워터파크 등

핵심예제

관광자원의 유형별 특징에 관한 설명으로 옳지 않은 것은?

[2015년 정기]

① 산업적 관광자원은 1차, 2차, 3차 산업현장을 관광대상으로 한 자원으로 재래시장이 한 예이다.
② 위락적 관광자원은 이용자의 자주적, 자기발전적 성향을 충족시킬 수 있는 동태적 관광자원이다.
③ 사회적 관광자원은 한 나라에 대한 객관적 이해와 경험을 바탕으로 관광객의 자아확대욕구를 충족시켜 준다.
④ 자연적 관광자원은 자연 그대로의 모습이 관광자원 역할을 하는 것으로 해변, 계곡, 목장, 어촌 등을 포함한다.

정답 ④

해설

목장과 어촌은 산업적 관광자원의 범위에 해당한다.

핵심이론 04 관광개발기본계획에 따른 관광개발권역 구분

① 5대 광역연합관광권[제4차(2022~2031)]

수도 · 강원 · 제주권	글로벌 K관광 선도지대
충청권	과학기술기반의 백제 · 중원문화 관광지대
전라권	다도해 · 새만금을 품은 문화예술관광지대
대구 · 경북권	유교문화에 기반한 역사문화 · 생태관광지대
부 · 울 · 경권	산업기반 해양레저 · 문화관광지대

출처 : 문화체육관광부 「제4차 관광개발기본계획 주요 내용」

② 17개 시 · 도 개발방향

서 울	고품격 글로벌 관광매력도시
강 원	세계인이 다시 찾는 생태웰빙 휴양 관광지역
인 천	너와 나, 우리 모두를 위한 스마트 관광도시
경 기	모두를 위한 관광, 글로컬 경기 관광
제 주	미래지향적인 청정자연유산관광 중심지역
충 남	일상을 선물하는 충남 발길이 머무는 행복관광
충 북	미래관광 재설계 융복합 관광거점
세 종	모두가 행복한 나들이, 관광행복도시
대 전	소확행 경험 가치를 실현하는 중부권 허브 관광도시
경 북	세계로 열린 문화상태 관광 거점
대 구	미래혁신형 글로벌 관광도시
전 북	천년 역사문화여행 체험 1번지
전 남	해양생태 관광중심, 블루투어
광 주	문화예술과 산업을 아우르는 스마트 관광도시
울 산	어울림 생태 관광도시
부 산	모두의 일상이 여행이 되는 도시
경 남	세계로 열린 문화생태 관광거점

③ 광역관광벨트

한반도 생태평화벨트	인천, 경기, 강원 10개 시 · 군
중부내륙권 광역관광개발	충북, 강원, 경북 17개 시 · 군
서부내륙권 광역관광개발	세종 및 충남, 전북 18개 시 · 군
충천유교문화권 광역관광개발	대전, 세종 및 충북, 충남 26개 시 · 군

[핵심예제]

관광권역별 목표의 연결로 옳지 않은 것은? [예상 문제]

① 수도 · 강원 · 제주권 – 글로벌 K관광 선도지대
② 전라권 – 유교문화에 기반한 역사문화 · 생태관광지대
③ 부 · 울 · 경권 – 산업기반 해양레저 · 문화관광지대
④ 충청권 – 과학기술기반의 백제 · 중원문화관광지대

정답 ②

해설

5대 광역연합관광권

- 전라권 : 다도해 · 새만금을 품은 문화예술관광지대
- 대구 · 경북권 : 유교문화에 기반한 역사문화 · 생태관광지대

제2절 관광자원의 해설

핵심이론 05 관광자원해설의 정의와 목적

① 관광자원해설의 정의

㉠ 관광객에게 단순히 방문지에 대한 정보를 많이 알려주려는 것이 아니다.

㉡ 관광객에게 일련의 호기심을 자극하여 그들의 주의를 환기시켜 줌으로써 그들이 접하고 있는 문화재나 자연경관 등의 관광환경에 대한 올바른 인식과 교육적 가치를 부여하며 즐거운 관광경험이 될 수 있도록 도와주는 모든 노력이다.

㉢ 관광자원해설은 교육적 활동, 지각발달 도모 활동, 새로운 이해, 통찰력, 열광, 흥미를 불러일으키는 활동, 자원보전에 기여할 수 있는 설명기술이라고 할 수 있다.

② 관광자원해설의 목적

㉠ 관광객의 만족 : 관광객이 방문하는 관광지에 대해 보다 예리한 인식능력 · 감상능력 · 이해능력을 갖게 도와준다.

㉡ 관광자원의 이해 향상 및 관리

- 관광객으로 하여금 관광지에서 적절한 행동을 하게끔 교육이나 안내를 한다.
- 자연의 과다이용으로 인하여 훼손된 지역 또는 그런 위험이 많은 지역에서는 일정한 행동을 못하도록 함으로써 관광자원에 대한 인간의 영향을 최소화한다.

㉢ 이미지 개선 : 관광자원 관리당국자와 그들이 진행하는 프로그램에 대한 대중의 이해를 촉진하여 긍정적인 이미지를 만들어 낸다.

③ 관광자원해설과 관광안내의 차이

㉠ 관광자원해설은 자원의 의미와 가치전달에 주력하며, 관광안내는 여행관리에 주력한다.

㉡ 관광자원해설은 그 자체가 관광자원으로서의 가치를 지닌다.

[핵심예제]

관광자원해설의 주요 목적이 아닌 것은? [2018년]

① 관광객의 만족
② 관광객의 소비억제
③ 관광자원 훼손의 최소화
④ 관광자원에 대한 이해 향상

정답 ②

해설

관광자원해설의 주요 목적

관광객이 방문하는 관광지에 대해 보다 예리한 인식 · 감상 · 이해능력을 가질 수 있도록 도와주려는 데 있다. 자원을 해설해 준다는 것은 그 방문이 보다 풍요롭고 즐거운 경험이 되도록 도와주는 것이다. 또한 관광객으로 하여금 관광지에서 적절한 행동을 하도록 교육하거나 안내함으로써 자원의 훼손을 최소화할 수 있다.

핵심이론 06 관광자원해설 기법

① 인적 해설

㉠ 인적 해설의 종류

이동식 해설	넓은 지역을 돌아다니면서 그 지역에 관해 관광객에게 해설 서비스를 제공하거나 박물관에서 이동하며 전시물에 관한 해설을 하는 경우이다.
정지식 해설	동굴이나 관광객 안내소, 박물관 등 관광객이 많은 곳에 자원해설가가 고정 배치되어 해설 서비스를 제공하는 경우이다.

㉡ 자원해설 시 포함되어야 할 요소 : 인사 및 자기소개, 자신감, 태도(손짓, 몸짓, 시선), 포인트 강조, 비교설명, 주변 자원 소개, 참여 유도, 유머감각, 해설의 리듬, 솔직함과 겸손 등

㉢ 해설가의 자질 : 열정, 유머감각과 균형감각, 명료성, 자신감, 따뜻함, 침착성, 신뢰감, 즐거운 표정과 태도 등

㉣ 인적 해설기법의 유형

담화해설 기법	• 말하는 기능을 이용하는 것으로, 말을 하거나 몸짓 등을 통하여 관광객들을 이해시키고 일정한 반응을 유도한다. • 자원해설자의 감수성과 이용자들의 이해 정도가 높은 수준에 있을 때만 가능하다.
재현해설 기법	• 당시 모습의 재현은 단순 담화보다 효과적일 수 있다. • 재현이 잘못 이루어졌을 경우에는 관광객들이 잘못 받아들이게 되어 자원을 왜곡시킬 수 있으므로 유의해야 한다.
동행해설 기법	• 관광객들과 함께 움직이며 관광자원에 대한 해설을 하는 기법이다. • 관광객들의 질문을 받으며 보조를 맞추어 이동하고 장시간 설명을 하므로, 신뢰가 생기는 장점이 있으나 잘못되었을 경우 분위기가 산만해지고 외면될 수 있다.

② 비인적 해설

㉠ 자기안내해설(Self-guiding, 길잡이식 해설)

- 의미 : 관광객이 해설자의 도움이 없는 상태에서 독자적으로 관람대상을 추적하면서 제시된 안내문에 따라 그 내용을 이해하고 인식수준을 높이는 것이다.
- 문자형과 상징형 등으로 나눌 수 있다.
- 이 해설유형은 전문직에 종사하는 사람, 지적 욕구가 강한 사람, 교육수준이 높은 사람에게 효과적이다.

㉡ 자기안내해설기법의 장·단점

장 점	• 비용이 저렴하다. • 운영 및 유지비용이 감소한다. • 이용자별 독해속도의 신속성과 완만성이 보장된다. • 독해내용 선택의 임의성이 확보된다. • 이정표 기능의 수행으로 탐방자의 길잡이 역할을 한다. • 기념성의 부여로 사진촬영의 대상으로 선택이 가능하다. • 방문의 증거로 활용할 수 있다.
단 점	• 독해자의 인식수준과 정신적 노력이 요구된다. • 일방적 의사전달로 쌍방적 질의응답 능력이 결여된다. • 의문감 해소능력이 부족할 수 있다. • 지속적인 흥미 및 동기 부여가 감소한다. • 풍화작용, 부식, 야생동물, 탐방자에 의한 훼손의 가능성이 있다.

㉢ 매체이용해설(Gadgetry)

- 의미 : 여러 가지 장치들을 이용하여 해설하는 것으로, 방문객에게 여러 가지 상황을 경험하게 할 수 있기 때문에 재현에 특히 효과적인 해설유형이다.
- 종 류

모형기법	형태를 모방한 기법으로 축소·실물·확대모형이 있다.
실물기법	사실을 그대로 재현해 놓은 사실재현, 유적을 재현해 놓은 유적재현, 유명한 성인·사상가·독립운동가 등을 재현한 인물재현, 그리고 인간이 만들어낸 특이하고 가치 있는 기술을 재현해 놓은 기술재현이 있다.
청각기법	그때그때 안내나 설명을 해 주는 방송과 미리 녹음해 놓은 녹음테이프, 그리고 상황이나 연출에 적절한 음악 등이 있다.
시청각기법	직접 가볼 수 없는 장소나 인물 등을 녹화한 비디오 시설, 필요한 해설을 누르면 그 부분을 볼 수 있는 터치스크린, 유명 장소에 얽힌 전설·인물 등을 극화한 영화 등이 있다.
멀티미디어 재현시설기법	• 디오라마 : 인물이 등장하여 과거의 체험이나 영웅담을 재현시켜 주는 방법이다. • 애니메이션 : 인물 대신 만화로 과거의 체험이나 영웅담을 재현시켜주는 방법이다.
시뮬레이션 기법	• 가상체험과 게임시설을 통해 생생하고 직접적인 체험을 하는 기법으로, 예를 들면 서울의 전쟁기념관에는 전쟁 가상체험실이 마련되어 있어 별도의 입장료를 내면 약 8분간 가상의 전쟁체험을 할 수 있다. • 게임시설 역시 가상체험처럼 직접적인 체험과 자극을 얻을 수 있다.
인쇄물	팸플릿과 리플릿 및 안내해설서가 있다.
기 타	시각물로, 사진·그림·지도 등이 있다.

㉣ 매체이용해설의 장·단점

장 점	• 터치스크린과 비디오 등으로 인쇄물·해설 간판의 시각적 문제를 해소할 수 있다. • 전시물·축소모형·실물모형 등으로 관람객의 시선을 집중시킨다. • 최신장비를 도입한 매체이용해설은 관람객에게 호기심과 신비감을 주어 장시간의 관심을 유도한다. • 공급수준과 형태의 다양성을 확보하여 소리의 크기, 장치의 모양, 색깔을 자유로이 조작할 수 있어 상황별 대처능력을 준다. • 반복이 용이하며, 유사상황의 연출에 있어서도 음향효과의 이용, 상황의 재현, 유사효과의 유도가 높게 나타날 수 있다.
단 점	• 고장대비와 관리유지를 위해 정기적 보수 및 예비품이 항상 준비되어 있어야 한다. • 계속적으로 동일내용이 반복되어 재방문자나 종사자에게 있어서는 지루하다. • 설치를 하는 데 있어 전기이용, 야외 및 벽지이용에 있어서는 제약이 따른다.

핵심예제

6-1. 관광자원해설 기법 중 자기안내기법에 관한 설명으로 옳지 않은 것은? [2019년]

① 지적 욕구가 강하거나 교육수준이 높은 사람에게 효과적이다.
② 쌍방 간의 질의응답 능력이 결여되어 있다.
③ 방문자에게 지속적으로 흥미와 동기를 부여할 수 있다.
④ 인적 해설기법에 비해 상대적으로 비용이 저렴하다.

정답 ③

6-2. 관광자원해설기법 중 인적서비스기법이 아닌 것은? [2022년]

① 담 화
② 재 현
③ 자기안내
④ 동 행

정답 ③

해설

6-1
자기안내기법은 흥미와 동기를 지속적으로 부여할 수 없고, 독해자의 인식수준과 정신적 노력이 요구된다.

6-2
관광자원해설기법
- 인적 해설 : 담화해설기법, 동행해설기법(거점식, 이동식), 재현기법
- 비인적 해설 : 자기안내해설기법(해설판, 해설센터, 전시판), 전자장치 이용기법(전자전시판, 멀티미디어시스템, 무인정보안내소)

제3절 자연관광자원

핵심이론 07 국립공원의 개요

① 자연관광자원의 요소

구분	내용
지 형	산지, 화산, 구릉, 고원, 동굴, 호수, 빙하, 하천(폭포와 계곡), 해안, 섬, 해양, 암석, 온천, 사막 등
천문기상	달, 별, 눈, 빙하, 온난, 한냉차이 등
동 · 식물	새, 짐승, 곤충, 물고기, 삼림(낙엽, 신록), 화초 등

② 자연공원의 의의
㉠ 자연공원의 정의 : 국립공원 · 도립공원 · 군립공원 및 지질공원을 말한다.
㉡ 자연공원의 지정 · 보전 및 관리에 관한 사항을 규정함으로써 자연생태계와 자연 및 문화경관 등을 보전하고 지속 가능한 이용을 도모함을 목적으로 한다(자연공원법 제1조).
㉢ 휴양적 이용의 소재를 가진 뛰어난 자연풍경지를 하나의 문화적인 의미에서 일반 국민의 보건, 휴양, 교화라는 효과를 얻기 위해 설정된 공원이다.
㉣ 국립공원은 환경부장관이 지정 · 관리하고, 도립공원은 도지사 또는 특별자치도지사가 지정 · 관리하며, 군립공원은 군수가 지정 · 관리한다(자연공원법 제4조 제1항 참조).

더 알아보기

도시공원
- 하나의 중요한 공공시설로, 도시계획에 의해 형성된 다양한 형태의 공원
- 도시주민의 생활 가운데 여가 및 레크리에이션 대상의 공간 → 자연풍경지를 도시민의 야외 레크리에이션 장소로 이용하는 공원기능의 형태가 구축됨

③ 국립공원
㉠ 우리나라의 자연생태계나 자연 및 문화경관(이하 "경관"이라 한다)을 대표할 만한 지역으로서 자연공원법 제4조 및 제4조의2에 따라 지정된 공원을 말한다.

ⓛ 국립공원의 지정현황 : 1967년 3월 3일에 공포된 국립공원법에 의하여 지리산이 제1호로 지정된 것을 시작으로 현재까지 22개소의 국립공원이 지정 · 보호되고 있다.

공원명	위 치	면적(km²)	지정 연월일
지리산	전남 · 북, 경남	483.022	1967.12.29
경 주	경 북	136.550	1968.12.31
계룡산	충남, 대전	65.335	1968.12.31
한려해상	전남, 경남	535.676	1968.12.31
설악산	강 원	398.237	1970.03.24
속리산	충북, 경북	274.766	1970.03.24
한라산	제 주	153.332	1970.03.24
내장산	전남 · 북	80.708	1971.11.17
가야산	경남 · 북	76.256	1972.10.13
덕유산	전북, 경남	229.430	1975.02.01
오대산	강 원	326.348	1975.02.01
주왕산	경 북	105.595	1976.03.30
태안해안	충 남	377.019	1978.10.20
다도해해상	전 남	2,266.221	1981.12.23
북한산	서울, 경기	76.922	1983.04.02
치악산	강 원	175.668	1984.12.31
월악산	충북, 경북	287.571	1984.12.31
소백산	충북, 경북	322.011	1987.12.14
월출산	전 남	56.220	1988.06.11
변산반도	전 북	153.934	1988.06.11
무등산	전남, 광주	75.425	2013.03.04
태백산	강 원	70.052	2016.08.22
계	22개소	6,726.298	-

※ 환경부, 2022.07 기준

ⓒ 우리나라 국립공원의 특징

- 현재 우리나라 국립공원은 모두 22개소이며, 사적형(1개소), 해상 · 해안형(3개소), 산악형(18개소)으로 구분할 수 있다.
- 우리나라의 국립공원 중 면적이 가장 넓은 것은 다도해해상 국립공원으로, 총면적이 2,266.221km²에 달한다.
- 해상 국립공원을 제외한 산악형 국립공원 중에서는 지리산 국립공원이 우리나라에서 가장 면적이 넓은 국립공원이다.
- 우리나라 최초의 국립공원은 지리산이며, 최초로 해상 국립공원으로 지정된 곳은 한려해상 국립공원이다.

핵심예제

7-1. 우리나라 국립공원과 위치하고 있는 행정구역의 연결이 옳지 않은 것은? [2017년]

① 오대산 국립공원 – 강원도
② 주왕산 국립공원 – 경상북도
③ 변산반도 국립공원 – 전라남도
④ 월출산 국립공원 – 전라남도

정답 ③

7-2. 우리나라 국립공원에 관한 설명으로 옳지 않은 것은? [2016년 정기]

① 현재 우리나라 국립공원은 모두 21개소이다.
② 태백산 국립공원은 2016년 8월에 공식 지정되었다.
③ 우리나라 해상 국립공원은 모두 4개소이다.
④ 국립공원은 사적(도시)형, 해안형, 산악형으로 구분가능하다.

정답 ①, ③(해설참조)

해설

7-1

변산반도 국립공원

1988년 우리나라 19번째 국립공원으로 지정되었다. 전라북도 변산반도 일대의 153.934km²에 걸쳐 있는 뛰어난 해안경관지역으로 수많은 해수욕장, 사적지, 천연기념물 등 우수한 해안관광자원을 가지고 있다.

7-2

현재 우리나라 국립공원은 태백산 국립공원까지 모두 22개소이다.

※ 현재 우리나라 해상 국립공원은 총 3개(다도해해상 · 태안해안 · 한려해상)이므로, ③ 또한 정답에 해당한다.

핵심이론 08

국립공원별 세부 특징

지리산 국립공원	• 1967년 12월에 우리나라에서 처음으로 국립공원으로 지정되었다. • 해안국립공원을 제외한 국립공원 중 면적이 가장 크다. • 전남 · 전북 · 경남의 3도에 걸친 총면적 483.022km² 나 되는 뛰어난 자연경관지이다. • 천왕봉(해발 1,915m), 반야봉(1,732m), 토끼봉(1,534m), 노고단(1,507m) 등 • 피아골계곡, 뱀사골계곡, 한신계곡, 칠선계곡, 대성계곡, 심원계곡, 화엄사계곡 등 • 화엄사, 쌍계사, 천은사, 대원사 등
경주 국립공원	• 1968년 12월에 지정되었고, 면적이 136.550km²로 우리나라의 대표적인 역사문화지구이다. • 현재 지정된 국립공원 중 유일한 사적(도시)형 국립공원이다. • 1979년 유네스코에 의해 세계 10대 문화유적지의 하나로 선정되었다. • 토함산(745m), 단석산, 구미산, 선도산, 옥녀봉 등 • 불국사 다보탑(국보), 불국사 3층석탑(국보), 연화교 및 칠보교(국보), 청운교 및 백운교(국보), 석굴암 석굴(국보), 경주 태종무열왕릉비(국보), 고선사지 3층석탑(국보), 감은사지 동 · 서 3층 석탑(국보) 등
계룡산 국립공원	• 1968년 12월에 지정되었다. • 충남 공주시, 논산시, 대전광역시에 걸친 총면적 65.335km²의 자연경관지이다. • 천황봉(847m)을 주봉으로 연천봉(743m), 삼불봉(777m), 관음봉(766m), 수정봉(675m) 등 • 동학사계곡, 갑사계곡, 신원사계곡, 동월계곡 등 • 갑사, 동학사, 신원사
한려해상 국립공원	• 1968년 12월에 지정되었다. • 전남 여수에서 경남 통영 한산도 앞바다에까지 이르는 우리나라 해남의 최고 해상경관으로, 거제 · 통영 · 사천 · 하동 · 남해 · 여수 오동도 등 6개 지구로 구분된다. • 한산도의 '한'과 여수의 '여'를 따서 이름지었다. • 충무공 이순신이 전사한 노량지구를 포함한다. • 해금강지구는 십자굴을 비롯한 기암괴석과 노송, 동백숲 등이 절경을 이룬다.
설악산 국립공원	• 1970년 3월에 지정되었다. • 우리나라 산악자원으로는 최대의 절승이며, 비경을 갖고 있는 곳이다. • 최고봉인 대청봉(1,708m)을 중심으로 북쪽의 미시령, 마등령, 남쪽의 한계령, 점봉산(1,424m) 등이 있다. • 1982년 유네스코에 의해 '생물권보전지역'으로 설정되었다. • 천불동계곡, 백담계곡, 비룡폭포, 토왕성폭포, 옥녀탕, 육담폭포, 양폭포, 천당폭포, 독주폭포, 대승폭포, 울산바위 등 • 백담사, 신흥사, 계조암, 봉정암 등
속리산 국립공원	• 1970년 3월에 지정되었다. • 충북 보은군과 경북 상주시에 걸친 총면적 274.766km²의 자연경관지이다. • 천왕봉(1,058m)을 중심으로 해서 북쪽에 비로봉, 입석대, 문장대, 묘봉 등이 있다. • 법주사 쌍사자 석등(국보), 법주사 석련지(국보), 법주사 팔상전(국보) 등 • 망개나무(천연기념물), 고니류(천연기념물), 매류(천연기념물) 등이 분포
한라산 국립공원	• 1970년 3월에 지정되었다. • 제주도의 한라산을 중심으로 하는 총면적 153.332km²의 국립공원이다. • 탐라계곡, 어리목계곡, 아흔아홉골계곡, 효돈천계곡, 성판악계곡, 수악계곡, 도순천계곡 등 • 한라산(1,950m), 백록담(1,800m), 사리악(1,332m), 성널오름, 개미목, 삼각봉, 볼래오름, 어슬렁오름 등 • 천연기념물로 제주도 한란, 왕벚나무 등
내장산 국립공원	• 1971년 11월에 지정되었다. • 전라남도와 전라북도의 경계에 있는 총면적 80.708km²의 국립공원이다. • 신선봉(763m), 상왕봉(741m), 입암산(687m)이 함께 포함된다. • 신선봉, 서래봉, 불출봉, 연지봉, 장군봉 등 • 용굴암, 금선대, 금선계곡, 백양계곡, 남창계곡 등 • 백양사 등
가야산 국립공원	• 1972년 10월에 지정되었다. • 팔만대장경을 소장하고 있는 명찰 해인사와도 인연이 깊은 공원으로, 경북 성주군과 경남 합천군, 거창군 일부를 포함한 76.256km²의 면적을 차지한다. • 상왕봉, 동성봉, 남산제일봉, 매화산 등 • 합천 치인리 마애여래입상(보물) 등
덕유산 국립공원	• 1975년 2월에 지정되었다. • 전북 무주와 장수, 경남 거창과 함양군 등에 걸쳐 있는 총면적 229.430km²의 자연경관지역이다. • 무주 구천동의 33경(은구암, 와룡담, 인월담, 수심대, 구천폭포 등)으로 유명하다.

구분	내용
오대산 국립공원	• 1975년 2월에 지정되었다. • 강원도 강릉시 평창군, 홍천군에 걸쳐 있는 총면적 326.348km²의 공원으로서 산새가 빼어난 산악경관지역이다. • 명승인 명주 청학동 소금강, 월정사 등이 유명하다. • 상원사 동종(국보) 등
주왕산 국립공원	• 1976년 3월에 지정되었다. • 경북의 청송군과 영덕군 일부가 포함된 국립공원으로서, 총면적 105.595km²의 산악경관지역이다. • '주왕이 머물다 간 산'이라는 뜻을 가진 산이다. • 주왕산 4대 명물 : 수달래, 천년이끼, 기암괴석, 회양목
태안해안 국립공원	• 1978년 10월에 지정되었다. • 해식에 의해 형성된 경승지와 해수욕장 등이 유명하며, 860여 종에 이르는 식물이 분포하는 총면적 377.019km²의 해안 스포츠 레저공간이다. • 해수욕장 : 천리포, 만리포, 몽산포, 연포, 학암포 등
다도해해상 국립공원	• 1981년 12월에 지정되었다. • 총면적이 2,266.221km²에 달하는 우리나라 최대의 국립공원으로, 한려해상 국립공원, 태안해안 국립공원과 함께 우리나라 3대 해안공원 중의 하나이다. • 약 400여 개의 섬이 있으며, 구역에 따라 6개 지구(소안도 · 청산도 지구, 나로도 지구, 금오도 지구, 거문도 · 백도 지구, 팔영산 지구, 흑산도 · 홍도 지구)로 나뉜다.
북한산 국립공원	• 1983년 4월에 지정되었다. • 수도권 내에 있는 유일한 국립공원이다. • 우이계곡, 송추계곡, 도봉계곡 등 • 상운사, 도선사, 망월사, 회룡사, 태고사, 진관사 등 • 신라 진흥왕 순수비지(사적), 북한산성 등
치악산 국립공원	• 1984년 12월에 지정되었다. • 강원도 원주시 소초면과 영월군 수주면의 경계에 걸쳐 있는 치악산 일대의 175.668km²의 자연경관지역이다. • 비로봉, 매화산, 향로봉, 남대봉 등
월악산 국립공원	• 1984년 12월에 지정되었다. • 충북 제천시 · 단양군과 경북 문경시 등에 걸쳐 있으며, 총면적 287.571km²의 산악경관지역이다. • 송계 팔경의 하나인 학소대와 수경대가 있으며, 덕주사 주변에는 기암절벽과 노송숲이 절경을 이룬다. • 충주 미륵리 석조여래입상 등
소백산 국립공원	• 1987년 12월에 지정되었다. • 충북과 경북의 접경지역을 연결한 소백산 일대로 총면적이 322.011km²나 되는 산악자연경관지역이다. • 단양 팔경(상선암, 중선암, 하선암, 구담봉, 옥순봉, 도담삼봉, 석문, 사인암)이 유명하다. • 비로봉, 국망봉, 제1연화봉, 제2연화봉 등 • 부석사, 희방사 등
변산반도 국립공원	• 1988년 6월에 지정되었다. • 전라북도 변산반도 일대의 153.934km²에 걸쳐 있는 뛰어난 해안경관지역으로, 우리나라 유일의 반도 공원이다. • 격포 채석강, 천년고찰 내소사, 부안 직소폭포 일원, 격포 · 고사포해변, 월명암 등
월출산 국립공원	• 1988년 6월에 지정되었다. • 전남 영암군과 강진군에 걸쳐있는 총면적 56.220km²의 산악경관지역이다. • '달 뜨는 산'이라는 뜻의 이름이며, 한반도 최남단의 산악형 국립공원이다. • 천황봉, 사자봉, 구정봉, 억새밭 등
무등산 국립공원	• 1972년 5월 도립공원으로 지정되었다가, 2013년 3월에 21번째 국립공원으로 지정되었다. • 총면적 75.425km²로 광주광역시 북구, 동구와 전라남도 담양 · 화순군에 위치하고 있는 산악경관지역이다. • 서석대, 입석대 등 주상절리대의 높이가 최대 규모이다. • 천왕봉 · 지왕봉 · 인왕봉 등 3개의 바위봉, 용추계곡, 원효계곡 등
태백산 국립공원	• 1989년 5월 강원도 도립공원으로 지정되었다가, 2016년 4월 22번째 국립공원으로 지정되었다. • 백두대간 중심에 위치한 민족의 영산으로 천제단과 자연경관으로도 유명하다. • 문수봉, 당골계곡, 태백산, 천제단 등

핵심예제

8-1. 한려해상 국립공원에 관한 설명으로 옳지 않은 것은? [2018년]

① 1968년에 국립공원으로 지정되었다.
② 충무공 이순신이 전사한 노량지구를 포함한다.
③ 전라남도 홍도에서 신안군 · 진도군 · 완도군 · 고흥군 등에 걸쳐 위치한다.
④ 해금강지구는 십자굴을 비롯한 기암괴석과 노송, 동백숲 등이 절경을 이룬다.

정답 ③

8-2. 다음 설명에 해당하는 것은? [2019년]

- 1970년에 국립공원으로 지정되었다.
- 천왕봉, 비로봉, 문장대 등이 있다.
- 정이품송(천연기념물 제103호), 망개나무(천연기념물 제207호) 등이 분포한다.

① 속리산 국립공원
② 계룡산 국립공원
③ 덕유산 국립공원
④ 오대산 국립공원

정답 ①

해설

8-1

다도해해상 국립공원은 전라남도 홍도에서 신안군 · 진도군 · 완도군 · 고흥군 등에 걸쳐 위치하는 우리나라 최대 면적의 국립공원이다.

8-2

속리산 국립공원

- 1970년 3월에 지정된 속리산 국립공원은 충북 보은군과 경북 상주시에 걸친 274.766km^{2}의 자연경관지이다.
- 태백산맥에서 갈라지는 소백산맥 중 천왕봉(1,058m)을 중심으로 북쪽에 비로봉, 입석대, 문장대, 관음봉, 묘봉 등 해발 1,000m 내외의 9개 산봉이 솟아나고 명산으로서의 지세 형성에 부족함이 없어 구봉산으로도 일컫는다.
- 속리산 내의 법주사는 수려한 자연경관과 함께 이 지역의 관광가치를 더욱 돋보이게 하는 값진 문화관광자원이다. 법주사 입구에는 유명한 정이품송(천연기념물)이 자리하고 넓은 잔디밭을 지나 조금 오르면 수백년은 됨직한 노송과 도토리나무가 울창한 숲을 이루며 장관을 이루고 있는데, 이곳을 오리숲이라고 한다.
- 사찰로는 법주사가 유명하고, 법주사 쌍사자 석등(국보), 법주사 석련지(국보), 법주사 팔상전(국보) 등이 있다.
- 속리산을 중심으로 사내천은 남한강의 발원, 서남으로 흐르는 삼가천은 금강, 그리고 장각폭포 계곡은 낙동강의 시원이 되어 삼대강의 원류이다.

핵심이론 09 도립공원

① 도립공원

㉠ 정의 : 도 및 특별자치도의 자연생태계나 경관을 대표할만한 지역으로서 자연공원법에 따라 지정된 공원을 말한다.

㉡ 도립공원 지정현황 : 현재 우리나라는 1970년 금오산을 최초로 하여 2019년에 지정된 불갑산 등 30개소가 지정되어 있다.

② 도립공원 현황

공원명	위 치	면적(㎢)	지정연월일
금오산	경북 구미, 칠곡, 김천	37.262	1970.06.01
남한산성	경기 광주, 하남, 성남	35.166	1971.03.17
모악산	전북 김제, 완주, 전주	43.309	1971.12.02
덕 산	충남 예산, 서산	19.859	1973.03.06
칠갑산	충남 청양	31.068	1973.03.06
대둔산	전북 완주, 충남 논산, 금산	59.996	1977.03.23
마이산	전북 진안	17.220	1979.10.16
가지산	울산, 경남 양산, 밀양	104.345	1979.11.05
조계산	전남 순천	26.750	1979.12.26
두륜산	전남 해남	32.910	1979.12.26
선운산	전북 고창	43.683	1979.12.27
팔공산	대구, 경북 칠곡, 군위, 경산, 영천	125.232	1980.05.13
문경새재	경북 문경	5.478	1981.06.04
경 포	강원 강릉	1.689	1982.06.26
청량산	경북 봉화	49.509	1982.08.21
연화산	경남 고성	21.847	1983.09.29
고 복	세종특별자치시	1.949	2013.01.17
천관산	전남 장흥	7.94	1998.10.13
연인산	경기 가평	37.691	2005.09.15
신안갯벌	전남 신안	162.000	2008.06.05
무안갯벌	전남 무안	37.123	2008.06.05
마라해양	제주도 서귀포시	49.755	2008.09.19
성산일출해양	제주도 서귀포시	16.156	2008.09.19
서귀포해양	제주도 서귀포시	19.540	2008.09.19
추 자	제주도 제주시	95.292	2008.09.19
우도해양	제주도 제주시	25.863	2008.09.19
수리산	경기 안양, 안산, 군포	7.035	2009.07.16
제주곶자왈	제주도 서귀포시	1.547	2011.12.30
벌교갯벌	전라남도 보성군	23.068	2016.01.28
불갑산	전라남도 영광군	6.89	2019.01.10
계	30개소	1,147.172	–

※ 환경부, 2022.05 기준

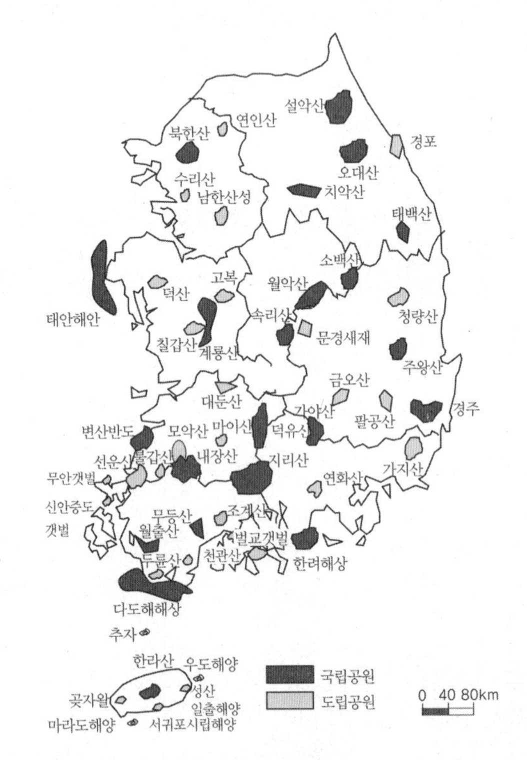

[국 · 도립공원의 분포]

핵심예제

도립공원으로 지정되지 않은 산은? [2018년]

① 금오산 ② 천마산
③ 칠갑산 ④ 선운산

정답 ②

해설

천마산은 1983년 8월 29일 군립공원으로 지정되었다.

핵심이론 10 군립공원, 국가지질공원

① 군립공원

㉠ 정의 : 군의 자연생태계나 경관을 대표할 만한 지역으로서 자연공원법에 따라 지정된 공원을 말한다.

㉡ 대상 : 경승지, 동굴, 산악, 하천 같은 자연적 환경이 양호한 곳이나 유적지, 전적지, 성역지 등 문화적 환경이 발달된 곳이다.

㉢ 군립공원 현황

공원명	위 치	면적 (km^2)	지정연월일
강천산	전북 순창군 팔덕면	15.800	1981.01.07
천마산	경기 남양주시 화도읍, 진천면, 호평면	12.461	1983.08.29
보경사	경북 포항시 송라면	8.511	1983.10.01
불영계곡	경북 울진군 울진읍, 서면, 근남면	25.595	1983.10.05
덕구온천	경북 울진군 북면	6.275	1983.10.05
상족암	경남 고성군 하일면, 하이면	5.094	1983.11.10
호구산	경남 남해안 이동면	2.839	1983.11.12
고소성	경남 하동군 악양면, 화개면	3.035	1983.11.14
봉명산	경남 사천시 곤양면, 곤명면	2.645	1983.11.14
거열산성	경남 거창군 거창읍, 마리면	3.271	1983.11.17
기백산	경남 함양군 안의면	2.013	1983.11.18
황매산	경남 합천군 대명면, 가회면	21.784	1983.11.18
웅석봉	경남 산청군 산청읍, 금서 · 삼장 · 단성	17.960	1983.11.23
신불산	울산 울주군 상북면, 삼남면	11.585	1983.12.02
운문산	경북 청도군 운문면	16.173	1983.12.29
화왕산	경남 창원군 창녕읍	31.300	1983.11.03
구천계곡	경남 거제시 신현읍, 동부면	5.871	1984.02.04
입 곡	경남 함안군 산인면	0.961	1985.01.28

비슬산	대구 달성군 옥포면, 유가면	13.382	1986.02.22
장안산	전북 장수군 장수읍	6.274	1986.08.18
빙계계곡	경북 의성군 춘산면	0.880	1987.09.25
아미산	강원 인제군 인제읍	3.160	1990.03.22
명지산	경기 가평군 북면	14.020	1991.10.09
방어산	경남 진주시 지수면	2.588	1993.12.16
대이리	강원 삼척시 신기면	3.664	1996.10.25
월성계곡	경남 거창군 북상면	0.650	2002.04.25
병방산	강원 정선군 정선읍	0.500	2011.09.30
계	27개소	238.301	–

※ 환경부, 2022.05 기준

② 국가지질공원

㉠ 정의 : 지구과학적으로 중요하고 경관이 우수한 지역으로서 이를 보전하고 교육 · 관광사업 등에 활용하기 위하여 환경부장관이 인증한 공원이다.

㉡ 인증기간 : 고시일로부터 4년(4년마다 재평가)

㉢ 조사 · 점검 : 환경부장관은 인증된 지질공원에 대하여 4년마다 관리 · 운영 현황을 조사 · 점검하여야 한다.

㉣ 국가지질공원 현황

공원명	위 치	면적 (km^2)	인증일
울릉도 · 독도	경상북도 (울릉군)	127.90	2012.12.27
제주도	제주특별자치도 (제주시, 서귀포시)	1,864.40	2012.12.27
부 산	부산시 14개 자치구 (금정구, 영도구, 진구, 서구, 사하구, 남구, 해운대구, 중구, 북구, 동래구, 강서구, 연제구, 사상구, 기장군)	296.98	2013.12.06
강원평화	강원도 (화천군, 양구군, 인제군, 고성군)	1,829.10	2014.04.11
청 송	경상북도 (청송군)	845.71	2014.04.11
무등산권역	광주광역시 (동구, 북구) 전라남도 (화순군, 담양군)	246.31	2014.12.10
한탄강	경기도(포천시, 연천군), 강원도(철원군)	1,164.74	2015.12.31
강원고생대	강원도 (영월군, 정선군, 평창군, 태백시)	1,990.01	2017.01.05
경북 동해안	경상북도 (경주시, 포항시, 영덕군, 울진군)	2,261	2017.09.13
전북 서해안권	전라북도 (고창군, 부안군)	520.30	2017.09.13
백령 · 대청	인천광역시 (옹진군)	66.86	2019.07.10
진안 · 무주	전라북도 (진안군, 무주군)	1,154.62	2019.07.10
단 양	충청북도 (단양군)	781.06	2020.07.27
계	13개소	13,148.99	–

※ 국가지질공원 홈페이지, 2022.07 기준

③ 한국의 유네스코 세계지질공원

제주도 총 12곳	한라산, 성산일출봉, 만장굴, 서귀포층, 천지폭포, 대포 해안 주상절리대, 산방산, 용머리, 수월봉	2010년 지정
	우도, 비양도, 선흘 곶자왈	2014년 지정
청송군 전체	총 845.71km^2	2017년 지정
무등산권	• 총 1,051.36km^2 • 지질명소 20곳, 국립아시아문화전당, 역사 문화명소 42곳 포함(무등산 주상절리대, 화순 공룡화석지, 적벽 등)	2018년 지정
한탄강 일대 총 26곳	• 총 1,165.61km^2 • 경기도 포천시 · 연천군 유역, 강원 철원군 유역 등(화적연, 비둘기낭 폭포, 아우라지 베개용암, 재인폭포, 고석정, 철원 용암지대 등)	2020년 지정

핵심예제

10-1. 국가지질공원에 관한 설명으로 옳지 않은 것은? [2018년]

① 교육 · 관광사업에 활용된다.
② 관리 · 운영현황을 4년마다 조사 · 점검한다.
③ 2012년에 한탄강과 임진강이 최초로 지정되었다.
④ 지구과학적으로 중요하고 경관이 우수한 지역이어야 한다.

정답 ③

10-2. 국가지질공원으로 지정된 곳이 아닌 것은? [2016년 특별]

① 부 산　② 청 송
③ 지리산권　④ 강원평화지역

정답 ③

10-3. 2020년에 세계지질공원으로 지정된 곳은? [2020년]

① 한탄강　② 제주도
③ 청송군　④ 무등산

정답 ①

해설

10-1
2012년에 제주도와 울릉도 · 독도가 최초로 지정되었다.

10-2
지리산권은 국가지질공원으로 지정되지 않았다.

10-3
2020년에 세계지질공원으로 지정된 곳은 한탄강이다.

핵심이론 11 문화생태탐방로, 코리아 둘레길

① 문화생태탐방로의 의의

㉠ 문화체육관광부는 '아름다운 자연과 문화 · 역사자원을 특성 있는 이야기로 엮어 국 · 내외 탐방객이 느끼고 배우고 체험할 수 있는 걷기중심의 길'인 이야기가 있는 문화생태탐방로를 조성하여 운영하고 있다.

㉡ 지자체 및 민간 전문가들로부터 후보지를 추천받아 탐방로 조성 전문가, 여행작가, 도보여행 전문가 등의 엄격한 현장심사를 거쳐 귀중한 역사문화자원을 보유한 아름다운 우리 길을 선정하고 있다.

㉢ 문화생태탐방로 지정현황

지정 연도	탐방로명(조성구간)	지역(시군)
2009년도 (7개소)	소백산 자락길	경북 영주, 충북 단양, 강원 영월
	강화 나들길	인천 강화
	정약용의 남도유배길	전남 강진, 영암
	동해 트레일	경북 영덕, 강원 삼척
	박경리의 토지길	경남 하동
	고인돌과 질마재 따라 100리길(43km)	전북 고창
	여강길	경기 여주, 강원 원주
2010년도 (12개소)	땅끝길	전남 해남
	새재넘어 소조령길	충북 괴산, 충주, 경북 문경
	대관령 너머길	강원 강릉, 평창
	백의종군로	경남 산청, 하동
	토성 산성 어울길	경기 광주, 하남, 서울 송파
	쇠둘레 평화누리길	강원 철원
	통영 이야~길	경남 통영

	남해 바래길	경남 남해
	청산여수길	전남 완도 (청산도)
	증도 모실길	전남 신안(증도)
	유교문화길	경북 안동
	풍류락도 영산가람길	전남 나주
2011년도 (10개소)	아차산 고구려 역사길	서울 광진구
	사비길	충남 부여
	서울성곽길	서울 종로구, 중구, 성북구, 서대문구
	금강 하구길	전북 군산
	갈재길	전남 장성, 전북 정읍
	섬진강길	전북 임실 · 순창, 전남 곡성 · 구례
	동강길	강원 정선, 영월
	두물머리길	경기 양평, 남양주, 구리
	승부역 가는 길	경북 봉화
	담양 수목길	전남 담양
2012년도 (10개소)	천년여행길	충남 홍성
	선비문화탐방로	경남 함양
	태백산맥 문학기행길	전남 보성
	흥부길	전북 남원
	위례길	경기 하남
	중원문화길	충북 충주
	낙동강 하구 생태길	부산광역시
	무돌길	광주광역시, 화순, 담양
	함라산둘레길	전북 익산
	갯 길	전남 무안
2013년도 (9개소)	마포 난지생명길	서울 마포
	백령 구경길	인천 옹진
	포천 한탄강 어울길	경기 포천
	아름다운 순례길(6코스)	전북 김제
	아름다운 순례길 (7코스)	전북 김제
	가거도 섯개재길	전남 신안
	진도아리랑 길	전남 진도
	성주 가야길	경북 성주
	진주 비단길	경북 진주
합 계	48개소	–

② 코리아둘레길

㉠ 이미 만들어져 있는 걷기 여행길을 중심으로 우리나라의 외곽(동해 · 남해 · 서해, 비무장지대 지역) 전체를 코스로 사람 · 자연 · 문화를 만나는 걷기 여행길을 말한다.

㉡ 동해안의 해파랑길, 비무장지대(DMZ)의 평화누리길, 남해안의 남파랑길, 서해안의 서해랑길 등을 연결하여 국제적인 걷기 여행 코스를 구축하는 것이 목표이다(총 4500km).

- 해파랑길 : 강원 고성 ↔ 부산 오륙도 해맞이 공원, 50개 코스, 770km
- 남파랑길 : 부산 오륙도 해맞이 공원 ↔ 전남 해남 땅끝마을 90개 코스, 약 1,470km
- 서해랑길 : 전남 해남 땅끝마을 ↔ 인천 강화 110개 코스, 약 1,800km
- DMZ 평화의 길 : 인천 강화 ↔ 강원 고성 약 500km

핵심예제

11-1. 다음에서 설명하는 문화생태탐방로는? [2016년 정기]

> • 2013년 문화체육관광부가 지정한 문화생태탐방로의 하나이다.
> • 부산 오륙도에서 강원도 고성의 통일전망대에 이르는 광역탐방로이다.
> • 떠오르는 해와 푸른 바다를 바라보며, 파도소리를 벗 삼아 함께 걷는 길이라는 의미이다.

① 아리랑길 ② 무돌길
③ 슬로길 ④ 해파랑길

정답 ④

11-2. 코리아 둘레길에 해당하지 않는 것은? [2020년]

① 동해안의 해파랑길
② 비무장지대(DMZ)의 평화누리길
③ 남해안의 남파랑길
④ 지리산 둘레길

정답 ④

해설

11-1

① 아리랑길 : 2013년 지정, 진도관광의 핵심 중 하나인 운림산방과 도선국사가 1200년 전에 창건했다는 쌍계사를 거쳐 천연기념물로 지정된 쌍계사 활엽수림 사이로 난 오솔길을 걸어 진도의 진산인 첨찰산 봉수대에 오를 수 있다.
② 무돌길 : 2012년 지정, 광주광역시와 화순군 · 담양군이 힘을 합쳐 조성한 무등산 기슭의 광역 걷기 길이다.
③ 슬로길 : 2010년 지정, 전남 완도(청산도) 슬로시티 체험길이다.

11-2

코리아 둘레길

동 · 서 · 남해안 및 비무장지대 접경지역 등 한반도 둘레를 이어 걸을 수 있도록 한 길로, 총 길이는 4,500km이다.

- 동해안 – 해파랑길
- 서해안 – 서해랑길
- 남해안 – 남파랑길
- 비무장지대 접경지역 – DMZ 평화누리길

핵심이론 12 슬로시티(Slow City) 지역

① 슬로시티의 의의

㉠ 1999년 이탈리아의 파올로 사투르니니(Paolo Saturnini) 전 시장을 비롯한 몇몇 시장들에 의해 처음 시작된 것으로, 자연과 전통문화를 보호하고 조화를 이루면서 속도의 편리함에서 벗어나 느림의 삶을 추구하자는 국제운동이다.

㉡ 1999년에 국제 슬로시티 운동이 출범된 이래 2022년 6월 기준 33개국 287개 도시로 확대되었으며, 우리나라도 17개의 슬로시티가 지정되어 있다(2022년 6월 기준).

② 한국의 슬로시티 지정 현황

위 치	특 징
전남 신안군 증도	우리나라 최대 규모의 갯벌 염전
전남 완도군 청산도	청산슬로길, 범바위, 방풍주(청산도 전통막걸리)
전남 담양군 창평면	창평 삼지내마을의 고택, 한옥마을
경남 하동군 악양면	차나무, 대봉 곶감, 악약의 야생 녹차
충남 예산군 대흥면	예당저수지, 황토밭 예산사과
전북 전주시 한옥마을	전주 한옥마을, 전주향교, 비빔밥, 콩나물국밥, 전주한지, 전주부채(합죽선, 태극선), 전주막걸리 모주
경북 상주시 함창읍, 이안면, 공검면	자전거 도시, 곶감, 명주실
경북 청송군 부동면, 파천면	푸른 소나무, 청송사과, 청송고추
강원도 영월군 김삿갓면	고씨동굴, 김삿갓 유적지, 조선민화박물관
충북 제천시 수산면	오티별신제, 청풍호반, 민물어탕, 산채정식
충남 태안군 소원면	천리포 수목원, 꽃지 해수욕장, 육쪽마늘, 태안자염
경북 영양군 석보면	장계향의 음식디미방, 외씨버선길
경남 김해시 봉하마을, 화포천습지	김해오일장, 분청사기 도요지, 봉하오리쌀
충남 서천군 한산면	한산모시, 소곡주 전통문화, 유부도
전남 목포시	유달산, 근대역사관, 외달도, 달리도, 세발낙지, 홍어삼합
강원도 춘천시	실레마을길, 김유정문학촌, 강동대장간, 춘천 옥산가, 하중도 생태공원
전남 장흥군 유치면, 방촌문화마을	장흥 보림사, 청태전, 방촌문화마을, 정남진편백숲우드랜드, 무산김

핵심예제

12-1. 슬로시티(Slow City) 지역에 관한 설명으로 옳은 것은? [2019년]

① 신안군은 청산슬로길, 범바위 등이 있다.
② 완도군은 우리나라 최대 규모의 갯벌 염전을 가지고 있다.
③ 하동군은 대봉감, 야생 천연녹차로 유명하다.
④ 담양군은 황토밭 사과로 유명하다.

정답 ③

12-2. 슬로시티로 지정된 곳과 그 곳의 전통산업이 바르게 연결된 것은? [2014년 특별]

① 전남 신안군(증도면) – 황토사과, 민물어죽
② 경남 하동군(악양면) – 대봉곶감, 야생녹차
③ 전북 전주시(한옥마을) – 죽공예, 바이오산업
④ 충북 제천시(수산면) – 전통주, 태극선

정답 ②

해설

12-1

① 전남 완도군 청산도에 관한 설명이다.
② 전남 신안군 증도 태평염전에 관한 설명이다.
④ 충남 예산군 대흥면에 관한 설명이다.

12-2

① 전남 신안 증도 : 천일염, 김
③ 전북 풍남동 · 교동 전주한옥마을 : 전주한지, 전주부채(합죽선, 태극선), 전주막걸리 모주
④ 충북 제천시 수산 · 박달재 : ㄴ 약초 베개, 민물어탕, 황기막걸리

핵심이론 13 천연기념물, 천연보호구역

① 천연기념물

㉠ 기원 : 약 200년 전 독일의 알렉산더 홈볼트(Alexander von Humboldt)가 그의 저서 〈신대륙의 열대지방 기행〉에서 처음 사용하였다.

㉡ 지정권자 : 문화재청장

㉢ 지정기준 : 문화재보호법에 따른다.

㉣ 천연기념물의 지정기준

구분	지정기준
동 물	동물과 그 서식지 · 번식지 · 도래지 등, 동물자원 · 표본 등, 동물군(척추동물의 무리를 말한다) 중 어느 하나에 해당하는 문화재로서 다음 중 어느 하나 이상의 가치를 충족하는 것 • 역사적 가치 – 우리나라 고유의 동물로서 저명한 것 – 문헌, 기록, 구술 등의 자료를 통하여 우리나라 고유의 생활, 문화 또는 민속을 이해하는 데 중요한 것 • 학술적 가치 – 석회암 지대, 사구, 동굴, 건조지, 습지, 하천, 폭포, 온천, 하구, 섬 등 특수한 환경에서 생장하는 동물 · 동물군 또는 그 서식지 · 번식지 · 도래지로서 학술적으로 연구할 필요가 있는 것 – 분포범위가 한정되어 있는 우리나라 고유의 동물 · 동물군 또는 그 서식지 · 번식지 · 도래지로서 학술적으로 연구할 필요가 있는 것 – 생태학적 · 유전학적 특성 등 학술적으로 연구할 필요가 있는 것 – 우리나라로 한정된 동물자원 · 표본 등 학술적으로 중요한 것 • 그 밖의 가치 – 우리나라 고유동물은 아니지만 저명한 동물로 보존할 가치가 있는 것 – 우리나라에서는 절멸된 동물이지만 복원하거나 보존할 가치가 있는 것 – 협약 제2조에 따른 자연유산에 해당하는 것
식 물	노거수(거목, 명목, 신목, 당산목, 정자목 등), 군락지(수림지, 자생지, 분포한계지 등), 그 밖의 유형(특산식물, 진귀한 식물상, 유용식물, 초화류 및 그 자생지 · 군락지 등) 중 어느 하나에 해당하는 문화재로서 다음 중 어느 하나 이상의 가치를 충족하는 것 • 역사적 가치 – 우리나라에 자생하는 고유의 식물로 저명한 것 – 문헌, 기록, 구술 등의 자료를 통하여 우리나라 고유의 생활 또는 민속을 이해하는 데 중요한 것 – 전통적으로 유용하게 활용된 고유의 식물로 지속적으로 계승할 필요가 있는 것 • 학술적 가치 – 국가, 민족, 지역, 특정종, 군락을 상징 또는 대표하거나, 분포의 경계를 형성하는 것으로 학술적 가치가 있는 것 – 온천, 사구, 습지, 호수, 늪, 동굴, 고원, 암석지대 등 특수한 환경에 자생하거나 진귀한 가치가 있어 학술적으로 연구할 필요가 있는 것 • 경관적 가치 – 자연물로서 느끼는 아름다움, 독특한 경관요소 등 뛰어나거나 독특한 자연미와 관련된 것 – 최고, 최대, 최장, 최소 등의 자연현상에 해당하는 식물인 것 • 그 밖의 가치 : 협약 제2조에 따른 자연유산에 해당하는 것
지질 · 지형	암석, 광물과 지질경계선(어란암, 구상 구조나 구과상 구조를 갖는 암석, 지각 깊은 곳에서 유래한 감람암 등), 화석과 화석 산지, 지질구조 및 퇴적구조[지질구조(습곡, 단층, 관입, 부정합, 주상절리 등), 퇴적구조(연흔, 건열, 사층리, 우흔)] 등, 자연지형과 지표 · 지질현상(고위평탄면, 해안 · 하안단구, 폭포, 화산체, 분화구, 칼데라, 사구, 해빈, 갯벌, 육계도, 사행천, 석호, 카르스트 지형, 석회 · 용암동굴, 돌개구멍, 침식분지, 협곡, 해식애, 선상지, 삼각주, 사주, 사퇴, 토르, 타포니, 암괴류, 얼음골, 풍혈, 온천, 냉천, 광천 등) 중 어느 하나에 해당하는 문화재로서 다음 중 어느 하나 이상의 가치를 충족하는 것 • 학술적 가치 – 지각의 형성과 관련되거나 한반도 지질계통을 대표하거나 지질현상을 해석하는 데 중요한 것

지질 · 지형	– 암석의 변성 · 변형, 퇴적 작용과 관련한 특이한 조직을 가지고 있는 것 – 각 지질시대를 대표하는 표준화석과 지질시대의 퇴적 환경을 해석하는 데 주요한 시상화석인 것 – 화석 종 · 속의 모식표본인 것 – 발견되는 화석의 가치가 뛰어나거나 종류가 다양한 화석산지인 것 – 각 지질시대를 대표하거나 지질시대의 변성 · 변형, 퇴적 등 지질환경을 해석하는 데 중요한 지질구조인 것 – 지질구조운동, 화산활동, 풍화 · 침식 · 퇴적작용 등에 의하여 형성된 자연지형인 것 – 한국의 특이한 지형현상을 대표할 수 있는 육상 및 해양 지형현상인 것 • 그 밖의 가치 : 협약 제2조에 따른 자연유산에 해당하는 것
천연보호구역	동물 · 식물이나 지질 · 지형 등 자연적 요소들이 풍부하여 보호할 필요성이 있는 구역으로서 다음 중 어느 하나 이상을 충족하는 것 • 보호할 만한 천연기념물이 풍부하거나 다양한 생물적 · 지구과학적 · 경관적 특성을 가진 대표적인 것 • 협약 제2조에 따른 자연유산에 해당하는 것

㉢ 우리나라 대표적인 천연기념물

식물 분야	• 대구 도동 측백나무 숲, 서울 재동 백송, 양평 용문사 은행나무, 구례 화엄사 올벚나무, 보은 속리 정이품송과 망개나무, 청도 운문사 처진소나무, 김해 신천리 이팝나무 등 • 제주 토끼섬 문주란 자생지, 남해 미조리 상록수림, 울릉도 성인봉의 원시림, 괴산의 미선나무 자생지 등
동물 분야	• 조류 : 광릉 크낙새 서식지, 크낙새, 따오기, 황새, 팔색조, 노랑부리저어새, 느시, 흑비둘기 등 • 어류 : 봉화 대현리 열목어 서식지, 제주 무태장어 서식지, 울산 귀신고래회유해면, 한강 황쏘가리 등 • 사향노루, 산양, 연산화악리의 오계, 진도의 진돗개, 경주개 동경이 등
지 질	• 광물 : 상주 운평리 구상화강암, 부산 전포동 구상반려암, 서귀포층 패류화석 산지, 의령 서동리 백악기(함안층) 빗방울 자국, 함안 용산리 백악기 새발자국 화석 산지 등 • 동굴 : 제주 김녕굴 및 만장굴, 울진 성류굴, 익산 천호동굴, 영월 고씨굴, 제주 한림 용암동굴지대(소천굴, 황금굴, 협재굴), 단양 노동동굴 등
화 석	• 경북 왜관읍의 칠곡 금무봉 나무고사리화석 산지 • 제주 서귀포층 패류화석 산지 • 의령 서동리 함안층 빗방울 자국 • 경남 고성군 덕명리의 공룡과 새발자국 화석 산지 등

② 천연보호구역

㉠ 정의 : 보호할 만한 천연기념물이 풍부한 대표적인 구역을 선정하여 지정한다.

㉡ 천연보호구역 현황

명 칭	소재지
홍도 천연보호구역	전남 신안군
설악산 천연보호구역	강원 속초시
한라산 천연보호구역	제주 제주도 일원
대암산 · 대우산 천연보호구역	강원 양구군
향로봉 · 건봉산 천연보호구역	강원 인제군
독도 천연보호구역	경북 울릉군
성산일출봉 천연보호구역	제주 서귀포시
문섬 · 범섬 천연보호구역	제주 서귀포시
차귀도 천연보호구역	제주 제주시
마라도 천연보호구역	제주 서귀포시
창녕 우포늪 천연보호구역	경남 창녕군

[핵심예제]

13-1. 천연기념물이 아닌 것은? [2017년]

① 전남 오동도굴
② 서울 재동 백송
③ 광릉 크낙새 서식지
④ 제주 무태장어 서식지

정답 ①

13-2. 천연보호구역으로 지정된 곳이 아닌 것은? [2020년]

① 홍 도 ② 해금강
③ 설악산 ④ 성산일출봉

정답 ②

해설

13-1

천연기념물은 식물분야, 동물분야, 지질, 화석 등으로 나누어진다.

② 식물분야, ③ · ④ 동물분야에 해당한다.

13-2

천연보호구역

보호할 만한 천연기념물이 풍부한 대표적인 구역을 선정하여 지정한다. 홍도, 한라산, 설악산, 강원도 양구와 인제에 걸쳐 있는 대암산과 대우산, 인제와 고성에 걸쳐 있는 향로봉과 건봉산, 문섬 · 범섬, 마라도, 독도, 성산일출봉, 차귀도, 창녕 우포늪 등이 있다.

핵심이론 14 람사르 습지

① 람사르 습지

㉠ 정의 : 전 세계를 대상으로 습지로서의 중요성을 인정받아 람사르 협회가 지정, 등록하여 보호하는 습지를 말한다.

㉡ 등록절차 : 습지조사 → 등록계획 수립 → 시 · 도지사 및 지역주민 의견수렴 → 관계부처 협의 → 등록신청(환경부 → 람사르 사무국) → 람사르 등록 심의(람사르 사무국) → 등록 확인서 교부(람사르 사무국 → 환경부)

㉢ 우리나라의 람사르 습지로는 대암산 용늪, 창녕 우포늪, 신안 장도 산지습지 등 24곳이 있다.

② 우리나라 람사르 습지 등록 현황

습 지	등록일
대암산 용늪	1997.03.28
창녕 우포늪	1998.03.02
신안 장도 산지 습지	2005.03.30
순천만 · 보성갯벌	2006.01.20
제주 물영아리오름 습지	2006.10.18
울주 무제치늪	2007.12.20
태안 두웅습지	2007.12.20
전남 무안갯벌	2008.01.14
제주 물장오리오름 습지	2008.10.13
오대산 국립공원 습지	2008.10.13
강화 매화마름 군락지	2008.10.13
제주 1100고지 습지	2009.10.12
충남 서천갯벌	2010.09.09
전북 고창 · 부안갯벌	2010.12.13
제주 동백동산 습지	2011.03.14
전북 고창 운곡 습지	2011.04.06
전남 신안 증도갯벌	2011.09.01
서울 한강 밤섬	2012.06.21
인천 송도갯벌	2014.07.10
제주 숨은물뱅듸	2015.05.13
한반도 습지	2015.05.13

순천 동천하구	2016.01.20
안산 대부도 갯벌	2018.10.25
경기 고양시 장항습지	2021.05.21

※ 2022.07 기준

[핵심예제]

람사르 습지 목록에 등재된 곳을 모두 고른 것은?

[2016년 특별]

ㄱ. 보령 갯벌
ㄴ. 여수 여자만
ㄷ. 신안 장도습지
ㄹ. 강화 매화마름 군락지

① ㄱ, ㄴ
② ㄱ, ㄹ
③ ㄴ, ㄷ
④ ㄷ, ㄹ

정답 ④

해설

- 신안 장도 산지습지
  - 전남 신안군 흑산면 비리 장도(섬) 일원
  - 람사르 습지 등록일 : 2005.03.30
- 강화 매화마름 군락지
  - 인천 강화군 길상면 초지리
  - 람사르 습지 등록일 : 2008.10.13

핵심이론 15 동굴관광자원

① 우리나라 동굴의 특색

㉠ 대개 고도가 낮은 산간이나 하천 주변에 발달함으로써 관광객의 접근성이 유리하다.

㉡ 동굴과 인접하여 다른 관광자원이 소재하는 경우가 빈번하여 광역적인 관광권역을 형성할 수 있어 동굴자원의 관광가치성이 크다.

② 동굴의 종류

구분	내용
석회동굴	• 석회암 지층이 있는 곳에 생기는 동굴(종유석, 석순, 석주가 발달) • 고수굴, 고씨굴, 초당굴, 환선굴, 도담굴, 용담굴, 비룡굴, 관음굴, 연지굴, 여천굴, 성류굴, 노동굴 등
용암(화산)동굴	• 화산 발생 지역에서 볼 수 있는 동굴(제주도의 대부분의 동굴) • 만장굴, 김녕굴, 빌레못굴, 협재굴, 황금굴, 쌍용굴, 소천굴, 미천굴, 수산굴, 초깃굴 등
해식동굴	• 해안절벽의 하단 측에 파도의 침식작용으로 형성된 동굴(바닷가나 강가의 절벽면에서 볼 수 있는 동굴) • 금산굴, 산방굴, 용굴, 오동도굴, 정방굴, 가사굴 등

③ 우리나라의 천연기념물 지정 동굴

지정명칭	소재지
단양 고수동굴	충북 단양
단양 노동동굴	충북 단양
단양 온달동굴	충북 단양
정선 산호동굴	강원 정선
정선 용소동굴	강원 정선
정선 화암동굴	강원 정선
평창 백룡동굴	강원 평창
평창 섭동굴	강원 평창
삼척 초당굴	강원 삼척
삼척 대이리 동굴지대	강원 삼척
영월 고씨굴	강원 영월
익산 천호동굴	전북 익산
울진 성류굴	경북 울진
제주 당처물동굴	제주 제주시
제주 수산동굴	제주 서귀포
제주 용천동굴	제주 제주시

제주 김녕굴 및 만장굴	제주 제주시
제주 선흘리 벵뒤굴	제주 제주시
제주 한림 용암동굴지대 (소천굴, 황금굴, 협재굴)	제주 제주시
거문오름 용암동굴계 상류동굴군 (웃산전굴, 북오름굴, 대림굴)	제주 제주시

[삼척 초당굴]

[울진 성류굴]

[동굴관광자원의 분포]

[핵심예제]

15-1. 석회동굴 – 용암동굴 – 해식동굴의 순서대로 바르게 나열한 것은? [2015년 정기]

① 영월 고씨동굴 – 제주 만장굴 – 제주 협재굴
② 제주 김녕사굴 – 제주 만장굴 – 제주 산방굴
③ 단양 고수동굴 – 제주 협재굴 – 제주 산방굴
④ 삼척 환선굴 – 단양 온달동굴 – 제주 정방굴

정답 ③

15-2. 천연기념물로 지정된 동굴을 모두 고른 것은? [2016년 특별]

ㄱ. 제주 만장굴	ㄴ. 익산 천호동굴
ㄷ. 태백 용연굴	ㄹ. 정선 화암굴

① ㄱ, ㄴ ② ㄱ, ㄹ
③ ㄴ, ㄷ ④ ㄷ, ㄹ

정답 해설참조

해설

15-1

① 영월 고씨동굴(석회동굴) – 제주 만장굴(용암동굴) – 제주 협재굴(용암동굴)
② 제주 김녕사굴(용암동굴) – 제주 만장굴(용암동굴) – 제주 산방굴(해식동굴)
④ 삼척 환선굴(석회동굴) – 단양 온달동굴(석회동굴) – 제주 정방굴(해식동굴)

15-2

ㄱ. 제주 김녕굴 및 만장굴 : 천연기념물
ㄴ. 익산 천호동굴 : 천연기념물
ㄷ. 태백 용연굴 : 강원도 기념물
ㄹ. 정선 화암굴 : 천연기념물
※ 출제 당시 정선 화암굴은 강원도 기념물로 지정되어 있어 ①이 정답이었으나, 2019년 11월 1일 천연기념물로 지정되어 현재 답은 없다.

핵심이론 16 하천관광자원

① 우리나라 하천관광자원의 특색

㉠ 하천의 흐름은 북고남저와 동고서저의 산맥의 주향과 대체로 일치하여 서남방향이 대부분이다.

㉡ 우리나라의 하천은 하상계수가 1 : 700이나 되어 세계 최대치이며, 이는 하천의 관광가치를 저하시키고 있다(※ 하상계수 : 1년 중의 최대 우량과 최소 우량의 비율).

㉢ 우리나라 하천은 유로의 짧은 편이며, 변화가 심하다(사행작용).

㉣ 최대의 관광시장인 수도권의 북한강, 남한강 일대는 국민관광지로 지정되어 하천의 관광이용도가 높은 편이다.

② 대한민국 5대강 유역의 관광자원

㉠ 한강(514km)

- 5대강 중 가장 큰 강이며, 수도권에 위치하고 있어 정치 · 경제 · 교육 · 문화의 중심지를 이루고 있다.
- 한강의 총길이는 514km이며, 압록강 · 두만강에 이어서 3번째로 유역면적이 넓다.
- 한강 유역의 댐 및 관광자원가치

댐 명	위 치	유역면적	관광자원가치
화천댐	강원도 화천군	3,901km^2	산악과 계곡과의 결합 경관미, 낚시, 휴양지
춘천댐	강원도 춘천시	4,736km^2	경관미, 낚시관광, 유원지시설, 수영장, 민물고기 요리
소양강댐	강원도 춘천시	70km^2 (수면면적)	한국 최대의 댐, 수자원개발, 관광자원개발, 유람선, 수상스키
의암댐	강원도 춘천시	7,709km^2	경관미, 댐 중심의 중도, 관광지개발
청평댐	경기도 가평군	9,921km^2	수상스키, 주말휴양지, 국민관광지
팔당댐	경기도 하남시	2만 3,800km^2	경관미, 잉어요리, Boating, 조류의 낙원, 철새 도래지
괴산댐	충북 괴산군	671km^2	보팅, 산책로, 낚시
충주댐	충북 충주시	97km^2 (수면면적)	다목적댐으로 장기계획 중, 수상스포츠, 낚시(잠재적 자원)

[소양강댐]

[충주댐]

㉡ 금강(395km)

- 전북 장수군의 마이산에서 발원하여 서남지방으로 흐르는 강으로, 상류는 산간분지를 돌아 대전 분지를 이루고, 중류 지역은 전북평야를 형성하고 있으며, 하류지역은 요곡이 되어 항구가 발달하였다.
- 금강 유역에는 다목적댐의 건설계획으로 대청댐, 금강하구언이 건설되었고, 금강유원지가 조성되었다.
- 금강 유역의 댐 및 관광자원가치

댐 명	위 치	유역 면적	관광자원가치
대청댐	대전 대덕구	4,134m^2	휴양지, 야생식물보호, 담수어 보존, 자연경관
금강 하구언	군산 – 장항	1,841m (방조제 길이)	농업종합 개발용, 낚시, 휴양지

㉢ 낙동강(521km)

- 강원도 황지에서 발원하여 김해를 거쳐 남해로 유입되는 긴 강이며, 하류에는 철새도래지로 유명한 을숙도가 자리 잡고 있어 독특한 관광자원의 가치를 지니고 있다.
- 낙동강은 경상남북도의 큰 동맥으로 이 지역의 취락, 산업을 발달시키는 원동력이 되었다.
- 낙동강 유역의 댐 및 관광자원가치

댐 명	위 치	유역 면적	관광자원가치
안동댐	경북 안동시	1,584km^2	퇴계 이황선생의 도산서원, 석빙고, 볼링, 수상스키, 호반관광 휴양지
남강댐	경남 진주시	2,285km^2	자연경관, 유람선, 보트, 낚시, 휴게소, 숙박소
밀양댐	경남 밀양시	104.4km^2	전망대, 자연생태공원
합천댐	경남 합천군	925km^2	용수, 수력발전(잠재적 자원)

㉣ 영산강(136km)
- 전남 담양의 추월산에서 발원하여 목포만으로 유입되는 강이다.
- 영산강은 종합개발사업의 일환으로 상류에 담양, 장성, 광주, 나주댐이 건설되었고, 하류에는 동양 최대의 영산강 하구언이 축조되었다.
- 영산강 유역의 댐 및 관광자원가치

댐 명	위 치	유역 면적	관광자원가치
담양댐	전남 담양군	66km²	국민관광지, 전남 제1의 호반 관광지
장성댐	전남 장성군	122.8km²	내장산, 백양사와 연계, 국민관광지
나주댐	전남 나주시	104.7km²	국민관광지, 낚시터
광주댐	전남 담양군	41.3km²	무등산, 도립공원과 연계
영산강 하구언	전남 무안군 · 영암군	4,351m (방조제 길이)	동양 최대의 하구언 축조

㉤ 섬진강(212km)
- 전북 진안의 마이산에서 발원하여 광양만으로 흘러내리는 총길이 212km의 긴 강으로, 전남과 경남의 경계가 되어 흐른다.
- 섬진강은 큰 도시를 지나지 않고 흐르는 강으로 비교적 오염되지 않아 물이 맑고 깨끗하여 관광자원으로서 천혜의 조건을 갖추고 있다.
- 섬진강 유역의 댐 및 관광자원가치

댐 명	위 치	유역 면적	관광자원가치
섬진강댐	전북 임실군	763km²	우리나라 최초의 다목적 댐, 산악 경관미
동복댐	전남 화순군	189km²	용수공급, 수력개발, 관광개발

핵심예제

16-1. 다음 중 강의 길이가 긴 것부터 짧은 순으로 나열한 것은? [2019년]

ㄱ. 한 강	ㄴ. 낙동강
ㄷ. 금 강	ㄹ. 영산강

① ㄱ > ㄴ > ㄷ > ㄹ ② ㄱ > ㄴ > ㄹ > ㄷ
③ ㄴ > ㄱ > ㄷ > ㄹ ④ ㄴ > ㄱ > ㄹ > ㄷ

정답 ③

16-2. 강과 그 유역에 건설된 댐이 바르게 연결된 것을 모두 고른 것은? [2014년 정기]

ㄱ. 한강 유역 – 의암댐
ㄴ. 낙동강 유역 – 합천댐
ㄷ. 영산강 유역 – 담양댐
ㄹ. 섬진강 유역 – 동복댐

① ㄱ, ㄴ, ㄷ
② ㄱ, ㄴ, ㄹ
③ ㄴ, ㄷ, ㄹ
④ ㄱ, ㄴ, ㄷ, ㄹ

정답 ④

해설

16-1
ㄴ. 낙동강(521km) > ㄱ. 한강(514km) > ㄷ. 금강(395km) > ㄹ. 영산강(136km)

16-2
5대강 유역의 댐
- 한강 유역 : 화천댐, 춘천댐, 소양강댐, 의암댐, 청평댐, 충주댐, 괴산댐, 횡성댐 등
- 금강 유역 : 대청댐, 금강하구언, 용담댐, 보령댐 등
- 낙동강 유역 : 안동댐, 남강댐, 합천댐, 임하댐, 성덕댐 등
- 영산강 유역 : 담양댐, 장성댐, 나주댐 등
- 섬진강 유역 : 섬진강댐, 동복댐

핵심이론 17 호수관광자원

① 호수의 개념

㉠ 지형학적으로 '육지에 둘러싸인 지역에 존재하는 정수괴(靜水塊)'이다.

㉡ '바다와는 직접 연결되어 있지 않은 것'으로 정의된다.

② 우리나라의 주요 호수관광자원

㉠ 자연호

구분	내용
석 호	• 해안지역에 토사의 퇴적에 의해 생긴 호수 • 송지호(고성군), 청초호(속초시), 영랑호(속초시), 경포호(강릉시), 화진포호(고성군) 등 강원도 북동 안에 집중적으로 발달
칼데라호	• 칼데라에 물이 고인 것 • 칼데라는 화산의 모습이 이루어진 후 2차 폭발이나 함몰에 의해서 화구가 커진 것(화구의 지름이 1.6km 이상인 것) • 백두산의 천지, 울릉도 나리분지
화구호	한라산의 백록담(지름이 500m 정도에 불과하므로 화구호에 해당)

※ 화진포호 : 동해안 최북단 강원도 고성군에 형성된 자연석호로, 경관이 아름다워 강원도 기념물로 지정되었다. 오래전부터 수려한 경관으로 많은 별장이 건설되었고, 김일성, 이승만, 이기붕 등이 별장을 지었다.

㉡ 인공호

• 인공적으로 골짜기나 강을 막아서 만든 호수이다.

• 상수원, 관광, 홍수 조절, 관개용, 공업 용수 등을 위하여 다목적으로 건설되고 있다.

구분	내용
댐 형	• 하천의 중류나 상류를 막아 댐이나 보의 건설로 만들어진 호수 및 저수지에 해당한다. • 파로호(화천댐), 의암호(의암댐), 충주호(충주댐) 등 • 논산저수지, 관곡지, 의림지, 반월저수지 등
하구언형	하천이 바다와 만나는 하류 입구를 막아 만들어지거나 해안의 만을 막은 방조제의 건설로 만들어진 호수에 해당한다. • 금강 하구언, 영산강 하구언 등 • 아산호(아산만 방조제), 시화호(시화 방조제), 새만금호(새만금 방조제) 등

핵심예제

17-1. 자연호수와 지명의 연결이 옳지 않은 것은? [2016년]

① 송지호 – 강원도 원주시
② 경포호 – 강원도 강릉시
③ 화진포호 – 강원도 고성군
④ 영랑호 – 강원도 속초시

정답 ①

17-2. 호수관광자원 중 인공호수는? [2017년]

① 영랑호 ② 화진포호
③ 충주호 ④ 경포호

정답 ③

해설

17-1

송지호는 강원도 고성군에 있다.

17-2

충주호

충청북도 충주시와 제천시에 걸쳐 있는 인공호수로 충주시 종민동과 동량면 사이 남한강 좁은 수로에 충주댐을 건설함에 따라 생겨났다. 주변에 월악산 국립공원, 송계계곡, 단양팔경, 수안보온천 등 관광자원이 위치하여 해마다 많은 관광객이 이 곳을 찾는다.

핵심이론 18 해안관광자원

① 우리나라의 해안관광자원

㉠ 동해안 : 깊은 수심과 맑은 물, 풍부한 어종, 관동팔경, 해안선의 풍량과 질 좋은 해수욕장 그리고 온천과 동굴 등이 있어 다양한 관광활동이 가능하다.

더 알아보기

관동팔경

- 대관령 너머 동쪽에 있는 여덟 명승지로 동해 바다를 배경으로 한 정자와 누대, 그리고 사찰이 있다.
- 위에서부터 내려오면서 통천의 총석정, 고성의 삼일포, 간성의 청간정, 양양의 낙산사, 강릉의 경포대, 삼척의 죽서루, 울진의 망양정, 평해의 월송정 등을 일컫는다.
- 이 중 제1경으로 삼척의 죽서루(竹西樓)를 꼽기도 한다.

㉡ 서해안

- 해안선의 굴곡이 심하고 바다가 얕으며, 만의 형성이 대규모적이고 간만의 차가 극히 심하다.
- 새로운 간척지가 넓게 분포한다. → 갯벌 축제 등 이벤트 관광 도입
- 지역에 따라 특색 있는 어종들이 생산된다. → 식도락에서부터 양식, 채취, 바다낚시, 가공 등을 포함하여 관광대상화가 가능하다.

㉢ 남해안

- 부산, 진해, 마산, 충무, 여수, 목포에 이르기까지 다도해를 이루고 있고, 해안선의 굴곡이 심하여 독특한 해안경관을 지닌다.
- 임해입지형의 중화학공업단지가 형성되어 산업관광자원과의 연계가 유리하다.

② 우리나라 해수욕장의 분포

㉠ 동해안 지역 해수욕장 : 북쪽에 강원도 고성군의 화진포해수욕장을 비롯하여, 경포해수욕장, 정동진해수욕장, 망상해수욕장, 감포해수욕장(경북 경주), 망양정해수욕장(경북 울진), 진하해수욕장, 구룡포해수욕장, 일광해수욕장(부산 기장군) 등 주요 해수욕장이 분포한다.

경포 해수욕장	백사장을 병풍처럼 둘러싸고 있는 해송림이 4km에 이르며, 주변에 경포대와 경포호가 위치한다.
정동진 해수욕장	정동진역이 해변 가까이 위치하여, 역에서 내려 곧바로 해돋이를 볼 수 있다. 주변에는 모래시계공원, 정동진 해안단구 등이 위치한다.
망상 해수욕장	• 강원도가 1977년에 지정한 국민관광지 제2호로, 백사장의 길이가 2km에 이른다. • 수심이 완만하여 가족 단위 피서객이 많이 찾으며, 주변에 천곡 자연동굴, 추암 촛대바위 등이 있다.
진하 해수욕장	울산 울주군 서생면에 위치하며, 수심이 얕고 백사장이 넓다. 주변에 서생포 왜성, 간절곶 등대, 명선도 등이 위치한다.
구룡포 해수욕장	• 경북 포항시 남구 구룡포읍에 위치하며, 지도에서는 호랑이 꼬리부근(호미곶)에 해당한다. • 해안선을 따라 형성된 해안경관이 수려하고 영일만 해돋이와 바다낚시를 즐길 수 있는 여건이 잘 구비되어 있다.

㉡ 남해안 지역 해수욕장 : 부산의 송정해수욕장에서부터 해운대해수욕장, 광안리해수욕장, 송도해수욕장, 거제 몽돌해수욕장, 전남 보성 율포해수욕장, 전라남도 진도군의 관매도해수욕장까지 많은 해수욕장이 분포한다.

해운대 해수욕장	• 부산광역시 동부에 위치하며, 남해안의 대표적인 해수욕장이다. • 주변에는 동백섬, 오륙도, 부산 아쿠아리움 등이 위치하며, 부산 바다축제, 해운대 Beach Festival 등 각종 문화 · 예술 행사가 개최되는 국제적 관광지이다.
광안리 해수욕장	• 부산광역시 수영구 광안동에 위치하며, 해안도로가 주변으로 낭만의 거리, 해맞이 거리 등 다양한 테마 거리가 조성되어 있다. • 부산의 랜드마크인 광안대교가 위치해 있다.
몽돌 해수욕장	• 경남 거제시에 위치한 해수욕장으로, 해변에 흑진주 같은 몽돌이 가득 깔려 있다. • 해수욕장 내 선착장에서 유람선을 타고 바다의 금강이라 불리는 해금강과 이국적인 정원으로 꾸며진 외도 등을 둘러볼 수 있다.
관매도 해수욕장	• 전남 진도군 관매도에 있는 해수욕장으로, 모래 빛깔이 황색을 띤다 하여 황사장이라고도 불린다. • 수심이 얕아 피서지로 적합하며, 해안 송림과 해식절벽, 파식동굴 등의 멋진 절경을 이룬다.

㉢ 서해안 지역 해수욕장 : 북쪽으로 백령도의 사곶해수욕장에서부터 인천 무의도 하나개해수욕장, 만리포해수욕장, 몽산포해수욕장, 꽃지해수욕장, 대천해수욕장, 서천 춘장대해수욕장, 무창포해수욕장, 시목리해수욕장, 목포시의 외달도해수욕장 등이 발달해 있다.

사곶 해수욕장	인천광역시 옹진군 백령도에 위치하며, 서해 최북단에 있는 천연 해수욕장이다.
만리포 해수욕장	• 충남 태안군에 위치하며, 대천해수욕장, 변산해수욕장과 더불어 서해안 3대 해수욕장으로 불린다. • 북쪽으로는 천리포해수욕장과 이어져 있다.
꽃지 해수욕장	• 충남 태안군에 위치하며, 넓은 백사장과 완만한 수심으로 피서객이 많이 몰리는 관광지이다. • 주변 일대에 안면도 국제꽃박람회가 개최되어 많은 볼거리도 제공하고 있다.
대천 해수욕장	• 충남 보령시에 위치하며, 서해안 최대의 해수욕장이다. • 문화관광축제인 보령머드축제가 1998년부터 개최되고 있으며, 패각모래가 특징이다. • 인근 원산도, 외연도 등을 왕래하는 여객선도 운행되고 있어 피서객과 바다낚시를 즐기는 사람들이 많이 찾고 있다.
무창포 해수욕장	• 충남 보령시에 위치하며, 북쪽으로 대천해수욕장이 있다. • 무창포 남쪽해안에 남북으로 길게 펼쳐진 모래사장에는 수목이 울창하고 송림 사이로 해당화가 만발한다.
선유도 해수욕장	• 전북 군산시 선유도에 위치한 해수욕장으로, 모래사장이 10여 리에 걸쳐 있다 하여 일명 명사십리해수욕장으로도 불린다. • 선유도 일대에 선유8경 등 볼거리가 두루 갖춰져 있다.
변산 해수욕장	전북 부안군 변산면에 위치하며, 백사청송(白沙靑松)을 자랑한다. 주변에 채석강, 적벽강 등 천연의 관광자원들이 분포해 있다.

㉣ 제주특별자치도 해수욕장 : 제주시의 이호 해수욕장과 서귀포시의 중문 해수욕장을 비롯해 수많은 해수욕장이 섬 주위에 분포해 있다.

중문 해수욕장	제주특별자치도 서귀포시 중문동 일대에 조정된 세계적 수준의 종합 관광 휴양 단지에 속해 있으며, 모래가 흑색 · 백색 · 적색 · 회색을 띠고 있다.
협재 해수욕장	• 제주특별자치도 제주시 한림읍 협재리에 있는 해수욕장으로, 경사가 완만하여 가족단위로 해수욕을 즐기기 적합하다. • 주변에 협재굴, 쌍룡굴, 비양도 등이 위치한다.
김녕 성세기 해수욕장	• 제주특별자치도 제주시 구좌읍 김녕리에 위치하며, 비교적 작은 백사장에 부드러운 모래와 푸른빛 바닷물이 특징이다. • 주변에 김녕사굴, 만장굴, 김녕미로공원, 함덕해수욕장 등이 위치한다.

[해수욕장의 분포(해수욕장 이용객 10만 명 이상 지역)]

핵심예제

18-1. 다음 설명에 해당하는 해수욕장을 순서대로 나열한 것은? [2016년 정기]

> ㄱ. 서해안에 위치하고, 머드축제가 열리며 패각모래가 특징이다.
> ㄴ. 제주도에 위치하고 있는 활처럼 굽은 해수욕장으로, 흑 · 백 · 적 · 회색 등의 모래가 특징이다.

① 대천해수욕장, 중문해수욕장
② 함덕해수욕장, 일광해수욕장
③ 구룡포해수욕장, 중문해수욕장
④ 대천해수욕장, 구룡포해수욕장

정답 ①

18-2. 다음 중 해수욕장-동굴이 행정구역상 모두 같은 도(道)에 위치한 것은? [2015년 특별]

① 변산해수욕장 – 성류굴
② 협재해수욕장 – 만장굴
③ 경포해수욕장 – 고수동굴
④ 구룡포해수욕장 – 고씨굴

정답 ②

해설

18-1

- 함덕해수욕장 : 제주도에 위치하고, 커다란 현무암 바위를 중심으로 백사장이 하트 모양을 이루고 있어 바람을 막아주는 것이 특징이다.
- 일광해수욕장 : 부산에 위치하고, 해안선을 따라 수백 년이 된 노송들이 숲을 이루고 있었다고 전하지만 현재는 남아있지 않다. 해안선의 오른쪽 끝에 있는 학리마을은 노송림에서 살아가는 학에서 이름이 유래된 것으로 여겨진다.
- 구룡포해수욕장 : 경북 포항에 위치한다. 신라 진흥왕 때 장기 현감이 고을을 순찰 중 용주리를 지날 때 별안간 하늘에서 천둥이 치고 폭풍우가 휘몰아쳐서 급히 민가로 대피했는데, 이때 용두산 해안 바다에서 아홉마리 용이 승천하였다고 한다. 이후, 아홉마리 용이 승천한 포구라 하여 구룡포라 부른다고 전해진다.

18-2

협재해수욕장과 만장굴은 모두 제주특별자치도에 있다.
① 변산해수욕장은 전라북도, 성류굴은 경상북도에 있다.
③ 경포해수욕장은 강원도, 고수동굴은 충청북도에 있다.
④ 구룡포해수욕장은 경상북도, 고씨굴은 강원도에 있다.

핵심이론 19 온천관광자원

① 온천의 의의

㉠ 온천(Hot Spring) : 화산작용, 지열, 단층열 등으로 인해 높은 온도로 가열된 지하수가 분출하는 샘을 말하는 것으로 휴양 · 요양의 효과가 크고 주변 풍경과 결합되어 관광자원으로서의 가치를 구성한다.

㉡ 온천은 3대 요소인 수량, 성분, 온도에 따라서 그 가치가 평가된다.

㉢ 보통 34~42℃의 수온이 대부분이며, 그 이하일 경우는 미온천 또는 냉천이라고 하고, 그 이상일 경우는 고온천이라 한다.

② 우리나라 온천의 특성

㉠ 제3기 화산대에서 벗어난 비화산성 열원의 온천이 주류를 이룬다.

㉡ 온천의 수질은 대부분 저농도의 약알칼리성인 단순천으로 되어 있다.

㉢ 용출열수의 양이 많지 않다.

③ 우리나라 온천밀집지역

㉠ 한반도의 중서부(온양, 도고, 유성, 이천온천)와 중동부(척산, 오색, 덕구, 백암, 수안보온천) 및 남동부(경산, 도곡, 마금산, 동래, 해운대온천) 등지로 충남북과 경남북에 밀집되어 있다.

㉡ 대부분이 화강암지대에 분포되어 있다.

④ 우리나라 주요 온천의 성분 및 효능

구분	내용
이천 온천	• 경기도 이천시에 위치하며, 서울에서 가장 가까운 곳에 있어 최근 크게 각광을 받고 있다. • 만성습진, 신경통, 부인병, 피부병, 위장병 등에 효과가 있는 경기도 유일의 온천 관광지이다. • 주변 관광자원으로 도예의 고장이 있어 도자기 관광을 할 수도 있다.
온양 온천	• 충남 아산시 온양동에 위치하며, 국내에서 가장 오래된 온천으로, 전국에서 가장 수량이 풍부한 최대 규모의 온천 휴양지로 널리 알려져 있다. • 수질 특성은 알칼리성으로 피부병, 위장병, 신경통, 피부미용 등에 좋다. • 서울에서 가깝고 주위에 현충사, 온양 민속박물관 등 관광명소가 많아 4계절 구분 없이 많은 관광객이 찾는 곳이다.
덕산 온천	• 충청남도 예산군 덕산면에 위치하며, 약알칼리성 중탄산나트륨천이다. • 만성 류머티즘, 소화기 질병, 피부미용 등에 효과가 있는 것으로 알려져 있다. • 주변에는 매헌 윤봉길 의사의 생가와 기념관, 수덕사 등 덕산도립공원이 자리 잡고 있다.
도고 온천	• 충남 아산시 도고면에 위치하며, 도고종합레저타운이 들어서면서 크게 각광받고 있다. • 유황 단순천으로 유황냄새가 강하며, 수온이 25~27℃로 겨울에는 가열해서 사용해야 한다. • 피부병, 신경통, 눈병, 무좀, 비듬, 안과질환, 풍치, 당뇨병 등에 특효가 있다.
유성 온천	• 대전광역시 유성구에 위치하며, 최근 개발 붐으로 크게 각광받고 있는 관광 휴양지이다. • 수질은 라듐 성분이 많은 알칼리성 온천수로 무색, 무취, 무미하다. • 수온이 42~65℃에 이르는 고온천으로 피부미용, 소화기질환, 부인병, 당뇨병, 신경통, 관절염 등에 효과가 있다.
수안보 온천	• 충북 충주시 수안보면에 위치하며, 주변 경관이 아름다워 많은 관광객이 찾는 곳이다. • 수질은 유황, 라듐 단순천으로 최고 수온은 53℃이며, 무색투명하고 아주 매끄럽다. • 피부병, 부인병, 신경통, 위장병 등에 특효가 있으며, 불소의 함유로 충치예방에도 좋다. • 주변 관광지로는 충주의 명소 탄금대와 미륵사지가 있다.
척산 온천	• 강원도 속초시에 위치하며, 설악산의 풍경과 동해의 장관을 함께 감상할 수 있는 속초의 명물이다. • 수질특성은 알칼리성 단순천으로 매끄럽고 약간 푸른 빛을 띠고 있으며, 다른 온천에서 보기 드문 다량의 불소가 함유돼 있어 충치를 비롯해 각종 치아병, 위장병, 눈병, 류머티즘, 신경통, 피부병 등에 효과가 좋다. • 주변 경관으로는 설악산을 비롯하여 영랑호, 청초호 관광이 가능하다.
오색 온천	• 강원의 양양군 서면에 위치하며, 약수로 유명하고, 신경통, 피부병, 빈혈, 무좀, 버짐, 부인병, 습진 등에 효과가 있다. • 수질특성은 알칼리성 유황단순천이며, 수온은 30~42℃로 비교적 낮은 편이다. • 설악산 국립공원의 남설악지역에 있어 설악산의 만물상, 흔들바위, 선녀탕, 낙산사 등 주변경관이 뛰어난 곳이 많다.

백암 온천	• 경북 울진군 온정면에 위치하며, 수질이 뛰어나고 수량이 풍부하다. • 수질 특성은 방사능 유황천으로 무색 · 무취하다. • 최고 수온은 50℃로 비교적 높은 편이며, 만성질환, 위궤양, 당뇨병, 신경통, 요결석, 중풍, 창상 등에 효험이 있다. • 주변경관으로는 백암산을 비롯해 월송정, 망양정, 불영사계곡, 백암폭포, 성류굴 등이 있다.
덕구 온천	• 경북 울진군 북면 응봉산(일명 매봉산) 남쪽자락에 위치하고 있으며, 암벽에서 폭포처럼 쏟아지는 노천온천으로 천연 샤워를 즐길 수 있는 자연형태의 노천온천탕이다. • 수질특성은 중탄산나트륨 단순천으로 다량의 철분이 함유되어 있으며, 최고 수온은 42℃이다. • 피부병, 빈혈, 신경통, 당뇨병, 소화불량, 부인병 등에 효능이 있다.
탑산 온천	• 경북 의성군 봉양면에 위치하며, 게르마늄 함유량이 세계 최고 수준인 온천이다. • 셀렌과 리튬 등이 풍부하며, 게르마늄 성분이 알레르기성 피부염, 항암 작용, 당뇨병, 비만증 치료에 도움을 준다. • 주변 관광지로는 팔공산, 주왕산, 고운사, 수정사, 빙계계곡 등이 있다.
부곡 온천	• 경남 창녕군 부곡면에 위치하며, 온천의 최고 수온이 국내에서 가장 높은 78℃이다. • 수질 특성은 라듐, 유황권이며, 유황성분이 많이 용해되어 있어 목욕을 하면 윤이 나고 매끄러워 여성들에게 인기가 좋다. • 피부병, 관절염, 부인병, 신경통, 위장병, 무좀, 동맥경화 등에 효과가 크다. • 주변 관광지로는 해인사, 표충사, 밀양의 영남루와 얼음골, 곽재우와 17장수의 충혼을 기리기 위해 건립된 의령탑 등이 있고 대규모 위락 단지가 조성되어 있어 가족 단위의 관광에 적합하다.
마금산 온천	• 경남 창원시 의창구 북면에 위치하며, 마금산과 천마산이 둘러싸고 있어 아늑한 분위기를 갖고 있는 관광명소이다. • 수질특성은 알칼리성 유황천이며, 최고수온은 50℃이다. • 각종 류머티즘, 신경통, 소아병, 잠수병, 당뇨병, 고혈압, 각종 소화기 질환, 부인병, 비뇨생식기질환 등에 효능이 좋다. • 주변 관광지로는 가까운 곳에 마금산과 천마산이 있고, 낙동강이 흐르고 있어 산책하기에 알맞다.
동래 온천	• 부산광역시 동래구 금정산 기슭에 위치하고 있는 온천으로, 오랜 역사와 다양한 시설을 갖추고 있다. • 식염 단순천으로 최고 수온은 63℃이며, 신경통, 피부병, 창상, 자궁, 내막염, 소화불량, 위장병, 변비, 치질, 요통, 류머티즘 등에 효능이 좋고 음용도 가능하다. • 주변 관광명소로는 금강공원의 울창한 송림과 금정산 중턱의 범어사, 용두공원, 태종대 등 경치가 뛰어난 곳이 많다.
해운대 온천	• 부산광역시 해운대구에 위치하며, 우리나라에서는 유일하게 해수욕장과 이웃하고 있는 임해온천이다. • 수질특성은 알칼리성 식염천으로 조금 짭짤한 맛이 느껴지며, 최고 수온은 61℃이다. • 식염천으로 신진대사를 촉진시켜 혈액순환을 좋게 하고 인체 내의 불순물을 배출시키는 효능이 있으며, 류머티즘, 좌골신경통, 신경염, 고혈압, 노이로제, 동맥경화증, 만성피부병 등에도 효과가 뛰어나다. • 주변 경관으로 해운대해수욕장과 해수욕장 서쪽 끝에 위치한 동백섬이 있어 사시사철 관광객이 끊이지 않는 전천후온천이다.

이외에도 전남 화순군의 화순온천, 전남 담양군의 담양온천 등이 유명하다.

[도고온천]

[수안보온천]

⑤ 관광특구 지정 온천

시 · 도	특구명	지정지역	면적(km²)
충 북	수안보온천	충주시 수안보면 온천리 · 안보리 일원	9.22
충 남	아산시온천	아산시 음봉면 신수리 일원	3.71
경 북	백암온천	울진군 온정면 소태리 일원	1.74
경 남	부곡온천	창녕군 부곡면 거문리 · 사창리 일원	4.82

※ 문화체육관광부, 2022.05 기준

⑥ 국민보양온천

㉠ 온도, 성분 등이 우수하고 주변환경이 양호하여 건강증진 및 심신 요양에 적합하다고 인정된 온천 중 행정안전부장관의 승인을 받아 시 · 도지사가 지정한 온천을 말한다.

㉡ 국민보양온천 지정 기준

- 일반온천보다 기준이 더 엄격하다.
- 일반온천은 온도 및 성분(25℃ 이상, 인체유해성분 안전기준), 1일 양수량(300톤 이상) 기준을 충족할 경우 개발 및 이용이 가능하다.
- 국민보양온천은 온천수가 35℃ 이상이거나, 25℃ 이상인 경우 유황 · 탄산 등 인체에 유익한 성분을 1000mg/L 이상을 함유하여야 하며, 건강 시설 · 숙박 시설 및 의료 시설 등을 갖추고 주변 환경을 쾌적하게 지속적으로 관리하여야 한다.

㉢ 국민보양온천 10곳

- 속초 설악워터피아 온천
- 아산 파라다이스 스파 도고 온천
- 울진 덕구 온천
- 예산 덕산 리솜스파캐슬 온천(스플라스 리솜)
- 동해 그랜드 관광호텔온천(동해 보양온천 컨벤션호텔)
- 충주 중원온천
- 화순 도곡 비오매드 온천(원네스 스파 호텔)
- 제주 삼매봉온천
- 창원 마금산 원탕 관광온천
- 거제 거제도해수온천

핵심예제

19-1. 다음 중 경상북도에 소재한 온천을 모두 고른 것은? [2015년 정기]

ㄱ. 수안보온천	ㄴ. 백암온천
ㄷ. 온양온천	ㄹ. 덕구온천

① ㄱ, ㄴ ② ㄴ, ㄷ
③ ㄴ, ㄹ ④ ㄷ, ㄹ

정답 ③

19-2. 온천 – 해수욕장 – 동굴이 행정구역상 모두 같은 도(道)에 위치하는 것은? [2020년]

① 덕구온천 – 함덕해수욕장 – 고씨(동)굴
② 수안보온천 – 선유도해수욕장 – 만장굴
③ 풍기온천 – 감포해수욕장 – 성류굴
④ 담양온천 – 송도해수욕장 – 고수동굴

정답 ③

해설

19-1

ㄱ. 수안보온천 : 충청북도 충주시
ㄴ. 백암온천 : 경상북도 울진군
ㄷ. 온양온천 : 충청남도 아산시
ㄹ. 덕구온천 : 경상북도 울진군

19-2

③ 풍기온천(경상북도) – 감포해수욕장(경상북도) – 성류굴(경상북도)
① 덕구온천(경상북도) – 함덕해수욕장(제주도) – 고씨(동)굴(강원도)
② 수안보온천(충청북도) – 선유도해수욕장(전라북도) – 만장굴(제주도)
④ 담양온천(전라남도) – 송도해수욕장(경상북도) – 고수동굴(충청북도)

핵심이론 20 관광특구

① 관광특구

㉠ 정의 : 외국인 관광객의 유치 촉진 등을 위하여 관광 활동과 관련된 관계 법령의 적용이 배제되거나 완화되고, 관광 활동과 관련된 서비스 · 안내 체계 및 홍보 등 관광 여건을 집중적으로 조성할 필요가 있는 지역으로 이 법에 따라 지정된 곳을 말한다(관광진흥법 제2조).

㉡ 시장 · 군수 · 구청장의 신청에 따라 시 · 도지사가 지정하며, 시 · 도지사는 관광특구에 대한 평가 결과 관광특구 지정 요건에 맞지 않거나 추진 실적이 미흡한 관광특구에 대하여는 관광특구의 지정취소 · 면적조정 · 개선권고 등의 필요한 조치를 할 수 있다.

㉢ 관광특구로 지정되면 관광진흥법에 따라 규제가 완화되고 특구지역 공모사업을 통해 매년 30억 원 규모의 국 · 도비 등의 예산 지원을 할 수 있다.

㉣ 관광특구 내에서는 시장이 옥외광고물 허가 등의 기준을 별도로 정할 수 있으며, 일반 · 휴게음식점에 대한 옥외영업도 허용된다. 또한, 축제 · 공연을 위한 도로통행 제한조치도 할 수 있다.

② 관광특구 지정현황(문화체육관광부, 2022.05 기준)

지 역	특구명
서울(7)	명동 · 남대문 · 북창 / 이태원 / 동대문 패션타운 / 종로 · 청계 / 잠실 / 강남 / 홍대 문화예술
부산(2)	해운대 / 용두산 · 자갈치
인천(1)	월 미
대전(1)	유 성
경기(5)	동두천 / 평택시 송탄 / 고양 / 수원 화성 / 통일동산
강원(2)	설악/대관령
충북(3)	수안보온천 / 속리산 / 단양
충남(2)	아산시온천 / 보령해수욕장
전북(2)	무주 구천동 / 정읍 내장산
전남(2)	구례 / 목포
경북(4)	경주시 / 백암온천 / 문경 / 포항 영일만
경남(2)	부곡온천 / 미륵도
제주(1)	제주도

[핵심예제]

20-1. 관광진흥법에 의해 지정된 관광특구가 아닌 것은? [2016년 특별]

① 평택시 송탄
② 서울특별시 잠실
③ 창녕군 부곡온천
④ 공주시 백제문화지구

정답 ④

20-2. 관광특구로 지정된 온천이 위치하고 있는 도가 아닌 것은? [예상 문제]

① 충청남도
② 경상북도
③ 경상남도
④ 경기도

정답 ④

해설

20-1

공주시 백제역사유적지구는 유네스코 세계유산에 등재되어 있다.

20-2

관광특구 지정 온천

- 수안보온천(충청북도)
- 아산시온천(충청남도)
- 백암온천(경상북도)
- 부곡온천(경상남도)

제4절 문화관광자원

핵심이론 21 문화관광자원의 개념과 범위

① 문화관광자원

㉠ 문화관광자원의 개념 : 민족문화의 유산으로서 보존할 만한 가치가 있고, 관광매력을 지닐 수 있는 자원이다.

㉡ 문화관광자원의 범위 : 문화관광자원은 크게 문화재 자원과 박물관으로 나누어 볼 수 있다.

문화재	인위적이거나 자연적으로 형성된 국가적 · 민족적 또는 세계적 유산으로서 역사적 · 예술적 · 학술적 또는 경관적 가치가 큰 유형문화재, 무형문화재, 기념물, 민속문화재를 말한다.
박물관	미술품이나 역사적 유물 등을 보존 · 전시하고 학술적 연구와 사회교육에 기여할 목적으로 건립된 것으로 문화재의 보고이다.

② 문화재의 분류

㉠ 문화재보호법에 의한 분류

유형 문화재	건조물, 전적, 서적, 고문서, 회화, 조각, 공예품 등 유형의 문화적 소산으로서 역사적 · 예술적 또는 학술적 가치가 큰 것과 이에 준하는 고고자료이다.
무형 문화재	• 전통적 공연 · 예술 / 공예, 미술 등에 관한 전통기술 / 한의약, 농경 · 어로 등에 관한 전통지식 / 구전 전통 및 표현 / 의식주 등 전통적 생활관습 / 민간신앙 등 사회적 의식(儀式) / 전통적 놀이 · 축제 및 기예 · 무예 등 여러 세대에 걸쳐 전승되어 온 무형의 문화적 유산을 말한다. – 국가무형문화재 : 무형문화재에 속하는 문화재 중 문화재청장이 문화재위원회의 심의를 거쳐 지정한 국가지정무형문화재이다. – 시 · 도무형문화재 : 국가지정문화재로 지정되지 아니한 문화재 중 보존 가치가 있다고 인정되어 지정되는 시 · 도지정무형문화재를 말한다.
기념물	• 절터, 옛무덤, 조개무덤, 성터, 궁터, 가마터, 유물포함층 등의 사적지와 특별히 기념이 될 만한 시설물로서 역사적 · 학술적 가치가 큰 것이다. • 경치 좋은 곳으로서 예술적 가치가 크고 경관이 뛰어난 것이다. • 동물 · 식물 · 지형 · 지질 · 광물 · 동굴 · 생물학적 생성물 또는 특별한 자연현상으로서 역사적 · 경관적 또는 학술적 가치가 큰 것이다.
민속 문화재	의식주, 생업, 신앙, 연중행사 등에 관한 풍속이나 관습에 사용되는 의복, 기구, 가옥 등으로서 국민생활의 변화를 이해하는 데 반드시 필요한 것이다.

㉡ 지정권자의 지정 여부에 따른 분류

지정 문화재	국가 지정 문화재	• 문화재청장이 문화재보호법에 따라 문화재심의위원회의 심의를 거쳐 지정한 중요문화재이다. • 보물 · 국보 · 사적 · 명승 · 천연기념물 · 국가무형문화재 · 국가민속문화재로 구분된다.
	시 · 도 지정 문화재	특별시장 · 광역시장 · 도지사가 국가지정문화재로 지정되지 아니한 문화재 중 보존 가치가 있다고 인정되는 것을 지정한 문화재이다(다만, 무형문화재의 경우 문화재청장과 사전 협의를 거쳐 지정할 수 있다).
	문화재 자료	국가지정문화재, 시 · 도지정문화재로 지정되지 아니한 문화재 중 향토 문화 보존상 필요하다고 인정하여 문화재자료로 지정된 문화재이다.
등록 문화재		지정문화재가 아닌 문화재 중 문화재청장이 문화재위원회의 심의를 거쳐 보존과 활용을 위한 조치가 특별히 필요한 것을 등록문화재로 등록할 수 있다.
비지정 문화재		일반 동산문화재와 매장문화재가 있다.

[핵심예제]

21-1. 무형문화재에 관한 설명으로 옳은 것은? [2016년 특별]

① 무형문화재는 관광진흥법에 의해 지정 · 보장되는 제도이다.
② 무형문화재에는 전통지식 · 기술 · 서적 · 의례 등이 포함된다.
③ 무형문화재에는 국가무형문화재와 시 · 군 지정 무형문화재로 구분된다.
④ 국가무형문화재는 문화재청장이 무형문화재위원회의 심의를 거쳐 지정한다.

정답 ④

21-2. 다음 중 무형문화재가 아닌 것은? [2015년 특별]

① 연 극 ② 음 악
③ 무 용 ④ 회 화

정답 ④

해설

21-1
① 무형문화재는 문화재보호법에 따라 지정된다.
② 무형문화재에는 전통적 공연 · 예술 / 공예, 미술 등에 관한 전통기술 / 한의약, 농경 · 어로 등에 관한 전통지식 / 구전 전통 및 표현 / 의식주 등 전통적 생활관습 / 민간신앙 등 사회적 의식(儀式) / 전통적 놀이 · 축제 및 기예 · 무예 등이 포함된다.
③ 국가무형문화재와 시 · 도무형문화재로 구분한다.

21-2
- 유형문화재 : 건조물, 전적, 서적, 고문서, 회화, 조각, 공예품 등
- 무형문화재 : 전통적 공연 · 예술 / 공예, 미술 등에 관한 전통기술 / 한의약, 농경 · 어로 등에 관한 전통지식 / 구전 전통 및 표현 / 의식주 등 전통적 생활관습 / 민간신앙 등 사회적 의식(儀式) / 전통적 놀이 · 축제 및 기예 · 무예

핵심이론 22 국가지정문화재의 지정

① 국가지정문화재
㉠ 문화재청장이 문화재보호법에 의하여 문화재위원회의 심의를 거쳐 지정한 중요문화재이다.
㉡ 보물, 국보, 사적, 명승, 천연기념물, 국가무형문화재, 국가민속문화재 등 7개 유형으로 구분된다.

② 국가지정문화재의 지정

구분	내용
보물의 지정	문화재청장은 문화재위원회의 심의를 거쳐 유형문화재 중 중요한 것을 보물로 지정할 수 있다(문화재보호법 제23조 제1항).
국보의 지정	문화재청장은 보물에 해당하는 문화재 중 인류문화의 관점에서 볼 때 그 가치가 크고 유례가 드문 것을 문화재위원회의 심의를 거쳐 국보로 지정할 수 있다(문화재보호법 제23조 제2항).
국가 무형문화재의 지정	문화재청장은 무형문화재 보전 및 진흥에 관한 법률 제9조에 따른 무형문화재위원회의 심의를 거쳐 무형문화재 중 중요한 것을 국가무형문화재로 지정할 수 있다(문화재보호법 제24조 제1항).
사적, 명승, 천연기념물의 지정	문화재청장은 문화재위원회의 심의를 거쳐 기념물 중 중요한 것을 사적, 명승 또는 천연기념물로 지정할 수 있다(문화재보호법 제25조 제1항).
국가 민속문화재의 지정	문화재청장은 문화재위원회의 심의를 거쳐 민속문화재 중 중요한 것을 국가민속문화재로 지정할 수 있다(문화재보호법 제26조 제1항).

[핵심예제]

유형문화재에 관한 설명으로 옳지 않은 것은? [2016년 특별]

① 유형문화재는 건조물, 전적, 회화, 조각, 공예품 등 유형의 문화적 소산으로 역사적 · 예술적 또는 학술적 가치가 큰 것과 이에 준하는 고고자료이다.
② 문화재청장은 문화재위원회의 심의를 거쳐 유형문화재 중 중요한 것을 보물로 지정할 수 있다.
③ 국보는 시 · 도유형문화재 중 인류문화의 견지에서 가치가 크고 유례가 드문 것을 대상으로 한다.
④ 보물 제1호에서 제3호까지는 모두 서울에 소재해 있다.

정답 ③

해설

보물 및 국보의 지정(문화재보호법 제23조 참조)

- 문화재청장은 문화재위원회의 심의를 거쳐 유형문화재 중 중요한 것을 보물로 지정할 수 있다.
- 문화재청장은 보물에 해당하는 문화재 중 인류문화의 관점에서 볼 때 그 가치가 크고 유례가 드문 것을 문화재위원회의 심의를 거쳐 국보로 지정할 수 있다.
- 보물과 국보의 지정기준과 절차 등에 필요한 사항은 대통령령으로 정한다.

핵심이론 23 국가지정문화재의 지정기준 – 1

① 보물의 지정기준

㉠ ㉡의 어느 하나에 해당하는 문화재로서 다음 중 어느 하나 이상의 가치를 충족하는 것

- 역사적 가치
  - 시대성 : 사회, 문화, 정치, 경제, 교육, 예술, 종교, 생활 등 당대의 시대상을 현저히 반영하고 있는 것
  - 역사적 인물 관련성 : 역사적 인물과 관련이 깊거나 해당 인물이 제작한 것
  - 역사적 사건 관련성 : 역사적 사건과 관련이 깊거나 역사상 특수한 목적을 띠고 기념비적으로 만든 것
  - 문화사적 기여도 : 우리나라 문화사적으로 중요한 의의를 갖는 것
- 예술적 가치
  - 보편성 : 인류의 보편적 미적 가치를 구현한 것
  - 특수성 : 우리나라 특유의 미적 가치를 잘 표현한 것
  - 독창성 : 제작자의 개성이 뚜렷하고 작품성이 높은 것
  - 우수성 : 구조, 구성, 형태, 색채, 문양, 비례, 필선 등이 조형적으로 우수한 것
- 학술적 가치
  - 대표성 : 특수한 작가 또는 유파를 대표하는 것
  - 지역성 : 해당 지역의 특징을 잘 구현한 것
  - 특이성 : 형태, 품질, 기법, 제작, 용도 등이 현저히 특수한 것
  - 명확성 : 명문, 발문 등을 통해 제작자, 제작시기 등에 유의미한 정보를 제공하는 것
  - 연구 기여도 : 해당 학문의 발전에 기여도가 있는 것

㉡ 해당 문화재의 유형별 분류기준

- 건축문화재
  - 목조군 : 궁궐, 사찰, 관아, 객사, 성곽, 향교, 서원, 사당, 누각, 정자, 주거, 정자각, 재실 등

– 석조군 : 석탑, 승탑, 전탑, 비석, 당간지주, 석등, 석교, 계단, 석단, 석빙고, 첨성대, 석굴, 석표, 석정 등
– 분묘군 : 분묘 등의 유구 또는 건조물 및 부속물
– 조적조군 · 콘크리트조군 : 성당, 교회, 학교, 관공서, 병원, 역사 등

• 기록문화재
  – 전적류 : 필사본, 목판 및 목판본, 활자 및 활자본 등
  – 문서류 : 공문서, 사문서, 종교 문서 등
• 미술문화재
  – 회화 : 일반회화(산수화, 인물화, 풍속화, 기록화, 영모 · 화조화 등), 불교회화(괘불, 벽화 등)
  – 서예 : 이름난 인물의 필적, 사경, 어필, 금석, 인장, 현판, 주련 등
  – 조각 : 암벽조각(암각화 등), 능묘조각, 불교조각(마애불 등)
  – 공예 : 도 · 토공예, 금속공예, 목공예, 칠공예, 골각공예, 복식공예, 옥석공예, 피혁공예, 죽공예, 짚풀공예 등
• 과학문화재
  – 과학기기
  – 무기 · 병기(총통, 화기) 등

더 알아보기

대표적인 보물
서울 흥인지문(동대문), 옛 보신각 동종, 서울 원각사지 대원각사비

② 국보의 지정기준

㉠ 보물에 해당하는 문화재 중 특히 역사적, 학술적, 예술적 가치가 큰 것
㉡ 보물에 해당하는 문화재 중 제작 연대가 오래되었으며, 그 시대의 대표적인 것으로서, 특히 보존가치가 큰 것
㉢ 보물에 해당하는 문화재 중 조형미나 제작기술이 특히 우수하여 그 유례가 적은 것
㉣ 보물에 해당하는 문화재 중 형태 · 품질 · 제재 · 용도가 현저히 특이한 것
㉤ 보물에 해당하는 문화재 중 특히 저명한 인물과 관련이 깊거나 그가 제작한 것

더 알아보기

대표적인 국보
서울 숭례문, 서울 원각사지 십층석탑, 서울 북한산 신라 진흥왕 순수비, 여주 고달사지 승탑, 보은 법주사 쌍사자 석등, 충주 탑평리 칠층석탑, 천안 봉선홍경사 갈기비

핵심예제

국보의 지정기준으로 옳지 않은 것은? [2020년]

① 보물에 해당하는 문화재 중 특히 역사적, 학술적, 예술적 가치가 큰 것
② 보물에 해당하는 문화재 중 제작 연대가 오래되었으며, 그 시대의 대표적인 것으로서, 특히 보존가치가 큰 것
③ 보물에 해당하는 문화재 중 특히 저명한 인물과 관련이 깊거나 그가 제작한 것
④ 보물에 해당하는 문화재 중 특히 금전적인 가치가 매우 높은 것

정답 ④

해설

국보의 지정기준(문화재보호법 시행령 별표1의2)
• 보물에 해당하는 문화재 중 특히 역사적, 학술적, 예술적 가치가 큰 것
• 보물에 해당하는 문화재 중 제작 연대가 오래되었으며, 그 시대의 대표적인 것으로서, 특히 보존가치가 큰 것
• 보물에 해당하는 문화재 중 조형미나 제작기술이 특히 우수하여 그 유례가 적은 것
• 보물에 해당하는 문화재 중 형태 · 품질 · 제재(製材) · 용도가 현저히 특이한 것
• 보물에 해당하는 문화재 중 특히 저명한 인물과 관련이 깊거나 그가 제작한 것

핵심이론 24 국가지정문화재의 지정기준 – 2

① 사적의 지정기준

㉠ 역사적, 학술적 가치가 크고 다음의 어느 하나 이상을 충족하는 것

- 선사 시대 또는 역사시대의 사회 · 문화생활을 이해하는 데 중요한 정보를 가질 것
- 정치 · 경제 · 사회 · 문화 · 종교 · 생활 등 각 분야에서 시대를 대표하거나 희소성과 상징성이 뛰어날 것
- 국가의 중대한 역사적 사건과 깊은 연관성을 가지고 있을 것
- 국가에 역사적 · 문화적으로 큰 영향을 미친 저명한 인물의 삶과 깊은 연관성이 있을 것

㉡ 사적 문화재의 유형별 분류기준

- 조개무덤, 주거지, 취락지 등 선사 시대 유적
- 궁터, 관아, 성터, 성터시설물, 병영, 전적지 등 정치 · 국방에 관한 유적
- 역사 · 교량 · 제방 · 가마터 · 원지 · 우물 · 수중유적 등 산업 · 교통 · 주거생활에 관한 유적
- 서원, 향교, 학교, 병원, 절터, 교회, 성당 등 교육 · 의료 · 종교에 관한 유적
- 제단, 고인돌, 옛무덤(군), 사당 등 제사 · 장례에 관한 유적
- 인물유적, 사건유적 등 역사적 사건이나 인물의 기념과 관련된 유적

더 알아보기

대표적인 사적지

경주 포석정지, 김해 봉황동 유적, 수원 화성, 부여 가림성, 부여 부소산성, 경주 황룡사지

② 명승의 지정기준

㉠ ㉡의 어느 하나에 해당하는 문화재로서 다음 중 어느 하나 이상의 가치를 충족하는 것

- 역사적 가치
  - 종교, 사상, 전설, 사건, 저명한 인물 등과 관련된 것
  - 시대나 지역 특유의 미적 가치, 생활상, 자연관 등을 잘 반영하고 있는 것
  - 자연환경과 사회 · 경제 · 문화적 요인 간의 조화를 보여주는 상징적 공간 혹은 생활 장소로서의 의미가 있는 것
- 학술적 가치
  - 대상의 고유한 성격을 파악할 수 있는 각 구성요소가 완전하게 남아있는 것
  - 자연물 · 인공물의 희소성이 높아 보존가치가 있는 것
  - 위치, 구성, 형식 등에 대한 근거가 명확하고 진실한 것
  - 조경의 구성 원리와 유래, 발달 과정 등에 대하여 학술적으로 기여하는 바가 있는 것
- 경관적 가치
  - 우리나라를 대표하는 자연물로서 심미적 가치가 뛰어난 것
  - 자연 속에 구현한 경관의 전통적 아름다움이 잘 남아있는 것
  - 정자 · 누각 등의 조형물 또는 자연물로 이루어진 조망지로서 자연물, 자연현상, 주거지, 유적 등을 조망할 수 있는 저명한 장소인 것
- 그 밖의 가치 : 「세계문화유산 및 자연유산의 보호에 관한 협약」(이하 "협약"이라 한다) 제2조에 따른 자연유산에 해당하는 것

㉡ 해당 문화재의 유형별 분류기준

- 자연명승 : 자연 그 자체로서의 심미적 가치가 인정되는 자연물
  - 산지, 하천, 습지, 해안지형
  - 저명한 서식지 및 군락지
  - 일출, 낙조 등 자연현상 및 경관 조망지점

- 역사문화명승 : 자연과 조화를 이루며 만들어진 인문적 가치가 있는 인공물
  - 정원, 원림 등 인공경관
  - 저수지, 경작지, 제방, 포구, 마을, 옛길 등 생활·생업과 관련된 인공경관
  - 사찰, 경관, 서원, 정자 등 종교·교육·위락과 관련된 인공경관
- 복합명승 : 자연의 뛰어난 경치에 인문적 가치가 부여된 자연물
  - 명산, 바위, 동굴, 암벽, 계곡, 폭포, 용천, 동천, 구곡 등
  - 구비문학, 구전 등과 같은 저명한 민간전승의 배경이 되는 자연경관

더 알아보기

대표적인 명승지

명주 청학동 소금강, 거제 해금강, 완도 정도리 구계등, 울진 불영사계곡 일원, 여수 상백도·하백도 일원, 옹진 백령도 두무진

③ 국가민속문화재의 지정기준

㉠ 다음의 어느 하나에 해당하는 것 중 한국민족의 기본적인 생활 문화의 특색을 나타내는 것으로서 전형적인 것

- 의·식·주에 관한 것 : 궁중·귀족·서민·농어민·천인 등의 의복·장신구·음식용구·광열용구·가구·사육용구·관혼상제용구·주거, 그 밖의 물건 또는 그 재료 등
- 생산·생업에 관한 것 : 농기구, 어로·수렵도구, 공장용구, 방직용구, 작업장 등
- 교통·운수·통신에 관한 것 : 운반용 배·수레, 역사 등
- 교역에 관한 것 : 계산용구·계량구·간판·점포·감찰·화폐 등
- 사회생활에 관한 것 : 증답용구, 경방용구, 형벌용구 등
- 신앙에 관한 것 : 제사구, 법회구, 봉납구, 우상구, 사우 등
- 민속지식에 관한 것 : 역류·점복용구·의료구·교육시설 등
- 민속예능·오락·유희에 관한 것 : 의상·악기·가면·인형·완구·도구·무대 등

㉡ ㉠에 열거한 민속문화재를 수집·정리한 것 중 그 목적·내용 등이 다음의 어느 하나에 해당하는 것으로서 특히 중요한 것

- 역사적 변천을 나타내는 것
- 시대적 또는 지역적 특색을 나타내는 것
- 생활계층의 특색을 나타내는 것

㉢ 민속문화재가 일정한 구역에 집단적으로 소재한 경우에는 민속문화재의 개별적인 지정을 갈음하여 그 구역을 다음의 기준에 따라 집단 민속문화재 구역으로 지정할 수 있다.

- 한국의 전통적 생활양식이 보존된 곳
- 고유 민속행사가 거행되던 곳으로 민속적 풍경이 보존된 곳
- 한국건축사 연구에 중요한 자료를 제공하는 민가군(民家群)이 있는 곳
- 한국의 전통적인 전원생활의 면모를 간직하고 있는 곳
- 역사적 사실 또는 전설·설화와 관련이 있는 곳
- 옛 성터의 모습이 보존되어 고풍이 현저한 곳

[핵심예제]

유형별 국가지정문화재의 사례로 옳지 않은 것은?

[2014년 정기]

① 명승 – 명주 청학동의 소금강
② 천연기념물 – 경주 포석정지
③ 사적 – 수원 화성
④ 국가무형문화재 – 종묘제례악

정답 ②

해설

경주 포석정지는 사적이다.

핵심이론 25 유네스코 세계유산

① **세계유산의 정의** : 1972년 채택된 유네스코 세계문화 및 자연유산의 보호에 관한 협약에 의거하여 세계유산 목록에 등재된 유산을 일컫는다.

② **유네스코 세계유산 등재기준**

㉠ 어떤 유산이 세계유산으로 등재되기 위해서는 탁월한 보편적 가치가 있어야 한다.

㉡ 세계유산 운영지침은 유산의 탁월한 가치를 평가하기 위한 기준으로 다음 10가지 가치 평가 기준을 제시하고 있다.

구 분	가치 평가 기준
문화유산	• 인간의 창의성으로 빚어진 걸작을 대표할 것 • 오랜 세월에 걸쳐 또는 세계의 일정 문화권 내에서 건축이나 기술 발전, 기념물 제작, 도시 계획이나 조경 디자인에 있어 인간 가치의 중요한 교환을 반영 • 현존하거나 이미 사라진 문화적 전통이나 문명의 독보적 또는 적어도 특출한 증거일 것 • 인류 역사에 있어 중요 단계를 예증하는 건물, 건축이나 기술의 총체, 경관 유형의 대표적 사례일 것 • 특히 번복할 수 없는 변화의 영향으로 취약해졌을 때 환경이나 인간의 상호 작용이나 문화를 대변하는 전통적 정주지나 육지·바다의 사용을 예증하는 대표 사례 • 사건이나 실존하는 전통, 사상이나 신조, 보편적 중요성이 탁월한 예술 및 문학작품과 직접 또는 가시적으로 연관될 것(다른 기준과 함께 적용 권장)
자연유산	• 최상의 자연 현상이나 뛰어난 자연미와 미학적 중요성을 지닌 지역을 포함할 것 • 생명의 기록이나, 지형 발전상의 지질학적 주요 진행과정, 지형학이나 자연지리학적 측면의 중요 특징을 포함해 지구 역사상 주요단계를 입증하는 대표적 사례 • 육상, 민물, 해안 및 해양 생태계와 동·식물 군락의 진화 및 발전에 있어 생태학적, 생물학적 주요 진행 과정을 입증하는 대표적 사례일 것 • 과학이나 보존 관점에서 볼 때 보편적 가치가 탁월하고 현재 멸종 위기에 처한 종을 포함한 생물학적 다양성의 현장 보존을 위해 가장 중요하고 의미가 큰 자연 서식지를 포괄

㉢ 이러한 가치평가기준 이외에도 문화유산은 기본적으로 재질이나 기법 등에서 유산이 진정성(Authenticity)을 보유하고 있어야 한다. 또한, 문화유산과 자연유산 모두 유산의 가치를 보여줄 수 있는 제반 요소[완전성(Integrity)]를 포함해야 하며, 법적·제도적 관리 정책(보호 및 관리체계)이 수립되어 있어야 세계유산으로 등재할 수 있다.

③ **세계유산의 분류**

㉠ 문화유산

- 기념물 : 기념물, 건축물, 기념 조각 및 회화, 고고 유물 및 구조물, 금석문, 혈거 유적지 및 혼합유적지 가운데 역사, 예술, 학문적으로 탁월한 보편적 가치가 있는 유산
- 건조물 : 독립되었거나 또는 이어져있는 구조물들로서 역사상, 미술상 탁월한 보편적 가치가 있는 유산
- 유적지 : 인공의 소산 또는 인공과 자연의 결합의 소산 및 고고 유적을 포함한 구역에서 역사상, 관상상, 민족학상 또는 인류학상 탁월한 보편적 가치가 있는 유산

㉡ 자연유산

- 무기적·생물학적 생성물들로부터 이룩된 자연의 기념물로서 관상상 또는 과학상 탁월한 보편적 가치가 있는 것
- 지질학적 및 지문학(地文學)적 생성물과 위협에 처해 있는 동물과 생물의 종의 생식지 및 자생지로서 특히 일정구역에서 과학상, 보존상, 미관상 탁월한 보편적 가치가 있는 것
- 과학, 보존, 자연미의 시각에서 볼 때 탁월한 보편적 가치를 주는 정확히 드러난 자연지역이나 자연유적지

㉢ 복합유산

- 문화유산과 자연유산의 특징을 동시에 충족하는 유산

④ 한국의 세계유산

㉠ 한국의 세계(자연 및 문화)유산

- 종묘(1995)
- 해인사 장경판전(1995)
- 석굴암 · 불국사(1995)
- 창덕궁(1997)
- 수원 화성(1997)
- 경주 역사 유적 지구(2000)
- 고창 · 화순 · 강화 고인돌유적(2000)
- 제주화산섬과 용암동굴(2007)
- 조선왕릉(2009)
- 한국의 역사마을 : 하회와 양동(2010)
- 남한산성(2014)
- 백제 역사 유적 지구(2015)
- 산사, 한국의 산지승원(2018)
- 한국의 서원(2019)
- 한국의 갯벌(2021)

더 알아보기

경주 역사 유적 지구

- 월성지구 : 신라왕궁이 자리하고 있던 월성, 신라 김씨 왕조의 시조인 김알지가 태어난 계림, 신라 통일기에 조영한 임해전지, 그리고 동양 최고(最古)의 천문시설인 첨성대, 석빙고(보물) 등이 있다.
- 대릉원지구 : 신라 왕, 왕비, 귀족 등 높은 신분계층의 무덤들이 있고, 구획에 따라 황남리 고분군, 노동리 고분군, 노서리 고분군 등으로 부르고 있다. 무덤의 발굴조사에서 신라문화의 정수를 보여주는 금관, 천마도, 유리잔, 각종 토기 등 당시의 생활상을 파악할 수 있는 귀중한 유물들이 출토되었다.
- 남산지구 : 신라 건국설화에 나타나는 나정(蘿井), 신라왕조의 종말을 맞게 했던 포석정(鮑石亭)과 미륵곡 석불좌상, 배리석불입상, 칠불암 마애석불 등 수많은 불교유적이 산재해 있다.
- 황룡사지구 : 황룡사지와 분황사가 있으며, 황룡사는 몽고의 침입으로 소실되었으나 발굴을 통해 당시의 웅장했던 대사찰의 규모를 짐작할 수 있으며, 40,000여 점의 출토유물은 신라 시대사 연구의 귀중한 자료가 되고 있다.
- 산성지구 : A.D 400년 이전에 쌓은 것으로 추정되는 명활산성이 있는데 신라의 축성술은 일본에까지 전해져 영향을 끼쳤다.

산사, 한국의 산지승원

양산 통도사, 영주 부석사, 안동 봉정사, 보은 법주사, 공주 마곡사, 순천 선암사, 해남 대흥사

한국의 서원

경주 옥산서원, 영주 소수서원, 안동도산서원, 안동병산서원, 함양 남계서원, 대구 달성군 도동서원, 정읍 무성서원, 논산 돈암서원

㉡ 한국의 세계기록유산

- 훈민정음(1997)
- 조선왕조실록(1997)
- 직지심체요절(2001)
- 승정원일기(2001)
- 해인사 대장경판 및 제경판(2007)
- 조선왕조의궤(2007)
- 동의보감(2009)
- 일성록(2011)
- 5 · 18 민주화운동기록물(2011)
- 난중일기(2013)
- 새마을운동기록물(2013)
- 한국의 유교책판(2015)
- KBS 특별생방송 '이산가족을 찾습니다' 기록물(2015)
- 조선왕실 어보와 어책(2017)
- 국채보상운동기록물(2017)
- 조선통신사기록물(2017)

㉢ 한국의 인류무형문화유산

- 종묘제례 및 종묘제례악(2001)
- 판소리(2003)
- 강릉단오제(2005)
- 강강술래(2009)
- 남사당놀이(2009)
- 영산재(2009)
- 처용무(2009)
- 제주 칠머리당 영등굿(2009)
- 가곡(2010)
- 대목장(2010)
- 매사냥(2010)
- 택견(2011)
- 줄타기(2011)
- 한산모시짜기(2011)
- 아리랑(2012)
- 김장문화(2013)
- 농악(2014)
- 줄다리기(2015)
- 제주해녀문화(2016)
- 씨름(2018)
- 연등회, 한국의 등불축제(2020)
- 한국의 탈춤(2022)

[핵심예제]

25-1. 유네스코에 등재된 세계유산(문화유산)이 아닌 것은? [2019년]

① 종 묘 ② 남한산성
③ 해인사 장경판전 ④ 숭례문

정답 ④

25-2. 세계기록유산으로만 바르게 연결된 것은? [2014년 특별]

① 직지심체요절 – 조선왕조의궤
② 동의보감 – 강릉단오제
③ 승정원일기 – 대동여지도
④ 훈민정음 – 묘법연화경

정답 ①

해설

25-1

숭례문은 대한민국 국보이지만 유네스코가 지정한 세계유산은 아니다.

25-2

우리나라의 세계기록유산 등재목록

훈민정음, 조선왕조실록, 직지심체요절, 승정원일기, 조선왕조의궤, 해인사 대장경판 및 제경판, 동의보감, 일성록, 5·18 민주화운동기록물, 난중일기, 새마을운동기록물, 한국의 유교책판, KBS 특별생방송 '이산가족을 찾습니다' 기록물, 조선왕실 어보와 어책, 국채보상운동기록물, 조선통신사 기록물

핵심이론 26 유형문화재 – 목조건축물

① 고건축의 양식

주심포 양식	• 건물의 기둥 위에만 공포(拱包)를 배치하고, 주간(株間)에는 창방 위에 화반 등을 놓아 주심도리를 받게 한 구조양식이다. • 삼국 시대를 비롯하여 조선 시대까지 계속 사용되었으나 고려 중기 이후부터 나타나기 시작한 다포 양식에 밀려 조선 초기부터는 중·하위의 전각에 주로 사용되었다. • 건물실례 : 봉정사 극락전(경북 안동, 13세기 초), 부석사 무량수전(경북 영주, 13세기 초), 수덕사 대웅전(충남 예산, 1308년), 성불사 극락전(황해 해주, 고려 말), 강릉 임영관 삼문(강원 강릉, 14세기)
다포 양식	• 기둥 상부에만 공포를 배치하는 주심포 양식과는 달리 주간에도 공포를 배치하였다. • 조선 시대에 궁궐의 정전이나 사찰의 주불전 등의 주요건물에 사용, 후기로 갈수록 공포 양식이 장식적이고 화려해진다. • 건물실례 : 남대문(숭례문, 1398년), 동대문(1869년), 경복궁 근정전(1867년), 창덕궁 인정전(1804년), 창경궁 명정전(1616년), 덕수궁 중화전(1906년), 화엄사 각황전(1702년), 금산사 미륵전(1635년), 통도사 대웅전(1645년), 봉정사 대웅전(조선 초), 심원사 보광전(1374년), 석왕사 응진전(1386년), 경천사지 십층석탑(1348년)
익공 양식	• 조선 초기에 우리나라에서 독자적으로 개발되어 사용된 공포 양식이다. • 향교, 서원, 사당 등의 유교 건축물에 주로 사용되었다. • 건물실례 : 오죽헌(강원 강릉, 15세기 후반), 경복궁 경회루(서울, 1867년), 청평사 회전문(강원 춘천, 1557년), 종묘 정전 및 영령전(서울, 1608년), 서울 문묘 명륜당(서울, 1606년), 옥산서원 독락당(경북 경주, 1516년)
절충 양식	조선 초기에 사용되었으며 다포를 주로 하고, 주심포를 혼합 절충하여서 만들어진 양식이다.
하앙공포 양식	처마를 들어 올리고 깊게 돌출시키기 위해 발달된 양식으로, 지렛대 원리를 이용, 화암사 극락전이 유일하다.

[주심포 양식]

[다포 양식]

[익공 양식]

② 구성부재 및 요소

기 단	건물의 터를 잡은 다음, 터보다 한 층 높게 쌓은 단
초 석	기둥 밑에 위치하여 상부로부터 전달되는 하중을 받아 지면에 전달시키는 기초석재(주춧돌)
기 둥	단면형에 따라 원형(권위건축과 규모가 큰 건물에 사용)·사각형·다각형 등으로, 위치에 따라 외진주·내진주·동자주·활주(팔작지붕의 건물 추녀 뿌리를 받치는 세장주로 추녀길이가 길 때 설치)·우주·퇴주 등으로 구분
보	기둥과 벽체 위에 수평으로 걸친 구조부재 → 대들보(작은 보의 하중을 받기 위해 기둥과 기둥 사이에 건너지른 큰 들보), 퇴량, 충량, 우미량(꼬리보), 귓보(귀평보) 등
도 리	가구재의 치상단에 놓이는 장재로서, 건물의 서까래를 받음 → 주심도리, 중도리, 종도리, 외목도리
대 공	대량 위에 얹혀 중종보와 종보, 도리 등을 받쳐주는 부재
솟을 합장	마루도리(종도리)의 좌우에서 중도리에 이르는 종보의 좌우 끝까지 빗댄 합장재
가구 형식	도리가 몇 겹으로 걸려 있느냐에 따라 3·7·9량 가구 등으로 분류
처 마	• 서까래·부연·평고대·연함·추녀·사래 등으로 구성 • 공포 : 처마 끝의 하중을 기둥에 전달하고 장식적 의장을 더해주는 부재
지 붕	맞배지붕, 팔작지붕, 우진각지붕, 사모지붕, 육모지붕, 팔모지붕, T자지붕, +자지붕, 솟을지붕, 다각지붕, 가적지붕, 사랑, 一자홑집(겹집), ㄱ자지붕, ㄷ자지붕, ㅁ자지붕 등이 있음 • 맞배지붕 : 책을 엎어 놓은 것과 같은 형태로, 주심포 양식에서 많이 사용 • 팔작지붕 : 맞배지붕과 함께 한옥에서 많이 사용 • 우진각지붕 : 지붕 네 모서리의 추녀마루가 처마 끝부터 경사지게 올라 용마루 또는 지붕 정상점에서 합쳐지는 형태 • 모임지붕 : 한 꼭짓점에서 지붕골이 만나는 형태로 주로 정자에 사용

[지붕형태]

기 와	지붕을 덮는 데 쓰이는 건축 부재로, 암키와(평기와)와 수키와(둥근기와)가 기본이다. • 막새 : 지붕의 추녀 끝에 사용되는 기와로 수막새와 암막새가 있다. • 치미 : 용마루의 양 끝에 높게 부착하던 대형의 장식기와이다. • 곱새 : 원통형이나 약간 굽은 형태로 내림마루와 귀마루 끝단에 사용되는 기와이다. • 취두 : 전통 건물의 용마루 양쪽 끝머리에 얹는 장식기와이다. • 잡상 : 추녀마루 위에 올리는 동물 모양 등의 장식기와이다.
벽 체	우리나라의 고건축은 대부분 심벽(기둥의 중심부에 흙과 널 등을 쳐서 기둥이 벽면보다 두드러져 보이게 한 것)으로 구성된다.
창 호	한국의 고건축에서 대문을 제외한 모든 창과 문이다.
바 닥	흙바닥, 전바닥, 온돌바닥, 마룻바닥
천 장	건물 내부 기둥의 윗부분을 총칭하는 것이다. → 연등천장 · 우물천장 · 보개천장 · 귀접이천장 · 빗천장 등

단 청	• 청(青) · 적(赤) · 황(黃) · 백(白) · 흑(黑)의 5색을 써서 건축물을 장엄하게 하거나 조상(造像) · 공예품 등을 채화하여 장식하는 것이다. – 가칠단청 : 문양을 그리지 않고 바탕색으로 마무리하는 단순한 형태의 단청 – 긋기단청 : 가칠단청 위에 선만을 그어 마무리한 단청 – 모로단청 : 부재의 두 끝부분에만 문양을 넣고, 가운데는 긋기로 마무리한 단청 – 얼금단청 : 금단청(복잡한 문양과 화려한 채색, 금문장식)과 모로단청의 절충형 • 상징과 식별, 은폐와 보호 및 물리 화학적 기능과 심리적 기능이 있다. • 단청장은 국가무형문화재로 지정되어 있다. • 우리나라 단청의 기원은 삼국 시대 고분 등에서 볼 수 있고, 불교를 수용하면서 더욱 발전되었다.
대 문	평대문, 솟을대문

③ 대표적인 목조건축물

㉠ 고려 시대 대표적인 목조건축물

- 봉정사 극락전(국보) : 우리나라에서 가장 오래된 목조 건물로 보고 있으며, 통일신라 시대 건축양식을 본받고 있다. 기둥은 배흘림 형태이며, 처마 내밀기를 길게 하기 위해 기둥 위에 올린 공포가 기둥 위에만 있는 주심포 양식이 쓰였다.
- 부석사 무량수전(국보) : 우리나라에 남아 있는 목조 건물 중 봉정사 극락전과 더불어 가장 오래된 건물 중 하나이다.
- 수덕사 대웅전(국보) : 백제 계통의 목조건축 양식을 이은 고려 시대 건물로, 건립연대가 분명하고 형태미가 뛰어나 한국 목조건축사에서 매우 중요한 문화재로 평가된다.
- 강릉 임영관 삼문(국보)
- 은해사 거조암 영산전(국보)
- 부석사 조사당(국보)

[부석사 무량수전]

[수덕사 대웅전]

㉡ 조선 시대 대표적인 목조건축물

- 법주사 팔상전(국보) : 우리나라에 남아 있는 유일한 5층 목조탑으로, 지금까지 남아있는 우리나라의 탑 중에서 가장 높은 건축물이자 하나뿐인 목조탑이다.
- 해인사 장경판전(국보) : 15세기 건축물로서 세계 유일의 대장경판 보관용 건물이며, 1995년 12월 유네스코 세계문화유산으로 등재되었다.
- 서울 숭례문(국보) : 서울에 남아 있는 목조 건물 중 가장 오래된 것으로, 태조 5년(1396)에 짓기 시작하여 태조 7년(1398)에 완성하였으며, 현판은 양녕대군이 썼다고 전해진다. 2008년 2월 10일 숭례문 방화 화재로 누각 2층 지붕이 붕괴되고 1층 지붕도 일부 소실되는 등 큰 피해를 입었으며, 5년 2개월에 걸친 복원공사 끝에 2013년 5월 4일 준공되어 일반에 공개되고 있다.
- 무위사 극락보전(국보) : 세종 12년(1430)에 지은 주심포 양식으로, 이 건물은 곡선 재료를 많이 쓰던 고려 후기의 건축에 비해, 직선재료를 사용하여 간결하면서 균형 있는 짜임새를 보여주고 있어 조선 초기의 양식을 갖추고 있는 뛰어난 건물로 주목받고 있다.
- 송광사 국사전(국보) : 조계산 자락에 위치하며, 나라를 빛낸 큰 스님 16분의 영정을 모시고 그 덕을 기리기 위해 세운 건물이다.
- 금산사 미륵전(국보)
- 화엄사 각황전(국보)
- 도갑사 해탈문(국보)

[해인사 장경판전]

[법주사 팔상전]

[핵심예제]

26-1. 전통 건축양식 중 기둥 위에만 공포(拱包)를 배치하는 형식으로, 봉정사 극락전, 부석사 무량수전, 수덕사 대웅전 등에 쓰인 건축양식은? [2014년 정기]

① 다포(多包) 양식
② 익공(翼工) 양식
③ 하앙공포(下昻拱包) 양식
④ 주심포(柱心包) 양식

정답 ④

26-2. 목조건축 양식 중 다포 양식으로 지어진 것을 모두 고른 것은? [2019년]

ㄱ. 통도사 대웅전	ㄴ. 봉정사 극락전
ㄷ. 경복궁 근정전	ㄹ. 경복궁 경회루
ㅁ. 수덕사 대웅전	ㅂ. 창덕궁 인정전

① ㄱ, ㄴ, ㅂ
② ㄱ, ㄷ, ㅂ
③ ㄴ, ㄹ, ㅁ
④ ㄹ, ㅁ, ㅂ

정답 ②

해설

26-1

- 다포 양식 건물 : 남대문, 동대문, 경복궁 근정전, 창덕궁 인정전 등
- 익공 양식 건물 : 오죽헌, 경복궁 경회루 등
- 하앙공포 양식 건물 : 화암사 극락전

26-2

통도사 대웅전, 경복궁 근정전, 창덕궁 인정전은 대표적인 다포 양식 건축물이다. 이외에도 남대문, 동대문, 창경궁 명정전, 덕수궁 중화전, 화엄사 각황전, 금산사 미륵전, 봉정사 대웅전, 심원사 보광전, 석왕사 응진전 등이 다포 양식으로 지어졌다.

핵심이론 27 유형문화재 – 궁궐, 성곽

① 궁 궐

㉠ 삼국 시대
- 고구려 : 길림성 집안현의 국내성터와 평양시 대성 구역의 안학궁터, 장안성의 궁성터 등
- 백제 : 한성시대의 서울 풍납동 토성(사적)
- 신라 : 동왕 21년(BC 37년)에 금성을 축조

㉡ 통일신라 : 경주 동궁과 월지(사적)

㉢ 고려 시대 : 개경에 있는 왕궁터인 만월대의 유지에서 찾아볼 수 있다.

㉣ 조선 시대

경복궁 (사적)	• 1395년 태조 이성계에 의하여 건축된 조선왕조의 제1정궁이다. • '하늘이 내린 큰 복'이라는 뜻을 가진 궁이다. • 임진왜란으로 소실되었다가 조선 말기 고종 때 중건되었다. • 광화문(경복궁의 정문), 근정전(경복궁의 정전, 국보), 경회루(경복궁의 누각, 국보), 자경전(침전, 보물), 향원정(정자, 보물), 사정전(경복궁의 편전, 보물), 강녕전(내전), 교태전(왕비의 침전), 수정전, 건청궁, 동궁, 흥례문 등이 있다.
창덕궁 (사적)	• 1405년(태종 5년)에 경복궁의 이궁(離宮)으로 창건된 궁궐이다. • 경복궁의 동쪽에 위치하여 창경궁과 더불어 동궐이라 불렸다. • 돈화문(창덕궁의 정문, 보물), 인정전(청덕궁의 정전, 국보), 인정문(인정전의 정문, 보물), 대조전(창덕궁의 내전, 보물), 선원전(보물), 선정전(창덕궁의 편전, 보물), 희정당(보물), 낙선재(서재 겸 사랑채, 보물), 후원(정원), 부용정(후원에 있는 정자, 보물), 향나무(천연기념물), 다래나무(천연기념물) 등이 국보 · 보물 및 천연기념물로 지정되어 있다. • 1997년 12월 유네스코 세계문화유산으로 등록되었다.
창경궁 (사적)	• 1418년 왕위에 오른 세종이 생존한 상왕인 태종을 모시기 위해 지은 수강궁(壽康宮) 터에 이었으며, 세조비 정희왕후, 예종계비 안순왕후, 덕종비 소혜왕후 세 분을 모시기 위해 1484년(성종 15년)에 명정전 · 문정전 · 통명전 등을 짓고 창경궁을 완성하였다. • 일제강점기에 유원지로 바뀌는 수모를 겪었으나, 1983년 이후 복원사업을 통해 궁궐로서의 위상을 되찾게 되었다. • 홍화문(창경궁의 정문, 보물), 옥천교(보물), 명정문 및 행각(보물), 명정전(창경궁의 정전, 국보), 문정전(창경궁의 편전), 숭문당, 함인정, 경춘전, 환경전, 통명전(창경궁의 내전 및 연회 장소, 보물), 양화당, 영춘헌 · 집복헌, 풍기대(보물), 관천대(보물), 춘당지 등이 있다.
덕수궁 (사적)	• 1897년 고종이 아관파천에서 환궁하면서 경운궁이라 하여 정궁으로 사용하였다. • 조선 최후의 임금인 순종이 창덕궁으로 옮겨가면서 고종의 장수를 기원하는 뜻에서 덕수궁으로 개하였다. • 중화전(정전, 보물), 즉조당(침전), 함녕전(고종의 침전, 보물), 석조전(서양식 석조 건물) 등이 있다.
경희궁 (사적)	• 경희궁은 조선 인조부터 철종에 이르기까지 임금이 이궁(離宮)으로 사용하였으며, 본래 경덕궁이라 불렸다. • 경희궁은 궁의 규모가 크고 여러 임금이 궁에서 정사를 보아 동궐인 창덕궁에 대하여 서궐이라 한다. • 경희궁의 정문인 흥화문은 신라호텔의 정문으로 이용되기도 했으며, 가장 오래된 전각인 숭정전(경희궁의 정전)은 동국대학교 구내로 옮겨져 있다.

[근정전]

[경회루]

※ 궁궐의 명칭 : 정궁 – 왕의 침전, 서궁 – 대비의 침전, 동궁 – 세자의 침전, 중궁 – 왕비의 침전

※ 한국 전통건물은 규모와 크기, 격에 따라 대체로 '전(殿), 당(堂), 합(閤), 각(閣), 재(齋), 헌(軒), 루(樓), 정(亭)'의 순서로 분류한다.

더 알아보기

품계석(品階石)

- 조선 시대 문무백관 벼슬의 높고 낮음에 따라 궁궐의 정전 앞마당에 품계를 새겨 세운 작은 비석이다.
- 정1품, 종1품, 정2품, 종2품, 정3품, 종3품 순서로 놓으며, 이후부터는 종은 없고 정4품에서 정9품까지 순서대로 놓는다.
- 정전에 가까운 쪽이 높은 품계이고 멀수록 낮은 품계이다.
- 동쪽인 오른쪽에는 문관, 왼쪽인 서쪽에는 무관이 위치한다.
- 신년하례식이나 조회 때 각각의 품계석 앞에 서서 의례를 행한다.

② 성 곽

㉠ 지형에 따른 분류

산 성	• 우리나라 성곽의 대표적인 형태이다. – 강화산성 : 고려 시대의 산성이다. – 고양 행주산성 : 흙을 이용하여 만든 토축산성이다. – 남한산성 : 북한산성과 함께 수도 한양을 지키기 위한 조선 시대의 산성이다. – 칠곡 가산산성 : 조선 후기의 축성기법을 보여주고 있다. • 북한산성이나 남한산성, 동래 금정산성, 상주 백화산성 등이 규모가 큰 산성이며, 이 가운데 금정산성은 둘레가 17km나 되는 우리나라 최대의 산성이다.
평지성	평지에 쌓은 성곽, 우리나라의 평지성은 둘레를 네모나게 쌓고 성 밖에 해자(垓字)를 파기도 한다.
평산성	• 평지와 구릉을 아울러 쌓은 성이다. • 서산 해미읍성, 수원 화성

[서산 해미읍성]

[수원 화성(팔달문)]

㉡ 기능에 따른 분류

행정적 기능	평상시 행정적 측면을 중시, 유사시를 대비한 성으로 도성이나 읍성이 대표적이다.
군사적 기능	• 대피성 : 전쟁 때 일시적으로 대피하는 성 • 상주성 : 군대가 항상 주둔하는 성 • 창성 : 창고의 기능을 가진 성 • 진성 : 국경과 해안 및 내륙의 요충지에 쌓은 성 • 장성(행성, 관성) : 국경의 변방에 외적을 막기 위해서 쌓은 성 → 천리장성(고려, 12년에 걸쳐 완성된 성벽의 높이와 너비가 각 21척이나 됨)

㉢ 거주 주체에 따른 분류

도 성	• 왕궁이 있는 도읍지에 궁궐과 관청건물이 있는 궁성을 보호할 목적으로 외곽에 쌓은 나성을 갖춘 성이다. • 평양성(고조선), 장안성
궁 성	• 왕이 거처하는 궁궐과 통치에 필요한 관청건물들을 둘러싸고 있는 성이다. • 내성이라고도 한다.
행재성	• 왕이 군사 · 행정상 중요한 지역에 가서 임시로 머무는 이궁이 있는 곳이다. • 수원 화성이 대표적이다.
읍 성	• 지방행정 관서가 있는 고을에 축성되며, 성 안에 관아와 민가를 함께 수용한다. • 행정적인 기능과 군사적인 기능을 갖춘 성이다.

- 부산 동래읍성
  - 고려 말에서 조선 초에 만들어진 것으로 보이며 일제시대를 거치면서 평지의 성벽은 대부분 철거되었고, 마안산을 중심으로 성곽의 모습만 겨우 남아있다.
  - 현재 부산광역시 기념물 '동래읍성지'로 지정되어 있다.
- 고창읍성(사적)
  - 옛 고창 고을의 읍성으로 모양성(牟陽城)이라고도 하는데, 백제 때 고창지역을 모량부리로 불렀던 것에서 비롯되었다.
  - 조선 시대의 읍성에서 흔히 보기 어려운 주초와 문짝을 달던 홈이 파인 누문(樓門)을 가지고 있어 성곽을 연구하는 데 좋은 자료가 되고 있다.

㉣ 재료에 따른 분류

목책성	• 목책으로 만든 성으로 가장 오래된 형태이다. • 행주산성이 이중으로 쌓은 목책성이다.
석 성	• 돌로 만든 성이다. • 삼국 시대부터 조선 시대까지 만든 성의 대부분으로 우리나라 성곽의 주류를 이룬다.
토 성	• 석성과 함께 우리나라 성곽의 주류를 이루고 있으며, 돌을 운반하기 힘든 곳에 많이 쌓았다. • 백제의 아차산성과 풍납리 토성 및 부소산성, 고려의 천리장성 등
토석 혼축성	• 흙과 돌을 함께 사용한 성이다. • 백제 시대의 익산 토성, 고구려의 평양성이 해당된다.
전축성	• 벽돌로 쌓은 성으로 고려 말과 조선 시대에 주로 쌓았으며, 숙종 때에 강화산성을 수축하면서 여장에 벽돌을 사용하였다. • 정조 때에 축성된 수원성의 일부도 벽돌로 축조되었다.

③ 성곽의 부수시설

여 장	성벽 위에 설치하는 낮은 담장으로, 적으로부터 몸을 보호하고 적을 효과적으로 공격하기 위한 구조물이다.
옹 성	성문을 보호하고 성을 지키기 위해 성문 밖에 쌓은 작은 성이다.
적 대	• 적의 정세를 살피는 망대(望臺)이다. • 성문 양옆에 돌출시켜 옹성과 성문을 적으로부터 지키는 대이다.
해 자	• 성 주위에 둘러 판 못이다. • 하천을 이용하거나 성벽의 주변에 인공적으로 도랑을 파서 만든 성의 방어물에 해당한다.
현 안	성벽에 가까이 다가온 적을 공격하기 위해 성벽 외벽 면을 수직에 가깝게 뚫은 것이다.
노 대	높은 대를 둔 곳으로, 특정한 깃발을 흔들어 화성성곽 곳곳으로 명령을 전하기도 하고, 또 쇠뇌라는 큰 화살을 쏘기도 하는 곳이다.
암 문	성문은 축성 목적에 따라 정문, 간문, 암문 등으로 구분되는데, 적의 눈에 띄지 않는 곳에 만든 작은 문이 암문이다.

핵심예제

27-1. 유네스코 세계문화유산으로 등록된 조선 시대 궁궐은?

[2021년]

① 창덕궁
② 경복궁
③ 창경궁
④ 경희궁

정답 ①

27-2. 성(城)의 구성에 관한 설명으로 옳지 않은 것은?

[2020년]

① 해자 – 성곽주위로 물을 채워서 적의 침입을 막는 시설
② 여장 – 공격과 방어에 유용하게 사용되는 낮은 철(凸)자 형의 담장으로 쌓아놓은 시설
③ 옹성 – 성벽의 일부를 돌출시켜 적의 동태를 살피거나 공격하고 성벽을 타고 오르는 적병을 측면에서 공격할 수 있는 시설
④ 노대 – 산성과 같은 높은 곳에서 화살을 쏠 수 있는 시설

정답 ③

해설

27-1

1997년 12월 창덕궁이 유네스코 세계문화유산으로 등록되었다.

27-2

성벽의 일부를 돌출시켜 적이 성벽을 오를 수 없도록 하는 시설은 치성이다. 옹성은 성문을 보호하기 위해 성문 밖에 쌓은 작은 성이다.

핵심이론 28 유형문화재 – 가옥

① 한 옥

㉠ 전통 한옥은 단층 구조가 일반적이다.

㉡ 사랑채와 안채의 영역이 구분되었다.

㉢ 자연재료로 마감된 전통적인 외관을 갖춘 건축물이다.

㉣ 한옥은 풍수지리를 바탕으로 배치되었다.

㉤ 온돌 : 우리나라의 전통적인 난방 방식으로, 궁궐에서도 사용되었다. 열의 전도 · 복사 · 대류를 이용한 난방 방식으로, 방바닥 밑의 구들장을 데워 방안을 따뜻하게 한다.

- 고래 : 방의 구들장 밑으로 불길과 연기가 통하여 나가는 길이다.
- 부넘이 : 불길이 아궁이로부터 골고루 고래로 넘어가게 만든 언덕으로, '부넘기'가 표준어이다.
- 개자리 : 불기운을 빨아들이고 연기를 머무르게 하기 위해 고래보다 더 깊이 판 고랑이다.

② 제주특별자치도 전통취락구조

㉠ 정낭 : 집의 대문과 같은 기능을 한다. 긴 나무 3개를 양쪽 돌담 사이에 가로로 끼워 넣고 집주인의 외출여부 등을 알려준다.

㉡ 통시 : 일명 '똥돼지간'으로, 제주도의 전통 건축에서 뒷간(화장실)과 돼지막(돗통)이 함께 조성된 공간을 말한다.

㉢ 안거리 : 제주도의 전통 가옥에서 안채를 말한다.

㉣ 모거리 : 제주도의 전통 가옥에서 별채를 말한다.

㉤ 고팡 : 주로 곡류 등을 항아리에 넣어 보관하는 창고이다.

핵심예제

28-1. 다음은 무엇에 관한 설명인가? [2015년 특별]

- 제주특별자치도 전통취락구조 중 집의 대문과 같은 기능을 한다.
- 긴 나무 3개를 양쪽 돌담 사이에 가로로 끼워 넣고 집주인의 외출여부 등을 알려준다.

① 통 시 ② 정 낭
③ 안거리 ④ 모거리

정답 ②

28-2. 제주도의 전통가옥에서 주로 곡류 등을 항아리에 넣어 보관하는 창고는? [2014년 정기]

① 고 팡 ② 우데기
③ 행랑채 ④ 정주간

정답 ①

해설

28-1

① 일명 '똥돼지간'으로, 제주도의 전통 건축에서 뒷간(화장실)과 돼지막(돗통)이 함께 조성된 공간을 말한다.

③ 제주도의 전통 가옥에서 안채를 말한다.

④ 제주도의 전통 가옥에서 별채를 말한다.

28-2

② 눈이 많이 오는 울릉도에서 민가에 설치하는 외벽이다.

③ 대문간의 곁에 있는 집채이다.

④ 부엌과 안방 사이에 벽이 없는 방으로, 함경도 지방에서 많이 볼 수 있다.

핵심이론 29 유형문화재 – 사찰

① 가람배치(사찰 건물의 배치)의 분류

㉠ 일탑가람식

- 탑과 금당을 병립시키는 방식으로 탑을 모신 지역과 불상을 모신 곳 및 승려들이 거주하는 지역 등이 담장에 의해서 엄격하게 나누어진 형태이다.
- 경주 암곡의 고선사지가 대표적인 예이다.

㉡ 탑이 있는 예배원과 승원의 복합배치형식

- 탑과 금당, 또는 탑과 금당 · 강당 등이 회랑으로 둘러싸인 예배원과 기타 부속건물이 있는 승원으로 나누어지는 배치형식이다.
- 일탑일금당의 형식은 문경 봉암사, 이탑일금당은 불국사가 대표적인 예이다.
- 일탑다불전은 경주 황룡사지, 이탑다불전은 익산 미륵사지, 다탑다불전은 보령 성주사지가 대표적이다.

㉢ 탑이 없는 예배원과 승원의 복합배치형식 : 조선 시대부터 건립되었다.

② 시대별 사찰 및 특징

고구려	375년에 초문사와 이불란사가 창건되었고, 392년(광개토대왕 2년)에는 평양에 9개의 절이 창건되었다. 또한 498년(문자왕 7년)에 금강사를, 영류왕 때는 영탑사와 육왕사 등을 건립하였다.
백 제	527년에 대통사가 건립되었으며, 왕흥사, 칠악사, 오합사, 미륵사, 호암사, 수덕사, 익산 미륵사지, 부여 정림사지, 부여 금강사지, 금산사, 내소사, 수덕사, 개심사, 선운사, 갑사 등이 창건되었다.
신 라	흥륜사(544), 영흥사(535), 기원사(566), 삼랑사(597), 황룡사(634), 분황사(634), 영묘사(635) 등이 창건되었다.
통일신라	통일신라 8세기까지의 가람은 쌍탑일금당식으로 산에 건립하였다.
고 려	통일신라의 가람배치를 계승 → 산지일탑일금당병렬식과 산지쌍탑병렬식, 산지무탑식이 혼재한다.
조 선	고려 가람배치를 계승 · 모방하였다.

③ 사찰의 주요 건축물

극락전	• 아미타불(서방 극락정토의 주재자)을 모시는 사찰 당우로, 극락보전 · 무량수전 · 무량전 · 보광명전 · 아미타전이라고도 한다. • 좌측에는 관세음보살, 우측에는 대세지보살이 위치한다.
나한전	아라한을 모신 전각이며, 응진전이라고도 한다.
명부전	지장보살을 모시고 죽은 이의 넋의 극락왕생을 기원하는 전각으로 지장전 또는 시왕전이라고도 한다.
대웅전	석가모니불을 주불(본존불)로 모시는 전각으로 석가모니의 덕호인 대웅을 따라 대웅전 또는 대웅보전이라고 한다.
미륵전	• 미래에 나타날 부처를 모신 곳이다. • 미래불인 미륵보살이 용화 세계에서 중생을 교화하는 것을 상징하는 법당이며, 용화전이라고도 한다.
약사전	• 약사여래불을 봉안해 놓은 전각으로, 약사여래는 중생의 모든 질병을 치료해주고 고통을 없애주는 여래불이다. • 중앙에 약사여래불, 좌측에 일광보살, 우측에 월광보살이 위치한다.
비로전	• 비로자나 화엄불국토의 주인인 비로자나불을 모시는 전각으로 주로 화엄종 사찰에서 본전에 세워진다. • 중앙에 비로자나불을 주불로 하고 좌측에 관세음보살, 우측에 허공장보살이 위치한다.
삼성각	• 통상 사찰 뒤쪽에 위치하며 독성, 산신, 칠성신을 함께 모시는 전각이다. • 삼성 신앙은 불교가 한국사회에 토착화하면서 고유의 토속 신상이 불교와 합쳐져 생긴 신앙 형태이다.

④ 삼보사찰 및 5대사찰

㉠ 삼 보

- 삼보는 불교에서 귀하게 여기는 세 가지 보물이라는 뜻으로, 불보(佛寶) · 법보(法寶) · 승보(僧寶)를 가리킨다.
- 불보는 중생들을 가르치고 인도하는 석가모니를 뜻하며, 법보는 부처가 스스로 깨달은 진리를 중생을 위해 설명한 교법, 승보는 부처의 교법을 배우고 수행하는 제자 집단을 의미한다.
- 한국에서는 통도사 · 해인사 · 송광사가 삼보사찰에 속하며, 이들 세 사찰을 일컬어 3대 사찰이라고 부른다.

㉡ 삼보사찰

양산 통도사	• 부처의 법신(法身)을 상징하는 진신사리를 모시고 있어 불보사찰이라고 한다. • 7세기 중엽 신라의 고승 자장이 당나라에서 문수보살의 계시를 받고 불사리와 부처의 가사 한 벌을 가져와, 사리는 3분하여 황룡사와 울산 태화사에 두고 나머지는 통도사를 창건하여 금강계단에 가사와 함께 안치하였다고 한다. • 이 사찰은 부처의 진신사리를 안치하고 있어 불상을 모시지 않고 불단만 있는 대웅전이 국보로 지정되어 있다.
합천 해인사	• 부처의 가르침을 집대성한 고려대장경을 모신 곳이라고 해서 법보사찰이라고 한다. • 고려대장경을 모신 해인사 장경판전은 사찰의 가장 중요한 전각이다.
순천 송광사	• 고려 중기의 고승 보조국사 지눌이 당시 타락한 고려 불교를 바로잡아 한국 불교의 새로운 전통을 확립한 정혜결사의 근본도량이다. • 그 뒤 지눌의 제자 혜심을 비롯하여 조선 초기까지 16명의 국사를 배출했다고 해서 승보사찰이라고 불렸다.

㉢ 5대 사찰(삼보사찰 + 범어사, 화엄사)

부산 범어사	신라 시대 당나라에 유학을 하고 돌아온 의상대사가 창건한 화엄종 사찰이며, 10찰 중 하나이다.
구례 화엄사	• 544년에 인도 승려 연기가 세웠다고 기록되어 있으며, 677년(신라 문무왕 17년)에는 의상대사가 화엄10찰을 불법 전파의 도량으로 삼으면서 이 화엄사를 중수하였다. 그리고 장육전(丈六殿)을 짓고 그 벽에 화엄경을 돌에 새긴 석경(石經)을 둘렀다고 하는데, 이때 비로소 화엄경 전래의 모태를 이루었다고 한다. • 대개의 절은 대웅전을 중심으로 가람을 배치하지만, 이 절은 각황전이 중심을 이루어 비로자나불을 주불(主佛)로 공양한다.

⑤ **대표적 유명 사찰**

㉠ 양양 낙산사

- 신라 문무왕(671년) 때 승려 의상에 의해 창건되었다.
- 해변에 위치한 특이한 구조를 갖춘 사찰로, 우리나라 3대 관음기도도량 중의 하나이다.
- 2005년 화재로 인해 큰 피해를 입었다.
- 낙산사 홍련암은 1984년 강원도문화재자료로 지정되었다.
- 양양 낙산사 건칠관음보살좌상은 2003년 보물로 지정되었다.

㉡ 영주 부석사

- 부석이란 '뜬 바위'란 뜻이다.
- 신라 문무왕(676년) 때 승려 의상에 의해 창건되었다.
- 선묘각은 선묘라는 여인의 초상화를 모신 사당이다.
- 무량수전(국보)은 팔작지붕에 주심포 양식이며, 우리나라에 남아있는 오래된 목조 건물 중 하나로 그 가치가 매우 중요하다.

[핵심예제]

29-1. 사찰의 주요 건축물에 관한 설명으로 옳은 것은? [2020년]

① 극락전은 보광전이라고도 하며, 중앙에 약사여래불, 좌측에 일광보살, 우측에 월광보살이 위치한다.
② 나한전은 응진전이라고도 하며, 아라한을 모신 곳이다.
③ 명부전은 대적광전, 대방광전이라고도 부르며, 중앙에 비로자나불을 주불로 하여 좌측에 관세음보살, 우측에 허공장보살이 위치한다.
④ 대웅전은 미래에 나타날 부처를 모신 곳이다.

정답 ②

29-2. 사찰에 관한 설명으로 옳지 않은 것은? [2015년]

① 화엄사 – 주 건물은 각황전으로 비로자나불을 모시고 있다.
② 통도사 – 대웅전 안에 불상을 모시지 않고 불단만 마련해 놓았다.
③ 송광사 – 의상대사에 의해 창건되었고 원효, 서산대사 등이 수도하였다.
④ 해인사 – 합천 해인사 대장경판, 합천 해인사 장경판전이 있으며 법보사찰이라고 한다.

정답 ③

해설

29-1

① 중앙에 약사여래불, 좌측에 일광보살, 우측에 월광보살이 위치하는 것은 약사전이다. 대개 극락전과 마주 보게끔 짓는다. 극락전은 아미타불을 모시는 법당으로, 아미타전 · 무량수전이라고 부르기도 한다. 좌측에는 관세음보살, 우측에는 대세지보살이 위치한다.

③ 중앙에 비로자나불을 주불로 하고 좌측에 관세음보살, 우측에 허공장보살이 위치하는 것은 비로전이다. 명부전은 지장보살을 모시는 법당으로 염라대왕과 시왕(十王)을 봉안하여, 지장전 또는 시왕전이라고 부르기도 한다.

④ 미래에 나타날 부처를 모신 곳은 미륵전이다. 대웅전은 석가모니불을 모시는 법당이다.

29-2

송광사(순천)는 보조국사 지눌에 의해 대찰로 중건된 절이다.

핵심이론 30 유형문화재 – 불탑, 석비

① **탑의 개념**

㉠ 석가모니의 신골(身骨), 사리를 봉안하고 그것을 외부로부터 보호하고자 돌이나 흙으로 높게 쌓아 놓은 건축물 또는 묘(무덤)이다.

㉡ 불교 이외의 탑과 구별짓기 위하여 사찰에 건립된 탑들은 탑파 또는 불탑이라고 표현한다.

② **탑의 분류**

㉠ 재료에 따른 탑의 분류

구분	내용
목 탑	목재로 축조한 것이다.
전 탑	벽돌로 축조한 것이다.
모전석탑	순수전탑 외에 전탑을 모방하여 벽돌모양의 작은 석재를 재료로 축조한 탑이다.
석 탑	화강암 재질로 만든 탑이다.

㉡ 형태에 의한 분류

구분	내용
복발탑	인도의 초기 탑 형식이다.
중층탑	탑신부가 중층으로 이루어진 탑이다. → 전탑 · 목탑 · 석탑 등 • 3층탑 : 우리나라 석탑의 가장 일반적 모습 • 5층탑 : 정림사지 5층 석탑 • 7층탑 : 중국의 자은사 대안탑과 충주 탑령리 7층 석탑이 유명 • 9층탑 : 신라 황룡사 9층 목탑 • 10층탑 : 원각사지 10층 석탑 • 13층탑 : 보현사 팔각13층 석탑
특이형 탑	다보탑, 보현인탑

③ **석탑의 구성요소** : 기단부, 탑신부, 상륜부 등으로 이루어진다.

구분	내용
상륜부	• 탑신부 맨 위층의 옥개석 위에 높게 세운 장식물이다. • 찰주 : 탑 꼭대기에 세운 장식의 중심을 뚫고 세운 기둥이다. • 보륜 : 탑의 상륜부에 있는 기둥머리의 금속 장식이다. • 복발 : 탑의 노반 위에 그릇을 엎어놓은 것처럼 만든 장식이다.
탑신부	• 탑신석과 옥개석이 한 조가 되어 층을 이루고 있는 부분이다. • 옥개석 : 석탑 위에 지붕처럼 덮는 돌이다.

기단부	• 탑의 맨 아랫부분이다. • 탱주 : 석탑의 기단부 중간에 일정한 간격으로 세운 기둥이다.

④ 시대별 탑의 특징

㉠ 고구려 : 목탑 양식이 주를 이루었으며, 현존하는 것은 없다.

㉡ 백 제

익산 미륵사지 석탑 (국보)	• 당시 백제에서 유행하던 목탑 양식에 따라 만들어진 탑으로 석탑 발생의 초기 양식을 보여 준다. • 우리나라에 남아 있는 탑 중 가장 오래되고 커다란 규모이다. • 이 탑은 1층은 3칸 4면의 평면을 이루었고, 1층 중앙에는 출입구를 마련하여 십자통로를 내고, 그 중심에는 방형의 큰 돌을 쌓아서 찰주(刹柱)를 만들었다. 그리고 1층에서 시작하여 각 층의 탑신은 기둥과 벽면을 이루었다. [익산 미륵사지 석탑]
부여 정림사지 오층석탑 (국보)	미륵사탑과 같이 목탑을 따랐으나 미륵사탑처럼 목탑을 그대로 모방한 직모적인 것은 아니고, 곳곳에 예술적 변형을 나타내고 있어 예술 작품으로서의 면목을 지니게 되었다.

㉢ 신 라

신라의 석탑	목탑을 본받아 석탑을 건립한 백제와는 달리 전탑을 모방하여 만들었다.
분황사 모전석탑 (국보)	• 신라 석탑 가운데 가장 오래된 걸작품이다. • 안산암을 벽돌같이 작게 잘라서 쌓은 것으로 중국의 전탑양식을 모방하고 있다. [분황사 모전석탑]
황룡사 구층목탑	• 신라 삼보(三寶) 중 하나로, 삼국유사에 의하면 자장의 요청으로 643년(선덕여왕 12) 건조되었다. • 아홉 개의 층은 모두 신라 변방의 나라들을 가리킨다. • 1238년(고려 고종 25) 몽골의 병화(兵火)로 불에 타 중수되지 못하고, 현재는 터만 남아 있다.

㉣ 통일신라

감은사지 동 · 서 삼층석탑 (국보)	가장 규모가 크고, 웅장한 기풍을 지녔으며, 통일 후 유행한 쌍탑가람의 시원탑이다.
불국사 삼층석탑 (국보)	• 2층 기단의 정비된 양식이나 탑신부의 비율이 기단과 잘 조화되어 신라 석탑 중 가장 균형 잡히고 아름다운 전형양식의 탑이다. • 이 탑을 만들기 위해 고향을 떠나온 석공 아사달과 남편을 찾아온 그의 처 아사녀와의 슬픈 전설 때문에 일명 무영탑이라 불린다.
의성 탑리리 오층석탑 (국보)	• 돌을 벽돌 모양으로 다듬어 쌓아올린 전탑 양식과 목조건축의 수법을 동시에 보여주는 특이한 구조를 가지고 있다. • 분황사 모전석탑과 함께 통일신라 전기 석탑양식 연구의 귀중한 자료가 되고 있다.
불국사 다보탑 (국보)	• 불국사 대웅전 앞 서쪽의 석가탑 맞은편에 자리 잡고 있는 탑으로, 특이한 형태를 가지고 있다. • 이만큼 기발한 의장으로 이루어진 걸작은 그 유례가 없다.

[불국사 삼층석탑]

[불국사 다보탑]

㉤ 고려 시대 : 고려 시대에는 국가차원에서뿐만 아니라 지방의 호족들과 백성들도 자신들의 염원을 담은 탑을 많이 세우면서 석탑양식의 다양한 변화를 가져 왔다.

경북 불국사 사리탑(보물)	경북 경주시 불국사에 있는 고려전기에 건립된 석조 불탑이다.
월정사 팔각 구층석탑(국보)	• 강원도 오대산 월정사 내에 있는 9층 석탑으로 높이는 15.2m이다. • 다각다층 석탑의 하나로 고려 전기 석탑을 대표한다.
경천사지 십층석탑(국보)	• 현재 국립중앙박물관 내부에 전시되어 있으며, 고려 후기 충목왕 때 조성된 석탑이다. • 높이 13.5m의 대리석으로 만들어진 탑으로 특수한 건조양식과 수법을 보이고 있다.

㉥ 조선 시대 : 조선이 건국되면서 불교는 쇠퇴하고 유교의 시대로 접어들자 석탑들도 규모가 현저히 작아졌다. 조선 시대에 세워진 특수한 형태의 탑은 고려 말의 경천사지 십층석탑 양식을 계승한 원각사지 십층석탑 및 수종사 팔각오층석탑, 묘적사 팔각다층석탑 등이 있다. 또한 목탑인 법주사의 팔상전도 있다.

원각사지 십층석탑(국보)	• 종로구 탑골공원에 있는 조선 초기의 대리석 석탑으로, 높이는 약 12m로 탑을 받쳐주는 기단은 3단으로 되어 있다. 기단의 각 층 옆면에는 용, 사자, 연꽃무늬 등 여러 가지 장식이 화사하게 조각되어 있다. • 형태가 특이하고 표현 장식이 풍부하여 훌륭한 작품으로 손꼽힌다.
법주사 팔상전(국보)	• 충북 보은 법주사에 있는 현존하는 최고의 목조 5층탑이다. • 조선 후기인 17세기에 조성되었지만 기존의 목탑을 여러 번 개축한 것이다. • 건물 내벽의 사방에는 석가모니의 일생을 여덟 폭의 그림으로 나누어 그린 팔상도가 각 면에 2개씩 그려져 있어 팔상전이라는 이름이 붙여졌다.

⑤ 석 비

㉠ 삼국 시대 : 고구려의 광개토왕비, 백제의 사택지적비(보물), 북한산 신라 진흥왕 순수비(국보) 등

㉡ 통일 신라 시대

• 묘비 : 경주의 신라태종무열왕릉비 → 현재는 귀부와 이수만이 남아 있다.

• 탑비 : 경남 하동의 쌍계사 진감선사탑비(국보), 제천 월광사지 원랑선사탑비(보물)

[광개토왕비]

㉢ 고려 시대 : 귀부 대신 장방형 개석의 비좌가 생기고, 이수도 장방형 개석이 되어 선봉사 대각국사비(보물)와 같은 형태를 볼 수 있다. → 개석을 생략하고 비신 상부의 양쪽모를 죽인 경북 포항 보경사 원진국사비(보물) 등

㉣ 조선 시대 : 서울 탑골공원의 원각사지 대원각사비(보물) 등

[핵심예제]

30-1. 서울 원각사지 십층석탑에 관한 설명으로 옳지 않은 것은? [2017년]

① 국보 제2호이다.
② 탑신을 받쳐주는 기단(基壇)은 4단으로 되어 있다.
③ 각 층 옆면에는 여러 가지 장식이 화사하게 조각되어 있다.
④ 대리석으로 만들어졌다.

정답 ②

30-2. 목조건축의 기법을 사용하여 만든 우리나라 최고(最古)의 석탑은? [2014년 정기]

① 익산 미륵사지 석탑
② 분황사 석탑
③ 감은사지 삼층석탑
④ 불국사 삼층석탑

정답 ①

해설

30-1

원각사지 십층석탑

국보로 지정되었으며, 높이는 약 12m이다. 대리석으로 만들어졌으며, 탑을 받쳐주는 기단(基壇)은 3단으로 되어있다. 기단의 각 층 옆면에는 용, 사자, 연꽃무늬 등 여러 가지 장식이 화사하게 조각되어 있다. 형태가 특이하고 표현 장식이 풍부하여 훌륭한 작품으로 손꼽힌다.

30-2

익산 미륵사지 석탑

- 백제 말 무왕(재위 600~641) 때 세워진 것으로 추정
- 우리나라에 남아 있는 탑 중 가장 오래되고 커다란 규모
- 양식상 목탑에서 석탑으로 이행하는 과정을 보여줌

핵심이론 31 유형문화재 – 사찰 석조물, 불상, 불구

① 사찰 석조물

㉠ 석조 부도(승탑)

- 승려의 사리나 유골을 안치한 묘탑으로 사찰의 경내나 외진 곳에 둔다.
- 부도는 팔각원당형, 종형, 복발형, 오륜형, 일반석탑형 등 다양한 형태를 보인다.

㉡ 석 등

- 불을 밝히기 위해 돌로 만든 도구로, 주로 사찰의 법당이나 불탑 앞에 설치한다.
- 시대별 석등
  - 통일신라 시대 : 충북 보은 속리산 법주사 쌍사자 석등(국보, 720), 법주사 사천왕 석등(보물), 전남 구례군 화엄사 각황전 앞 석등(국보), 경북 영주시 부석사 무량수전 앞 석등(국보), 전남 장흥군 유치면 보림사 남·북 3층 석탑 및 석등(국보)
  - 고려 시대 : 경기도 여주 신륵사 보제존자석종 앞 석등(보물), 충남 논산시 관촉사 석등(보물, 968)
  - 조선 시대 : 경기도 양주 회암사지 무학대사탑 앞 쌍사자 석등(보물)

[법주사 쌍사자 석등]

[관촉사 석등]

㉢ 당간지주

- 당간을 세우기 위해 좌우에 떠받치기 위한 기둥을 의미한다. 당간이란 불가에서 사찰의 문전에 꽂는 기치의 하나인데, 속칭 괘불이라 하여 그 표면에 불화가 그려져 있다.
- 현재 남아있는 대표적인 것으로는 통일신라 때의 갑사 철당간(보물), 고려 시대 때의 용두사지 철당간(국보) 등이 있다.

② 불 상

㉠ 불상의 의미 : 불당 안에 조성된 부처의 모습을 한 조각상이다.

㉡ 불상의 종류(이름) 및 모시는 법당

불상의 종류(이름)	모시는 법당
석가여래불(석가모니불)	대웅보전(대웅전)
대일여래불(비로자나불)	대적광전
아미타여래불 (무량광불, 무량수불)	극락전
약사여래불(대의왕불)	약사전
미륵불(자씨보살)	미륵전, 용화전

㉢ 불상의 종류

• 불격에 따른 분류

불타상	• 여래라고도 불리며, 진리를 깨달은 사람이라는 뜻이다. • 석가불, 비로자나불, 아미타불, 약사불, 미륵불 등
보살상	• 불교의 진리를 깨우치기 위해 수행하는 동시에, 부처의 자비행을 실천하여 모든 중생을 교화하고자 노력하는 대승불교의 이상적인 수행자상이다. • 미륵보살, 관음보살, 대세지보살, 문수보살, 보현보살, 지장보살 등
천부상	• 불교를 수호하는 신들로 인도의 고대 신앙에 있던 토착신들이 불교에 흡수된 것이다. • 범천, 제석천, 사천왕, 인왕(금강역사), 팔부중, 비천 등
나한상	• 부처님을 따르던 제자와 여러 나라에서 숭앙받던 고승들을 나타내는 것이다. • 십대제자, 유마거사 등

• 재료에 따른 분류 : 금불상, 은불상, 금동불상(불국사의 아미타불상 등), 철불상, 목불상(경남 합천 해인사 목조희랑대사상, 경기 화성 봉림사 목조아미타불좌성 등), 석불상(충남 서산 마애삼존불상, 석굴암 불상 등), 소조불상, 도자불상, 협저상(건칠상) 등

• 크기에 따른 분류 : 장육상, 반장육상, 등신상, 걸수반불상, 대불상 등

㉣ 시대별 불상 및 특징

• 삼국 시대

석 불	• 서산 용현리 마애여래삼존상(국보, 백제) : '백제의 미소'로 널리 알려진 마애불로, 층암절벽에 거대한 여래입상을 중심으로 오른쪽에는 보살입상, 왼쪽에는 반가사유상이 조각되어 있다. 당시의 활발했던 중국과의 문화교류 분위기를 엿볼 수 있게 하는 작품이다. • 태안 동문리 마애삼존불입상(국보, 백제) : 백제 최고(最古)의 마애불상이다. • 경주 배동 석조여래삼존입상(보물, 신라) : 7세기 신라 불상조각의 대표작으로 평가받는다.
금동불	• 금동연가7년명여래입상(국보, 고구려) : 도금까지도 완전히 남아 있는 희귀한 불상이다. • 금동신묘명삼존불입상(국보, 고구려) : 강인한 기품이 줄어들고 유연하면서 세련된 모습이 나타나고 있다. • 금동미륵보살반가사유상(국보, 고구려) : 연대는 6세기 후반으로 추정되며, 출토지가 확실한 고구려의 반가사유상으로 주목되는 작품이다. • 금동미륵보살반가사유상(국보 제78호, 삼국시대) : 균형 잡힌 자세, 아름다운 옷주름, 명상에 잠긴 듯한 오묘한 얼굴 등으로 보아 한국적 보살상을 성공적으로 완성시킨 6세기 중엽이나 그 직후의 작품으로 생각된다. • 금동미륵보살반가사유상(국보 제83호, 삼국시대) : 국보 제78호인 금동미륵보살반가상보다 조금 늦은 7세기 전반인 삼국 시대 후기에 만든 것으로 추정된다. • 금동정지원명석가여래삼존입상(보물, 삼국 시대) : 조각양식이나 표현 수법이 고구려의 금동연가7년명여래입상과 같은 계통으로, 중국 북위 시대에 유행한 불상양식을 수용한 것으로 보고 있다. • 금동관음보살입상(국보, 백제) : 보살상 전체에 녹이 많이 슬기는 하였으나 아직도 금색이 찬연하며 백제 불상 특유의 유연함을 보여주고 있다.

※ 문화재 지정번호 폐지로 금동미륵보살반가사유상 두 점의 구분이 더욱 어려워졌으나, 현재 문화재청에서 애칭 공모전을 벌이는 등 혼란을 감소시키기 위해 노력하고 있다(공식적으로 금동미륵보살반가사유상 두 점을 구분하는 명칭이 공개되지 않았으므로, 국보 제78호와 제83호는 지정번호를 삭제하지 않고 수록함).

[서산 용현리 마애여래삼존상]

[금동미륵보살반가사유상]

• 통일신라

석 불	• 경주 석굴암 석불(국보) : 신라 불교예술의 전성기에 이룩된 최고 걸작으로 건축, 수리, 기하학, 종교, 예술 등이 유기적으로 결합되어 있다. • 경주 감산사 석조미륵보살입상(국보) : 통일신라 시대부터 새롭게 유행한 국제적인 양식을 잘 보여주고 있는 작품으로 평가받는다. • 군위 아미타여래삼존 석굴(국보) : 삼국 시대 조각이 통일신라 시대로 옮겨가는 과정에서 만들어진 것으로 높은 문화사적 가치를 지니고 있다.
금 불	경주 구황동 금제여래입상(국보) → 만든 연대가 거의 확실하여 통일신라 시대 불상 연구에 있어 중요한 기준이 되고 있다.
금동불	• 경주 불국사 금동비로자나불좌상(국보) : 불국사 금동아미타여래좌상, 백률사 금동약사여래입상과 함께 통일신라 3대 금동불상으로 불린다. • 경주 불국사 금동아미타여래좌상(국보) : 사실적이면서 세련된 통일신라 시대 불상의 모습을 엿볼 수 있다. • 경주 백률사 금동약사여래입상(국보) : 평면적인 느낌을 주지만 신체의 적절한 비례와 조형기법이 우수하다.
철 불	• 장흥 보림사 철조비로자나불좌상(국보) : 만든 연대가 확실하여 당시 유사한 비로자나불상의 계보를 확인하는 데 중요한 자료가 되며, 신라 말부터 고려 초에 걸쳐 유행한 철로 만든 불상의 첫 번째 예라는 점에서 그 가치가 크다. • 철원 도피안사 철조비로자나불좌상(국보) : 통일신라 후기에 유행하던 철조비로자나불상의 새로운 양식을 대표하는 작품으로, 능숙한 조형수법과 알맞은 신체 비례를 보여주는 뛰어난 작품이다.

• 고 려

소조상 (진흙으로 만든 불상)	영주 부석사 소조여래좌상(국보) : 흙으로 형태를 만든 후 표면에 석회를 발라 완성시킨 소조불이다. 부석사 무량수전에 모셔져 있으며, 이 불상은 우리나라 소조불상 가운데 가장 크고 오래된 작품으로 가치가 매우 크다.
석 불	논산 관촉사 석조미륵보살입상(국보) : 경기·충청일대에서 특징적으로 조성되었던 토착성이 강한 불상으로, 새로운 지방적 미의식을 나타내고 있다.
철 불	하남 하사창동 철조석가여래좌상(보물) : 통일신라 불상양식을 충실히 계승한 고려 초기의 전형적인 작품임을 알 수 있다.

③ 불구(佛具) : 불교의식 및 신앙생활에 사용되는 도구

범종(梵鐘)	• 불교의식 때나 절에서 사람들을 불러 모을 때 또는 시간을 알리기 위해서 치는 종이다. • 우리나라 최초의 범종은 신라 성덕왕 24년(725년)에 만들어진 것으로 알려진 강원도 평창의 '상원사 동종(국보)'으로 보고 있다. • 그 뒤 46년 후인 771년(혜공왕 7년)에 우리나라에 남아있는 가장 큰 종인 성덕대왕신종(국보)이 탄생하였다. • 고려 시대 범종 : 용주사 범종, 내소사 범종, 탑산사명 범종 등 • 조선 시대 범종 : 봉은사 범종, 백련사 범종, 안정사 범종 등
금고(金鼓)	• 금속으로 만든 북이라는 뜻이다. • 금구(禁口) 또는 반자(飯子)라고도 한다. • 고려 고종 39년(1212년)에 만든 경상남도 고성의 옥천사 청동북(보물)
목어(木魚)	나무로 긴 물고기 모양을 만들어 걸어 두고 두드리는 불구로, '물속에 사는 모든 중생을 제도한다'는 상징적인 의미를 지닌다.
운판(雲版)	구름 모양의 넓은 청동판이나 철판으로 이를 두들겨 맑은 소리를 내게 하는 일종의 타악기(식사 치는 것)이다.
법고(法鼓)	가죽으로 만든 북으로 타악기의 하나이다.
요령(搖鈴)	손으로 흔들어서 소리를 내는 금속제품의 불구이다.
향로(香爐)	향을 피우는 데 사용하는 불구이다.
경(磬)	동이나 철, 옥 및 돌 등으로 만든 악기이며, 불경을 읽을 때나 범패를 할 때 사용하는 불구이다.

법라(法螺)	• 소라 끝에 피리를 붙인 것으로, 불도를 닦거나 또는 법회를 시작할 때 불어서 사람들이 모이게 하거나 의식을 행할 때 쓰는 불구이다. • 권패라고도 한다.
석조(石槽)	큰 돌을 파서 물을 부어 쓰도록 만든 석기로, 큰 절에서 잔치를 하고 나서 그릇 따위를 닦을 때 흔히 쓴다.

[성덕대왕신종]

[용주사 동종]

더 알아보기

사천왕(四天王)
- 사천왕이란 우주의 사방을 지키는 수호신이다.
- 동쪽의 지국천왕(持國天王), 서쪽의 광목천왕(廣目天王), 남쪽의 증장천왕(增長天王), 북쪽의 다문천왕(多聞天王)을 말한다.
- 예로부터 한국의 사찰에서는 일주문(一柱門)과 본당 사이에 천왕문을 세워, 그림으로 또는 나무로 깎아 만든 사천왕의 조상을 모시는 것이 일반적이다.
- 사천왕이 지니고 있는 물건은 일정하지 않으나 주로 비파, 용과 보주, 당, 탑 등 서로 다른 지물을 들고 있다. 경상남도 양산시 통도사의 목조 사천왕상, 경상북도 경주시 석굴암의 석조 사천왕상이 유명하다.

핵심예제

31-1. 통일신라 시대 3대 금동불상에 해당하지 않는 것은? [2018년]

① 경주 백률사 금동약사여래입상
② 경주 불국사 금동비로자나불좌상
③ 경주 구황동 금제여래입상
④ 경주 불국사 금동아미타여래좌상

정답 ③

31-2. 불상에서 '나발'은 무엇을 뜻하는가? [2015년 특별]

① 부처님의 머리카락
② 정수리에서 나오는 광명
③ 오른쪽 소매를 벗어서 어깨를 드러낸 것
④ 부처님의 정수리에 솟은 상투 모양의 머리

정답 ①

해설

31-1

통일신라 시대 3대 금동불상
- 경주 백률사 금동약사여래입상(국보)
- 경주 불국사 금동비로자나불좌상(국보)
- 경주 불국사 금동아미타여래좌상(국보)

31-2

'나발'은 부처님의 머리털을 뜻하는 것으로, 마치 소라 껍데기처럼 틀어 말린 모양이라 하여 이렇게 이른다.
③ 우견편단(양쪽 어깨를 모두 감쌀 경우는 '통견'이라고 함)
④ 육계(불정이라고도 칭함)

핵심이론 32 유형문화재 - 유교건축물

① 유교건축물의 유형

종 묘	역대 제왕의 위패를 모신 사당, 조선왕조의 역대 왕의 위패를 모신 종묘는 1995년 세계문화유산으로 지정 · 등록되었다.
성균관	유교의 교육을 맡아보던 기관으로 일종의 국립교육기관이다.
문 묘	공자를 모신 사당구역을 말하며, 성균관이나 향교에 설치되었다.
향교(鄕校)	공자 이하 역대 유명한 유학자를 모시고 교육을 위하여 지방군현에서 공립으로 운영하던 중등교육기관이다.
서원(書院)	지방의 사립교육기관으로 교육과 봉사를 담당하였다.
사우(祠宇)	선현을 봉사하는 사당으로, 공공의 여론을 통하여 건립된 경우를 사당이라고 한다.
사당(祠堂)	• 죽은 사람의 위패를 모시고 제향하는 집이다. • 전주 경기전 : 전라북도 전주시 완산구에 있는 조선 전기 제1대 태조(이성계)의 어진(초상화)을 모신 사당이다.
비각(碑閣)	비석을 보호하기 위해 세운 건물이다.
누각(樓閣)	지상 2층으로 지은 집이다.
객사(客舍)	고려 · 조선 시대에 각 고을마다 관아의 하나로 두었는데, 임금을 상징하는 궐패를 모셔 두고 초하루와 보름에 망궐례를 올리며, 지방에 오는 관원이 기거하던 집이다.
사고(史庫)	나라의 사기와 중요 서적을 수장하던 곳이다.
행각(行閣)	궁궐 또는 공공건축물의 정전 주위에 둘러져 지은 건물이다.

② 향교건축

㉠ 향교의 배치 : 남북축선상에 대성전과 명륜당을 일직선으로 배치 → 대성전과 명륜당의 위치에 따라 전학후묘형과 전묘후학형 등으로 대별할 수 있다.

- 전학후묘 : 경사진 터(강릉향교)
- 전묘후학 : 평평한 대지(나주향교)

㉡ 대표적 향교

- 함안향교(경상남도 유형문화재) : 함안면 봉성리
- 함양향교(경상남도 유형문화재) : 함양읍 교산리
- 합천향교(경상남도 유형문화재) : 야로면 구정리
- 산청향교(경상남도 유형문화재) : 산청읍 지리
- 거창향교(경상남도 유형문화재) : 거창읍 가지리
- 의령향교(경상남도 유형문화재) : 의령읍 서리

③ 서원건축

㉠ 서원의 의의 : 조선 시대 학문연구와 성리학적 인재양성을 위해 설립되었던 지방의 사설교육기관으로, 각 서원마다 각기 다른 선현을 모신다.

㉡ 서원의 입지

- 인적 환경 : 존경받을 만한 선현의 일정한 연고지로 한정된다.
- 자연적 환경 : 산수가 뛰어나고 비교적 읍의 중심에서 멀리 떨어진 지역이나 향촌에 위치한다.

㉢ 서원의 배치 : 서원이 입지한 지형이나 건립시기 및 기타 지역에 관계없이 모두 전면에 강학 공간을 두고 후면에 제향공간을 두는 전학후묘의 배치형식이다.

㉣ 한국의 서원

소수서원(경상북도 영주시), 옥산서원(경상북도 경주시), 도산서원(경상북도 안동시), 병산서원(경상북도 안동시), 고산서원(경상북도 안동시), 옥동서원(경상북도 상주시), 도동서원(대구광역시 달성군), 남계서원(경상남도 함양군), 무성서원(전라북도 정읍시), 필암서원(전라남도 장성군), 돈암서원(충청남도 논산시), 심곡서원(경기도 용인시) 등

㉤ 대표적 서원

소수서원 (사적)	• 1541년(중종 36) 풍기군수로 부임한 주세붕이 이듬해 이곳 출신 유학자인 안향(安珦)을 배향하기 위해 사묘를 설립하였고, 1542년 유생 교육을 겸비한 백운동서원을 설립하였다(조선 최초의 서원). • 1550년(명종 5년)에 퇴계 이황이 풍기 군수로 있을 때 사액 서원이 되면서 소수사원이라고 하였다. 즉, 소수서원은 최초의 사액서원이자 공인된 사학 기관이다.
도산서원 (사적)	퇴계 이황은 성리학을 발전시켜 동방유학을 집대성하고 1560년 서원을 짓게 하여 수많은 인재를 양성하였다. 이때 지은 서원이 바로 도산서원이며, 1574년(선조 7년)에 선생의 학적을 추모하는 문인과 유림들이 서원을 완성하였다.
도동서원 (사적)	• 1605년에 창건되었으며, 전학후묘의 배치형식이다. • 1868년 대원군이 내린 서원 철폐령의 대상에서 제외된 전국 47개 서원 가운데 하나로, 강당은 높은 댓돌 위에 세워진 정면 5칸 측면 2칸 반의 주심포 맞배집이고, 사당은 가구식 기단 위에 세운 정면 3칸 측면 3칸의 주심포 맞배집이다.

[도산서원]

[도동서원]

[도동서원 종단면도]

핵심예제

32-1. 종묘에 관한 설명으로 옳지 않은 것은? [2014년 정기]

① 조선 시대 역대 왕과 왕비의 신주를 모신 왕가의 사당이다.
② 유네스코 세계문화유산으로 지정되었다.
③ 왕의 생활공간 안에 만들어진 업무공간이다.
④ 유교적 전통인 제례문화를 보여주는 유교 건축물이다.

정답 ③

32-2. 다음 설명에 해당하는 것은? [2016년 특별]

> ㄱ. 관학(官學)으로 지방의 중등교육기관
> ㄴ. 조선 시대 학문연구와 성리학적 인재양성을 위해 설립되었던 지방의 사설교육기관

① ㄱ – 향교, ㄴ – 서원
② ㄱ – 서원, ㄴ – 사고
③ ㄱ – 향교, ㄴ – 객사
④ ㄱ – 서원, ㄴ – 향교

정답 ①

해설

32-1
왕의 생활공간 안에 만들어진 업무공간은 편전(便殿)에 해당한다.

32-2
• 사고 : 고려 및 조선 시대 나라의 역사기록과 중요한 서적 · 문서를 보관한 국가의 서적고(書籍庫)
• 객사 : 고려 및 조선 시대 각 고을에 설치했던 관사(館舍)

핵심이론 33 유형문화재 – 왕릉

① 왕 릉

㉠ 왕릉의 의미 : 왕과 왕비의 시신을 모시는 곳이었다. 왕릉에서 재궁을 모시는 지하석실을 현궁이라 하는데, 이는 지하에 건설된 궁이라 할 수 있다.

㉡ 왕릉공사는 5,000명이 넘는 인원이 동원되는 대규모 공사로, 모든 과정을 산릉도감에서 담당하였다.

㉢ 왕릉을 지키는 석물 및 상징물

- 왕릉의 봉분 주변에는 여러 가지 석물이 배치되었다. 무인석(武人石), 문인석(文人石), 석마(石馬), 장명등(長明燈), 석상(石床), 망주석(望柱石), 석양(石羊), 석호(石虎), 병풍석(屛風石) 등인데, 모두 돌로 만들어 석물이라 하였다.
- 석물은 현궁을 지키는 역할뿐 아니라 왕의 존엄성을 상징하기 위해 마련되었다.
- 홍살문 : 서원이나 향교를 비롯해 능(陵) 앞에 설치되며, 신성한 구역임을 알리는 상징적 구조물이다.

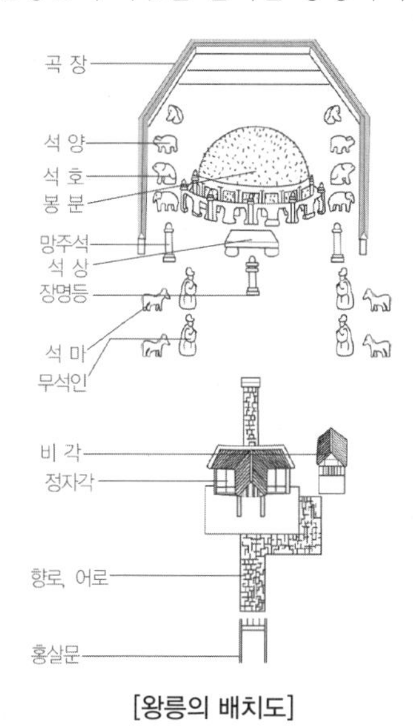

[왕릉의 배치도]

② 왕릉의 종류

㉠ 단릉 : 왕이나 왕비 어느 한쪽만을 매장한 형식

㉡ 쌍릉 : 왕과 왕비의 능을 같은 소구릉에 나란히 배치한 형식

㉢ 동원이강릉 : 정자각 좌우로 두 개의 소구릉에 각기 1릉씩 두는 형식

㉣ 합장릉 : 부부를 같은 봉안에 합장하는 형식

③ 고려 시대 왕릉 : 고려 왕릉은 개성 부근 산악 지대 및 인천 강화, 경기 고양시, 강원도 삼척 지역에 분포하며, 태조의 능인 현릉을 비롯한 19개 능은 소재가 분명하다.

④ 조선왕릉

㉠ 조선 왕조 역대 27명의 임금과 왕비, 추존왕의 무덤들이 있으며 이 중 반정으로 축출된 임금인 연산군과 광해군은 능 지위가 아닌 묘(墓) 지위에 있어서 왕릉으로 불리지 않고 묘로 분류되었다.

㉡ 대부분의 조선왕릉은 특히 서울 일부와 경기도 지역에 분포되어 있다. 이전까지는 경국대전에 따라 한양도성 외에도 가까운 경기도 지역에 왕릉을 조성하게 되었기 때문에 대부분의 왕릉들은 경기도에 분포되어 있다. 이 중 선정릉, 정릉, 헌인릉 등 일부 왕릉은 원래 경기도 지역에 있다가 1945년 이후 경기도에서 서울특별시 권역에 편입된 왕릉들이다.

㉢ 주요 왕릉 및 소재지

- 영릉(세종) : 경기도 여주시
- 장릉(단종) : 강원도 영월군
- 태릉(중종 계비 문정 왕후) : 서울 노원구
- 정릉(태조 계비 신덕 왕후) : 서울 성북구
- 정릉(중종) : 서울 강남구
- 동구릉 : 경기도 구리시에 위치하며, 9릉은 조선 제1대 태조 이성계의 건원릉, 제5대 문종과 현덕왕후가 묻힌 현릉, 제14대 선조와 의인왕후 · 계비 인목왕후가 묻힌 목릉, 제16대 인조의 계비 장렬왕후의 휘릉, 제18대 현종과 명성왕후의 숭릉, 제20대 경종비 단의왕후가 묻힌 혜릉, 제21대 영조와 계비 정순왕후의 원릉, 제24대 헌종과 효현왕후 · 계비 효정왕후의 경릉, 추존된 문조와 신정왕후의 수릉이다.
- 서오릉 : 경기도 고양시 덕양구에 위치하며, 창릉 · 익릉 · 명릉 · 경릉 · 홍릉 등 5기의 왕릉이 있어 서오릉이라 한다.

- 헌인릉 : 서울특별시 서초구에 위치하며, 조선 시대 태종과 왕비 원경왕후 민씨의 무덤인 헌릉과 순조와 왕비 순원왕후 김씨의 무덤인 인릉을 아울러 부르는 말이다.

더 알아보기

무덤 주인 및 신분에 따른 구분
- 주인을 알 수 있는 경우
  - 능(陵) : 왕이나 왕비의 무덤
  - 원(園) : 세자와 세자비, 왕의 부모의 무덤
  - 묘(墓) : 그 외의 모든 이의 무덤
- 주인을 알 수 없는 경우
  - 총(塚) : 다른 유적에서 볼 수 없는 특이한 유물이 발견되거나 차별화된 점이 있는 무덤 예 천마총, 무용총
  - 분(墳) : 총에 비하여 특징이 없는 평범한 무덤이며, 주인을 알 수 없는 오래된 무덤을 통칭

[핵심예제]

33-1. 서울특별시에 소재한 왕릉이 아닌 것은? [2016년 정기]

① 장 릉 ② 태 릉
③ 정 릉 ④ 헌 릉

정답 ①

33-2. 경기도에 소재한 왕릉은? [2021년]

① 광 릉 ② 태 릉
③ 정 릉 ④ 헌 릉

정답 ①

해설

33-1
김포 장릉, 영월 장릉, 파주 장릉 등이 있다.

33-2
① 경기도 남양주시에 위치하고 있다.
② 서울 노원구에 위치하고 있다.
③ 서울 성북구, 강남구에 위치하고 있다.
④ 서울 서초구에 위치하고 있다.

핵심이론 34 유형문화재 – 회화 및 서예, 전적류

① 시대별 회화 및 서예

구분	내용
고구려의 회화	고구려 고분벽화에 나타난 〈사신도〉, 〈수렵도〉가 유명하다. 특히 고구려의 〈사신도〉(청룡도, 백호도, 현무도, 주작도)는 당시의 사상적 배경과 양식기법으로 보아 가히 세계적인 걸작들이다.
백제의 회화	공주 송산리 고분에서 출토된 사신도와 성숙도가 유명하며, 7세기 전반 무렵의 〈산경문전〉은 비록 벽돌이기는 하지만, 당시 산수화의 경향을 추정할 수 있는 특별히 기록할 만한 작품이다.
신라의 회화	경남 고령 벽화고분의 〈연화도〉와 155호 신라고분에서 발굴된 〈천마도〉, 〈기마인물도〉 등이 유명한데, 이는 신라 시대 회화수준을 가늠하게 하는 자료들이다. 또한 솔거의 〈노송도〉와 〈관음보살상〉은 명화 중의 명화이다.
고려의 회화	불화가 압도적으로 많으며, 13~14세기 고려회화의 수준을 과시한 정지상의 〈산수도〉, 공민왕의 〈인물화〉, 〈산수화〉, 이녕의 〈예성강도〉 등이 유명하다.
조선의 회화	• 조선 전기에는 안견, 강희만, 이상좌 같은 대가들이 주로 활약하였는데, 안견의 〈몽유도원도〉, 이상좌의 〈송하보월도〉 등은 그 기법이나 사상적 배경에 있어서 매우 수준 높은 걸작품들이다. • 조선 후기에는 정선, 김홍도, 신윤복 등의 대가들이 한국 회화의 주체성에 눈을 뜨고 정열적인 회화활동을 하였으며, 정선의 〈금강전도〉, 김홍도의 〈풍속도〉, 신윤복의 〈풍속도〉 등은 당대의 걸작품들이다. • 조선 말기에는 추사 김정희를 중심으로 한 남종화가 세력을 굳혔다. • 장승업은 김정희의 제자로 호남화단의 기초를 다졌으며, 산수화, 도석 · 고사인물화, 화조영모화, 사군자 등의 다양한 소재를 다루며, 〈삼인문년도〉, 〈기명절지도〉, 〈호취도〉, 〈귀거래도〉 등의 작품을 남겼다.

② 대표적인 회화 및 서체

구분	내용
안견의 〈몽유도원도〉	안견은 조선 전기 화단을 대표하는 산수화의 대가로서, 〈몽유도원도〉는 안평대군이 꿈속에서 노닐었다는 도원의 선경을 그린 그림이다.
이상좌의 〈송하보월도〉	이상좌는 조선 전기 화단을 대표하는 산수화의 대가 중의 한 사람으로서 〈송하보월도〉, 〈우중맹호도〉, 〈나한도〉 등을 그렸는데, 그중 〈송하보월도〉는 바위산의 중량감과 소나무, 먼 산의 능선 등 그 수법이 마원의 구도를 연상하게 하는 것으로서 중국 남송 원서체의 화풍을 잘 보여주고 있다.

정선의 〈금강전도〉, 〈인왕제색도〉	정선은 조선 후기 화단을 창시해낸 근대적 자각이 뛰어난 화가로 〈금강전도〉는 둥근 원형의 외부구도를 대담하게 구상했으며, 그 속에 직립된 산형들을 훌륭하게 묘사해낸 걸작품이다.
김홍도의 〈군선도 병풍〉	• 단원 김홍도는 조선 후기 화단을 대표하며, 혜원 신윤복과 함께 풍속화의 쌍벽을 이루는 화가이다. • 서민생활의 저변에 깔려 있는 인간의 생기 있는 표정과 동작을 깊이 관찰하여, 조선 후기 화단의 명품으로 꼽히는 〈군선도 병풍〉, 〈풍속도〉, 〈무동〉, 〈병진년화첩〉 등을 그렸다.
신윤복의 〈풍속도 화첩〉	• 혜원 신윤복은 조선 후기 영조 때 궁중화가로 〈풍속도〉와 〈산수화〉를 잘 그렸는데, 그의 〈풍속도〉는 시원스럽고, 세련된 화법에서 생동감을 느끼게 한다. • 신윤복은 선이 가늘고 유연하며 부드러운 담채 바탕에 원색을 즐겨 사용했으며, 〈미인도〉, 〈단오풍정〉, 〈뱃놀이〉 등의 대표작이 있다.
김정희의 〈세한도〉, 〈추사체〉	• 완당 김정희는 그림뿐만 아니라 서예에도 능통한 금석학자인 동시에 격조 높은 문인화의 대가이며, 〈추사체〉라는 고금을 통한 독보적인 글씨체를 완성시킨 위대한 서예가이기도 하다. • 완당이 그린 〈세한도〉는 세련미가 뛰어난 걸작품이다.

[신윤복 – 풍속도 화첩]

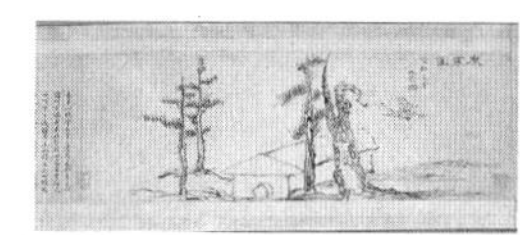

[세한도]

③ 전적류

㉠ 묘법연화경찬술(보물) : '법화경'이라고 부르기도 하며, 천태종의 근본경전으로 불교사상 확립에 많은 영향을 끼쳤고, 우리나라에서 유통된 불교경전 가운데 가장 많이 간행된 경전이기도 하다.

㉡ 훈민정음(국보) : 1446년(세종 28)에 세종대왕이 집현전 학자인 정인지, 신숙주, 성삼문 등에게 명하여 새로 창제한 한문해설서로 현재 간송미술관에 보관되어 있다. 전권 33장 1책으로 목판본으로 되어 있으며, 해례가 붙어 있어 〈훈민정음해례본〉 또는 〈훈민정음원본〉이라고 한다.

㉢ 충무공 이순신의 난중일기 및 서간첩 임진장초(국보) : 이순신 장군이 임진왜란 중에 쓴 7년간의 진중일기로 7책 205장으로 구성되어 있다. 이 일기는 필사본으로 친필초고가 아산 현충사에 보관되어 있다.

㉣ 징비록(국보) : 조선 선조 때 문신 유성룡이 임진왜란의 원인과 전황을 기록한 책으로, 임진왜란을 연구하는 데 귀중한 자료가 되고 있다. 현재 한국국학진흥원에 보관되어 있다.

㉤ 조선왕조실록(국보) : 조선 태조부터 철종에 이르기까지 25대 472년간의 역사를 연·월·일 순서에 따라 편년체로 기록한 책이다. 모두 1,893권 888책으로 되어 있으며 조선 시대 연구의 기본 자료가 되고 있다.

㉥ 일성록(국보) : 영조 36년(1760)부터 1910년 8월까지 주로 국정에 관한 제반사항을 기록한 책으로, 왕의 입장에서 편찬한 일기형식을 갖추고 있으나, 실질적으로는 공식적인 국정 일기이다.

㉦ 동의보감(국보) : 허준이 광해군 2년(1610)에 16년간의 연구 끝에 완성한 25권의 의서로 우리나라와 중국의 의서를 모아 집대성한 한의학의 백과전서이다. 수량은 25권 25책으로 국립중앙도서관에 보관되어 있다.

더 알아보기

승정원 일기

- 인조 1년(1623) 3월부터 융희 4년(1910) 8월까지 승정원에서 처리한 왕명출납과 제반 행정사무 및 의례적 사항에 관하여 기록한 3,243책의 필사본 일기이다.
- 국보로 지정되어 있다.
- 2001년에 세계기록유산으로 지정되었다.

[승정원 일기]

핵심예제

34-1. 다음에서 설명하는 조선 시대의 화가는? [2016년 정기]

> 조선 전기 화단을 대표하는 산수화의 대가로서, 대표 작품은 '몽유도원도(夢遊桃源圖)' 등이 있다.

① 신윤복 ② 안 견
③ 정 선 ④ 김홍도

정답 ②

34-2. 다음 설명에 해당하는 화가는? [2018년]

> • 주요 작품은 삼인문년도, 기명절지도, 호취도, 귀거래도 등이 있다.
> • 산수화, 도석 · 고사인물화, 화조영모화, 사군자 등 다양한 소재를 다루었다.

① 장승업 ② 김득신
③ 심사정 ④ 윤두서

정답 ①

해설

34-1

① 신윤복 : 조선 후기의 풍속화가로 대표 작품으로는 〈미인도〉, 〈단오풍정〉 등이 있다.

③ 정선 : 조선 후기 화가로 한국적 산수화풍을 세웠으며 진경산수화의 창시자로 알려져 있다. 대표작으로는 〈금강전도〉, 〈인왕제색도〉 등이 있다.

④ 김홍도 : 독창적 시각과 서양에서 들어온 기법을 도입하여 조선 후기 화단에 큰 영향을 미쳤으며, 산수화와 풍속화에 탁월했다. 대표작으로는 〈풍속화첩〉, 〈소림명월도〉, 〈군선도〉 등이 있다.

34-2

② 김득신 : 조선 후기의 화가로 김홍도의 화풍을 계승해 뛰어난 풍속화가로 이름을 떨쳤으며, 대표적인 작품으로 〈파적도〉, 〈풍속화첩〉 등이 있다.

③ 심사정 : 조선 후기 문인 화가이며, 대표적인 작품으로 〈강상야박도〉, 〈파교심매도〉 등이 있다.

④ 윤두서 : 정선, 심사정과 함께 조선 후기 삼재(三齋)로 일컬어진다. 대표적인 작품으로 〈윤두서 자화상〉, 〈해남윤씨가전고화첩〉 등이 있다.

핵심이론 35 유형문화재 - 자기

① 고려 시대 도자기

㉠ 고려자기의 출현

- 10세기 중엽부터 청자기술이 뿌리내리게 되었다.
- 그 후 중국의 남 · 북방 청자양식을 두루 소화하면서 독자적인 비색과 모양, 그리고 청자바탕에 흑백 무늬를 상감해서 장식하는 상감기법 등 3대 특색을 갖는 세계적인 고려청자로 자리 잡게 되었다.
- 고려 시대에 세계에서 처음으로 도자기에 상감을 적용하였으며, 이 기법은 우리나라에서만 시작되어 우리나라에서 끝난 기법이다.
- 주요한 청자산지는 전남 강진군 대구면과 전북 부안군 보안면 일대였는데, 지금도 많은 청자조각들이 흩어져 있다.

㉡ 고려자기의 종류

구분	내용
순청자	상감이나 다른 안료에 의해 채색을 가미하지 않은 청자이다.
상감청자	상감이란 태토로 그릇모양을 만든 다음, 그릇표면에 나타내고자 하는 문양을 음각하고, 이 음각한 부분을 자토나 백토로 메꾸는 기법이다. 이것을 구워내면 자토는 검은색을, 백토는 흰색을 띠는데, 전자를 흑상감, 후자를 백상감이라 한다.
철회청자	철분이 많은 자토를 물에 타서 태토 위에 먼저 무늬를 그리고, 그 다음에 청자유를 씌워 구운 청자이다.
동화청자	적색계통의 광물성 안료인 산화동으로 무늬를 그리거나, 양각 · 음각 · 상감문 등에 일부 가채하여 청자유약을 입혀 구워낸 청자이다.
화금청자	상감된 무늬의 일부에 금을 칠한 청자이다.
퇴화청자	백토 또는 자토로 그릇표면에 점 또는 무늬를 도드라지게 그린 다음, 청자유약을 입혀서 구운 청자이다.

[청자 참외모양 병]

[청자 상감모란문 항아리]

② 조선 시대 도자기

㉠ 고려 시대에 비해 실용성이 강조되었다.

㉡ 초기에는 분청사기가 주류를 이루다 임진왜란 이후 쇠퇴하고, 백자가 주류를 이루었다.

㉢ 왕실에 백자를 공급하기 위해 사옹원을 설치하였다.

㉣ 분청사기 : 흙으로 그릇의 형태를 만든 후 그 위에 토를 분장하고 유약을 입히는 수법은 청자나 백자에서는 볼 수 없는 분청의 특징이다.

구분	내용
상감기법	• 고려청자의 상감기법을 계승한 것으로, 조각칼로 표면을 선이나 면으로 판 후 백토나 자토를 감입하여 무늬를 나타내는 기법이다. • 상감기법으로는 가는 선으로 무늬를 나타내는 선상감기법과 넓게 무늬를 새긴 면상감기법이 있다.
인화기법	• 도장과 같은 시문도구로 문양을 찍어내는 획일적인 수법에 의한 것이다. • 인화분청의 소재로는 작은 국화문이 주종을 이루었으며, 나비나 커다란 꽃도 인화기법으로 표현되었다.
조화기법과 박지기법	• 조화기법은 백토를 입히고 그 위에 문양을 선각한 것이다. • 박지기법은 조화기법에서 시문과정을 한 단계 더 거친 것으로 문양을 새긴 후 바탕의 백토를 긁어내어 문양이 백토로 남는 것이다.
철화기법	백토를 입힌 후에 철사안료로 문양을 그린 것으로, 비교적 사실적인 문양과 간략하면서도 극도로 추상화된 문양의 두 종류가 보인다.
귀얄기법	풀을 바를 때 사용하는 붓의 일종인 귀얄로 백토를 입혀 귀얄자국이 선명하게 나타나게 한다.
분장기법	백토를 묽게 한 것에 그릇을 덤벙 담가 전체를 도장하는 기법이다.

㉤ 백 자

구분	내용
순백자	백자태토로 그릇을 빚은 다음 무색 · 투명한 백자유약을 입혀 구운 백자로 백자의 90% 이상을 차지한다.
상감백자	고려 시대 상감청자의 기법을 그대로 계승한 것으로 15세기에만 제작되었다. 경기도 광주 우산리 · 번천리 등지의 가마에서 출토되었다.
청화백자	조선 시대에 새롭게 제작된 독특한 도자기로 푸른 코발트 안료로 문양을 나타낸다.

철화백자	• 철분이 많이 함유된 흙이나 안료를 사용한 백자이다. • 석간주로 통칭되는 이 검붉은 색의 철회백자나 철채자기류는 생활자기로서 생산되어 임진왜란 이후 조선 말까지 일반서민들을 중심으로 애용되었다.
진사백자 (동화백자)	도자기에 산화동으로 그림을 그린 뒤 백자유약을 발라 구워 낸 백자이다.

[분청사기 인화국화문 태항아리]

[백자 청화매조죽문 유개항아리]

핵심예제

조선 시대 도자기의 특징으로 옳지 않은 것은? [2013년 정기]

① 왕실에 백자를 공급하기 위해 사옹원을 설치하였다.
② 고려 시대에 비해 실용성이 강조되었다.
③ 임진왜란 이후 분청사기는 쇠퇴하였다.
④ 주류를 이루는 것은 청자이다.

정답 ④

해설

청자는 고려 시대를 대표하는 자기로, 조선 시대에 성행한 것은 백자이다.

핵심이론 36 무형문화재 – 민속극(연극)과 민속놀이

① 인형극

㉠ 꼭두각시놀음, 박첨지놀음, 홍동지놀음이라고도 하는데, 이러한 명칭은 모두 인형의 이름에서 유래한 것이다.

㉡ 남사당놀이(인형극 박첨자놀음)는 국가무형문화재로 지정되었다.

② 가면극

㉠ 민속극의 주류를 이루고 있다.

㉡ 가면극 가운데서도 '산대놀이'는 우리나라의 대표적인 민속극이며, '산대도감놀이'라고도 한다.

㉢ 가면극의 계통

서낭굿 계통	강릉 관노탈놀이, 하회별신굿탈놀이
산대도감 계통	양주별산대놀이, 송파산대놀이
오광대(五廣大) 계통	• 경남지방에 두루 분포되어 있던 가면극으로, 다섯 광대가 나오거나 다섯 과장으로 구성되어 있으므로 오광대라고 한다. • 통영오광대, 고성오광대, 가산오광대
야류 계통	• '들놀음'이라 하며, 야류(野遊) 또는 치류(治遊)라고도 한다. • 동래야류, 수영야류
해서 계통	황해도 일대의 가면극으로 봉산탈춤, 강령탈춤 등이 있다.
사당패 덧보기	유랑극단이라고 할 수 있는 사당패들이 공연하던 가면극을 말하며, 이 밖에도 북청사자놀이, 마을 동제(洞祭) 때의 탈춤 등이 있다.

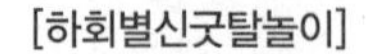
[하회별신굿탈놀이]

[통영오광대]

③ 각종 민속놀이

㉠ 민속놀이는 그 목적이나 내용에 따라 놀이 자체가 목적인 놀이, 풍농을 기원하는 놀이, 내기놀이, 겨루기 놀이, 풍어를 기원하는 놀이, 개인의 복락이나 마을의 태평을 기원하는 놀이로 나눌 수 있다.

㉡ 놀이의 성격 : 제의성, 향토성, 예술성

㉢ 각 지역에 남아 있는 전통적인 놀이에는 차전놀이, 고싸움놀이, 줄다리기 등이 있다.

④ 대표적인 민속극(연극) 및 민속놀이

구분	내용
강릉 관노 탈놀이	강릉에서 성황제를 지낼 때 연희하던 가면극으로 연희자가 관노였어서 관노탈놀이라 한다.
하회 별신굿 탈놀이 (국가 무형문화재)	• 별신굿이란 3 · 5년 혹은 10년마다 마을의 수호신인 성황(서낭)님에게 마을의 평화와 농사의 풍년을 기원하는 굿을 말한다. • 경북 안동 하회마을에서는 약 500년 전부터 10년에 한 번 섣달 보름날(12월 15일) 내지는 특별한 일이 있을 때 무진생(戊辰生) 성황님에게 별신굿을 해왔으며, 굿과 더불어 성황님을 즐겁게 해드리기 위하여 탈놀이를 하였다. • 놀이에 사용되는 탈은 주지탈 등을 포함해 모두 10종 11개로 오리나무로 만들었으며, 옻칠과 안료를 두세 겹 칠하여 색조의 강도를 높였고, 원본은 1964년 하회탈 및 병산탈(국보)로 지정되었다. • 탈놀이의 반주는 꽹과리가 중심이 되는 풍물꾼이 하며, 즉흥적이고 일상적인 동작에 약간의 율동을 섞은 춤사위로 이루어진다. • 우리나라 가면극의 발생이나 기원을 밝히는 데 귀중한 자료가 되고 있어 국가무형문화재로 지정되었다.
송파 산대놀이 (국가 무형문화재)	• 서울 송파 지역에서 연희하던 가면극으로, 약 200년 전에 송파산대놀이가 만들어졌다. • 산대놀이는 서울 및 서울 인근의 경기도에서 전승되던 가면극으로, 원래는 애오개(아현동), 녹번, 구파발, 사직골 등에 있었으나 현재는 전하지 않는다. • 정월대보름, 단오, 추석 등 명절에 연중행사로 연희되었으며, 주로 다루어지는 내용은 승려와 양반의 허위성에 대한 폭로나 가족 간의 갈등이다.
양주 별산대놀이 (국가 무형문화재)	• 경기도 양주에서 공연되던 가면극으로, 송파산대놀이에서 별도로 분리시켜 별산대놀이라 한다. • 춤과 무언극, 덕담과 익살이 어우러진 민중놀이이다.
오광대 놀이	• 통영오광대 : 현재 통영시에 전해 내려오는 민속가면극으로 국가무형문화재로 지정되어 있다. 남부지역의 탈춤 전통을 잘 보여주는 탈놀이로, 문둥탈 · 풍자탈 · 영노탈 · 농창탈 · 포수탈의 5마당으로 구성된다. • 고성오광대 : 고성 지방에서 행해지는 가면극 놀이로, 국가무형문화재로 지정되어 있다. 주제는 양반계급에 대한 반감과 모욕, 파계승에 대한 풍자, 남녀 애정관계에서 오는 가정의 비극 등이다. • 가산오광대 : 경남 사천시 축동면 가산리에 전승되는 가면극인 가산오광대는 국가무형문화재로 지정되어 있는데, 일명 조창오광대라고도 부른다.
영산 줄다리기 (국가 무형문화재)	• 줄다리기는 오래 전부터 중부 이남 지방에서 널리 하였고, 오늘날에도 가장 많이 하는 민속놀이이다. 영산 이외에도 경남 의령지방, 전남 장흥지방, 충남 아산지방 등에서 성행하는데, 보통 정월대보름 이후에 한다. • 영산줄다리기는 경남 창녕군 영산면에서 옛날부터 전승된 향토놀이의 하나로 나무쇠싸움과 함께 전해지고 있으며, '줄쌈', '색전'이라고도 불린다. 원래는 정월대보름을 전후해서 행해졌으나, 요즈음에는 양력 3월 1일을 계기로 3 · 1 민속문화제를 열고 그 행사의 하나로 시행하고 있다. • 동 · 서부로 나누고, 동부에서 숫줄, 서부에서 암줄을 각각 만들어 줄다리기를 한다. 서부줄(암줄) 몸줄 길이는 약 40m이며, 동부줄(숫줄) 몸줄 길이도 약 40m다.
광주칠석 고싸움 놀이 (국가 무형문화재)	• 주로 전라남도 일대(현재의 광주광역시 남구 대촌동 칠석마을)에서 정월대보름 전후에 행해지는 격렬한 남성집단놀이이다. • 고싸움은 줄다리기와 마찬가지로 풍요를 기원하는 농경의식의 한 형태이며, 놀이를 통하여 마을사람들의 협동심과 단결력을 다지는 집단놀이로서 의의를 지닌다.
안동차전 놀이 (국가 무형문화재)	• 정월대보름을 전후하여 안동지방에서 행해지던 민속놀이의 하나로 '동채싸움'이라고도 부른다. 유래에 대하여 정확한 기록은 없으나 후백제의 견훤과 고려 태조 왕건의 싸움에서 비롯되었다는 설이 전해진다. • 남자들의 집단놀이를 한층 세련되게 향상시킨 모의 전투놀이이며, 우리 민족의 흥겨운 민속놀이로 안동지방 특유의 상무정신을 보여 주고 있다. • 동부가 이기면 동부에 풍년이 들고, 서부가 이기면 서부에 풍년이 든다고 믿어 농경민의 풍년기원을 바탕으로 한 농경의례 놀이라 할 수 있다.

남사당놀이(국가무형문화재)	• 꼭두쇠(우두머리)를 비롯해 최소 40명에 이르는 남자들로 구성된 유랑연예인인 남사당패가 주로 서민층을 대상으로 농 · 어촌을 돌며 조선 후기부터 1920년대까지 행했던 놀이이다. • 주요 상연은 풍물, 버나(대접돌리기), 살판(땅재주), 어름(줄타기), 덧보기(가면극), 덜미(꼭두각시) 등으로 재인광대의 가무부백희의 전통을 이어 온 것이었다. • 서민층에서 발생하여 서민들을 위해 공연된 놀이로, 당시 사회에서 천대받던 한(恨)과 양반사회의 부도덕성을 놀이를 통해 비판하며 풀고 민중의식을 일깨우는 역할을 했으며, 오늘날 민족예술의 바탕이 되었다.
봉죽놀이	• 서해안 일대 어촌에서 만선을 상징하는 깃발인 봉죽을 들고 풍어를 기원하며 즐기던 민속놀이이다. • 봉죽타령 혹은 봉기타령이라고 하는 소리와 춤으로 엮어진 집단 가무놀이로서, 배꾼들의 결속과 삶의 의지를 강화하는 수단의 하나로 작용하였다.
북청사자놀음(국가무형문화재)	• 함경남도 북청군 일대에서 해마다 음력 정월 대보름을 전후하여 며칠 동안 연희된 사자놀이다. • 연초에 잡귀를 쫓고 마을의 평안을 비는 행사로 널리 행해졌으며, 북청자놀음에 쓰이는 가면은 사자 · 양반 · 꺽쇠 · 꼽추 · 사령 등이다.
기와밟기놀이(놋다리밟기)	• 경북 의성과 전북 정읍, 임실 등지에서 행하여지는 민속놀이로, 음력 정월대보름에 행해지는 부녀자들의 집단놀이이다. • 의성에서는 기와밟기 · 꽃게싸움, 안동에서는 놋다리밟기, 전라도에서는 지와밟기, 그 밖의 지방에서는 지네밟기 · 재밟기 등으로도 불린다. • 고려말 홍건적의 난 때 공민왕이 공주를 데리고 안동으로 피난을 온 일에서 유래한 것으로 되어 있으며, 왕과 공주가 하천을 건널 때, 마을소녀들이 나와 등을 굽히고 그 위를 공주가 밟고 건너게 한 데서 비롯되었다고 한다.
차첨지놀이	전라남도 진도군에서 행해지는 강강술래의 여흥놀이 중 하나이다.
방천놀이	함경북도 종성 지방에 전하는 여자들의 민속놀이로, 냇물이 넘치는 것을 막기 위해 쌓은 둑이나 나무숲에서 놀이를 행한다 하여 방천놀이라고 불렀다. 남쪽 지방의 꽃놀이와 마찬가지로 봄철에 행해졌다.
화전놀이	봄이 되면 마을 사람들이 들로 나가 진달래꽃으로 전을 부치거나 떡에 넣어 만들어 먹으며 새봄을 즐겼는데, 이를 화전놀이라 한다.

⑤ 택견(국가무형문화재)

㉠ 한국의 전통 무술이자 민속놀이로, 우리 고유의 독창적 보법을 중심으로 상대를 발로 차거나 넘기는 기술을 사용한다.

㉡ 택견의 중심지는 충북 충주이다.

㉢ 1983년 6월 1일에 국가무형문화재로 지정(등록)되었으며, 2011년 유네스코 인류무형유산으로 등재되었다.

㉣ 고구려 고분벽화에 택견을 하는 모습이 그려져 있는 것을 보아 삼국 시대에 이미 행하였음을 알 수 있다.

㉤ 택견의 수련 : 혼자익히기, 마주메기기, 견주기(대걸이, 겨눔수)

핵심예제

36-1. 다음 민속놀이에 해당하는 것은? [2020년]

> • 주로 전라남도 일대에서 행하여진다.
> • 정월 대보름 전후에 행해지는 격렬한 남성의 집단놀이이다.
> • 국가무형문화재 제33호로 지정되어 있다.

① 광주칠석고싸움놀이
② 안동차전놀이
③ 영산줄다리기
④ 강강수월래

정답 ①

36-2. 다음에서 설명하는 민속놀이는? [2016년 정기]

> • 음력 정월대보름에 여자들이 하는 민속놀이이다.
> • 공주로 뽑힌 소녀가 한 줄로 늘어선 여자들의 등을 밟고 걸어간다.
> • 공민왕과 노국공주의 피난에서 유래되었다는 설이 전해진다.

① 밀양백중놀이
② 송파산대놀이
③ 송파다리밟기
④ 안동놋다리밟기

정답 ④

해설

36-1

② 안동차전놀이(국가무형문화재) : 경상북도 안동지방에서 행하여지며, 정월 대보름에 마을의 청 · 장년 남자들이 '동채'라는 놀이 기구를 가지고 패를 나누어 벌이는 놀이이다.

③ 영산줄다리기(국가무형문화재) : 경상남도 창녕군 영산면에서 행하여지며, 정월 대보름에 동과 서 두 편으로 나누어 줄다리기를 한다.

④ 강강수월래(국가무형문화재) : 전라남도 서남해안 지방에서 행하여지며, 음력 8월 한가위에 수십 명의 마을 처녀들이 손을 맞잡고 둥그렇게 원을 만들어 도는 놀이이다.

36-2

① 밀양백중놀이(국가무형문화재) : 바쁜 농사일을 끝내고 고된 일을 해오던 머슴들이 음력 7월 15일경 지주들로부터 하루 휴가를 얻어 흥겹게 노는 놀이이다. 이는 승려들이 부처를 공양하기 위해 재(齋)를 올리던 백중날(음력 칠월 보름) 행사에서 유래되었다.

② 송파산대놀이(국가무형문화재) : 산대놀이란 중부지방의 탈춤을 가리키는 말로, 송파산대놀이는 서울 · 경기 지방에서 즐겼던 산대도감극(山臺都監劇)의 한 갈래로 춤과 무언극 · 덕담과 익살이 어우러진 민중의 놀이이다. 이 놀이는 매년 정월대보름과 단오 · 백중 · 추석에 명절놀이로 공연되었다.

③ 송파다리밟기(서울특별시 무형문화재) : 다리밟기는 정월대보름에 하는 놀이로 자기 나이만큼 개울가 다리를 밟으면 다리에 병이 나지 않고, 모든 재앙을 물리칠 뿐만 아니라 복도 불러들인다는 신앙적인 풍속에서 나왔다.

핵심이론 37 무형문화재 – 의식과 의례

① 유교의식

㉠ 종묘제례(국가무형문화재)

- 조선 시대 역대의 왕과 왕비 및 추존된 왕과 왕비의 신위를 모시는 사당(종묘)에서 지내는 제사이다.
- 제사 규모가 크고 중요한 제사이기 때문에, '종묘대제(大祭)'라고도 부른다.
- 종묘제례는 정시제와 임시제로 나뉘어 정시제는 사계절의 첫 번째 달인 1월, 4월, 7월, 10월에 지냈고 임시제는 나라에 좋은 일과 나쁜 일이 있을 때 지냈으나, 해방 후부터는 5월 첫 일요일에 한 번만 지내고 있다.

㉡ 석전(문묘)대제(국가무형문화재)

- 공자를 모시는 사당인 문묘에서 공자를 비롯한 선성(先聖)과 선현(先賢)들에게 제사 지내는 의식이다.
- 유교적 제사 의식의 규범이라고 할 수 있다.

㉢ 사직대제(국가무형문화재)

- 토지를 관장하는 사신(社神)과 농작의 풍년을 좌우하는 곡식의 신인 직신(稷神)에게 드리는 제례로, 궁중제사 중 대사(大祀)에 속하여 '사직 대제'라고 한다.
- 삼국 시대부터 전해져 내려오고 있으며, 현재는 개천절에 서울 사직동 사직공원에 있는 서울 사직단(사적)에서 전주이씨 대동종약원 주관으로 봉행해 오고 있다.

> **더 알아보기**
>
> 강화도 마니산 참성단(塹星壇)
> - 참성단은 사적으로, 단군이 제단을 쌓고 하늘에 제사를 지낸 곳으로 전해지며, 실제로는 단군에게 제사를 지내던 곳으로서 고려 · 조선 시대에는 국가제사가 행해지기도 하였다.
> - 참성단에서 매년 양력 10월 3일 개천절에 개천제례행사가 열리고, 진주시에서 개천예술제, 하동에서 개천 대제, 음성에서 개천제 등이 열리고 있다.
>
> 
>
> [마니산 참성단]

② 불교의식

㉠ 천도재
- 죽은 사람의 영혼을 극락으로 보내기 위해 치르는 불교의식이다.
- 천도재 중 가장 큰 규모의 의식이 영산재(국가무형문화재, 유네스코 인류무형문화유산)이다.

> **더 알아보기**
>
> 영산재(국가무형문화재)
> - 영산재는 49재의 한 형태로, 영혼이 불교를 믿고 의지함으로써 극락왕생하게 하는 의식이다.
> - 불교 천도의례 중 대표적인 제사로 '영산작법'이라고 한다.
> - 영산재는 전통문화의 하나로, 살아있는 사람과 죽은 사람 모두 부처님의 참진리를 깨달아 번뇌와 괴로움에서 벗어날 수 있는 경지에 이르게 하고 공연이 아닌 대중이 참여하는 장엄한 불교 의식으로서 가치가 있다.
> - 2009년 유네스코 인류무형문화유산에 등재되었다.

㉡ 연등회
- 신라에서 시작되어 고려 시대에 국가적 행사로 자리잡은 불교행사로, 등불을 밝히고 부처에게 복을 비는 의식이다.
- 국가무형문화재이며, 2020년 유네스코 인류무형문화유산으로 등재되었다.
- 특히 매년 음력 4월 8일의 부처님 오신날에 앞서서 서울 종로에서 한국 불교 모든 종파들이 어우러져 연등을 들고 거리를 걷는 초파일 연등회 행사가 성대하게 열리고 있다.

㉢ 팔관회
- 우리 민족 고유의 전통습속의례와 불교의례가 결부되어 신라와 고려 시대에 국가적 연중행사로 성행하였던 의식이다.
- 여러 토속신에 대한 제사와 가무도 겸한 종합적인 종교 행사였으며, 문화제(文化祭)의 성격을 가지고 있다.

③ 무속의식

㉠ 굿 : 무당이 신에게 제물을 바치고, 노래와 춤으로 인간의 길흉화복 등을 조절하기 위한 목적에서 시행하는 의례이다. 우리나라의 굿은 종합예술이어서 무용을 비롯하여 음악 · 미술 · 연극 · 문학 등 여러 분야에서 접근이 가능하다.
- 종교적인 관점에서의 굿 : 굿이 가지고 있는 종교적인 의미, 무당의 사제로서의 기능, 굿판에 참가한 사람들의 신격에 대한 반응, 신관과 내세관 등을 고찰하는 것이다.
- 예술적인 관점에서의 굿 : 굿이 가지고 있는 미학, 연극적인 구조, 음악과 춤의 구조와 형식과 원리 등을 고찰하는 것이다.
- 민속적인 관념에서의 굿 : 한국의 굿을 실상 그대로 제시하고, 주어진 자료를 바탕으로 의미를 규명하는 것이다.
- 관광적인 측면에서의 굿 : 예술적인 관점에서나 민속적인 관점에서 외국인 관광객들에게 설명할 수 있다.

㉡ 무당 : 신을 섬기는 일에 종사하며 굿을 전문으로 하는 사제자로, 무인(巫人) · 무격(巫覡)이라고도 한다.

강신무	• 강신체험을 통해 무당이 된 자로서 강신적인 춤과 노래로 굿을 주관하면서 신의 영력을 얻어 신점을 치게 된다. 한국무속의 대종을 이룬다. • 굿은 타악기 중심의 요란한 악기반주에 맞추어 동적인 춤을 위주로 하는 춤을 추어 진행하며, 각각의 거리에 따라 신복을 갈아입으며 진행된다. • 강신무들은 대개 무당 · 무녀 · 만신 · 기자 · 박수(남자무당에 한함) 등으로 호칭된다.
세습무	• 혈통에 의해 사제권을 세습해 간다. • 강신무의 굿에 비해 세습무의 굿이 훨씬 예술적인 느낌을 주는데, 그중에서도 국가무형문화재로 지정된 진도씻김굿과 남해안별신굿 등이 좋은 본보기이다. • 호남지역에서는 당골, 경기도 수원 · 오산지역이나 동해안지역에서는 화랭이로 지칭되며, 제주지역에서는 심방이라고 부른다.

㉢ 굿의 종류(목적에 따라)

- 마을굿 : 마을 공동의 액을 막고 풍농 · 풍어를 비는 굿
  예 도당굿 · 별신굿 · 서낭굿 · 당굿 · 산신굿 · 대동굿 등
- 집굿 : 집안의 재복 · 안녕을 기원하는 굿
  예 재수굿 · 천신굿 · 도신 · 안택굿 등
- 넋굿 : 죽은 혼을 위로하는 굿
  예 진오귀굿 · 씻김굿 · 다리굿 · 오우굿 · 시왕굿 등
- 내림굿 : 신내린 사람이 무당이 되고자 할 때 벌이는 굿

㉣ 대표적인 굿

진도씻김굿 (국가 무형문화재)	• 무당이 하는 제사 중 하나로 이승에서 풀지 못한 죽은 사람의 원한을 풀어주고, 즐겁고 편안한 세계로 갈 수 있도록 기원하는 굿이며, 원한을 씻어준다 해서 씻김굿이라 부른다. • 씻김굿은 불교적인 성격이 강해 고려 시대에 만들어진 것으로 보이며, 시간과 장소에 따라 굿의 내용이 다르다. • 진도씻김굿의 음악은 육자배기목(시나위목)을 중심으로 피리와 대금, 해금, 장고, 징으로 이루어진 삼현육각반주로 진행된다. • 죽은 사람뿐 아니라 산 사람의 무사함을 빌고 불교적인 성격을 띠고 있는 굿으로, 춤이나 음악에서 예술적 요소가 뛰어나고 자료 가치가 커서 국가무형문화재로 지정되었다.
풍어제	바다에서의 여러 가지 사고를 막고, 마을의 풍요와 어민들이 고기를 많이 잡을 수 있도록 기원하는 마을굿이다.
동해안별신굿 (국가 무형문화재)	• 부산에서 강원도에 이르는 동해안 지역에서 1년 또는 2~3년마다 열린다. '풍어제, 풍어굿, 골매기당제'라고도 한다. • 추는 춤이 다양하고, 익살스러운 대화와 몸짓 등 오락성이 강하다.
서해안 배연신굿 및 대동굿 (국가 무형문화재)	• 황해도 해주와 옹진, 연평도 지방에서 해마다 행해진다. • 배연신굿은 배를 가지고 있는 배주인이 벌이는 굿으로, 배의 안전과 고기를 많이 잡고 집안이 번창하기를 기원한다. 바다에 배를 띄우고 그 위에서 굿을 한다는 점이 특이하고, 놀이적인 요소가 많으며 아기자기하다. • 대동굿은 음력 정월이나 2~3월에 주로 하며, 무당이 하는 굿 중에서 가장 규모가 큰 굿으로, 마을 사람들 모두의 이익을 빌고 단결을 다지는 마을의 축제이다.
위도띠뱃놀이 (국가 무형문화재)	• 부안군 위도면 대리 마을에서 매년 1월 초에 열린다. • 바닷가에서 용왕굿을 할 때 띠배를 띄워보내기 때문에 띠뱃놀이라 하며, 소원을 빌기 위해 세운 집인 원당에서 굿을 하기 때문에 원당제라고도 한다. • 뱃노래와 술, 춤이 함께 하는 마을의 향토축제로 고기를 많이 잡고 안전을 바라는 어민들의 신앙이 담겨 있다.
남해안별신굿 (국가 무형문화재)	• 남해안의 통영과 거제도를 중심으로 2년에 한 번씩 열린다. • 무당의 노래가 뛰어나고 반주악기에 북이 첨가되는 것이 특징이다. 동해안별신굿과 달리 진행과정에서 무당이 악사와 주고받는 재담이 극히 드물고 사설이 없으며, 굿이 진지하다. • 오락성이 적고 이야기는 많지 않으나, 오랜 전통으로 규모가 크며 관중에게 주는 신앙의 신뢰성이 뛰어나다.
경기도도당굿 (국가 무형문화재)	• 도당굿은 서울을 비롯한 한강 이북지방과 수원 · 인천 등지에서 마을의 평화와 풍년을 목적으로 매년 혹은 2년이나 그 이상의 해를 걸러 정월초나 봄 · 가을에 정기적으로 행해지는 굿을 말한다. • 경기도 일대의 한강 이남지역에 전해져 오는 마을굿으로, 지금은 부천의 장마릉에서만 완전한 형태의 경기도도당굿을 볼 수 있다.

경기도도당굿 (국가 무형문화재)	• 다른 지방의 도당굿에서는 찾아볼 수 없는 남자무당인 화랭이들이 굿을 하며, 음악과 장단도 판소리기법을 따르고 있어 예술성이 뛰어나고 전통문화연구에 귀중한 자료가 되고 있다.
서울새남굿 (국가 무형문화재)	• 서울지역의 전통적인 망자천도굿으로, 사회의 상류층이나 부유층을 위해 베풀어졌다. • 망자천도굿은 죽은 사람의 넋을 위로하고 좋은 세상으로 인도하는 것을 목적으로 한다. 새남굿은 조선 시대에 형성되었다가 17~18세기경에 오늘날의 형태가 된 것으로 보인다. • 서울새남굿은 다른 곳에서는 볼 수 없는 특징을 지니는데, 굿이 많고 치밀한 구성이며 화려하다. 또한 망자와 관련된 무(巫)와 불교 · 유교사상이 적절하게 혼합되어 있고, 조선 시대의 궁중문화적인 요소가 포함되어 있어 망자천도의례였음을 알려준다.

④ 마을 신앙

㉠ 동제(洞祭) : 마을 사람들이 공동으로 마을을 지켜 주는 수호신에게 평안과 풍요를 기원하기 위해 제사를 올리는 공동체 의식을 말한다. 부여 은산별신제, 강릉단오제 등이 있다.

은산별신제 (국가 무형문화재)	• 충청남도 부여군 은산면 은산리 마을 사당인 별신당에서 열리는 제사로 백제 군사들의 넋을 위로하고, 마을의 풍요와 평화를 기원하는 향토축제이다. • 별신제는 3년에 1번씩 1월 또는 2월에 열리고, 보통 15일 동안 약 100여 명의 인원이 참가한다.
강릉단오제 (국가 무형문화재)	• 단옷날을 전후하여 펼쳐지는 강릉 지방의 향토 제례 의식이다. • 이 축제에는 산신령과 남녀 수호신들에게 제사를 지내는 대관령국사성황모시기를 포함한 강릉 단오굿이 열리며, 전통 음악과 민요 오독떼기, 관노가면극, 시 낭송 및 다양한 민속놀이가 개최된다. • 강릉단오제는 유네스코 인류무형문화유산으로 등재되어 있다.

㉡ 여러 토속신

• 성주신 : 집에 깃들어 집을 지키는 가신

• 지신 : 대지 또는 토지, 집터를 관장하는 터주신

• 조왕신 : 부엌을 맡고 있다는 신. 조신, 조왕각시, 조왕대신, 부뚜막신이라고도 한다.

• 성황신 : 마을의 수호신, 마을 어귀의 고갯마루 등에 있는 고목이나 돌무더기를 마을의 수호신으로 상징하고 숭배하며, 옆에 당(堂)을 짓기도 하였다.

[핵심예제]

37-1. 국가무형문화재로 땅과 곡식의 신에게 드리는 국가적인 제사의 명칭은? [2015년 특별]

① 석전대제

② 사직대제

③ 종묘대제

④ 별신대제

정답 ②

37-2. 다음 중 은산별신제의 설명으로 옳지 않은 것은? [예상 문제]

① 3년에 1번씩 음력 1월 또는 2월에 열린다.

② 충청남도 무형문화재로 지정되어 있다.

③ 충청남도 부여군에서 열린다.

④ 마을의 풍요와 평화를 기원하는 축제이다.

정답 ②

해설

37-1

① 석전대제 : 공자를 모시는 사당(문묘)에서 지내는 제사의식

③ 종묘대제(종묘제례) : 조선 시대 역대 왕과 왕비의 신위를 모셔 놓은 사당인 종묘에서 지내는 제사

④ 별신제 : 마을의 수호신인 별신에게 지내는 제사

37-2

은산별신제는 국가무형문화재이다.

핵심이론 38 무형문화재 – 음악

① 우리나라 음악의 개요

㉠ 우리나라의 음악은 궁중음악 또는 양반층의 음악을 통괄하는 '정악'이 그 주류를 이루고, 서민층에서 성행하던 '민속악'이 대응을 이루어 왔다.

㉡ 정악과 민속악

구분	내용
정 악	• 나라의 제사나 의식 · 잔치 · 조회 등에 주로 사용된 음악으로, 꾸밈이나 과장이 적어 담백하고 아담하게 느껴진다. • 중국의 민속악에 해당하는 '당악', 궁중음악에 해당하는 '아악'과 함께 한국의 전통음악인 '향악'이 있으며, 가곡 · 가사 · 시조 등의 성악곡이 있다. • 궁중(宮中)의 연회에 주로 연주되던 음악의 총칭을 연례악이라 하며, 제례악(궁중의 여러 제사에 사용되던 음악)의 반대가 되는 용어라 할 수 있다. 연례악은 향악이 주가 되는데, 당악계 음악도 연주하였다.
민속악	• 전체적으로 흥겹고 구성진 가락이 많으며, 지방마다 다른 강한 특색 때문에 이채로운 편이다. • 장단이 빨라 생동감이 넘치는 음악이 대부분이어서 자유분방하며 살아 있는 느낌을 주는 음악으로 평가된다. • 농악 · 판소리 · 범패 · 민요 등이 있는데, 이 가운데 범패는 불교에서 제를 지낼 때 승려들이 부르던 노래(종교음악)이다.

[종묘제례악]

[판소리]

② 종묘제례악(국가무형문화재)

㉠ 조선 시대 역대 왕과 왕비의 신위를 모신 사당(종묘)에서 제사(종묘제례)를 지낼 때 무용과 노래와 악기를 사용하여 연주하는 음악으로, '종묘악'이라고도 한다.

㉡ 종묘제례의식의 각 절차마다 보태평과 정대업이라는 음악을 중심으로 조상의 공덕을 찬양하는 내용의 '종묘악장'을 부른다. 종묘제례악이 연주되는 동안, 문무인 보태평지무(선왕들의 문덕을 칭송)와 무무인 정대업지무(선왕들의 무공을 찬양)가 곁들여진다.

㉢ 본래 세종 29년(1447) 궁중회례연에 사용하기 위해 창작하였으며, 세조 10년(1464) 제사에 적합하게 고친 후 지금까지 전승되고 있다. 매년 5월 첫째 일요일에 행하는 종묘대제에서 보태평 11곡과 정대업 11곡이 연주되고 있다.

㉣ 종묘제례악은 조선 시대의 기악연주와 노래 · 춤이 어우러진 궁중 음악의 정수로서 우리의 문화적 전통과 특성이 잘 나타나 있으면서도 외국에서는 볼 수 없는 독특한 멋과 아름다움을 지니고 있다.

㉤ 1964년 12월 7일 국가무형문화재로 지정되었으며, 2001년 5월 18일 종묘제례와 더불어 유네스코 인류무형문화유산으로 선정되었다.

③ 판소리(국가무형문화재)

㉠ 의미 : 한 명의 소리꾼이 고수(북치는 사람)의 장단에 맞추어 창(소리), 말(아니리), 몸짓(너름새)을 섞어가며 긴 이야기를 엮어가는 것을 말한다.

㉡ 유래 : 정확히 알 수 없으나 조선 영조 30년(1754)에 유진한이 지은 춘향가의 내용으로 보아 적어도 숙종(재위 1674~1720) 이전에 발생하였을 것으로 추측하기도 하고, 조선 전기 문헌에 보이는 광대소학지희가 토대가 되었을 것으로 보기도 한다.

㉢ 종류 : 송만재의 〈관우희〉에는 판소리 12마당이 기록되어 있다. 즉, 춘향가 · 심청가 · 흥보가 · 수궁가 · 적벽가 · 가루지기타령 · 배비장타령 · 장끼타령 · 옹고집타령 · 강릉매화타령 · 왈자타령 · 가짜신선타령이다. 그러나 오늘날에는 이 가운데 5마당, 즉 춘향가 · 심청가 · 흥보가 · 수궁가 · 적벽가만 전해지고 있다.

㉣ 판소리의 분류

구분	내용
동편제	전라도 동북부 지역인 운봉 · 구례 · 순창 · 흥덕 등을 중심으로 전승되어 오는 소리로, 웅장하면서 호탕한 소리인 우조를 많이 사용하고 발성초(입을 열어 처음 내는 소리)가 진중하다. 통성을 쓰며 소리끝을 짧게 끊는 등 대마디 대장단의 특징이 있다.
서편제	전라도 서남부 지역인 보성 · 광주 · 나주 · 고창 등을 중심으로 전승되어 오는 소리로, 부드러우면서도 구성지고 애절하며, 소리의 끝이 길게 이어진 이른바 꼬리를 달고 있는 점이 특징이다.

제2과목

중고제	경기도와 충청도의 판소리를 '중고제(中古制)'라고 부른다. 중고제는 동편제 소리에 좀 더 가까우며 소박한 시김새로 짜여져 있어 성량이 풍부한 창자가 부르기에 좋은 판소리이다.

㉤ 2003년 11월 유네스코 인류무형문화유산으로 등재되었다.

④ 민 요

㉠ 통속민요와 토속민요 : 어느 정도 파급되었는가에 따라 통속민요와 토속민요로 나눈다.

통속민요	• 이미 넓은 지역에 퍼져서 음악적으로 많이 세련된 민요를 말한다. • 아리랑 · 밀양아리랑 · 도라지타령 · 방아타령 · 강원도아리랑 · 농부가 · 육자배기 · 수심가 · 천안삼거리 등
토속민요	• 어느 한 지역에 한정되어 불려지고 있는 민요들을 말한다. • 농요 · 어요 · 의식요 · 부녀요 · 동요 등

㉡ 지역별 민요 : 어느 지역의 특성을 가졌는가에 따라 경기민요 · 남도민요 · 동부민요 · 서도민요 · 제주민요 등으로 나누기도 한다.

경기민요	• 서울 · 경기 지방의 민요이다. • 아리랑 · 경복궁타령 · 군밤타령 · 노들강변 · 늴리리야 · 도라지타령 · 방아타령 · 양산도 · 자진방아타령 · 창부타령 등
남도민요(남도소리)	• 전라도를 중심으로, 충청남도 일부 지역과 경상남도의 일부 지역을 포함하는 지방의 민요이다. • 강강술래 · 남원산성 · 농부가 · 육자배기 · 진도아리랑 · 흥타령 등
동부민요	• 태백산맥 동쪽의 강원도 · 함경도 · 경상도 지방의 민요이다. • 함경도의 신고산타령 · 애원성 · 궁초댕기, 강원도의 한오백년 · 정선아리랑 · 강원도아리랑, 경상도의 밀양아리랑 · 울산아가씨 · 쾌지나칭칭나네 · 옹헤야 등
서도민요(서도소리)	• 평안도와 황해도 지방의 민요이다. • 국가무형문화재로, 콧소리를 이용한 창법을 구사한다. • 평안도의 수심가 · 긴아리 · 자진아리 · 안주애원성 · 배따라기 등과 황해도의 산염불 · 자진염불 · 긴난봉가 · 자진난봉가 · 몽금포타령 등
제주민요	오돌또기 · 이야홍타령 · 봉지가 · 산천초목 · 중타령 · 서우제소리 · 개구리타령 · 계화타령 등

⑤ 농악(국가무형문화재)

㉠ 기원 : 농악은 삼한시대 이전부터 정착 영농이 이루어지면서 발생하여 발달된 것으로 보이며, 진수의 '삼국지' 동이전에는 마한의 천군 행사로서 표현하고 있다.

㉡ 연주 : 지휘자격인 상쇠가 꽹과리를 맡고 부쇠 역시 꽹과리를 맡으며, 장구 · 북 · 징 등이 따르고, 태평소가 유일한 선율악기이다. 때에 따라서는 나발 · 피리 · 대금 등도 곁들여진다.

㉢ 진주삼천포농악, 평택농악, 이리농악, 강릉농악, 임실필봉농악, 구례잔수농악 등이 있으며, 농악은 다양한 형태와 목적으로 다수의 행사장에서 공연됨으로써 공연자와 참가자들에게 정체성을 부여한다는 점에서 그 가치를 인정받아 2014년 11월 유네스코 인류무형문화유산으로 등재되었다.

⑥ 시나위와 산조

㉠ 시나위 : 전라도 지역 무속 음악에서 유래한 민속 기악 합주곡으로, 심방곡이라고도 부른다. 무속 음악에서 영혼을 달래기 위하여 시작하였음을 나타낸다.

㉡ 산조 : 우리나라의 대표적인 민속 기악 독주곡으로, 자유롭게 흩어져 있는 가락이라는 뜻이다, 가야금, 거문고, 대금 등 선율 악기에 장구 반주를 곁들여 연주하는 형태며, 무속 음악과 시나위에 기교가 더해져 19세기 무렵에 만들어졌다.

⑦ 사물놀이

㉠ 네 개의 타악기(꽹과리, 북, 장구, 징)를 가지고 연주하는 음악을 지칭한다.

㉡ 가장 많이 연주되는 곡으로는 호남우도 농악을 비롯하여 짝두름 · 비나리 · 설장고놀이 · 판굿 · 길군악칠채 등을 들 수 있다.

㉢ 사물이란 원래 절에서 불교의식 때 쓰인 법고 · 운판 · 목어 · 범종의 네 악기를 가리키던 말이었으나 뒤에 이것이 북 · 징 · 목탁 · 태평소로 바뀌고, 지금은 다시 '북 · 장구 · 징 · 꽹과리'의 네 가지 민속타악기로 바뀌었다.

⑧ 가곡(국가무형문화재)
㉠ 조선 사회 지식층에서 발전된 노래로, 시조 · 가사와 함께 정가(正歌)라고 부른다.
㉡ 관현악 반주에 맞추어 시조시를 노래하는 전통 성악곡이다.
㉢ 판소리나 민요와 같은 일반 백성들 사이에서 구전되는 속가(俗歌)와 예술적으로 구분된다.
㉣ 2010년 유네스코 인류무형문화유산으로 등재되었다.

핵심예제

38-1. 국악의 분류 중 궁중음악으로 옳지 않은 것은?

[2018년]

① 아 악 ② 기 악
③ 당 악 ④ 향 악

정답 ②

38-2. 다음이 설명하는 것은? [2015년 정기]

> 한국의 전통음악에 속하는 기악독주곡의 하나로, 느린 장단으로부터 빠른 장단으로 연주하는 민속 음악이다. 장구 반주가 따르며, 무속 음악과 시나위에 기교가 더해져 19세기 무렵에 만들어졌다.

① 산 조 ② 가 사
③ 제례악 ④ 연례악

정답 ①

해설

38-1
궁중음악으로는 향악, 당악, 아악 등이 있으며, 기악은 악기만으로 연주되는 음악을 말한다.

38-2
② 가사는 한국 시가의 한 양식으로 조선 시대 상류 계층이 즐겼던 전통 성악을 말한다.
③ 제례악은 궁중에서 제사를 지낼 때 사용하던 음악이다.
④ 연례악은 궁중의식이나 잔치 때 연주하던 모든 음악의 총칭이다.

핵심이론 39 무형문화재 – 무용

① 궁중무용
㉠ 궁중무용의 특성
- 국가기관에 예속되어 장구한 세월 동안 성장하고 발달된 무용으로 나라의 경사나 궁중의 향연, 외국 국빈을 위한 연회 등에서 추어졌다. 지방 관아에까지 전파되었으며, 민간 대중과는 관계가 없다.
- 한국의 궁중무용을 총칭하여 정재라고 하는데, 이는 대개 왕과 조정의 공덕을 찬양하고 국가의 안녕과 왕의 만수무강을 축원하는 의미를 담고 있기 때문에 춤추는 사람의 감정이나 정서의 표현은 절제되었다.
- 아악이나 정악이 정재의 반주음악으로 쓰였으며, 빠르고 신명나는 춤사위가 없고 느리고 큰 동작의 춤사위로 구성되었다.

㉡ 대표적인 궁중무용

처용무 (국가 무형문화재)	음양오행설의 기본정신을 기초로 하여 악운을 쫓는 의미가 담겨있으며, 궁중무용 중에서 유일하게 사람 형상의 가면을 쓰고 쓰는 춤이다. 처용무는 처음에는 1인무로 추었으나 점차 5인에 의해 이루어지는 처용무로 확대되었으며, 유네스코 인류무형문화유산으로 등재되어 있다.
태평무 (국가 무형문화재)	무속장단에 맞추어 궁중복식을 갖추고 태평성대를 나타내는 우아하고 화려한 민속춤이다.
춘앵무	효명세자가 순원왕후의 40세를 축하하기 위해 지은 춤으로 전해지며, 이른 봄날 버드나무에서 노래하는 꾀꼬리를 무용화한 것이다.

[오방처용무]

[태평무]

제2과목

② 민속무용

㉠ 민속무용의 특성

- 생산의 직접적 담당층인 민중의 생활 체험에 그 기반을 두고 있다. 따라서 민속무용의 표현 형식은 궁중무용에서 보이는 고정된 틀의 형태에서 벗어나 민중 생활의 실체를 자유로운 몸짓으로 표현한다.
- 주변 아시아 국가들의 춤이 주로 손이나 발 특히 손끝을 이용한다는 것과 비교할 때 춤사위에 있어서 팔과 어깨, 다리 전체를 사용한다는 것이 한국 무용의 특징이다.
- 전문성을 띠지 않고 일반인들이 생활 속에서 즐길 수 있는 집단놀이의 성격을 띤 춤과 전문적인 예능인들에 의해서 민간에서 전승되어 온 춤으로 공연의 성격을 띠는 춤이 있다.

㉡ 대표적인 민속무용

살풀이춤 (국가 무형문화재)	• 무속의식에서 '액을 풀어낸다'는 뜻으로 무당들이 신을 접하기 위한 수단으로 행해졌던 춤이다. • 경기지방과 호남지방에서 계승된 춤으로 허튼춤이라고도 하며, 훗날 광대나 기생들에 의해 한층 예술적으로 다듬어져 기방무용으로 계승·발전되었다.
승무 (국가 무형문화재)	• 흰 장삼에 붉은 가사를 어깨에 매고 흰 고깔을 쓰고 추는 춤이다. • 인간 본연의 애정과 낭만의 표현인 동시에 인간의 희비를 높은 차원에서 극복하고 승화시킨 이지적인 춤이라 할 수 있다. • 긴 소매가 마치 날개, 연, 또는 구름처럼 보이다가 나중에 북채를 빼고 점점 동작이 빨라져 마치 몸 주위에 뿌연 성운을 만들어내는 것 같은 아름다움의 극치를 보여준다.
강강술래 (국가 무형문화재)	• 호남 지방의 집단 무용으로 삼한시대의 제천의식에서 5월의 기풍제와 10월의 추수감사제를 행한 집단 원무에서 유래한다. • 강강술래의 어원은 '강'이 원을 뜻하고 '술래'는 둘레라는 뜻으로 '주위를 경계하라'는 의미를 지닌다.
한량무	• 진주 관아의 행사 때 여흥으로 춘 춤으로, 7인 배역이 등장해서 이야기를 엮어가는 형태이다. • 부패한 양반과 파계승 등을 응징하는 내용으로 조선 시대의 퇴폐성을 풍자하는 무용극이다.

[살풀이]

[승 무]

③ 의식무용

㉠ 의식무용의 특성

- 종교 의식이 수반되어 엄숙하고 심오하다.
- 기복적인 요소와 토속 신앙의 혼합 요소가 적고 단지 순수한 마음의 정화를 위한 춤이기 때문에 춤사위의 종류가 몇 가지되지 않고, 움직이는 형태가 간결하고 평이하다.
- 궁중무용이나 의식무용은 대륙으로부터 유입된 것이나 우리의 것으로 재창조하였으며, 특히 불교의식무용은 발생지인 인도나 중국에서는 이미 소멸되었으므로 우리만이 지닌 유산이라 할 수 있다.

㉡ 의식무용의 종류

문 무	일무 가운데 문무로서 왼손에는 약(피리)를 들고 오른손에는 적(꿩깃)을 들고 대열을 이루어 춘다.
바라춤	• 불교의식무용으로 서양악기인 심벌즈처럼 생긴 '바라'를 들고 춤을 춘다하여 이름 붙여졌으며, 불교의식에서 가장 춤사위가 화려하다. • 하얀 장삼에 두 손에 바라를 들고 장중하면서도 무겁지 않게 몸을 놀리는 이 춤은 들뜨지 않은 색감과 움직임 속에서 화려함을 이끌어 낸다.
나비춤	• 불교의식무용 가운데 가장 중요한 춤으로, 나비모양의 의상을 입고 추기 때문에 나비춤이라 불리나 원래 명칭은 '착복무'라 한다. • 빠른 동작은 거의 없는 완만하고 조용한 동작의 느린 춤으로, 이는 다른 한국무용에서는 찾아 볼 수 없는 특징이다.
법고춤	불교의식에서 행하는 무용의 하나로 동작이 크고 활기가 있는 춤이다. 절에서는 조석(朝夕)의 예불이나 각종 의식에 쓰인다.

[핵심예제]

39-1. 법고춤에 관한 설명으로 옳지 않은 것은? [2018년]

① 동작이 크고 활기가 있는 춤이다.
② 불교의식에서 행하는 무용의 하나이다.
③ 절에서는 조석(朝夕)의 예불이나 각종 의식에 쓰인다.
④ '물속에 사는 모든 중생을 제도한다'는 상징적인 의미를 포함한다.

정답 ④

39-2. 국가무형문화재 제27호로 불교적인 색채가 강하며 주로 머리에는 흰 고깔을 쓰고, 흰 장삼에 붉은 가사를 걸치고 추는 민속무용은? [2014년 정기]

① 한량무 ② 살풀이춤
③ 춘앵무 ④ 승 무

정답 ④

해설

39-1

④ 목어(木魚)는 나무로 긴 물고기 모양을 만들어 걸어 두고 두드리는 불구로, '물속에 사는 모든 중생을 제도한다'는 상징적인 의미를 지닌다.

법고춤

불교의식무용인 작법무(作法舞)의 하나로 법고를 두드리며 추는 춤이다. 절에서 조석(朝夕)의 예불이나 각종 의식에 사용한다. 어느 춤보다 동작이 크고 활기가 있는 춤이며, 장중하고 활달한 멋을 지니고 있다.

39-2

① 한량과 승려가 여인을 유혹하는 내용을 표현한 무용극
② 무당이 굿판에서 나쁜 기운을 풀기 위해 추는 춤, 국가무형문화재
③ 조선 시대의 궁중무용

핵심이론 40 무형문화재 - 공예

① 민속공예

㉠ 각 지역마다 전승되어 온 전통적 기법과 그 고장 산물을 이용하여 일상생활에 필요한 물건을 만들어 내는 조형예술이다.

㉡ 민속공예에는 목공예, 화각공예, 나전공예, 지공예, 자수공예, 매듭공예 등이 있으며, 민속공예를 통해 만들어진 물건을 민속공예품 또는 민예품이라 한다.

㉢ 국가에서는 민속공예기법 기능자를 무형문화재로 지정하는 등 보호와 전승에 힘쓰고 있다.

② 공예 관련 국가무형문화재

구분	내용
입자장 (국가 무형문화재)	• 갓을 만드는 일(갓일)을 하는 장인이다. • 갓을 만드는 과정은 총모자, 양태, 입자로 나뉜다. • 총모자는 컵을 뒤집어 놓은 듯한 갓 대우 부분을 만드는 것, 양태는 대나무를 잘게 쪼개서 얽어내는 과정, 입자는 총모자와 양태를 조립하면서 제품을 완성시키는 과정이다.
나전장 (국가 무형문화재)	나전 칠기를 만드는 장인으로, 나전 칠기는 목기나 유기 또는 도자기 위에 헝겊을 입히고 그 위에 옻을 올리고 자개를 박아 윤을 내는 것이다.
한산모시장 (국가 무형문화재)	• 여름 옷감으로 많이 쓰이는 모시를 만드는 장인이다. • 한산모시는 우리나라의 미를 상징하는 여름 전통옷감으로 역사적 가치가 높다.
장도장 (국가 무형문화재)	장도는 몸에 지니는 자그마한 칼로 일상생활이나 호신용 또는 장신구로 사용되었고, 이러한 장도를 만드는 기능과 그 기능을 가진 사람을 장도장이라 한다.
낙죽장 (국가 무형문화재)	불에 달군 인두를 대나무에 지져가면서 장식적인 그림이나 글씨를 새기는 기능 또는 그러한 기술을 가진 장인이다.
유기장 (국가 무형문화재)	놋쇠로 만든 그릇인 유기를 만드는 장인이다.
매듭장 (국가 무형문화재)	끈목을 사용하여 여러 가지 종류의 매듭을 짓는 기술 또는 그러한 기술을 가진 장인을 가리킨다.
조각장 (국가 무형문화재)	금속에 조각을 하는 기능이나 그 기능을 가진 사람을 말하며 조이장이라고도 한다.

[입자장(갓일)]

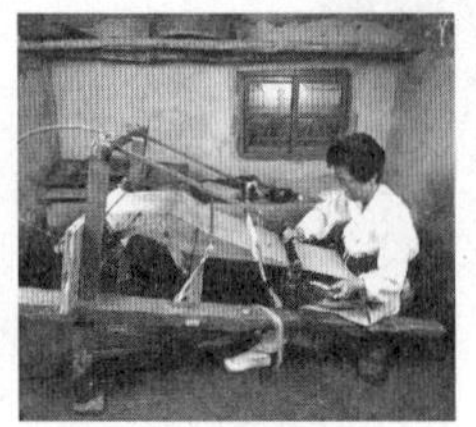
[한산모시장]

핵심예제

다음은 무엇에 관한 설명인가? [2015년 특별]

- 국가무형문화재 제10호로 지정
- 공정상 바탕이 되는 목기나 유기 또는 도자기 위에 헝겊을 입히고 그 위에 옻을 올리고 자개를 박아 윤을 내는 것

① 갓 일 ② 나전장
③ 매듭장 ④ 조각장

정답 ②

해설

① 국가무형문화재, 갓을 만드는 과정은 총모자, 양태, 입자로 나뉜다. 총모자는 컵을 뒤집어 놓은 듯한 갓 대우 부분을 만드는 것, 양태는 대나무를 잘게 쪼개서 얽어내는 과정을, 입자는 총모자와 양태를 조립하면서 제품을 완성시키는 것이다.
③ 국가무형문화재, 끈목을 사용하여 여러 가지 종류의 매듭을 짓는 기술 또는 그러한 기술을 가진 장인을 가리킨다.
④ 국가무형문화재, 금속에 조각을 하는 기능이나 그 기능을 가진 사람을 말하며 조이장이라고도 한다.

핵심이론 41 한국의 세시풍속, 통과의례

① 설
㉠ 새해를 시작하는 첫날로서 주위와 자신을 깨끗이 하고 제례의식을 갖추며, 다양한 풍속과 놀이로서 함께 하는 명절이다.
㉡ 설 풍속

설 빔	설날 아침에 일찍 일어나 세수한 다음 미리 준비해 둔 새 옷으로 갈아입는 것
차 례	온 가족이 사당에 모여 4대조의 신주를 모셔두고 제사를 지내는 것
세 배	차례가 끝난 후 웃어른에게 큰절로 새해 첫 인사를 하는 것
성 묘	조상의 무덤에 세배를 드리는 것
세 찬	설날 차례를 위해서 만드는 음식
세 주	설날 차례에 사용하는 술
수 세	섣달 그믐날 밤에 잠들면 눈썹이 센다고 하여 집에 등불을 밝히고 밤을 새우는 것
복조리	섣달 그믐날 자정이 지나서 팔거나 돌리는 조리
세 화	설날 대문에 걸어두는 장군상, 귀두상, 선녀상, 호랑이상 같은 그림
소 발	설날 저녁에 1년 동안 모아 두었던 머리털을 불에 태우는 것
설놀이	널뛰기, 윷놀이, 연날리기 등

② 한 식
㉠ 동지가 지난 후 105일째 되는 날로 음력으로는 대개 2월이 되고 양력으로는 4월 5일경이다.
㉡ 일정 기간 불의 사용을 금하며 찬 음식을 먹는 고대 중국의 풍습에서 시작되었으며, 한식날 민간에서는 여러 가지 주과(酒果)를 마련하여 차례를 지내고 성묘를 한다.
㉢ 한식 풍속

개사초	산소 손실의 일종으로 무덤이 헐었거나 떼(잔디)가 부족할 때 무덤의 봉분 등에 떼를 다시 입히는 일로 '사초(莎草) 또는 떼입히기'라고도 한다.
성 묘	조상의 산소에 가서 돌보고 살피는 것으로 한식이면 묘소에 가서 제사를 지낸다.
산신제	마을의 수호신을 주신으로 모시면서 공동체의 안녕과 풍요를 기원하기 위한 제의이다. 고대사회에서부터 명산으로 알려진 산과 산악지대 또는 산악과 인근한 마을들에서 행해졌다.

③ 단 오

㉠ 음력 5월 5일을 일컫는 말로서 '천중절(天中節)'이라고도 한다.

㉡ 단오 때는 절기 중 양기가 가장 왕성한 계절로, 여름철의 더위도 이때부터 시작된다.

㉢ 단오 풍속

단오선(단오부채)	조선 시대 때 단오절에 공조에서 진상한 부채를 임금이 신하에게 나누어주던 부채이다.
그네타기	단오절 날의 놀이로서 여성들의 자유와 개방을 시현하는 대표적인 풍속이다.
씨 름	단오절 날 남자들이 하는 대표적인 풍속으로, 현대에는 천하장사 씨름대회로 발전하였다.
창포로 머리감기	단오절 날 여인들이 창포 삶은 물에 머리를 감던 풍속이다.
단오부적(천중부적)	단오절 날 각 가정에서 주사(朱砂)로 부적 문을 써서 기둥이나 벽에 붙이는 풍속이다(천중부적은 가정에 잡병을 없애고 잡귀를 쫓는 민간신앙 중의 하나).
대추나무 시집보내기	단오절 날 대추열매를 많이 달리게 하기 위해서 과목(果木) 가지 사이에 돌을 끼워 두는 것이다.

④ 추 석

㉠ 음력 8월 15일로 '한가위, 가배일, 중추절'이라고도 한다.

㉡ 신라 유리왕 때 궁녀들이 두 패로 갈라 길쌈(베짜기) 경진대회를 벌여 상을 주고 가무를 즐겼다는 고사에서 비롯된 풍속으로, 외국의 경우 추수감사절로 즐기는 명절이기도 하다.

㉢ 추석 풍속

벌 초	추석날 성묘에 앞서 조상들의 무덤에 난 풀을 깎는 풍속이다.
차 례	추석날 아침에 풍성한 햇곡식과 햇과일로 푸짐하게 차려놓고 제사를 지내는 것이다.
강강술래	전남 무안, 해남, 진도, 완도지방에서 널리 행해지던 놀이로, 추석날 밤에 여인들이 손을 잡고 동그랗게 원을 그리며 집단으로 추는 춤이다. 국가무형문화재로 지정 · 전승되고 있다.

⑤ 정월대보름

㉠ 한자어로는 '상원(上元)'이라고 하며, 음력 1월 15일이다.

㉡ 한 해를 처음 시작하는 달로서 그 해를 계획하고, 한 해 동안 무사태평을 기원하는 의미이다.

㉢ 정월대보름의 풍속으로는 줄다리기, 놋다리밟기, 차전놀이, 쥐불놀이, 부럼깨기, 달맞이, 관원놀음, 달집태우기, 지신밟기, 귀밝이술 마시기, 더위팔기 등이 있다.

⑥ 초파일

㉠ 불교의 개조인 석가모니의 탄생일로, '석가탄신일' 혹은 '초파일'이라고 한다.

㉡ 초파일 풍속

관등놀이	석가의 탄일을 축하하기 위하여 등에 불을 밝혀 달아매는 행사이다.
성불도놀이	깨달음을 이루어가는 과정으로 구성된 불교의 주사위 놀이이다.
탑돌이	승려가 염주를 들고 탑을 돌면서 부처의 큰 뜻과 공덕을 노래하면, 신도들이 그 뒤를 따라 등을 밝혀 들고 탑을 돌면서 극락왕생을 기원하는 의식이 풍속화된 놀이이다.

더 알아보기

중양절

- 중국에서 유래한 명절로, 그곳에서도 매년 음력 9월 9일에 행하는 한족의 전통 절일이다. 중양절은 중국에서는 한나라 이래 오랜 역사를 가지고 있으며, 당송(唐宋) 대에는 추석보다 더 큰 명절로 지켜졌다.
- 중양절은 국화가 만발할 때이므로 국화주, 국화전을 만들어 먹는다.

⑦ 통과의례

㉠ 통과의례는 사람이 태어나서 삶을 마감하기까지 일생의 전 과정을 통해 반드시 통과해야 하는 의식과 의례를 말한다.

㉡ 대표적인 통과의례로는 백일, 첫돌, 성인식(계례), 결혼식(혼례), 출산의례, 회갑, 상례, 제례 등이 있다.

[핵심예제]

41-1. 설의 세시풍속에 해당하는 것을 모두 고른 것은? [2019년]

ㄱ. 설 빔	ㄴ. 세 찬
ㄷ. 관등놀이	ㄹ. 윷놀이
ㅁ. 복조리	

① ㄱ, ㄴ, ㄷ
② ㄱ, ㄷ, ㄹ
③ ㄱ, ㄴ, ㄹ, ㅁ
④ ㄴ, ㄷ, ㄹ, ㅁ

정답 ③

41-2. 단오의 풍속이 아닌 것은? [2016년 특별]

① 강강술래
② 그네뛰기와 씨름
③ 창포물에 머리감기
④ 대추나무 시집보내기

정답 ①

해설

41-1

ㄷ. 관등놀이는 석가의 탄일을 축하하기 위하여 등에 불을 밝혀 달아매는 행사이다.

41-2

강강술래는 전라남도 해안지방에서 추석을 전후하여 행해진 집단놀이이다.

핵심이론 42 민속문화재

① **민속문화재의 의의**

㉠ 의식주, 생업, 신앙, 연중행사 등에 관한 풍속, 관습과 이에 상용되는 의복, 기구, 가옥 등으로서 국민생활의 변화를 이해함에 불가결한 것을 민속문화재라 한다.

㉡ 무형의 민속문화재에는 의식주 · 생업 · 신앙 · 연중행사 등에 관한 풍습 · 습관 등이 속하며, 이는 지정대상에서 제외되기 때문에 기록을 작성하여 보존한다.

㉢ 유형의 민속문화재는 의복 · 기구 · 가옥 · 기타 물건 등이 이에 속하며, 이 중 중요한 것은 국가민속문화재로 지정된다.

② **국가민속문화재**

㉠ 장승 : 사람의 얼굴 모양을 새긴 기둥으로, 마을이나 절 입구 등에 남 · 녀 한 쌍으로 세워놓았으며, 지역의 경계, 이정표 및 마을의 수호신 구실을 하였다. 장승과 유사한 것으로 제주도의 돌하르방(제주도 민속문화재)이 있다.

- 통영 문화동 벅수(국가민속문화재)
- 나주 불회사 석장승(국가민속문화재)
- 나주 운흥사 석장승(국가민속문화재)
- 남원 실상사 석장승(국가민속문화재)

㉡ 당(堂) : 부락 수호신을 모신 곳으로, 옛날 부락 신앙의 중심이 되었다. 현재 국가민속문화재로 지정된 곳은 다음과 같다.

- 경남 통영시 삼덕리 마을제당(국가민속문화재)
- 전북 고창군 고창 오거리 당산(국가민속문화재)
- 전북 부안군 부안 서문안 당산(국가민속문화재)
- 전북 남원시 남원 서천리 당산(국가민속문화재)

㉢ 건축물 : 국가민속문화재로 지정된 건축물은 다음과 같다.

- 강릉 선교장 : 전주이씨 이내번이 지은 집이다. 총 건평 318평에 이르는 조선 명문의 전형적인 가옥으로 그 규모가 웅장하다.
- 구례 운조루 고택 : 구례 유씨가의 소유 건물로, 상량문에 영조 52년(1776)이란 글씨로 보아 약 200여 년 전에 지어진 명문가의 가옥이다.
- 창녕 술정리 진양하씨 고택(하병수씨 가옥) : 가벼운 건새집으로 되어 있으며 지은 지 590여 년 된 것으로, 현재 전하는 민가로는 가장 오래된 가옥이다.
- 경주 최부자댁 : 경북 경주시 교동에 있는 조선 시대 가옥으로, 조선 시대 양반집의 원형을 대체로 잘 보존하고 있다.
- 정읍 김명관 고택 : 조선 중기 상류층 주택의 면모를 잘 갖추고 있으며, 흔히 아흡칸 집으로 부르는 전형적인 상류층 가옥에 해당한다.
- 경주 양동마을 송첨종택 : 경주 양동마을에서 가장 오래된 가옥으로, 서백당의 오래된 향나무가 유명하다.
- 경주 월암 종택 : 경주시 탑동에 있는 조선 시대 가옥으로, 임진왜란 때 경주 노곡(奴谷)에서 의병장으로 공을 세운 김호가 살았던 집이다.

㉣ 의류 : 의류는 인간생활의 발달과 더불어 무수히 많은 변천을 거쳐 왔다. 현재 국가민속문화재로 지정된 의류는 다음과 같다.

- 덕온공주 당의
- 심동신 금관조복
- 광해군 내외 및 상궁 옷
- 외재 이단하 내외 옷
- 사영 김병기 일가 옷
- 경산 정원용 의대

㉤ 기타 중요 국가민속문화재

- 방상시탈 : 눈이 네 개 달린 탈로, 궁중에서 나례나 장례 때 악귀를 쫓기 위해 사용했다.
- 국사당의 무신도 : 조선 태조의 명에 의해 지어진 것으로 국사당 안에 있는 28폭의 무신도이다.

[덕온공주 당의]

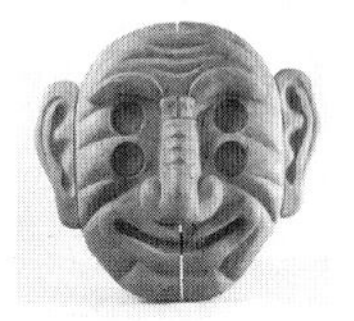
[방상시탈]

[핵심예제]

42-1. 다음 설명에 해당하는 것은? [2018년]

> - 국가민속문화재 제5호로 지정되었다.
> - 조선 시대 상류층의 가옥을 대표하는 건축물이다.
> - 전주이씨(全州李氏) 이내번(李乃蕃)이 지은 것으로 전해진다.

① 경주 월암 종택
② 경주 최부자댁
③ 강릉 선교장
④ 정읍 김명관 고택

정답 ③

42-2. 방상시탈에 대한 설명으로 옳지 않은 것은? [예상 문제]

① 국가민속문화재에 해당한다.
② 궁중에서 나례 · 장례 때 사용했다.
③ 악귀를 쫓는 의식에 사용했다.
④ 조선 시대부터 사용했다.

정답 ④

해설

42-1

강릉 선교장

전주이씨 이내번이 이주하면서 지은 집으로, 조선 시대 사대부의 살림집이다. 안채 · 사랑채 · 행랑채 · 별당 · 정자 등 민가로서는 거의 모자람이 없는 구조를 가지고 있다. 소장하고 있는 여러 살림살이들은 옛날 강릉지방 사람들의 생활관습을 보여주는 귀중한 자료가 되고 있다. 1967년 국가민속문화재로 지정되었다.

42-2

신라 5~6세기 경부터 장례 때 사용되었다.

핵심이론 43 민속마을

① 순천 낙안읍성 민속마을(사적)

㉠ 전남 순천시 낙안면에 위치하며, 조선 전기인 1397년(태조 6)에 낙안 출신의 절제사 김빈길이 흙으로 쌓은 성이다.

㉡ 조선 전기의 읍성 모습을 그대로 간직하고 있으며, 남부지방 특유의 주거 양식을 볼 수 있다.

㉢ 성 내에는 객사, 노거수 은행나무, 임경업 장군비각 등이 있다.

② 서산 해미읍성 민속마을(사적)

㉠ 충남 서산시 해미면에 위치하는 조선 시대의 읍성으로, 서해안 방어에 중요한 위치를 차지하고 있던 곳이다.

㉡ 충무공 이순신이 군관으로 근무하기도 하였다.

㉢ 현재 동헌과 객사만 복원되어 있으며, 1866년에 발생한 천주교 박해 당시 천주교 신도들이 이곳으로 잡혀와 고문당하고 처형당하였던 곳이기도 하다. 이에 천주교도들의 순례지가 되고 있다.

③ 제주 성읍마을(국가민속문화재)

㉠ 제주 서귀포시 표선면에 소재하고 있으며, 제주를 대표할 만한 민속 유물과 유적들이 모여 있는 곳이기도 하다.

㉡ 공간의 배치는 '우'자 모양을 기본으로 하여 남북 자오축 머리에는 동헌을, 가운데는 객사를, 남쪽에는 남대문을 두는 형식을 취했다.

④ 경주 양동마을(국가민속문화재)

㉠ 월성 손씨와 여강 이씨의 양대문벌로 이어 내려온 동족마을이다.

㉡ 안강평야의 동쪽 구릉지에 위치하고 있으며, 산계곡을 따라 펼쳐진 경관, 자연과 어울려 오랜 전통을 간직한 집들, 양반 계층을 대표할 수 있는 자료들과 유교사상, 관습들 때문에 중요한 가치를 지닌 마을로 평가받고 있다.

㉢ 하회마을과 함께 세계문화유산으로 등재되어 있다.

[경주 양동마을]

⑤ 고성 왕곡마을(국가민속문화재)

㉠ 동해안의 수려한 자연환경 속에 자리한 전통 한옥마을로, 14세기경부터 강릉 함씨와 강릉 최씨, 용궁 김씨 등이 모여 사는 집성촌이다.

㉡ 19세기를 전후하여 지어진 기와집들은 모두 강원도 북부지방에서만 볼 수 있는 양통집이다.

⑥ 아산 외암마을(국가민속문화재)

㉠ 약 500년 전에 강씨와 목씨 등이 정착하여 마을을 이루었다고 전해지며, 조선 명조 때 이정(李挺)이 이주하면서 예안이씨가 대대로 살기 시작하였다.

㉡ 영암댁 · 참판댁 · 송화댁 등의 양반집과 50여 가구의 초가 등 크고 작은 옛집들이 상당부분 원래모습을 유지한 채 남아 있다.

⑦ 성주 한개마을(국가민속문화재)

㉠ 건축물의 대부분이 18세기 후반에서 19세기 초반에 걸쳐 건립되었다.

㉡ 전체적인 마을구성이 풍수에 따른 전통적인 모습을 보여주고 있을 뿐만 아니라 상류주택과 서민주택의 배치 및 평면도 지역적인 특성을 잘 나타내고 있다.

⑧ 영주 무섬마을(국가민속문화재)

㉠ 조선 중기 17세기 중반 입향 시조인 박수(朴燧)와 김대(金臺)가 들어와 자리를 잡은 이래 반남 박씨와 선성 김씨의 집성촌으로서 유서 깊은 전통마을이다.

㉡ 규모가 크고 격식을 갖춘 ㅁ자형 가옥, 까치구멍집, 겹집, 남부지방 민가 등 다양한 형태의 구조와 양식을 갖춘 가옥이 있다.

⑨ 안동 하회마을(국가민속문화재)

㉠ 풍산 류씨의 씨족 마을로 류운룡 · 류성룡 형제 대(代)부터 번창하게 된 마을이라고 한다.

㉡ '하회'란 물이 돌아서 흘러간다는 의미로, 낙동강 줄기가 S자 모양으로 동 · 남 · 서를 감싸 돌고 있고, 독특한 지리적 형상과 빼어난 자연경관을 갖추고 있다.

㉢ 화천(花川)의 흐름에 따라 남북 방향의 큰 길이 나 있는데, 이를 경계로 하여 위쪽이 북촌, 아래쪽이 남촌이다.

㉣ 북촌의 양진당(보물)과 북촌댁(北村宅), 남촌의 충효당(보물)과 남촌댁(南村宅)은 역사와 규모에서 서로 쌍벽을 이루는 전형적 양반가옥이다.

⑩ 영덕 괴시마을(국가민속문화재)

㉠ 목은 이색이 태어난 마을로, 조선 인조 대에 영양 남씨가 정착하면서 남씨들이 모여 사는 집성촌이 되었다.

㉡ 안동 지역의 상류 주택에서 볼 수 있는 뜰집에 사랑채가 돌출된 날개집 형태를 취하고 있으며, 지형의 영향을 받아 가옥이 전체적으로 서향 배치이다.

⑪ 한국민속촌

㉠ 경기도 용인시에 위치하며, 조선 시대 후기 생활상을 그대로 재현해 놓은 민속전시관이다.

㉡ 갖가지 전통놀이와 한복 체험 등을 할 수 있어 외국인 관광객들의 체험관광 장소로 인기가 많으며, 학생들의 교육 목적 관광지로도 적합하다.

⑫ 제주민속촌

㉠ 1890대 전후의 제주도 옛 문화와 역사를 그대로 되살려 놓았다.

㉡ 실제 생활하던 집과 돌, 기둥 등을 그대로 옮겨와 복원하였으며, 제주의 촌락, 신앙촌, 관아 등을 재현해 놓았다.

[핵심예제]

43-1. 다음 설명에 해당하는 것은? [2020년]

- 1983년 사적 302호로 지정됨
- 객사, 노거수 은행나무, 임경업장군비각이 있음

① 아산 외암마을 ② 고성 왕곡마을
③ 경주 양동마을 ④ 낙안읍성 민속마을

정답 ④

43-2. 민속마을에 관한 설명으로 옳지 않은 것은? [2014년 정기]

① 안동 하회마을 – 풍산유씨 종가가옥, 양진당
② 경주 양동마을 – 세계문화유산 등재, 월성 손씨, 여강 이씨
③ 성읍 민속마을 – 제주도 표선면에 위치, 성곽, 동헌과 향교
④ 아산 외암마을 – 서민 가옥인 초가집으로만 구성, 성곽

정답 ④

해설

43-1

① 아산 외암마을(국가민속문화재) : 영암댁 · 참판댁 · 송화댁 등의 양반주택과 50여 가구의 초가 등 크고 작은 옛집들이 상당부분 원래모습을 유지한 채 남아 있다.
② 고성 왕곡마을(국가민속문화재) : 14세기경부터 강릉 함씨와 강릉 최씨, 용궁 김씨 등이 모여 사는 집성촌이다.
③ 경주 양동마을(국가민속문화재) : 월성 손씨와 여강 이씨의 양대문벌로 이어 내려온 동족마을로, 무첨당(보물), 향단(보물), 관가정(보물)을 비롯해 많은 옛 건물들이 귀중한 문화재로 지정되어 있는 곳이다.

43-2

아산 외암마을에는 상류 · 중류 · 서민가옥이 함께 남아있으며, 특히 양반집은 조선 시대 상류주택의 모습을 잘 보여주고 있다.

핵심이론 44 박물관

① **박물관의 정의** : 그 나라 민족 또는 지방민의 문화유산, 즉 역사적 유물, 고고학자료, 미술품 가운데 역사적 · 학술적 · 예술적 가치가 있는 것을 체계적으로 정리하여 전시해 놓은 문화적 시설이다.

② **박물관의 종류**

㉠ 설립 · 운영 주체에 따른 분류
- 국립박물관 : 국가에서 운영하는 박물관
- 공립박물관 : 시나 도에서 운영하는 박물관
- 사립박물관 : 개인이나 기타 단체에서 운영하는 박물관
- 대학박물관 : 종합 대학이나 단과 대학에서 운영하는 박물관

㉡ 특성에 따른 분류
- 종합박물관 : 모든 분야의 자료를 수장하고 있는 박물관 → 미국의 스미스소니언 연구소, 한국의 지방박물관
- 전문박물관 : 미술 · 역사 · 과학 등 특정 분야의 자료를 전문적으로 소장하고 있는 박물관

미술관	• 자료의 지리적 · 민족적 분포 → 동양미술관 · 티베트 미술관 등 • 자료의 시대 → 고미술박물관 · 근대미술관 등으로 분류 • 자료의 분류 → 공예 · 민예 · 회화 · 조각 · 서예 · 연극 · 악기 · 영화 · 의상 박물관 등
역사박물관	민속 · 민족학 · 고고학 · 사회사 · 혁명 등의 자료를 수집한 박물관 → 기념관 및 역사적 기념물(건물 · 환경 등)
과학박물관	자연사 · 이공학 · 산업 · 농업 · 어업 등에 관한 자료를 수집한 박물관과 동식물원 · 수족관 · 야외 자연박물관 · 자연보호박물관 등

③ **박물관의 기능**

㉠ 박물관 자료의 수집 : 항상 가치 있고 풍부한 실물자료를 준비한다.
㉡ 정리 · 보관 : 수집된 자료는 보존을 위하여 계통적으로 정리 · 분류하고, 퇴색을 방지한다.

ⓒ 조사연구 : 박물관에 수집 · 정리된 여러 자료는 학예관이나 기타 전문가에 의해 학술적 조사연구 자료로 활용한다.

ⓔ 전시 : 박물관 자료와 그 성과를 전시해서 교육활동에 호소하여 사회에 보급 · 침투시켜 대중의 문화적 · 과학적 수준의 향상을 도모한다.

ⓜ 교육활동 : 사회 교육기관으로서의 박물관은 적시 · 적절한 교육활동을 통해서 그 내포하는 지식을 널리 일반에 효과적으로 보급한다.

④ 주요 국립박물관

• 국립중앙박물관	• 국립민속박물관
• 국립경주박물관	• 국립전주박물관
• 국립대구박물관	• 국립김해박물관
• 국립춘천박물관	• 국립공주박물관
• 국립광주박물관	• 국립부여박물관
• 국립청주박물관	• 국립제주박물관
• 국립진주박물관	• 국립나주박물관
• 국립익산박물관	

ⓐ 국립중앙박물관
- 우리나라의 문화유산을 보존 및 전시하고 연구 · 교육하기 위하여 건립된 문화체육관광부 산하의 국립박물관이다.
- 1945년 9월 조선총독부박물관을 인수 · 개편하여 덕수궁 안의 석조전 건물에서 처음으로 업무를 시작하였다. 1953년 8월 서울환도 이후 잠시 남산 분관에서 머무르다 1954년 10월 덕수궁 석조전으로 이전하고, 1972년 경복궁에 박물관을 신축하여 확장 이전하였으며, 1986년 옛 중앙청 건물로 이전하였으나 건물이 철거됨에 따라 1996년 경복궁 내의 사회교육관 건물을 증개축하여 개관했다. 2004년 10월까지 경복궁에서 운영되다가 2005년 10월 28일 용산가족공원 내의 새로운 건물로 개관했다.
- 9,884점이 넘는 유물을 7개의 관과 39개의 실에 상설 전시하고 있다. 1층에는 선사 · 고대관과 중 · 근세관이, 2층에는 기증관과 서화관이, 3층에는 세계문화관과 조각 · 공예관이 위치하고 있다.

ⓑ 국립경주박물관
- 신라 천년의 찬란한 민족문화유산을 소장하여 전시하고 있는 박물관이다.
- 전시관
  - 신라역사관 : 제1~3전시실, 국은기념실
  - 신라미술관 : 불교미술 Ⅰ · Ⅱ, 박물관 가게 등
  - 월지관 : 안압지 발굴조사에서 발굴된 1,100여 점의 유물 전시
  - 신라천년보고 : 경상도 출토 문화재를 보관하기 위해 지은 수장고
- 옥외전시관 : 성덕대왕신종을 비롯하여 고선사터 삼층석탑 등 경주지역에서 수집된 많은 석조 유물들을 전시하고 있다.
- 특별전시관, 어린이 박물관, 서별관, 수묵당과 고청지, 종각 등이 있다.

ⓒ 국립민속박물관
- 서울특별시 종로구 경복궁 내에 위치한다.
- 1975년 4월 11일에 경복궁 내에 위치하던 전 현대미술관 건물을 수리하여 국립민속박물관으로 개관하였다.

⑤ 그 밖의 박물관

ⓐ 제주특별자치도 민속자연사박물관
- 제주도의 다양한 자연 자원과 이색적인 민속 문화를 동일 공간에서 감상하고 이해하도록 복합 기능을 부여한 민속자연사박물관이다.
- 박물관은 ㅁ자형 건물로 지붕을 제주 초가의 물매 형태와 한라산의 완만한 능선을 표현하였고 마감 재료에 다공질 현무암을 사용하여 지역성을 부각시켰다.

ⓑ 국립등대박물관 : 1985년 호미곶 등대가 있는 경상북도 포항시 남구 호미곶면에 개관하였다. 한국 최초의 등대박물관으로 등대원 생활관, 운항 체험실, 등대유물관 등을 갖추고 있으며, 한국 등대의 발달사와 각종 해양 수산자료를 볼 수 있는 곳이다.

㉢ 철도박물관 : 경기도 의왕시에 소재하고 있으며, 1988년 1월 26일 개관하였다. 1만여 점의 소장품과 각종 철도 관련 자료들이 실내 및 야외전시장에 마련되어 있다.

㉣ 전주한지박물관 : 전라북도 전주시에 위치하고 있으며, 한지공예품, 한지 제작도구, 고문서, 고서적 등 한지 관련 유물을 다수 소장하고 있다.

㉤ 동강사진박물관 : 국내 최초의 공립사진박물관으로, 2005년 7월 강원도 영월군에 개관하였다. 약 1,500여 점의 사진작품과 130여 점의 클래식 카메라 등을 소장하고 있다.

㉥ 하회동탈박물관 : 안동 하회마을에 위치하고 있는 하회동탈박물관은 하회마을에서 전승되어 오는 하회별신굿탈놀이에 사용되는 탈뿐만 아니라 국내외의 중요한 탈들을 수집하여 전시하고 있다.

⑥ 역사 관련 유적지 및 박물관

㉠ 제주 항일기념관 : 제주특별자치도 지역에서 일어난 항일독립운동의 역사자료를 전시해 놓은 박물관으로 1997년 설립되었다.

㉡ 거제도 포로수용소 : 한국전쟁에 의한 포로들을 수용하기 위해 1950년부터 설치된 곳으로, 반공포로와 친공포로 간의 유혈사태가 자주 발생하였다. 냉전시대 이념 갈등을 보여주는 전쟁역사의 산 교육장이자 관광명소이다.

㉢ 천안 독립기념관 : 1987년 국민모금운동으로 건립한 독립기념관으로, 우리 민족의 국난 극복사와 국가 발전사에 관한 자료를 모아 전시해 놓은 곳이다.

㉣ 서울 구(舊)서대문형무소(사적) : 일본이 우리나라에 대한 침략을 본격화하기 위해 1907년 인왕산 기슭에 일본인이 설계하여 건립한 근대적인 감옥이다. 약 500여 명을 수용할 수 있는 560여 평의 목조건물을 짓고 '경성감옥'이라 불렀다. 원래의 경성감옥은 서대문감옥이라 불렀으며 1923년 서대문형무소로 바뀌었다. 김구 선생 · 강우규 의사 · 유관순 열사 등이 이곳에 수감되었다.

핵심예제

44-1. 다음 중 국립박물관이 아닌 것은? [2013년 정기]

① 경주박물관
② 제주도민속자연사박물관
③ 대구박물관
④ 부여박물관

정답 ②

44-2. 박물관과 소재지의 연결이 옳지 않은 것은? [2015년 특별]

① 철도박물관 – 정선
② 한지박물관 – 전주
③ 동강사진박물관 – 영월
④ 하회동탈박물관 – 안동

정답 ①

해설

44-1
제주도에 있는 국립박물관은 국립제주박물관이다.

44-2
철도박물관은 경기도 의왕에 있다.

제5절 복합형 관광자원

핵심이론 45 사회적 관광자원 – 도시관광, 도시공원

① 도시관광

㉠ 도시관광의 개념 : 도시의 각종 구성 요소들과 편의 시설 및 도시의 이미지를 관광대상으로 하여 도시 내에서 발생하는 관광현상이다.

㉡ 도시관광의 구성 요소

- 자연자원 : 녹지, 공원, 수변, 지리
- 교통 체계 : 관광순환도로, 관광 관련 교통 체계
- 문화여가자원 : 박물관, 미술관, 문화의 거리, 문화재 등
- 이미지 : 네온사인, 랜드마크, 조명 시설 등
- 구조물 : 주제공원, 숙박 시설, 쇼핑 시설, 공연장 등

㉢ 서울의 도시관광 상품

- 서울 시티투어 : 고궁 · 쇼핑센터 등 한국적 이미지를 담고 있는 서울 시내 주요 관광지만 선별하여 한 코스에 모은 것이 특징이다. 2000년 10월부터 운행되었다.
- 청계광장 : 서울 세종로 동아일보사 앞부터 신답철교 사이에 조성된 광장으로, 2003년부터 진행된 청계천 복원 사업으로 2005년 완성된 대표적 도심 관광지이다.
  - 청계천 복원 구간은 중구 태평로 시점에서 동대문을 거쳐 성동구 신답철교까지 5.8km 정도이다. 이곳에 광장과 분수, 산책로, 역사적 건축물 등이 존재한다.
  - 청계광장과 가장 가까운 다리는 모전교이다.
  - 청계천 주변에는 광장시장과 동대문시장 등 다양한 시장이 있다.

② 도시공원

㉠ 도시공원의 개념 : 환경보호를 통해 도시민의 건강 · 위락활동 · 교육 · 공공의 복리를 증진시키는 녹지공간의 일종으로, 도시민이 용이하게 접근할 수 있는 최소한의 구조물과 자연물로 구성된 장소를 총칭한다.

㉡ 도시공원의 기능

휴식 · 위락의 기능	운동, 휴양, 산책, 자연감상 등의 다양한 레크리에이션을 위하여 그 종류, 이용권역, 대상연령 등에 따라 다양한 위락공간을 제공한다. → 궁극적으로는 시민건강의 유지 · 증진과 시민 개개인이 자아를 재발견하고 재창조하는 효과
사회 · 심리적 기능	고장의 문화유적을 보급하는 곳, 임시장터, 각종 축제마당으로 활용할 수 있다. → 각종 정보를 교환하는 장소
환경보존의 기능	도시의 무절제한 개발을 통해 파괴되는 환경과 생태계를 보호하고 기후조절, 소음과 악취 완화, 일조 확보, 도시 미관 향상, 쾌적성 향상 등 생활환경을 개선시키는 효과가 있다.
방재적 기능	수목과 공한지의 확보에 의하여 도시의 안정성을 향상시키는 시설로서, 공공재해를 억제하거나 방지하는 효과와 재해 시에 안전한 피난지를 제공하는 효과가 있다.
도시골격 형성의 기능	간선도로, 대하천 등과 같이 도시형태의 골격을 구성하고 도시의 발전에 일정한 방향을 부여하는 효과가 있다.
기 타	경제적 기능과 교육적 기능

㉢ 서울소재 주요 공원

- 효창공원 : 북쪽 높은 동산 위에는 백범 김구의 묘소가 자리 잡고 있으며, 그 동쪽 다른 동산에는 이봉창 · 윤봉길 · 백정기 세 의사의 묘가 있다.
- 구암공원 : 서울 강서구에 위치하며, 허준의 호인 '구암'을 따서 이름 지어진 공원이다.
- 도산공원 : 서울 강남구에 위치하며, 도산 안창호의 애국정신을 기리고자 조성된 공원이다.
- 낙성대공원 : 서울 관악구에 있는 공원으로 강감찬 장군을 기리기 위해 지어졌다.

핵심예제

서울소재 공원과 관련 인물의 연결이 옳지 않은 것은?

[2015년 정기]

① 효창공원 – 김구
② 구암공원 – 이제마
③ 도산공원 – 안창호
④ 낙성대공원 – 강감찬

정답 ②

해설

구암공원과 관련 있는 인물은 허준으로, '구암(龜巖)'은 허준의 호를 따서 지은 이름이다. 〈동의보감〉을 저술한 허가바위 동굴이 있는 곳이 바로 구암공원이다. 허준의 출생지인 가양동에 공원이 조성되어 있다.

핵심이론 46 사회적 관광자원 – 향토축제

① 향토축제

㉠ 향토축제의 의의

- 향토색이 뚜렷하고 그 지방의 풍토에 따라 자연적으로 생겨나 지역별로 이루어지는 축제이다.
- 우리나라의 향토축제는 각 시 · 도별로 그 지방의 향토성에 부합된 개성적인 상징성을 설정하면서 우리나라 전통문화창조에 크게 기여하고 있다.

㉡ 주요 향토축제

지역	축제
서울 지역	노들한마당축제, 관악산철쭉제, 신촌문화축제, 도봉산축제, 광복절기념 거리예술제, 한성백화문화제
경기 지역	세종대왕문화제, 행주문화제, 화성문화제, 이천쌀문화축제, 이천도자기축제, 인천소래포구축제, 연천전곡리구석기축제
강원도 지역	강릉단오제(국가무형문화재), 설악문화제, 율곡제(대현율곡이선생제), (춘천)소양강문화제(개나리문화제), 춘천마임축제, 화천산천어축제, 횡성한우축제, 인제빙어축제, 태백산눈축제
충북 지역	우륵문화제, 영동난계국악축제, 충주세계무술축제
충남 지역	백제문화제, 은산별신제(국가무형문화재), 보령머드축제, 금산인삼축제, 천안흥타령축제, 강경발효젓갈축제, 논산딸기축제, 서산해미읍성축제
전라도 지역	춘향제, 남도문화제, 함평나비대축제, 김제지평선축제, 강진청자축제, 무주반딧불축제, 한국음식관광축제, 순창장류축제, 담양대나무축제, 추억의 충장축제(광주), 진도영등축제
경상도 지역	신라문화제, 개천예술제, 안동민속축제, 진주남강유등축제, 하동야생문화축제, 문경전통찻사발축제, 통영한산대첩축제, 김해분청도자기축제, 광안리어방축제, 대구약령시한방문화축제, 산청한방약초축제, 함양산삼축제, 울산고래축제, 영주한국선비문화축제, 영주풍기인삼축제
부산 지역	기장멸치축제
제주도 지역	유채꽃큰잔치, 최남단모슬포방어축제, 감귤축제, 성산일출축제, 제주올레걷기축제

② 2020~2021년도 문화체육관광부 선정 문화관광축제(35개)

• 강릉커피축제	• 광안리어방축제
• 담양대나무축제	• 대구약령시한방문화축제
• 대구치맥페스티벌	• 밀양아리랑대축제
• 보성다향대축제	• 봉화은어축제
• 산청한방약초축제	• 서산해미읍성역사체험축제
• 수원화성문화제	• 순창장류축제
• 시흥갯골축제	• 안성맞춤남사당바우덕이축제
• 여주오곡나루축제	• 연천구석기축제
• 영암왕인문화축제	• 울산옹기축제
• 원주다이내믹댄싱카니발	• 음성품바축제
• 인천펜타포트음악축제	• 임실N치즈축제
• 정남진장흥물축제	• 정선아리랑제
• 제주들불축제	• 진안홍삼축제
• 청송사과축제	• 추억의충장축제
• 춘천마임축제	• 통영한산대첩축제
• 평창송어축제	• 평창효석문화제
• 포항국제불빛축제	• 한산모시문화제
• 횡성한우축제(축제 명 가나다순)	

※ 지정된 축제는 2년간(2020~2021년도) 관광진흥개발기금에서 국비(보조금)을 지원받으며, 문화관광축제 명칭을 사용할 수 있다. 한국관광공사를 통해 축제기획과 홍보 · 마케팅 등도 지원 받는다.

※ 기존에 글로벌 육성축제 · 문화관광축제 · 육성축제 등 개별적인 명칭으로 인해 별도 축제지원제도로 인식되던 것을 성장단계별로 예비문화관광축제(발굴) → 문화관광축제(성장) → 명예문화관광축제(후속지원)를 명확히 제시하고, 단계별 지원체계로 연속성을 강조하였다.

※ 문화체육관광부와 한국관광공사는 코로나19가 지속됨에 따라 취소 및 연기가 이어지고 있는 문화관광축제에 대한 관심을 지속시키고, 관광객들이 전국의 다양한 축제를 온라인으로 즐길 수 있도록 '문화관광축제 온라인 체험관' 프로그램을 운영하고 있다.

핵심예제

46-1. 개최지역과 문화축제와의 연결로 옳지 않은 것은? [2020년]

① 논산 – 딸기축제
② 금산 – 인삼축제
③ 기장 – 멸치축제
④ 진주 – 산천어축제

정답 ④

46-2. 축제명칭과 개최지역의 연결이 옳은 것은? [2017년]

① 전통찻사발축제 – 경상북도 상주시
② 나비대축제 – 전라남도 영광군
③ 고래축제 – 충청남도 서산시
④ 한국선비문화축제 – 경상북도 영주시

정답 ④

해설

46-1
산천어축제는 화천에서 개최되는 문화축제이다. 진주에서는 진주남강유등축제가 개최된다.

46-2
① 전통찻사발축제 : 경상북도 문경시
② 나비대축제 : 전라남도 함평군
③ 고래축제 : 울산광역시 남구

핵심이론 47 사회적 관광자원 – 안보관광자원

① 안보관광자원

㉠ 국가 안보의 가치를 일깨우기 위한 목적으로 진행되는 관광이다.

㉡ 우리나라의 경우 남북 분단과 관련된 군사시설과 접경지대를 둘러보는 관광이 해당한다.

② 판문점

㉠ 경기도 파주시 진서면에 위치하며, 널문리라고도 부른다.

㉡ UN과 북한측이 정전협정을 맺은 곳으로, 공동경비구역이다.

③ 비무장지대(DMZ)

㉠ 1953년 휴전협정에 따라 설정되었다.

㉡ 길이는 155마일(약 248km)이다.

㉢ 군사분계선을 기준으로 남북 양쪽 2km씩 설정되었다.

㉣ 보호종, 위기종 등 서식 동식물의 생태학적 보존가치가 매우 높다.

④ 제4땅굴

㉠ 강원도 양구군 해안면에 위치하며, 양구 동북방 26km 비무장지대 안에서 발견되었다.

㉡ 북한군이 설치한 지뢰로 인해 산화된 군견을 기리는 묘와 충견비가 있다.

⑤ 도라전망대

㉠ 경기 파주시 장단면에 위치하며, 1987년 일반인에게 공개되었다.

㉡ 우리나라 서부전선 최북단에 위치한 전망대로 북한 풍경을 볼 수 있는 곳이다.

⑥ 임진각

㉠ 경기도 파주시에 위치하며, 6.25 전쟁의 비통한 한이 서려 있다.

㉡ 망배단, 미얀마 아웅산 순국외교사절 위령탑 등이 설치되어 있다.

핵심예제

다음 설명에 해당하는 안보관광자원은? [2020년]

- 경기도 파주시에 위치하며, 6.25 전쟁의 비통한 한이 서려 있다.
- 망배단, 미얀마 아웅산 순국외교사절 위령탑 등이 설치되어 있다.

① 판문점 ② 제4땅굴
③ 도라전망대 ④ 임진각

정답 ④

해설

① 판문점 : 경기도 파주시 진서면에 위치하며, 널문리라고도 부른다. UN과 북한 측이 정전협정을 맺은 곳으로, 공동경비구역(Joint Security Area)이다.
② 제4땅굴 : 강원도 양구군 해안면에 위치하며, 양구 동북방 26km 비무장지대 안에서 발견되었다. 북한군이 설치한 지뢰로 인해 산화된 군견을 기리는 묘와 충견비가 있다.
③ 도라전망대 : 경기 파주시 장단면에 위치하며, 1987년 일반인에게 공개되었다. 우리나라 서부전선 최북단에 위치한 전망대로 북한 풍경을 볼 수 있는 곳이다.

핵심이론 48 산업적 관광자원의 특성

① 산업적 관광자원의 개념
㉠ 일국의 산업시설과 그 기술수준을 보고, 또한 보이기 위한 산업적 대상으로서 관광 매력성을 가진 것이다.
㉡ 관광객들이 산업시설의 견학 · 시찰 · 체험 등을 통해서 그 나라의 산업수준에 자극을 받고, 자신의 지식 확대, 교양 및 자기 확대의 욕구를 충족시킬 수 있는 시설 · 기술 · 생산공정 · 생산품 등을 말한다.

② 특 성
㉠ 관광객이 산업시설을 관광함으로써 직접 산업현장을 상세히 볼 수 있고, 관광대상에 따라서는 직접 이용 및 구입도 가능하다.
㉡ 관광객체가 되는 산업체의 입장에서는 내 · 외국 관광객에게 선전효과를 쉽게 얻을 수 있다.
㉢ 국가적인 자원에서는 한 나라의 산업수준을 외국 관광객에게 소개시킴으로써 산업발달의 정도를 평가할 수 있는 척도가 된다.
→ 외국과의 경제, 무역 및 기술교류에 직접 · 간접의 효과를 거둘 수 있다.
㉣ 관광측면에서는 한국 고유의 전통적 산업시설을 개발하여 내국인은 물론, 외국 관광객에게 관광효과를 줄 수 있다.

③ 산업적 관광자원의 분류

농업 관광자원	• 교육적 측면에서 최근 도시민들에게 매우 각광을 받고 있는 자원이다. • 관광농원, 농장, 목장, 어촌(어장), 임업 등
공업 관광자원	• 공장시설이나 기술, 생산공정, 생산품, 후생시설 등을 견학하게 함으로써 공업관광자원 판매주체의 부가가치를 높이는 자원을 말한다. • 비교적 공업수준이 발달된 선진국에서 많이 활용하고 있는 관광자원이며, 최근에는 대규모 사회간접자본인 공항 · 항만 · 댐 등의 시설을 견학하게 하는 상품도 있다.
상업 관광자원	• 시장에서의 쇼핑, 박람회 견학, 전시회 관람, 백화점 쇼핑 등을 관광자원화한 것을 말한다. • 서울의 남대문과 이태원 등

[핵심예제]

산업관광에 해당하지 않는 것은? [2017년]

① 산업시찰
② 주변 문화관광지 견학
③ 기업 자료관과 박물관 견학
④ 산업유산관광

정답 ②

해설
주변 문화관광지 견학은 산업관광과 거리가 멀다.
산업관광
관광객이 산업시설을 관광함으로써 직접 산업 현장을 상세히 볼 수 있고, 관광대상에 따라서는 직접 이용 및 구입도 가능하기 때문에 흥미 있는 관광대상이 되고 있다. 관광객체가 되는 산업체의 입장에서는 내 · 외국 관광객에게 선전효과를 쉽게 얻을 수 있으며, 국가적인 차원에서는 한 나라의 산업수준을 외국 관광객에게 소개함으로써 산업발달의 정도를 평가할 수 있는 척도가 되어 외국과의 경제 · 무역 및 기술교류에 직 · 간접적 효과를 거둘 수 있다.

핵심이론 49 산업적 관광자원 – 농업 관광자원

① **국가중요농업유산** : 보전할 가치가 있다고 인정하여 국가가 지정한 농업유산으로, 농업유산이란 농업인이 해당 지역에서 환경과 사회, 풍습 등에 적응하며 오랜 기간 형성시켜 온 유형과 무형의 농업자원을 가리킨다.

- 제1호 청산도 구들장 논
- 제2호 제주 밭담(돌담 밭)
- 제3호 구례 산수유농업
- 제4호 담양 대나무 밭
- 제5호 금산 인삼농업
- 제6호 하동 전통 차농업
- 제7호 울진 금강송 산지농업
- 제8호 부안 유유동 양잠농업
- 제9호 울릉 화산섬 밭농업
- 제10호 의성 전통수리 농업시스템
- 제11호 보성 전통차 농업시스템
- 제12호 장흥 발효차 청태전 농업시스템
- 제13호 완주 생강 전통 농업시스템
- 제14호 고성 해안지역 둠벙 관개시스템
- 제15호 상주 전통곶감농업
- 제16호 강진 연방죽 생태순환수로 농업시스템
- 제17호 창원 독뫼 감 농업
- 제18호 서천 한산모시 전통농업

② **농촌관광의 기대효과**
㉠ 농촌 지역주민의 소득 증대
㉡ 농촌 지역경제 활성화
㉢ 농촌과 도시와의 상호교류 촉진
㉣ 소득 양극화 완화

③ **농어촌관광휴양사업(농어촌정비법 제2조)**
㉠ 농어촌 관광휴양단지사업 : 농어촌의 쾌적한 자연환경과 농어촌 특산물 등을 활용하여 전시관, 학습관, 지역 특산물 판매시설, 체육시설, 청소년 수련시설, 휴양시설 등을 갖추고 이용하게 하거나 휴양 콘도미니엄 등 숙박시설과 음식 등을 제공하는 사업
㉡ 관광농원사업 : 농어촌의 자연자원과 농림수산 생산기반을 이용하여 지역특산물 판매시설, 영농 체험시설, 체육시설, 휴양시설, 숙박시설, 음식 또는 용역을 제공하거나 그 밖에 이에 딸린 시설을 갖추어 이용하게 하는 사업
㉢ 주말농원사업 : 주말영농과 체험영농을 하려는 이용객에게 농지를 임대하거나 용역을 제공하고 그 밖에 이에 딸린 시설을 갖추어 이용하게 하는 사업
㉣ 농어촌민박사업 : 농어촌지역 또는 준농어촌지역의 주민이 소유 및 거주하고 있는 주택을 이용하여 농어촌 소득을 늘릴 목적으로 투숙객에게 숙박 · 취사시설 · 조식 등을 제공하는 사업

④ **관광농원**
㉠ 농촌지역사회의 자연자원과 지역조건을 바탕으로 현대 산업사회의 도시화 · 산업화로 급증하는 도시민의 관광 · 여가욕구를 충족시킬 수 있는 관광사업이다.
㉡ 자연자원, 농업, 여가활동이 조화되어 '제3차 산업화' 된 것이며, 각종 과수원을 비롯하여 화초나 딸기 등을 재배하고 있는 수확기의 농원을 관광자에게 개방하여 미각이나 감상을 만족시킴과 동시에 수입을 올리는 농업경영의 개선을 도모하는 농원이다.
㉢ 관광농원의 유형

경작지 임대형	관광객들에게 경작지(농장, 과수원 등)를 일정하게 구분해주고 그 토지와 과수목, 작물 등을 임대하여 농산물을 직접 생산하게 하는 것이다(임대농원, 임대과수원 등).
농산물 채취형	농장 내에서 농민들이 재배한 각종 농산물을 관광객들에게 직접 채취하도록 하여 노동의 즐거움도 맛보고 채취한 농산물을 저렴한 가격으로 직접 구매하게 하는 형태이다.
장소 제공형	농장 소유자가 입장료를 받고 자기의 목장, 화원, 과수원 등을 관광객들에게 견학 · 감상하도록 함과 동시에 레크리에이션시설 등을 설치하여 휴식장소를 제공하는 형태이다.
농산물 판매형	지방 특유의 농산물을 관광객들에게 직 · 간접적으로 판매하는 형태이다.

⑤ **관광토산품**
㉠ 관광토산품의 특성
- 그 지방주민의 생활과 마음을 표현하는 것으로, 지방성 · 민족성 · 전통성이 가득 찬 상품이다.

- 토속성(대중성), 실용성, 다량성, 저렴성(적절한 가격), 중소기업이나 소규모 공장에서 제작한다.
- 지역의 풍토, 생활양식, 역사, 신앙 및 예술 등을 바탕으로 한다.

ⓛ 특산물 현황

경기도	• 강화 – 고려수삼(6년근), 화문석 • 이천 – 쌀, 도자기 • 안성 – 유기
강원도	• 강릉 – 오징어 • 정선 – 둥굴레차 • 양양 – 송이버섯
충청남도	• 금산 – 인삼 · 수삼 • 보령 – 머드화장품 • 한산 – 모시
충청북도	• 단양 – 벼루세트 • 괴산 – 영지버섯 • 음성 – 청결고추
경상남도	• 거창 – 솔잎분말 • 밀양 – 대추 • 사천 – 약용차
경상북도	• 대구 – 사과 • 안동 – 삼베, 하회탈 • 영양 – 고추 • 울릉도 – 호박엿 • 영천 – 누에가루
전라남도	• 고흥 – 멸치 • 나주 – 배 • 보성 – 봉로녹차 • 담양 – 죽세품
전라북도	• 고창 – 참기름 • 남원 – 목기공예 • 순창 – 고추장
제주도	• 서귀포 – 감귤 • 한라산 – 표고버섯, 영지버섯

⑥ 우리나라 향토음식

㉠ 의미 : 그 지방에서 생산되는 재료를 그 지방의 조리법으로 조리하여, 과거로부터 그 지방 사람들이 먹어온 것으로 현재도 그 지방 사람들이 먹고 있는 것을 말한다.

ⓛ 유 형

- 그 지방에서만 생산되는 특산재료를 사용하여 그것에 적합한 조리법에 의해 발전시킨 음식 예 영광굴비
- 그 지방에서 많이 생산되거나 타지방으로부터 많이 공급받을 수 있는 재료를 사용하여 적합한 조리법에 의해 발전시킨 음식 예 춘천 막국수
- 전국 각지 어디에나 있는 흔한 재료를 사용하더라도 조상들의 생활형태, 기후, 풍토 등 지역적 특성이 반영된 특유의 조리법이나 타지방과 차별적으로 발전한 가공기술을 이용하여 발전시킨 음식 예 충무김밥
- 옛날부터 그 지방 행사와 관련하여 만든 음식으로 오늘날까지 전해져오는 음식 예 설렁탕

더 알아보기

강원도 향토요리

칡부침, 산마루밥, 감자송편, 오징어순대, 닭갈비 등

ⓒ 우리나라의 대표적인 향토주(전통주)

- 문배주(국가무형문화재) : 평안도 지방에서 전승되어 오는 술, 문배나무의 과실을 전혀 사용하지 않고도 문배향을 풍기는 특징 때문에 붙여진 이름이다.
- 면천 두견주(국가무형문화재) : 진달래 꽃잎을 섞어 담는 향기 나는 술로 진달래꽃을 두견화라고도 하므로 두견주라고 부른다.
- 경주 교동법주(국가무형문화재) : 경북 경주시 교동에 있는 최부자 집에서 대대로 빚어 온 전통 있는 술이다.
- 한산 소곡주(충청남도 무형문화재)
- 전주 이강주(전라북도 무형문화재)
- 진도 홍주(전라남도 무형문화재)
- 안동 소주(경상북도 무형문화재)
- 김천 과하주(경상북도 무형문화재)
- 제주 성읍민속마을 오메기술(제주특별자치도 무형문화재)

더 알아보기

조선왕조 궁중음식(국가무형문화재)

- 어상 : 국가적인 행사인 경축일을 맞이하여 왕이 받는 수라상 외의 상
- 진연상 : 국경일이나 외국 사신의 환영, 축하 때 차려지는 상으로, 진연도감에서 담당
- 수라상 : 왕과 왕비의 평상시 밥상으로 소주방 주방상궁이 담당

제2과목

[핵심예제]

49-1. 농촌관광의 기대효과가 아닌 것은? [2019년]

① 농촌 지역주민의 소득증대
② 농촌 지역경제의 활성화
③ 농촌과 도시와의 상호교류 촉진
④ 소득의 양극화

정답 ④

49-2. 관광농원에 관한 설명으로 옳지 않은 것은? [2016년 특별]

① 농업인의 소득증대를 도모하는 사업이다.
② 숙박시설은 설치할 수 없다.
③ 사업규모는 100,000m^2 미만이어야 한다.
④ 농촌의 쾌적한 자연환경과 전통문화 등을 농촌체험·관광자원으로 개발하는 사업이다.

정답 ②

해설

49-1

농촌관광으로 도시와 농촌의 소득 재분배가 일어나고, 이를 통한 소득 양극화 완화 효과를 기대할 수 있다.

49-2

- 관광농원사업 : 농어촌의 자연자원과 농림수산 생산기반을 이용하여 지역특산물 판매시설, 영농 체험시설, 체육시설, 휴양시설, 숙박시설, 음식 또는 용역을 제공하거나 그 밖에 이에 딸린 시설을 갖추어 이용하게 하는 사업
- 사업의 규모(농어촌정비법 시행규칙 별표 3 참조)

구 분	규 모
농어촌 관광휴양단지사업	1만5천제곱미터 이상 100만제곱미터 미만
관광농원사업	10만제곱미터 미만
농어촌민박사업	주택 연면적 230제곱미터 미만. 다만, 「문화재보호법」 제2조 제2항에 따른 지정문화재로 지정된 주택의 경우에는 규모의 제한을 두지 않는다.

핵심이론 50 산업적 관광자원 – 공업 관광자원, 상업 관광자원

① **공업 관광자원의 구분**

㉠ 수출자유지역 : 수출 증대와 기술 향상, 고용 증대를 도모하기 위해 외국인의 투자를 유치하여 제품을 생산, 전량을 수출할 목적으로 일정한 지역을 지정하여 면세 등의 혜택을 주는 지역이다(익산과 마산).

㉡ 수출산업공업단지 : 정부기관과 산업공단이 함께 관리하는 지역으로 보세구역의 혜택이 있다.

㉢ 지역공업단지 : 지방중소기업의 육성과 공업의 지방 분산화를 도모하기 위하여 중소도시에 입지하고 있는 공업단지이다.

㉣ 민간공업단지 : 민간이 주체가 되어 업종별 집단화를 이루고 있는 지역이다.

㉤ 중화학공업단지 : 중화학공업제품의 집중개발과 수출을 목표로 임해지역에 입지하고 있는 공업단지이다.

② **공업 관광자원의 분포**

수출자유지역	• 마산수출자유지역 • 익산수출자유지역
수출산업 공업단지	• 한국수출산업공업단지 • 구미수출산업공업단지 • 익산수출공업단지
지역공업단지	• 광주공업단지 • 전주공업단지 • 대구공업단지 • 인천공업단지 • 춘천공업단지 • 대전공업단지 • 청주공업단지 • 목포공업단지 • 원주공업단지
중화학공업단지	• 창원종합기계공업단지 • 여천종합화학공업단지 • 울산공업단지 • 포항종합제철공장

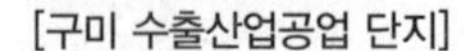
[구미 수출산업공업 단지]

[포스코(포항제철)]

③ 상업 관광자원

㉠ 상업 관광자원의 특징

- 상업을 관광화시킨 것으로, 지방 특유의 시장 풍물과 상품이 관광의 대상이 된다.
  예 금산 인삼시장, 강화도 화문석시장 등
- 지역 주민의 생활 모습 및 상품을 구경하고 구매로까지 이어지는 형태로, 지역 경제 발전에 이바지한다.
- 재래시장, 백화점, 쇼핑센터, 면세점 등이 대표적이다.

㉡ 상업관광의 대상

- 남대문시장 : 서울 중구 남대문 동쪽에 위치한 전문종합시장으로, 약 9,200여 개의 점포가 있다.
- 동대문시장 : 대한민국 쇼핑의 명소로 유명하며, 패션의 최첨단 기지로서 외국인 관광객에서 인기있는 곳이다.
- 이태원 관광특구 : 용산구 이태원동 일대로 외국인 관광객을 위한 쇼핑 상가와 음식점, 관광호텔 등이 밀집해 있다.
- 인사동길 : 1988년에 전통문화의 거리로 지정되었다. 고미술품, 골동품, 골동서화, 전통생활도구, 장신구 등 갖가지 전통공예품을 취급하는 상가가 집결되어 있다.
- 가로수길 : 서울 강남에 위치하며, 카페와 인테리어 소품 가게 및 다양한 음식점들이 많이 있다. '한국판 소호 거리'라고 불리기도 하며, 내국인 및 외국인 관광객들에게 인기 있는 곳이다.

④ 컨벤션 산업

㉠ 컨벤션의 의미 : 부가가치가 높은 복합 정보형 전시회나 국제회의를 지칭한다.

㉡ 컨벤션 산업의 특징

- 전용 컨벤션 시설을 갖추고 대규모 국제 회의나 전시회를 유치하는 산업을 말한다.
- 컨벤션 산업은 여행업, 호텔업, 항공업, 운송업, 유통업, 식음료업 등 관련 산업들과 연계성이 높기 때문에 여러 산업의 동반 발전을 가져올 수 있는 고부가가치 산업에 해당한다.

㉢ 우리나라 지역별 컨벤션 센터

- 서울특별시 – COEX, SETEC
- 부산광역시 – BEXCO
- 경주시 – HICO
- 대구광역시 – EXCO
- 광주광역시 – 김대중 컨벤션센터
- 제주특별자치도 – ICC JEJU
- 경기도 고양시 – KINTEX

더 알아보기

2012 여수세계박람회

- '살아있는 바다, 숨쉬는 연안'을 주제로 2012년 전남 여수에서 개최된 국제박람회이다.
- 1993년 대전엑스포에 이어 우리나라에서 19년 만에 개최된 두 번째 세계박람회이다.
- 박람회 마스코트로 '여니'와 '수니'가 있다.
- 박람회 성과를 기념하고, 효율적 시설활용을 위해 박람회 재단이 조직되었다.

[핵심예제]

지역과 컨벤션 센터의 연결이 옳지 않은 것은? [2015년 정기]

① 서울 – COEX
② 부산 – BEXCO
③ 대구 – DEXCO
④ 제주 – ICC JEJU

정답 ③

해설

대구 : EXCO

핵심이론 51 위락 관광자원 – 테마파크, 스키장, 마리나

① 위락의 개념

㉠ 일을 떠나서 놀이나 즐거운 행위 또는 휴식을 함으로써 몸과 마음, 정신을 총체적으로 회복시킨다는 개념이다.

㉡ 위락적 관광자원의 유형 : 테마파크, 워터파크, 스키장, 마리나 등

② 테마파크

㉠ 개요 : 어떠한 테마를 설정하여 그 테마를 실현시키고자 제반시설, 구경거리, 음식, 쇼핑 등 종합적인 위락공간을 구성하여 방문객들이 놀이에서 휴식까지 하나의 코스로 즐기도록 하는 위락시설이다.

㉡ 지역별 테마파크 현황

서 울	롯데월드, 어린이대공원 등
경 기	에버랜드, 서울랜드, 아인스월드, 웅진플레이도시 등
강 원	남이섬, 대명홍천비발디파크, 설악워터피아, 용평리조트, 휘닉스파크, 알펜시아리조트, 하이원리조트 등
충 청	천안상록리조트 등
경 상	대구스파밸리, 대구이월드, 경주월드, 통도환타지아 등
전 라	무주리조트, 홍길동 테마파크 등

③ 워터파크 : 단순히 물놀이만 즐기는 것이 아니라 물을 매개체로 한 각종 놀이 시설과 건강 시설, 그리고 휴식 공간이 함께 갖추어진 물놀이 공간이다.

④ 스키장

㉠ 스키장의 시설 및 설비기준 : 스키장은 눈 · 잔디 · 천연 또는 인공의 재료로 된 슬로프를 갖춘 것으로서 종합스키장 · 일반스키장 · 간이스키장으로 세분된다.

㉡ 스키장 시설의 종류

- 제설기 : 인공적으로 눈을 만드는 기계
- 리프트(Lift) : 스키어가 산(슬로프) 아래에서 정상까지 이동하기 위해 필요한 시설이다.
- 슬로프(Slope) : 난이도와 경사도에 따라 초급, 중급, 상급자용으로 구분된다.
- 피스테 머신(Pieste Machine) : 설면을 고르는 데 이용되는 장비이다.
- 장비대여시설 : 스키활동에 필요한 플레이트, 폴, 부츠 등의 장비와 스키복 등을 다양하게 갖추고 있다.
- 안전시설 : 스키를 타다가 일어날 수 있는 상해에 신속히 대처할 수 있도록 응급처치원과 안전요원(Ski Patrol)이 배치되어 있다.
- 부대시설 : 숙박시설, 카페테리아, 수영장, 골프장, 볼링장 등이 있다.

㉢ 전국 스키장 현황

경 기	양지파인리조트(용인), 스타힐리조트(남양주), 지산포레스트리조트(이천), 곤지암리조트(광주), 베어스타운(포천)
강 원	용평리조트(평창), 비발디파크(홍천), 휘닉스 스노우파크(평창), 한솔 오크밸리(원주), 웰리힐리파크(횡성), 엘리시안 강촌(춘천), 하이원리조트(정선), 알펜시아(평창), 오투리조트(태백)
전 북	무주덕유산리조트(무주)
경 남	에덴벨리리조트(양산)

[베어스타운 스키장]

[엘리시안 강촌 스키장]

⑤ 마리나

㉠ 마리나의 개요 : 요트(Pleasure Boat)를 위한 정박지 또는 중계항으로서 시설 및 관리체계를 갖춘 곳을 의미하며, 요트활동을 매체로 각종 서비스를 제공하는 동적인 레크리에이션 항구이다.

㉡ 마리나 시설

- 요팅, 보팅, 수상스키 등 수상활동을 위한 기본시설로서 마리나도크를 비롯한 육상계류장(동력, 무동력), 요트수선소, 요트클럽하우스, 요트렌탈클럽하우스, 해상 안전관리소, 유람선 터미널 등이 있다.

• 급유, 급수, 보관시설 등을 설치하고 관광객을 수용할 수 있는 호텔(요텔) 및 숙박시설 등 각종 위락시설과 부대시설이 있다.

㉢ 우리나라 마리나 현황

• 현재 우리나라에서 운영 중인 마리나는 약 34곳 정도로, 대부분이 해당 지방자치단체나 민간이 조성한 시설이다.

• 서울 마리나, 왕산 마리나, 김포 마리나, 전곡 마리나, 속초 마리나, 양포 마리나, 남천 마리나, 통영 마리나, 진해 마리나, 삼천포 마리나, 소호요트 마리나(전남 여수 소호동) 등이 있다.

[소호요트 마리나]

[통영 마리나]

[핵심예제]

51-1. 스키장을 갖춘 리조트 중 경기도에 위치한 리조트가 아닌 곳은? [2015년 특별]

① 베어스타운 ② 곤지암리조트
③ 한솔 오크밸리 ④ 지산포레스트리조트

정답 ③

51-2. 경상남도에 위치하지 않은 마리나는? [2019년]

① 통영 마리나 ② 소호 요트 마리나
③ 진해 마리나 ④ 삼천포 마리나

정답 ②

해설

51-1
한솔 오크밸리는 강원도에 위치해 있다.

51-2
소호 요트장은 전남 여수시 소호동에 위치한다.

핵심이론 52 위락 관광자원 – 카지노

① 카지노 산업의 발전

㉠ 우리나라의 카지노는 1961년 11월 제정된 복표발행·현상기타사행행위단속법에 따라 설립 법적 근거가 마련되었으며, 1967년 국내 최초의 카지노인 인천 올림포스호텔 카지노[현재 (주)파라다이스 세가사미]가 개장하였다.

㉡ 카지노업은 1994년 관광진흥법 개정을 통해 관광사업으로 규정되었다.

㉢ 1995년 폐광지역 개발 지원에 관한 특별법 제정을 통해 내국인 출입 카지노 설립 법적 근거가 마련되었고, 폐광지역의 경제 활성화를 목적으로 2000년 10월 내국인 출입이 가능한 강원랜드가 개장하였다.

㉣ 현재에는 총 17개의 카지노가 있는데, 이 중에서 외국인 전용 카지노 16개, 내국인 출입 카지노 1개가 운영되고 있다.

② 카지노 산업의 특성

㉠ 높은 고용창출의 효과 : 카지노 산업은 다른 산업에 비해 고용창출 효과가 크다. 일정한 시설만 갖추면 연중무휴 영업을 실시할 수 있는 순수 인적서비스 상품으로, 타 관광산업과 비교해도 3배 이상의 높은 고용효과를 가지고 있다.

㉡ 높은 경제적 파급효과 : 카지노로 획득한 외화가 국내경제에 투입되어 직·간접효과 및 유발효과로 발생시키는 경제적 파급효과는 매우 크다. 연관 산업에 대한 생산 및 부가가치 창출효과, 지역주민에 대한 소득 및 고용창출효과, 중앙 및 지방자치단체에 대한 재정수입 창출효과 등 다양한 경제적 파급효과를 발생한다.

㉢ 호텔영업에 대한 높은 기여도 및 의존도 : 호텔영업에 대한 기여도 및 의존도가 높아 호텔의 객실, 식음료, 유흥시설, 기타 부대시설에 대한 추가적인 매출을 발생한다.

㉣ 인적서비스에 대한 높은 의존도 : 카지노의 상품은 무형의 인적서비스가 동시에 제공됨으로써 비로소 완전한 상품으로서의 기능을 다할 수 있게 된다. 또한 슬롯머신 등을 제외하고는 대부분 인간 대 인간의 상행위로, 사람에 중점을 둔 산업이다.

㉤ 관광객 체재기간 연장 및 관광객 경비 증대 : 카지노는 관광객에게 게임, 오락, 유흥을 제공하여 체재기간을 연장하고 관광객의 지출을 증대시키는 관광산업의 주요한 사업 중 하나로 자리매김하고 있다.

③ 국내 카지노업체 현황

대 상	시·도	업체명(법인명)
외국인 대상	서 울	• 파라다이스 카지노 워커힐지점 • 세븐럭 카지노 서울강남코엑스점 • 세븐럭 카지노 서울강북힐튼점
	부 산	• 세븐럭 카지노 부산롯데점 • 파라다이스 카지노 부산지점
	인 천	파라다이스 카지노(파라다이스시티)
	강 원	알펜시아 카지노
	대 구	호텔 인터불고 대구 카지노
	제 주	• 공즈 카지노 • 파라다이스 카지노 제주지점 • 아람만 카지노 • 제주 오리엔탈 카지노 • 드림타워 카지노(제주드림타워) • 제주썬 카지노 • 랜딩 카지노(제주신화월드) • 메가럭 카지노
내·외국인 대상	강 원	강원랜드 카지노

※ 2022.04 기준

더 알아보기

강원랜드

• 강원도 정선군 사북읍에 위치하며, 폐광지역의 경제 활성화를 위해 설립되었다.
• 현재 카지노를 포함한 복합리조트시설로 운영되고 있다.
• 강원랜드는 2045년까지 내국인 카지노 독점 사업권을 확보하고 있다.

[강원랜드]

핵심예제

52-1. 카지노 산업의 특성으로 옳은 것은? [2017년]

① 인적서비스 의존도가 낮다.
② 다른 산업에 비해 고용창출효과가 높다.
③ 관광객 체재기간을 단축하여 관광객 경비를 줄인다.
④ 호텔영업에 기여도 및 의존도가 낮다.

정답 ②

52-2. 카지노에 관한 설명으로 옳지 않은 것은? [2016년 특별]

① 1994년 관광진흥법 개정에 의해 관광사업으로 규정되었다.
② 국내 최초의 카지노는 1967년 개설된 서울 파라다이스 워커힐카지노이다.
③ 강원랜드 카지노는 2000년 10월 개장했다.
④ 강원랜드 카지노는 내국인출입이 가능하다.

정답 ②

해설

52-1

카지노 산업은 다른 산업에 비해 고용창출효과가 높다. 일정한 시설만 갖추면 연중무휴 영업을 실시할 수 있는 순수 인적서비스 상품으로, 타 관광산업과 비교해도 3배 이상의 높은 고용효과를 가지고 있다.

52-2

국내 최초의 카지노는 1967년 개설한 인천 올림포스호텔 카지노[현재 (주)파라다이스 세가사미]이다. 서울 워커힐카지노[(주)파라다이스]는 1968년 개설했다.

핵심이론 53 비대면(언택트)관광지, 웰니스 관광지

① 비대면(언택트) 관광지 100선 – 한국관광공사 선정(2020년)

지역	관광지
경기도 (10곳)	동두천자연휴양림, 한탄강주상절리길, 여강길, 잣향기푸른숲, 바람새마을 소풍정원, 평화누리공원, 행주산성역사공원, 갯골생태공원, 김포 평화누리길 1코스(김포함상공원), 곤지암 리조트 힐링캠퍼스
경상북도 (10곳)	호미반도해안둘레길, 금오산 올레길, 경천대전망대, 진남교반, 벌영리메타세콰이어길, 낙강물길공원, 성밖숲, 국립백두대간수목원, 등기산스카이워크, 행남해안산책로
대전광역시 (10곳)	장태산 자연휴양림, 한밭수목원, 만인산 자연휴양림, 뿌리공원, 대청호 오백리길, 계족산 황톳길, 국립 대전현충원, 상소동 삼림욕장, 식장산 문화공원, 수통골
부산광역시 (10곳)	장산, 황령산, 다대포해수욕장, 아미르공원, 평화공원, 안데르센동화마을, 회동수원지, 치유의 숲, 구덕야영장, 대저생태공원
서울특별시 (10곳)	돈의문박물관마을, 아차산, 배봉산, 북정마을, 국립4.19민주묘지, 평화문화진지, 안산(무악산), 서울함 공원, 양천향교, 몽촌토성
인천광역시 (10곳)	교동도, 석모도, 동검도, 신도 · 시도 · 모도, 굴업도, 이작도, 선녀바위 · 거잠포, 송도 센트럴파크, 경인아라뱃길, 계양산 둘레길
제주특별자치도 (10곳)	서건도, 거문오름, 휴림, 물영아리오름, 고살리 숲길, 신풍리 밭담길, 북촌리 4.3길, 천아숲길, 무릉 자전거 도로, 정물오름
강원도 (3곳)	논골담길, 의암호 자전거길, 이사부길
충청북도 (3곳)	오대호아트팩토리, 만뢰산자연생태공원, 갈론계곡(갈론구곡)
세종특별자치시 (3곳)	고복자연공원, 조천연꽃공원, 운주산성
충청남도 (3곳)	웅도, 칠갑산도립공원, 예산황새공원
전라북도 (3곳)	장수누리파크, 교룡산국민관광지, 고산창포마을
광주광역시 (3곳)	광주호호수생태원, 시민의 숲 야영장, 펭귄마을
전라남도 (3곳)	서산동 보리마당&시화마을, 우수영, 우주발사전망대
울산광역시 (3곳)	대운산 치유의 숲, 편백산림욕장, 선암호수공원
대구광역시 (3곳)	동촌유원지, 옥연지 송해공원, 사문진 주막촌
경상남도 (3곳)	합천 대장경 테마파크, 김해 분청도자박물관, 수선사

② 웰니스 관광지 – 한국관광공사 선정

㉠ 문화체육관광부와 한국관광공사는 힐링과 건강을 통한 여행의 즐거움을 추구하는 관광수요가 증가함에 따라 2017년부터 '추천 웰니스 관광지'를 선정, 지원하고 있다.

㉡ 웰니스 관광지는 '자연/숲치유', '힐링/명상', '한방', '뷰티/스파' 등 4개 테마로 나뉘어 정해지며, 2022년 9개소가 추가돼 총 59개이다.

㉢ 웰니스 관광지 9곳 추가 선정(2022년)

시 설	지 역	테 마
동해보양온천컨벤션호텔	강원도 동해시	뷰티/스파
설해원	강원도 양양군	
에스투뷰텍 뷰라운지	대구광역시	
거창항노화힐링랜드	경상남도 거창군	자연/숲치유
환상숲곶자왈공원	제주도	
이문원한의원	서울시	한 방
메이필드호텔	서울시 강서구	힐링/명상
태권도원 상징지구	전라북도 무주군	
제주901	제주도	

핵심예제

2020년 선정된 언택트관광지 100선에 해당하지 않는 것은? [2020년]

① 몽촌토성　② 국립 4.19 민주묘지
③ 잠실 롯데월드　④ 아차산

정답 ③

해설

언택트관광지

한국관광공사에서는 코로나19를 피하여 안전한 관광을 할 수 있도록 비대면(언택트) 관광지 100곳을 발표하였다. ① · ② · ④ 외에도 동두천자연휴양림, 한탄강주상절리길, 여강길, 잣향기푸른숲 등이 있다.

제 3 과목 관광법규

제1절 관광기본법

핵심이론 01 관광기본법의 목적 및 정부의 시책

① 관광기본법의 목적(관광기본법 제1조)

이 법은 관광진흥의 방향과 시책에 관한 사항을 규정함으로써 국제친선을 증진하고 국민경제와 국민복지를 향상시키며 건전한 국민관광의 발전을 도모하는 것을 목적으로 한다.

② 정부의 시책(관광기본법 제2조)

정부는 이 법의 목적을 달성하기 위하여 관광진흥에 관한 기본적이고 종합적인 시책을 강구하여야 한다.

[핵심예제]

관광기본법의 목적으로 명시하지 않은 것은?

[2016년 정기]

① 관광자원과 시설의 확충
② 국민경제와 국민복지의 향상
③ 건전한 국민관광의 발전 도모
④ 국제친선의 증진

정답 ①

해설

관광기본법의 목적(관광기본법 제1조)

- 국제친선 증진
- 국민경제와 국민복지 향상
- 건전한 국민관광의 발전 도모

핵심이론 02 관광진흥계획 및 연차보고

① 관광진흥계획의 수립(관광기본법 제3조)

㉠ 정부는 관광진흥의 기반을 조성하고 관광산업의 경쟁력을 강화하기 위하여 관광진흥에 관한 기본계획(기본계획)을 5년마다 수립·시행하여야 한다.

㉡ 기본계획에는 다음의 사항이 포함되어야 한다.

- 관광진흥을 위한 정책의 기본방향
- 국내외 관광여건과 관광 동향에 관한 사항
- 관광진흥을 위한 기반 조성에 관한 사항
- 관광진흥을 위한 관광사업의 부문별 정책에 관한 사항
- 관광진흥을 위한 재원 확보 및 배분에 관한 사항
- 관광진흥을 위한 제도 개선에 관한 사항
- 관광진흥과 관련된 중앙행정기관의 역할 분담에 관한 사항
- 관광시설의 감염병 등에 대한 안전·위생·방역 관리에 관한 사항
- 그 밖에 관광진흥을 위하여 필요한 사항

㉢ 기본계획은 국가관광전략회의의 심의를 거쳐 확정한다.

㉣ 정부는 기본계획에 따라 매년 시행계획을 수립·시행하고 그 추진실적을 평가하여 기본계획에 반영하여야 한다.

② 연차보고(관광기본법 제4조)

정부는 매년 관광진흥에 관한 시책과 동향에 대한 보고서를 정기국회가 시작하기 전까지 국회에 제출하여야 한다.

[핵심예제]

관광기본법의 내용으로 옳은 것은? [2017년]

① 지방자치단체는 관광진흥에 관한 기본적이고 종합적인 시책을 강구하여야 한다.
② 국가는 10년마다 관광진흥장기계획과 5년마다 중기계획을 연동하여 수립하여야 한다.
③ 정부는 매년 관광진흥에 관한 보고서를 회계연도 개시 전까지 국회에 제출하여야 한다.
④ 정부는 관광에 적합한 지역을 관광지로 지정하여 필요한 개발을 하여야 한다.

정답 ④

해설

④ 관광기본법 제12조
① 정부는 관광기본법의 목적을 달성하기 위하여 관광진흥에 관한 기본적이고 종합적인 시책을 강구하여야 한다(관광기본법 제2조).
② 정부는 관광진흥의 기반을 조성하고 관광산업의 경쟁력을 강화하기 위하여 관광진흥에 관한 기본계획을 5년마다 수립 · 시행하여야 한다(관광기본법 제3조 제1항).
③ 정부는 매년 관광진흥에 관한 시책과 동향에 대한 보고서를 정기국회가 시작하기 전까지 국회에 제출하여야 한다(관광기본법 제4조).

핵심이론 03 조치 및 지방자치단체의 협조

① 법제상의 조치(관광기본법 제5조)
국가는 법 제2조(정부의 시책)에 따른 시책을 실시하기 위하여 법제상 · 재정상의 조치와 그 밖에 필요한 행정상의 조치를 강구하여야 한다.

② 지방자치단체의 협조(관광기본법 제6조)
지방자치단체는 관광에 관한 국가시책에 필요한 시책을 강구하여야 한다.

[핵심예제]

관광기본법의 내용으로 옳지 않은 것은? [2019년]

① 지방자치단체는 관광에 관한 국가시책에 필요한 시책을 강구하여야 한다.
② 문화체육관광부장관은 매년 관광진흥에 관한 기본계획을 수립 · 시행하여야 한다.
③ 정부는 외국 관광객의 유치를 촉진하기 위하여 해외 홍보를 강화하고 출입국 절차를 개선하여야 하며 그 밖에 필요한 시책을 강구하여야 한다.
④ 정부는 매년 관광진흥에 관한 시책과 동향에 대한 보고서를 정기국회가 시작하기 전까지 국회에 제출하여야 한다.

정답 ②

해설

정부는 관광진흥의 기반을 조성하고 관광산업의 경쟁력을 강화하기 위하여 관광진흥에 관한 기본계획을 5년마다 수립 · 시행하여야 한다(관광기본법 제3조 제1항).
① 관광기본법 제6조
③ 관광기본법 제7조
④ 관광기본법 제4조

핵심이론 04 외국 관광객 유치, 관광 여건 조성 및 관광자원 보호

① 외국 관광객의 유치(관광기본법 제7조)
정부는 외국 관광객의 유치를 촉진하기 위하여 해외 홍보를 강화하고 출입국 절차를 개선하며 그 밖에 필요한 시책을 강구하여야 한다.

② 관광 여건의 조성(관광기본법 제8조)
정부는 관광 여건 조성을 위하여 관광객이 이용할 숙박 · 교통 · 휴식시설 등의 개선 및 확충, 휴일 · 휴가에 대한 제도 개선 등에 필요한 시책을 마련하여야 한다.

③ 관광자원의 보호 등(관광기본법 제9조)
정부는 관광자원을 보호하고 개발하는 데에 필요한 시책을 강구하여야 한다.

[핵심예제]

관광기본법상 외국 관광객 유치를 촉진하기 위하여 정부가 강구해야 할 시책으로 명시된 것을 모두 고른 것은?

[2015년 특별]

ㄱ. 국민복지의 향상	ㄴ. 해외 홍보의 강화
ㄷ. 출입국 절차의 개선	ㄹ. 관광사업의 지도 · 감독

① ㄱ, ㄴ　② ㄴ, ㄷ
③ ㄴ, ㄹ　④ ㄷ, ㄹ

정답 ②

해설

정부는 외국 관광객의 유치를 촉진하기 위하여 해외 홍보를 강화하고 출입국 절차를 개선하며 그 밖에 필요한 시책을 강구하여야 한다(관광기본법 제7조).

핵심이론 05 관광사업 육성 및 국민관광 발전 등

① 관광사업의 지도 · 육성(관광기본법 제10조)
정부는 관광사업을 육성하기 위하여 관광사업을 지도 · 감독하고 그 밖에 필요한 시책을 강구하여야 한다.

② 관광 종사자의 자질 향상(관광기본법 제11조)
정부는 관광에 종사하는 자의 자질을 향상시키기 위하여 교육훈련과 그 밖에 필요한 시책을 강구하여야 한다.

③ 관광지의 지정 및 개발(관광기본법 제12조)
정부는 관광에 적합한 지역을 관광지로 지정하여 필요한 개발을 하여야 한다.

④ 국민관광의 발전 (관광기본법 제13조)
정부는 관광에 대한 국민의 이해를 촉구하여 건전한 국민관광을 발전시키는 데에 필요한 시책을 강구하여야 한다.

[핵심예제]

관광기본법에서 규정하고 있는 것으로 옳지 않은 것은?

[2013년 정기]

① 관광지의 지정 및 개발
② 외국 관광객의 유치
③ 관광정책 심의위원회
④ 관광 종사자의 자질 향상

정답 ③

해설

① 관광기본법 제12조
② 관광기본법 제7조
④ 관광기본법 제11조

핵심이론 06 관광진흥개발기금 및 국가관광전략회의

① 관광진흥개발기금(관광기본법 제14조)
정부는 관광진흥을 위하여 관광진흥개발기금을 설치하여야 한다.

② 국가관광전략회의(관광기본법 제16조)
㉠ 관광진흥의 방향 및 주요 시책에 대한 수립 · 조정, 관광진흥계획의 수립 등에 관한 사항을 심의 · 조정하기 위하여 국무총리 소속으로 국가관광전략회의를 둔다.
㉡ 국가관광전략회의의 구성 및 운영 등에 필요한 사항은 대통령령으로 정한다.

[핵심예제]

6-1. 관광기본법의 내용으로 옳지 않은 것은? [2016년 특별]

① 정부는 관광진흥장기계획과 연도별 계획을 각각 수립하여야 한다.
② 정부는 매년 관광진흥에 관한 시책의 추진성과를 정기국회가 폐회되기 전까지 국회에 보고하여야 한다.
③ 지방자치단체는 관광에 관한 국가시책에 필요한 시책을 강구하여야 한다.
④ 정부는 관광진흥을 위하여 관광진흥개발기금을 설치하여야 한다.

정답 ①, ②(해설참조)

6-2. 관광기본법상 다음 빈칸에 들어갈 내용은? [2020년]

> 관광진흥의 방향 및 주요 시책에 대한 수립 · 조정, 관광진흥계획의 수립 등에 관한 사항을 심의 · 조정하기 위하여 국무총리 소속으로 (　)를 둔다.

① 지역관광협의회
② 국가관광전략회의
③ 한국관광협의중앙회
④ 한국문화예술위원회

정답 ②

해설

6-1

① 정부는 관광진흥의 기반을 조성하고 관광산업의 경쟁력을 강화하기 위하여 관광진흥에 관한 기본계획을 5년마다 수립 · 시행하여야 한다(관광기본법 제3조 제1항).
② 정부는 매년 관광진흥에 관한 시책과 동향에 대한 보고서를 정기국회가 시작하기 전까지 국회에 제출하여야 한다(관광기본법 제4조).

※ 출제 당시 정답은 ②였으나 2017년 11월 28일 법령이 개정되어 ① 또한 정답에 해당한다.

6-2

관광진흥의 방향 및 주요 시책에 대한 수립 · 조정, 관광진흥계획의 수립 등에 관한 사항을 심의 · 조정하기 위하여 국무총리 소속으로 국가관광전략회의를 둔다(관광기본법 제16조 제1항).

제2절 관광진흥법

핵심이론 07 총 칙

① 목적(관광진흥법 제1조)
이 법은 관광 여건을 조성하고 관광자원을 개발하며 관광사업을 육성하여 관광 진흥에 이바지하는 것을 목적으로 한다.

② 정의(관광진흥법 제2조)
㉠ 관광사업 : 관광객을 위하여 운송·숙박·음식·운동·오락·휴양 또는 용역을 제공하거나 그 밖에 관광에 딸린 시설을 갖추어 이를 이용하게 하는 업(業)을 말한다.
㉡ 관광사업자 : 관광사업을 경영하기 위하여 등록·허가 또는 지정(등록 등)을 받거나 신고를 한 자를 말한다.
㉢ 기획여행 : 여행업을 경영하는 자가 국외여행을 하려는 여행자를 위하여 여행의 목적지·일정, 여행자가 제공받을 운송 또는 숙박 등의 서비스 내용과 그 요금 등에 관한 사항을 미리 정하고 이에 참가하는 여행자를 모집하여 실시하는 여행을 말한다.
㉣ 회원 : 관광사업의 시설을 일반 이용자보다 우선적으로 이용하거나 유리한 조건으로 이용하기로 해당 관광사업자(사업계획의 승인을 받은 자를 포함)와 약정한 자를 말한다.
㉤ 공유자 : 단독 소유나 공유(共有)의 형식으로 관광사업의 일부 시설을 관광사업자(사업계획의 승인을 받은 자를 포함)로부터 분양받은 자를 말한다.
㉥ 관광지 : 자연적 또는 문화적 관광자원을 갖추고 관광객을 위한 기본적인 편의시설을 설치하는 지역으로서 이 법에 따라 지정된 곳을 말한다.
㉦ 관광단지 : 관광객의 다양한 관광 및 휴양을 위하여 각종 관광시설을 종합적으로 개발하는 관광 거점 지역으로서 이 법에 따라 지정된 곳을 말한다.
㉧ 민간개발자 : 관광단지를 개발하려는 개인이나 상법 또는 민법에 따라 설립된 법인을 말한다.
㉨ 조성계획 : 관광지나 관광단지의 보호 및 이용을 증진하기 위하여 필요한 관광시설의 조성과 관리에 관한 계획을 말한다.
㉩ 지원시설 : 관광지나 관광단지의 관리·운영 및 기능 활성화에 필요한 관광지 및 관광단지 안팎의 시설을 말한다.
㉪ 관광특구 : 외국인 관광객의 유치 촉진 등을 위하여 관광 활동과 관련된 관계 법령의 적용이 배제되거나 완화되고, 관광 활동과 관련된 서비스·안내 체계 및 홍보 등 관광 여건을 집중적으로 조성할 필요가 있는 지역으로 이 법에 따라 지정된 곳을 말한다.
㉫ 여행이용권 : 관광취약계층이 관광 활동을 영위할 수 있도록 금액이나 수량이 기재(전자적 또는 자기적 방법에 의한 기록을 포함)된 증표를 말한다.
㉬ 문화관광해설사 : 관광객의 이해와 감상, 체험 기회를 제고하기 위하여 역사·문화·예술·자연 등 관광자원 전반에 대한 전문적인 해설을 제공하는 자를 말한다.

핵심예제

7-1. 관광진흥법의 목적으로 명시되지 않은 것은?
[2016년 특별]

① 관광경제 활성화 ② 관광자원 개발
③ 관광사업 육성 ④ 관광 여건 조성

정답 ①

7-2. 관광진흥법상 다음에서 정의하고 있는 용어는?
[2015년 특별]

> 자연적 또는 문화적 관광자원을 갖추고 관광객을 위한 기본적인 편의시설을 설치하는 지역으로서 이 법에 따라 지정된 곳을 말한다.

① 관광지 ② 관광시설
③ 관광단지 ④ 관광특구

정답 ①

해설

7-1

관광진흥법의 목적(관광진흥법 제1조)

- 관광 여건 조성
- 관광자원 개발
- 관광사업 육성

7-2

② "지원시설"이란 관광지나 관광단지의 관리 · 운영 및 기능 활성화에 필요한 관광지 및 관광단지 안팎의 시설을 말한다(관광진흥법 제2조 제10호).

③ "관광단지"란 관광객의 다양한 관광 및 휴양을 위하여 각종 관광시설을 종합적으로 개발하는 관광 거점 지역으로서 이 법에 따라 지정된 곳을 말한다(관광진흥법 제2조 제7호).

④ "관광특구"란 외국인 관광객의 유치 촉진 등을 위하여 관광 활동과 관련된 관계 법령의 적용이 배제되거나 완화되고, 관광 활동과 관련된 서비스 · 안내 체계 및 홍보 등 관광 여건을 집중적으로 조성할 필요가 있는 지역으로 이 법에 따라 지정된 곳을 말한다(관광진흥법 제2조 제11호).

핵심이론 08 관광사업의 종류(관광진흥법 제3조, 관광진흥법 시행령 제2조)

① **여행업** : 종합여행업, 국내외여행업, 국내여행업

② **관광숙박업**

㉠ 호텔업 : 관광호텔업, 수상관광호텔업, 한국전통호텔업, 가족호텔업, 호스텔업, 소형호텔업, 의료관광호텔업

㉡ 휴양 콘도미니엄업

③ **관광객 이용시설업** : 전문휴양업, 종합휴양업, 야영장업, 관광유람선업, 관광공연장업, 외국인관광 도시민박업, 한옥체험업

④ **국제회의업**

㉠ 국제회의시설업 : 대규모 관광 수요를 유발하는 국제회의(세미나 · 토론회 · 전시회 등을 포함)를 개최할 수 있는 시설을 설치하여 운영하는 업

㉡ 국제회의기획업 : 대규모 관광 수요를 유발하는 국제회의(세미나 · 토론회 · 전시회 등을 포함)의 계획 · 준비 · 진행 등의 업무를 위탁받아 대행하는 업

⑤ **카지노업** : 전문 영업장을 갖추고 주사위 · 트럼프 · 슬롯머신 등 특정한 기구 등을 이용하여 우연의 결과에 따라 특정인에게 재산상의 이익을 주고 다른 참가자에게 손실을 주는 행위 등을 하는 업

⑥ **유원시설업(遊園施設業)** : 유기시설(遊技施設)이나 유기기구(遊技機具)를 갖추어 이를 관광객에게 이용하게 하는 업(다른 영업을 경영하면서 관광객의 유치 또는 광고 등을 목적으로 유기시설이나 유기기구를 설치하여 이를 이용하게 하는 경우를 포함)

㉠ 종합유원시설업 : 유기시설이나 유기기구를 갖추어 관광객에게 이용하게 하는 업으로서 대규모의 대지 또는 실내에서 안전성검사 대상 유기시설 또는 유기기구 여섯 종류 이상을 설치하여 운영하는 업

㉡ 일반유원시설업 : 유기시설이나 유기기구를 갖추어 관광객에게 이용하게 하는 업으로서 안전성검사 대상 유기시설 또는 유기기구 한 종류 이상을 설치하여 운영하는 업

제3과목

㉢ 기타유원시설업 : 유기시설이나 유기기구를 갖추어 관광객에게 이용하게 하는 업으로서 안전성검사 대상이 아닌 유기시설 또는 유기기구를 설치하여 운영하는 업

⑦ **관광 편의시설업** : 관광유흥음식점업, 관광극장유흥업, 외국인전용 유흥음식점업, 관광식당업, 관광순환버스업, 관광사진업, 여객자동차터미널시설업, 관광펜션업, 관광궤도업, 관광면세업, 관광지원서비스업

핵심예제

8-1. 관광진흥법령상 관광객 이용시설업의 종류가 아닌 것은? [2020년]

① 관광공연장업
② 관광유람선업
③ 외국인관광 도시민박업
④ 여객자동차터미널시설업

정답 ④

8-2. 관광진흥법령상 관광 편의시설업으로 옳은 것은? [2015년 정기]

① 외국인전용 유흥음식점업
② 관광공연장업
③ 호스텔업
④ 일반관광유람선업

정답 ①

해설

8-1
여객자동차터미널시설업은 관광 편의시설업에 속한다.
관광객 이용시설업의 종류(관광진흥법 시행령 제2조 제1항 제3호)
전문휴양업, 종합휴양업, 야영장업, 관광유람선업, 관광공연장업, 외국인관광 도시민박업, 한옥체험업

8-2
② 관광공연장업 : 관광객 이용시설업
③ 호스텔업 : 호텔업
④ 일반관광유람선업 : 관광객 이용시설업

핵심이론 09 관광사업 – 여행업

① 여행업(관광진흥법 제3조 제1항 제1호)
여행자 또는 운송시설 · 숙박시설, 그 밖에 여행에 딸리는 시설의 경영자 등을 위하여 그 시설 이용 알선이나 계약 체결의 대리, 여행에 관한 안내, 그 밖의 여행 편의를 제공하는 업

② 여행업의 종류(관광진흥법 시행령 제2조 제1항 제1호)
㉠ 종합여행업 : 국내외를 여행하는 내국인 및 외국인을 대상으로 하는 여행업[사증(査證)을 받는 절차를 대행하는 행위를 포함]
㉡ 국내외여행업 : 국내외를 여행하는 내국인을 대상으로 하는 여행업(사증을 받는 절차를 대행하는 행위를 포함)
㉢ 국내여행업 : 국내를 여행하는 내국인을 대상으로 하는 여행업

핵심예제

관광진흥법상 여행업의 종류에 관한 설명으로 옳지 않은 것은? [2014년 특별]

① 일반여행업 – 국내외를 여행하는 내국인 및 외국인을 대상으로 하는 여행업으로 사증을 받는 절차를 대행하는 행위를 포함한다.
② 기획여행업 – 외국인을 대상으로 상품을 기획하여 판매하는 여행업으로 외국인 유치 업무행위를 포함한다.
③ 국외여행업 – 국외를 여행하는 내국인을 대상으로 하는 여행업으로 사증을 받는 절차를 대행하는 행위를 포함한다.
④ 국내여행업 – 국내를 여행하는 내국인을 대상으로 하는 여행업을 말한다.

정답 ①, ②, ③(해설참조)

해설

"기획여행"이란 국외여행을 하려는 여행자를 위하여 여행의 목적지 · 일정 등에 관한 사항을 미리 정하고 여행자를 모집하여 실시하는 여행(관광진흥법 제2조 제3호)

여행업의 종류(관광진흥법 시행령 제2조 제1항 제1호)

- 종합여행업
- 국내외여행업
- 국내여행업

※ 출제 당시 정답은 정답은 ②였으나, 2021년 3월 23일 법령이 개정되어 현재 답은 ① · ② · ③이다.

핵심이론 10 관광사업 – 관광숙박업

① 호텔업

㉠ 관광객의 숙박에 적합한 시설을 갖추어 이를 관광객에게 제공하거나 숙박에 딸리는 음식 · 운동 · 오락 · 휴양 · 공연 또는 연수에 적합한 시설 등을 함께 갖추어 이를 이용하게 하는 업(관광진흥법 제3조 제1항 제2호)

㉡ 호텔업의 종류(관광진흥법 시행령 제2조 제1항 제2호)

- 관광호텔업 : 관광객의 숙박에 적합한 시설을 갖추어 관광객에게 이용하게 하고 숙박에 딸린 음식 · 운동 · 오락 · 휴양 · 공연 또는 연수에 적합한 시설 등(부대시설)을 함께 갖추어 관광객에게 이용하게 하는 업(業)
- 수상관광호텔업 : 수상에 구조물 또는 선박을 고정하거나 매어 놓고 관광객의 숙박에 적합한 시설을 갖추거나 부대시설을 함께 갖추어 관광객에게 이용하게 하는 업
- 한국전통호텔업 : 한국전통의 건축물에 관광객의 숙박에 적합한 시설을 갖추거나 부대시설을 함께 갖추어 관광객에게 이용하게 하는 업
- 가족호텔업 : 가족단위 관광객의 숙박에 적합한 시설 및 취사도구를 갖추어 관광객에게 이용하게 하거나 숙박에 딸린 음식 · 운동 · 휴양 또는 연수에 적합한 시설을 함께 갖추어 관광객에게 이용하게 하는 업
- 호스텔업 : 배낭여행객 등 개별 관광객의 숙박에 적합한 시설로서 샤워장, 취사장 등의 편의시설과 외국인 및 내국인 관광객을 위한 문화 · 정보 교류시설 등을 함께 갖추어 이용하게 하는 업
- 소형호텔업 : 관광객의 숙박에 적합한 시설을 소규모로 갖추고 숙박에 딸린 음식 · 운동 · 휴양 또는 연수에 적합한 시설을 함께 갖추어 관광객에게 이용하게 하는 업

• 의료관광호텔업 : 의료관광객의 숙박에 적합한 시설 및 취사도구를 갖추거나 숙박에 딸린 음식 · 운동 또는 휴양에 적합한 시설을 함께 갖추어 주로 외국인 관광객에게 이용하게 하는 업

② 휴양 콘도미니엄업(관광진흥법 제3조 제1항 제2호)

관광객의 숙박과 취사에 적합한 시설을 갖추어 이를 그 시설의 회원이나 공유자, 그 밖의 관광객에게 제공하거나 숙박에 딸리는 음식 · 운동 · 오락 · 휴양 · 공연 또는 연수에 적합한 시설 등을 함께 갖추어 이를 이용하게 하는 업

핵심예제

10-1. 관광진흥법령상 관광숙박업에 해당하는 것을 모두 고른 것은? [2016년 정기]

ㄱ. 한옥체험업	ㄴ. 호스텔업
ㄷ. 의료관광호텔업	ㄹ. 외국인관광 도시민박업

① ㄱ, ㄴ ② ㄴ, ㄷ
③ ㄱ, ㄷ, ㄹ ④ ㄴ, ㄷ, ㄹ

정답 ②

10-2. 관광진흥법상 호텔업의 종류에 해당되지 않는 것을 모두 고른 것은? [2014년 특별]

ㄱ. 의료관광호텔업	ㄴ. 호스텔업
ㄷ. 소형호텔업	ㄹ. 한옥체험업

① ㄱ ② ㄹ
③ ㄴ, ㄷ ④ ㄱ, ㄷ, ㄹ

정답 ②

해설

10-1

한옥체험업과 외국인관광 도시민박업은 관광객 이용시설업에 속한다.

10-2

한옥체험업은 한옥에 관광객의 숙박 체험에 적합한 시설을 갖추고 관광객에게 이용하게 하거나, 전통 놀이 및 공예 등 전통문화 체험에 적합한 시설을 갖추어 관광객에게 이용하게 하는 업(관광진흥법 시행령 제2조 제1항 제3호)으로, 관광객 이용시설업에 속한다.

핵심이론 11 관광사업 – 관광객 이용시설업

① **관광객 이용시설업(관광진흥법 제3조 제1항 제3호)**

㉠ 관광객을 위하여 음식 · 운동 · 오락 · 휴양 · 문화 · 예술 또는 레저 등에 적합한 시설을 갖추어 이를 관광객에게 이용하게 하는 업

㉡ 대통령령으로 정하는 2종 이상의 시설과 관광숙박업의 시설(관광숙박시설) 등을 함께 갖추어 이를 회원이나 그 밖의 관광객에게 이용하게 하는 업

㉢ 야영장업 : 야영에 적합한 시설 및 설비 등을 갖추고 야영편의를 제공하는 시설(청소년활동 진흥법에 따른 청소년야영장은 제외)을 관광객에게 이용하게 하는 업

② **관광객 이용시설업의 종류(관광진흥법 시행령 제2조 제1항 제3호)**

㉠ 전문휴양업 : 관광객의 휴양이나 여가 선용을 위하여 숙박업 시설(숙박시설)이나 휴게음식점영업, 일반음식점영업 또는 제과점영업의 신고에 필요한 시설(음식점시설)을 갖추고 전문휴양시설 중 한 종류의 시설을 갖추어 관광객에게 이용하게 하는 업

㉡ 종합휴양업

- 제1종 종합휴양업 : 관광객의 휴양이나 여가 선용을 위하여 숙박시설 또는 음식점시설을 갖추고 전문휴양시설 중 두 종류 이상의 시설을 갖추어 관광객에게 이용하게 하는 업이나, 숙박시설 또는 음식점시설을 갖추고 전문휴양시설 중 한 종류 이상의 시설과 종합유원시설업의 시설을 갖추어 관광객에게 이용하게 하는 업
- 제2종 종합휴양업 : 관광객의 휴양이나 여가 선용을 위하여 관광숙박업의 등록에 필요한 시설과 제1종 종합휴양업의 등록에 필요한 전문휴양시설 중 두 종류 이상의 시설 또는 전문휴양시설 중 한 종류 이상의 시설 및 종합유원시설업의 시설을 함께 갖추어 관광객에게 이용하게 하는 업

㉢ 야영장업

- 일반야영장업 : 야영장비 등을 설치할 수 있는 공간을 갖추고 야영에 적합한 시설을 함께 갖추어 관광객에게 이용하게 하는 업
- 자동차야영장업 : 자동차를 주차하고 그 옆에 야영장비 등을 설치할 수 있는 공간을 갖추고 취사 등에 적합한 시설을 함께 갖추어 자동차를 이용하는 관광객에게 이용하게 하는 업

㉣ 관광유람선업

- 일반관광유람선업 : 해운법에 따른 해상여객운송사업의 면허를 받은 자나 유선 및 도선사업법에 따른 유선사업의 면허를 받거나 신고한 자가 선박을 이용하여 관광객에게 관광을 할 수 있도록 하는 업
- 크루즈업 : 해운법에 따른 순항(順航) 여객운송사업이나 복합 해상여객운송사업의 면허를 받은 자가 해당 선박 안에 숙박시설, 위락시설 등 편의시설을 갖춘 선박을 이용하여 관광객에게 관광을 할 수 있도록 하는 업

㉤ 관광공연장업 : 관광객을 위하여 적합한 공연시설을 갖추고 공연물을 공연하면서 관광객에게 식사와 주류를 판매하는 업

㉥ 외국인관광 도시민박업 : 국토의 계획 및 이용에 관한 법률에 따른 도시지역(농어촌정비법에 따른 농어촌지역 및 준농어촌지역은 제외)의 주민이 자신이 거주하고 있는 다음의 어느 하나에 해당하는 주택을 이용하여 외국인 관광객에게 한국의 가정문화를 체험할 수 있도록 적합한 시설을 갖추고 숙식 등을 제공(도시지역에서 도시재생 활성화 및 지원에 관한 특별법에 따른 도시재생활성화계획에 따라 마을기업이 외국인 관광객에게 우선하여 숙식 등을 제공하면서, 외국인 관광객의 이용에 지장을 주지 아니하는 범위에서 해당 지역을 방문하는 내국인 관광객에게 그 지역의 특성화된 문화를 체험할 수 있도록 숙식 등을 제공하는 것을 포함)하는 업

- 건축법 시행령 별표 1에 따른 단독주택 또는 다가구주택
- 건축법 시행령 별표 1에 따른 아파트, 연립주택 또는 다세대주택

ⓐ 한옥체험업 : 한옥에 관광객의 숙박 체험에 적합한 시설을 갖추고 관광객에게 이용하게 하거나, 전통 놀이 및 공예 등 전통문화 체험에 적합한 시설을 갖추어 관광객에게 이용하게 하는 업

[핵심예제]

11-1. 관광진흥법령상 관광객 이용시설업에 해당하는 것을 모두 고른 것은? [2015년 특별]

ㄱ. 크루즈업	ㄴ. 전문휴양업
ㄷ. 관광공연장업	ㄹ. 일반야영장업

① ㄴ, ㄷ ② ㄷ, ㄹ
③ ㄱ, ㄴ, ㄹ ④ ㄱ, ㄴ, ㄷ, ㄹ

정답 ④

11-2. 관광진흥법령상 관광객을 위하여 음식 · 운동 · 오락 · 휴양 · 문화 · 예술 또는 레저 등에 적합한 시설을 갖추어 이를 관광객에게 이용하게 하는 업은? [2014년 정기]

① 관광객 이용시설업 ② 관광 편의시설업
③ 유원시설업 ④ 휴양 콘도미니엄업

정답 ①

해설

11-1

관광객 이용시설업의 종류(관광진흥법 시행령 제2조 제1항 제3호)

- 전문휴양업
- 종합휴양업(제1종 종합휴양업, 제2종 종합휴양업)
- 야영장업(일반야영장업, 자동차야영장업)
- 관광유람선업(일반관광유람선업, 크루즈업)
- 관광공연장업
- 외국인관광 도시민박업
- 한옥체험업

11-2

관광객 이용시설업에는 관광객을 위하여 음식 · 운동 · 오락 · 휴양 · 문화 · 예술 또는 레저 등에 적합한 시설을 갖추어 이를 관광객에게 이용하게 하는 업, 대통령령으로 정하는 2종 이상의 시설과 관광숙박업의 시설 등을 함께 갖추어 이를 회원이나 그 밖의 관광객에게 이용하게 하는 업, 야영에 적합한 시설 및 설비 등을 갖추고 야영편의를 제공하는 시설(청소년야영장은 제외)을 관광객에게 이용하게 하는 업(야영장업)이 있다(관광진흥법 제3조 제1항 제3호).

핵심이론 12 관광사업 – 관광 편의시설업

① 관광 편의시설업(관광진흥법 제3조 제1항 제7호)

여행업, 관광숙박업, 관광객 이용시설업, 국제회의업, 카지노업, 유원시설업(遊園施設業) 외에 관광 진흥에 이바지할 수 있다고 인정되는 사업이나 시설 등을 운영하는 업

② 관광 편의시설업의 종류(관광진흥법 시행령 제2조 제1항 제6호)

㉠ 관광유흥음식점업 : 식품위생 법령에 따른 유흥주점 영업의 허가를 받은 자가 관광객이 이용하기 적합한 한국 전통 분위기의 시설을 갖추어 그 시설을 이용하는 자에게 음식을 제공하고 노래와 춤을 감상하게 하거나 춤을 추게 하는 업

㉡ 관광극장유흥업 : 식품위생 법령에 따른 유흥주점 영업의 허가를 받은 자가 관광객이 이용하기 적합한 무도(舞蹈)시설을 갖추어 그 시설을 이용하는 자에게 음식을 제공하고 노래와 춤을 감상하게 하거나 춤을 추게 하는 업

㉢ 외국인전용 유흥음식점업 : 식품위생 법령에 따른 유흥주점영업의 허가를 받은 자가 외국인이 이용하기 적합한 시설을 갖추어 외국인만을 대상으로 주류나 그 밖의 음식을 제공하고 노래와 춤을 감상하게 하거나 춤을 추게 하는 업

㉣ 관광식당업 : 식품위생 법령에 따른 일반음식점영업의 허가를 받은 자가 관광객이 이용하기 적합한 음식 제공시설을 갖추고 관광객에게 특정 국가의 음식을 전문적으로 제공하는 업

㉤ 관광순환버스업 : 여객자동차 운수사업법에 따른 여객자동차운송사업의 면허를 받거나 등록을 한 자가 버스를 이용하여 관광객에게 시내와 그 주변 관광지를 정기적으로 순회하면서 관광할 수 있도록 하는 업

㉥ 관광사진업 : 외국인 관광객과 동행하며 기념사진을 촬영하여 판매하는 업

㉦ 여객자동차터미널시설업 : 여객자동차터미널사업의 면허를 받은 자가 관광객이 이용하기 적합한 여객자동차터미널시설을 갖추고 이들에게 휴게시설 · 안내시설 등 편익시설을 제공하는 업

㉧ 관광펜션업 : 숙박시설을 운영하고 있는 자가 자연 · 문화 체험관광에 적합한 시설을 갖추어 관광객에게 이용하게 하는 업

㉨ 관광궤도업 : 궤도사업의 허가를 받은 자가 주변 관람과 운송에 적합한 시설을 갖추어 관광객에게 이용하게 하는 업

㉩ 관광면세업 : 다음의 어느 하나에 해당하는 자가 판매시설을 갖추고 관광객에게 면세물품을 판매하는 업
- 보세판매장의 특허를 받은 자
- 면세판매장의 지정을 받은 자

㉪ 관광지원서비스업 : 주로 관광객 또는 관광사업자 등을 위하여 사업이나 시설 등을 운영하는 업으로서 문화체육관광부장관이 관광 관련 산업으로 분류한 쇼핑업, 운수업, 숙박업, 음식점업, 문화 · 오락 · 레저스포츠업, 건설업, 자동차임대업 및 교육서비스업 등(다만, 법에 따라 등록 · 허가 또는 지정을 받거나 신고를 해야 하는 관광사업은 제외)

[핵심예제]

관광진흥법령상 식품위생 법령에 따른 유흥주점 영업의 허가를 받은 자가 관광객이 이용하기 적합한 한국 전통 분위기의 시설을 갖추어 그 시설을 이용하는 자에게 음식을 제공하고 노래와 춤을 감상하게 하거나 춤을 추게 하는 관광사업은? [2016년 정기]

① 관광극장유흥업
② 관광유흥음식점업
③ 외국인전용 유흥음식점업
④ 관광공연장업

정답 ②

해설

① 관광극장유흥업 : 식품위생 법령에 따른 유흥주점 영업의 허가를 받은 자가 관광객이 이용하기 적합한 무도(舞蹈) 시설을 갖추어 그 시설을 이용하는 자에게 음식을 제공하고 노래와 춤을 감상하게 하거나 춤을 추게 하는 업(관광진흥법 시행령 제2조 제1항 제6호 나목)
③ 외국인전용 유흥음식점업 : 식품위생 법령에 따른 유흥주점 영업의 허가를 받은 자가 외국인이 이용하기 적합한 시설을 갖추어 외국인만을 대상으로 주류나 그 밖의 음식을 제공하고 노래와 춤을 감상하게 하거나 춤을 추게 하는 업(관광진흥법 시행령 제2조 제1항 제6호 다목)
④ 관광공연장업 : 관광객을 위하여 적합한 공연시설을 갖추고 공연물을 공연하면서 관광객에게 식사와 주류를 판매하는 업(관광진흥법 시행령 제2조 제1항 제3호 마목)

핵심이론 13 관광사업의 등록

① 등록(관광진흥법 제4조)

㉠ 여행업, 관광숙박업, 관광객 이용시설업 및 국제회의업을 경영하려는 자는 특별자치시장 · 특별자치도지사 · 시장 · 군수 · 구청장(자치구의 구청장)에게 등록하여야 한다.
㉡ 등록을 하려는 자는 대통령령으로 정하는 자본금 · 시설 및 설비 등을 갖추어야 한다.
㉢ 등록한 사항 중 대통령령으로 정하는 중요 사항을 변경하려면 변경등록을 하여야 한다.
㉣ 등록 또는 변경등록의 절차 등에 필요한 사항은 문화체육관광부령으로 정한다.

② 변경등록(관광진흥법 시행령 제6조)

㉠ 변경등록사항
- 사업계획의 변경승인을 받은 사항(사업계획의 승인을 받은 관광사업만 해당)
- 상호 또는 대표자의 변경
- 객실 수 및 형태의 변경(휴양 콘도미니엄업을 제외한 관광숙박업만 해당)
- 부대시설의 위치 · 면적 및 종류의 변경(관광숙박업만 해당)
- 여행업의 경우에는 사무실 소재지의 변경 및 영업소의 신설, 국제회의기획업의 경우에는 사무실 소재지의 변경
- 부지 면적의 변경, 시설의 설치 또는 폐지(야영장업만 해당)
- 객실 수 및 면적의 변경, 편의시설 면적의 변경, 체험시설 종류의 변경(한옥체험업만 해당)

㉡ 변경등록을 하려는 자는 그 변경사유가 발생한 날부터 30일 이내에 문화체육관광부령으로 정하는 바에 따라 변경등록신청서를 특별자치시장 · 특별자치도지사 · 시장 · 군수 · 구청장에게 제출하여야 한다. 다만, 여행업과 국제회의기획업의 사무실 소재지를 변경한 경우에는 변경등록신청서를 새로운 소재지의 관할 특별자치시장 · 특별자치도지사 · 시장 · 군수 · 구청장에게 제출할 수 있다.

핵심예제

13-1. 관광진흥법상의 관광사업 중 특별자치시장 · 특별자치도지사 · 시장 · 군수 · 구청장에게 등록해야 하는 관광사업을 모두 고른 것은? [2020년]

ㄱ. 여행업	ㄴ. 관광숙박업
ㄷ. 유원시설업	ㄹ. 관광객 이용시설업
ㅁ. 관광편의시설업	ㅂ. 국제회의업

① ㄱ, ㄴ, ㄷ, ㄹ　② ㄱ, ㄴ, ㄹ, ㅂ
③ ㄱ, ㄷ, ㅁ, ㅂ　④ ㄴ, ㄷ, ㅁ, ㅂ

정답 ②

13-2. 관광진흥법령상 변경등록사항이 아닌 것은? [예상 문제]

① 한옥체험업의 편의시설 면적의 변경
② 휴양 콘도미니엄업의 객실 수 및 형태의 변경
③ 관광숙박업의 부대시설의 위치 · 면적 및 종류의 변경
④ 야영장업의 부지 면적의 변경

정답 ②

해설

13-1
여행업, 관광숙박업, 관광객 이용시설업 및 국제회의업을 경영하려는 자는 특별자치시장 · 특별자치도지사 · 시장 · 군수 · 구청장에게 등록하여야 한다(관광진흥법 제4조 제1항).

13-2
객실 수 및 형태의 변경은 휴양 콘도미니엄업을 제외한 관광숙박업만 해당한다(관광진흥법 시행령 제6조 제1항 제3호).

핵심이론 14 관광사업자 등록대장

① 관광사업자 등록대장의 관리 · 보존(관광진흥법 시행령 제4조 제3항)
특별자치시장 · 특별자치도지사 · 시장 · 군수 · 구청장은 등록증을 발급하면 문화체육관광부령으로 정하는 바에 따라 관광사업자 등록대장을 작성하고 관리 · 보존하여야 한다.

② 관광사업자 등록대장의 기재사항(관광진흥법 시행규칙 제4조)
비치하여 관리하는 관광사업자 등록대장에는 관광사업자의 상호 또는 명칭, 대표자의 성명 · 주소 및 사업장의 소재지와 사업별로 다음의 사항이 기재되어야 한다.

㉠ 여행업 및 국제회의기획업 : 자본금

㉡ 관광숙박업
- 객실 수
- 대지면적 및 건축연면적(폐선박을 이용하는 수상관광호텔업의 경우에는 폐선박의 총톤수 · 전체 길이 및 전체 너비)
- 신고를 하였거나 인 · 허가 등을 받은 것으로 의제되는 사항
- 사업계획에 포함된 부대영업을 하기 위하여 다른 법령에 따라 인 · 허가 등을 받았거나 신고 등을 한 사항
- 등급(호텔업만 해당)
- 운영의 형태(분양 또는 회원모집을 하는 휴양 콘도미니엄업 및 호텔업만 해당)

㉢ 전문휴양업 및 종합휴양업
- 부지면적 및 건축연면적
- 시설의 종류
- 신고를 하였거나 인 · 허가 등을 받은 것으로 의제되는 사항 및 사업계획에 포함된 부대영업을 하기 위하여 다른 법령에 따라 인 · 허가 등을 받았거나 신고 등을 한 사항
- 운영의 형태(제2종 종합휴양업만 해당)

제3과목

㉣ 야영장업
- 부지면적 및 건축연면적
- 시설의 종류
- 1일 최대 수용인원

㉤ 관광유람선업
- 선박의 척수
- 선박의 제원

㉥ 관광공연장업
- 관광공연장업이 설치된 관광사업시설의 종류
- 무대면적 및 좌석 수
- 공연장의 총면적
- 일반음식점 영업허가번호, 허가연월일, 허가기관

㉦ 외국인관광 도시민박업
- 객실 수
- 주택의 연면적

㉧ 한옥체험업
- 객실 수
- 한옥의 연면적, 객실 및 편의시설의 연면적
- 체험시설의 종류
- 문화재보호법에 따라 문화재로 지정·등록된 한옥 또는 한옥 등 건축자산의 진흥에 관한 법률에 따라 우수건축자산으로 등록된 한옥인지 여부

㉨ 국제회의시설업
- 대지면적 및 건축연면적
- 회의실별 동시수용인원
- 신고를 하였거나 인·허가 등을 받은 것으로 의제되는 사항 및 사업계획에 포함된 부대영업을 하기 위하여 다른 법령에 따라 인·허가 등을 받았거나 신고 등을 한 사항

[핵심예제]

관광진흥법령상 관광사업별로 관광사업자 등록대장에 기재되어야 할 사항의 연결이 옳은 것은? [2018년]

① 휴양 콘도미니엄업 - 등급
② 제1종 종합휴양업 - 부지면적 및 건축연면적
③ 외국인관광 도시민박업 - 대지면적
④ 국제회의시설업 - 회의실별 1일 최대수용인원

정답 ②

해설

① 관광숙박업의 등급 기재는 호텔업만 해당한다.
③ 외국인관광 도시민박업의 기재 사항은 객실 수, 주택의 연면적이다.
④ 국제회의시설업은 회의실별 동시수용인원을 기재한다.

핵심이론 15 여행업의 등록기준(관광진흥법 시행령 별표 1)

① 종합여행업
　㉠ 자본금(개인의 경우에는 자산평가액) : 5천만원 이상일 것
　㉡ 사무실 : 소유권이나 사용권이 있을 것
② 국내외여행업
　㉠ 자본금(개인의 경우에는 자산평가액) : 3천만원 이상일 것
　㉡ 사무실 : 소유권이나 사용권이 있을 것
③ 국내여행업
　㉠ 자본금(개인의 경우에는 자산평가액) : 1천500만원 이상일 것
　㉡ 사무실 : 소유권이나 사용권이 있을 것

[핵심예제]

관광진흥법상 관광사업 등록기준에 따른 자본금 기준이 옳은 것으로 모두 고른 것은? [2014년 특별]

ㄱ. 국내여행업 – 2천만원 이상일 것
ㄴ. 국내여행업 – 4천만원 이상일 것
ㄷ. 국외여행업 – 5천만원 이상일 것
ㄹ. 국외여행업 – 6천만원 이상일 것

① ㄱ　　② ㄹ
③ ㄴ, ㄷ　　④ ㄴ, ㄹ

정답 해설참조

해설

관광사업의 등록기준에 따르면 종합여행업의 자본금은 5천만원 이상, 국내외여행업의 자본금은 3천만원 이상, 국내여행업의 자본금은 1천500만원 이상이다(관광진흥법 시행령 별표 1).

※ 2018년 7월 2일 법령이 개정되어 현재는 정답이 없다.

핵심이론 16 호텔업의 등록기준(관광진흥법 시행령 별표 1)

① 관광호텔업
　㉠ 욕실이나 샤워시설을 갖춘 객실을 30실 이상 갖추고 있을 것
　㉡ 외국인에게 서비스를 제공할 수 있는 체제를 갖추고 있을 것
　㉢ 대지 및 건물의 소유권 또는 사용권을 확보하고 있을 것. 다만, 회원을 모집하는 경우에는 소유권을 확보하여야 한다.
② 수상관광호텔업
　㉠ 수상관광호텔이 위치하는 수면은 관리청으로부터 점용허가를 받을 것
　㉡ 욕실이나 샤워시설을 갖춘 객실이 30실 이상일 것
　㉢ 외국인에게 서비스를 제공할 수 있는 체제를 갖추고 있을 것
　㉣ 수상오염을 방지하기 위한 오수 저장·처리시설과 폐기물처리시설을 갖추고 있을 것
　㉤ 구조물 및 선박의 소유권 또는 사용권을 확보하고 있을 것. 다만, 회원을 모집하는 경우에는 소유권을 확보하여야 한다.
③ 한국전통호텔업
　㉠ 건축물의 외관은 전통가옥의 형태를 갖추고 있을 것
　㉡ 이용자의 불편이 없도록 욕실이나 샤워시설을 갖추고 있을 것
　㉢ 외국인에게 서비스를 제공할 수 있는 체제를 갖추고 있을 것
　㉣ 대지 및 건물의 소유권 또는 사용권을 확보하고 있을 것. 다만, 회원을 모집하는 경우에는 소유권을 확보하여야 한다.
④ 가족호텔업
　㉠ 가족단위 관광객이 이용할 수 있는 취사시설이 객실별로 설치되어 있거나 층별로 공동취사장이 설치되어 있을 것
　㉡ 욕실이나 샤워시설을 갖춘 객실이 30실 이상일 것
　㉢ 객실별 면적이 19제곱미터 이상일 것
　㉣ 외국인에게 서비스를 제공할 수 있는 체제를 갖추고 있을 것

ⓜ 대지 및 건물의 소유권 또는 사용권을 확보하고 있을 것. 다만, 회원을 모집하는 경우에는 소유권을 확보하여야 한다.

[핵심예제]

16-1. 관광진흥법령상 관광사업의 등록기준에 별도로 정한 객실 수에 대한 기준이 있는 호텔업을 모두 고른 것은?

[2015년 특별]

ㄱ. 수상관광호텔업	ㄴ. 한국전통호텔업
ㄷ. 가족호텔업	ㄹ. 호스텔업

① ㄱ, ㄴ ② ㄱ, ㄷ
③ ㄴ, ㄹ ④ ㄷ, ㄹ

정답 ②

16-2. 관광진흥법령상 가족호텔업의 등록기준으로 옳은 것은?

[예상 문제]

① 욕실이나 샤워시설을 갖춘 객실이 20실 이상일 것
② 수상오염 방지를 위한 시설을 갖추고 있을 것
③ 회원을 모집하는 경우 사용권을 확보하고 있을 것
④ 객실별 면적이 $19m^2$ 이상일 것

정답 ④

해설

16-1

수상관광호텔업과 가족호텔업은 욕실이나 샤워시설을 갖춘 객실이 30실 이상이어야 한다는 기준이 있지만, 한국전통호텔업과 호스텔업은 객실 수에 대한 기준이 없다.

16-2

① 욕실이나 샤워시설을 갖춘 객실이 30실 이상일 것
② 수상관광호텔업의 등록기준
③ 회원을 모집하는 경우 소유권을 확보하고 있을 것

핵심이론 17 호스텔업과 소형호텔업의 등록기준(관광진흥법 시행령 별표 1)

① **호스텔업**

㉠ 배낭여행객 등 개별 관광객의 숙박에 적합한 객실을 갖추고 있을 것
㉡ 이용자의 불편이 없도록 화장실, 샤워장, 취사장 등의 편의시설을 갖추고 있을 것. 다만, 이러한 편의시설은 공동으로 이용하게 할 수 있다.
㉢ 외국인 및 내국인 관광객에게 서비스를 제공할 수 있는 문화 · 정보 교류시설을 갖추고 있을 것
㉣ 대지 및 건물의 소유권 또는 사용권을 확보하고 있을 것

② **소형호텔업**

㉠ 욕실이나 샤워시설을 갖춘 객실을 20실 이상 30실 미만으로 갖추고 있을 것
㉡ 부대시설의 면적 합계가 건축 연면적의 50퍼센트 이하일 것
㉢ 두 종류 이상의 부대시설을 갖출 것. 다만, 식품위생법 시행령에 따른 단란주점영업, 유흥주점영업 및 사행행위 등 규제 및 처벌 특례법에 따른 사행행위를 위한 시설은 둘 수 없다.
㉣ 조식 제공, 외국어 구사인력 고용 등 외국인에게 서비스를 제공할 수 있는 체제를 갖추고 있을 것
㉤ 대지 및 건물의 소유권 또는 사용권을 확보하고 있을 것. 다만, 회원을 모집하는 경우에는 소유권을 확보하여야 한다.

[핵심예제]

관광진흥법령상 소형호텔업의 등록기준에 관한 설명으로 옳은 것을 모두 고른 것은? [2015년 정기]

> ㄱ. 욕실이나 샤워시설을 갖춘 객실을 20실 이상 30실 미만으로 갖추고 있을 것
> ㄴ. 부대시설의 면적 합계가 건축 연면적의 50퍼센트 이하일 것
> ㄷ. 한 종류 이상의 부대시설을 갖출 것

① ㄱ, ㄴ
② ㄱ, ㄴ, ㄷ
③ ㄱ, ㄷ
④ ㄴ, ㄷ

정답 ①

해설

관광진흥법령상 소형호텔업은 두 종류 이상의 부대시설을 갖추어야 한다(관광진흥법 시행령 별표 1). 다만, 식품위생법 시행령에 따른 단란주점영업, 유흥주점영업 및 사행행위 등 규제 및 처벌 특례법에 따른 사행행위를 위한 시설은 둘 수 없다.

핵심이론 18 의료관광호텔업의 등록기준(관광진흥법 시행령 별표 1)

① 의료관광객이 이용할 수 있는 취사시설이 객실별로 설치되어 있거나 층별로 공동취사장이 설치되어 있을 것
② 욕실이나 샤워시설을 갖춘 객실이 20실 이상일 것
③ 객실별 면적이 19제곱미터 이상일 것
④ 교육환경 보호에 관한 법률에 따른 영업이 이루어지는 시설을 부대시설로 두지 않을 것
⑤ 의료관광객의 출입이 편리한 체계를 갖추고 있을 것
⑥ 외국어 구사인력 고용 등 외국인에게 서비스를 제공할 수 있는 체제를 갖추고 있을 것
⑦ 의료관광호텔 시설(의료관광호텔의 부대시설로 의료법에 따른 의료기관을 설치할 경우에는 그 의료기관을 제외한 시설)은 의료기관 시설과 분리될 것. 이 경우 분리에 관하여 필요한 사항은 문화체육관광부장관이 정하여 고시한다.
⑧ 대지 및 건물의 소유권 또는 사용권을 확보하고 있을 것
⑨ 의료관광호텔업을 등록하려는 자가 다음의 구분에 따른 요건을 충족하는 외국인환자 유치 의료기관의 개설자 또는 유치업자일 것
  ㉠ 외국인환자 유치 의료기관의 개설자
    가. 의료 해외진출 및 외국인환자 유치 지원에 관한 법률에 따라 보건복지부장관에게 보고한 사업실적에 근거하여 산정할 경우 전년도(등록신청일이 속한 연도의 전년도를 말함)의 연환자수(외국인환자 유치 의료기관이 2개 이상인 경우에는 각 외국인환자 유치 의료기관의 연환자수를 합산한 결과를 말함) 또는 등록신청일 기준으로 직전 1년간의 연환자수가 500명을 초과할 것. 다만 외국인환자 유치 의료기관 중 1개 이상이 서울특별시에 있는 경우에는 연환자수가 3,000명을 초과하여야 한다.
    나. 의료법에 따른 의료법인인 경우에는 가.의 요건을 충족하면서 다른 외국인환자 유치 의료기관의 개설자 또는 유치업자와 공동으로 등록하지 아니할 것

제3과목

다. 외국인환자 유치 의료기관의 개설자가 설립을 위한 출연재산의 100분의 30 이상을 출연한 경우로서 최다출연자가 되는 비영리법인(외국인환자 유치 의료기관의 개설자인 경우로 한정)이 가.의 기준을 충족하지 아니하는 경우에는 그 최다출연자인 외국인환자 유치 의료기관의 개설자가 가.의 기준을 충족할 것

㉡ 유치업자

가. 의료 해외진출 및 외국인환자 유치 지원에 관한 법률에 따라 보건복지부장관에게 보고한 사업실적에 근거하여 산정할 경우 전년도의 실환자수(둘 이상의 유치업자가 공동으로 등록하는 경우에는 실환자수를 합산한 결과를 말함) 또는 등록신청일 기준으로 직전 1년간의 실환자수가 200명을 초과할 것

나. 외국인환자 유치 의료기관의 개설자가 100분의 30 이상의 지분 또는 주식을 보유하면서 최대출자자가 되는 법인(유치업자인 경우로 한정)이 가.의 기준을 충족하지 아니하는 경우에는 그 최대출자자인 외국인환자 유치 의료기관의 개설자가 ㉠ 가.의 기준을 충족할 것

[핵심예제]

관광진흥법령상 의료관광호텔업의 등록기준의 내용으로 옳지 않은 것은? [2016년 특별]

① 욕실이나 샤워시설을 갖춘 객실을 20실 이상 30실 미만으로 갖추고 있을 것

② 외국어 구사인력 고용 등 외국인에게 서비스를 제공할 수 있는 체제를 갖추고 있을 것

③ 객실별 면적이 19제곱미터 이상일 것

④ 대지 및 건물의 소유권 또는 사용권을 확보하고 있을 것

정답 ①

해설

욕실이나 샤워시설을 갖춘 객실이 20실 이상일 것(관광진흥법 시행령 별표 1)

핵심이론 19 휴양콘도미니엄업의 등록기준(관광진흥법 시행령 별표 1)

① 객 실

㉠ 같은 단지 안에 객실이 30실 이상일 것. 다만, 2016년 7월 1일부터 2018년 6월 30일까지 시행령 제3조(등록절차) 제1항에 따라 등록 신청하는 경우에는 20실 이상으로 한다.

㉡ 관광객의 취사·체류 및 숙박에 필요한 설비를 갖추고 있을 것. 다만, 객실 밖에 관광객이 이용할 수 있는 공동취사장 등 취사시설을 갖춘 경우에는 총 객실의 30퍼센트(국토의 계획 및 이용에 관한 법률에 따른 도시지역의 경우에는 총 객실의 30퍼센트 이하의 범위에서 조례로 정하는 비율이 있으면 그 비율) 이하의 범위에서 객실에 취사시설을 갖추지 아니할 수 있다.

② 매점 등

매점이나 간이매장이 있을 것. 다만, 여러 개의 동으로 단지를 구성할 경우에는 공동으로 설치할 수 있다.

③ 문화체육공간

공연장·전시관·미술관·박물관·수영장·테니스장·축구장·농구장, 그 밖에 관광객이 이용하기 적합한 문화체육공간을 1개소 이상 갖출 것. 다만, 수개의 동으로 단지를 구성할 경우에는 공동으로 설치할 수 있으며, 관광지·관광단지 또는 종합휴양업의 시설 안에 있는 휴양콘도미니엄의 경우에는 이를 설치하지 아니할 수 있다.

④ 대지 및 건물의 소유권 또는 사용권을 확보하고 있을 것. 다만, 분양 또는 회원을 모집하는 경우에는 소유권을 확보하여야 한다.

[핵심예제]

관광진흥법상 휴양콘도미니엄업의 등록기준으로 옳지 않은 것은? [2013년 정기]

① 같은 단지 안에 객실이 30실 이상 있을 것
② 매점이나 간이매장이 있을 것(다만, 여러 개의 동으로 단지를 구성할 경우에는 공동으로 설치할 수 있음)
③ 관광객의 취사 · 체류 및 숙박에 필요한 설비를 갖추고 있을 것
④ 관광지 · 관광단지 또는 종합휴양업의 시설 안에 있는 경우에는 문화체육공간을 1개소 이상 갖출 것

정답 ④

해설

휴양콘도미니엄업은 공연장 · 전시관 · 미술관 · 박물관 · 수영장 · 테니스장 · 축구장 · 농구장, 그 밖에 관광객이 이용하기 적합한 문화체육공간을 1개소 이상 갖추어야 하지만, 수개의 동으로 단지를 구성할 경우에는 공동으로 설치할 수 있으며, 관광지 · 관광단지 또는 종합휴양업의 시설 안에 있는 휴양콘도미니엄의 경우에는 이를 설치하지 아니할 수 있다(관광진흥법 시행령 별표 1).

핵심이론 20 전문휴양업과 야영장업의 등록기준(관광진흥법 시행령 별표 1)

① 전문휴양업
　㉠ 해수욕장의 개별 등록기준
　　• 수영을 하기에 적합한 조건을 갖춘 해변이 있을 것
　　• 수용인원에 적합한 간이목욕시설 · 탈의장이 있을 것
　　• 인명구조용 구명보트 · 감시탑 및 응급처리 시 설비 등의 시설이 있을 것
　　• 담수욕장을 갖추고 있을 것
　　• 인명구조원을 배치하고 있을 것
　㉡ 식물원의 개별 등록기준
　　• 박물관 및 미술관 진흥법 시행령 별표 2에 따른 시설을 갖추고 있을 것
　　• 온실면적은 2,000제곱미터 이상일 것
　　• 식물종류는 1,000종 이상일 것
　㉢ 수족관의 개별 등록기준
　　• 박물관 및 미술관 진흥법 시행령 별표 2에 따른 시설을 갖추고 있을 것
　　• 건축연면적은 2,000제곱미터 이상일 것
　　• 어종(어류가 아닌 것은 제외)은 100종 이상일 것
　㉣ 온천장의 개별 등록기준
　　• 온천수를 이용한 대중목욕시설이 있을 것
　　• 정구장 · 탁구장 · 볼링장 · 활터 · 미니골프장 · 배드민턴장 · 롤러스케이트장 · 보트장 등의 레크리에이션 시설 중 두 종류 이상의 시설을 갖추거나 유원시설업 시설이 있을 것

② 야영장업
　㉠ 일반야영장업의 개별 등록기준
　　• 야영용 천막을 칠 수 있는 공간은 천막 1개당 15제곱미터 이상을 확보할 것
　　• 야영에 불편이 없도록 하수도 시설 및 화장실을 갖출 것
　　• 긴급상황 발생 시 이용객을 이송할 수 있는 차로를 확보할 것

제3과목

㉡ 자동차야영장업의 개별 등록기준
- 차량 1대당 50제곱미터 이상의 야영공간(차량을 주차하고 그 옆에 야영장비 등을 설치할 수 있는 공간)을 확보할 것
- 야영에 불편이 없도록 수용인원에 적합한 상 · 하수도 시설, 전기시설, 화장실 및 취사시설을 갖출 것
- 야영장 입구까지 1차선 이상의 차로를 확보하고, 1차선 차로를 확보한 경우에는 적정한 곳에 차량의 교행(交行)이 가능한 공간을 확보할 것

핵심예제

관광진흥법령상 관광사업의 등록기준 및 지정기준으로 옳지 않은 것은? [2014년 정기]

① 관광궤도업은 안내방송 등 외국어 안내서비스가 가능한 체제를 갖추어야 한다.
② 외국인관광 도시민박업은 건물의 연면적이 230제곱미터 이상 330제곱미터 미만이어야 한다.
③ 관광유흥음식점업은 영업장 내부의 노랫소리 등이 외부에 들리지 아니하도록 방음장치를 갖추어야 한다.
④ 자동차야영장업은 차량 1대당 80제곱미터 이상의 주차 및 휴식공간을 확보하여야 한다.

정답 ②, ③, ④(해설참조)

해설

① 관광궤도업의 지정기준(관광진흥법 시행규칙 별표 2)
② 외국인관광 도시민박업의 등록기준은 '주택의 연면적이 230제곱미터 미만일 것(관광진흥법 시행령 별표 1)'이다.
③ 관광유흥음식점업의 지정기준(관광진흥법 시행규칙 별표 2)
④ 자동차야영장업의 등록기준(관광진흥법 시행령 별표 1)
※ ③ 2015년 12월 30일 '영업장 내부의 노랫소리 등이 외부에 들리지 아니하도록 할 것'으로 개정되었다.
④ 2014년 11월 28일 '차량 1대당 50제곱미터 이상의 야영공간(차량을 주차하고 그 옆에 야영장비 등을 설치할 수 있는 공간)을 확보할 것'으로 개정되었다.

핵심이론 21 관광유람선업과 관광공연장업의 등록기준(관광진흥법 시행령 별표 1)

① **관광유람선업**

㉠ 일반관광유람선업
- 구조 : 선박안전법에 따른 구조 및 설비를 갖춘 선박일 것
- 선상시설 : 이용객의 숙박 또는 휴식에 적합한 시설을 갖추고 있을 것
- 위생시설 : 수세식화장실과 냉 · 난방 설비를 갖추고 있을 것
- 편의시설 : 식당 · 매점 · 휴게실을 갖추고 있을 것
- 수질오염방지시설 : 수질오염을 방지하기 위한 오수 저장 · 처리시설과 폐기물처리시설을 갖추고 있을 것

㉡ 크루즈업
- 일반관광유람선업에서 규정하고 있는 관광사업의 등록기준을 충족할 것
- 욕실이나 샤워시설을 갖춘 객실을 20실 이상 갖추고 있을 것
- 체육시설, 미용시설, 오락시설, 쇼핑시설 중 두 종류 이상의 시설을 갖추고 있을 것

② **관광공연장업**

㉠ 실내관광공연장
- 70제곱미터 이상의 무대를 갖추고 있을 것
- 출연자가 연습하거나 대기 또는 분장할 수 있는 공간을 갖추고 있을 것
- 출입구는 다중이용업소의 영업장에 설치하는 안전시설 등의 설치기준에 적합할 것
- 공연으로 인한 소음이 밖으로 전달되지 아니하도록 방음시설을 갖추고 있을 것

㉡ 실외관광공연장
- 70제곱미터 이상의 무대를 갖추고 있을 것
- 남녀용으로 구분된 수세식 화장실을 갖추고 있을 것

핵심예제

21-1. 관광진흥법령상 관광사업의 등록기준에 관한 설명으로 옳은 것은? [2018년]

① 국외여행업의 경우 자본금(개인의 경우에는 자산평가액)은 5천만원 이상일 것
② 의료관광호텔업의 경우 욕실이나 샤워시설을 갖춘 객실은 30실 이상일 것
③ 전문휴양업 중 식물원의 경우 식물종류는 1,500종 이상일 것
④ 관광공연장업 중 실내관광공연장의 경우 무대는 100제곱미터 이상일 것

정답 해설참조

21-2. 관광진흥법상 크루즈업 등록기준으로 옳지 않은 것은? [예상 문제]

① 일반관광유람선업에서 규정하고 있는 관광사업의 등록기준을 충족할 것
② 욕실이나 샤워시설을 갖춘 객실을 20실 이상 갖추고 있을 것
③ 출입구는 다중이용업소의 영업장에 설치하는 안전시설 등의 설치기준에 적합할 것
④ 체육시설, 미용시설, 오락시설, 쇼핑시설 중 두 종류 이상의 시설을 갖추고 있을 것

정답 ③

해설

21-1

① 국내외여행업의 경우 자본금(개인의 경우에는 자산평가액)은 3천만원 이상일 것(관광진흥법 시행령 별표 1)
② 의료관광호텔업의 경우 욕실이나 샤워시설을 갖춘 객실은 20실 이상일 것(관광진흥법 시행령 별표 1)
③ 식물원의 경우 식물종류는 1,000종 이상일 것(관광진흥법 시행령 별표 1)
④ 실내관광공연장의 경우 무대는 70제곱미터 이상일 것(관광진흥법 시행령 별표 1)

※ 출제 당시 정답은 ④였으나, 2019년 6월 11일 법령이 개정되어 현재 정답은 없다.

21-2

관광공연장업 중 실내관광공연장의 등록기준에 대한 설명이다.

핵심이론 22 외국인관광 도시민박업과 한옥체험업의 등록기준(관광진흥법 시행령 별표 1)

① 외국인관광 도시민박업
- ㉠ 주택의 연면적이 230제곱미터 미만일 것
- ㉡ 외국어 안내 서비스가 가능한 체제를 갖출 것
- ㉢ 소화기를 1개 이상 구비하고, 객실마다 단독경보형 감지기 및 일산화탄소 경보기(난방설비를 개별난방 방식으로 설치한 경우만 해당)를 설치할 것

② 한옥체험업
- ㉠ 한옥 등 건축자산의 진흥에 관한 법률에 따라 국토교통부장관이 정하여 고시한 기준에 적합한 한옥일 것. 다만, 문화재보호법에 따라 문화재로 지정·등록된 한옥 및 한옥 등 건축자산의 진흥에 관한 법률에 따라 우수건축자산으로 등록된 한옥의 경우에는 그렇지 않다.
- ㉡ 객실 및 편의시설 등 숙박 체험에 이용되는 공간의 연면적이 230제곱미터 미만일 것. 다만, 다음의 어느 하나에 해당하는 한옥의 경우에는 그렇지 않다.
  - 문화재보호법에 따라 문화재로 지정·등록된 한옥
  - 한옥 등 건축자산의 진흥에 관한 법률에 따라 우수건축자산으로 등록된 한옥
  - 한옥마을의 한옥, 고택 등 특별자치시·특별자치도·시·군·구의 조례로 정하는 한옥
- ㉢ 숙박 체험을 제공하는 경우에는 이용자의 불편이 없도록 욕실이나 샤워시설 등 편의시설을 갖출 것
- ㉣ 객실 내부 또는 주변에 소화기를 1개 이상 비치하고, 숙박 체험을 제공하는 경우에는 객실마다 단독경보형 감지기 및 일산화탄소 경보기(난방설비를 개별난방 방식으로 설치한 경우만 해당)를 설치할 것
- ㉤ 취사시설을 설치하는 경우에는 관계 법령에서 정하는 기준에 적합하게 설치·관리할 것
- ㉥ 월 1회 이상 객실·접수대·로비시설·복도·계단·욕실·샤워시설·세면시설 및 화장실 등을 소독할 수 있는 체제를 갖출 것
- ㉦ 객실 및 욕실 등을 수시로 청소하고, 침구류를 정기적으로 세탁할 수 있는 여건을 갖출 것
- ㉧ 환기를 위한 시설을 갖출 것. 다만, 창문이 있어 자연적으로 환기가 가능한 경우에는 그렇지 않다.
- ㉨ 욕실의 원수는 공중위생관리법에 따른 목욕물의 수질기준에 적합할 것
- ㉩ 한옥을 관리할 수 있는 관리자를 영업시간 동안 배치할 것
- ㉪ 숙박 체험을 제공하는 경우에는 접수대 또는 홈페이지 등에 요금표를 게시하고, 게시된 요금을 준수할 것

[핵심예제]

관광진흥법령상 외국인관광 도시민박업에 대해 옳지 않은 것은? [2013년 정기]

① 사업은 도시지역에서 가능하다.
② 지정기준의 요건을 갖추기 위해서는 외국어 안내 서비스가 가능한 체제를 갖추어야 한다.
③ 지정기준의 요건을 갖추기 위해서는 건물의 연면적이 230제곱미터 이상이어야 한다.
④ 관광진흥법상 관광 편의시설업에 해당된다.

정답 ③, ④(해설참조)

해설

③ 외국인관광 도시민박업의 등록기준 : 주택의 연면적이 230제곱미터 미만일 것
④ 외국인관광 도시민박업은 이 문제의 출제 당시에는 '관광 편의시설업'의 종류였으나, 2016년 3월 22일 시행령이 개정되면서 '관광객 이용시설업'으로 재분류되었다. 이에 따라 관광진흥법 시행규칙 별표 2에 있었던 '지정기준'은 삭제되었으며, 관광진흥법 시행령 별표 1에 '등록기준'이 신설되었다.
① 외국인관광 도시민박업 : 국토의 계획 및 이용에 관한 법률에 따른 도시지역의 주민이 자신이 거주하고 있는 주택을 이용하여 외국인 관광객에게 한국의 가정문화를 체험할 수 있도록 적합한 시설을 갖추고 숙식 등을 제공하는 업(관광진흥법 시행령 제2조 제1항)
② 외국인관광 도시민박업의 등록기준 : 외국어 안내 서비스가 가능한 체제를 갖출 것

핵심이론 23 카지노업의 허가

① 카지노업의 허가(관광진흥법 제5조 제1항)

카지노업을 경영하려는 자는 전용영업장 등 문화체육관광부령으로 정하는 시설과 기구를 갖추어 문화체육관광부장관의 허가를 받아야 한다.

② 카지노업의 허가 등(관광진흥법 시행규칙 제6조)

㉠ 카지노업의 허가를 받으려는 자는 카지노업 허가신청서에 다음의 서류를 첨부하여 문화체육관광부장관에게 제출하여야 한다.

- 신청인(법인의 경우에는 대표자 및 임원)이 내국인인 경우에는 성명 및 주민등록번호를 기재한 서류
- 신청인(법인의 경우에는 대표자 및 임원)이 외국인인 경우에는 법 제7조(관광사업의 결격사유) 및 법 제22조(카지노업의 결격사유)의 결격사유에 해당하지 아니함을 증명하는 다음의 어느 하나에 해당하는 서류. 다만, 법 또는 다른 법령에 따라 인·허가 등을 받아 사업자등록을 하고 해당 영업 또는 사업을 영위하고 있는 자(법인의 경우에는 최근 1년 이내에 법인세를 납부한 시점부터 허가 신청 시점까지의 기간 동안 대표자 및 임원의 변경이 없는 경우로 한정)는 해당 영업 또는 사업의 인·허가증 등 인·허가 등을 받았음을 증명하는 서류와 최근 1년 이내에 소득세(법인의 경우에는 법인세)를 납부한 사실을 증명하는 서류를 제출하는 경우에는 그 영위하고 있는 영업 또는 사업의 결격사유 규정과 중복되는 법 제7조(관광사업의 결격사유) 및 법 제22조(카지노업의 결격사유)의 결격사유에 한하여 다음의 서류를 제출하지 아니할 수 있다.
  - 해당 국가의 정부나 그 밖의 권한 있는 기관이 발행한 서류 또는 공증인이 공증한 신청인의 진술서로서 재외공관 공증법에 따라 해당 국가에 주재하는 대한민국공관의 영사관이 확인한 서류
  - 외국공문서에 대한 인증의 요구를 폐지하는 협약을 체결한 국가의 경우에는 해당 국가의 정부나 그 밖의 권한 있는 기관이 발행한 서류 또는 공증인이 공증한 신청인의 진술서로서 해당 국가의 아포스티유(Apostille) 확인서 발급 권한이 있는 기관이 그 확인서를 발급한 서류
- 정관(법인만 해당)
- 사업계획서
- 타인 소유의 부동산을 사용하는 경우에는 그 사용권을 증명하는 서류
- 허가요건에 적합함을 증명하는 서류

㉡ ㉠에 따른 신청서를 제출받은 문화체육관광부장관은 전자정부법에 따른 행정정보의 공동이용을 통하여 다음의 서류를 확인하여야 한다. 다만, 전기사업법 시행규칙에 따른 전기안전점검확인서의 경우 신청인이 확인에 동의하지 아니하는 경우에는 그 서류를 첨부하도록 하여야 한다.

- 법인 등기사항증명서(법인만 해당)
- 건축물대장
- 전기사업법 시행규칙에 따른 전기안전점검확인서

㉢ 사업계획서에는 다음의 사항이 포함되어야 한다.

- 카지노영업소 이용객 유치계획
- 장기수지 전망
- 인력수급 및 관리계획
- 영업시설의 개요(시설 및 영업종류별 카지노기구에 관한 사항이 포함되어야 함)

㉣ 문화체육관광부장관은 ㉡에 따른 확인 결과 전기사업법에 따른 전기안전점검을 받지 아니한 경우에는 관계기관 및 신청인에게 그 내용을 통지하여야 한다.

㉤ 문화체육관광부장관은 카지노업의 허가(변경허가를 포함)를 하는 경우에는 카지노업 허가증을 발급하고 카지노업 허가대장을 작성하여 관리하여야 한다.

㉥ 카지노업 허가증의 재발급에 관하여는 시행규칙 제5조(등록증의 재발급)를 준용한다.

[핵심예제]

23-1. 관광진흥법상 전용영업장 등 문화체육관광부령으로 정하는 시설과 기구를 갖추어 문화체육관광부장관의 허가를 받아야 하는 관광사업에 해당하는 것은? (단, 다른 법령에 따른 위임은 고려하지 않음) [2019년]

① 관광 편의시설업　② 종합유원시설업
③ 카지노업　④ 국제회의시설업

정답 ③

23-2. 관광진흥법령상 카지노업의 허가를 받으려는 자가 문화체육관광부장관에게 제출하여야 하는 사업계획서에 포함되어야 하는 사항이 아닌 것은? [2021년]

① 장기수지 전망
② 인력수급 및 관리계획
③ 카지노영업소 이용객 유치계획
④ 외국인 관광객의 수용 가능 인원

정답 ④

해설

23-1

카지노업을 경영하려는 자는 전용영업장 등 문화체육관광부령으로 정하는 시설과 기구를 갖추어 문화체육관광부장관의 허가를 받아야 한다(관광진흥법 제5조 제1항).

23-2

카지노업 사업계획서에는 카지노영업소 이용객 유치계획, 장기수지 전망, 인력수급 및 관리계획, 영업시설의 개요(시설 및 영업종류별 카지노기구에 관한 사항이 포함되어야 함)가 포함되어야 한다(관광진흥법 시행규칙 제6조 제3항).

핵심이론 24 유원시설업의 허가와 신고

① 유원시설업의 허가(관광진흥법 제5조 제2항)

유원시설업 중 대통령령으로 정하는 유원시설업을 경영하려는 자는 문화체육관광부령으로 정하는 시설과 설비를 갖추어 특별자치시장 · 특별자치도지사 · 시장 · 군수 · 구청장의 허가를 받아야 한다.

② 유원시설업의 신고(관광진흥법 제5조 제4항)

대통령령으로 정하는 유원시설업 외의 유원시설업을 경영하려는 자는 문화체육관광부령으로 정하는 시설과 설비를 갖추어 특별자치시장 · 특별자치도지사 · 시장 · 군수 · 구청장에게 신고하여야 한다.

③ 허가대상 유원시설업(관광진흥법 시행령 제7조)

"대통령령으로 정하는 유원시설업"이란 종합유원시설업 및 일반유원시설업을 말한다.

④ 변경허가(관광진흥법 제5조 제3항)

허가받은 사항 중 문화체육관광부령으로 정하는 중요 사항을 변경하려면 변경허가를 받아야 한다. 다만, 경미한 사항을 변경하려면 변경신고를 하여야 한다.

⑤ 변경신고 수리(관광진흥법 제5조 제5항)

문화체육관광부장관 또는 특별자치시장 · 특별자치도지사 · 시장 · 군수 · 구청장은 신고 또는 변경신고를 받은 경우 그 내용을 검토하여 이 법에 적합하면 신고를 수리하여야 한다.

핵심예제

24-1. 관광진흥법령상 허가를 받아야 하는 업종을 모두 고른 것은? [2017년]

ㄱ. 카지노업	ㄴ. 기타유원시설업
ㄷ. 종합유원시설업	ㄹ. 관광순환버스업
ㅁ. 일반유원시설업	

① ㄱ, ㄴ, ㄹ　② ㄱ, ㄷ, ㅁ
③ ㄴ, ㄹ, ㅁ　④ ㄷ, ㄹ, ㅁ

정답 ②

24-2. 관광진흥법상 관광사업의 허가와 신고에 관한 설명으로 옳지 않은 것은? [예상 문제]

① 종합유원시설업을 경영하려는 자는 특별자치도지사 · 시장 · 군수 · 구청장의 허가를 받아야 한다.
② 카지노업을 경영하려는 자는 문화체육관광부장관의 허가를 얻어야 한다.
③ 기타유원시설업을 경영하려는 자는 문화체육관광부장관의 허가를 받아야 한다.
④ 일반유원시설업을 경영하려는 자는 특별자치시장 · 특별자치도지사 · 시장 · 군수 · 구청장의 허가를 받아야 한다.

정답 ③

해설

24-1

카지노업을 경영하려는 자는 전용영업장 등 문화체육관광부령으로 정하는 시설과 기구를 갖추어 문화체육관광부장관의 허가를 받아야 한다. 유원시설업 중 대통령령으로 정하는 유원시설업(종합유원시설업 및 일반유원시설업)을 경영하려는 자는 문화체육관광부령으로 정하는 시설과 설비를 갖추어 특별자치시장 · 특별자치도지사 · 시장 · 군수 · 구청장의 허가를 받아야 한다(관광진흥법 제5조).

24-2

대통령령으로 정하는 유원시설업(종합유원시설업 및 일반유원시설업) 외의 유원시설업을 경영하려는 자는 특별자치시장 · 특별자치도지사 · 시장 · 군수 · 구청장에게 신고하여야 한다.

※ 2018년 6월 12일 법령이 개정되어 허가권자에 '특별자치시장'이 추가되었다.

제3과목

핵심이론 25 관광 편의시설업의 지정

① 지정(관광진흥법 제6조)

㉠ 관광 편의시설업을 경영하려는 자는 문화체육관광부령으로 정하는 바에 따라 특별시장 · 광역시장 · 특별자치시장 · 도지사 · 특별자치도지사(시 · 도지사) 또는 시장 · 군수 · 구청장의 지정을 받아야 한다.

㉡ 관광 편의시설업으로 지정을 받으려는 자는 관광객이 이용하기 적합한 시설이나 외국어 안내서비스 등 문화체육관광부령으로 정하는 기준을 갖추어야 한다.

② 관광 편의시설업의 지정신청(관광진흥법 시행규칙 제14조)

㉠ 관광 편의시설업의 지정을 받으려는 자는 다음의 구분에 따라 신청을 하여야 한다.

- 관광유흥음식점업, 관광극장유흥업, 외국인전용 유흥음식점업, 관광순환버스업, 관광펜션업, 관광궤도업, 관광면세업 및 관광지원서비스업 : 특별자치시장 · 특별자치도지사 · 시장 · 군수 · 구청장
- 관광식당업, 관광사진업 및 여객자동차터미널시설업 : 지역별 관광협회

㉡ 신청서를 받은 특별자치시장 · 특별자치도지사 · 시장 · 군수 · 구청장은 전자정부법에 따른 행정정보의 공동이용을 통하여 다음의 서류를 확인하여야 한다. 다만, 신청인이 확인에 동의하지 아니하는 경우(사업자등록증 사본만 해당)와 관광협회에 위탁된 업종의 경우에는 신청인으로 하여금 해당 서류를 첨부하도록 하여야 한다.

- 법인 등기사항증명서(법인만 해당)
- 사업자등록증 사본

㉢ 특별자치시장 · 특별자치도지사 · 시장 · 군수 · 구청장 또는 지역별 관광협회는 신청을 받은 경우 그 신청내용이 지정기준에 적합하다고 인정되는 경우에는 관광 편의시설업 지정증을 신청인에게 발급하고, 관광 편의시설업자 지정대장에 다음의 사항을 기재하여야 한다.

- 상호 또는 명칭
- 대표자 및 임원의 성명 · 주소
- 사업장의 소재지

[핵심예제]

관광진흥법령상 관광 편의시설업자 지정대장의 기재사항을 모두 고른 것은? [2014년 정기]

> ㄱ. 상호 또는 명칭
> ㄴ. 사업장의 소재지
> ㄷ. 대표자의 성명 · 주소
> ㄹ. 임원의 성명 · 주소

① ㄱ, ㄴ
② ㄴ, ㄷ
③ ㄴ, ㄷ, ㄹ
④ ㄱ, ㄴ, ㄷ, ㄹ

정답 ④

해설

특별자치시장 · 특별자치도지사 · 시장 · 군수 · 구청장 또는 지역별 관광협회는 신청을 받은 경우 그 신청내용이 지정기준에 적합하다고 인정되는 경우에는 관광 편의시설업 지정증을 신청인에게 발급하고, 관광 편의시설업자 지정대장에 상호 또는 명칭, 대표자 및 임원의 성명 · 주소, 사업장의 소재지를 기재하여야 한다(관광진흥법 시행규칙 제14조 제4항).

핵심이론 26 관광 편의시설업의 지정기준(관광진흥법 시행규칙 별표 2)

① **관광유흥음식점업**

㉠ 건물은 연면적이 특별시의 경우에는 330제곱미터 이상, 그 밖의 지역은 200제곱미터 이상으로 한국적 분위기를 풍기는 아담하고 우아한 건물일 것

㉡ 관광객의 수용에 적합한 다양한 규모의 방을 두고 실내는 고유의 한국적 분위기를 풍길 수 있도록 서화·문갑·병풍 및 나전칠기 등으로 장식할 것

㉢ 영업장 내부의 노랫소리 등이 외부에 들리지 아니하도록 할 것

② **관광극장유흥업**

㉠ 건물 연면적은 1,000제곱미터 이상으로 하고, 홀면적(무대면적을 포함)은 500제곱미터 이상으로 할 것

㉡ 관광객에게 민속과 가무를 감상하게 할 수 있도록 특수조명장치 및 배경을 설치한 50제곱미터 이상의 무대가 있을 것

㉢ 영업장 내부의 노랫소리 등이 외부에 들리지 아니하도록 할 것

③ **외국인전용 유흥음식점업**

㉠ 홀면적(무대면적을 포함)은 100제곱미터 이상으로 할 것

㉡ 홀에는 노래와 춤 공연을 할 수 있도록 20제곱미터 이상의 무대를 설치하고, 특수조명 시설을 갖출 것

㉢ 영업장 내부의 노랫소리 등이 외부에 들리지 아니하도록 할 것

㉣ 외국인을 대상으로 영업할 것

④ **관광식당업**

㉠ 인적요건

- 한국 전통음식을 제공하는 경우에는 국가기술자격법에 따른 해당 조리사 자격증 소지자를 둘 것
- 특정 외국의 전문음식을 제공하는 경우에는 다음의 요건 중 1개 이상의 요건을 갖춘 자를 둘 것
  - 해당 외국에서 전문조리사 자격을 취득한 자
  - 국가기술자격법에 따른 해당 조리사 자격증 소지자로서 해당 분야에서의 조리경력이 2년 이상인 자
  - 해당 외국에서 6개월 이상의 조리교육을 이수한 자

㉡ 최소 한 개 이상의 외국어로 음식의 이름과 관련 정보가 병기된 메뉴판을 갖추고 있을 것

㉢ 출입구가 각각 구분된 남·녀 화장실을 갖출 것

⑤ **관광순환버스업** : 안내방송 등 외국어 안내서비스가 가능한 체제를 갖출 것

⑥ **관광사진업** : 사진촬영기술이 풍부한 자 및 외국어 안내서비스가 가능한 체제를 갖출 것

⑦ **여객자동차터미널업** : 인근 관광지역 등의 안내서 등을 비치하고, 인근 관광자원 및 명소 등을 소개하는 관광안내판을 설치할 것

⑧ **관광펜션업**

㉠ 자연 및 주변환경과 조화를 이루는 4층 이하의 건축물일 것

㉡ 객실이 30실 이하일 것

㉢ 취사 및 숙박에 필요한 설비를 갖출 것

㉣ 바비큐장, 캠프파이어장 등 주인의 환대가 가능한 1종류 이상의 이용시설을 갖추고 있을 것(다만, 관광펜션이 수개의 건물 동으로 이루어진 경우에는 그 시설을 공동으로 설치할 수 있음)

㉤ 숙박시설 및 이용시설에 대하여 외국어 안내 표기를 할 것

⑨ **관광궤도업**

㉠ 자연 또는 주변 경관을 관람할 수 있도록 개방되어 있거나 밖이 보이는 창을 가진 구조일 것

㉡ 안내방송 등 외국어 안내서비스가 가능한 체제를 갖출 것

⑩ **관광면세업**

㉠ 외국어 안내 서비스가 가능한 체제를 갖출 것

㉡ 한 개 이상의 외국어로 상품명 및 가격 등 관련 정보가 명시된 전체 또는 개별 안내판을 갖출 것

㉢ 주변 교통의 원활한 소통에 지장을 초래하지 않을 것

⑪ 관광지원서비스업

㉠ 다음의 어느 하나에 해당 할 것

- 해당 사업의 평균매출액 중 관광객 또는 관광사업자와의 거래로 인한 매출액의 비율이 100분의 50 이상일 것
- 관광지 또는 관광단지로 지정된 지역에서 사업장을 운영할 것
- 한국관광 품질인증을 받았을 것
- 중앙행정기관의 장 또는 지방자치단체의 장이 공모 등의 방법을 통해 우수 관광사업으로 선정한 사업일 것

㉡ 시설 등을 이용하는 관광객의 안전을 확보할 것

[핵심예제]

관광진흥법령상 관광펜션업의 지정기준으로 옳지 않은 것은? [2014년 정기]

① 객실이 30실 이하일 것
② 자연 및 주변환경과 조화를 이루는 3층 이하의 건축물일 것
③ 취사 · 숙박 및 운동에 필요한 설비를 갖출 것
④ 숙박시설 및 이용시설에 대하여 외국어 안내표기를 할 것

정답 ②, ③(해설참조)

해설

② 자연 및 주변환경과 조화를 이루는 4층 이하의 건축물일 것(관광진흥법 시행규칙 별표 2)
③ 취사 및 숙박에 필요한 설비를 갖출 것(관광진흥법 시행규칙 별표 2)
※ 2022년 10월 17일 법령이 개정되어 ②도 정답에 해당한다.

핵심이론 27 결격사유(관광진흥법 제7조)

① 다음의 어느 하나에 해당하는 자는 관광사업의 등록 등을 받거나 신고를 할 수 없고, 사업계획의 승인을 받을 수 없다. 법인의 경우 그 임원 중에 다음의 어느 하나에 해당하는 자가 있는 경우에도 또한 같다.

㉠ 피성년후견인 · 피한정후견인
㉡ 파산선고를 받고 복권되지 아니한 자
㉢ 이 법에 따라 등록 등 또는 사업계획의 승인이 취소되거나 영업소가 폐쇄된 후 2년이 지나지 아니한 자
㉣ 이 법을 위반하여 징역 이상의 실형을 선고받고 그 집행이 끝나거나 집행을 받지 아니하기로 확정된 후 2년이 지나지 아니한 자 또는 형의 집행유예 기간 중에 있는 자

② 관광사업의 등록 등을 받거나 신고를 한 자 또는 사업계획의 승인을 받은 자가 ①의 어느 하나에 해당하면 문화체육관광부장관, 시 · 도지사 또는 시장 · 군수 · 구청장(등록기관 등의 장)은 3개월 이내에 그 등록 등 또는 사업계획의 승인을 취소하거나 영업소를 폐쇄하여야 한다. 다만, 법인의 임원 중 그 사유에 해당하는 자가 있는 경우 3개월 이내에 그 임원을 바꾸어 임명한 때에는 그러하지 아니하다.

[핵심예제]

관광진흥법상 관광사업의 등록 등을 받거나 신고를 한 자가 결격사유에 해당되면 등록기관 등의 장이 그 등록 등 또는 사업계획의 승인을 취소하거나 영업소를 폐쇄하도록 정한 기간은? [2014년 특별]

① 1개월 이내 ② 2개월 이내
③ 3개월 이내 ④ 6개월 이내

정답 ③

해설

관광사업의 등록 등을 받거나 신고를 한 자 또는 사업계획의 승인을 받은 자가 결격사유의 어느 하나에 해당하면 3개월 이내에 그 등록 등 또는 사업계획의 승인을 취소하거나 영업소를 폐쇄하여야 한다(관광진흥법 제7조 제2항).

핵심이론 28 관광사업의 양수 등(관광진흥법 제8조)

① 관광사업을 양수(讓受)한 자 또는 관광사업을 경영하는 법인이 합병한 때에는 합병 후 존속하거나 설립되는 법인은 그 관광사업의 등록 등 또는 신고에 따른 관광사업자의 권리 · 의무(분양이나 회원모집을 한 경우에는 그 관광사업자와 공유자 또는 회원 간에 약정한 사항을 포함)를 승계한다.

② 다음의 어느 하나에 해당하는 절차에 따라 문화체육관광부령으로 정하는 주요한 관광사업 시설의 전부(분양한 경우에는 분양한 부분을 제외한 나머지 시설)를 인수한 자는 그 관광사업자의 지위(분양이나 회원모집을 한 경우에는 그 관광사업자와 공유자 또는 회원 간에 약정한 권리 및 의무 사항을 포함)를 승계한다.

㉠ 민사집행법에 따른 경매

㉡ 채무자 회생 및 파산에 관한 법률에 따른 환가(換價)

㉢ 국세징수법, 관세법 또는 지방세징수법에 따른 압류 재산의 매각

㉣ 그 밖에 ㉠부터 ㉢까지의 규정에 준하는 절차

③ 관광사업자가 취소 · 정지처분 또는 개선명령을 받은 경우 그 처분 또는 명령의 효과는 관광사업자의 지위를 승계한 자에게 승계되며, 그 절차가 진행 중인 때에는 새로운 관광사업자에게 그 절차를 계속 진행할 수 있다. 다만, 그 승계한 관광사업자가 양수나 합병 당시 그 처분 · 명령이나 위반 사실을 알지 못하였음을 증명하면 그러하지 아니하다.

④ 관광사업자의 지위를 승계한 자는 승계한 날부터 1개월 이내에 관할 등록기관 등의 장에게 신고하여야 한다.

⑤ 관할 등록기관 등의 장은 신고를 받은 경우 그 내용을 검토하여 이 법에 적합하면 신고를 수리하여야 한다.

⑥ 사업계획의 승인을 받은 자의 지위승계에 관하여는 ①부터 ⑤까지의 규정을 준용한다.

⑦ 관광사업자의 지위를 승계하는 자에 관하여는 법 제7조(관광사업의 결격사유)를 준용하되, 카지노사업자의 경우에는 법 제7조(관광사업의 결격사유) 및 법 제22조(카지노업의 결격사유)를 준용한다.

⑧ 관광사업자가 그 사업의 전부 또는 일부를 휴업하거나 폐업한 때에는 관할 등록기관 등의 장에게 알려야 한다. 다만, 카지노사업자가 카지노업을 휴업 또는 폐업하고자 하는 때에는 문화체육관광부령으로 정하는 바에 따라 미리 신고하여야 한다.

⑨ 관할 등록기관 등의 장은 관광사업자가 부가가치세법에 따라 관할 세무서장에게 폐업신고를 하거나 관할 세무서장이 사업자등록을 말소한 경우에는 등록 등 또는 신고 사항을 직권으로 말소하거나 취소할 수 있다. 다만, 카지노업에 대해서는 그러하지 아니하다.

⑩ 관할 등록기관 등의 장은 직권말소 또는 직권취소를 위하여 필요한 경우 관할 세무서장에게 관광사업자의 폐업 여부에 대한 정보를 제공하도록 요청할 수 있다. 이 경우 요청을 받은 관할 세무서장은 전자정부법에 따라 관광사업자의 폐업 여부에 대한 정보를 제공하여야 한다.

[핵심예제]

관광진흥법상 문화체육관광부령으로 정하는 주요한 관광사업 시설의 전부를 인수한 자가 그 관광사업자의 지위를 승계하는 경우로 명시되지 않은 것은? [2019년]

① 민사집행법에 따른 경매

② 채무자 회생 및 파산에 관한 법률에 따른 환가(換價)

③ 지방세징수법에 따른 압류 재산의 매각

④ 민법에 따른 한정승인

정답 ④

해설

민사집행법에 따른 경매, 채무자 회생 및 파산에 관한 법률에 따른 환가(換價), 국세징수법, 관세법 또는 지방세징수법에 따른 압류 재산의 매각, 그 밖에 규정에 준하는 절차에 따라 문화체육관광부령으로 정하는 주요한 관광사업 시설의 전부(분양한 경우에는 분양한 부분을 제외한 나머지 시설)를 인수한 자는 그 관광사업자의 지위(분양이나 회원모집을 한 경우에는 그 관광사업자와 공유자 또는 회원 간에 약정한 권리 및 의무 사항을 포함)를 승계한다(관광진흥법 제8조 제2항).

핵심이론 29 보험 가입

① **보험 가입 등(관광진흥법 제9조)**

관광사업자는 해당 사업과 관련하여 사고가 발생하거나 관광객에게 손해가 발생하면 문화체육관광부령으로 정하는 바에 따라 피해자에게 보험금을 지급할 것을 내용으로 하는 보험 또는 공제에 가입하거나 영업보증금을 예치(보험 가입 등)하여야 한다.

② **보험의 가입 등(관광진흥법 시행규칙 제18조)**

㉠ 여행업의 등록을 한 자(여행업자)는 그 사업을 시작하기 전에 여행계약의 이행과 관련한 사고로 인하여 관광객에게 피해를 준 경우 그 손해를 배상할 것을 내용으로 하는 보증보험 또는 공제(보증보험 등)에 가입하거나 업종별 관광협회(업종별 관광협회가 구성되지 않은 경우에는 지역별 관광협회, 지역별 관광협회가 구성되지 않은 경우에는 광역 단위의 지역관광협의회)에 영업보증금을 예치하고 그 사업을 하는 동안(휴업기간을 포함) 계속하여 이를 유지해야 한다.

㉡ 여행업자 중에서 기획여행을 실시하려는 자는 그 기획여행 사업을 시작하기 전에 보증보험 등에 가입하거나 영업보증금을 예치하고 유지하는 것 외에 추가로 기획여행과 관련한 사고로 인하여 관광객에게 피해를 준 경우 그 손해를 배상할 것을 내용으로 하는 보증보험 등에 가입하거나 업종별 관광협회(업종별 관광협회가 구성되지 아니한 경우에는 지역별 관광협회, 지역별 관광협회가 구성되지 아니한 경우에는 광역 단위의 지역관광협의회)에 영업보증금을 예치하고 그 기획여행 사업을 하는 동안(기획여행 휴업기간을 포함) 계속하여 이를 유지하여야 한다.

㉢ 여행업자가 가입하거나 예치하고 유지하여야 할 보증보험 등의 가입금액 또는 영업보증금의 예치금액은 직전 사업연도의 매출액(손익계산서에 표시된 매출액) 규모에 따라 별표 3과 같이 한다.

㉣ 보증보험 등에 가입하거나 영업보증금을 예치한 자는 그 사실을 증명하는 서류를 지체 없이 특별자치시장 · 특별자치도지사 · 시장 · 군수 · 구청장에게 제출하여야 한다.

㉤ 보증보험 등의 가입, 영업보증금의 예치 및 그 배상금의 지급에 관한 절차 등은 문화체육관광부장관이 정하여 고시한다.

③ **보증보험 등 가입금액(영업보증금 예치금액) 기준(관광진흥법 시행규칙 별표 3)**

(단위 : 천원)

<table>
<tr><th>여행업의 종류(기획여행 포함) / 직전 사업연도 매출액</th><th>국내 여행업</th><th>국내외 여행업</th><th>종합 여행업</th><th>국내외 여행업의 기획여행</th><th>종합 여행업의 기획여행</th></tr>
<tr><td>1억원 미만</td><td>20,000</td><td>30,000</td><td>50,000</td><td rowspan="4">200,000</td><td rowspan="4">200,000</td></tr>
<tr><td>1억원 이상 5억원 미만</td><td>30,000</td><td>40,000</td><td>65,000</td></tr>
<tr><td>5억원 이상 10억원 미만</td><td>45,000</td><td>55,000</td><td>85,000</td></tr>
<tr><td>10억원 이상 50억원 미만</td><td>85,000</td><td>100,000</td><td>150,000</td></tr>
<tr><td>50억원 이상 100억원 미만</td><td>140,000</td><td>180,000</td><td>250,000</td><td>300,000</td><td>300,000</td></tr>
<tr><td>100억원 이상 1,000억원 미만</td><td>450,000</td><td>750,000</td><td>1,000,000</td><td>500,000</td><td>500,000</td></tr>
<tr><td>1,000억원 이상</td><td>750,000</td><td>1,250,000</td><td>1,510,000</td><td>700,000</td><td>700,000</td></tr>
</table>

[핵심예제]

관광진흥법령상 직전 사업연도 매출액이 50억원 이상 100억원 미만인 국외여행업자 중 기획여행을 실시하려는 자가 추가로 가입하거나 예치하고 유지하여야 할 보증보험 등의 가입금액 또는 영업보증금의 예치금액은? [2014년 정기]

① 180,000천원
② 200,000천원
③ 250,000천원
④ 300,000천원

정답 ④(해설참조)

해설

직전 사업연도 매출액이 50억원 이상 100억원 미만인 국내외여행업자의 보증보험 등의 가입금액 또는 영업보증금의 예치금액은 300,000천원이다(관광진흥법 시행규칙 별표 3).

※ 2021년 9월 24일 법령이 개정되어 국외여행업에서 국내외여행업으로 변경되었다.

핵심이론 30 관광표지

① 관광표지의 부착 등(관광진흥법 제10조)

㉠ 관광사업자는 사업장에 문화체육관광부령으로 정하는 관광표지를 붙일 수 있다.

㉡ 관광사업자는 사실과 다르게 관광표지를 붙이거나 관광표지에 기재되는 내용을 사실과 다르게 표시 또는 광고하는 행위를 하여서는 아니 된다.

㉢ 관광사업자가 아닌 자는 관광표지를 사업장에 붙이지 못하며, 관광사업자로 잘못 알아볼 우려가 있는 경우에는 관광사업의 명칭 중 전부 또는 일부가 포함되는 상호를 사용할 수 없다.

㉣ 관광사업자가 아닌 자가 사용할 수 없는 상호에 포함되는 관광사업의 명칭 중 전부 또는 일부의 구체적인 범위에 관하여는 대통령령으로 정한다.

② 관광사업장의 표지(관광진흥법 시행규칙 제19조)

"문화체육관광부령으로 정하는 관광표지"란 다음의 표지를 말한다.

㉠ 관광사업장 표지

㉡ 관광사업 등록증 또는 관광편의시설업 지정증

㉢ 등급에 따라 별 모양의 개수를 달리하는 방식으로 문화체육관광부장관이 정하여 고시하는 호텔 등급 표지(호텔업의 경우에만 해당)

㉣ 관광식당 표지(관광식당업만 해당)

③ 상호의 사용제한(관광진흥법 시행령 제8조)

관광사업자가 아닌 자는 다음의 업종 구분에 따른 명칭을 포함하는 상호를 사용할 수 없다.

㉠ 관광숙박업과 유사한 영업의 경우 관광호텔과 휴양콘도미니엄

㉡ 관광유람선업과 유사한 영업의 경우 관광유람

㉢ 관광공연장업과 유사한 영업의 경우 관광공연

㉣ 관광유흥음식점업, 외국인전용 유흥음식점업 또는 관광식당업과 유사한 영업의 경우 관광식당

㉤ 관광극장유흥업과 유사한 영업의 경우 관광극장

㉥ 관광펜션업과 유사한 영업의 경우 관광펜션

㉦ 관광면세업과 유사한 영업의 경우 관광면세

핵심예제

30-1. 관광진흥법령상 관광사업자가 붙일 수 있는 관광사업장의 표지로서 옳지 않은 것은? [2017년]

① 관광사업 허가증 또는 관광객 이용시설업 지정증
② 관광사업장 표지
③ 등급에 따라 별 모양의 개수를 달리하는 방식으로 문화체육관광부장관이 고시하는 호텔 등급 표지(호텔업의 경우에만 해당)
④ 관광식당 표지(관광식당업만 해당)

정답 ①

30-2. 관광진흥법령상 관광사업자가 아닌 자가 상호에 포함하여 사용할 수 없는 명칭을 모두 고른 것은? [2016년 정기]

> ㄱ. 관광숙박업과 유사한 영업의 경우 관광호텔과 휴양 콘도미니엄
> ㄴ. 관광공연장업과 유사한 영업의 경우 관광공연
> ㄷ. 관광펜션업과 유사한 영업의 경우 관광펜션
> ㄹ. 관광면세업과 유사한 영업의 경우 관광면세

① ㄱ, ㄷ
② ㄴ, ㄹ
③ ㄱ, ㄴ, ㄹ
④ ㄱ, ㄴ, ㄷ, ㄹ

정답 ④

해설

30-1

관광진흥법령상 관광사업자가 붙일 수 있는 관광사업장의 표지에는 관광사업장 표지, 관광사업 등록증 또는 관광편의시설업 지정증, 등급에 따라 별 모양의 개수를 달리하는 방식으로 문화체육관광부장관이 정하여 고시하는 호텔 등급 표지(호텔업의 경우에만 해당), 관광식당 표지(관광식당업만 해당)가 있다(관광진흥법 시행규칙 제19조).

30-2

관광진흥법령상 관광사업자가 아닌 자가 상호에 포함하여 사용할 수 없는 명칭은 관광숙박업과 유사한 영업의 경우 관광호텔과 휴양 콘도미니엄, 관광유람선업과 유사한 영업의 경우 관광유람, 관광공연장업과 유사한 영업의 경우 관광공연, 관광유흥음식점업, 외국인전용 유흥음식점업 또는 관광식당업과 유사한 영업의 경우 관광식당, 관광극장유흥업과 유사한 영업의 경우 관광극장, 관광펜션업과 유사한 영업의 경우 관광펜션, 관광면세업과 유사한 영업의 경우 관광면세이다(관광진흥법 시행령 제8조).

핵심이론 31 타인 경영 및 처분과 위탁 경영

① 관광시설의 타인 경영 및 처분과 위탁 경영(관광진흥법 제11조)

㉠ 관광사업자는 관광사업의 시설 중 다음의 시설 및 기구 외의 부대시설을 타인에게 경영하도록 하거나, 그 용도로 계속하여 사용하는 것을 조건으로 타인에게 처분할 수 있다.

- 관광숙박업의 등록에 필요한 객실
- 관광객 이용시설업의 등록에 필요한 시설 중 문화체육관광부령으로 정하는 시설
- 카지노업의 허가를 받는 데 필요한 시설과 기구
- 안전성검사를 받아야 하는 유기시설 및 유기기구

㉡ 관광사업자는 관광사업의 효율적 경영을 위하여 관광숙박업의 객실을 타인에게 위탁하여 경영하게 할 수 있다. 이 경우 해당 시설의 경영은 관광사업자의 명의로 하여야 하고, 이용자 또는 제3자와의 거래행위에 따른 대외적 책임은 관광사업자가 부담하여야 한다.

② 타인 경영 금지 관광시설(관광진흥법 시행규칙 제20조)

"문화체육관광부령으로 정하는 시설"이란 전문휴양업의 개별기준에 포함된 시설(수영장 및 등록 체육시설업 시설의 경우에는 체육시설의 설치 · 이용에 관한 법률의 체육시설업 시설기준 중 필수시설만 해당)을 말한다.

핵심예제

31-1. 관광진흥법령상 관광사업자가 관광사업의 시설 중 타인에게 위탁하여 경영하게 할 수 있는 시설은? [2017년]

① 카지노업의 허가를 받는 데 필요한 시설
② 안전성검사를 받아야 하는 유기시설
③ 관광객 이용시설업의 등록에 필요한 시설 중 문화체육관광부령으로 정하는 시설
④ 관광사업의 효율적 경영을 위한 경우, 관광숙박업의 등록에 필요한 객실

정답 ④

31-2. 관광진흥법상 관광시설의 타인 경영 및 처분과 위탁 경영에 관한 설명으로 옳지 않은 것은? [2016년 정기]

① 관광진흥법에 따른 안전성검사를 받아야 하는 유기시설 및 유기기구는 타인에게 경영하도록 할 수 없다.
② 카지노업의 허가를 받는 데 필요한 시설과 기구는 그 용도로 계속하여 사용하는 것을 조건으로 타인에게 처분할 수 없다.
③ 관광사업자가 관광숙박업의 객실을 타인에게 위탁하여 경영하게 하는 경우, 해당 시설의 경영은 관광사업자의 명의로 하여야 한다.
④ 관광사업자가 관광숙박업의 객실을 타인에게 위탁하여 경영하게 하는 경우, 이용자 또는 제3자와의 거래행위에 따른 대외적 책임은 위탁받은 자가 부담하여야 한다.

정답 ④

해설

31-1

관광사업자가 관광사업의 시설 중 타인에게 경영하도록 하거나, 그 용도로 계속하여 사용하는 것을 조건으로 타인에게 처분할 수 없는 시설 및 기구에는 관광숙박업의 등록에 필요한 객실, 관광객 이용시설업의 등록에 필요한 시설 중 문화체육관광부령으로 정하는 시설, 카지노업의 허가를 받는 데 필요한 시설과 기구, 안전성검사를 받아야 하는 유기시설 및 유기기구가 있다(관광진흥법 제11조).

31-2

관광사업자가 관광사업의 효율적 경영을 위하여 관광숙박업의 객실을 타인에게 위탁하여 경영하게 하는 경우 이용자 또는 제3자와의 거래행위에 따른 대외적 책임은 관광사업자가 부담하여야 한다(관광진흥법 제11조 제2항).

핵심이론 32 기획여행

① **기획여행의 실시(관광진흥법 제12조)**

여행업의 등록을 한 자(여행업자)는 문화체육관광부령으로 정하는 요건을 갖추어 문화체육관광부령으로 정하는 바에 따라 기획여행을 실시할 수 있다.

② **기획여행의 광고(관광진흥법 시행규칙 제21조)**

기획여행을 실시하는 자가 광고를 하려는 경우에는 다음의 사항을 표시하여야 한다. 다만, 2 이상의 기획여행을 동시에 광고하는 경우에는 다음의 사항 중 내용이 동일한 것은 공통으로 표시할 수 있다.

㉠ 여행업의 등록번호, 상호, 소재지 및 등록관청
㉡ 기획여행명 · 여행일정 및 주요 여행지
㉢ 여행경비
㉣ 교통 · 숙박 및 식사 등 여행자가 제공받을 서비스의 내용
㉤ 최저 여행인원
㉥ 보증보험 등의 가입 또는 영업보증금의 예치 내용
㉦ 여행일정 변경 시 여행자의 사전 동의 규정
㉧ 여행목적지(국가 및 지역)의 여행경보단계

[핵심예제]

관광진흥법령상 기획여행을 실시하는 자가 광고를 하려는 경우 표시하여야 하는 사항에 해당되지 않는 것은?

[2014년 정기]

① 여행사의 자본금
② 최저 여행인원
③ 여행경비
④ 여행일정 변경 시 여행자의 사전 동의 규정

정답 ①

해설

기획여행을 실시하는 자가 광고를 하려는 경우에는 여행업의 등록번호, 여행경비, 여행자가 제공받을 서비스의 내용, 최저 여행인원, 보증보험 등의 가입 또는 영업보증금의 예치 내용, 여행일정 변경 시 여행자의 사전 동의 규정 등을 표시하여야 한다(관광진흥법 시행규칙 제21조).

핵심이론 33 의료관광

① **의료관광 활성화(관광진흥법 제12조의2)**

㉠ 문화체육관광부장관은 외국인 의료관광(의료관광이란 국내 의료기관의 진료, 치료, 수술 등 의료서비스를 받는 환자와 그 동반자가 의료서비스와 병행하여 관광하는 것)의 활성화를 위하여 대통령령으로 정하는 기준을 충족하는 외국인 의료관광 유치 · 지원 관련 기관에 관광진흥개발기금법에 따른 관광진흥개발기금을 대여하거나 보조할 수 있다.

㉡ ㉠에 규정된 사항 외에 외국인 의료관광 지원에 필요한 사항에 대하여 대통령령으로 정할 수 있다.

② **외국인 의료관광 유치 · 지원 관련 기관(관광진흥법 시행령 제8조의2)**

㉠ "대통령령으로 정하는 기준을 충족하는 외국인 의료관광 유치 · 지원 관련 기관"이란 다음의 어느 하나에 해당하는 것을 말한다.

- 의료 해외진출 및 외국인환자 유치 지원에 관한 법률에 따라 등록한 외국인환자 유치 의료기관 또는 외국인환자 유치업자
- 한국관광공사법에 따른 한국관광공사
- 그 밖에 의료관광의 활성화를 위한 사업의 추진실적이 있는 보건 · 의료 · 관광 관련 기관 중 문화체육관광부장관이 고시하는 기관

㉡ 외국인 의료관광 유치 · 지원 관련 기관에 대한 관광진흥개발기금의 대여나 보조의 기준 및 절차는 관광진흥개발기금법에서 정하는 바에 따른다.

③ **외국인 의료관광 지원(관광진흥법 시행령 제8조의3)**

㉠ 문화체육관광부장관은 외국인 의료관광을 지원하기 위하여 외국인 의료관광 전문인력을 양성하는 전문교육기관 중에서 우수 전문교육기관이나 우수 교육과정을 선정하여 지원할 수 있다.

㉡ 문화체육관광부장관은 외국인 의료관광 안내에 대한 편의를 제공하기 위하여 국내외에 외국인 의료관광 유치 안내센터를 설치 · 운영할 수 있다.

ⓒ 문화체육관광부장관은 의료관광의 활성화를 위하여 지방자치단체의 장이나 외국인환자 유치 의료기관 또는 유치업자와 공동으로 해외마케팅사업을 추진할 수 있다.

[핵심예제]

33-1. 관광진흥법상 외국인 의료관광 지원사항으로 옳지 않은 것은? [2014년 특별]

① 문화체육관광부장관은 외국인 의료관광 전문인력을 양성하는 전문교육기관 중에서 우수 전문교육기관이나 우수 교육과정을 선정하여 지원할 수 있다.
② 문화체육관광부장관은 외국인 의료관광 안내에 대한 편의를 제공하기 위하여 국내외에 외국인 의료관광 유치 안내센터를 설치 · 운영할 수 있다.
③ 문화체육관광부장관은 의료관광의 활성화를 위하여 지방자치단체의 장이나 외국인환자 유치 의료기관 또는 유치업자와 공동으로 해외마케팅사업을 추진할 수 있다.
④ 문화체육관광부장관은 외국인 의료관광 시설의 규모에 따라서 예산을 차등 지원할 수 있다.

정답 ④

33-2. 관광진흥법령상 의료관광에 관한 설명으로 옳은 것은? [2013년 특별]

① 문화체육관광부장관은 외국인 의료관광의 활성화를 위하여 대통령령으로 정하는 기준을 충족하는 외국인 의료관광 유치 · 지원 관련 기관에 관광진흥개발기금법에 따른 관광진흥개발기금을 대여하거나 보조할 수 있다.
② 외국인 의료관광이란 국내외 의료기관의 진료, 치료, 수술 등 의료서비스를 받는 환자와 그 동반자가 의료서비스와 병행하여 관광하는 것을 말한다.
③ 한국관광공사 사장은 외국인 의료관광 안내에 대한 편의를 제공하기 위하여 국내외에 외국인 의료관광 유치 안내센터를 설치 · 운영할 수 있다.
④ 문화체육관광부장관은 의료관광의 활성화를 위하여 한국관광공사와 공동으로 해외마케팅사업을 추진할 수 있다.

정답 ①

해설

33-1

① 관광진흥법 시행령 제8조의3 제1항
② 관광진흥법 시행령 제8조의3 제2항
③ 관광진흥법 시행령 제8조의3 제3항

33-2

① 관광진흥법 제12조의2 제1항
② 외국인 의료관광이란 국내 의료기관의 진료, 치료, 수술 등 의료서비스를 받는 환자와 그 동반자가 의료서비스와 병행하여 관광하는 것을 말한다(관광진흥법 제12조의2 제1항).
③ 문화체육관광부장관은 외국인 의료관광 안내에 대한 편의를 제공하기 위하여 국내외에 외국인 의료관광 유치 안내센터를 설치 · 운영할 수 있다(관광진흥법 시행령 제8조의3 제2항).
④ 문화체육관광부장관은 의료관광의 활성화를 위하여 지방자치단체의 장이나 외국인환자 유치 의료기관 또는 유치업자와 공동으로 해외마케팅사업을 추진할 수 있다(관광진흥법 시행령 제8조의3 제3항).

핵심이론 34 국외여행 인솔자

① 국외여행 인솔자(관광진흥법 제13조)

㉠ 여행업자가 내국인의 국외여행을 실시할 경우 여행자의 안전 및 편의 제공을 위하여 그 여행을 인솔하는 자를 둘 때에는 문화체육관광부령으로 정하는 자격요건에 맞는 자를 두어야 한다.

㉡ 국외여행 인솔자의 자격요건을 갖춘 자가 내국인의 국외여행을 인솔하려면 문화체육관광부장관에게 등록하여야 한다.

㉢ 문화체육관광부장관은 ㉡에 따라 등록한 자에게 국외여행 인솔자 자격증을 발급하여야 한다.

㉣ 발급받은 자격증은 다른 사람에게 빌려주거나 빌려서는 아니 되며, 이를 알선해서도 아니 된다.

㉤ 등록의 절차 및 방법, 자격증의 발급 등에 필요한 사항은 문화체육관광부령으로 정한다.

② 자격취소(관광진흥법 제13조의2)

문화체육관광부장관은 다른 사람에게 국외여행 인솔자 자격증을 빌려준 사람에 대하여 그 자격을 취소하여야 한다.

③ 국외여행 인솔자의 자격요건(관광진흥법 시행규칙 제22조)

㉠ 국외여행을 인솔하는 자는 다음의 어느 하나에 해당하는 자격요건을 갖추어야 한다.

- 관광통역안내사 자격을 취득할 것
- 여행업체에서 6개월 이상 근무하고 국외여행 경험이 있는 자로서 문화체육관광부장관이 정하는 소양교육을 이수할 것
- 문화체육관광부장관이 지정하는 교육기관에서 국외여행 인솔에 필요한 양성교육을 이수할 것

㉡ 문화체육관광부장관은 교육내용 · 교육기관의 지정기준 및 절차, 그 밖에 지정에 필요한 사항을 정하여 고시하여야 한다.

④ 국외여행 인솔자의 등록 및 자격증 발급(관광진흥법 시행규칙 제22조의2)

㉠ 국외여행 인솔자로 등록하려는 사람은 국외여행 인솔자 등록 신청서에 다음의 어느 하나에 해당하는 서류 및 사진(최근 6개월 이내에 모자를 쓰지 않고 촬영한 상반신 반명함판) 2매를 첨부하여 관련 업종별 관광협회에 제출하여야 한다.

- 관광통역안내사 자격증
- 자격요건을 갖추었음을 증명하는 서류

㉡ 관련 업종별 관광협회는 등록 신청을 받으면 자격요건에 적합하다고 인정되는 경우에는 국외여행 인솔자 자격증을 발급하여야 한다.

⑤ 국외여행 인솔자 자격증의 재발급(관광진흥법 시행규칙 제22조의3)

발급받은 국외여행 인솔자 자격증을 잃어버리거나 헐어 못 쓰게 되어 자격증을 재발급받으려는 사람은 국외여행 인솔자 자격증 재발급 신청서에 자격증(자격증이 헐어 못 쓰게 된 경우만 해당) 및 사진(최근 6개월 이내에 모자를 쓰지 않고 촬영한 상반신 반명함판) 2매를 첨부하여 관련 업종별 관광협회에 제출하여야 한다.

[핵심예제]

관광진흥법령상 국외여행 인솔자의 자격요건에 부합하는 자를 모두 고른 것은? [2014년 정기]

ㄱ. 관광통역안내사 자격을 취득한 자
ㄴ. 여행업체에서 6개월 이상 근무하고 국외여행 경험이 있는 자로서 문화체육관광부장관이 정하는 소양교육을 이수한 자
ㄷ. 문화체육관광부장관이 지정하는 교육기관에서 국외여행 인솔에 필요한 양성교육을 이수한 자

① ㄱ ② ㄱ, ㄴ
③ ㄴ, ㄷ ④ ㄱ, ㄴ, ㄷ

정답 ④

해설

국외여행을 인솔하는 자는 관광통역안내사 자격을 취득할 것, 여행업체에서 6개월 이상 근무하고 국외여행 경험이 있는 자로서 문화체육관광부장관이 정하는 소양교육을 이수할 것, 문화체육관광부장관이 지정하는 교육기관에서 국외여행 인솔에 필요한 양성교육을 이수할 것의 어느 하나에 해당하는 자격요건을 갖추어야 한다(관광진흥법 시행규칙 제22조 제1항).

핵심이론 35 여행계약 및 여행지 안전정보

① 여행계약 등(관광진흥법 제14조)

㉠ 여행업자는 여행자와 계약을 체결할 때에는 여행자를 보호하기 위하여 문화체육관광부령으로 정하는 바에 따라 해당 여행지에 대한 안전정보를 서면으로 제공하여야 한다. 해당 여행지에 대한 안전정보가 변경된 경우에도 또한 같다.

㉡ 여행업자는 여행자와 여행계약을 체결하였을 때에는 그 서비스에 관한 내용을 적은 여행계약서(여행일정표 및 약관을 포함) 및 보험 가입 등을 증명할 수 있는 서류를 여행자에게 내주어야 한다.

㉢ 여행업자는 여행일정(선택관광 일정을 포함)을 변경하려면 문화체육관광부령으로 정하는 바에 따라 여행자의 사전 동의를 받아야 한다.

② 여행지 안전정보 등(관광진흥법 시행규칙 제22조의4)

㉠ 여행지에 대한 안전정보는 다음과 같다.

- 여권법에 따라 여권의 사용을 제한하거나 방문 · 체류를 금지하는 국가 목록 및 벌칙
- 외교부 해외안전여행 인터넷홈페이지에 게재된 여행목적지(국가 및 지역)의 여행경보단계 및 국가별 안전정보(긴급연락처를 포함)
- 해외여행자 인터넷 등록 제도에 관한 안내

㉡ 여행업자는 여행계약서(여행일정표 및 약관을 포함)에 명시된 숙식, 항공 등 여행일정(선택관광 일정을 포함)을 변경하는 경우 해당 날짜의 일정을 시작하기 전에 여행자로부터 서면으로 동의를 받아야 한다.

㉢ 서면동의서에는 변경일시, 변경내용, 변경으로 발생하는 비용 및 여행자 또는 단체의 대표자가 일정변경에 동의한다는 의사를 표시하는 자필서명이 포함되어야 한다.

㉣ 여행업자는 천재지변, 사고, 납치 등 긴급한 사유가 발생하여 여행자로부터 사전에 일정변경 동의를 받기 어렵다고 인정되는 경우에는 사전에 일정변경 동의서를 받지 아니할 수 있다. 다만, 여행업자는 사후에 서면으로 그 변경내용 등을 설명하여야 한다.

핵심예제

관광진흥법령상 여행계약 등에 관한 설명으로 옳지 않은 것은?

[2016년 정기]

① 여행업자는 여행자와 계약을 체결할 때에는 여행자를 보호하기 위하여 해당 여행지에 대한 안전정보를 서면으로 제공하여야 한다.

② 여행업자는 해당 여행지에 대한 안전정보가 변경된 경우에는 여행자에게 이를 서면으로 제공하지 않아도 된다.

③ 여행업자는 여행자와 여행계약을 체결하였을 때에는 그 서비스에 관한 내용을 적은 여행계약서 및 보험 가입 등을 증명할 수 있는 서류를 여행자에게 내주어야 한다.

④ 여행업자는 천재지변, 사고, 납치 등 긴급한 사유가 발생하여 여행자로부터 사전에 일정 변경동의를 받기 어렵다고 인정되는 경우에는 사전에 일정변경 동의서를 받지 아니할 수 있다.

정답 ②

해설

여행업자는 여행자와 계약을 체결할 때에는 여행자를 보호하기 위하여 문화체육관광부령으로 정하는 바에 따라 해당 여행지에 대한 안전정보를 서면으로 제공하여야 한다. 해당 여행지에 대한 안전정보가 변경된 경우에도 또한 같다(관광진흥법 제14조 제1항).

① 관광진흥법 제14조 제1항

③ 관광진흥법 제14조 제2항

④ 관광진흥법 시행규칙 제22조의4 제4항

핵심이론 36 사업계획의 승인 및 변경승인

① 사업계획의 승인(관광진흥법 제15조)

㉠ 관광숙박업을 경영하려는 자는 등록을 하기 전에 그 사업에 대한 사업계획을 작성하여 특별자치시장·특별자치도지사·시장·군수·구청장의 승인을 받아야 한다. 승인을 받은 사업계획 중 부지, 대지 면적, 건축 연면적의 일정 규모 이상의 변경 등 대통령령으로 정하는 사항을 변경하려는 경우에도 또한 같다.

㉡ 대통령령으로 정하는 관광객 이용시설업이나 국제회의업을 경영하려는 자는 등록을 하기 전에 그 사업에 대한 사업계획을 작성하여 특별자치시장·특별자치도지사·시장·군수·구청장의 승인을 받을 수 있다. 승인을 받은 사업계획 중 부지, 대지 면적, 건축 연면적의 일정 규모 이상의 변경 등 대통령령으로 정하는 사항을 변경하려는 경우에도 또한 같다.

㉢ 사업계획의 승인 또는 변경승인의 기준·절차 등에 필요한 사항은 대통령령으로 정한다.

② 사업계획 변경승인(관광진흥법 시행령 제9조)

㉠ 관광숙박업의 사업계획 변경에 관한 승인을 받아야 하는 경우는 다음과 같다.
- 부지 및 대지 면적을 변경할 때에 그 변경하려는 면적이 당초 승인받은 계획면적의 100분의 10 이상이 되는 경우
- 건축 연면적을 변경할 때에 그 변경하려는 연면적이 당초 승인받은 계획면적의 100분의 10 이상이 되는 경우
- 객실 수 또는 객실면적을 변경하려는 경우(휴양 콘도미니엄업만 해당)
- 변경하려는 업종의 등록기준에 맞는 경우로서, 호텔업과 휴양 콘도미니엄업 간의 업종변경 또는 호텔업 종류 간의 업종 변경

㉡ 관광객 이용시설업이나 국제회의업의 사업계획의 변경승인을 받을 수 있는 경우는 다음과 같다.
- 전문휴양업이나 종합휴양업의 경우 부지, 대지 면적 또는 건축 연면적을 변경할 때에 그 변경하려는 면적이 당초 승인받은 계획면적의 100분의 10 이상이 되는 경우
- 국제회의업의 경우 국제회의시설 중 다음의 어느 하나에 해당하는 변경을 하려는 경우
  - 국제회의산업 육성에 관한 법률 시행령에 따른 전문회의시설의 회의실 수 또는 옥내전시면적을 변경할 때에 그 변경하려는 회의실 수 또는 옥내전시면적이 당초 승인받은 계획의 100분의 10 이상이 되는 경우
  - 국제회의산업 육성에 관한 법률 시행령에 따른 전시시설의 회의실 수 또는 옥내전시면적을 변경할 때에 그 변경하려는 회의실 수 또는 옥내전시면적이 당초 승인받은 계획의 100분의 10 이상이 되는 경우

③ 사업계획승인 대상 관광객 이용시설업, 국제회의업(관광진흥법 시행령 제12조)

"대통령령으로 정하는 관광객 이용시설업이나 국제회의업"이란 다음의 관광사업을 말한다.

㉠ 전문휴양업
㉡ 종합휴양업
㉢ 관광유람선업
㉣ 국제회의시설업

[핵심예제]

36-1. 관광진흥법령상 관광숙박업의 사업계획 변경에 관한 승인을 받아야 하는 경우로 옳지 않은 것은? [2015년 정기]

① 휴양 콘도미니엄업의 객실 수 또는 객실면적을 변경하려는 경우
② 부지 및 대지 면적을 변경할 때에 그 변경하려는 면적이 당초 승인받은 계획면적의 100분의 10 이상이 되는 경우
③ 건축 연면적을 변경할 때에 그 변경하려는 연면적이 당초 승인받은 계획면적의 100분의 5 이상이 되는 경우
④ 변경하려는 업종의 등록기준에 맞는 경우로서, 호텔업과 휴양 콘도미니엄업 간의 업종변경

정답 ③

36-2. 관광진흥법상 등록을 하기 전에 사업계획을 작성하여 승인을 받을 수 있는 관광사업이 아닌 것은? [2014년 특별]

① 전문휴양업
② 종합휴양업
③ 여객자동차터미널시설업
④ 국제회의시설업

정답 ③

해설

36-1
건축 연면적을 변경할 때에 그 변경하려는 연면적이 당초 승인받은 계획면적의 100분의 10 이상이 되는 경우(관광진흥법 시행령 제9조 제1항 제2호)

36-2
등록을 하기 전에 그 사업에 대한 사업계획을 작성하여 특별자치시장 · 특별자치도지사 · 시장 · 군수 · 구청장의 승인을 받을 수 있는 관광사업은 전문휴양업, 종합휴양업, 관광유람선업, 국제회의시설업이다(관광진흥법 시행령 제12조).

핵심이론 37 사업계획 승인 시의 인 · 허가 의제

① 사업계획 승인 시의 인 · 허가 의제(관광진흥법 제16조)

㉠ 사업계획의 승인을 받은 때에는 다음의 허가 또는 해제를 받거나 신고를 한 것으로 본다.
- 농지법에 따른 농지전용의 허가
- 산지관리법에 따른 산지전용허가 및 산지전용신고, 산지일시사용허가 · 신고, 산림자원의 조성 및 관리에 관한 법률에 따른 입목벌채 등의 허가 · 신고
- 사방사업법에 따른 사방지(砂防地) 지정의 해제
- 초지법에 따른 초지전용(草地轉用)의 허가
- 하천법에 따른 하천공사 등의 허가 및 실시계획의 인가, 점용허가(占用許可) 및 실시계획의 인가
- 공유수면 관리 및 매립에 관한 법률에 따른 공유수면의 점용 · 사용허가 및 점용 · 사용 실시계획의 승인 또는 신고
- 사도법에 따른 사도개설(私道開設)의 허가
- 국토의 계획 및 이용에 관한 법률에 따른 개발행위의 허가
- 장사 등에 관한 법률에 따른 분묘의 개장신고(改葬申告) 및 분묘의 개장허가(改葬許可)

㉡ 특별자치시장 · 특별자치도지사 · 시장 · 군수 · 구청장은 ㉠의 어느 하나에 해당하는 사항이 포함되어 있는 사업계획을 승인하려면 미리 소관 행정기관의 장과 협의하여야 하고, 그 사업계획을 승인한 때에는 지체 없이 소관 행정기관의 장에게 그 내용을 통보하여야 한다.

㉢ 특별자치시장 · 특별자치도지사 · 시장 · 군수 · 구청장은 사업계획의 변경승인을 하려는 경우 건축물의 용도변경이 포함되어 있으면 미리 소관 행정기관의 장과 협의하여야 한다.

㉣ 관광사업자(관광숙박업만 해당)가 사업계획의 변경승인을 받은 경우에는 건축법에 따른 용도변경의 허가를 받거나 신고를 한 것으로 본다.

㉤ 사업계획의 승인 또는 변경승인을 받은 경우 그 사업계획에 따른 관광숙박시설 및 그 시설 안의 위락시설로서 국토의 계획 및 이용에 관한 법률에 따라 지정된 다음의 용도지역의 시설에 대하여는 같은 법 제76조 제1항을 적용하지 아니한다.

다만, 주거지역에서는 주거환경의 보호를 위하여 대통령령으로 정하는 사업계획승인기준에 맞는 경우에 한한다.
- 상업지역
- 주거지역 · 공업지역 및 녹지지역 중 대통령령으로 정하는 지역

ⓑ 사업계획의 승인을 받은 경우 그 사업계획에 따른 관광숙박시설로서 대통령령으로 정하는 지역 내 위치하면서 학교보건법 제2조에 따른 학교 출입문 또는 학교설립예정지 출입문으로부터 직선거리로 75미터 이내에 위치한 관광숙박시설의 설치와 관련하여서는 학교보건법 제6조 제1항 각 호 외의 부분 단서를 적용하지 아니한다.

ⓢ 사업계획의 승인 또는 변경승인을 받은 경우 그 사업계획에 따른 관광숙박시설로서 다음에 적합한 시설에 대해서는 학교보건법 제6조 제1항 제13호를 적용하지 아니한다.
- 관광숙박시설에서 학교보건법 제6조 제1항 제12호, 제14호부터 제16호까지 또는 제18호부터 제20호까지의 규정에 따른 행위 및 시설 중 어느 하나에 해당하는 행위 및 시설이 없을 것
- 관광숙박시설의 객실이 100실 이상일 것
- 대통령령으로 정하는 지역 내 위치할 것
- 대통령령으로 정하는 바에 따라 관광숙박시설 내 공용공간을 개방형 구조로 할 것
- 학교보건법 제2조에 따른 학교 출입문 또는 학교설립예정지 출입문으로부터 직선거리로 75미터 이상에 위치할 것

② 학교환경위생 정화구역 내 관광숙박시설의 설치(관광진흥법 시행령 제14조의2)

㉠ "대통령령으로 정하는 지역"이란 각각 다음의 지역을 말한다.
- 서울특별시
- 경기도

㉡ 학교보건법 제6조 제1항 제13호를 적용하지 아니하는 관광숙박시설은 그 투숙객이 차량 또는 도보 등을 통하여 해당 관광숙박시설에 드나들 수 있는 출입구, 주차장, 로비 등의 공용공간을 외부에서 조망할 수 있는 개방적인 구조로 하여야 한다.

※ 학교보건법 제6조(학교환경위생 정화구역에서의 금지행위 등)는 2016년 2월 3일 삭제된 조항이다.

[핵심예제]

37-1. 관광진흥법령상 관광숙박업을 경영하려는 자가 등록을 하기 전에 그 사업에 대한 사업계획을 작성하여 특별자치시장 · 특별자치도지사 · 시장 · 군수 · 구청장의 승인을 받은 때에는 일정 경우에 대하여 그 허가 또는 해제를 받거나 신고한 것으로 본다. 그러한 경우로 명시되지 않은 것은?

[2019년]

① 농지법 제34조 제1항에 따른 농지전용의 허가
② 초지법 제23조에 따른 초지전용(草地轉用)의 허가
③ 하천법 제10조에 따른 하천구역 결정의 허가
④ 사방사업법 제20조에 따른 사방지(砂防地) 지정의 해제

정답 ③

37-2. 관광진흥법령상 관광숙박업에 대한 사업계획의 승인을 받은 경우, 그 사업계획에 따른 관광숙박시설을 학교환경위생 정화구역 내에 설치할 수 있는 요건에 해당하지 않는 것은?

[2016년 특별]

① 관광숙박시설의 객실이 100실 이상일 것
② 특별시 또는 광역시 내에 위치할 것
③ 관광숙박시설 내 공용공간을 개방형 구조로 할 것
④ 학교보건법에 따른 학교 출입문 또는 학교설립예정지 출입문으로부터 직선거리로 75미터 이상에 위치할 것

정답 ②

해설

37-1

사업계획 승인 시의 인 · 허가 의제(관광진흥법 제16조 제1항)

하천법 제30조에 따른 하천공사 등의 허가 및 실시계획의 인가, 같은 법 제33조에 따른 점용허가(占用許可) 및 실시계획의 인가

37-2

대통령령으로 정하는 지역(서울특별시, 경기도) 내 위치할 것(관광진흥법 제16조 제7항 제3호, 관광진흥법 시행령 제14조의2 제1항)

핵심이론 38 등록심의위원회

① **관광숙박업 등의 등록심의위원회(관광진흥법 제17조)**

㉠ 관광숙박업 및 대통령령으로 정하는 관광객 이용시설업이나 국제회의업의 등록(등록 사항의 변경을 포함)에 관한 사항을 심의하기 위하여 특별자치시장 · 특별자치도지사 · 시장 · 군수 · 구청장(권한이 위임된 경우에는 그 위임을 받은 기관) 소속으로 관광숙박업 및 관광객 이용시설업 등록심의위원회(위원회)를 둔다.

㉡ 위원회는 위원장과 부위원장 각 1명을 포함한 위원 10명 이내로 구성하되, 위원장은 특별자치시 · 특별자치도 · 시 · 군 · 구(자치구만 해당)의 부지사 · 부시장 · 부군수 · 부구청장이 되고, 부위원장은 위원 중에서 위원장이 지정하는 자가 되며, 위원은 신고 또는 인 · 허가 등의 소관 기관의 직원이 된다.

㉢ 위원회는 다음의 사항을 심의한다.

- 관광숙박업 및 대통령령으로 정하는 관광객 이용시설업이나 국제회의업의 등록기준 등에 관한 사항
- 사업이 관계 법령상 신고 또는 인 · 허가 등의 요건에 해당하는지에 관한 사항

㉣ 특별자치시장 · 특별자치도지사 · 시장 · 군수 · 구청장은 관광숙박업, 관광객 이용시설업, 국제회의업의 등록을 하려면 미리 위원회의 심의를 거쳐야 한다. 다만, 대통령령으로 정하는 경미한 사항의 변경에 관하여는 위원회의 심의를 거치지 아니할 수 있다.

㉤ 위원회의 회의는 재적위원 3분의 2 이상의 출석과 출석위원 3분의 2 이상의 찬성으로 의결한다.

㉥ 위원회의 구성 · 운영이나 그 밖에 위원회에 필요한 사항은 대통령령으로 정한다.

② **등록심의대상 관광사업(관광진흥법 시행령 제20조)**

㉠ "대통령령으로 정하는 관광객 이용시설업이나 국제회의업"이란 전문휴양업, 종합휴양업, 관광유람선업, 국제회의시설업의 어느 하나에 해당하는 관광사업을 말한다.

㉡ "대통령령으로 정하는 경미한 사항의 변경"이란 심의사항의 변경 중 관계되는 기관이 둘 이하인 경우의 심의사항 변경을 말한다.

③ **위원회의 구성 · 운영 및 그 밖에 필요한 사항**

㉠ 위원장의 직무 등(관광진흥법 시행령 제15조)

- 관광숙박업 및 관광객 이용시설업 등록심의위원회(위원회) 위원장은 위원회를 대표하고, 위원회의 직무를 총괄한다.
- 부위원장은 위원장을 보좌하고, 위원장이 부득이한 사유로 직무를 수행할 수 없을 때에는 그 직무를 대행한다.

㉡ 회의(관광진흥법 시행령 제16조)
위원장은 위원회의 회의를 소집하고 그 의장이 된다.

㉢ 의견 청취(관광진흥법 시행령 제17조)
위원장은 위원회의 심의사항과 관련하여 필요하다고 인정하면 관계인 또는 안전 · 소방 등에 대한 전문가를 출석시켜 그 의견을 들을 수 있다.

㉣ 간사(관광진흥법 시행령 제18조)
위원회의 서무를 처리하기 위하여 위원회에 간사 1명을 둔다.

㉤ 운영세칙(관광진흥법 시행령 제19조)
이 영에 규정된 사항 외에 위원회의 운영에 필요한 사항은 위원회의 의결을 거쳐 위원장이 정한다.

[핵심예제]

38-1. 관광진흥법령상 관광숙박업 등의 등록심의위원회 심의대상이 되는 관광객 이용시설업이나 국제회의업이 아닌 것은? [2017년]

① 크루즈업 ② 관광호텔업
③ 전문휴양업 ④ 국제회의시설업

정답 ②

38-2. 관광진흥법령상 관광숙박업 및 관광객 이용시설업 등록심의위원회(이하"위원회"라 함)에 관한 내용으로 옳지 않은 것은? [2016년 특별]

① 위원회는 위원장과 부위원장 각 1명을 포함한 위원 10명 이내로 구성한다.
② 위원회를 군수 소속으로 둘 경우 부군수가 부위원장이 된다.
③ 위원회의 회의는 재적위원 3분의 2 이상의 출석과 출석위원 3분의 2 이상의 찬성으로 의결한다.
④ 위원회의 서무를 처리하기 위하여 위원회에 간사 1명을 둔다.

정답 ②(해설참조)

해설

38-1

등록심의위원회 심의대상이 되는 "대통령령으로 정하는 관광객 이용시설업이나 국제회의업"이란 전문휴양업, 종합휴양업, 관광유람선업(일반관광유람선업, 크루즈업), 국제회의시설업의 어느 하나에 해당하는 관광사업을 말한다(관광진흥법 시행령 제20조 제1항).

38-2

② 위원장은 특별자치시 · 특별자치도 · 시 · 군 · 구(자치구만 해당)의 부지사 · 부시장 · 부군수 · 부구청장이 되고, 부위원장은 위원 중에서 위원장이 지정하는 자가 된다(관광진흥법 제17조 제2항).
① 관광진흥법 제17조 제2항
③ 관광진흥법 제17조 제5항
④ 관광진흥법 시행령 제18조

핵심이론 39 등록 시의 신고 · 허가 의제 등(관광진흥법 제18조)

① 등록 시의 신고 · 허가 의제 등(관광진흥법 제18조)

㉠ 특별자치시장 · 특별자치도지사 · 시장 · 군수 · 구청장이 위원회의 심의를 거쳐 등록을 하면 그 관광사업자는 다음의 신고를 하였거나 인 · 허가 등을 받은 것으로 본다.

- 공중위생관리법에 따른 숙박업 · 목욕장업 · 이용업 · 미용업 또는 세탁업의 신고
- 식품위생법에 따른 식품접객업으로서 대통령령으로 정하는 영업의 허가 또는 신고
- 주류 면허 등에 관한 법률에 따른 주류판매업의 면허 또는 신고
- 외국환거래법에 따른 외국환업무의 등록
- 담배사업법에 따른 담배소매인의 지정
- 체육시설의 설치 · 이용에 관한 법률에 따른 신고 체육시설업으로서 같은 법에 따른 체육시설업의 신고
- 해사안전법에 따른 해상 레저 활동의 허가
- 의료법에 따른 부속의료기관의 개설신고 또는 개설허가

㉡ 특별자치시장 · 특별자치도지사 · 시장 · 군수 · 구청장은 관광숙박업, 관광객 이용시설업 및 국제회의업의 등록을 한 때에는 지체 없이 신고 또는 인 · 허가 등의 소관 행정기관의 장에게 그 내용을 통보하여야 한다.

② 인 · 허가 등을 받은 것으로 보는 영업(관광진흥법 시행령 제21조)

"대통령령으로 정하는 영업"이란 휴게음식점영업 · 일반음식점영업 · 단란주점영업 · 유흥주점영업 및 제과점영업을 말한다.

[핵심예제]

관광진흥법령상 사업계획의 승인을 받은 때에 관광사업자가 받게 되는 인 · 허가 등의 의제에 해당하는 것은?

[2013년 특별]

① 주세법에 따른 주류판매업의 면허 또는 신고
② 외국환거래법에 따른 환전업무의 등록
③ 해상교통안전법에 따른 해상 레저 활동의 허가
④ 초지법에 따른 초지전용의 허가

정답 ④(해설참조)

해설

④ 초지법에 따른 초지전용(草地轉用)의 허가는 사업계획의 승인을 받은 때 허가를 받은 것으로 본다(관광진흥법 제16조 제1항 제4호).

①·②·③ 위원회의 심의를 거쳐 등록을 하면 신고를 하였거나 인 · 허가 등을 받은 것으로 본다(관광진흥법 제18조 제1항).

※ ① 2020년 12월 29일 법령이 개정되어 주류 면허 등에 관한 법률에 따른 주류판매업의 면허 또는 신고, ② 2017년 1월 17일 법령이 개정되어 외국환거래법에 따른 외국환업무의 등록, ③ 2011년 6월 15일 법령이 개정되어 해사안전법에 따른 해상 레저 활동의 허가로 바뀌었다.

핵심이론 40 관광숙박업의 등급

① **관광숙박업 등의 등급(관광진흥법 제19조)**

㉠ 문화체육관광부장관은 관광숙박시설 및 야영장 이용자의 편의를 돕고, 관광숙박시설 · 야영장 및 서비스의 수준을 효율적으로 유지 · 관리하기 위하여 관광숙박업자 및 야영장업자의 신청을 받아 관광숙박업 및 야영장업에 대한 등급을 정할 수 있다. 다만, 호텔업 등록을 한 자 중 대통령령으로 정하는 자는 등급결정을 신청하여야 한다.

㉡ 문화체육관광부장관은 관광숙박업 및 야영장업에 대한 등급결정을 하는 경우 유효기간을 정하여 등급을 정할 수 있다.

㉢ 문화체육관광부장관은 등급결정을 위하여 필요한 경우에는 관계 전문가에게 관광숙박업 및 야영장업의 시설 및 운영 실태에 관한 조사를 의뢰할 수 있다.

㉣ 문화체육관광부장관은 등급결정 결과에 관한 사항을 공표할 수 있다.

㉤ 문화체육관광부장관은 감염병 확산으로 「재난 및 안전관리 기본법」에 따른 경계 이상의 위기경보가 발령된 경우 등급결정을 연기하거나 기존의 등급결정의 유효기간을 연장할 수 있다.

㉥ 관광숙박업 및 야영장업 등급의 구분에 관한 사항은 대통령령으로 정하고, 등급결정의 유효기간 · 신청 시기 · 절차 및 등급결정 결과 공표 등에 관한 사항은 문화체육관광부령으로 정한다.

② **호텔업의 등급결정(관광진흥법 시행령 제22조)**

㉠ "대통령령으로 정하는 자"란 관광호텔업, 수상관광호텔업, 한국전통호텔업, 가족호텔업, 소형호텔업 또는 의료관광호텔업의 등록을 한 자를 말한다.

㉡ 관광숙박업 중 호텔업의 등급은 5성급 · 4성급 · 3성급 · 2성급 및 1성급으로 구분한다.

[핵심예제]

40-1. 관광진흥법상 관광숙박업에 관한 등급을 정할 수 있는 자로 모두 고른 것? [2014년 특별]

ㄱ. 문화체육관광부장관
ㄴ. 한국관광공사장
ㄷ. 시장 · 군수 · 구청장
ㄹ. 한국관광협회중앙회장

① ㄱ ② ㄴ
③ ㄴ, ㄹ ④ ㄷ, ㄹ

정답 ①

40-2. 관광진흥법령상 호텔업의 등록을 한 자가 등급결정을 신청해야 하는 호텔업의 종류에 해당하지 않는 것은? [2015년 특별]

① 의료관광호텔업 ② 한국전통호텔업
③ 수상관광호텔업 ④ 가족호텔업

정답 해설참조

해설

40-1
문화체육관광부장관은 관광숙박시설 및 야영장 이용자의 편의를 돕고, 관광숙박시설 · 야영장 및 서비스의 수준을 효율적으로 유지 · 관리하기 위하여 관광숙박업자 및 야영장업자의 신청을 받아 관광숙박업 및 야영장업에 대한 등급을 정할 수 있다(관광진흥법 제19조 제1항).

40-2
호텔업 등록을 한 자 중 대통령령으로 정하는 자는 등급결정을 신청하여야 한다(관광진흥법 제19조 제1항). "대통령령으로 정하는 자"란 관광호텔업, 수상관광호텔업, 한국전통호텔업, 가족호텔업, 소형호텔업 또는 의료관광호텔업의 등록을 한 자를 말한다(관광진흥법 시행령 제22조 제1항).

※ 2019년 11월 19일 법령이 개정되어 가족호텔업의 등록을 한 자도 등급신청을 하여야 하므로 정답이 없다.

핵심이론 41 호텔업의 등급결정

① 호텔업의 등급결정(관광진흥법 시행규칙 제25조)

㉠ 관광호텔업, 수상관광호텔업, 한국전통호텔업, 가족호텔업, 소형호텔업 또는 의료관광호텔업의 등록을 한 자는 다음의 구분에 따른 기간 이내에 문화체육관광부장관으로부터 등급결정권을 위탁받은 법인(등급결정 수탁기관)에 호텔업의 등급 중 희망하는 등급을 정하여 등급결정을 신청해야 한다.

- 호텔을 신규 등록한 경우 : 호텔업 등록을 한 날부터 60일
- 호텔업 등급결정의 유효기간이 만료되는 경우 : 유효기간 만료 전 150일부터 90일까지
- 시설의 증 · 개축 또는 서비스 및 운영실태 등의 변경에 따른 등급 조정사유가 발생한 경우 : 등급 조정사유가 발생한 날부터 60일
- 호텔업 등급결정의 유효기간이 연장된 경우 : 연장된 유효기간 만료일까지

㉡ 등급결정 수탁기관은 등급결정 신청을 받은 경우에는 문화체육관광부장관이 정하여 고시하는 호텔업 등급결정의 기준에 따라 신청일부터 90일 이내에 해당 호텔의 등급을 결정하여 신청인에게 통지해야 한다. 다만, 부득이한 사유가 있는 경우에는 60일의 범위에서 등급결정 기간을 연장할 수 있다.

㉢ 등급결정을 하는 경우에는 다음의 요소를 평가하여야 하며, 그 세부적인 기준 및 절차는 문화체육관광부장관이 정하여 고시한다.

- 서비스 상태
- 객실 및 부대시설의 상태
- 안전 관리 등에 관한 법령 준수 여부

㉣ 등급결정 수탁기관은 평가의 공정성을 위하여 필요하다고 인정하는 경우에는 평가를 마칠 때까지 평가의 일정 등을 신청인에게 알리지 아니할 수 있다.

㉤ 등급결정 수탁기관은 평가한 결과 등급결정 기준에 미달하는 경우에는 해당 호텔의 등급결정을 보류하여야 한다. 이 경우 그 보류 사실을 신청인에게 통지하여야 한다.

② 등급결정의 재신청 등(관광진흥법 시행규칙 제25조의2)

㉠ 등급결정 보류의 통지를 받은 신청인은 그 보류의 통지를 받은 날부터 60일 이내에 신청한 등급과 동일한 등급 또는 낮은 등급으로 호텔업 등급결정의 재신청을 하여야 한다.

㉡ 재신청을 받은 등급결정 수탁기관은 해당 호텔의 등급을 결정하거나 해당 호텔의 등급결정을 보류한 후 그 사실을 신청인에게 통지하여야 한다.

㉢ 동일한 등급으로 호텔업 등급결정을 재신청하였으나 다시 등급결정이 보류된 경우에는 등급결정 보류의 통지를 받은 날부터 60일 이내에 신청한 등급보다 낮은 등급으로 등급결정을 신청하거나 등급결정 수탁기관에 등급결정의 보류에 대한 이의를 신청하여야 한다.

㉣ 이의 신청을 받은 등급결정 수탁기관은 문화체육관광부장관이 정하여 고시하는 절차에 따라 신청일부터 90일 이내에 이의 신청에 이유가 있는지 여부를 판단하여 처리하여야 한다. 다만, 부득이한 사유가 있는 경우에는 60일의 범위에서 그 기간을 연장할 수 있다.

㉤ 이의 신청을 거친 자가 다시 등급결정을 신청하는 경우에는 당초 신청한 등급보다 낮은 등급으로만 할 수 있다.

㉥ 등급결정 보류의 통지를 받은 신청인이 직전에 신청한 등급보다 낮은 등급으로 호텔업 등급결정을 재신청하였으나 다시 등급결정이 보류된 경우의 등급결정 신청 및 등급결정에 관하여는 ㉠부터 ㉤까지를 준용한다.

③ 등급결정의 유효기간 등(관광진흥법 시행규칙 제25조의3)

㉠ 문화체육관광부장관은 등급결정 결과를 분기별로 문화체육관광부의 인터넷 홈페이지에 공표하여야 하고, 필요한 경우에는 그 밖의 효과적인 방법으로 공표할 수 있다.

㉡ 호텔업 등급결정의 유효기간은 등급결정을 받은 날부터 3년으로 한다. 다만, 통지 전에 호텔업 등급결정의 유효기간이 만료된 경우에는 새로운 등급결정을 받기 전까지 종전의 등급결정이 유효한 것으로 본다.

㉢ 문화체육관광부장관은 기존의 등급결정의 유효기간을 재난 및 안전관리 기본법에 따른 경계 이상의 위기경보가 발령된 날부터 2년의 범위에서 문화체육관광부장관이 정하여 고시하는 기한까지 연장할 수 있다.

㉣ 이 규칙에서 규정한 사항 외에 호텔업의 등급결정에 필요한 사항은 문화체육관광부장관이 정하여 고시한다.

핵심예제

41-1. 관광진흥법령상 호텔업의 등급결정 등에 관한 설명으로 옳지 않은 것은? [2022년]

① 등급결정을 신청하여야 하는 관광숙박업은 관광호텔업, 수상관광호텔업, 한국전통호텔업, 가족호텔업, 소형호텔업, 의료관광호텔업이다.
② 호텔업의 등록을 한 자는 호텔업의 등급 중 희망하는 등급을 정하여 시·도지사에게 등급결정을 신청하여야 한다.
③ 시설의 증·개축 또는 서비스 및 운영실태 등의 변경에 따른 등급 조정사유가 발생한 경우에는 등급 조정사유가 발생한 날부터 60일 이내에 등급신청을 해야 한다.
④ 등급신청은 호텔을 신규 등록한 경우에는 호텔업 등록을 한 날부터 60일 이내에 해야 한다.

정답 ②

41-2. 관광진흥법령상 빈칸에 들어갈 내용이 순서대로 옳은 것은? [2018년]

> 동일한 등급으로 호텔업 등급결정을 재신청하였으나 다시 등급결정이 보류된 경우에는 등급결정 보류의 ( )부터 ( ) 이내에 신청한 등급보다 낮은 등급으로 등급결정을 신청하거나 등급결정 수탁기관에 등급결정의 보류에 대한 이의를 신청하여야 한다.

① 결정을 한 날, 60일
② 결정을 한 날, 90일
③ 통지를 받은 날, 60일
④ 통지를 받은 날, 90일

정답 ③

해설

41-1

호텔업(관광호텔업, 수상관광호텔업, 한국전통호텔업, 가족호텔업, 소형호텔업 또는 의료관광호텔업 해당)의 등록을 한 자는 문화체육관광부장관으로부터 등급결정권을 위탁받은 법인에 호텔업의 등급 중 희망하는 등급을 정하여 등급결정을 신청해야 한다(관광진흥법 시행규칙 제25조 제1항).

41-2

동일한 등급으로 호텔업 등급결정을 재신청하였으나 다시 등급결정이 보류된 경우에는 등급결정 보류의 통지를 받은 날부터 60일 이내에 신청한 등급보다 낮은 등급으로 등급결정을 신청하거나 등급결정 수탁기관에 등급결정의 보류에 대한 이의를 신청하여야 한다(관광진흥법 시행규칙 제25조의2 제3항).

핵심이론 42 관광사업 시설의 분양 및 회원모집

① 분양 및 회원모집(관광진흥법 제20조)

㉠ 관광숙박업이나 관광객 이용시설업으로서 대통령령으로 정하는 종류의 관광사업을 등록한 자 또는 그 사업계획의 승인을 받은 자가 아니면 그 관광사업의 시설에 대하여 분양(휴양 콘도미니엄만 해당) 또는 회원모집을 하여서는 아니 된다.

㉡ 누구든지 다음의 어느 하나에 해당하는 행위를 하여서는 아니 된다.

- 분양 또는 회원모집을 할 수 없는 자가 관광숙박업이나 관광객 이용시설업으로서 대통령령으로 정하는 종류의 관광사업 또는 이와 유사한 명칭을 사용하여 분양 또는 회원모집을 하는 행위
- 관광숙박시설과 관광숙박시설이 아닌 시설을 혼합 또는 연계하여 이를 분양하거나 회원을 모집하는 행위. 다만, 대통령령으로 정하는 종류의 관광숙박업의 등록을 받은 자 또는 그 사업계획의 승인을 얻은 자가 체육시설의 설치·이용에 관한 법률에 따라 골프장의 사업계획을 승인받은 경우에는 관광숙박시설과 해당 골프장을 연계하여 분양하거나 회원을 모집할 수 있다.
- 공유자 또는 회원으로부터 관광사업의 시설에 관한 이용권리를 양도받아 이를 이용할 수 있는 회원을 모집하는 행위

㉢ 분양 또는 회원모집을 하려는 자가 사용하는 약관에는 ㉤의 사항이 포함되어야 한다.

㉣ 분양 또는 회원모집을 하려는 자는 대통령령으로 정하는 분양 또는 회원모집의 기준 및 절차에 따라 분양 또는 회원모집을 하여야 한다.

㉤ 분양 또는 회원모집을 한 자는 공유자·회원의 권익을 보호하기 위하여 다음의 사항에 관하여 대통령령으로 정하는 사항을 지켜야 한다.

- 공유지분(共有持分) 또는 회원자격의 양도·양수
- 시설의 이용
- 시설의 유지·관리에 필요한 비용의 징수
- 회원 입회금의 반환
- 회원증의 발급과 확인
- 공유자·회원의 대표기구 구성
- 그 밖에 공유자·회원의 권익 보호를 위하여 대통령령으로 정하는 사항

② 분양 및 회원모집 관광사업(관광진흥법 시행령 제23조)

㉠ "대통령령으로 정하는 종류의 관광사업"이란 다음의 사업을 말한다.

- 휴양 콘도미니엄업 및 호텔업
- 관광객 이용시설업 중 제2종 종합휴양업

㉡ "대통령령으로 정하는 종류의 관광숙박업"이란 다음의 숙박업을 말한다.

- 휴양 콘도미니엄업
- 호텔업

제3과목

[핵심예제]

관광진흥법령상 관광숙박업이나 관광객 이용시설업으로서 대통령령으로 정하는 종류의 관광사업을 등록한 자는 회원모집을 할 수 있다. 이에 해당하는 관광사업만 묶은 것은?

[2015년 특별]

① 호텔업, 일반야영장업
② 호스텔업, 관광공연장업
③ 휴양 콘도미니엄업, 제1종 종합휴양업
④ 호텔업, 제2종 종합휴양업

정답 ④

해설

관광숙박업이나 관광객 이용시설업으로서 대통령령으로 정하는 종류의 관광사업을 등록한 자 또는 그 사업계획의 승인을 받은 자가 아니면 그 관광사업의 시설에 대하여 분양(휴양 콘도미니엄만 해당) 또는 회원모집을 하여서는 아니 된다(관광진흥법 제20조 제1항). "대통령령으로 정하는 종류의 관광사업"이란 휴양 콘도미니엄업 및 호텔업, 관광객 이용시설업 중 제2종 종합휴양업의 사업을 말한다(관광진흥법 시행령 제23조 제1항).

핵심이론 43 분양 및 회원모집의 기준과 시기(관광진흥법 시행령 제24조)

① 휴양 콘도미니엄업 시설의 분양 및 회원모집 기준과 호텔업 및 제2종 종합휴양업 시설의 회원모집 기준은 다음과 같다. 다만, 제2종 종합휴양업 시설 중 등록 체육시설업 시설에 대한 회원모집에 관하여는 체육시설의 설치·이용에 관한 법률에서 정하는 바에 따른다.

㉠ 다음의 구분에 따른 소유권 등을 확보할 것. 이 경우 분양(휴양 콘도미니엄업만 해당) 또는 회원모집 당시 해당 휴양 콘도미니엄업, 호텔업 및 제2종 종합휴양업의 건물이 사용승인된 경우에는 해당 건물의 소유권도 확보하여야 한다.

- 휴양 콘도미니엄업 및 호텔업(수상관광호텔은 제외)의 경우 : 해당 관광숙박시설이 건설되는 대지의 소유권
- 수상관광호텔의 경우 : 구조물 또는 선박의 소유권
- 제2종 종합휴양업의 경우 : 회원모집 대상인 해당 제2종 종합휴양업 시설이 건설되는 부지의 소유권 또는 사용권

㉡ 대지·부지 및 건물이 저당권의 목적물로 되어 있는 경우에는 그 저당권을 말소할 것. 다만, 공유제(共有制)일 경우에는 분양받은 자의 명의로 소유권 이전등기를 마칠 때까지, 회원제일 경우에는 저당권이 말소될 때까지 분양 또는 회원모집과 관련한 사고로 인하여 분양을 받은 자나 회원에게 피해를 주는 경우 그 손해를 배상할 것을 내용으로 저당권 설정금액에 해당하는 보증보험에 가입한 경우에는 그러하지 아니하다.

㉢ 분양을 하는 경우 한 개의 객실당 분양인원은 5명 이상으로 하되, 가족(부부 및 직계존비속을 말한다)만을 수분양자로 하지 아니할 것. 다만, 다음의 어느 하나에 해당하는 경우에는 그러하지 아니하다.

- 공유자가 법인인 경우
- 출입국관리법 시행령에 따라 법무부장관이 정하여 고시한 투자지역에 건설되는 휴양 콘도미니엄으로서 공유자가 외국인인 경우

㉣ 공유자 또는 회원의 연간 이용일수는 365일을 객실당 분양 또는 회원모집계획 인원수로 나눈 범위 이내일 것

㉤ 주거용으로 분양 또는 회원모집을 하지 아니할 것

② 휴양 콘도미니엄업, 호텔업 및 제2종 종합휴양업의 분양 또는 회원을 모집하는 경우 그 시기 등은 다음과 같다.

㉠ 휴양 콘도미니엄업 및 제2종 종합휴양업의 경우

- 해당 시설공사의 총 공사 공정이 문화체육관광부령으로 정하는 공정률(20퍼센트) 이상 진행된 때부터 분양 또는 회원모집을 하되, 분양 또는 회원을 모집하려는 총 객실 중 공정률에 해당하는 객실을 대상으로 분양 또는 회원을 모집할 것
- 공정률에 해당하는 객실 수를 초과하여 분양 또는 회원을 모집하려는 경우에는 분양 또는 회원모집과 관련한 사고로 인하여 분양을 받은 자나 회원에게 피해를 주는 경우 그 손해를 배상할 것을 내용으로 공정률을 초과하여 분양 또는 회원을 모집하려는 금액에 해당하는 보증보험에 관광사업의 등록 시까지 가입할 것

㉡ 호텔업의 경우

관광사업의 등록 후부터 회원을 모집할 것. 다만, 제2종 종합휴양업에 포함된 호텔업의 경우에 ㉠의 휴양 콘도미니엄업 및 호텔업과 수상관광호텔의 항목을 적용한다.

핵심예제

43-1. 관광진흥법령상 관광숙박업이나 관광객 이용시설업으로서 관광사업의 등록 후부터 그 관광사업의 시설에 대하여 회원을 모집할 수 있는 관광사업에 해당하는 것은?

[2019년]

① 전문휴양업
② 호텔업(단, 제2종 종합휴양업에 포함된 호텔업의 경우는 제외)
③ 야영장업
④ 관광유람선업

정답 ②

43-2. 관광진흥법령상 휴양 콘도미니엄업 및 제2종 종합휴양업의 분양 또는 회원을 모집하는 경우 해당 시설공사의 총 공사 공정이 몇 % 이상 진행된 때부터 가능한가?

[2014년 정기]

① 5% ② 10%
③ 15% ④ 20%

정답 ④

해설

43-1

호텔업(제2종 종합휴양업에 포함된 호텔업은 제외)의 경우 관광사업의 등록 후부터 회원을 모집할 수 있다(관광진흥법 시행령 제24조 제2항 제2호).

43-2

휴양 콘도미니엄업 및 제2종 종합휴양업의 경우 해당 시설공사의 총 공사 공정이 문화체육관광부령으로 정하는 공정률 이상 진행된 때부터 분양 또는 회원모집을 할 수 있는데(관광진흥법 시행령 제24조 제2항 제1호), "문화체육관광부령으로 정하는 공정률"이란 20퍼센트를 말한다(관광진흥법 시행규칙 제26조).

핵심이론 44 회원증의 발급

① 회원증의 발급 및 확인(관광진흥법 시행령 제26조 제5호)

분양 또는 회원모집을 한 자는 공유자 또는 회원의 권익 보호를 위하여 문화체육관광부령으로 정하는 바에 따라 공유자나 회원에게 해당 시설의 공유자나 회원임을 증명하는 회원증을 문화체육관광부령으로 정하는 기관으로부터 확인받아 발급해야 한다.

② 회원증의 발급(관광진흥법 시행규칙 제28조)

㉠ 분양 또는 회원모집을 하는 관광사업자가 회원증을 발급하는 경우 그 회원증에는 다음의 사항이 포함되어야 한다.
- 공유자 또는 회원의 번호
- 공유자 또는 회원의 성명과 주민등록번호
- 사업장의 상호 · 명칭 및 소재지
- 공유자와 회원의 구분
- 면 적
- 분양일 또는 입회일
- 발행일자

㉡ 분양 또는 회원모집을 하는 관광사업자가 회원증을 발급하려는 경우에는 미리 분양 또는 회원모집 계약 후 30일 이내에 문화체육관광부장관이 지정하여 고시하는 자("회원증 확인자")로부터 그 회원증과 분양 또는 회원모집계획서가 일치하는지를 확인받아야 한다.

㉢ 회원증 확인자의 확인을 받아 회원증을 발급한 관광사업자는 공유자 및 회원 명부에 회원증 발급 사실을 기록 · 유지하여야 한다.

㉣ 회원증 확인자는 6개월마다 특별자치시장 · 특별자치도지사 · 시장 · 군수 · 구청장에게 회원증 발급에 관한 사항을 통보하여야 한다.

[핵심예제]

44-1. 관광진흥법령상 분양 또는 회원모집을 하는 관광사업자가 회원증을 발급하는 경우에 그 회원증에 포함되어야 하는 사항으로 명시되지 않은 것은? [2015년 특별]

① 회원권 가격 ② 면 적
③ 발행일자 ④ 분양일 또는 입회일

정답 ①

44-2. 관광진흥법상 분양 또는 회원모집을 하는 관광사업자가 회원증을 발급하는 경우 그 회원증에 포함되어야 할 사항이 아닌 것은? [2014년 특별]

① 공유자 또는 회원의 번호
② 공유자 또는 회원의 지분 표시
③ 사업장의 상호 · 명칭 및 소재지
④ 분양일 또는 입회일

정답 ②

해설

44-1
분양 또는 회원모집을 하는 관광사업자가 회원증을 발급하는 경우 그 회원증에는 공유자 또는 회원의 번호, 공유자 또는 회원의 성명과 주민등록번호, 사업장의 상호 · 명칭 및 소재지, 공유자와 회원의 구분, 면적, 분양일 또는 입회일, 발행일자의 사항이 포함되어야 한다(관광진흥법 시행규칙 제28조 제1항).

44-2
회원증에는 공유자 또는 회원의 성명과 주민등록번호가 포함되어야 한다.

핵심이론 45 야영장업자의 준수사항

① 야영장업자의 준수사항(관광진흥법 제20조의2)
야영장업의 등록을 한 자는 문화체육관광부령으로 정하는 안전 · 위생기준을 지켜야 한다.

② 야영장의 안전 · 위생기준(관광진흥법 시행규칙 별표 7)

㉠ 화재 예방기준

- 소방시설은 소방 관계 법령과 화재예방, 소방시설 설치 · 유지 및 안전관리에 관한 법률에 따른 화재안전기준에 적합하게 설치하여야 하고, 같은 법에 따른 제품검사를 받은 소방용품을 사용하여야 한다.
- 사방이 밀폐된 이동식 야영용 천막 안에서 전기용품[야영장 내에 누전차단기가 설치된 경우로서 전기용품(전기용품 및 생활용품 안전관리법에 따른 안전인증 또는 안전확인을 받은 용품으로 한정)의 총 사용량이 600와트 이하인 경우는 제외] 및 화기(火氣)용품 사용을 하지 않도록 안내하여야 한다.
- 야영용 천막 2개소 또는 100제곱미터마다 1개 이상의 소화기를 내부가 잘 보이는 보관함에 넣어 눈에 띄기 쉬운 곳에 비치하여야 한다.
- 사업자가 설치하여 이용객에게 제공하는 다음의 야영용 시설에는 각 시설별로 소화기와 단독경보형 연기감지기, 일산화탄소 경보기, 전용 누전차단기를 설치하고, 내부에 비상 손전등을 비치하여야 한다.
  - 야영시설(주재료를 천막으로 하여 바닥의 기초와 기둥을 갖추고 지면에 설치되어야 함)
  - 야영용 트레일러(동력이 있는 자동차에 견인되어 육상을 이동할 수 있는 형태를 갖추어야 함)
- 사업자가 설치하여 이용객에게 제공하는 야영용 시설의 천막 등은 화재예방, 소방시설 설치 · 유지 및 안전관리에 관한 법률에 따른 방염성능기준에 적합한 제품을 사용해야 하고, 천막의 출입구는 비상시 외부탈출이 용이한 구조를 갖추어야 한다.
- 사업자가 설치하여 이용객에게 제공하는 야영용 시설과 야영용 시설 사이에는 3미터 이상의 거리를 두어야 한다.

- 사업자가 설치하여 이용객에게 제공하는 야영용 시설 안에서는 화목 난로와 펠릿 난로를 설치하여 사용할 수 없다.
- 야영장 내 숯 및 잔불 처리 시설을 별도의 공간에 마련하고, 1개 이상의 소화기와 방화사 또는 방화수를 비치하여야 한다.
- 야영장 내에서 폭죽, 풍등(風燈)의 사용과 판매를 금지하고, 흡연구역을 설치하여야 한다. 다만, 야영장 설치지역이 다른 법령에 따라 금연구역으로 지정된 경우에는 흡연구역을 설치하지 아니한다.

㉡ 대피 관련 기준

- 야영장 내에서 들을 수 있는 긴급방송시설을 갖추거나 앰프의 최대출력이 10와트 이상이면서 가청거리가 250미터 이상인 메가폰을 1대 이상 갖추어야 한다.
- 야영장 진입로는 구급차, 소방차 등 긴급차량의 출입이 원활하도록 적치물이나 방해물이 없도록 하여야 한다.
- 야영장 시설배치도, 대피소 · 대피로 및 소화기, 구급상자 위치도, 비상연락망, 야영장 이용방법, 이용객 안전수칙 등을 표기한 게시판을 이용객이 잘 볼 수 있는 곳에 설치하여야 하며, 게시판의 내용을 야간에도 확인할 수 있도록 조명시설을 갖추어야 한다.
- 자연재난 등에 대비한 이용객 대피계획을 수립하고, 기상특보 상황 등으로 인해 이용객의 안전을 해칠 우려가 있다고 판단될 때에는 야영장의 이용을 제한하고, 대피계획에 따라 이용객을 안전한 지역으로 대피시켜야 하며, 대피 지시에 불응하는 경우 강제 퇴거 조치하여야 한다.
- 안전사고 등에 대비한 구급약품, 구호설비를 갖추고, 환자 긴급 후송대책을 수립하여야 하며, 응급환자 발생 시 후송대책에 따라 신속히 조치하여야 한다.
- 정전에 대비하여 비상용 발전기 또는 배터리를 비치하여야 하고, 긴급상황 시 이용객에게 제공할 수 있는 비상 손전등을 갖추어야 한다.

㉢ 질서 유지 및 안전사고 예방기준

- 야영장 내에서 이용자가 이용질서를 유지하도록 노력하여야 한다.
- 이용객의 야영활동에 제공되거나 이용객의 안전을 위한 각종 시설 · 장비 · 기구 등이 정상적으로 이용될 수 있도록 유지하여야 하며, 태풍, 홍수 등 자연재해나 화재, 폭발 등의 사고로 인한 피해가 발생하지 않도록 노력하여야 한다.
- 야영장과 인접한 곳에 산사태, 홍수 등의 재해 위험이 있는 경우에는 위험구역 안내 표지를 설치하고, 해당 구역에 대한 접근 제한 및 안전 이격거리를 확보할 수 있도록 조치하여야 한다.
- 야영장 지역에 낙석, 붕괴 등의 발생이 예상되는 경우 이를 방지할 시설을 설치하여야 한다.
- 보행 중 야영용 천막 줄에 의한 안전사고 예방을 위하여 인접한 야영용 천막 간 보행에 불편이 없도록 이격거리를 확보하여야 한다.
- 추락이나 낙상 우려가 있는 난간에는 추락 · 낙상 방지 시설과 위험 안내표지를 설치하고, 이용객이 안전거리를 확보하여 이용할 수 있도록 조치하여야 한다.
- 집중호우 시에도 야영장이 침수되지 않도록 배수시설을 설치 · 관리하고, 배수로 등에는 이용객이 빠지지 않도록 안전덮개를 설치하는 등 안전조치를 하여야 한다.
- 야영장이 도로법의 도로와 인접할 때에는 안전울타리 등을 설치하여 야영장과 도로를 격리시켜야 한다.
- 야영장 입구를 포함한 야영장 내 주요 지점에 조명시설 및 폐쇄회로텔레비전(CCTV)을 설치하여야 하며, 폐쇄회로텔레비전을 설치한 사실을 이용객이 알 수 있도록 게시하여야 한다. 다만, 조명시설 및 폐쇄회로텔레비전 설치가 불가능한 경우에는 관리요원이 야간순찰을 실시하여야 한다.
- 매월 1회 이상 야영장 내 시설물에 대한 안전점검을 실시하고, 점검 결과를 문화체육관광부장관이 정하는 점검표에 기록하여 반기별로 특별자치도지사 · 시장 · 군수 · 구청장에게 제출하여야 하며, 점검 결과를 2년 이상 보관하여야 한다.

- 야영장 내 시설물 등에 위험요인이 발견될 때에는 즉시 그 시설물의 이용을 중단시키고 보수 등 안전 조치를 취하여야 한다.
- 사업자와 관리요원은 문화체육관광부장관이 정하는 안전교육(온라인교육을 포함)을 연 1회 이상 이수하여야 한다.
- 야영장이 개장되어 있는 동안에는 각종 비상상황에 대비하여 비상시 행동요령, 비상연락망 등을 숙지하고 있는 관리요원이 상주하여야 한다. 관리요원은 고지된 각종 주의 · 금지행위를 행한 이용자에 대하여 야영장 이용을 제한할 수 있고, 야영장 내 안전사고 발생 시에 즉시 필요한 조치를 취한 후 사업자에게 보고하여야 한다.
- 사업자는 중대사고(사망 또는 사고 발생일부터 7일 이내에 실시된 의사의 최초 진단결과 1주 이상의 입원치료 또는 3주 이상의 통원치료가 필요한 상해를 입은 경우)가 발생한 경우에는 특별자치도지사 · 시장 · 군수 · 구청장에게 즉시 보고하여야 한다.

[핵심예제]

甲은 관광진흥법령에 따라 야영장업을 등록하였다. 동 법령상 甲이 지켜야 할 야영장의 안전 · 위생기준으로 옳지 않은 것은? [2018년]

① 매월 1회 이상 야영장 내 시설물에 대한 안전점검을 실시하여야 한다.
② 문화체육관광부장관이 정하는 안전교육을 연 1회 이수하여야 한다.
③ 야영용 천막 2개소 또는 100제곱미터마다 1개 이상의 소화기를 내부가 잘 보이는 보관함에 넣어 눈에 띄기 쉬운 곳에 비치하여야 한다.
④ 야영장 내에서 차량이 시간당 30킬로미터 이하의 속도로 서행하도록 안내판을 설치하여야 한다.

정답 ④

해설

야영장 내에서 차량이 시간당 20킬로미터 이하의 속도로 서행하도록 안내판을 설치하여야 한다(관광진흥법 시행규칙 별표 7)

핵심이론 46 카지노업의 허가요건 등

① 허가요건 등(관광진흥법 제21조)

㉠ 문화체육관광부장관은 카지노업의 허가신청을 받으면 다음의 어느 하나에 해당하는 경우에만 허가할 수 있다.
- 국제공항이나 국제여객선터미널이 있는 특별시 · 광역시 · 특별자치시 · 도 · 특별자치도(시 · 도)에 있거나 관광특구에 있는 관광숙박업 중 호텔업 시설(관광숙박업의 등급 중 최상 등급을 받은 시설만 해당하며, 시 · 도에 최상 등급의 시설이 없는 경우에는 그 다음 등급의 시설만 해당) 또는 대통령령으로 정하는 국제회의업 시설의 부대시설에서 카지노업을 하려는 경우로서 대통령령으로 정하는 요건에 맞는 경우
- 우리나라와 외국을 왕래하는 여객선에서 카지노업을 하려는 경우로서 대통령령으로 정하는 요건에 맞는 경우

㉡ 문화체육관광부장관이 공공의 안녕, 질서유지 또는 카지노업의 건전한 발전을 위하여 필요하다고 인정하면 대통령령으로 정하는 바에 따라 허가를 제한할 수 있다.

② 카지노업의 허가요건 등(관광진흥법 시행령 제27조)

㉠ "대통령령으로 정하는 국제회의업 시설"이란 국제회의시설업의 시설을 말한다.

㉡ 카지노업의 허가요건은 다음과 같다.
- 관광호텔업이나 국제회의시설업의 부대시설에서 카지노업을 하려는 경우
  - 외래관광객 유치계획 및 장기수지전망 등을 포함한 사업계획서가 적정할 것
  - 사업계획의 수행에 필요한 재정능력이 있을 것
  - 현금 및 칩의 관리 등 영업거래에 관한 내부통제방안이 수립되어 있을 것
  - 그 밖에 카지노업의 건전한 운영과 관광산업의 진흥을 위하여 문화체육관광부장관이 공고하는 기준에 맞을 것

- 우리나라와 외국 간을 왕래하는 여객선에서 카지노업을 하려는 경우
  - 여객선이 2만톤급 이상으로 문화체육관광부장관이 공고하는 총톤수 이상일 것
  - 관광호텔업이나 국제회의시설업의 부대시설에서 카지노업을 하려는 경우의 규정에 적합할 것

㉢ 문화체육관광부장관은 최근 신규허가를 한 날 이후에 전국 단위의 외래관광객이 60만 명 이상 증가한 경우에만 신규허가를 할 수 있되, 다음의 사항을 고려하여 그 증가인원 60만 명당 2개 사업 이하의 범위에서 할 수 있다.

- 전국 단위의 외래관광객 증가 추세 및 지역의 외래관광객 증가 추세
- 카지노이용객의 증가 추세
- 기존 카지노사업자의 총 수용능력
- 기존 카지노사업자의 총 외화획득실적
- 그 밖에 카지노업의 건전한 운영과 관광산업의 진흥을 위하여 필요한 사항

핵심예제

46-1. 관광진흥법령상 카지노업의 신규허가요건에 관한 조문의 일부이다. 빈칸에 들어갈 숫자는? [2017년]

> 문화체육관광부장관은 최근 신규허가를 한 날 이후에 전국 단위의 외래관광객이 ( )만 명 이상 증가한 경우에만 신규허가를 할 수 있다.

① 30　　② 50
③ 60　　④ 80

정답 ③

46-2. 관광진흥법령상 우리나라와 외국을 왕래하는 여객선에서 카지노업을 하려는 경우의 허가요건으로 옳지 않은 것은? [예상 문제]

① 여객선이 2만톤급 이상일 것
② 외래관광객 유치계획 및 장기수지전망 등을 포함한 사업계획서가 적정할 것
③ 현금 및 칩의 관리 등 영업거래에 관한 외부통제방안이 수립되어 있을 것
④ 그 밖에 카지노업의 건전한 운영과 관광산업의 진흥을 위하여 문화체육관광부장관이 공고하는 기준에 맞을 것

정답 ③

해설

46-1

문화체육관광부장관은 최근 신규허가를 한 날 이후에 전국 단위의 외래관광객이 60만 명 이상 증가한 경우에만 신규허가를 할 수 있되, 그 증가인원 60만 명당 2개 사업 이하의 범위에서 할 수 있다(관광진흥법 시행령 제27조 제3항).

46-2

우리나라와 외국 간을 왕래하는 여객선에서 하는 카지노업을 하려는 경우의 허가요건에는 여객선이 2만톤급 이상으로 문화체육관광부장관이 공고하는 총톤수 이상일 것, 외래관광객 유치계획 및 장기수지전망 등을 포함한 사업계획서가 적정할 것, 사업계획의 수행에 필요한 재정능력이 있을 것, 현금 및 칩의 관리 등 영업거래에 관한 내부통제방안이 수립되어 있을 것, 그 밖에 카지노업의 건전한 운영과 관광산업의 진흥을 위하여 문화체육관광부장관이 공고하는 기준에 맞을 것이 있다(관광진흥법 시행령 제27조 제2항 제2호).

핵심이론 47 카지노업의 시설기준 등

① **카지노업의 시설기준 등(관광진흥법 제23조)**

㉠ 카지노업의 허가를 받으려는 자는 문화체육관광부령으로 정하는 시설 및 기구를 갖추어야 한다.

㉡ 카지노사업자에 대하여는 문화체육관광부령으로 정하는 바에 따라 시설 중 일정 시설에 대하여 문화체육관광부장관이 지정·고시하는 검사기관의 검사를 받게 할 수 있다.

㉢ 카지노사업자는 시설 및 기구를 유지·관리하여야 한다.

② **카지노업의 시설기준 등(관광진흥법 시행규칙 제29조)**

㉠ 카지노업의 허가를 받으려는 자가 갖추어야 할 시설 및 기구의 기준은 다음과 같다.

- 330제곱미터 이상의 전용 영업장
- 1개 이상의 외국환 환전소
- 카지노업의 영업종류 중 네 종류 이상의 영업을 할 수 있는 게임기구 및 시설
- 문화체육관광부장관이 정하여 고시하는 기준에 적합한 카지노 전산시설

㉡ 문화체육관광부장관이 정하여 고시하는 기준에 적합한 카지노 전산시설에 따른 기준에는 다음의 사항이 포함되어야 한다.

- 하드웨어의 성능 및 설치방법에 관한 사항
- 네트워크의 구성에 관한 사항
- 시스템의 가동 및 장애방지에 관한 사항
- 시스템의 보안관리에 관한 사항
- 환전관리 및 현금과 칩의 출납관리를 위한 소프트웨어에 관한 사항

③ **카지노 전산시설의 검사(관광진흥법 시행규칙 제30조)**

㉠ 카지노업의 허가를 받은 자는 카지노 전산시설에 대하여 다음의 구분에 따라 각각 해당 기한 내에 문화체육관광부장관이 지정·고시하는 검사기관(카지노전산시설 검사기관)의 검사를 받아야 한다.

- 신규로 카지노업의 허가를 받은 경우 : 허가를 받은 날(조건부 영업허가를 받은 경우에는 조건 이행의 신고를 한 날)부터 15일
- 검사유효기간이 만료된 경우 : 유효기간 만료일부터 3개월

㉡ 검사의 유효기간은 검사에 합격한 날부터 3년으로 한다. 다만, 검사 유효기간의 만료 전이라도 카지노전산시설을 교체한 경우에는 교체한 날부터 15일 이내에 검사를 받아야 하며, 이 경우 검사의 유효기간은 3년으로 한다.

[핵심예제]

관광진흥법령상 카지노업의 허가를 받으려는 자가 갖추어야 할 시설 및 기구의 기준으로 옳지 않은 것은? [2018년]

① 330제곱미터 이상의 전용 영업장
② 1개 이상의 외국환 환전소
③ 카지노업의 영업종류 중 세 종류 이상의 영업을 할 수 있는 게임기구 및 시설
④ 문화체육관광부장관이 정하여 고시하는 기준에 적합한 카지노 전산시설

정답 ③

해설

카지노업의 영업종류 중 네 종류 이상의 영업을 할 수 있는 게임기구 및 시설(관광진흥법 시행규칙 제29조 제1항 제3호)

핵심이론 48 카지노업의 영업 종류와 영업 방법

① **카지노업의 영업 종류와 영업 방법 등(관광진흥법 제26조)**

㉠ 카지노업의 영업 종류는 문화체육관광부령으로 정한다.

㉡ 카지노사업자는 문화체육관광부령으로 정하는 바에 따라 카지노업의 영업 종류별 영업 방법 및 배당금 등에 관하여 문화체육관광부장관에게 미리 신고하여야 한다. 신고한 사항을 변경하려는 경우에도 또한 같다.

㉢ 문화체육관광부장관은 신고 또는 변경신고를 받은 경우 그 내용을 검토하여 이 법에 적합하면 신고를 수리하여야 한다.

② **카지노업의 영업 종류 등(관광진흥법 시행규칙 제35조)**

㉠ 카지노업의 영업 종류는 시행규칙 별표 8과 같다.

㉡ 카지노업의 영업 종류별 영업 방법 및 배당금에 관하여 문화체육관광부장관에게 신고하거나 신고한 사항을 변경하려는 카지노사업자는 카지노 영업종류별 영업방법등 신고서 또는 변경신고서에 다음의 서류를 첨부하여 문화체육관광부장관에게 신고하여야 한다.

- 영업종류별 영업방법 설명서
- 영업종류별 배당금에 관한 설명서

③ **카지노업의 영업 종류(관광진흥법 시행규칙 별표 8)**

영업 구분	영업 종류
테이블게임(Table Game)	룰렛(Roulette), 블랙잭(Blackjack), 다이스(Dice, Craps), 포커(Poker), 바카라(Baccarat), 다이 사이(Tai Sai), 키노(Keno), 빅 휠(Big Wheel), 빠이 까우(Pai Cow), 판 탄(Fan Tan), 조커 세븐(Joker Seven), 라운드 크랩스(Round Craps), 트란타 콰란타(Trent Et Quarante), 프렌치 볼(French Boule), 차카락(Chuck-A - Luck), 빙고(Bingo), 마작(Mahjong), 카지노 워(Casino War)
전자테이블게임(Electronic Table Game)	룰렛(Roulette), 블랙잭(Blackjack), 다이스(Dice, Craps), 포커(Poker), 바카라(Baccarat), 다이 사이(Tai Sai), 키노(Keno), 빅 휠(Big Wheel), 빠이 까우(Pai Cow), 판 탄(Fan Tan), 조커 세븐(Joker Seven), 라운드 크랩스(Round Craps), 트란타 콰란타(Trent Et Quarante), 프렌치 볼(French Boule), 차카락(Chuck-A - Luck), 빙고(Bingo), 마작(Mahjong), 카지노 워(Casino War)
머신게임(Machine Game)	슬롯머신(Slot Machine), 비디오게임(Video Game)

[핵심예제]

48-1. 관광진흥법령상 카지노업의 영업 종류 중 머신게임(Machine Game) 영업에 해당하는 것은? [2019년]

① 빅휠(Big Wheel)
② 비디오게임(Video Game)
③ 바카라(Baccarat)
④ 마작(Mahjong)

정답 ②

48-2. 관광진흥법상 카지노업에 관한 설명으로 옳지 않은 것은? [예상 문제]

① 카지노업을 경영하려는 자는 문화체육관광부장관의 허가를 받아야 한다.
② 관광진흥법에서 규정하고 있는 카지노업은 테이블게임과 전자테이블게임으로 구분할 수 있다.
③ 카지노사업자는 정당한 사유 없이 그 연도 안에 60일 이상 휴업해서는 안 된다.
④ 카지노사업자는 19세 미만인 자를 입장시키는 행위를 하여서는 안 된다.

정답 ②

해설

48-1

관광진흥법령상 카지노업의 영업 종류 중 머신게임(Machine Game) 영업에 해당하는 것은 슬롯머신(Slot Machine)과 비디오게임(Video Game)이다(관광진흥법 시행규칙 별표 8).

48-2

관광진흥법에서 규정하고 있는 카지노업의 영업 종류는 테이블게임 18가지, 전자테이블게임 18가지, 머신게임 2가지이다(관광진흥법 시행규칙 별표 8).

① 관광진흥법 제5조 제1항
③ 관광진흥법 제28조 제1항 제9호
④ 관광진흥법 제28조 제1항 제8호

핵심이론 49 지도와 명령 및 카지노사업자 등의 준수 사항

① **지도와 명령(관광진흥법 제27조)**

문화체육관광부장관은 지나친 사행심 유발을 방지하는 등 그 밖에 공익을 위하여 필요하다고 인정하면 카지노사업자에게 필요한 지도와 명령을 할 수 있다.

② **카지노사업자 등의 준수 사항(관광진흥법 제28조 제1항)**

카지노사업자(대통령령으로 정하는 종사원을 포함)는 다음의 어느 하나에 해당하는 행위를 하여서는 아니 된다.

㉠ 법령에 위반되는 카지노기구를 설치하거나 사용하는 행위
㉡ 법령을 위반하여 카지노기구 또는 시설을 변조하거나 변조된 카지노기구 또는 시설을 사용하는 행위
㉢ 허가받은 전용영업장 외에서 영업을 하는 행위
㉣ 내국인(해외이주법에 따른 해외이주자는 제외)을 입장하게 하는 행위
㉤ 지나친 사행심을 유발하는 등 선량한 풍속을 해칠 우려가 있는 광고나 선전을 하는 행위
㉥ 카지노업의 영업 종류에 해당하지 아니하는 영업을 하거나 영업 방법 및 배당금 등에 관한 신고를 하지 아니하고 영업하는 행위
㉦ 총매출액을 누락시켜 관광진흥개발기금 납부금액을 감소시키는 행위
㉧ 19세 미만인 자를 입장시키는 행위
㉨ 정당한 사유 없이 그 연도 안에 60일 이상 휴업하는 행위

핵심예제

49-1. 관광진흥법상 카지노사업자에게 금지되는 행위가 아닌 것은? [2016년 특별]

① 카지노영업소에 입장하는 자의 신분 확인에 필요한 사항을 묻는 행위
② 총매출액을 누락시켜 관광진흥개발기금 납부금액을 감소시키는 행위
③ 선량한 풍속을 해칠 우려가 있는 광고를 하는 행위
④ 19세 미만인 자를 입장시키는 행위

정답 ①

49-2. 관광진흥법상 관할 등록기관 등의 장이 관광사업의 등록 등을 취소할 수 있는 사유가 아닌 것은? [2016년 정기]

① 등록기준에 적합하지 아니하게 된 경우
② 관광진흥법을 위반하여 관광사업의 시설을 타인에게 처분하거나 타인에게 경영하도록 한 경우
③ 지나친 사행심 유발을 방지하기 위한 문화체육관광부장관의 지도와 명령을 카지노사업자가 이행하지 아니한 경우
④ 관광진흥법에 따른 보험 또는 공제에 가입하지 아니하거나 영업보증금을 예치하지 아니한 경우

정답 ③

해설

49-1
② 관광진흥법 제28조 제1항 제7호
③ 관광진흥법 제28조 제1항 제5호
④ 관광진흥법 제28조 제1항 제9호

49-2
문화체육관광부장관은 지나친 사행심 유발을 방지하는 등 그 밖에 공익을 위하여 필요하다고 인정하면 카지노사업자에게 필요한 지도와 명령을 할 수 있다(관광진흥법 제27조). 관할 등록기관 등의 장은 관광사업의 등록 등을 받은 자가 문화체육관광부장관의 지도와 명령을 이행하지 아니한 경우에 해당하면 6개월 이내의 기간을 정하여 그 사업의 전부 또는 일부의 정지를 명할 수 있다(관광진흥법 제35조 제2항 제2호).

핵심이론 50 카지노업의 영업준칙

① **카지노사업자의 영업준칙(관광진흥법 제28조 제2항)**

카지노사업자는 카지노업의 건전한 육성·발전을 위하여 필요하다고 인정하여 문화체육관광부령으로 정하는 영업준칙을 지켜야 한다. 이 경우 그 영업준칙에는 다음의 사항이 포함되어야 한다.

㉠ 1일 최소 영업시간

㉡ 게임 테이블의 집전함(集錢函) 부착 및 내기금액 한도액의 표시 의무

㉢ 슬롯머신 및 비디오게임의 최소배당률

㉣ 전산시설·환전소·계산실·폐쇄회로의 관리기록 및 회계와 관련된 기록의 유지 의무

㉤ 카지노 종사원의 게임참여 불가 등 행위금지사항

② **카지노업 영업준칙(관광진흥법 시행규칙 별표 9)**

㉠ 카지노사업자는 카지노업의 건전한 발전과 원활한 영업활동, 효율적인 내부 통제를 위하여 이사회·카지노총지배인·영업부서·안전관리부서·환전·전산전문요원 등 필요한 조직과 인력을 갖추어 1일 8시간 이상 영업하여야 한다.

㉡ 카지노사업자는 전산시설·출납창구·환전소·카운트룸[드롭박스(Drop box : 게임테이블에 부착된 현금함)의 내용물을 계산하는 계산실]·폐쇄회로·고객편의시설·통제구역 등 영업시설을 갖추어 영업을 하고, 관리기록을 유지하여야 한다.

㉢ 카지노영업장에는 게임기구와 칩스(Chips : 카지노에서 베팅에 사용되는 도구)·카드 등의 기구를 갖추어 게임 진행의 원활을 기하고, 게임테이블에는 드롭박스를 부착하여야 하며, 베팅금액 한도표를 설치하여야 한다.

㉣ 카지노사업자는 고객출입관리, 환전, 재환전, 드롭박스의 보관·관리와 계산요원의 복장 및 근무요령을 마련하여 영업의 투명성을 제고하여야 한다.

㉤ 머신게임을 운영하는 사업자는 투명성 및 내부통제를 위한 기구·시설·조직 및 인원을 갖추어 운영하여야 하며, 머신게임의 이론적 배당률을 75% 이상으로 하고 배당률과 실제 배당률이 5% 이상 차이가 있는 경우 카지노검사기관에 즉시 통보하여 카지노검사기관의 조치에 응하여야 한다.

㉥ 카지노사업자는 회계기록·콤프(카지노사업자가 고객 유치를 위해 고객에게 숙식 등을 무료로 제공하는 서비스) 비용·크레딧(카지노사업자가 고객에게 게임참여를 조건으로 칩스를 신용대여하는 것) 제공·예치금 인출·알선수수료·계약게임 등의 기록을 유지하여야 한다.

㉦ 카지노사업자는 게임을 할 때 게임 종류별 일반규칙과 개별규칙에 따라 게임을 진행하여야 한다.

㉧ 카지노종사원은 게임에 참여할 수 없으며, 고객과 결탁한 부정행위 또는 국내외의 불법영업에 관여하거나 그 밖에 관광종사자로서의 품위에 어긋나는 행위를 하여서는 아니 된다.

㉨ 카지노사업자는 카지노 영업소 출입자의 신분을 확인하여야 하며, 다음에 해당하는 자는 출입을 제한하여야 한다.

- 당사자의 배우자 또는 직계혈족이 문서로써 카지노사업자에게 도박 중독 등을 이유로 출입 금지를 요청한 경우의 그 당사자. 다만, 배우자·부모 또는 자녀 관계를 확인할 수 있는 증빙 서류를 첨부하여 요청한 경우만 해당한다.
- 그 밖에 카지노 영업소의 질서 유지 및 카지노 이용자의 안전을 위하여 카지노사업자가 정하는 출입금지 대상자

③ 폐광지역 카지노사업자의 영업준칙(관광진흥법 시행규칙 별표 10)

㉠ 시행규칙 별표 9의 영업준칙을 지켜야 한다.

㉡ 카지노 영업소는 회원용 영업장과 일반 영업장으로 구분하여 운영하여야 하며, 일반 영업장에서는 주류를 판매하거나 제공하여서는 아니 된다.

㉢ 매일 오전 6시부터 오전 10시까지는 영업을 하여서는 아니 된다.

㉣ 시행규칙 별표 8의 테이블게임에 거는 금액의 최고한도액은 일반 영업장의 경우에는 테이블별로 정하되, 1인당 1회 10만원 이하로 하여야 한다. 다만, 일반 영업장 전체 테이블의 2분의 1의 범위에서는 1인당 1회 30만원 이하로 정할 수 있다.

㉤ 시행규칙 별표 8의 머신게임에 거는 금액의 최고 한도는 1회 2천원으로 한다. 다만, 비디오 포커게임기는 2천500원으로 한다.

㉥ 머신게임의 게임기 전체 수량 중 2분의 1 이상은 그 머신게임기에 거는 금액의 단위가 100원 이하인 기기를 설치하여 운영하여야 한다.

㉦ 카지노 이용자에게 자금을 대여하여서는 아니 된다.

㉧ 카지노가 있는 호텔이나 영업소의 내부 또는 출입구 등 주요 지점에 폐쇄회로 텔레비전을 설치하여 운영하여야 한다.

㉨ 카지노 이용자의 비밀을 보장하여야 하며, 카지노 이용자에 관한 자료를 공개하거나 누출하여서는 아니 된다. 다만, 배우자 또는 직계존비속이 요청하거나 공공기관에서 공익적 목적으로 요청한 경우에는 자료를 제공할 수 있다.

㉩ 사망 · 폭력행위 등 사고가 발생한 경우에는 즉시 문화체육관광부장관에게 보고하여야 한다.

㉪ 회원용 영업장에 대한 운영 · 영업방법 및 카지노 영업장 출입일수는 내규로 정하되, 미리 문화체육관광부장관의 승인을 받아야 한다.

[핵심예제]

50-1. 관광진흥법상 카지노사업자가 준수하여야 하는 영업준칙에 포함되어야 하는 것을 모두 고른 것은? [2016년 특별]

ㄱ. 1일 최대 영업시간
ㄴ. 게임 테이블의 집전함(集錢函) 부착 및 내기금액 한도액의 표시 의무
ㄷ. 슬롯머신 및 비디오게임의 최소배당률
ㄹ. 카지노 종사원의 게임참여 불가 등 행위금지사항

① ㄱ, ㄷ
② ㄴ, ㄹ
③ ㄴ, ㄷ, ㄹ
④ ㄱ, ㄴ, ㄷ, ㄹ

정답 ③

50-2. 관광진흥법령상 폐광지역 카지노사업자의 영업준칙으로 옳지 않은 것은? [2015년 정기]

① 카지노 이용자에게 자금을 대여하여서는 아니된다.
② 머신게임의 이론적 배당률을 60% 이상으로 하여야 한다.
③ 매일 오전 6시부터 오전 10시까지는 영업을 하여서는 아니 된다.
④ 회원용이 아닌 일반 영업장에서는 주류를 판매하거나 제공하여서는 아니 된다.

정답 ②

해설

50-1

ㄱ. 1일 최소 영업시간(관광진흥법 제28조 제2항 제1호)

50-2

머신게임을 운영하는 사업자는 투명성 및 내부통제를 위한 기구 · 시설 · 조직 및 인원을 갖추어 운영하여야 하며, 머신게임의 이론적 배당률을 75% 이상으로 하고 배당률과 실제 배당률이 5% 이상 차이가 있는 경우 카지노검사기관에 즉시 통보하여 카지노검사기관의 조치에 응하여야 한다(관광진흥법 시행규칙 별표 9).

핵심이론 51 카지노업의 기금 납부

① 기금 납부(관광진흥법 제30조)

㉠ 카지노사업자는 총매출액의 100분의 10의 범위에서 일정 비율에 해당하는 금액을 관광진흥개발기금법에 따른 관광진흥개발기금에 내야 한다.

㉡ 카지노사업자가 납부금을 납부기한까지 내지 아니하면 문화체육관광부장관은 10일 이상의 기간을 정하여 이를 독촉하여야 한다. 이 경우 체납된 납부금에 대하여는 100분의 3에 해당하는 가산금을 부과하여야 한다.

㉢ 독촉을 받은 자가 그 기간에 납부금을 내지 아니하면 국세 체납처분의 예에 따라 징수한다.

㉣ 총매출액, 징수비율 및 부과 · 징수절차 등에 필요한 사항은 대통령령으로 정한다.

㉤ 납부금 또는 가산금을 부과받은 자가 부과된 납부금 또는 가산금에 대하여 이의가 있는 경우에는 부과받은 날부터 30일 이내에 문화체육관광부장관에게 이의를 신청할 수 있다.

㉥ 문화체육관광부장관은 이의신청을 받았을 때에는 그 신청을 받은 날부터 15일 이내에 이를 심의하여 그 결과를 신청인에게 서면으로 알려야 한다.

② 관광진흥개발기금으로의 납부금 등(관광진흥법 시행령 제30조)

㉠ 총매출액은 카지노영업과 관련하여 고객으로부터 받은 총금액에서 고객에게 지급한 총금액을 공제한 금액을 말한다.

㉡ 관광진흥개발기금 납부금(납부금)의 징수비율은 다음의 어느 하나와 같다.

- 연간 총매출액이 10억원 이하인 경우 : 총매출액의 100분의 1
- 연간 총매출액이 10억원 초과 100억원 이하인 경우 : 1천만원 + 총매출액 중 10억원을 초과하는 금액의 100분의 5
- 연간 총매출액이 100억원을 초과하는 경우 : 4억6천만원 + 총매출액 중 100억원을 초과하는 금액의 100분의 10

㉢ 카지노사업자는 매년 3월 말까지 공인회계사의 감사보고서가 첨부된 전년도의 재무제표를 문화체육관광부장관에게 제출하여야 한다.

㉣ 문화체육관광부장관은 매년 4월 30일까지 전년도의 총매출액에 대하여 산출한 납부금을 서면으로 명시하여 2개월 이내의 기한을 정하여 한국은행에 개설된 관광진흥개발기금의 출납관리를 위한 계정에 납부할 것을 알려야 한다. 이 경우 그 납부금을 2회 나누어 내게 할 수 있되, 납부기한은 다음과 같다.

- 제1회 : 해당 연도 6월 30일까지
- 제2회 : 해당 연도 9월 30일까지

㉤ 카지노사업자는 천재지변이나 그 밖에 이에 준하는 사유로 납부금을 그 기한까지 납부할 수 없는 경우에는 그 사유가 없어진 날부터 7일 이내에 내야 한다.

㉥ 카지노사업자는 다음의 요건을 모두 갖춘 경우 문화체육관광부장관에게 납부기한의 45일 전까지 납부기한의 연기를 신청할 수 있다.

- 감염병의 예방 및 관리에 관한 법률에 따른 제1급감염병 확산으로 인한 매출액 감소가 문화체육관광부장관이 정하여 고시하는 기준에 해당할 것
- 감염병의 예방 및 관리에 관한 법률에 따른 제1급감염병 확산으로 인한 매출액 감소로 납부금을 납부하는 데 어려움이 있다고 인정될 것

㉦ 문화체육관광부장관은 납부기한의 연기 신청을 받은 때에는 관광진흥개발기금법에 따른 기금운용위원회의 심의를 거쳐 1년 이내의 범위에서 납부기한을 한 차례 연기할 수 있다.

핵심예제

51-1. 관광진흥법령상 카지노사업자가 관광진흥개발기금에 납부해야 할 납부금에 관한 설명으로 옳지 않은 것은?

[2018년]

① 납부금 산출의 기준이 되는 총매출액에는 카지노영업과 관련하여 고객에게 지불한 총금액이 포함된다.
② 카지노사업자는 총매출액의 100분의 10의 범위에서 일정 비율에 해당하는 금액을 관광진흥개발기금법에 따른 관광진흥개발기금에 내야 한다.
③ 카지노사업자가 납부금을 납부기한까지 내지 아니하면 문화체육관광부장관은 10일 이상의 기간을 정하여 이를 독촉하여야 한다.
④ 문화체육관광부장관으로부터 적법한 절차에 따라 납부독촉을 받은 자가 그 기간에 납부금을 내지 아니하면 국세 체납처분의 예에 따라 징수한다.

정답 ①

51-2. 관광진흥법상 카지노사업자의 연간 총매출액이 200억원일 때 카지노사업자가 납부해야 하는 관광진흥개발기금은?

[2014년 특별]

① 1억원 ② 10억 6천만원
③ 14억 6천만원 ④ 20억원

정답 ③

해설

51-1

총매출액은 카지노영업과 관련하여 고객으로부터 받은 총금액에서 고객에게 지급한 총금액을 공제한 금액을 말한다(관광진흥법 시행령 제30조 제1항).

② 관광진흥법 제30조 제1항
③ 관광진흥법 제30조 제2항
④ 관광진흥법 제30조 제3항

51-2

연간 총매출액이 100억원을 초과하는 경우 관광진흥개발기금 납부금의 징수비율은 '4억 6천만원 + 총매출액 중 100억원을 초과하는 금액의 100분의 10'이다(관광진흥법 시행령 제30조 제2항 제3호).

= 4억 6천만원 + 총매출액 중 100억원을 초과하는 금액인 100억원의 100분의 10
= 4억 6천만원 + 10억원
= 14억 6천만원

핵심이론 52 유원시설업의 조건부 영업허가

① 조건부 영업허가(관광진흥법 제31조)

㉠ 특별자치시장 · 특별자치도지사 · 시장 · 군수 · 구청장은 유원시설업 허가를 할 때 5년의 범위에서 대통령령으로 정하는 기간에 시설 및 설비를 갖출 것을 조건으로 허가할 수 있다. 다만, 천재지변이나 그 밖의 부득이한 사유가 있다고 인정하는 경우에는 해당 사업자의 신청에 따라 한 차례에 한하여 1년을 넘지 아니하는 범위에서 그 기간을 연장할 수 있다.

㉡ 특별자치시장 · 특별자치도지사 · 시장 · 군수 · 구청장은 허가를 받은 자가 정당한 사유 없이 법령에 따른 기간에 허가 조건을 이행하지 아니하면 그 허가를 즉시 취소하여야 한다.

㉢ 허가를 받은 자는 기간 내에 허가 조건에 해당하는 필요한 시설 및 기구를 갖춘 경우 그 내용을 특별자치시장 · 특별자치도지사 · 시장 · 군수 · 구청장에게 신고하여야 한다.

㉣ 특별자치시장 · 특별자치도지사 · 시장 · 군수 · 구청장은 신고를 받은 날부터 문화체육관광부령으로 정하는 기간 내에 신고수리 여부를 신고인에게 통지하여야 한다.

㉤ 특별자치시장 · 특별자치도지사 · 시장 · 군수 · 구청장이 정한 기간 내에 신고수리 여부 또는 민원 처리 관련 법령에 따른 처리기간의 연장을 신고인에게 통지하지 아니하면 그 기간(민원 처리 관련 법령에 따라 처리기간이 연장 또는 재연장된 경우에는 해당 처리기간)이 끝난 날의 다음 날에 신고를 수리한 것으로 본다.

② 유원시설업의 조건부 영업허가 기간 등(관광진흥법 시행령 제31조)

㉠ "대통령령으로 정하는 기간"이란 조건부 영업허가를 받은 날부터 다음의 구분에 따른 기간을 말한다.
- 종합유원시설업을 하려는 경우 : 5년 이내
- 일반유원시설업을 하려는 경우 : 3년 이내

㉡ "그 밖의 부득이한 사유"란 다음의 어느 하나에 해당하는 사유를 말한다.
- 천재지변에 준하는 불가항력적인 사유가 있는 경우
- 조건부 영업허가를 받은 자의 귀책사유가 아닌 사정으로 부지의 조성, 시설 및 설비의 설치가 지연되는 경우
- 그 밖의 기술적인 문제로 시설 및 설비의 설치가 지연되는 경우

[핵심예제]

다음 ㄱ, ㄴ에 들어갈 내용으로 옳은 것은? [2014년 특별]

> 관광진흥법상 유원시설업의 조건부 영업허가 기간은 일반유원시설업을 하려는 경우는 (ㄱ)년 이내이며, 종합유원시설업을 하려는 경우는 (ㄴ)년 이내이다.

① ㄱ - 1, ㄴ - 2
② ㄱ - 2, ㄴ - 3
③ ㄱ - 3, ㄴ - 5
④ ㄱ - 5, ㄴ - 7

정답 ③

해설

특별자치시장 · 특별자치도지사 · 시장 · 군수 · 구청장은 유원시설업 허가를 할 때 5년의 범위에서 대통령령으로 정하는 기간에 시설 및 설비를 갖출 것을 조건으로 허가할 수 있다(관광진흥법 제31조 제1항). "대통령령으로 정하는 기간"이란 조건부 영업허가를 받은 날부터 종합유원시설업을 하려는 경우에는 5년 이내, 일반유원시설업을 하려는 경우에는 3년 이내를 말한다(관광진흥법 시행령 제31조 제1항).

제3과목

핵심이론 53 물놀이형 유원시설업자의 준수사항

① **물놀이형 유원시설업자의 준수사항(관광진흥법 제32조)**

유원시설업의 허가를 받거나 신고를 한 자(유원시설업자) 중 물놀이형 유기시설 또는 유기기구를 설치한 자는 문화체육관광부령으로 정하는 안전 · 위생기준을 지켜야 한다.

② **물놀이형 유원시설업자의 안전 · 위생기준(관광진흥법 시행규칙 별표 10의2)**

㉠ 사업자는 사업장 내에서 이용자가 항상 이용 질서를 유지하도록 하여야 하며, 이용자의 활동에 제공되거나 이용자의 안전을 위하여 설치된 각종 시설 · 설비 · 장비 · 기구 등이 안전하고 정상적으로 이용될 수 있는 상태를 유지하여야 한다.

㉡ 사업자는 물놀이형 유기시설 또는 유기기구의 특성을 고려하여 음주 등으로 정상적인 이용이 곤란하다고 판단될 때에는 음주자 등의 이용을 제한하고, 해당 유기시설 또는 유기기구별 신장 제한 등에 해당되는 어린이는 이용을 제한하거나 보호자와 동행하도록 하여야 한다.

㉢ 사업자는 물놀이형 유기시설 또는 유기기구의 정원, 주변 공간, 부속시설, 수상안전시설의 구비 정도 등을 고려하여 안전과 위생에 지장이 없다고 인정하는 범위에서 사업장의 동시수용 가능 인원을 산정하여 특별자치시장 · 특별자치도지사 · 시장 · 군수 · 구청장에게 제출하여야 하고, 기구별 정원을 초과하여 이용하게 하거나 동시수용 가능인원을 초과하여 입장시켜서는 아니 된다.

㉣ 사업자는 물놀이형 유기시설 또는 유기기구의 설계도에 제시된 유량이 공급되거나 담수되도록 하여야 하고, 이용자가 쉽게 볼 수 있는 곳에 수심 표시를 하여야 한다(수심이 변경되는 구간에는 변경된 수심을 표시).

㉤ 사업자는 풀의 물이 1일 3회 이상 여과기를 통과하도록 하여야 하며, 부유물 및 침전물의 유무를 상시 점검하여야 한다.

㉥ 의무 시설을 설치한 사업자는 의무 시설에 의료법에 따른 간호사 또는 응급의료에 관한 법률에 따른 응급구조사 또는 간호조무사 및 의료유사업자에 관한 규칙에 따른 간호조무사를 1명 이상 배치하여야 한다.

㉦ 사업자는 다음에서 정하는 항목에 관한 기준(해수를 이용하는 경우 환경정책기본법 시행령의 Ⅱ등급 기준을 적용)에 따라 사업장 내 풀의 수질기준을 유지해야 한다.

- 유리잔류염소는 0.4mg/l에서 2.0mg/l까지 유지하도록 하여야 한다. 다만, 오존소독 등으로 사전처리를 하는 경우의 유리잔류염소농도는 0.2mg/l 이상을 유지하여야 한다.
- 수소이온농도는 5.8부터 8.6까지 되도록 하여야 한다.
- 탁도는 2.8NTU 이하로 하여야 한다.
- 과망간산칼륨의 소비량은 15mg/l 이하로 하여야 한다.
- 각 풀의 대장균군은 10밀리리터들이 시험대상 5개 중 양성이 2개 이하이어야 한다.

㉧ 사업자는 사업장 내 풀의 수질검사를 먹는 물 관리법에 따라 지정된 먹는 물 수질검사기관에 의뢰하여 다음의 기준에 따라 실시하고, 관할하는 특별자치시장 · 특별자치도지사 · 시장 · 군수 · 구청장에게 수질검사 결과를 통지해야 한다.

- 항목에 관한 수질검사 : 연 1회 이상. 다만, 과망간산칼륨 및 각 풀의 대장균군에 관한 수질검사는 분기별로 1회 이상
- 7월 및 8월의 경우에는 항목에 관한 수질검사를 각각 1회 이상 실시해야 한다.

㉨ 사업자는 이용자가 쉽게 볼 수 있는 곳에 물놀이형 유기시설 또는 유기기구의 정원 또는 사업장 동시수용 인원, 물의 순환 횟수, 수질검사 일자 및 수질검사 결과 등을 게시하여야 한다.

㉩ 사업자는 물놀이형 유기시설 또는 유기기구에 대한 관리요원을 배치하여 그 이용 상태를 항상 점검하여야 한다.

㉪ 사업자는 이용자의 안전을 위한 안전요원 배치와 관련하여 다음 사항을 준수하여야 한다.
- 안전요원이 할당 구역을 조망할 수 있는 적절한 배치 위치를 확보하여야 한다.
- 수심 100센티미터를 초과하는 풀에서는 면적 660제곱미터당 최소 1인이 배치되어야 하고, 수심 100센티미터 이하의 풀에서는 면적 1,000제곱미터당 최소 1인을 배치하여야 한다.
- 안전요원의 자격은 해양경찰청장이 지정하는 교육기관에서 발급하는 인명구조요원 자격증을 소지한 자, 대한적십자사나 체육시설의 설치 · 이용에 관한 법률에 따른 수영장 관련 체육시설업협회 등에서 실시하는 수상안전에 관한 교육을 받은 자 및 이와 동등한 자격요건을 갖춘 자만 해당한다. 다만, 수심 100센티미터 이하의 풀의 경우에는 문화체육관광부장관이 정하는 업종별 관광협회 또는 기관에서 실시하는 수상안전에 관한 교육을 받은 자도 배치할 수 있다.

[핵심예제]

관광진흥법령상 유원시설업자 중 물놀이형 유기시설 또는 유기기구를 설치한 자가 지켜야 하는 안전 · 위생기준으로 옳지 않은 것은? [2015년 정기]

① 영업 중인 사업장에 의사를 1명 이상 배치하여야 한다.
② 이용자가 쉽게 볼 수 있는 곳에 수심 표시를 하여야 한다.
③ 풀의 물이 1일 3회 이상 여과기를 통과하도록 하여야 한다.
④ 음주 등으로 정상적인 이용이 곤란하다고 판단될 때에는 음주자 등의 이용을 제한하여야 한다.

정답 ①

해설

의무 시설을 설치한 사업자는 의무 시설에 의료법에 따른 간호사 또는 응급의료에 관한 법률에 따른 응급구조사 또는 간호조무사 및 의료유사업자에 관한 규칙에 따른 간호조무사를 1명 이상 배치하여야 한다(관광진흥법 시행규칙 별표 10의2).

핵심이론 54 유원시설업의 안전성검사

① **유원시설업의 안전성검사(관광진흥법 제33조 제1항)**

유원시설업자 및 유원시설업의 허가 또는 변경허가를 받으려는 자(조건부 영업허가를 받은 자로서 그 조건을 이행한 후 영업을 시작하려는 경우를 포함)는 문화체육관광부령으로 정하는 안전성검사 대상 유기시설 또는 유기기구에 대하여 문화체육관광부령에서 정하는 바에 따라 특별자치시장 · 특별자치도지사 · 시장 · 군수 · 구청장이 실시하는 안전성검사를 받아야 하고, 안전성검사 대상이 아닌 유기시설 또는 유기기구에 대하여는 안전성검사 대상에 해당되지 아니함을 확인하는 검사를 받아야 한다. 이 경우 특별자치시장 · 특별자치도지사 · 시장 · 군수 · 구청장은 성수기 등을 고려하여 검사시기를 지정할 수 있다.

② **유기시설 또는 유기기구의 안전성검사 등(관광진흥법 시행규칙 제40조)**

㉠ 안전성검사 대상 유기시설 또는 유기기구와 안전성검사 대상이 아닌 유기시설 및 유기기구는 시행규칙 별표 11과 같다.

㉡ 유원시설업의 허가 또는 변경허가를 받으려는 자(조건부 영업허가를 받은 자로서 조건이행내역 신고서를 제출한 후 영업을 시작하려는 경우를 포함)는 안전성검사 대상 유기시설 또는 유기기구에 대하여 허가 또는 변경허가 전에 안전성검사를 받아야 하며, 허가 또는 변경허가를 받은 다음 연도부터는 연 1회 이상 정기 안전성검사를 받아야 한다. 다만, 최초로 안전성검사를 받은 지 10년이 지난 시행규칙 별표 11 제1호 나목 2)의 유기시설 또는 유기기구에 대하여는 반기별로 1회 이상 안전성 검사를 받아야 한다.

㉢ 안전성검사를 받은 유기시설 또는 유기기구 중 다음의 어느 하나에 해당하는 유기시설 또는 유기기구는 재검사를 받아야 한다.

- 정기 또는 반기별 안전성검사 및 재검사에서 부적합 판정을 받은 유기시설 또는 유기기구
- 사고가 발생한 유기시설 또는 유기기구(유기시설 또는 유기기구의 결함에 의하지 아니한 사고는 제외)
- 3개월 이상 운행을 정지한 유기시설 또는 유기기구

㉣ 기타유원시설업의 신고를 하려는 자와 종합유원시설업 또는 일반유원시설업을 하는 자가 안전성검사 대상이 아닌 유기시설 또는 유기기구를 설치하여 운영하려는 경우에는 안전성검사 대상이 아님을 확인하는 검사를 받아야 한다. 다만, 시행규칙 별표 11 제2호 나목 2)의 유기시설 또는 유기기구는 최초로 확인검사를 받은 다음 연도부터는 2년마다 정기 확인검사를 받아야 하고, 그 확인검사에서 부적합 판정을 받은 유기시설 또는 유기기구는 재확인검사를 받아야 한다.

㉤ 안전성검사 및 안전성검사 대상이 아님을 확인하는 검사에 관한 권한을 위탁받은 업종별 관광협회 또는 전문 연구 · 검사기관은 안전성검사 또는 안전성검사 대상이 아님을 확인하는 검사를 한 경우에는 문화체육관광부장관이 정하여 고시하는 바에 따라 검사결과서를 작성하여 지체 없이 검사신청인과 해당 유원시설업의 소재지를 관할하는 특별자치시장 · 특별자치도지사 · 시장 · 군수 · 구청장에게 각각 통지하여야 한다.

㉥ 유기시설 또는 유기기구에 대한 안전성검사 및 안전성검사 대상이 아님을 확인하는 검사의 세부기준 및 절차는 문화체육관광부장관이 정하여 고시한다.

㉦ 유기시설 또는 유기기구 검사결과서를 통지받은 특별자치시장 · 특별자치도지사 · 시장 · 군수 · 구청장은 그 안전성검사 또는 확인검사 결과에 따라 해당 사업자에게 다음의 조치를 하여야 한다.

- 검사 결과 부적합 판정을 받은 유기시설 또는 유기기구에 대해서는 운행중지를 명하고, 재검사 또는 재확인검사를 받은 후 운행하도록 권고하여야 한다.
- 검사 결과 적합 판정을 받았으나 개선이 필요한 사항이 있는 유기시설 또는 유기기구에 대해서는 개선을 하도록 권고할 수 있다.

㉧ 재검사를 받은 경우에는 정기 안전성검사를 받은 것으로 본다.

㉢ 변경신고를 한 경우 또는 재난 및 안전관리기본법에 따른 긴급안전점검 등이 문화체육관광부장관이 정하여 고시하는 바에 따라 이루어진 경우에는 정기 확인검사에서 제외할 수 있다.

핵심예제

54-1. 관광진흥법령상 안전성검사를 받아야 하는 관광사업은? [2017년]

① 관광유람선업　② 일반유원시설업
③ 관광호텔업　④ 카지노업

정답 ②

54-2. 관광진흥법령상 다음 빈칸 안에 들어갈 내용은? [2014년 정기]

> 유원시설업의 허가 또는 변경허가를 받으려는 자는 안전성검사 대상 유기시설 · 유기기구에 대하여 검사항목별로 안전성검사를 받아야 하며, 허가를 받은 다음 연도부터는 연 ( )회 이상 안전성검사를 받아야 한다.

① 1　② 2
③ 3　④ 5

정답 ①

해설

54-1
유원시설업자 및 유원시설업의 허가 또는 변경허가를 받으려는 자는 문화체육관광부령으로 정하는 안전성검사 대상 유기시설 또는 유기기구에 대하여 문화체육관광부령에서 정하는 바에 따라 안전성검사를 받아야 하고, 안전성검사 대상이 아닌 유기시설 또는 유기기구에 대하여는 안전성검사 대상에 해당되지 아니함을 확인하는 검사를 받아야 한다(관광진흥법 제33조 제1항).

54-2
유원시설업의 허가 또는 변경허가를 받으려는 자는 안전성검사 대상 유기시설 또는 유기기구에 대하여 허가 또는 변경허가 전에 안전성검사를 받아야 하며, 허가 또는 변경허가를 받은 다음 연도부터는 연 1회 이상 정기 안전성검사를 받아야 한다(관광진흥법 시행규칙 제40조 제2항).

핵심이론 55 유원시설업의 안전관리자

① 유원시설업의 안전관리자

㉠ 안전성검사를 받아야 하는 유원시설업자는 유기시설 및 유기기구에 대한 안전관리를 위하여 사업장에 안전관리자를 항상 배치하여야 한다(관광진흥법 제33조 제2항).

㉡ 안전관리자는 문화체육관광부장관이 실시하는 유기시설 및 유기기구의 안전관리에 관한 교육(안전교육)을 정기적으로 받아야 한다(관광진흥법 제33조 제3항).

㉢ 유원시설업자는 안전관리자가 안전교육을 받도록 하여야 한다(관광진흥법 제33조 제4항).

㉣ 안전관리자의 자격 · 배치 기준 및 임무, 안전교육의 내용 · 기간 및 방법 등에 필요한 사항은 문화체육관광부령으로 정한다(관광진흥법 제33조 제5항).

② 안전관리자의 자격 · 배치기준 및 임무(관광진흥법 시행규칙 별표 12)

㉠ 안전관리자의 자격

구 분	자 격
종합유원시설업	• 국가기술자격법에 따른 기계 · 전기 · 전자 또는 안전관리 분야의 산업기사 자격이상 보유한 자 • 고등교육법에 따른 이공계 전문대학 또는 이와 동등 이상의 학교를 졸업한 자로서 종합유원시설업소 또는 일반유원시설업소에서 1년 이상 유기시설 및 유기기구 안전점검 · 정비업무를 담당한 자 또는 기계 · 전기 · 산업안전 · 자동차정비 등 유원시설업의 유사경력 2년 이상인 자 • 국가기술자격법에 따른 기계 · 전기 · 전자 또는 안전관리 분야의 기능사 자격이상 보유한 자로서 종합유원시설업소 또는 일반유원시설업소에서 2년 이상 유기시설 및 유기기구 안전점검 · 정비업무를 담당한 자 또는 기계 · 전기 · 산업안전 · 자동차정비 등 유원시설업의 유사경력 3년 이상인 자

일반 유원 시설업	• 국가기술자격법에 따른 기계 · 전기 · 전자 또는 안전관리 분야의 산업기사 또는 기능사 자격 이상 보유한 자 • 고등교육법에 따른 이공계 전문대학 또는 이와 동등 이상의 학교를 졸업한 자로서 종합유원시설업소 또는 일반유원시설업소에서 1년 이상 유기시설 및 유기기구 안전점검 · 정비업무를 담당한 자 또는 기계 · 전기 · 산업안전 · 자동차정비 등 유원시설업의 유사경력 2년 이상인 자 • 초 · 중등교육법에 따른 공업계 고등학교 또는 이와 동등 이상의 학교를 졸업한 자로서 종합유원시설업소 또는 일반유원시설업소에서 2년 이상 유기시설 및 유기기구 안전점검 · 정비업무를 담당한 자 또는 기계 · 전기 · 산업안전 · 자동차정비 등 유원시설업의 유사경력 3년 이상인 자 • 종합유원시설업 또는 일반유원시설업의 안전관리업무에 종사한 경력이 5년 이상인 자로서, 문화체육관광부장관이 지정하는 업종별 관광협회 또는 전문연구 · 검사기관에서 40시간 이상 안전교육을 이수한 자

㉡ 안전관리자의 배치기준
- 안전성검사 대상 유기기구 1종 이상 10종 이하를 운영하는 사업자 : 1명 이상
- 안전성검사 대상 유기기구 11종 이상 20종 이하를 운영하는 사업자 : 2명 이상
- 안전성검사 대상 유기기구 21종 이상을 운영하는 사업자 : 3명 이상

㉢ 안전관리자의 임무
- 안전관리자는 안전운행 표준지침을 작성하고 유기시설 안전관리계획을 수립하고 이에 따라 안전관리 업무를 수행하여야 한다.
- 안전관리자는 매일 1회 이상 안전성검사 대상 유기시설 또는 유기기구에 대한 안전점검을 하고 그 결과를 안전점검기록부에 기록 · 비치하여야 하며, 이용객이 보기 쉬운 곳에 유기시설 또는 유기기구별로 안전점검표시판을 게시하여야 한다.
- 유기시설과 유기기구의 운행자 및 유원시설 종사자에 대한 안전교육계획을 수립하고, 이에 따라 교육을 하여야 한다.

[핵심예제]

관광진흥법상 안전성검사 대상 유기기구 11종 이상 20종 이하를 운영하는 사업자가 상시 배치하여야 하는 안전관리자의 배치기준은? [2014년 특별]

① 1명 이상 ② 2명 이상
③ 3명 이상 ④ 4명 이상

정답 ②

해설

안전성검사를 받아야 하는 유원시설업자는 유기시설 및 유기기구에 대한 안전관리를 위하여 안전관리자를 항상 배치하여야 하는데(관광진흥법 제33조 제2항), 안전관리자의 배치기준은 안전성검사 대상 유기기구를 1종 이상 10종 이하 운영하는 사업자는 1명 이상, 11종 이상 20종 이하를 운영하는 사업자는 2명 이상, 21종 이상을 운영하는 사업자는 3명 이상이다(관광진흥법 시행규칙 별표 12).

핵심이론 56 유원시설업의 사고보고

① **사고보고의무 및 사고조사(관광진흥법 제33조의2)**

㉠ 유원시설업자는 그가 관리하는 유기시설 또는 유기기구로 인하여 대통령령으로 정하는 중대한 사고가 발생한 때에는 즉시 사용중지 등 필요한 조치를 취하고 문화체육관광부령으로 정하는 바에 따라 특별자치시장 · 특별자치도지사 · 시장 · 군수 · 구청장에게 통보하여야 한다.

㉡ 통보를 받은 특별자치시장 · 특별자치도지사 · 시장 · 군수 · 구청장은 필요하다고 판단하는 경우에는 대통령령으로 정하는 바에 따라 유원시설업자에게 자료의 제출을 명하거나 현장조사를 실시할 수 있다.

㉢ 특별자치시장 · 특별자치도지사 · 시장 · 군수 · 구청장은 자료 및 현장조사 결과에 따라 해당 유기시설 또는 유기기구가 안전에 중대한 침해를 줄 수 있다고 판단하는 경우에는 그 유원시설업자에게 대통령령으로 정하는 바에 따라 사용중지 · 개선 또는 철거를 명할 수 있다.

② **유기시설 등에 의한 중대한 사고(관광진흥법 시행령 제31조의2 제1항)**

"대통령령으로 정하는 중대한 사고"란 다음의 어느 하나에 해당하는 경우가 발생한 사고를 말한다.

㉠ 사망자가 발생한 경우

㉡ 의식불명 또는 신체기능 일부가 심각하게 손상된 중상자가 발생한 경우

㉢ 사고 발생일부터 3일 이내에 실시된 의사의 최초 진단결과 2주 이상의 입원 치료가 필요한 부상자가 동시에 3명 이상 발생한 경우

㉣ 사고 발생일부터 3일 이내에 실시된 의사의 최초 진단결과 1주 이상의 입원 치료가 필요한 부상자가 동시에 5명 이상 발생한 경우

㉤ 유기시설 또는 유기기구의 운행이 30분 이상 중단되어 인명 구조가 이루어진 경우

③ **유기시설 · 유기기구로 인한 중대한 사고의 통보(관광진흥법 시행규칙 제41조의2 제1항)**

유원시설업자는 그가 관리하는 유기시설 또는 유기기구로 인하여 대통령령으로 정하는 중대한 사고가 발생한 경우에는 사고 발생일부터 3일 이내에 다음의 사항을 관할 특별자치시장 · 특별자치도지사 · 시장 · 군수 · 구청장에게 통보하여야 한다.

㉠ 사고가 발생한 영업소의 명칭, 소재지, 전화번호 및 대표자 성명

㉡ 사고 발생 경위(사고 일시 · 장소, 사고 발생 유기시설 또는 유기기구의 명칭을 포함하여야 한다)

㉢ 조치 내용

㉣ 사고 피해자의 이름, 성별, 생년월일 및 연락처

㉤ 사고 발생 유기시설 또는 유기기구의 안전성검사의 결과 또는 안전성검사 대상에 해당되지 아니함을 확인하는 검사의 결과

핵심예제

56-1. 관광진흥법령상 유기시설 또는 유기기구로 인하여 중대한 사고가 발생한 경우 특별자치시장 · 특별자치도지사 · 시장 · 군수 · 구청장이 자료 및 현장조사 결과에 따라 유원시설업자에게 명할 수 있는 조치에 해당하지 않는 것은?

[2016년 정기]

① 배상 명령　　② 개선 명령
③ 철거 명령　　④ 사용중지 명령

정답 ①(해설참조)

56-2. 관광진흥법령상 유원시설업자는 그가 관리하는 유기기구로 인하여 중대한 사고가 발생한 경우 즉시 사용중지 등 필요한 조치를 취하고 특별자치시장 · 특별자치도지사 · 시장 · 군수 · 구청장에게 통보하여야 한다. 그 중대한 사고의 경우로 명시되지 않은 것은? [2019년]

① 사망자가 발생한 경우
② 신체기능 일부가 심각하게 손상된 중상자가 발생한 경우
③ 유기기구의 운행이 30분 이상 중단되어 인명 구조가 이루어진 경우
④ 사고 발생일부터 5일 이내에 실시된 의사의 최초 진단결과 1주 이상의 입원 치료가 필요한 부상자가 동시에 2명 이상 발생한 경우

정답 ④

해설

56-1

특별자치시장 · 특별자치도지사 · 시장 · 군수 · 구청장은 자료 및 현장조사 결과에 따라 해당 유기시설 또는 유기기구가 안전에 중대한 침해를 줄 수 있다고 판단하는 경우에는 그 유원시설업자에게 대통령령으로 정하는 바에 따라 사용중지 · 개선 또는 철거를 명할 수 있다(관광진흥법 제33조의2 제3항).

※ 2018년 6월 12일 법령이 개정되어 '특별자치시장'이 추가되었다.

56-2

유원시설업자는 그가 관리하는 유기시설 또는 유기기구로 인하여 사망자가 발생한 경우, 의식불명 또는 신체기능 일부가 심각하게 손상된 중상자가 발생한 경우, 사고 발생일부터 3일 이내에 실시된 의사의 최초 진단결과 2주 이상의 입원 치료가 필요한 부상자가 동시에 3명 이상 발생한 경우, 사고 발생일부터 3일 이내에 실시된 의사의 최초 진단결과 1주 이상의 입원 치료가 필요한 부상자가 동시에 5명 이상 발생한 경우, 유기시설 또는 유기기구의 운행이 30분 이상 중단되어 인명 구조가 이루어진 경우에는 즉시 사용중지 등 필요한 조치를 취하고 문화체육관광부령으로 정하는 바에 따라 특별자치시장 · 특별자치도지사 · 시장 · 군수 · 구청장에게 통보하여야 한다(관광진흥법 제33조의2 제1항).

핵심이론 57 관광사업의 등록 취소 등(관광진흥법 제35조)

① 관할 등록기관 등의 장은 관광사업의 등록 등을 받거나 신고를 한 자 또는 사업계획의 승인을 받은 자가 다음의 어느 하나에 해당하면 그 등록 등 또는 사업계획의 승인을 취소하거나 6개월 이내의 기간을 정하여 그 사업의 전부 또는 일부의 정지를 명하거나 시설 · 운영의 개선을 명할 수 있다.

㉠ 등록기준에 적합하지 아니하게 된 경우 또는 변경등록기간 내에 변경등록을 하지 아니하거나 등록한 영업범위를 벗어난 경우

㉡ 문화체육관광부령으로 정하는 시설과 설비를 갖추지 아니하게 되는 경우

㉢ 변경허가를 받지 아니하거나 변경신고를 하지 아니한 경우

㉣ 지정기준에 적합하지 아니하게 된 경우

㉤ 관광사업자의 지위승계(사업계획의 승인을 받은 자의 지위승계의 경우 포함)에 대하여 기한 내에 신고를 하지 아니한 경우

㉥ 휴업 또는 폐업을 하고 알리지 아니하거나 미리 신고하지 아니한 경우

㉦ 보험 또는 공제에 가입하지 아니하거나 영업보증금을 예치하지 아니한 경우

㉧ 사실과 다르게 관광표지를 붙이거나 관광표지에 기재되는 내용을 사실과 다르게 표시 또는 광고하는 행위를 한 경우

㉨ 관광사업의 시설을 타인에게 처분하거나 타인에게 경영하도록 한 경우

㉩ 기획여행의 실시요건 또는 실시방법을 위반하여 기획여행을 실시한 경우

㉪ 안전정보 또는 변경된 안전정보를 제공하지 아니하거나, 여행계약서 및 보험 가입 등을 증명할 수 있는 서류를 여행자에게 내주지 아니한 경우 또는 여행자의 사전 동의 없이 여행일정(선택관광 일정을 포함)을 변경하는 경우

ⓔ 사업계획의 승인을 얻은 자가 정당한 사유 없이 대통령령으로 정하는 기간 내에 착공 또는 준공을 하지 아니하거나 같은 조를 위반하여 변경승인을 얻지 아니하고 사업계획을 임의로 변경한 경우
ⓟ 관광숙박업자의 준수사항을 위반한 경우
ⓗ 호텔업 등록을 한 자 중 대통령령으로 정하는 자가 등급결정을 신청하지 아니한 경우
㉮ 법령을 위반하여 분양 또는 회원모집을 하거나 공유자 · 회원의 권익을 보호하기 위한 사항을 준수하지 아니한 경우
㉯ 야영장업자의 준수사항을 위반한 경우
㉰ 카지노업의 허가요건에 적합하지 아니하게 된 경우
㉱ 카지노 시설 및 기구에 관한 유지 · 관리를 소홀히 한 경우
㉲ 카지노사업자의 준수사항을 위반한 경우
㉳ 법령을 위반하여 관광진흥개발기금을 납부하지 아니한 경우
㉴ 물놀이형 유원시설 등의 안전 · 위생기준을 지키지 아니한 경우
㉵ 유기시설 또는 유기기구에 대한 안전성검사 및 안전성검사 대상에 해당되지 아니함을 확인하는 검사를 받지 아니하거나 안전관리자를 배치하지 아니한 경우
㉶ 유원시설업자가 영업질서 유지를 위한 준수사항을 지키지 아니하거나 불법으로 제조한 부분품을 설치하거나 사용한 경우
㉷ 외국인 관광객을 대상으로 하는 여행업자가 관광통역안내의 자격이 없는 자를 관광안내에 종사하게 한 경우
㉸ 보고 또는 서류제출명령을 이행하지 아니하거나 관계 공무원의 검사를 방해한 경우
㉹ 관광사업의 경영 또는 사업계획을 추진함에 있어서 뇌물을 주고받은 경우
㉺ 고의로 여행계약을 위반한 경우(여행업자만 해당)

② 관할 등록기관 등의 장은 관광사업의 등록 등을 받은 자가 다음의 어느 하나에 해당하면 6개월 이내의 기간을 정하여 그 사업의 전부 또는 일부의 정지를 명할 수 있다.
㉠ 국외여행 인솔자의 등록을 하지 아니한 자에게 국외여행을 인솔하게 한 경우
㉡ 문화체육관광부장관의 지도와 명령을 이행하지 아니한 경우

③ 취소 · 정지처분 및 시설 · 운영개선명령의 세부적인 기준은 그 사유와 위반 정도를 고려하여 대통령령으로 정한다.

④ 관할 등록기관 등의 장은 관광사업에 사용할 것을 조건으로 관세법 등에 따라 관세의 감면을 받은 물품을 보유하고 있는 관광사업자로부터 그 물품의 수입면허를 받은 날부터 5년 이내에 그 사업의 양도 · 폐업의 신고 또는 통보를 받거나 그 관광사업자의 등록 등의 취소를 한 경우에는 관할 세관장에게 그 사실을 즉시 통보하여야 한다.

⑤ 관할 등록기관 등의 장은 관광사업자에 대하여 등록 등을 취소하거나 사업의 전부 또는 일부의 정지를 명한 경우에는 소관 행정기관의 장(외국인투자기업인 경우에는 기획재정부장관을 포함)에게 그 사실을 통보할 수 있다.

⑥ 관할 등록기관 등의 장 외의 소관 행정기관의 장이 관광사업자에 대하여 그 사업의 정지나 취소 또는 시설의 이용을 금지하거나 제한하려면 미리 관할 등록기관 등의 장과 협의하여야 한다.

⑦ ①의 어느 하나에 해당하는 관광숙박업자의 위반행위가 공중위생관리법에 따른 위반행위에 해당하면 공중위생관리법의 규정에도 불구하고 이 법을 적용한다.

[핵심예제]

57-1. 관광진흥법상 관할 등록기관 등의 장이 등록 등 또는 사업계획의 승인을 취소할 수 있는 경우가 아닌 것은?

[2016년 특별]

① 기획여행의 실시방법을 위반하여 기획여행을 실시한 경우
② 관광표지에 기재되는 내용을 사실과 다르게 표시 또는 광고하는 행위를 한 경우
③ 여행자의 사전 동의 없이 여행일정을 변경하는 경우
④ 국외여행 인솔자의 등록을 하지 아니한 자에게 국외여행을 인솔하게 한 경우

정답 ④

57-2. 관광사업에 사용할 것을 조건으로 관세의 감면을 받은 물품의 수입면허를 받은 날부터 5년 이내에 그 사업의 양도 · 폐업의 신고 또는 통보를 받거나 그 관광사업자의 등록 등의 취소를 한 경우 관할 등록기관장이 즉시 통보해야 할 대상은?

[2013년 정기]

① 국세청장 ② 관할 세관장
③ 법무부 장관 ④ 문화체육관광부 장관

정답 ②

해설

57-1
관할 등록기관 등의 장은 관광사업의 등록 등을 받은 자가 국외여행 인솔자의 등록을 하지 아니한 자에게 국외여행을 인솔하게 한 경우에 해당하면 6개월 이내의 기간을 정하여 그 사업의 전부 또는 일부의 정지를 명할 수 있다(관광진흥법 제35조 제2항 제1호).

57-2
관할 등록기관 등의 장은 관광사업에 사용할 것을 조건으로 관세법 등에 따라 관세의 감면을 받은 물품을 보유하고 있는 관광사업자로부터 그 물품의 수입면허를 받은 날부터 5년 이내에 그 사업의 양도 · 폐업의 신고 또는 통보를 받거나 그 관광사업자의 등록 등의 취소를 한 경우에는 관할 세관장에게 그 사실을 즉시 통보하여야 한다(관광진흥법 제35조 제4항).

핵심이론 58 행정처분의 기준(관광진흥법 시행령 별표 2)

① 일반기준

㉠ 위반행위가 두 가지 이상일 때에는 그 중 중한 처분기준(중한 처분기준이 같을 때에는 그 중 하나의 처분기준)에 따르며, 두 가지 이상의 처분기준이 모두 사업정지일 경우에는 중한 처분기준의 2분의 1까지 가중처분할 수 있되, 각 처분기준을 합산한 기간을 초과할 수 없다.

㉡ 위반행위의 횟수에 따른 행정처분의 기준은 최근 1년(카지노업에 대하여 행정처분을 하는 경우에는 최근 3년)간 같은 위반행위로 행정처분을 받은 경우에 적용한다. 이 경우 기간의 계산은 위반행위에 대하여 행정처분을 받은 날과 그 처분 후 다시 같은 위반행위를 하여 적발된 날을 기준으로 한다.

㉢ ㉡에 따라 가중된 행정처분을 하는 경우 행정처분의 적용 차수는 그 위반행위 전 행정처분 차수(㉡에 따른 기간 내에 행정처분이 둘 이상 있었던 경우에는 높은 차수)의 다음 차수로 한다.

㉣ 처분권자는 위반행위의 동기 · 내용 · 횟수 및 위반의 정도 등 아래의 규정에 해당하는 사유를 고려하여 그 처분을 감경할 수 있다. 이 경우 그 처분이 사업정지인 경우에는 그 처분기준의 2분의 1의 범위에서 감경할 수 있다.

- 위반행위가 고의나 중대한 과실이 아닌 사소한 부주의나 오류로 인한 것으로 인정되는 경우
- 위반의 내용 · 정도가 경미하여 소비자에게 미치는 피해가 적다고 인정되는 경우
- 위반 행위자가 처음 해당 위반행위를 한 경우로서, 5년 이상 관광사업을 모범적으로 해 온 사실이 인정되는 경우
- 위반 행위자가 해당 위반행위로 인하여 검사로부터 기소유예 처분을 받거나 법원으로부터 선고유예의 판결을 받은 경우

② 개별기준

위반사항	행정처분기준			
	1차	2차	3차	4차
㉠ 등록기준에 적합하지 아니하게 된 경우 또는 변경등록기간 내에 변경등록을 하지 아니하거나 등록한 영업범위를 벗어난 경우				
1) 등록기준에 적합하지 아니하게 된 경우	시정명령	사업정지 15일	사업정지 1개월	취 소
2) 변경등록기간 내에 변경등록을 하지 아니한 경우	시정명령	사업정지 15일	사업정지 1개월	취 소
3) 등록한 영업범위를 벗어난 경우				
가) 관광숙박업(문화체육관광부장관이 정하여 고시하는 학교환경위생을 저해하는 행위만 해당)	사업정지 1개월	사업정지 2개월	취 소	
나) 가) 외의 관광사업	사업정지 1개월	사업정지 2개월	사업정지 3개월	취 소
㉡ 문화체육관광부령으로 정하는 시설과 설비를 갖추지 아니하게 되는 경우	시정명령	사업정지 10일	사업정지 1개월	취소(신고업종의 경우에는 사업정지 3개월)
㉢ 지정기준에 적합하지 않게 된 경우	시정명령	사업정지 15일	취 소	
㉣ 기획여행의 실시요건 또는 실시방법을 위반하여 기획여행을 실시한 경우	사업정지 15일	사업정지 1개월	사업정지 3개월	취 소
㉤ 등록을 하지 않은 자에게 국외여행을 인솔하게 한 경우	사업정지 10일	사업정지 20일	사업정지 1개월	사업정지 3개월
㉥ 법 제14조(여행계약 등)를 위반한 경우 1) 안전정보 또는 변경된 안전정보를 제공하지 않은 경우	시정명령	사업정지 5일	사업정지 10일	취 소
2) 여행계획서(여행일정표 및 약관을 포함) 및 보험 가입 등을 증명할 수 있는 서류를 여행자에게 내주지 아니한 경우	시정명령	사업정지 10일	사업정지 20일	취 소
3) 여행자의 사전 동의 없이 여행일정(선택관광일정을 포함)을 변경한 경우	시정명령	사업정지 10일	사업정지 20일	취 소
㉦ 안전성검사를 받지 아니하거나 안전관리자를 배치하지 아니한 경우				
1) 유기시설 또는 유기기구에 대한 안전성검사를 받지 아니한 경우	사업정지 20일	사업정지 1개월	취 소	
2) 안전성검사 대상에 해당되지 아니함을 확인하는 검사를 받지 아니한 경우	사업정지 10일	사업정지 20일	사업정지 1개월	사업정지 3개월
3) 안전관리자를 배치하지 아니한 경우	사업정지 5일	사업정지 10일	사업정지 20일	취 소
㉧ 법 제34조(유원시설업의 영업질서 유지 등)를 위반한 경우				

1) 유원시설업의 영업질서 유지를 위한 준수사항을 지키지 아니한 경우	시정명령	사업정지 10일	사업정지 20일	사업정지 1개월
2) 불법으로 제조한 유기시설·유기기구 또는 유기기구의 부분품을 설치하거나 사용한 경우	사업정지 15일	사업정지 1개월	사업정지 2개월	취소(신고업종의 경우에는 사업정지 3개월)
㉶ 법 제38조(관광종사원의 자격 등) 제1항 단서를 위반하여 해당 자격이 없는 자를 종사하게 한 경우	시정명령	사업정지 15일	취 소	
㉷ 고의로 여행계약을 위반한 경우(여행업자만 해당한다)	시정명령	사업정지 10일	사업정지 20일	취 소

핵심예제

외국인 관광객을 대상으로 하는 A여행사는 관광통역안내 자격이 없는 사람으로 하여금 외국인의 관광안내에 종사하게 하여 최근 1년 동안 같은 위반행위로 세 번의 행정처분을 받게 되었다. 관광진흥법상 A여행사가 세 번째로 받게 되는 행정처분으로 옳은 것은? [2013년 정기]

① 사업정지 1개월 ② 사업정지 3개월
③ 사업정지 6개월 ④ 등록의 취소

정답 ④(해설참조)

해설

법 제38조 제1항 단서(외국인 관광객을 대상으로 하는 여행업자는 관광통역안내의 자격을 가진 사람을 관광안내에 종사하게 하여야 한다)를 위반하여 해당 자격이 없는 자를 종사하게 한 경우 1차 위반은 시정명령, 2차 위반은 사업정지 15일, 3차 위반은 취소의 처분을 받게 된다(관광진흥법 시행령 별표 2).

※ 출제 당시 정답은 ①이었으나, 2016년 8월 2일 법령이 개정되어 현재는 3차 위반 시 '취소' 처분을 받게 된다.

핵심이론 59 폐쇄조치 등(관광진흥법 제36조)

① 관할 등록기관 등의 장은 허가 또는 신고 없이 영업을 하거나 허가의 취소 또는 사업의 정지명령을 받고 계속하여 영업을 하는 자에 대하여는 그 영업소를 폐쇄하기 위하여 관계 공무원에게 다음의 조치를 하게 할 수 있다.
  ㉠ 해당 영업소의 간판이나 그 밖의 영업표지물의 제거 또는 삭제
  ㉡ 해당 영업소가 적법한 영업소가 아니라는 것을 알리는 게시물 등의 부착
  ㉢ 영업을 위하여 꼭 필요한 시설물 또는 기구 등을 사용할 수 없게 하는 봉인(封印)

② 관할 등록기관 등의 장은 행정처분을 한 경우에는 관계 공무원으로 하여금 이를 인터넷 홈페이지 등에 공개하게 하거나 사실과 다른 관광표지를 제거 또는 삭제하는 조치를 하게 할 수 있다.

③ 관할 등록기관 등의 장은 봉인을 한 후 다음의 어느 하나에 해당하는 사유가 생기면 봉인을 해제할 수 있다. 게시를 한 경우에도 또한 같다.
  ㉠ 봉인을 계속할 필요가 없다고 인정되는 경우
  ㉡ 해당 영업을 하는 자 또는 그 대리인이 정당한 사유를 들어 봉인의 해제를 요청하는 경우

④ 관할 등록기관 등의 장은 ① 및 ②에 따른 조치를 하려는 경우에는 미리 그 사실을 그 사업자 또는 그 대리인에게 서면으로 알려주어야 한다. 다만, 급박한 사유가 있으면 그러하지 아니하다.

⑤ ①에 따른 조치는 영업을 할 수 없게 하는 데에 필요한 최소한의 범위에 그쳐야 한다.

⑥ 영업소를 폐쇄하거나 관광표지를 제거·삭제하는 관계 공무원은 그 권한을 표시하는 증표를 지니고 이를 관계인에게 내보여야 한다.

[핵심예제]

관광진흥법상 관할 등록기관 등의 장이 영업소를 폐쇄하기 위하여 취할 수 있는 조치로서 명시되지 않은 것은?

[2016년 정기]

① 해당 영업소의 간판이나 그 밖의 영업표지물의 제거 또는 삭제
② 영업에 사용되는 시설물 또는 기구 등에 대한 압류
③ 해당 영업소가 적법한 영업소가 아니라는 것을 알리는 게시물 등의 부착
④ 영업을 위하여 꼭 필요한 시설물 또는 기구 등을 사용할 수 없게 하는 봉인

정답 ②

해설

관할 등록기관 등의 장은 영업소를 폐쇄하기 위하여 관계 공무원에게 해당 영업소의 간판이나 그 밖의 영업표지물의 제거 또는 삭제, 해당 영업소가 적법한 영업소가 아니라는 것을 알리는 게시물 등의 부착, 영업을 위하여 꼭 필요한 시설물 또는 기구 등을 사용할 수 없게 하는 봉인(封印)의 조치를 하게 할 수 있다(관광진흥법 제36조 제1항).

핵심이론 60 과징금

① 과징금의 부과(관광진흥법 제37조)

㉠ 관할 등록기관 등의 장은 관광사업자에게 사업 정지를 명하여야 하는 경우로서 그 사업의 정지가 그 이용자 등에게 심한 불편을 주거나 그 밖에 공익을 해칠 우려가 있으면 사업 정지 처분을 갈음하여 2천만원 이하의 과징금(過徵金)을 부과할 수 있다.

㉡ 과징금을 부과하는 위반 행위의 종류 · 정도 등에 따른 과징금의 금액과 그 밖에 필요한 사항은 대통령령으로 정한다.

㉢ 관할 등록기관 등의 장은 과징금을 내야 하는 자가 납부기한까지 내지 아니하면 국세 체납처분의 예 또는 지방행정제재 · 부과금의 징수 등에 관한 법률에 따라 징수한다.

② 과징금의 부과 및 납부(관광진흥법 시행령 제35조)

㉠ 등록기관 등의 장은 과징금을 부과하려면 그 위반행위의 종류와 과징금의 금액 등을 명시하여 납부할 것을 서면으로 알려야 한다.

㉡ 과징금 부과 통지를 받은 자는 20일 이내에 과징금을 등록기관 등의 장이 정하는 수납기관에 내야 한다. 다만, 천재지변이나 그 밖의 부득이한 사유로 그 기간에 과징금을 낼 수 없는 경우에는 그 사유가 없어진 날부터 7일 이내에 내야 한다.

㉢ 과징금을 받은 수납기관은 영수증을 납부자에게 발급하여야 한다.

㉣ 과징금의 수납기관은 과징금을 받은 경우에는 지체 없이 그 사실을 등록기관 등의 장에게 통보하여야 한다.

[핵심예제]

60-1. 관광진흥법령상 과징금에 관한 설명으로 옳은 것은?

[2020년]

① 등록의 취소를 갈음하여 과징금을 부과할 수 있다.
② 위반의 정도가 심한 경우 5천만원의 과징금을 부과할 수 있다.
③ 과징금은 분할하여 낼 수 있다.
④ 과징금을 내야 하는 자가 납부기한까지 내지 아니하면 국세 체납처분의 예 또는 지방행정제재 · 부과금의 징수 등에 관한 법률에 따라 징수한다.

정답 ③, ④(해설참조)

60-2. 관광진흥법상 빈칸에 들어갈 내용이 순서대로 옳은 것은?

[2016년 정기]

> 관할 등록기관 등의 장은 관광사업자에게 사업 정지를 명하여야 하는 경우로서 그 사업의 정지가 그 이용자 등에게 심한 불편을 주거나 그 밖에 공익을 해칠 우려가 있으면 사업 정지 처분을 갈음하여 ( ) 이하의 ( )을(를) 부과할 수 있다.

① 1천만원, 벌금
② 1천만원, 과태료
③ 2천만원, 과징금
④ 3천만원, 이행강제금

정답 ③

해설

60-1

① · ② 사업 정지 처분을 갈음하여 2천만원 이하의 과징금을 부과할 수 있다(관광진흥법 제37조 제1항).

※ 출제 당시 답은 ④였으나 2021년 9월 24일 법령이 개정되어 현재 답은 ③ · ④이다.

60-2

관할 등록기관 등의 장은 사업 정지를 명하여야 하는 경우로서 그 사업의 정지가 그 이용자 등에게 심한 불편을 주거나 그 밖에 공익을 해칠 우려가 있으면 사업 정지 처분을 갈음하여 2천만원 이하의 과징금(過徵金)을 부과할 수 있다(관광진흥법 제37조 제1항).

핵심이론 61 관광종사원의 자격

① 관광종사원의 자격(관광진흥법 제38조 제1항)

관할 등록기관 등의 장은 대통령령으로 정하는 관광 업무에는 관광종사원의 자격을 가진 자가 종사하도록 해당 관광사업자에게 권고할 수 있다. 다만, 외국인 관광객을 대상으로 하는 여행업자는 관광통역안내의 자격을 가진 사람을 관광안내에 종사하게 하여야 한다.

② 자격을 필요로 하는 관광 업무 자격기준(관광진흥법 시행령 제36조)

등록기관 등의 장이 관광종사원의 자격을 가진 자가 종사하도록 권고할 수 있거나 종사하게 하여야 하는 관광 업무 및 업무별 자격기준은 별표 4와 같다.

③ 관광 업무별 자격기준(관광진흥법 시행령 별표 4)

업 종	업 무	종사하도록 권고할 수 있는 자	종사하게 하여야 하는 자
여행업	외국인 관광객의 국내여행을 위한 안내	–	관광통역안내사 자격을 취득한 자
	내국인의 국내여행을 위한 안내	국내여행안내사 자격을 취득한 자	–
관광 숙박업	4성급 이상의 관광호텔업의 총괄관리 및 경영업무	호텔경영사 자격을 취득한 자	–
	4성급 이상의 관광호텔업의 객실관리 책임자 업무	호텔경영사 또는 호텔관리사 자격을 취득한 자	–
	3성급 이하의 관광호텔업과 한국전통호텔업 · 수상관광호텔업 · 휴양콘도미니엄업 · 가족호텔업 · 호스텔업 · 소형호텔업 및 의료관광호텔업의 총괄관리 및 경영업무	호텔경영사 또는 호텔관리사 자격을 취득한 자	–
	현관 · 객실 · 식당의 접객업무	호텔서비스사 자격을 취득한 자	–

핵심예제

관광진흥법령상 관광 업무별 종사하게 하여야 하는 자를 바르게 연결한 것은? [2019년]

① 내국인의 국내여행을 위한 안내 – 관광통역안내사 자격을 취득한 자
② 외국인 관광객의 국내여행을 위한 안내 – 관광통역안내사 자격을 취득한 자
③ 현관 · 객실 · 식당의 접객업무 – 호텔관리사 자격을 취득한 자
④ 4성급 이상의 관광호텔업의 총괄관리 및 경영업무 – 호텔관리사 자격을 취득한 자

정답 ②

해설

② 외국인 관광객의 국내여행을 위한 안내 업무에는 관광통역안내사 자격을 취득한 자를 종사하게 하여야 한다(관광진흥법 시행령 별표 4).
① 내국인의 국내여행을 위한 안내 업무에는 국내여행안내사 자격을 취득한 자를 종사하도록 권고할 수 있다(관광진흥법 시행령 별표 4).
③ 현관 · 객실 · 식당의 접객업무에는 호텔서비스사 자격을 취득한 자를 종사하도록 권고할 수 있다(관광진흥법 시행령 별표 4).
④ 4성급 이상의 관광호텔업의 총괄관리 및 경영업무에는 호텔경영사 자격을 취득한 자를 종사하도록 권고할 수 있다(관광진흥법 시행령 별표 4).

핵심이론 62 관광종사원의 자격시험 등

① **관광종사원의 자격시험 등**

㉠ 관광종사원의 자격을 취득하려는 자는 문화체육관광부령으로 정하는 바에 따라 문화체육관광부장관이 실시하는 시험에 합격한 후 문화체육관광부장관에게 등록하여야 한다. 다만, 문화체육관광부령으로 따로 정하는 자는 시험의 전부 또는 일부를 면제할 수 있다(관광진흥법 제38조 제2항).

㉡ 문화체육관광부장관은 ㉠에 따라 등록을 한 자에게 관광종사원 자격증을 내주어야 한다(관광진흥법 제38조 제3항).

㉢ 관광종사원 자격증을 가진 자는 그 자격증을 잃어버리거나 못 쓰게 되면 문화체육관광부장관에게 그 자격증의 재교부를 신청할 수 있다(관광진흥법 제38조 제4항).

㉣ 시험의 최종합격자 발표일을 기준으로 피성년후견인 · 피한정후견인, 파산선고를 받고 복권되지 아니한 자, 이 법을 위반하여 징역 이상의 실형을 선고받고 그 집행이 끝나거나 집행을 받지 아니하기로 확정된 후 2년이 지나지 아니한 자 또는 형의 집행유예 기간 중에 있는 자의 어느 하나에 해당하는 자는 관광종사원의 자격을 취득하지 못한다(관광진흥법 제38조 제5항).

㉤ 관광통역안내의 자격이 없는 사람은 외국인 관광객을 대상으로 하는 관광안내(외국인 관광객을 대상으로 하는 여행업에 종사하여 관광안내를 하는 경우에 한정)를 하여서는 아니 된다(관광진흥법 제38조 제6항).

㉥ 관광통역안내의 자격을 가진 사람이 관광안내를 하는 경우에는 자격증을 패용하여야 한다(관광진흥법 제38조 제7항).

㉦ 자격증은 다른 사람에게 빌려주거나 빌려서는 아니 되며, 이를 알선해서도 아니 된다(관광진흥법 제38조 제8항).

㉧ 문화체육관광부장관은 시험에서 다음의 어느 하나에 해당하는 사람에 대하여는 그 시험을 정지 또는 무효로 하거나 합격결정을 취소하고, 그 시험을 정지하거나 무효로 한 날 또는 합격결정을 취소한 날부터 3년간 시험응시자격을 정지한다(관광진흥법 제38조 제9항).

- 부정한 방법으로 시험에 응시한 사람
- 시험에서 부정한 행위를 한 사람

② **관광종사원의 자격시험(관광진흥법 시행규칙 제44조)**

㉠ 관광종사원의 자격시험은 필기시험(외국어시험을 제외한 필기시험), 외국어시험(관광통역안내사 · 호텔경영사 · 호텔관리사 및 호텔서비스사 자격시험만 해당) 및 면접시험으로 구분하되, 평가의 객관성이 확보될 수 있는 방법으로 시행하여야 한다.

㉡ 면접시험은 필기시험 및 외국어시험에 합격한 자에 대하여 시행한다.

③ **면접시험(관광진흥법 시행규칙 제45조)**

㉠ 면접시험은 다음의 사항에 관하여 평가한다.

- 국가관 · 사명감 등 정신자세
- 전문지식과 응용능력
- 예의 · 품행 및 성실성
- 의사발표의 정확성과 논리성

㉡ 면접시험의 합격점수는 면접시험 총점의 6할 이상이어야 한다.

④ **관광종사원의 등록 및 자격증 발급(관광진흥법 시행규칙 제53조)**

㉠ 시험에 합격한 자는 관광종사원 등록신청서에 사진(최근 6개월 이내에 모자를 쓰지 않고 촬영한 상반신 반명함판) 2매를 첨부하여 한국관광공사 및 한국관광협회중앙회에 등록을 신청하여야 한다.

㉡ 한국관광공사 및 한국관광협회중앙회는 신청을 받은 경우에는 결격사유가 없는 자에 한하여 관광종사원으로 등록하고 관광종사원 자격증을 발급하여야 한다.

㉢ ㉡에도 불구하고 관광통역안내사의 경우에는 기재사항 및 교육이수 정보 등을 전자적 방식으로 저장한 집적회로(IC) 칩을 첨부한 자격증을 발급하여야 한다.

[핵심예제]

62-1. 관광진흥법령상 관광종사원의 자격 등에 관한 내용으로 옳지 않은 것은? [2015년 정기]

① 파산선고를 받고 복권되지 아니한 자는 취득하지 못한다.
② 관광종사원의 자격을 취득하려는 자는 문화체육관광부장관이 실시하는 시험에 합격한 후 문화체육관광부장관에게 등록하여야 한다.
③ 관광종사원의 자격증을 분실하게 되면 한국관광공사의 사장에게 재교부를 신청하여야 한다.
④ 관할 등록기관 등의 장은 대통령령으로 정하는 관광 업무에는 관광종사원의 자격을 가진 자가 종사하도록 해당 관광사업자에게 권고할 수 있다.

정답 ③

62-2. 관광종사원 자격시험 중 면접시험 평가항목으로 옳지 않은 것은? [2013년 정기]

① 의사발표의 정확성과 논리성
② 국가관 · 사명감 등 정신자세
③ 예의 · 품행 및 성실성
④ 일반상식 및 응시목적

정답 ④

해설

62-1
관광종사원 자격증을 가진 자는 그 자격증을 잃어버리거나 못 쓰게 되면 문화체육관광부장관에게 그 자격증의 재교부를 신청할 수 있다(관광진흥법 제38조 제4항).
① 관광진흥법 제38조 제5항
② 관광진흥법 제38조 제2항
④ 관광진흥법 제38조 제1항

62-2
면접시험은 국가관 · 사명감 등 정신자세, 전문지식과 응용능력, 예의 · 품행 및 성실성, 의사발표의 정확성과 논리성에 관하여 평가한다(관광진흥법 시행규칙 제45조 제1항).

핵심이론 63 시험의 면제

① 시험의 면제(관광진흥법 시행규칙 제51조)
㉠ 시험의 일부를 면제할 수 있는 경우는 시행규칙 별표 16과 같다.
㉡ 필기시험 및 외국어시험에 합격하고 면접시험에 불합격한 자에 대하여는 다음 회의 시험에만 필기시험 및 외국어시험을 면제한다.
㉢ 시험의 면제를 받으려는 자는 관광종사원 자격시험 면제신청서에 경력증명서, 학력증명서 또는 그 밖에 자격을 증명할 수 있는 서류를 첨부하여 한국산업인력공단에 제출하여야 한다.

② 시험의 면제기준(관광진흥법 시행규칙 별표 16)

구 분	면제대상 및 면제과목
관광통역안내사	• 고등교육법에 따른 전문대학 이상의 학교 또는 다른 법령에서 이와 동등 이상의 학력이 인정되는 교육기관에서 해당 외국어를 3년 이상 강의한 자에 대하여 해당 외국어시험을 면제 • 4년 이상 해당 언어권의 외국에서 근무하거나 유학(해당 언어권의 언어를 사용하는 학교에서 공부한 것)을 한 경력이 있는 자 및 초 · 중등교육법에 따른 중 · 고등학교 또는 고등기술학교에서 해당 외국어를 5년 이상 강의한 자에 대하여 해당 외국어 시험을 면제 • 고등교육법에 따른 전문대학 이상의 학교에서 관광분야를 전공(전공과목이 관광법규 및 관광학개론 또는 이에 준하는 과목으로 구성되는 전공과목을 30학점 이상 이수한 경우)하고 졸업한 자(졸업예정자 및 관광분야 과목을 이수하여 다른 법령에서 이와 동등한 학력을 취득한 자를 포함)에 대하여 필기시험 중 관광법규 및 관광학개론 과목을 면제 • 관광통역안내사 자격증을 소지한 자가 다른 외국어를 사용하여 관광안내를 하기 위하여 시험에 응시하는 경우 필기시험을 면제 • 문화체육관광부장관이 정하여 고시하는 교육기관에서 실시하는 60시간 이상의 실무교육과정을 이수한 사람에 대하여 필기시험 중 관광법규 및 관광학개론 과목을 면제. 이 경우 실무교육과정의 교육과목 및 그 비중은 다음과 같음 – 관광법규 및 관광학개론 : 30% – 관광안내실무 : 20% – 관광자원안내실습 : 50%

국내여행 안내사	• 고등교육법에 따른 전문대학 이상의 학교에서 관광분야를 전공(전공과목이 관광법규 및 관광학개론 또는 이에 준하는 과목으로 구성되는 전공과목을 30학점 이상 이수한 경우)하고 졸업한 자(졸업예정자 및 관광분야 과목을 이수하여 다른 법령에서 이와 동등한 학력을 취득한 자를 포함)에 대하여 필기시험을 면제 • 여행안내와 관련된 업무에 2년 이상 종사한 경력이 있는 자에 대하여 필기시험을 면제 • 초 · 중등교육법에 따른 고등학교나 고등기술학교를 졸업한 자 또는 다른 법령에서 이와 동등한 학력이 있다고 인정되는 교육기관에서 관광분야의 학과를 이수하고 졸업한 자(졸업예정자를 포함)에 대하여 필기시험을 면제
호텔 경영사	• 호텔관리사 자격을 취득한 자로서 그 자격을 취득한 후 4성급 이상의 관광호텔에서 부장급 이상으로 3년 이상 종사한 경력이 있는 자에 대하여 필기시험을 면제 • 호텔관리사 자격을 취득한 자로서 그 자격을 취득한 후 3성급 관광호텔의 총괄 관리 및 경영업무에 3년 이상 종사한 경력이 있는 자에 대하여 필기시험을 면제 • 국내호텔과 체인호텔 관계에 있는 해외호텔에서 호텔경영 업무에 종사한 경력이 있는 자로서 해당 국내 체인호텔에 파견근무를 하려는 자에 대하여 필기시험 및 외국어시험을 면제
호텔 관리사	고등교육법에 따른 대학 이상의 학교 또는 다른 법령에서 이와 동등 이상의 학력이 인정되는 교육기관에서 호텔경영 분야를 전공하고 졸업한 자(졸업예정자를 포함)에 대하여 필기시험을 면제
호텔 서비스사	• 초 · 중등교육법에 따른 고등학교 또는 고등기술학교 이상의 학교를 졸업한 자 또는 다른 법령에서 이와 동등한 학력이 있다고 인정되는 교육기관에서 관광분야의 학과를 이수하고 졸업한 자(졸업예정자를 포함)에 대하여 필기시험을 면제 • 관광숙박업소의 접객업무에 2년 이상 종사한 경력이 있는 자에 대하여 필기시험을 면제

핵심예제

관광진흥법령상 관광통역안내사 시험의 면제기준에 관한 내용이다. 빈칸에 들어갈 숫자로 옳은 것은? [2015년 특별]

> 4년 이상 해당 언어권의 외국에서 근무하거나 유학을 한 경력이 있는 자 및 초 · 중등교육법에 따른 중 · 고등학교 또는 고등기술학교에서 해당 외국어를 (   )년 이상 강의한 자에 대하여 해당 외국어 시험을 면제할 수 있다.

① 2　　② 3
③ 4　　④ 5

정답 ④

해설

관광통역안내사의 경우 4년 이상 해당 언어권의 외국에서 근무하거나 유학(해당 언어권의 언어를 사용하는 학교에서 공부한 것)을 한 경력이 있는 자 및 초 · 중등교육법에 따른 중 · 고등학교 또는 고등기술학교에서 해당 외국어를 5년 이상 강의한 자에 대하여 해당 외국어 시험을 면제(관광진흥법 시행규칙 별표 16)

핵심이론 64 관광종사원의 자격취소 등

① **자격취소 등(관광진흥법 제40조)**

문화체육관광부장관(관광종사원 중 대통령령으로 정하는 관광종사원에 대하여는 시 · 도지사)은 자격을 가진 관광종사원이 다음의 어느 하나에 해당하면 문화체육관광부령으로 정하는 바에 따라 그 자격을 취소하거나 6개월 이내의 기간을 정하여 자격의 정지를 명할 수 있다. 다만, ㉠ 및 ㉣에 해당하면 그 자격을 취소하여야 한다.

㉠ 거짓이나 그 밖의 부정한 방법으로 자격을 취득한 경우
㉡ 피성년후견인 · 피한정후견인, 파산선고를 받고 복권되지 아니한 자, 이 법을 위반하여 징역 이상의 실형을 선고받고 그 집행이 끝나거나 집행을 받지 아니하기로 확정된 후 2년이 지나지 아니한 자 또는 형의 집행유예 기간 중에 있는 자의 어느 하나에 해당하게 된 경우
㉢ 관광종사원으로서 직무를 수행하는 데에 부정 또는 비위(非違) 사실이 있는 경우
㉣ 다른 사람에게 관광종사원 자격증을 대여한 경우

② **시 · 도지사 관할 관광종사원(관광진흥법 시행령 제37조)**

"대통령령으로 정하는 관광종사원"이란 다음에 해당하는 자를 말한다.

㉠ 국내여행안내사
㉡ 호텔서비스사

③ **관광종사원에 대한 행정처분 기준(관광진흥법 시행규칙 별표 17)**

㉠ 일반기준

- 위반행위가 2 이상일 경우에는 그 중 중한 처분기준(중한 처분기준이 동일할 경우에는 그 중 하나의 처분기준)에 따르며, 2 이상의 처분기준이 동일한 자격정지일 경우에는 중한 처분기준의 2분의 1까지 가중 처분할 수 있되, 각 처분기준을 합산한 기간을 초과할 수 없다.
- 위반행위의 횟수에 따른 행정처분의 기준은 최근 1년간 같은 위반행위로 행정처분을 받은 경우에 적용한다. 이 경우 행정처분 기준의 적용은 같은 위반행위에 대하여 최초로 행정처분을 한 날을 기준으로 한다.
- 처분권자는 그 처분기준이 자격정지인 경우에는 위반행위의 동기 · 내용 · 횟수 및 위반의 정도 등 아래의 규정에 해당하는 사유를 고려하여 처분기준의 2분의 1 범위에서 그 처분을 감경할 수 있다.
  - 위반행위가 고의나 중대한 과실이 아닌 사소한 부주의나 오류로 인한 것으로 인정되는 경우
  - 위반의 내용 · 정도가 경미하여 소비자에게 미치는 피해가 적다고 인정되는 경우
  - 위반 행위자가 처음 해당 위반행위를 한 경우로서 3년 이상 관광종사원으로서 모범적으로 일해 온 사실이 인정되는 경우

㉡ 개별기준

위반행위	행정처분기준			
	1차 위반	2차 위반	3차 위반	4차 위반
거짓이나 그 밖의 부정한 방법으로 자격을 취득한 경우	자격 취소	–	–	–
피성년후견인 · 피한정후견인, 파산선고를 받고 복권되지 아니한 자, 이 법을 위반하여 징역 이상의 실형을 선고받고 그 집행이 끝나거나 집행을 받지 아니하기로 확정된 후 2년이 지나지 아니한 자 또는 형의 집행유예 기간 중에 있는 자의 어느 하나에 해당하게 된 경우	자격 취소	–	–	–
관광종사원으로서 직무를 수행하는 데에 부정 또는 비위(非違)사실이 있는 경우	자격 정지 1개월	자격 정지 3개월	자격 정지 5개월	자격 취소

[핵심예제]

64-1. 관광진흥법령상 관광종사원의 자격을 반드시 취소하여야 하는 경우는? [2014년 정기]

① 관광진흥법을 위반하여 징역 이상의 실형을 선고받고 그 형의 집행유예 기간 중에 있는 경우
② 파산선고를 받고 복권되지 않은 경우
③ 직무를 수행하는 데에 부정 또는 비위(非違) 사실이 있는 경우
④ 거짓이나 그 밖의 부정한 방법으로 자격을 취득한 경우

정답 ④

64-2. 관광진흥법령상 자격정지처분권한이 시 · 도지사에게 있는 관광종사원은? [2015년 특별]

① 관광통역안내사　② 호텔서비스사
③ 호텔경영사　④ 호텔관리사

정답 ②

해설

64-1
자격을 가진 관광종사원이 거짓이나 그 밖의 부정한 방법으로 자격을 취득한 경우, 다른 사람에게 관광종사원 자격증을 대여한 경우에 해당하면 그 자격을 취소하여야 한다(관광진흥법 제40조).

64-2
시 · 도지사 관할 관광종사원(관광진흥법 시행령 제37조)
• 국내여행안내사
• 호텔서비스사

핵심이론 65 관광사업자 단체

① **한국관광협회중앙회**
㉠ 설립(관광진흥법 제41조)
• 지역별 관광협회 및 업종별 관광협회는 관광사업의 건전한 발전을 위하여 관광업계를 대표하는 한국관광협회중앙회(협회)를 설립할 수 있다.
• 협회를 설립하려는 자는 대통령령으로 정하는 바에 따라 문화체육관광부장관의 허가를 받아야 한다.
• 협회는 법인으로 한다.
• 협회는 설립등기를 함으로써 성립한다.
㉡ 설립요건(관광진흥법 시행령 제38조)
• 한국관광협회중앙회를 설립하려면 지역별 관광협회 및 업종별 관광협회의 대표자 3분의 1 이상으로 구성되는 발기인이 정관을 작성하여 지역별 관광협회 및 업종별 관광협회의 대표자 과반수로 구성되는 창립총회의 의결을 거쳐야 한다.
• 협회의 설립 후 임원이 임명될 때까지 필요한 업무는 발기인이 수행한다.
㉢ 정관(관광진흥법 제42조)
협회의 정관에는 다음의 사항을 적어야 한다.
• 목 적
• 명 칭
• 사무소의 소재지
• 회원 및 총회에 관한 사항
• 임원에 관한 사항
• 업무에 관한 사항
• 회계에 관한 사항
• 해산(解散)에 관한 사항
• 그 밖에 운영에 관한 중요 사항
㉣ 업무(관광진흥법 제43조)
• 협회는 다음의 업무를 수행한다.
  – 관광사업의 발전을 위한 업무
  – 관광사업 진흥에 필요한 조사 · 연구 및 홍보
  – 관광 통계
  – 관광종사원의 교육과 사후관리
  – 회원의 공제사업

- 국가나 지방자치단체로부터 위탁받은 업무
- 관광안내소의 운영
- 위의 규정에 의한 업무에 따르는 수익사업

• 회원의 공제사업은 문화체육관광부장관의 허가를 받아야 한다.
• 공제사업의 내용 및 운영에 필요한 사항은 대통령령으로 정한다.

㉤ 공제사업의 내용(관광진흥법 시행령 제40조)

• 관광사업자의 관광사업행위와 관련된 사고로 인한 대물 및 대인배상에 대비하는 공제 및 배상업무
• 관광사업행위에 따른 사고로 인하여 재해를 입은 종사원에 대한 보상업무
• 그 밖에 회원 상호간의 경제적 이익을 도모하기 위한 업무

② 지역별 · 업종별 관광협회

㉠ 설립(관광진흥법 제45조)

• 관광사업자는 지역별 또는 업종별로 그 분야의 관광사업의 건전한 발전을 위하여 대통령령으로 정하는 바에 따라 지역별 또는 업종별 관광협회를 설립할 수 있다.
• 업종별 관광협회는 문화체육관광부장관의 설립허가를, 지역별 관광협회는 시 · 도지사의 설립허가를 받아야 한다.

㉡ 설립범위(관광진흥법 시행령 제41조)

• 지역별 관광협회는 특별시 · 광역시 · 특별자치시 · 도 및 특별자치도를 단위로 설립하되, 필요하다고 인정되는 지역에는 지부를 둘 수 있다.
• 업종별 관광협회는 업종별로 업무의 특수성을 고려하여 전국을 단위로 설립할 수 있다.

[핵심예제]

관광진흥법령상 한국관광협회중앙회에 관한 내용으로 옳은 것은? [2019년]

① 한국관광협회중앙회가 수행하는 회원의 공제사업은 문화체육관광부장관의 허가를 받아야 한다.
② 한국관광협회중앙회는 문화체육관광부장관에게 신고함으로써 설립한다.
③ 한국관광협회중앙회의 설립 후 임원이 임명될 때까지 필요한 업무는 문화체육관광부 장관이 지정한 자가 수행한다.
④ 한국관광협회중앙회는 조합으로 지역별 · 업종별로 설립한다.

정답 ①

해설

① 관광진흥법 제43조 제2항
② 한국관광협회중앙회를 설립하려는 자는 대통령령으로 정하는 바에 따라 문화체육관광부장관의 허가를 받아야 한다(관광진흥법 제41조 제2항).
③ 한국관광협회중앙회의 설립 후 임원이 임명될 때까지 필요한 업무는 발기인이 수행한다(관광진흥법 시행령 제38조 제2항).
④ 한국관광협회중앙회는 법인으로(관광진흥법 제41조 제3항), 지역별 관광협회 및 업종별 관광협회는 관광사업의 건전한 발전을 위하여 관광업계를 대표하는 한국관광협회중앙회를 설립할 수 있다(관광진흥법 제41조 제1항).

핵심이론 66 관광통계 및 장애인 관광 활동의 지원

① **관광통계**

㉠ 관광통계(관광진흥법 제47조의2)

- 문화체육관광부장관과 지방자치단체의 장은 관광개발기본계획 및 권역별 관광개발계획을 효과적으로 수립 · 시행하고 관광산업에 활용하도록 하기 위하여 국내외의 관광통계를 작성할 수 있다.
- 문화체육관광부장관과 지방자치단체의 장은 관광통계를 작성하기 위하여 필요하면 실태조사를 하거나, 공공기관 · 연구소 · 법인 · 단체 · 민간기업 · 개인 등에게 협조를 요청할 수 있다.

㉡ 관광통계 작성 범위(관광진흥법 시행령 제41조의2)

- 외국인 방한(訪韓) 관광객의 관광행태에 관한 사항
- 국민의 관광행태에 관한 사항
- 관광사업자의 경영에 관한 사항
- 관광지와 관광단지의 현황 및 관리에 관한 사항
- 그 밖에 문화체육관광부장관 또는 지방자치단체의 장이 관광산업의 발전을 위하여 필요하다고 인정하는 사항

② **장애인 관광 활동의 지원(관광진흥법 제47조의3)**

㉠ 국가 및 지방자치단체는 장애인의 여행 기회를 확대하고 장애인의 관광 활동을 장려 · 지원하기 위하여 관련 시설을 설치하는 등 필요한 시책을 강구하여야 한다.

㉡ 국가 및 지방자치단체는 장애인의 여행 및 관광 활동 권리를 증진하기 위하여 장애인의 관광 지원 사업과 장애인 관광 지원 단체에 대하여 경비를 보조하는 등 필요한 지원을 할 수 있다.

[핵심예제]

66-1. 관광진흥법령상 관광통계 작성 범위로 옳지 않은 것은? [2015년 정기]

① 국민의 관광행태에 관한 사항
② 외국인 방한 관광객의 경제수준에 관한 사항
③ 관광사업자의 경영에 관한 사항
④ 관광지와 관광단지의 현황 및 관리에 관한 사항

정답 ②

66-2. 관광진흥법상 장애인의 여행 기회를 확대하고 장애인의 관광 활동을 장려 · 지원하기 위하여 관련 시설을 설치하는 등 필요한 시책을 강구하여야 하는 주체는? [2015년 특별]

① 국가 및 장애인고용공단
② 공기업 및 사회적 기업
③ 국가 및 지방자치단체
④ 장애인고용공단 및 지방자치단체

정답 ③

해설

66-1

관광통계 작성 범위에는 외국인 방한(訪韓) 관광객의 관광행태에 관한 사항, 국민의 관광행태에 관한 사항, 관광사업자의 경영에 관한 사항, 관광지와 관광단지의 현황 및 관리에 관한 사항, 그 밖에 문화체육관광부장관 또는 지방자치단체의 장이 관광산업의 발전을 위하여 필요하다고 인정하는 사항이 있다(관광진흥법 시행령 제41조의2).

66-2

국가 및 지방자치단체는 장애인의 여행 기회를 확대하고 장애인의 관광 활동을 장려 · 지원하기 위하여 관련 시설을 설치하는 등 필요한 시책을 강구하여야 한다(관광진흥법 제47조의3 제1항).

핵심이론 67 관광취약계층의 관광복지 증진

① 관광취약계층의 관광복지 증진 시책 강구(관광진흥법 제47조의4)

국가 및 지방자치단체는 경제적 · 사회적 여건 등으로 관광 활동에 제약을 받고 있는 관광취약계층의 여행 기회를 확대하고 관광 활동을 장려하기 위하여 필요한 시책을 강구하여야 한다.

② 여행이용권의 지급 및 관리(관광진흥법 제47조의5)

㉠ 국가 및 지방자치단체는 국민기초생활 보장법에 따른 수급권자, 그 밖에 소득수준이 낮은 저소득층 등 대통령령으로 정하는 관광취약계층에게 여행이용권을 지급할 수 있다.

㉡ 국가 및 지방자치단체는 여행이용권의 수급자격 및 자격유지의 적정성을 확인하기 위하여 필요한 가족관계증명 · 국세 · 지방세 · 토지 · 건물 · 건강보험 및 국민연금에 관한 자료 등 대통령령으로 정하는 자료를 관계 기관의 장에게 요청할 수 있고, 해당 기관의 장은 특별한 사유가 없으면 요청에 따라야 한다. 다만, 전자정부법에 따른 행정정보 공동이용을 통하여 확인할 수 있는 사항은 예외로 한다.

㉢ 국가 및 지방자치단체는 자료의 확인을 위하여 사회복지사업법에 따른 정보시스템을 연계하여 사용할 수 있다.

㉣ 국가 및 지방자치단체는 여행이용권의 발급, 정보시스템의 구축 · 운영 등 여행이용권 업무의 효율적 수행을 위하여 대통령령으로 정하는 바에 따라 전담기관을 지정할 수 있다.

㉤ 문화체육관광부장관은 여행이용권의 이용 기회 확대 및 지원 업무의 효율성을 제고하기 위하여 여행이용권을 문화예술진흥법에 따른 문화이용권 등 문화체육관광부령으로 정하는 이용권과 통합하여 운영할 수 있다.

③ 관광취약계층의 범위(관광진흥법 시행령 제41조의3)

"국민기초생활 보장법에 따른 수급권자, 그 밖에 소득수준이 낮은 저소득층 등 대통령령으로 정하는 관광취약계층"이란 다음의 어느 하나에 해당하는 사람을 말한다.

㉠ 국민기초생활 보장법 제2조 제2호에 따른 수급자

㉡ 국민기초생활 보장법 제2조 제10호에 따른 차상위계층에 해당하는 사람 중 다음의 어느 하나에 해당하는 사람

- 국민기초생활 보장법 제7조 제1항 제7호에 따른 자활급여 수급자
- 장애인복지법 제49조 제1항에 따른 장애수당 수급자 또는 같은 법 제50조에 따른 장애아동수당 수급자
- 장애인연금법 제5조에 따른 장애인연금 수급자
- 국민건강보험법 시행령 별표 2 제3호 라목의 경우에 해당하는 사람

㉢ 한부모가족지원법 제5조에 따른 지원대상자

㉣ 그 밖에 경제적 · 사회적 제약 등으로 인하여 관광 활동을 영위하기 위하여 지원이 필요한 사람으로서 문화체육관광부장관이 정하여 고시하는 기준에 해당하는 사람

[핵심예제]

67-1. 관광진흥법상 여행이용권의 지급 및 관리에 관한 설명으로 옳지 않은 것은? [2015년 정기]

① 국가 및 지방자치단체는 대통령령으로 정하는 관광취약계층에게 여행이용권을 지급할 수 있다.
② 국가 및 지방자치단체는 여행이용권의 수급자격 및 자격유지의 적정성을 확인하기 위하여 필요한 가족관계증명 자료 등 대통령령으로 정하는 자료를 관계 기관의 장에게 요청할 수 있다.
③ 국가 및 지방자치단체는 여행이용권의 발급 등 여행이용권 업무의 효율적 수행을 위하여 전담기관을 지정할 수 있다.
④ 국가 및 지방자치단체는 여행이용권의 이용 기회 확대 및 지원 업무의 효율성을 제고하기 위하여 여행이용권과 문화이용권을 통합하여 운영할 수 있다.

정답 ④

67-2. 관광진흥법령상 관광취약계층에 해당하는 자는? (단, 다른 조건은 고려하지 않음) [2019년]

① 10년 동안 해외여행을 한 번도 못 한 60세인 자
② 5년 동안 국내여행을 한 번도 못 한 70세인 자
③ 한부모가족지원법 제5조에 따른 지원대상자
④ 국민기초생활 보장법 제2조 제11호에 따른 기준 중위소득의 100분의 90인 자

정답 ③

해설

67-1

문화체육관광부장관은 여행이용권의 이용 기회 확대 및 지원 업무의 효율성을 제고하기 위하여 여행이용권을 문화예술진흥법에 따른 문화이용권 등 문화체육관광부령으로 정하는 이용권과 통합하여 운영할 수 있다(관광진흥법 제47조의5 제6항).

① 관광진흥법 제47조의5 제1항
② 관광진흥법 제47조의5 제2항
③ 관광진흥법 제47조의5 제4항

67-2

관광취약계층이란 국민기초생활 보장법에 따른 수급자, 국민기초생활 보장법에 따른 차상위계층에 해당하는 사람 중 국민기초생활 보장법에 따른 자활급여 수급자 · 장애인복지법에 따른 장애수당 수급자 또는 장애아동수당 수급자 · 장애인연금법에 따른 장애인연금 수급자 · 국민건강보험법 시행령 별표 2 제3호 라목의 경우에 해당하는 사람의 어느 하나에 해당하는 사람, 한부모가족지원법에 따른 지원대상자, 그 밖에 경제적 · 사회적 제약 등으로 인하여 관광 활동을 영위하기 위하여 지원이 필요한 사람으로서 문화체육관광부장관이 정하여 고시하는 기준에 해당하는 사람의 어느 하나에 해당하는 사람을 말한다(관광진흥법 시행령 제41조의3).

핵심이론 68 문화관광축제

① **지역축제 등(관광진흥법 제48조의2)**

㉠ 문화체육관광부장관은 지역축제의 체계적 육성 및 활성화를 위하여 지역축제에 대한 실태조사와 평가를 할 수 있다.

㉡ 문화체육관광부장관은 지역축제의 통폐합 등을 포함한 그 발전방향에 대하여 지방자치단체의 장에게 의견을 제시하거나 권고할 수 있다.

㉢ 문화체육관광부장관은 다양한 지역관광자원을 개발·육성하기 위하여 우수한 지역축제를 문화관광축제로 지정하고 지원할 수 있다.

㉣ 문화관광축제의 지정기준 및 지원 방법 등에 필요한 사항은 대통령령으로 정한다.

② **문화관광축제의 지정기준(관광진흥법 시행령 제41조의7)**

문화관광축제의 지정기준은 문화체육관광부장관이 다음의 사항을 고려하여 정한다.

㉠ 축제의 특성 및 콘텐츠

㉡ 축제의 운영능력

㉢ 관광객 유치 효과 및 경제적 파급효과

㉣ 그 밖에 문화체육관광부장관이 정하는 사항

③ **문화관광축제의 지원 방법(관광진흥법 시행령 제41조의8)**

㉠ 문화관광축제로 지정받으려는 지역축제의 개최자는 관할 특별시·광역시·특별자치시·도·특별자치도를 거쳐 문화체육관광부장관에게 지정신청을 하여야 한다.

㉡ 지정신청을 받은 문화체육관광부장관은 지정기준에 따라 문화관광축제를 지정한다.

㉢ 문화체육관광부장관은 지정받은 문화관광축제를 예산의 범위에서 지원할 수 있다.

핵심예제

관광진흥법령상 문화관광축제의 지정기준을 정할 때 문화체육관광부장관이 고려하여야 할 사항으로 명시되지 않은 것은? [2015년 특별]

① 축제의 특성 및 콘텐츠

② 축제의 운영능력

③ 축제 방문객의 연령

④ 관광객 유치 효과 및 경제적 파급효과

정답 ③

해설

문화관광축제의 지정기준은 문화체육관광부장관이 축제의 특성 및 콘텐츠, 축제의 운영능력, 관광객 유치 효과 및 경제적 파급효과, 그 밖에 문화체육관광부장관이 정하는 사항을 고려하여 정한다(관광진흥법 시행령 제41조의7).

제3과목

핵심이론 69 특별관리지역

① **지속가능한 관광활성화(관광진흥법 제48조의3)**

㉠ 문화체육관광부장관은 에너지 · 자원의 사용을 최소화하고 기후변화에 대응하며 환경 훼손을 줄이고, 지역주민의 삶과 균형을 이루며 지역경제와 상생발전할 수 있는 지속가능한 관광자원의 개발을 장려하기 위하여 정보제공 및 재정지원 등 필요한 조치를 강구할 수 있다.

㉡ 시 · 도지사나 시장 · 군수 · 구청장은 수용 범위를 초과한 관광객의 방문으로 자연환경이 훼손되거나 주민의 평온한 생활환경을 해칠 우려가 있어 관리할 필요가 있다고 인정되는 지역을 조례로 정하는 바에 따라 특별관리지역으로 지정할 수 있다. 이 경우 특별관리지역이 같은 시 · 도 내에서 둘 이상의 시 · 군 · 구에 걸쳐 있는 경우에는 시 · 도지사가 지정하고, 둘 이상의 시 · 도에 걸쳐 있는 경우에는 해당 시 · 도지사가 공동으로 지정한다.

㉢ 문화체육관광부장관은 특별관리지역으로 지정할 필요가 있다고 인정하는 경우에는 시 · 도지사 또는 시장 · 군수 · 구청장으로 하여금 해당 지역을 특별관리지역으로 지정하도록 권고할 수 있다.

㉣ 시 · 도지사나 시장 · 군수 · 구청장은 특별관리지역을 지정 · 변경 또는 해제할 때에는 대통령령으로 정하는 바에 따라 미리 주민의 의견을 들어야 하며, 문화체육관광부장관 및 관계 행정기관의 장과 협의하여야 한다. 다만, 대통령령으로 정하는 경미한 사항을 변경하려는 경우에는 예외로 한다.

㉤ 시 · 도지사나 시장 · 군수 · 구청장은 특별관리지역을 지정 · 변경 또는 해제할 때에는 특별관리지역의 위치, 면적, 지정일시, 지정 · 변경 · 해제 사유, 특별관리지역 내 조치사항, 그 밖에 조례로 정하는 사항을 해당 지방자치단체 공보에 고시하고, 문화체육관광부장관에게 제출하여야 한다.

㉥ 시 · 도지사나 시장 · 군수 · 구청장은 특별관리지역에 대하여 조례로 정하는 바에 따라 관광객 방문시간 제한, 이용료 징수, 차량 · 관광객 통행 제한 등 필요한 조치를 할 수 있다.

㉦ 시 · 도지사나 시장 · 군수 · 구청장은 조례를 위반한 사람에게 지방자치법에 따라 1천만원 이하의 과태료를 부과 · 징수할 수 있다.

㉧ 시 · 도지사나 시장 · 군수 · 구청장은 특별관리지역에 해당 지역의 범위, 조치사항 등을 표시한 안내판을 설치하여야 한다.

㉨ 문화체육관광부장관은 특별관리지역 지정 현황을 관리하고 이와 관련된 정보를 공개하여야 하며, 특별관리지역을 지정 · 운영하는 지방자치단체와 그 주민 등을 위하여 필요한 지원을 할 수 있다.

㉩ 그 밖에 특별관리지역의 지정 요건, 지정 절차 등 특별관리지역 지정 및 운영에 필요한 사항은 해당 지방자치단체의 조례로 정한다.

② **특별관리지역의 지정 · 변경 · 해제(관광진흥법 시행령 제41조의9)**

㉠ 시 · 도지사 또는 시장 · 군수 · 구청장은 주민의 의견을 들으려는 경우에는 해당 지역의 주민을 대상으로 공청회를 개최해야 한다.

㉡ 시 · 도지사 또는 시장 · 군수 · 구청장은 협의를 하려는 경우에는 문화체육관광부령으로 정하는 서류를 문화체육관광부장관 및 관계 행정기관의 장에게 제출해야 한다.

㉢ 협의 요청을 받은 문화체육관광부장관 및 관계 행정기관의 장은 협의 요청을 받은 날부터 30일 이내에 의견을 제출해야 한다.

㉣ "대통령령으로 정하는 경미한 사항을 변경하는 경우"란 다음의 변경에 해당하지 않는 경우를 말한다.

- 특별관리지역의 위치 또는 면적의 변경
- 특별관리지역의 지정기간의 변경
- 특별관리지역 내 조치사항 중 다음에 해당하는 사항의 변경
  - 관광객 방문제한 시간
  - 특별관리지역 방문에 부과되는 이용료
  - 차량 · 관광객 통행제한 지역
  - 그 밖에 위의 사항에 준하는 조치사항으로서 주민의 의견을 듣거나 문화체육관광부장관 및 관계 행정기관의 장과 협의를 할 필요가 있다고 인정되는 사항

[핵심예제]

관광진흥법령상 특별관리지역에 관한 설명으로 옳지 않은 것은? [2020년]

① 특별관리지역의 지정권한은 문화체육관광부장관이 갖는다.
② 특별관리지역으로 지정하려면 수용 범위를 초과한 관광객의 방문으로 자연환경이 훼손되거나 주민의 평온한 생활환경을 해칠 우려가 있어 관리할 필요가 있다고 인정되어야 한다.
③ 특별관리지역에 대하여는 조례로 정하는 바에 따라 관광객 방문시간 제한 등 필요한 조치를 할 수 있다.
④ 특별관리지역을 지정 · 변경 또는 해제하려는 경우에는 해당 지역의 주민을 대상으로 공청회를 개최해야 한다.

정답 ①

해설

시 · 도지사나 시장 · 군수 · 구청장은 수용 범위를 초과한 관광객의 방문으로 자연환경이 훼손되거나 주민의 평온한 생활환경을 해칠 우려가 있어 관리할 필요가 있다고 인정되는 지역을 조례로 정하는 바에 따라 특별관리지역으로 지정할 수 있다(관광진흥법 제48조의3 제2항).
② 관광진흥법 제48조의3 제2항
③ 관광진흥법 제48조의3 제6항
④ 관광진흥법 시행령 제41조의9 제1항

핵심이론 70 문화관광해설사

① 선발 및 활용(관광진흥법 제48조의8)

㉠ 문화체육관광부장관 또는 지방자치단체의 장은 교육과정을 이수한 자를 문화관광해설사로 선발하여 활용할 수 있다.
㉡ 문화체육관광부장관 또는 지방자치단체의 장은 문화관광해설사를 선발하는 경우 문화체육관광부령으로 정하는 바에 따라 이론 및 실습을 평가하고, 3개월 이상의 실무수습을 마친 자에게 자격을 부여할 수 있다.
㉢ 문화체육관광부장관 또는 지방자치단체의 장은 예산의 범위에서 문화관광해설사의 활동에 필요한 비용 등을 지원할 수 있다.
㉣ 그 밖에 문화관광해설사의 선발, 배치 및 활용 등에 필요한 사항은 문화체육관광부령으로 정한다.

② 선발 및 활용(관광진흥법 시행규칙 제57조의5)

㉠ 문화체육관광부장관 또는 지방자치단체의 장은 문화관광해설사를 선발하려는 경우에는 문화관광해설사의 선발 인원, 평가 일시 및 장소, 응시원서 접수기간, 그 밖에 선발에 필요한 사항을 포함한 선발계획을 수립하고 이를 공고하여야 한다.
㉡ 문화체육관광부장관 또는 지방자치단체의 장이 이론 및 실습을 평가하려는 경우에는 평가 기준에 따라 평가하여야 한다.
㉢ 선발계획에 따라 문화관광해설사를 선발하려는 경우에는 평가 기준에 따른 평가 결과 이론 및 실습 평가항목 각각 70점 이상을 득점한 사람 중에서 각각의 평가항목의 비중을 곱한 점수가 고득점자인 사람의 순으로 선발한다.
㉣ 문화체육관광부장관 또는 지방자치단체의 장은 문화관광해설사를 배치 · 활용하려는 경우에 해당 지역의 관광객 규모와 관광자원의 보유 현황 및 문화관광해설사에 대한 수요, 문화관광해설사의 활동 실적 및 태도 등을 고려하여야 한다.
㉤ 그 밖에 문화관광해설사의 선발, 배치 및 활용 등에 필요한 세부적인 사항은 문화체육관광부장관이 정하여 고시한다.

[핵심예제]

관광진흥법령상 문화관광해설사에 관한 설명으로 옳지 않은 것은?

[예상 문제]

① 문화체육관광부장관 또는 지방자치단체의 장은 교육과정을 이수한 자를 문화관광해설사로 선발하여 활용할 수 있다.

② 지방자치단체의 장은 문화관광해설사를 선발하는 경우 문화체육관광부령으로 정하는 바에 따라 이론 및 실습을 평가하고, 3개월 이상의 실무수습을 마친 자에게 자격을 부여할 수 있다.

③ 문화관광해설사를 선발하려는 경우에는 이론 및 실습 평가 항목 각각 70점을 득점한 사람 중에서 각각의 평가항목의 비중을 곱한 점수가 고득점자인 사람의 순으로 선발한다.

④ 문화체육관광부장관은 문화관광해설사의 활동에 필요한 비용 등을 관광진흥개발기금에서 지원하여야 한다.

정답 ④

해설

문화체육관광부장관 또는 지방자치단체의 장은 예산의 범위에서 문화관광해설사의 활동에 필요한 비용 등을 지원할 수 있다(관광진흥법 제48조의8 제3항 참조).

핵심이론 71 관광체험교육프로그램 개발 및 지역관광협의회 설립

① 관광체험교육프로그램 개발(관광진흥법 제48조의5)

문화체육관광부장관 또는 지방자치단체의 장은 관광객에게 역사 · 문화 · 예술 · 자연 등의 관광자원과 연계한 체험기회를 제공하고, 관광을 활성화하기 위하여 관광체험교육프로그램을 개발 · 보급할 수 있다. 이 경우 장애인을 위한 관광체험교육프로그램을 개발하여야 한다.

② 지역관광협의회 설립(관광진흥법 제48조의9)

㉠ 관광사업자, 관광 관련 사업자, 관광 관련 단체, 주민 등은 공동으로 지역의 관광진흥을 위하여 광역 및 기초 지방자치단체 단위의 지역관광협의회(협의회)를 설립할 수 있다.

㉡ 협의회에는 지역 내 관광진흥을 위한 이해 관련자가 고루 참여하여야 하며, 협의회를 설립하려는 자는 해당 지방자치단체의 장의 허가를 받아야 한다.

㉢ 협의회는 법인으로 한다.

㉣ 협의회는 다음의 업무를 수행한다.

- 지역의 관광수용태세 개선을 위한 업무
- 지역관광 홍보 및 마케팅 지원 업무
- 관광사업자, 관광 관련 사업자, 관광 관련 단체에 대한 지원
- 업무에 따르는 수익사업
- 지방자치단체로부터 위탁받은 업무

㉤ 협의회의 운영 등에 필요한 경비는 회원이 납부하는 회비와 사업 수익금 등으로 충당하며, 지방자치단체의 장은 협의회의 운영 등에 필요한 경비의 일부를 예산의 범위에서 지원할 수 있다.

㉥ 협의회의 설립 및 지원 등에 필요한 사항은 해당 지방자치단체의 조례로 정한다.

㉦ 협의회에 관하여 이 법에 규정된 것 외에는 민법 중 사단법인에 관한 규정을 준용한다.

[핵심예제]

71-1. 관광진흥법상 관광체험교육프로그램을 개발 · 보급할 수 있는 자로 옳은 것은? [2015년 정기]

① 한국관광공사의 사장 ② 관광협회중앙회의 회장
③ 일반여행업협회의 회장 ④ 지방자치단체의 장

정답 ④

71-2. 관광진흥법령상 '관광사업자 단체'에 관한 설명으로 옳은 것은? [2020년]

① 업종별 관광협회는 업종별로 업무의 특수성을 고려하여 전국을 단위로 설립할 수 있다.
② 관광사업자, 관광 관련 사업자, 관광 관련 단체, 주민 등은 공동으로 지역의 관광진흥을 위하여 지역별 또는 업종별 관광협회를 설립할 수 있다.
③ 지역별 관광협회는 문화체육관광부장관의 설립허가를 받아야 한다.
④ 지역관광협의회는 관광사업의 건전한 발전을 위하여 관광업계를 대표하는 한국관광협회중앙회를 설립할 수 있다.

정답 ①

해설

71-1
문화체육관광부장관 또는 지방자치단체의 장은 관광체험교육프로그램을 개발 · 보급할 수 있다(관광진흥법 제48조의5).

71-2
① 관광진흥법 시행령 제41조 제2호
② 관광사업자, 관광 관련 사업자, 관광 관련 단체, 주민 등은 공동으로 지역의 관광진흥을 위하여 광역 및 기초 지방자치단체 단위의 지역관광협의회를 설립할 수 있다(관광진흥법 제48조의9 제1항).
③ 업종별 관광협회는 문화체육관광부장관의 설립허가를, 지역별 관광협회는 시 · 도지사의 설립허가를 받아야 한다(관광진흥법 제45조 제2항).
④ 지역별 관광협회는 관광사업의 건전한 발전을 위하여 관광업계를 대표하는 한국관광협회중앙회를 설립할 수 있다(관광진흥법 제41조 제1항).

핵심이론 72 한국관광 품질인증

① **한국관광 품질인증(관광진흥법 제48조의10)**

㉠ 문화체육관광부장관은 관광객의 편의를 돕고 관광서비스의 수준을 향상시키기 위하여 관광사업 및 이와 밀접한 관련이 있는 사업으로서 대통령령으로 정하는 사업을 위한 시설 및 서비스 등(시설 등)을 대상으로 품질인증(한국관광 품질인증)을 할 수 있다.
㉡ 한국관광 품질인증을 받은 자는 대통령령으로 정하는 바에 따라 인증표지를 하거나 그 사실을 홍보할 수 있다.
㉢ 한국관광 품질인증을 받은 자가 아니면 인증표지 또는 이와 유사한 표지를 하거나 한국관광 품질인증을 받은 것으로 홍보하여서는 아니 된다.
㉣ 문화체육관광부장관은 한국관광 품질인증을 받은 시설 등에 대하여 다음의 지원을 할 수 있다.
- 관광진흥개발기금법에 따른 관광진흥개발기금의 대여 또는 보조
- 국내 또는 국외에서의 홍보
- 그 밖에 시설 등의 운영 및 개선을 위하여 필요한 사항

㉤ 문화체육관광부장관은 한국관광 품질인증을 위하여 필요한 경우에는 특별자치시장 · 특별자치도지사 · 시장 · 군수 · 구청장 및 관계 기관의 장에게 자료 제출을 요청할 수 있다. 이 경우 자료 제출을 요청받은 특별자치시장 · 특별자치도지사 · 시장 · 군수 · 구청장 및 관계 기관의 장은 특별한 사유가 없으면 이에 따라야 한다.
㉥ 한국관광 품질인증의 인증 기준 · 절차 · 방법, 인증표지 및 그 밖에 한국관광 품질인증 제도 운영에 필요한 사항은 대통령령으로 정한다.

② **한국관광 품질인증의 대상(관광진흥법 시행령 제41조의10)**

"대통령령으로 정하는 사업"이란 다음의 어느 하나에 해당하는 사업을 말한다.

㉠ 야영장업
㉡ 외국인관광 도시민박업
㉢ 한옥체험업
㉣ 관광식당업
㉤ 관광면세업

ⓗ 공중위생관리법에 따른 숙박업(관광숙박업 제외)
ⓢ 외국인관광객 등에 대한 부가가치세 및 개별소비세 특례규정에 따른 외국인관광객면세판매장
ⓞ 그 밖에 관광사업 및 이와 밀접한 관련이 있는 사업으로서 문화체육관광부장관이 정하여 고시하는 사업

③ 한국관광 품질인증의 절차 및 방법 등(관광진흥법 시행령 제41조의12)

㉠ 한국관광 품질인증을 받으려는 자는 문화체육관광부령으로 정하는 품질인증 신청서를 문화체육관광부장관에게 제출하여야 한다.
㉡ 문화체육관광부장관은 제출된 신청서의 내용을 평가·심사한 결과 인증 기준에 적합하면 신청서를 제출한 자에게 문화체육관광부령으로 정하는 인증서를 발급해야 한다.
㉢ 문화체육관광부장관은 평가·심사 결과 인증 기준에 부적합하면 신청서를 제출한 자에게 그 결과와 사유를 알려주어야 한다.
㉣ 한국관광 품질인증의 유효기간은 인증서가 발급된 날부터 3년으로 한다.
㉤ 한국관광 품질인증의 절차 및 방법에 관한 세부사항은 문화체육관광부령으로 정한다.

④ 한국관광 품질인증의 취소(관광진흥법 제48조의11)

문화체육관광부장관은 한국관광 품질인증을 받은 자가 다음의 어느 하나에 해당하는 경우에는 그 인증을 취소할 수 있다. 다만, ㉠에 해당하는 경우에는 인증을 취소하여야 한다.

㉠ 거짓이나 그 밖의 부정한 방법으로 인증을 받은 경우
㉡ 인증 기준에 적합하지 아니하게 된 경우

[핵심예제]

72-1. 관광진흥법상 '한국관광 품질인증' 대상 사업이 아닌 것은? [2020년]

① 휴양 콘도미니엄업 ② 한옥체험업
③ 외국인관광 도시민박업 ④ 야영장업

정답 ①

72-2. 관광진흥법령상 한국관광 품질인증에 관한 설명으로 옳지 않은 것은? [2018년]

① 문화체육관광부장관은 품질인증을 받은 시설 등에 대하여 국외에서의 홍보 지원을 할 수 있다.
② 문화체육관광부장관은 거짓으로 품질인증을 받은 자에 대해서는 품질인증을 취소하거나 3천만원 이하의 과징금을 부과할 수 있다.
③ 야영장업은 품질인증의 대상이 된다.
④ 품질인증의 유효기간은 인증서가 발급된 날부터 3년으로 한다.

정답 ②

해설

72-1

대통령령으로 정하는 한국관광 품질인증의 대상 사업에는 야영장업, 외국인관광 도시민박업, 한옥체험업, 관광식당업, 관광면세업, 공중위생관리법에 따른 숙박업(관광숙박업 제외), 외국인관광객 등에 대한 부가가치세 및 개별소비세 특례규정에 따른 외국인관광객면세판매장, 그 밖에 관광사업 및 이와 밀접한 관련이 있는 사업으로서 문화체육관광부장관이 정하여 고시하는 사업이 있다(관광진흥법 시행령 제41조의10).

72-2

문화체육관광부장관은 한국관광 품질인증을 받은 자가 거짓이나 그 밖의 부정한 방법으로 인증을 받은 경우에는 그 인증을 취소하여야 한다(관광진흥법 제48조의11 제1호).
① 관광진흥법 제48조의10 제4항 제2호
③ 관광진흥법 시행령 제41조의10 제1호
④ 관광진흥법 시행령 제41조의12 제4항

핵심이론 73 기본계획 및 권역계획

① 관광개발기본계획 등(관광진흥법 제49조)

㉠ 문화체육관광부장관은 관광자원을 효율적으로 개발하고 관리하기 위하여 전국을 대상으로 다음과 같은 사항을 포함하는 관광개발기본계획(기본계획)을 수립하여야 한다.

- 전국의 관광 여건과 관광 동향(動向)에 관한 사항
- 전국의 관광 수요와 공급에 관한 사항
- 관광자원 보호 · 개발 · 이용 · 관리 등에 관한 기본적인 사항
- 관광권역(觀光圈域)의 설정에 관한 사항
- 관광권역별 관광개발의 기본방향에 관한 사항
- 그 밖에 관광개발에 관한 사항

㉡ 시 · 도지사(특별자치도지사는 제외)는 기본계획에 따라 구분된 권역을 대상으로 다음의 사항을 포함하는 권역별 관광개발계획(권역계획)을 수립하여야 한다.

- 권역의 관광 여건과 관광 동향에 관한 사항
- 권역의 관광 수요와 공급에 관한 사항
- 관광자원의 보호 · 개발 · 이용 · 관리 등에 관한 사항
- 관광지 및 관광단지의 조성 · 정비 · 보완 등에 관한 사항
- 관광지 및 관광단지의 실적 평가에 관한 사항
- 관광지 연계에 관한 사항
- 관광사업의 추진에 관한 사항
- 환경보전에 관한 사항
- 그 밖에 그 권역의 관광자원의 개발, 관리 및 평가를 위하여 필요한 사항

② 관광개발계획의 수립시기(관광진흥법 시행령 제42조)

㉠ 관광개발기본계획(기본계획)은 10년마다 수립한다.

㉡ 문화체육관광부장관은 사회적 · 경제적 여건 변화 등을 고려하여 5년마다 기본계획을 전반적으로 재검토하고 개선이 필요한 사항을 정비해야 한다.

㉢ 권역별 관광개발계획(권역계획)은 5년마다 수립한다.

③ 기본계획(관광진흥법 제50조)

㉠ 시 · 도지사는 기본계획의 수립에 필요한 관광 개발사업에 관한 요구서를 문화체육관광부장관에게 제출하여야 하고, 문화체육관광부장관은 이를 종합 · 조정하여 기본계획을 수립하고 공고하여야 한다.

㉡ 문화체육관광부장관은 수립된 기본계획을 확정하여 공고하려면 관계 부처의 장과 협의하여야 한다.

㉢ 확정된 기본계획을 변경하는 경우에는 ㉠과 ㉡을 준용한다.

㉣ 문화체육관광부장관은 관계 기관의 장에게 기본계획의 수립에 필요한 자료를 요구하거나 협조를 요청할 수 있고, 그 요구 또는 협조 요청을 받은 관계 기관의 장은 정당한 사유가 없으면 요청에 따라야 한다.

④ 권역계획(관광진흥법 제51조)

㉠ 권역계획(圈域計劃)은 그 지역을 관할하는 시 · 도지사(특별자치도지사는 제외)가 수립하여야 한다. 다만, 둘 이상의 시 · 도에 걸치는 지역이 하나의 권역계획에 포함되는 경우에는 관계되는 시 · 도지사와의 협의에 따라 수립하되, 협의가 성립되지 아니한 경우에는 문화체육관광부장관이 지정하는 시 · 도지사가 수립하여야 한다.

㉡ 시 · 도지사는 수립한 권역계획을 문화체육관광부장관의 조정과 관계 행정기관의 장과의 협의를 거쳐 확정하여야 한다. 이 경우 협의요청을 받은 관계 행정기관의 장은 특별한 사유가 없는 한 그 요청을 받은 날부터 30일 이내에 의견을 제시하여야 한다.

㉢ 시 · 도지사는 권역계획이 확정되면 그 요지를 공고하여야 한다.

㉣ 확정된 권역계획을 변경하는 경우에는 ㉠부터 ㉢까지의 규정을 준용한다. 다만, 대통령령으로 정하는 경미한 사항의 변경에 대하여는 관계 부처의 장과의 협의를 갈음하여 문화체육관광부장관의 승인을 받아야 한다.

㉤ 그 밖에 권역계획의 수립 기준 및 방법 등에 필요한 사항은 대통령령으로 정하는 바에 따라 문화체육관광부장관이 정한다.

[핵심예제]

73-1. 관광진흥법령상 관광개발계획에 관한 설명으로 옳지 않은 것은? [2016년 정기]

① 문화체육관광부장관은 관광자원을 효율적으로 개발하고 관리하기 위하여 전국을 대상으로 관광개발기본계획을 수립하여야 한다.
② 시 · 도지사(특별자치도지사 제외)는 관광개발기본계획에 따라 구분된 권역을 대상으로 권역별 관광개발계획을 수립하여야 한다.
③ 관광개발기본계획은 10년마다, 권역별 관광개발계획은 5년마다 수립한다.
④ 둘 이상의 시 · 도에 걸치는 지역이 하나의 권역계획에 포함되는 경우에는 문화체육관광부장관이 권역별 관광개발계획을 수립하여야 한다.

정답 ④

73-2. 관광진흥법상 관광개발기본계획 수립 시 포함되어야만 하는 사항으로 옳지 않은 것은? [2014년 특별]

① 관광사업의 추진에 관한 사항
② 관광권역의 설정에 관한 사항
③ 전국의 관광 수요와 공급에 관한 사항
④ 전국의 관광 여건과 관광 동향에 관한 사항

정답 ①

해설

73-1
둘 이상의 시 · 도에 걸치는 지역이 하나의 권역계획에 포함되는 경우에는 관계되는 시 · 도지사와의 협의에 따라 수립하되, 협의가 성립되지 아니한 경우에는 문화체육관광부장관이 지정하는 시 · 도지사가 수립하여야 한다(관광진흥법 제51조 제1항).

73-2
관광개발기본계획 수립 시 전국의 관광 여건과 관광 동향에 관한 사항, 전국의 관광 수요와 공급에 관한 사항, 관광자원 보호 · 개발 · 이용 등에 관한 기본적인 사항, 관광권역의 설정에 관한 사항, 관광권역별 관광개발의 기본방향에 관한 사항 등을 포함해야 한다(관광진흥법 제49조 제1항).

핵심이론 74 관광지 등의 지정

① 관광지의 지정 등(관광진흥법 제52조)

㉠ 관광지 및 관광단지(관광지 등)는 문화체육관광부령으로 정하는 바에 따라 시장 · 군수 · 구청장의 신청에 의하여 시 · 도지사가 지정한다. 다만, 특별자치시 및 특별자치도의 경우에는 특별자치시장 및 특별자치도지사가 지정한다.
㉡ 시 · 도지사는 관광지 등을 지정하려면 사전에 문화체육관광부장관 및 관계 행정기관의 장과 협의하여야 한다. 다만, 국토의 계획 및 이용에 관한 법률에 따라 계획관리지역(같은 법의 규정에 따라 도시 · 군관리계획으로 결정되지 아니한 지역인 경우에는 종전의 국토이용관리법에 따라 준도시지역으로 결정 · 고시된 지역)으로 결정 · 고시된 지역을 관광지 등으로 지정하려는 경우에는 그러하지 아니하다.
㉢ 문화체육관광부장관 및 관계 행정기관의 장은 환경영향평가법 등 관련 법령에 특별한 규정이 있거나 정당한 사유가 있는 경우를 제외하고는 ㉡ 본문에 따른 협의를 요청받은 날부터 30일 이내에 의견을 제출하여야 한다.
㉣ 문화체육관광부장관 및 관계 행정기관의 장이 ㉢에서 정한 기간(민원 처리에 관한 법률에 따라 회신기간을 연장한 경우에는 그 연장된 기간) 내에 의견을 제출하지 아니하면 협의가 이루어진 것으로 본다.
㉤ 관광지 등의 지정 취소 또는 그 면적의 변경은 관광지 등의 지정에 관한 절차에 따라야 한다. 이 경우 대통령령으로 정하는 경미한 면적의 변경은 ㉡ 본문에 따른 협의를 하지 아니할 수 있다.
㉥ 시 · 도지사는 ㉠~㉤에 따라 지정, 지정취소 또는 그 면적변경을 한 경우에는 이를 고시하여야 한다.

② 경미한 면적 변경(관광진흥법 시행령 제44조)

"대통령령으로 정하는 경미한 면적의 변경"이란 다음의 것을 말한다.

㉠ 지적조사 또는 지적측량의 결과에 따른 면적의 정정 등으로 인한 면적의 변경

㉡ 관광지 등 지정면적의 100분의 30 이내의 면적(농지법에 따른 농업진흥지역의 농지가 1만 제곱미터 이상, 농업진흥지역이 아닌 지역의 농지가 6만 제곱미터 이상 추가로 포함되는 경우는 제외)의 변경

핵심예제

74-1. 관광진흥법령상 관광지 및 관광단지의 개발에 관한 설명으로 옳지 않은 것은? [2017년]

① 문화체육관광부장관은 관광지 및 관광단지를 지정할 수 있다.
② 국가는 관광지 등의 조성사업과 그 운영에 관련되는 공공시설을 우선하여 설치하도록 노력하여야 한다.
③ 관광개발기본계획에는 관광권역의 설정에 관한 사항이 포함되어야 한다.
④ 권역별 관광개발계획에는 환경보전에 관한 사항이 포함되어야 한다.

정답 ①

74-2. 관광진흥법상 관광지 및 관광단지를 지정할 수 없는 자는? [2018년]

① 부산광역시장
② 한국관광공사 사장
③ 세종특별자치시장
④ 제주특별자치도지사

정답 ②

해설

74-1
② 관광진흥법 제57조
③ 관광진흥법 제49조 제1항 제4호
④ 관광진흥법 제49조 제2항 제7호

74-2
관광지 및 관광단지는 문화체육관광부령으로 정하는 바에 따라 시장 · 군수 · 구청장의 신청에 의하여 시 · 도지사가 지정한다(관광진흥법 제52조 제1항).

핵심이론 75 관광지 등의 조성계획

① 조성계획의 승인(관광진흥법 제54조 제1항)

관광지 등을 관할하는 시장 · 군수 · 구청장은 조성계획을 작성하여 시 · 도지사의 승인을 받아야 한다. 이를 변경(대통령령으로 정하는 경미한 사항의 변경은 제외)하려는 경우에도 또한 같다. 다만, 관광단지를 개발하려는 공공기관 등 문화체육관광부령으로 정하는 공공법인 또는 민간개발자("관광단지개발자")는 조성계획을 작성하여 대통령령으로 정하는 바에 따라 시 · 도지사의 승인을 받을 수 있다.

② 조성계획 중 관광시설계획의 포함 사항(관광진흥법 시행규칙 제60조 제1항 제1호)

㉠ 공공편익시설, 숙박시설, 상가시설, 관광 휴양 · 오락시설 및 그 밖의 시설지구로 구분된 토지이용계획
㉡ 건축연면적이 표시된 시설물설치계획(축척 500분의 1부터 6천분의 1까지의 지적도에 표시한 것)
㉢ 조경시설물, 조경구조물 및 조경식재계획이 포함된 조경계획
㉣ 그 밖의 전기 · 통신 · 상수도 및 하수도 설치계획
㉤ 관광시설계획에 대한 관련부서별 의견(지방자치단체의 장이 조성계획을 수립하는 경우만 해당)

③ 관광지 등의 시설지구 안에 설치할 수 있는 시설(관광진흥법 시행규칙 별표 19)

시설지구	설치할 수 있는 시설
공공편익시설지구	도로, 주차장, 관리사무소, 안내시설, 광장, 정류장, 공중화장실, 금융기관, 관공서, 폐기물처리시설, 오수처리시설, 상하수도시설, 그 밖에 공공의 편익시설과 관련되는 시설로서 관광지 등의 기반이 되는 시설
숙박시설지구	공중위생관리법 및 이 법에 따른 숙박시설, 그 밖에 관광객의 숙박과 체재에 적합한 시설
상가시설지구	판매시설, 식품위생법에 따른 업소, 공중위생관리법에 따른 업소(숙박업은 제외), 사진관, 그 밖의 물품이나 음식 등을 판매하기에 적합한 시설

제3과목

관광 휴양 · 오락시설 지구	• 휴양 · 문화시설 : 공원, 정자, 전망대, 조경휴게소, 의료시설, 노인시설, 삼림욕장, 자연휴양림, 연수원, 야영장, 온천장, 보트장, 유람선터미널, 낚시터, 청소년수련시설, 공연장, 식물원, 동물원, 박물관, 미술관, 수족관, 문화원, 교양관, 도서관, 자연학습장, 과학관, 국제회의장, 농 · 어촌휴양시설, 그 밖에 휴양과 교육 · 문화와 관련된 시설 • 운동 · 오락시설 : 체육시설의 설치 · 이용에 관한 법률에 따른 체육시설, 이 법에 따른 유원시설, 게임산업진흥에 관한 법률에 따른 게임제공업소, 케이블카(리프트카), 수렵장, 어린이놀이터, 무도장, 그 밖의 운동과 놀이에 직접 참여하거나 관람하기에 적합한 시설
기타시설지구	위의 지구에 포함되지 아니하는 시설

[핵심예제]

관광진흥법령상 관광지 등의 시설지구 중 휴양 · 문화시설지구 안에 설치할 수 있는 시설은? (단, 개별시설에 부대시설은 없는 것으로 전제함) [2018년]

① 관공서 ② 케이블카
③ 무도장 ④ 전망대

정답 ④

해설

① 공공편익시설지구(관광진흥법 시행규칙 별표 19)
② 운동 · 오락시설지구(관광진흥법 시행규칙 별표 19)
③ 운동 · 오락시설지구(관광진흥법 시행규칙 별표 19)

핵심이론 76 관광지 등의 조성사업 및 처분

① 조성계획의 시행(관광진흥법 제55조)

㉠ 조성사업은 이 법 또는 다른 법령에 특별한 규정이 있는 경우 외에는 사업시행자가 행한다.

㉡ 조성계획의 승인을 받아 관광지 등을 개발하려는 자가 관광지 등의 개발 촉진을 위하여 조성계획의 승인 전에 대통령령으로 정하는 바에 따라 시 · 도지사의 승인을 받아 그 조성사업에 필요한 토지를 매입한 경우에는 사업시행자로서 토지를 매입한 것으로 본다.

㉢ 사업시행자가 아닌 자로서 조성사업을 하려는 자는 대통령령으로 정하는 기준과 절차에 따라 사업시행자가 특별자치시장 · 특별자치도지사 · 시장 · 군수 · 구청장인 경우에는 특별자치시장 · 특별자치도지사 · 시장 · 군수 · 구청장의 허가를 받아서 조성사업을 할 수 있고, 사업시행자가 관광단지개발자인 경우에는 관광단지개발자와 협의하여 조성사업을 할 수 있다.

㉣ 사업시행자가 아닌 자로서 조성사업(시장 · 군수 · 구청장이 조성계획의 승인을 받은 사업만 해당)을 시행하려는 자가 사업계획의 승인을 받은 경우에는 ㉢에도 불구하고 특별자치시장 · 특별자치도지사 · 시장 · 군수 · 구청장의 허가를 받지 아니하고 그 조성사업을 시행할 수 있다.

㉤ 관광단지를 개발하려는 공공기관 등 문화체육관광부령으로 정하는 관광단지개발자는 필요하면 용지의 매수 업무와 손실보상 업무(민간개발자인 경우에는 남은 사유지를 수용하거나 사용하는 경우만 해당)를 대통령령으로 정하는 바에 따라 관할 지방자치단체의 장에게 위탁할 수 있다.

② 관광지 등 지정 등의 실효 및 취소 등(관광진흥법 제56조)

㉠ 관광지 등으로 지정 · 고시된 관광지 등에 대하여 그 고시일부터 2년 이내에 조성계획의 승인신청이 없으면 그 고시일부터 2년이 지난 다음 날에 그 관광지 등 지정은 효력을 상실한다. ㉡에 따라 조성계획의 효력이 상실된 관광지 등에 대하여 그 조성계획의 효력이 상실된 날부터 2년 이내에 새로운 조성계획의 승인신청이 없는 경우에도 또한 같다.

㉡ 조성계획의 승인을 받은 관광지 등 사업시행자가 조성계획의 승인고시일부터 2년 이내에 사업을 착수하지 아니하면 조성계획 승인고시일부터 2년이 지난 다음 날에 그 조성계획의 승인은 효력을 상실한다.

③ **관광지 등의 처분(관광진흥법 제59조)**

㉠ 사업시행자는 조성한 토지, 개발된 관광시설 및 지원시설의 전부 또는 일부를 매각하거나 임대하거나 타인에게 위탁하여 경영하게 할 수 있다.

㉡ 토지 · 관광시설 또는 지원시설을 매수 · 임차하거나 그 경영을 수탁한 자는 그 토지나 관광시설 또는 지원시설에 관한 권리 · 의무를 승계한다.

[핵심예제]

관광진흥법령상 관광지 등 조성계획의 승인을 받은 자인 사업시행자에 관한 설명으로 옳지 않은 것은? [2018년]

① 사업시행자는 개발된 관광시설 및 지원시설의 전부를 타인에게 위탁하여 경영하게 할 수 없다.

② 사업시행자가 수립하는 이주대책에는 이주방법 및 이주시기가 포함되어야 한다.

③ 사업시행자는 관광지 등의 조성사업과 그 운영에 관련되는 도로 등 공공시설을 우선하여 설치하도록 노력하여야 한다.

④ 사업시행자가 관광지 등의 개발 촉진을 위하여 조성계획의 승인 전에 시 · 도지사의 승인을 받아 그 조성사업에 필요한 토지를 매입한 경우에는 사업시행자로서 토지를 매입한 것으로 본다.

정답 ①

해설

사업시행자는 개발된 관광시설 및 지원시설의 전부를 타인에게 위탁하여 경영하게 할 수 있다(관광진흥법 제59조 제1항).

핵심이론 77 시설설치 및 선수금

① **시설의 설치**

㉠ 공공시설의 우선 설치(관광진흥법 제57조)

국가 · 지방자치단체 또는 사업시행자는 관광지 등의 조성사업과 그 운영에 관련되는 도로, 전기, 상 · 하수도 등 공공시설을 우선하여 설치하도록 노력하여야 한다.

㉡ 관광단지의 전기시설 설치(관광진흥법 제57조의2)

- 관광단지에 전기를 공급하는 자는 관광단지 조성사업의 시행자가 요청하는 경우 관광단지에 전기를 공급하기 위한 전기간선시설(電氣幹線施設) 및 배전시설(配電施設)을 관광단지 조성계획에서 도시 · 군계획시설로 결정된 도로까지 설치하되, 구체적인 설치범위는 대통령령으로 정한다.
- 관광단지에 전기를 공급하는 전기간선시설 및 배전시설의 설치비용은 전기를 공급하는 자가 부담한다. 다만, 관광단지 조성사업의 시행자 · 입주기업 · 지방자치단체 등의 요청에 의하여 전기간선시설 및 배전시설을 땅속에 설치하는 경우에는 전기를 공급하는 자와 땅속에 설치할 것을 요청하는 자가 각각 100분의 50의 비율로 설치비용을 부담한다.

② **선수금**

㉠ 선수금(관광진흥법 제63조)

사업시행자는 그가 개발하는 토지 또는 시설을 분양받거나 시설물을 이용하려는 자로부터 그 대금의 전부 또는 일부를 대통령령으로 정하는 바에 따라 미리 받을 수 있다.

㉡ 선수금(관광진흥법 시행령 제52조)

사업시행자는 선수금을 받으려는 경우에는 그 금액 및 납부방법에 대하여 토지 또는 시설을 분양받거나 시설물을 이용하려는 자와 협의하여야 한다.

[핵심예제]

관광진흥법령상 관광지 등의 개발에 관한 내용으로 옳은 것은? [2016년 특별]

① 관광지 및 관광단지는 시 · 도지사의 신청에 의하여 문화체육관광부장관이 지정한다.
② 관광지로 지정 · 고시된 날부터 5년 이내에 조성계획의 승인신청이 없으면 그 고시일로부터 5년이 지난 다음 날에 그 지정의 효력이 상실된다.
③ 사업시행자는 그가 개발하는 토지를 분양받으려는 자와 그 금액 및 납부방법에 관한 협의를 거쳐 그 대금의 전부 또는 일부를 미리 받을 수 있다.
④ 관광단지 조성사업의 시행자의 요청에 따라 관광단지에 전기를 공급하는 자가 설치하는 전기간선시설의 설치비용은 관광단지 조성사업의 시행자가 부담한다.

정답 ③

해설

③ 사업시행자는 그가 개발하는 토지 또는 시설을 분양받거나 시설물을 이용하려는 자와 그 금액 및 납부방법에 관한 협의를 거쳐 그 대금의 전부 또는 일부를 미리 받을 수 있다(관광진흥법 제63조, 관광진흥법 시행령 제52조).
① 관광지 및 관광단지는 시장 · 군수 · 구청장의 신청에 의하여 시 · 도지사가 지정한다. 다만, 특별자치시 및 특별자치도의 경우에는 특별자치시장 및 특별자치도지사가 지정한다(관광진흥법 제52조 제1항).
② 관광지 등으로 지정 · 고시된 관광지 등에 대하여 그 고시일부터 2년 이내에 조성계획의 승인신청이 없으면 그 고시일부터 2년이 지난 다음 날에 그 관광지 등 지정은 효력을 상실한다(관광진흥법 제56조 제1항).
④ 관광단지에 전기를 공급하는 전기간선시설 및 배전시설의 설치비용은 전기를 공급하는 자가 부담한다(관광진흥법 제57조의2 제2항).

핵심이론 78 이주대책 및 입장료 · 관람료 · 이용료

① 이주대책

㉠ 이주대책의 수립 · 실시(관광진흥법 제66조)
- 사업시행자는 조성사업의 시행에 따른 토지 · 물건 또는 권리를 제공함으로써 생활의 근거를 잃게 되는 자를 위하여 대통령령으로 정하는 내용이 포함된 이주대책을 수립 · 실시하여야 한다.
- 이주대책의 수립에 관하여는 공익사업을 위한 토지 등의 취득 및 보상에 관한 법률을 준용한다.

㉡ 이주대책의 내용(관광진흥법 시행령 제57조)
사업시행자가 수립하는 이주대책에는 다음의 사항이 포함되어야 한다.
- 택지 및 농경지의 매입
- 택지 조성 및 주택 건설
- 이주보상금
- 이주방법 및 이주시기
- 이주대책에 따른 비용
- 그 밖에 필요한 사항

② 입장료 · 관람료 · 이용료(관광진흥법 제67조)

㉠ 관광지 등에서 조성사업을 하거나 건축, 그 밖의 시설을 한 자는 관광지 등에 입장하는 자로부터 입장료를 징수할 수 있고, 관광시설을 관람하거나 이용하는 자로부터 관람료나 이용료를 징수할 수 있다.
㉡ 입장료 · 관람료 또는 이용료의 징수 대상의 범위와 그 금액은 관광지 등이 소재하는 지방자치단체의 조례로 정한다.
㉢ 지방자치단체는 입장료 · 관람료 또는 이용료를 징수하면 이를 관광지 등의 보존 · 관리와 그 개발에 필요한 비용에 충당하여야 한다.

[핵심예제]

78-1. 관광진흥법령상 제시된 내용 중 사업시행자가 조성사업의 시행에 따른 토지 · 물건 또는 권리를 제공함으로써 생활의 근거를 잃게 되는 자를 위하여 수립하는 이주대책으로 옳지 않은 것은? [2015년 정기]

① 택지 조성 및 주택 건설
② 이주대책에 따른 비용
③ 이주방법 및 이주시기
④ 생계해결을 위한 직업교육 비용

정답 ④

78-2. 관광진흥법상 관광지 등에의 입장료 징수 대상의 범위와 그 금액을 정할 수 있는 권한을 가진 자는? [2018년]

① 특별자치도지사 ② 문화체육관광부장관
③ 한국관광협회중앙회장 ④ 한국관광공사 사장

정답 해설참조

해설

78-1
사업시행자가 수립하는 이주대책에는 택지 및 농경지의 매입, 택지 조성 및 주택 건설, 이주보상금, 이주방법 및 이주시기, 이주대책에 따른 비용, 그 밖에 필요한 사항이 포함되어야 한다(관광진흥법 시행령 제57조).

78-2
입장료 · 관람료 또는 이용료의 징수 대상의 범위와 그 금액은 관광지 등이 소재하는 지방자치단체의 조례로 정한다(관광진흥법 제67조 제2항).
※ 출제 당시 정답은 ①이었으나, 2020년 6월 9일 법령이 개정되어 현재는 답이 없다.

핵심이론 79 관광특구의 지정

① 관광특구의 지정(관광진흥법 제70조 제1항)

관광특구는 다음의 요건을 모두 갖춘 지역 중에서 시장 · 군수 · 구청장의 신청(특별자치시 및 특별자치도의 경우는 제외)에 따라 시 · 도지사가 지정한다. 이 경우 관광특구로 지정하려는 대상지역이 같은 시 · 도 내에서 둘 이상의 시 · 군 · 구에 걸쳐 있는 경우에는 해당 시장 · 군수 · 구청장이 공동으로 지정을 신청하여야 하고, 둘 이상의 시 · 도에 걸쳐 있는 경우에는 해당 시장 · 군수 · 구청장이 공동으로 지정을 신청하고 해당 시 · 도지사가 공동으로 지정하여야 한다.

㉠ 외국인 관광객 수가 대통령령으로 정하는 기준 이상일 것
㉡ 문화체육관광부령으로 정하는 바에 따라 관광안내시설, 공공편익시설 및 숙박시설 등이 갖추어져 외국인 관광객의 관광수요를 충족시킬 수 있는 지역일 것
㉢ 관광활동과 직접적인 관련성이 없는 토지의 비율이 대통령령으로 정하는 기준을 초과하지 아니할 것
㉣ ㉠부터 ㉢까지의 요건을 갖춘 지역이 서로 분리되어 있지 아니할 것

② 관광특구의 지정요건(관광진흥법 시행령 제58조)

㉠ ①의 ㉠에서 "대통령령으로 정하는 기준"이란 문화체육관광부장관이 고시하는 기준을 갖춘 통계전문기관의 통계결과 해당 지역의 최근 1년간 외국인 관광객 수가 10만명(서울특별시는 50만 명)인 것을 말한다.
㉡ ①의 ㉢에서 "대통령령으로 정하는 기준"이란 관광특구 전체 면적 중 관광활동과 직접적인 관련성이 없는 토지가 차지하는 비율이 10퍼센트인 것을 말한다.

제3과목

③ 관광특구 지정요건의 세부기준(관광진흥법 시행규칙 별표 21)

시설구분	시설종류	구비기준
공공편익시설	화장실, 주차장, 전기시설, 통신시설, 상하수도시설	각 시설이 관광객이 이용하기에 충분할 것
관광안내시설	관광안내소, 외국인통역안내소, 관광지 표지판	각 시설이 관광객이 이용하기에 충분할 것
숙박시설	관광호텔, 수상관광호텔, 한국전통호텔, 가족호텔 및 휴양콘도미니엄	시행령 별표 1의 등록기준에 부합되는 관광숙박시설이 1종류 이상일 것
휴양·오락시설	민속촌, 해수욕장, 수렵장, 동물원, 식물원, 수족관, 온천장, 동굴자원, 수영장, 농어촌휴양시설, 산림휴양시설, 박물관, 미술관, 활공장, 자동차야영장, 관광유람선 및 종합유원시설	시행령 별표 1의 등록기준에 부합되는 관광객이용시설 또는 시행령 별표 1의2의 시설 및 설비기준에 부합되는 유원시설이 1종류 이상일 것
접객시설	관광공연장, 관광유흥음식점, 관광극장유흥업점, 외국인전용유흥음식점, 관광식당	시행령 별표 1의 등록기준에 부합되는 관광객이용시설 또는 시행령 별표 2의 지정기준에 부합되는 관광편의시설로서 관광객이 이용하기에 충분할 것
상가시설	관광기념품전문판매점, 백화점, 재래시장, 면세점 등	1개소 이상일 것

핵심예제

79-1. 관광진흥법령상 관광특구의 지정요건으로 옳지 않은 것은? [2015년 특별]

① 외국인 관광객 수가 20만 명(서울특별시는 50만 명) 이상일 것
② 관광특구의 지정신청 대상지역이 서로 분리되어 있지 아니할 것
③ 관광특구 전체 면적 중 관광활동과 직접적인 관련성이 없는 토지의 비율이 10%를 초과하지 아니할 것
④ 문화체육관광부령으로 정하는 바에 따라 관광안내시설, 공공편익시설 및 숙박시설 등이 갖추어져 외국인 관광객의 관광수요를 충족시킬 수 있는 지역일 것

정답 ①

79-2. 관광진흥법령상 관광특구 지정 시 관광특구 전체 면적 중 관광활동과 직접적인 관련성이 없는 토지의 비율이 몇 %를 초과해서는 안 되는가? [2014년 정기]

① 5% ② 10%
③ 15% ④ 20%

정답 ②

해설

79-1
통계전문기관의 통계결과 해당 지역의 최근 1년간 외국인 관광객 수가 10만명(서울특별시는 50만 명) 이상일 것(관광진흥법 시행령 제58조 제1항)

79-2
관광특구 지정 시 관광특구 전체 면적 중 관광활동과 직접적인 관련성이 없는 토지의 비율이 10%를 초과해서는 안 된다(관광진흥법 제70조 제1항 제3호, 관광진흥법 시행령 제58조 제2항).

※ 2019년 12월 3일 법령이 개정되어 '임야·농지·공업용지 또는 택지 등'이라는 내용은 삭제되었다.

핵심이론 80 관광특구진흥계획

① **관광특구의 진흥계획(관광진흥법 제71조)**

㉠ 특별자치시장 · 특별자치도지사 · 시장 · 군수 · 구청장은 관할 구역 내 관광특구를 방문하는 외국인 관광객의 유치 촉진 등을 위하여 관광특구진흥계획을 수립하고 시행하여야 한다.

㉡ 관광특구진흥계획에 포함될 사항 등 관광특구진흥계획의 수립 · 시행에 필요한 사항은 대통령령으로 정한다.

② **관광특구진흥계획의 수립 · 시행(관광진흥법 시행령 제59조)**

㉠ 특별자치시장 · 특별자치도지사 · 시장 · 군수 · 구청장은 관광특구진흥계획(진흥계획)을 수립하기 위하여 필요한 경우에는 해당 특별자치시 · 특별자치도 · 시 · 군 · 구 주민의 의견을 들을 수 있다.

㉡ 특별자치시장 · 특별자치도지사 · 시장 · 군수 · 구청장은 다음의 사항이 포함된 진흥계획을 수립 · 시행한다.

- 외국인 관광객을 위한 관광편의시설의 개선에 관한 사항
- 특색 있고 다양한 축제, 행사, 그 밖에 홍보에 관한 사항
- 관광객 유치를 위한 제도개선에 관한 사항
- 관광특구를 중심으로 주변지역과 연계한 관광코스의 개발에 관한 사항
- 그 밖에 관광질서 확립 및 관광서비스 개선 등 관광객 유치를 위하여 필요한 사항으로서 문화체육관광부령으로 정하는 사항

㉢ 특별자치시장 · 특별자치도지사 · 시장 · 군수 · 구청장은 수립된 진흥계획에 대하여 5년마다 그 타당성을 검토하고 진흥계획의 변경 등 필요한 조치를 하여야 한다.

③ **진흥계획의 평가 및 조치(관광진흥법 시행령 제60조)**

㉠ 시 · 도지사는 진흥계획의 집행 상황을 연 1회 평가하여야 하며, 평가 시에는 관광 관련 학계 · 기관 및 단체의 전문가와 지역주민, 관광 관련 업계 종사자가 포함된 평가단을 구성하여 평가하여야 한다.

㉡ 시 · 도지사는 평가 결과를 평가가 끝난 날부터 1개월 이내에 문화체육관광부장관에게 보고하여야 하며, 문화체육관광부장관은 시 · 도지사가 보고한 사항 외에 추가로 평가가 필요하다고 인정되면 진흥계획의 집행 상황을 직접 평가할 수 있다.

㉢ 시 · 도지사는 진흥계획의 집행 상황에 대한 평가 결과에 따라 다음의 구분에 따른 조치를 해야 한다.

- 관광특구의 지정요건에 3년 연속 미달하여 개선될 여지가 없다고 판단되는 경우에는 관광특구 지정 취소
- 진흥계획의 추진실적이 미흡한 관광특구로서 개선권고를 3회 이상 이행하지 아니한 경우에는 관광특구 지정 취소
- 진흥계획의 추진실적이 미흡한 관광특구에 대하여는 지정 면적의 조정 또는 투자 및 사업계획 등의 개선 권고

핵심예제

80-1. 관광진흥법령상 관광특구에 관한 설명으로 옳은 것은? [2020년]

① 관광특구로 지정하기 위해서는 임야 · 농지 · 공업용지 또는 택지의 비율이 관광특구 전체면적의 20%를 초과하지 아니하여야 한다.
② 문화체육관광부장관은 관광특구진흥계획을 수립하고 시행하여야 한다.
③ 문화체육관광부장관은 관광특구의 활성화를 위하여 관광특구에 대한 평가를 3년마다 실시하여야 한다.
④ 관광특구는 외국인 관광객 수가 대통령령으로 정하는 기준 이하이어야 한다.

정답 ③(해설참조)

80-2. 관광진흥법령상 관광특구에 관한 내용으로 옳지 않은 것은? [2014년 정기]

① 서울특별시의 경우 관광특구 지정 시 문화체육관광부장관이 고시하는 기준을 갖춘 통계 전문기관의 통계결과 해당 지역의 최근 1년간 외국인 관광객 수가 50만 명 이상이어야 한다.
② 특별자치도지사 · 시장 · 군수 · 구청장은 수립된 관광특구진흥계획에 대하여 10년마다 그 타당성을 검토하고 관광특구진흥계획의 변경 등 필요한 조치를 하여야 한다.
③ 관광특구 지정 시 상가시설로서 관광기념품전문판매점, 백화점, 재래시장, 면세점 등의 시설 중 1개소 이상을 갖추어야 한다.
④ 시 · 도지사는 관광특구진흥계획의 집행 상황에 대한 평가 결과 관광특구의 지정요건에 3년 연속 미달하여 개선될 여지가 없다고 판단되는 경우 관광특구 지정을 취소할 수 있다.

정답 ②

해설

80-1

③ 관광진흥법 제73조 제3항
① 관광특구로 지정하기 위해서는 관광특구 전체 면적 중 관광활동과 직접적인 관련성이 없는 토지가 차지하는 비율이 10퍼센트를 초과하지 아니하여야 한다(관광진흥법 제70조, 관광진흥법 시행령 제58조 제2항).
※ 2019년 12월 3일 법령이 개정되어 '임야 · 농지 · 공업용지 또는 택지 등'이라는 내용은 삭제되었다.
② 특별자치시장 · 특별자치도지사 · 시장 · 군수 · 구청장은 관광특구진흥계획을 수립하고 시행하여야 한다(관광진흥법 제71조 제1항).
④ 관광특구는 외국인 관광객 수가 대통령령으로 정하는 기준 이상이어야 한다(관광진흥법 제70조 제1항 제1호).

80-2

특별자치시장 · 특별자치도지사 · 시장 · 군수 · 구청장은 수립된 진흥계획에 대하여 5년마다 그 타당성을 검토하고 진흥계획의 변경 등 필요한 조치를 하여야 한다(관광진흥법 시행령 제59조 제3항).
① 관광진흥법 시행령 제58조 제1항
③ 관광진흥법 시행규칙 별표 21
④ 관광진흥법 시행령 제60조 제3항 제1호

핵심이론 81 관광특구에 대한 평가

① 관광특구에 대한 평가 등(관광진흥법 제73조)

㉠ 시 · 도지사 또는 특례시의 시장은 대통령령으로 정하는 바에 따라 관광특구진흥계획의 집행 상황을 평가하고, 우수한 관광특구에 대하여는 필요한 지원을 할 수 있다.

㉡ 시 · 도지사 또는 특례시의 시장은 평가 결과 관광특구 지정 요건에 맞지 아니하거나 추진 실적이 미흡한 관광특구에 대하여는 대통령령으로 정하는 바에 따라 관광특구의 지정취소 · 면적조정 · 개선권고 등 필요한 조치를 하여야 한다.

㉢ 문화체육관광부장관은 관광특구의 활성화를 위하여 관광특구에 대한 평가를 3년마다 실시하여야 한다.

㉣ 문화체육관광부장관은 평가 결과 우수한 관광특구에 대하여는 필요한 지원을 할 수 있다.

㉤ 문화체육관광부장관은 평가 결과 관광특구 지정 요건에 맞지 아니하거나 추진 실적이 미흡한 관광특구에 대하여는 대통령령으로 정하는 바에 따라 해당 시 · 도지사 또는 특례시의 시장에게 관광특구의 지정취소 · 면적조정 · 개선권고 등 필요한 조치를 할 것을 요구할 수 있다.

㉥ 평가의 내용, 절차 및 방법 등에 필요한 사항은 대통령령으로 정한다.

② 관광특구의 평가 및 조치(관광진흥법 시행령 제60조의2)

㉠ 문화체육관광부장관은 관광특구에 대하여 다음의 사항을 평가해야 한다.

- 관광특구 지정 요건을 충족하는지 여부
- 최근 3년간의 진흥계획 추진 실적
- 외국인 관광객의 유치 실적
- 그 밖에 관광특구의 활성화를 위하여 평가가 필요한 사항으로서 문화체육관광부령으로 정하는 사항

㉡ 문화체육관광부장관은 관광특구의 평가를 위하여 평가 대상지역의 특별자치시장 · 특별자치도지사 · 시장 · 군수 · 구청장에게 평가 관련 자료의 제출을 요구할 수 있으며, 필요한 경우 현지조사를 할 수 있다.

㉢ 문화체육관광부장관은 관광특구에 대한 평가를 하려는 경우에는 세부 평가계획을 수립하여 평가 대상지역의 특별자치시장 · 특별자치도지사 · 시장 · 군수 · 구청장에게 평가실시일 90일 전까지 통보해야 한다.

㉣ 문화체육관광부장관은 다음의 구분에 따른 조치를 해당 시 · 도지사에게 요구할 수 있다.

- 관광특구의 지정 요건에 맞지 않아 개선될 여지가 없다고 판단되는 경우 : 관광특구 지정 취소
- 진흥계획 추진 실적이 미흡한 경우 : 면적조정 또는 개선권고
- 면적조정 또는 개선권고를 이행하지 않은 경우 : 관광특구 지정 취소

㉤ 시 · 도지사는 조치 요구를 받은 날부터 1개월 이내에 조치계획을 문화체육관광부장관에게 보고해야 한다.

핵심예제

81-1. 관광진흥법령상 관광특구에 관한 내용으로 옳은 것은? [2019년]

① 서울특별시장은 관광특구를 신청할 수 있다.
② 세종특별자치시장은 관광특구를 신청할 수 있다.
③ 최근 1년간 외국인 관광객 수가 5만 명 이상인 지역은 관광특구가 된다.
④ 문화체육관광부장관 및 시 · 도지사는 관광특구진흥계획의 집행 상황을 평가하고, 우수한 관광특구에 대하여는 필요한 지원을 할 수 있다.

정답 해설참조

81-2. 관광진흥법상 관광특구에 대한 평가 결과 지정 요건이 맞지 않거나 추진 실적이 미흡한 경우 대통령령에 정하는 바에 따라 시 · 도지사가 취할 수 있는 조치로 옳지 않은 것은? [2013년 정기]

① 지정취소 ② 과태료부과
③ 면적조정 ④ 개선권고

정답 ②

해설

81-1

① · ② 관광특구는 시장 · 군수 · 구청장의 신청(특별자치시 및 특별자치도의 경우는 제외)에 따라 시 · 도지사가 지정한다(관광진흥법 제70조 제1항).

③ 통계전문기관의 통계결과 해당 지역의 최근 1년간 외국인 관광객 수가 10만명(서울특별시는 50만 명) 이상인 지역은 관광특구가 된다(관광진흥법 시행령 제58조 제1항).

④ 시 · 도지사 또는 특례시의 시장은 관광특구진흥계획의 집행 상황을 평가하고, 우수한 관광특구에 대하여는 필요한 지원을 할 수 있다(관광진흥법 제73조 제1항).

※ 출제 당시 정답은 ④였으나, 2019년 12월 3일 법령이 개정되어 현재 정답이 없다.

81-2

시 · 도지사 또는 특례시의 시장은 평가 결과 관광특구 지정 요건에 맞지 아니하거나 추진 실적이 미흡한 관광특구에 대하여는 대통령령으로 정하는 바에 따라 관광특구의 지정취소 · 면적조정 · 개선권고 등 필요한 조치를 하여야 한다(관광진흥법 제73조 제2항).

핵심이론 82 관광특구에 대한 지원 및 다른 법률에 대한 특례

① 관광특구에 대한 지원(관광진흥법 제72조)

㉠ 국가나 지방자치단체는 관광특구를 방문하는 외국인 관광객의 관광 활동을 위한 편의 증진 등 관광특구 진흥을 위하여 필요한 지원을 할 수 있다.

㉡ 문화체육관광부장관은 관광특구를 방문하는 관광객의 편리한 관광 활동을 위하여 관광특구 안의 문화 · 체육 · 숙박 · 상가 · 교통 · 주차시설로서 관광객 유치를 위하여 특히 필요하다고 인정되는 시설에 대하여 관광진흥개발기금법에 따라 관광진흥개발기금을 대여하거나 보조할 수 있다.

② 다른 법률에 대한 특례(관광진흥법 제74조)

㉠ 관광특구 안에서는 식품위생법에 따른 영업제한에 관한 규정을 적용하지 아니한다.

㉡ 관광특구 안에서 대통령령으로 정하는 관광사업자는 건축법에도 불구하고 연간 180일 이내의 기간 동안 해당 지방자치단체의 조례로 정하는 바에 따라 공개공지(空地 : 공터)를 사용하여 외국인 관광객을 위한 공연 및 음식을 제공할 수 있다. 다만, 울타리를 설치하는 등 공중(公衆)이 해당 공개 공지를 사용하는 데에 지장을 주는 행위를 하여서는 아니 된다.

㉢ 관광특구 관할 지방자치단체의 장은 관광특구의 진흥을 위하여 필요한 경우에는 시 · 도경찰청장 또는 경찰서장에게 도로교통법에 따른 차마(車馬) 또는 노면전차의 도로통행 금지 또는 제한 등의 조치를 하여줄 것을 요청할 수 있다. 이 경우 요청받은 시 · 도경찰청장 또는 경찰서장은 도로교통법에도 불구하고 특별한 사유가 없으면 지체 없이 필요한 조치를 하여야 한다.

③ 건축법에 대한 특례를 적용받는 관광사업자의 범위(관광진흥법 시행령 제60조의3)

"대통령령으로 정하는 관광사업자"란 다음의 어느 하나에 해당하는 관광사업을 경영하는 자를 말한다.

㉠ 관광숙박업

㉡ 국제회의업

㉢ 종합여행업

㉣ 관광공연장업

㉤ 관광식당업, 여객자동차터미널시설업 및 관광면세업

핵심예제

82-1. 관광진흥법령상 관광특구에 관한 설명으로 옳은 것은?

[2017년]

① 관광특구 내에서는 연간 180일 이상 공개 공지(空地 : 공터)를 사용하여 외국인 관광객을 위한 공연 및 음식을 제공할 수 있다.

② 최근 2년 동안 외국인 총 관광객 수가 10만명을 넘은 광역시의 경우 관광특구를 신청할 수 있다.

③ 제주특별자치도의 서귀포시장은 요건을 갖춘 경우 관광특구를 신청할 수 있다.

④ 군수는 관할 구역 내 관광특구를 방문하는 외국인 관광객의 유치 촉진 등을 위하여 관광특구진흥계획을 수립하여야 한다.

정답 ④

82-2. 관광진흥법령상 관광특구에 관한 설명으로 옳은 것은?

[2016년 정기]

① 국가나 지방자치단체는 관광특구를 방문하는 외국인 관광객의 관광 활동을 위한 편의 증진 등 관광특구 진흥을 위하여 필요한 지원을 할 수 있다.

② 문화체육관광부장관은 관광특구를 방문하는 외국인 관광객의 유치 촉진 등을 위하여 관광특구진흥계획을 수립하고 시행하여야 한다.

③ 문화체육관광부장관은 수립된 진흥계획에 대하여 5년마다 그 타당성을 검토하고 진흥계획의 변경 등 필요한 조치를 하여야 한다.

④ 관광특구는 시 · 도지사의 신청에 따라 문화체육관광부장관이 지정한다.

정답 ①

해설

82-1

④ 관광진흥법 제71조 제1항

① 관광특구 안에서 연간 180일 이내의 기간 동안 공개 공지(空地 : 공터)를 사용하여 외국인 관광객을 위한 공연 및 음식을 제공할 수 있다(관광진흥법 제74조 제2항).

② 통계전문기관의 통계결과 해당 지역의 최근 1년간 외국인 관광객 수가 10만명(서울특별시는 50만 명) 이상인 지역은 관광특구를 신청할 수 있다(관광진흥법 시행령 제58조 제1항).

③ 관광특구는 시장 · 군수 · 구청장의 신청(특별자치시 및 특별자치도의 경우는 제외)에 따라 시 · 도지사가 지정한다(관광진흥법 제70조 제1항).

82-2

① 관광진흥법 제72조 제1항

② 특별자치시장 · 특별자치도지사 · 시장 · 군수 · 구청장은 관할 구역 내 관광특구를 방문하는 외국인 관광객의 유치 촉진 등을 위하여 관광특구진흥계획을 수립하고 시행하여야 한다(관광진흥법 제71조 제1항).

③ 특별자치시장 · 특별자치도지사 · 시장 · 군수 · 구청장은 수립된 진흥계획에 대하여 5년마다 그 타당성을 검토하고 진흥계획의 변경 등 필요한 조치를 하여야 한다(관광진흥법 시행령 제59조 제3항).

④ 관광특구는 시장 · 군수 · 구청장의 신청에 따라 시 · 도지사가 지정한다(관광진흥법 제70조 제1항).

핵심이론 83 재정지원 및 청문

① 재정지원(관광진흥법 제76조)

㉠ 문화체육관광부장관은 관광에 관한 사업을 하는 지방자치단체, 관광사업자 단체 또는 관광사업자에게 대통령령으로 정하는 바에 따라 보조금을 지급할 수 있다.

㉡ 지방자치단체는 그 관할 구역 안에서 관광에 관한 사업을 하는 관광사업자 단체 또는 관광사업자에게 조례로 정하는 바에 따라 보조금을 지급할 수 있다.

㉢ 국가 및 지방자치단체는 국유재산법, 공유재산 및 물품 관리법, 그 밖의 다른 법령에도 불구하고 관광지 등의 사업시행자에 대하여 국유 · 공유 재산의 임대료를 대통령령으로 정하는 바에 따라 감면할 수 있다.

② 청문(관광진흥법 제77조)

관할 등록기관 등의 장은 다음의 어느 하나에 해당하는 처분을 하려면 청문을 하여야 한다.

㉠ 국외여행 인솔자 자격의 취소
㉡ 관광사업의 등록 등이나 사업계획승인의 취소
㉢ 관광종사원 자격의 취소
㉣ 한국관광 품질인증의 취소
㉤ 민간개발자에 대한 관광단지 조성계획 승인의 취소
㉥ 카지노기구의 검사 등의 위탁 취소

[핵심예제]

관광진흥법상 청문을 하여야 하는 처분으로 명시되지 않은 것은? [2016년 특별]

① 관광사업의 등록 취소
② 관광종사원 자격의 취소
③ 우수숙박시설 지정의 취소
④ 민간개발자에 대한 관광단지 조성계획 승인의 취소

정답 ③

해설

청문을 하여야 하는 처분에는 관광사업의 등록 등이나 사업계획승인의 취소, 관광종사원 자격의 취소, 민간개발자에 대한 관광단지 조성계획 승인의 취소 등이 있다(관광진흥법 제77조).

핵심이론 84 수수료(관광진흥법 시행규칙 별표 23)

납부자	금 액
• 관광사업을 등록하는 자	
가. 관광사업의 신규등록	1) 외국인관광 도시민박업의 경우 : 20,000원 2) 그 밖의 관광사업의 경우 : 30,000원 (숙박시설이 있는 경우 매 실당 700원을 가산한 금액으로 한다)
나. 관광사업의 변경등록	1) 외국인관광 도시민박업의 경우 : 15,000원 2) 그 밖의 관광사업의 경우 : 15,000원 (숙박시설 중 객실변경등록을 하는 경우 매 실당 600원을 가산한 금액으로 한다)
• 카지노업의 허가를 신청하는 자	
가. 신규허가	100,000원(온라인으로 신청하는 경우 90,000원)
나. 변경허가	50,000원(온라인으로 신청하는 경우 45,000원)
• 관광편의시설업의 지정을 신청하는 자	20,000원
• 관광사업의 지위승계를 신고하는 자	20,000원
• 사업계획의 승인을 신청하는 자	
가. 신규사업계획의 승인	50,000원(숙박시설이 있는 경우 매 실당 500원을 가산한 금액)
나. 사업계획 변경승인	50,000원(숙박시설 중 객실변경이 있는 경우 매 실당 500원을 가산한 금액)
• 관광숙박업의 등급결정을 신청하는 자	등급결정에 관한 평가요원의 수 및 지급 수당 등을 고려하여 문화체육관광부장관이 정하여 고시하는 기준에 따른 금액
• 카지노기구(시행규칙 별표 8의 전자테이블게임 및 머신게임만 해당)의 검사를 신청하는 자	
가. 신규로 반입 · 사용하거나 검사유효기간이 만료되어 신청하는 경우	대당 189,000원

나. 가목 외의 경우	기본료 100,000원 + 대당 25,000원
• 관광종사원 자격시험에 응시하려는 자	20,000원
• 관광종사원의 등록을 신청하는 자	5,000원
• 관광종사원 자격증의 재발급을 신청하는 자	3,000원
• 한국관광 품질인증을 신청하는 자	품질인증에 관한 평가 · 심사 인원의 수 및 지급 수당 등을 고려하여 문화체육관광부장관이 정하여 고시하는 기준에 따른 금액

[핵심예제]

관광진흥법령에 따른 수수료를 잘못 납부한 경우는?

[2017년]

① 관광종사원 자격시험에 응시하면서 30,000원을 납부한 경우
② 관광종사원의 등록을 신청하면서 5,000원을 납부한 경우
③ 관광종사원 자격증의 재발급을 신청하면서 3,000원을 납부한 경우
④ 문화관광해설사 양성을 위한 교육프로그램의 인증을 신청하면서 20,000원을 납부한 경우

정답 해설참조

해설

수수료(관광진흥법 시행규칙 별표 23)

납부자	금 액
관광종사원 자격시험에 응시하려는 자	20,000원
관광종사원의 등록을 신청하는 자	5,000원
관광종사원 자격증의 재발급을 신청하는 자	3,000원

※ 출제 당시 정답은 ①이었으나, 2019년 4월 25일 법령이 개정되어 '문화관광해설사 양성을 위한 교육프로그램 또는 교육과정의 인증을 신청하는 자의 수수료 : 20,000원' 규정이 삭제되었다.

핵심이론 85 권한의 위임 및 위탁

① 권한의 위임 및 위탁(관광진흥법 제80조)

㉠ 이 법에 따른 문화체육관광부장관의 권한은 대통령령으로 정하는 바에 따라 그 일부를 시 · 도지사에게 위임할 수 있다.

㉡ 시 · 도지사(특별자치시장은 제외)는 문화체육관광부장관으로부터 위임받은 권한의 일부를 문화체육관광부장관의 승인을 받아 시장(제주특별자치도 설치 및 국제자유도시 조성을 위한 특별법에 따른 행정시장을 포함) · 군수 · 구청장에게 재위임할 수 있다.

㉢ 문화체육관광부장관 또는 시 · 도지사 및 시장 · 군수 · 구청장은 다음의 권한의 전부 또는 일부를 대통령령으로 정하는 바에 따라 한국관광공사, 협회, 지역별 · 업종별 관광협회 및 대통령령으로 정하는 전문 연구 · 검사기관, 자격검정기관이나 교육기관에 위탁할 수 있다.

- 관광 편의시설업의 지정 및 지정 취소
- 국외여행 인솔자의 등록 및 자격증 발급
- 관광숙박업의 등급 결정
- 카지노기구의 검사
- 안전성검사 또는 안전성검사 대상에 해당되지 아니함을 확인하는 검사
- 안전관리자의 안전교육
- 관광종사원 자격시험 및 등록
- 관광산업 진흥 사업의 수행
- 문화관광해설사 양성을 위한 교육과정의 개설 · 운영
- 한국관광 품질인증 및 그 취소
- 관광특구에 대한 평가

㉣ 위탁받은 업무를 수행하는 한국관광공사, 협회, 지역별 · 업종별 관광협회 및 전문 연구 · 검사기관이나 자격검정기관의 임원 및 직원과 검사기관의 검사 · 검정 업무를 수행하는 임원 및 직원은 형법의 규정을 적용하는 경우 공무원으로 본다.

ⓜ 문화체육관광부장관 또는 특별자치시장 · 특별자치도지사 · 시장 · 군수 · 구청장은 검사에 관한 권한을 위탁받은 자가 다음의 어느 하나에 해당하면 그 위탁을 취소하거나 6개월 이내의 기간을 정하여 업무의 전부 또는 일부의 정지를 명하거나 업무의 개선을 명할 수 있다. 다만, 1.에 해당하는 경우에는 그 위탁을 취소하여야 한다.

1. 거짓이나 그 밖의 부정한 방법으로 위탁사업자로 선정된 경우
2. 거짓이나 그 밖의 부정한 방법으로 검사를 수행한 경우
3. 정당한 사유 없이 검사를 수행하지 아니한 경우
4. 문화체육관광부령으로 정하는 위탁 요건을 충족하지 못하게 된 경우

② **권한의 위탁(관광진흥법 시행령 제65조)**

㉠ 등록기관 등의 장은 다음의 권한을 한국관광공사, 협회, 지역별 · 업종별 관광협회, 전문 연구 · 검사기관, 자격검정기관 또는 교육기관에 각각 위탁한다. 이 경우 문화체육관광부장관 또는 시 · 도지사는 4, 5, 8, 및 10.의 경우 위탁한 업종별 관광협회, 전문 연구 · 검사기관 또는 관광 관련 교육기관의 명칭 · 주소 및 대표자 등을 고시해야 한다.

1. 관광 편의시설업 중 관광식당업 · 관광사진업 및 여객자동차터미널시설업의 지정 및 지정취소에 관한 권한 : 지역별 관광협회
2. 국외여행 인솔자의 등록 및 자격증 발급에 관한 권한 : 업종별 관광협회
3. 카지노기구의 검사에 관한 권한 : 문화체육관광부장관이 지정하는 검사기관(카지노기구 검사기관)
4. 유기시설 또는 유기기구의 안전성검사 및 안전성검사 대상에 해당되지 아니함을 확인하는 검사에 관한 권한 : 문화체육관광부령으로 정하는 인력과 시설 등을 갖추고 문화체육관광부령으로 정하는 바에 따라 문화체육관광부장관이 지정한 업종별 관광협회 또는 전문 연구 · 검사기관
5. 안전관리자의 안전교육에 관한 권한 : 업종별 관광협회 또는 안전 관련 전문 연구 · 검사기관
6. 관광종사원 중 관광통역안내사 · 호텔경영사 및 호텔관리사의 자격시험, 등록 및 자격증의 발급에 관한 권한 : 한국관광공사. 다만, 자격시험의 출제, 시행, 채점 등 자격시험의 관리에 관한 업무는 한국산업인력공단법에 따른 한국산업인력공단에 위탁한다.
7. 관광종사원 중 국내여행안내사 및 호텔서비스사의 자격시험, 등록 및 자격증의 발급에 관한 권한 : 협회. 다만, 자격시험의 출제, 시행, 채점 등 자격시험의 관리에 관한 업무는 한국산업인력공단법에 따른 한국산업인력공단에 위탁한다.
8. 문화관광해설사 양성을 위한 교육과정의 개설 · 운영에 관한 권한 : 한국관광공사 또는 다음의 요건을 모두 갖춘 관광 관련 교육기관
   - 기본소양, 전문지식, 현장실무 등 문화관광해설사 양성교육(양성교육)에 필요한 교육과정 및 교육내용을 갖추고 있을 것
   - 강사 등 양성교육에 필요한 인력과 조직을 갖추고 있을 것
   - 강의실, 회의실 등 양성교육에 필요한 시설과 장비를 갖추고 있을 것
9. 한국관광 품질인증 및 그 취소에 관한 업무 : 한국관광공사
10. 관광특구에 대한 평가 : 조사 · 분석 전문기관

㉡ 위탁받은 업무를 수행한 지역별 관광협회는 이를 시 · 도지사에게 보고하여야 한다.

㉢ 시 · 도지사는 지역별 관광협회로부터 보고받은 사항을 매월 종합하여 다음 달 10일까지 문화체육관광부장관에게 보고하여야 한다.

㉣ 카지노기구의 검사에 관한 권한을 위탁받은 카지노기구 검사기관은 문화체육관광부령으로 정하는 바에 따라 검사에 관한 업무 규정을 정하여 문화체육관광부장관의 승인을 받아야 한다. 이를 변경하는 경우에도 또한 같다.

㉤ 위탁받은 업무를 수행한 업종별 관광협회 또는 전문 연구 · 검사기관은 그 업무를 수행하면서 법령 위반 사항을 발견한 경우에는 지체 없이 관할 특별자치시

장 · 특별자치도지사 · 시장 · 군수 · 구청장에게 이를 보고하여야 한다.

ⓑ 위탁받은 업무를 수행한 한국관광공사, 협회, 업종별 관광협회, 한국산업인력공단 및 관광 관련 교육기관은 국외여행 인솔자의 등록 및 자격증 발급, 관광종사원의 자격시험, 등록 및 자격증의 발급, 문화관광해설사 양성을 위한 교육과정의 개설 · 운영, 한국관광 품질인증 및 그 취소에 관한 업무를 수행한 경우에는 이를 분기별로 종합하여 다음 분기 10일까지 문화체육관광부장관 또는 시 · 도지사에게 보고하여야 한다.

ⓢ 한국관광 품질인증 및 그 취소에 관한 업무를 위탁받은 한국관광공사는 문화체육관광부령으로 정하는 바에 따라 한국관광 품질인증 및 그 취소에 관한 업무 규정을 정하여 문화체육관광부장관의 승인을 받아야 한다. 이를 변경하는 경우에도 또한 같다.

③ **등급결정 권한의 위탁(관광진흥법 시행령 제66조)**

㉠ 문화체육관광부장관은 호텔업의 등급결정권을 다음의 요건을 모두 갖춘 법인으로서 문화체육관광부장관이 정하여 고시하는 법인에 위탁한다.

- 문화체육관광부장관의 허가를 받아 설립된 비영리법인이거나 공공기관의 운영에 관한 법률에 따른 공공기관일 것
- 관광숙박업의 육성과 서비스 개선 등에 관한 연구 및 계몽활동 등을 하는 법인일 것
- 문화체육관광부령으로 정하는 기준에 맞는 자격을 가진 평가요원을 50명 이상 확보하고 있을 것

㉡ 문화체육관광부장관은 위탁 업무 수행에 필요한 경비의 전부 또는 일부를 호텔업 등급결정권을 위탁받은 법인에 지원할 수 있다.

㉢ 호텔업 등급결정권 위탁 기준 등 호텔업 등급결정권의 위탁에 필요한 사항은 문화체육관광부장관이 정하여 고시한다.

[핵심예제]

85-1. 관광업과 관련한 등록기관 등의 장이 위탁한 기관과 위탁한 권한이 잘못 연결된 것은? [2013년 정기]

① 지역별 관광협회 – 관광식당업 · 관광사진업의 지정 및 지정취소에 관한 권한
② 업종별 관광협회 – 호텔경영사 및 호텔관리사의 자격시험, 등록 및 자격증의 발급에 관한 권한
③ 지역별 관광협회 – 여객자동차터미널시설업의 지정 및 지정취소에 관한 권한
④ 업종별 관광협회 – 국외여행 인솔자의 등록 및 자격증 발급에 관한 권한

정답 ②

85-2. 관광진흥법령상 호텔업의 등급결정에 관한 설명으로 옳지 않은 것은? [2015년 정기]

① 문화체육관광부장관은 등급결정권을 위탁할 수 있다.
② 관광숙박업 중 호텔업의 등급은 5성급 · 4성급 · 3성급 · 2성급 및 1성급으로 구분한다.
③ 관광호텔업의 등록을 한 자는 호텔을 신규 등록한 경우 그 사유가 발생한 날부터 60일 이내에 등급결정을 신청하여야 한다.
④ 가족호텔업, 의료관광호텔업의 등록을 한 자는 등급결정을 신청하여야 한다.

정답 해설참조

해설

85-1

한국관광공사 : 호텔경영사 및 호텔관리사의 자격시험, 등록 및 자격증의 발급에 관한 권한(관광진흥법 시행령 제65조 제1항 제4호)

① 관광진흥법 시행령 제65조 제1항 제1호
③ 관광진흥법 시행령 제65조 제1항 제1호
④ 관광진흥법 시행령 제65조 제1항 제1의2호

85-2

① 문화체육관광부장관은 관광숙박업(호텔업, 휴양 콘도미니엄업)의 등급결정 권한의 전부 또는 일부를 위탁할 수 있다(관광진흥법 제80조 제3항 제2호).

② 관광진흥법 시행령 제22조 제2항

③ 관광호텔업의 등록을 한 자는 호텔을 신규 등록한 경우 호텔업 등록을 한 날부터 60일 이내에 등급결정을 신청해야 한다(관광진흥법 시행규칙 제25조 제1항 제1호).

④ 호텔업 등록을 한 자 중 관광호텔업, 수상관광호텔업, 한국전통호텔업, 가족호텔업, 소형호텔업 또는 의료관광호텔업의 등록을 한 자는 등급결정을 신청하여야 한다(관광진흥법 제19조 제1항, 관광진흥법 시행령 제22조 제1항).

※ 2019년 11월 19일 법령이 개정되어 가족호텔업의 등록을 한 자도 등급신청을 하여야 하므로 정답이 없다.

핵심이론 86 벌 칙

① 5년 이하의 징역 또는 5천만원 이하의 벌금(관광진흥법 제81조)

다음의 어느 하나에 해당하는 자는 5년 이하의 징역 또는 5천만원 이하의 벌금에 처한다. 이 경우 징역과 벌금은 병과(併科)할 수 있다.

㉠ 카지노업의 허가를 받지 아니하고 카지노업을 경영한 자

㉡ 법령에 위반되는 카지노기구를 설치하거나 사용하는 행위 또는 법령을 위반하여 카지노기구 또는 시설을 변조하거나 변조된 카지노기구 또는 시설을 사용하는 행위를 한 자

② 3년 이하의 징역 또는 3천만원 이하의 벌금(관광진흥법 제82조)

다음의 어느 하나에 해당하는 자는 3년 이하의 징역 또는 3천만원 이하의 벌금에 처한다. 이 경우 징역과 벌금은 병과할 수 있다.

㉠ 등록을 하지 아니하고 여행업 · 관광숙박업(사업계획의 승인을 받은 관광숙박업만 해당) · 국제회의업 및 관광객 이용시설업을 경영한 자

㉡ 허가를 받지 아니하고 유원시설업을 경영한 자

㉢ 법 제20조(분양 및 회원모집) 제1항 및 제2항을 위반하여 시설을 분양하거나 회원을 모집한 자

㉣ 법 제33조의2(사고보고의무 및 사고조사) 제3항에 따른 사용중지 등의 명령을 위반한 자

③ 2년 이하의 징역 또는 2천만원 이하의 벌금(관광진흥법 제83조)

㉠ 다음의 어느 하나에 해당하는 카지노사업자[법 제28조(카지노사업자 등의 준수 사항) 제1항 본문에 따른 종사원을 포함]는 2년 이하의 징역 또는 2천만원 이하의 벌금에 처한다. 이 경우 징역과 벌금은 병과할 수 있다.

- 변경허가를 받지 아니하거나 변경신고를 하지 아니하고 영업을 한 자
- 지위승계신고를 하지 아니하고 영업을 한 자
- 관광사업의 시설 중 부대시설 외의 시설을 타인에게 경영하게 한 자

- 법 제23조(카지노업의 시설기준 등) 제2항에 따른 검사를 받아야 하는 시설을 검사를 받지 아니하고 이를 이용하여 영업을 한 자
- 법 제25조(카지노기구의 규격 및 기준 등) 제3항에 따른 검사를 받지 아니하거나 검사 결과 공인기준 등에 맞지 아니한 카지노기구를 이용하여 영업을 한 자
- 검사에 합격된 카지노기구의 검사합격증명서를 훼손하거나 제거한 자
- 법 제28조(카지노사업자 등의 준수 사항) 제1항 제3호부터 제8호까지의 규정을 위반한 자
- 법 제35조(등록취소 등) 제1항 본문에 따른 사업정지처분을 위반하여 사업정지 기간에 영업을 한 자
- 법 제35조(등록취소 등) 제1항 본문에 따른 개선명령을 위반한 자
- 법 제35조(등록취소 등) 제1항 제19호(관광사업의 경영 또는 사업계획을 추진함에 있어서 뇌물을 주고받은 경우)를 위반한 자
- 법 제78조(보고 · 검사) 제2항에 따른 보고 또는 서류의 제출을 하지 아니하거나 거짓으로 보고를 한 자나 관계 공무원의 출입 · 검사를 거부 · 방해하거나 기피한 자

㉡ 등록을 하지 아니하고 야영장업을 경영한 자는 2년 이하의 징역 또는 2천만원 이하의 벌금에 처한다. 이 경우 징역과 벌금은 병과할 수 있다.

④ 1년 이하의 징역 또는 1천만원 이하의 벌금(관광진흥법 제84조)

다음의 어느 하나에 해당하는 자는 1년 이하의 징역 또는 1천만원 이하의 벌금에 처한다.

㉠ 유원시설업의 변경허가를 받지 아니하거나 변경신고를 하지 아니하고 영업을 한 자

㉡ 유원시설업의 신고를 하지 아니하고 영업을 한 자

㉢ 자격증을 빌려주거나 빌린 자 또는 이를 알선한 자

㉣ 거짓이나 그 밖의 부정한 방법으로 법 제25조(카지노기구의 규격 및 기준 등) 제3항 또는 법 제33조(안전성검사 등) 제1항에 따른 검사를 수행한 자

㉤ 법 제33조(안전성검사 등)를 위반하여 안전성검사를 받지 아니하고 유기시설 또는 유기기구를 설치한 자

㉥ 거짓이나 그 밖의 부정한 방법으로 법 제33조(안전성검사 등) 제1항에 따른 검사를 받은 자

㉦ 유기시설 · 유기기구 또는 유기기구의 부분품(部分品)을 설치하거나 사용한 자

㉧ 물놀이형 유원시설 등의 안전 · 위생기준을 지키지 아니한 경우에 해당되어 관할 등록기관 등의 장이 발한 명령을 위반한 자

㉨ 고의로 여행계약을 위반한 경우(여행업자만 해당)에 해당되어 관할 등록기관 등의 장이 발한 개선명령을 위반한 자

㉩ 관광종사원의 자격증을 빌려주거나 빌린 자 또는 이를 알선한 자

㉪ 법 제52조의2(행위 등의 제한) 제1항에 따른 허가 또는 변경허가를 받지 아니하고 같은 항에 규정된 행위를 한 자

㉫ 법 제52조의2(행위 등의 제한) 제1항에 따른 허가 또는 변경허가를 거짓이나 그 밖의 부정한 방법으로 받은 자

㉬ 법 제52조의2(행위 등의 제한) 제4항에 따른 원상회복명령을 이행하지 아니한 자

㉭ 법 제55조(조성계획의 시행) 제3항을 위반하여 조성사업을 한 자

[핵심예제]

86-1. 관광진흥법상 유원시설업의 변경허가를 받지 아니하고 영업을 한 자에 대한 벌칙 기준은? [2020년]

① 1년 이하의 징역 또는 1천만원 이하 벌금
② 2년 이하의 징역 또는 2천만원 이하 벌금
③ 3년 이하의 징역 또는 3천만원 이하 벌금
④ 5년 이하의 징역 또는 5천만원 이하 벌금

정답 ①

86-2. 관광진흥법상 빈칸에 공통적으로 들어갈 숫자는? [2018년]

> 관광진흥법 제4조 제1항에 따른 등록을 하지 아니하고 여행업 · 관광숙박업(제15조 제1항에 따라 사업계획의 승인을 받은 관광숙박업만 해당한다) · 국제회의업 및 제3조 제1항 제3호 나목의 관광객 이용시설업을 경영한 자는 ( )년 이하의 징역 또는 ( )천만원 이하의 벌금에 처한다.

① 1 ② 2
③ 3 ④ 5

정답 ③

해설

86-1
유원시설업의 변경허가를 받지 아니하거나 변경신고를 하지 아니하고 영업을 한 자는 1년 이하의 징역 또는 1천만원 이하의 벌금에 처한다(관광진흥법 제84조 제1호).

86-2
등록을 하지 아니하고 여행업 · 관광숙박업(사업계획의 승인을 받은 관광숙박업만 해당) · 국제회의업 및 관광객 이용시설업을 경영한 자, 허가를 받지 아니하고 유원시설업을 경영한 자, 관광진흥법을 위반하여 시설을 분양하거나 회원을 모집한 자, 유원시설업의 사용중지 등의 명령을 위반한 자는 3년 이하의 징역 또는 3천만원 이하의 벌금에 처한다. 이 경우 징역과 벌금은 병과할 수 있다(관광진흥법 제82조).

핵심이론 87 과태료

① 과태료(관광진흥법 제86조)

㉠ 500만원 이하의 과태료
- 법 제33조의2(사고보고의무 및 사고조사) 제1항에 따른 통보를 하지 아니한 자
- 법 제38조(관광종사원의 자격 등) 제6항을 위반하여 관광통역안내를 한 자

㉡ 100만원 이하의 과태료
- 법 제10조(관광표지의 부착 등) 제3항을 위반한 자
- 법 제28조(카지노사업자 등의 준수 사항) 제2항 전단을 위반하여 영업준칙을 지키지 아니한 자
- 법 제33조(안전성검사 등) 제3항을 위반하여 안전교육을 받지 아니한 자
- 법 제33조(안전성검사 등) 제4항을 위반하여 안전관리자에게 안전교육을 받도록 하지 아니한 자
- 법 제38조(관광종사원의 자격 등) 제7항을 위반하여 자격증을 패용하지 아니한 자
- 법 제48조의10(한국관광 품질인증) 제3항을 위반하여 인증표지 또는 이와 유사한 표지를 하거나 한국관광 품질인증을 받은 것으로 홍보한 자

㉢ 과태료는 대통령령으로 정하는 바에 따라 관할 등록기관 등의 장이 부과 · 징수한다.

② 과태료의 부과기준(관광진흥법 시행령 별표 5)

㉠ 일반기준
- 위반행위의 횟수에 따른 과태료의 가중된 부과기준은 최근 2년간 같은 위반행위로 과태료 부과처분을 받은 경우에 적용한다. 이 경우 기간의 계산은 위반행위에 대하여 과태료 부과처분을 받은 날과 그 처분 후 다시 같은 위반행위를 하여 적발된 날을 기준으로 한다.
- 가중된 부과처분을 하는 경우 가중처분의 적용 차수는 그 위반행위 전 부과처분 차수(가기간 내에 과태료 부과처분이 둘 이상 있었던 경우에는 높은 차수를 말한다)의 다음 차수로 한다.
- 부과권자는 다음의 어느 하나에 해당하는 경우에는 개별기준에 따른 과태료 금액의 2분의 1의 범위에

서 그 금액을 줄일 수 있다. 다만, 과태료를 체납하고 있는 위반행위자에 대해서는 그렇지 않다.

- 위반행위자가 질서위반행위규제법 시행령 제2조의2(과태료 감경) 제1항 각 호의 어느 하나에 해당하는 경우
- 위반행위자가 처음 해당 위반행위를 한 경우로서 5년 이상 해당 업종을 모범적으로 영위한 사실이 인정되는 경우
- 위반행위자가 자연재해 · 화재 등으로 재산에 현저한 손실이 발생하거나 사업여건의 악화로 사업이 중대한 위기에 처하는 등의 사정이 있는 경우
- 위반행위가 사소한 부주의나 오류로 인한 것으로 인정되는 경우
- 위반행위자가 같은 위반행위로 벌금이나 사업정지 등의 처분을 받은 경우
- 위반행위자가 법 위반상태를 시정하거나 해소하기 위하여 노력한 것으로 인정되는 경우
- 그 밖에 위반행위의 정도, 위반행위의 동기와 그 결과 등을 고려하여 과태료의 금액을 줄일 필요가 있다고 인정되는 경우

ⓛ 개별기준

(단위 : 만원)

위반행위	과태료 금액		
	1차 위반	2차 위반	3차 이상 위반
법 제10조(관광표지의 부착 등) 제3항을 위반하여 관광표지를 사업장에 붙이거나 관광사업의 명칭을 포함하는 상호를 사용한 경우	30	60	100
법 제28조(카지노사업자 등의 준수 사항) 제2항 전단을 위반하여 영업준칙을 지키지 않은 경우	100	100	100
법 제33조(안전성검사 등) 제3항을 위반하여 안전교육을 받지 않은 경우	30	60	100
법 제33조(안전성검사 등) 제4항을 위반하여 안전관리자에게 안전교육을 받도록 하지 않은 경우	50	100	100
법 제33조의2(사고보고의무 및 사고조사) 제1항을 위반하여 유기시설 또는 유기기구로 인한 중대한 사고를 통보하지 않은 경우	100	200	300
법 제38조(관광종사원의 자격 등) 제6항을 위반하여 관광통역안내를 한 경우	150	300	500
법 제38조(관광종사원의 자격 등) 제7항을 위반하여 자격증을 패용하지 않은 경우	3	3	3
법 제48조의10(한국관광 품질인증) 제3항을 위반하여 인증표지 또는 이와 유사한 표지를 하거나 한국관광 품질인증을 받은 것으로 홍보한 경우	30	60	100

[핵심예제]

87-1. 관광진흥법상 '500만원 이하'의 과태료의 부과 대상에 해당하는 자는? [2020년]

① 등록을 하지 아니하고 여행업을 경영한 자
② 관광사업자가 아닌 자가 문화체육관광부령으로 정하는 관광표지를 사업장에 붙인 자
③ 관광통역안내의 자격이 없는 사람이 외국인 관광객을 대상으로 하는 관광통역안내를 한 자
④ 문화체육관광부령으로 정하는 영업준칙을 지키지 아니한 카지노사업자

정답 ③

87-2. 관광진흥법령상 과태료 금액의 2분의 1 범위에서 감경할 수 있는 경우가 아닌 것은? (단, 과태료를 체납하고 있는 위반행위자의 경우 제외) [2013년 특별]

① 위반행위자가 처음 해당 위반행위를 한 경우로서 3년 이상 해당 업종을 모범적으로 영위한 사실이 인정되는 경우
② 위반행위자가 법 위반상태를 시정하거나 해소하기 위하여 노력한 것으로 인정되는 경우
③ 위반행위가 사소한 부주의나 오류로 인한 것으로 인정되는 경우
④ 위반행위자가 자연재해 · 화재 등으로 재산에 현저한 손실이 발생하여 사업이 중대한 위기에 처하는 등의 사정이 있는 경우

정답 ①

해설

87-1

① 3년 이하의 징역 또는 3천만원 이하의 벌금(관광진흥법 제82조 제1호)
② 100만원 이하의 과태료(관광진흥법 제86조 제2항 제2호)
④ 100만원 이하의 과태료(관광진흥법 제86조 제2항 제4호)

87-2

위반행위자가 처음 해당 위반행위를 한 경우로서 5년 이상 해당 업종을 모범적으로 영위한 사실이 인정되는 경우(관광진흥법 시행령 별표 5)

제3절 관광진흥개발기금법

핵심이론 88 법의 목적 및 기금의 설치 · 재원

① **목적(관광진흥개발기금법 제1조)**
이 법은 관광사업을 효율적으로 발전시키고 관광을 통한 외화 수입의 증대에 이바지하기 위하여 관광진흥개발기금을 설치하는 것을 목적으로 한다.

② **기금의 설치 및 재원(관광진흥개발기금법 제2조)**
㉠ 정부는 이 법의 목적을 달성하는 데에 필요한 자금을 확보하기 위하여 관광진흥개발기금(기금)을 설치한다.
㉡ 기금은 다음의 재원(財源)으로 조성한다.
- 정부로부터 받은 출연금
- 관광진흥법에 따른 카지노사업자의 기금 납부금
- 출국납부금
- 관세법에 따른 보세판매장 특허수수료의 100분의 50
- 기금의 운용에 따라 생기는 수익금과 그 밖의 재원

㉢ 국내 공항과 항만을 통하여 출국하는 자로서 대통령령으로 정하는 자는 1만원의 범위에서 대통령령으로 정하는 금액을 기금에 납부하여야 한다.
㉣ 출국 납부금을 부과받은 자가 부과된 납부금에 대하여 이의가 있는 경우에는 부과받은 날부터 60일 이내에 문화체육관광부장관에게 이의를 신청할 수 있다.
㉤ 문화체육관광부장관은 이의신청을 받았을 때에는 그 신청을 받은 날부터 15일 이내에 이를 검토하여 그 결과를 신청인에게 서면으로 알려야 한다.
㉥ 출국 납부금의 부과 · 징수의 절차 등에 필요한 사항은 대통령령으로 정한다.

[핵심예제]

88-1. 관광진흥개발기금법의 목적으로 옳은 것은?

[2015년 정기]

① 문화관광축제 활성화
② 관광을 통한 외화 수입의 증대
③ 관광개발의 진흥
④ 국제수지 향상

정답 ②

88-2. 관광진흥개발기금법령상 납부금을 부과받은 자가 부과된 납부금에 대하여 이의가 있는 경우에는 부과받은 날부터 며칠 이내에 이의를 신청할 수 있는가?

[2017년]

① 60일
② 90일
③ 120일
④ 180일

정답 ①

해설

88-1
관광진흥개발기금법의 목적은 관광사업을 효율적으로 발전시키고 관광을 통한 외화 수입의 증대에 이바지하기 위하여 관광진흥개발기금을 설치하는 것이다(관광진흥개발기금법 제1조).

88-2
납부금을 부과받은 자가 부과된 납부금에 대하여 이의가 있는 경우에는 부과받은 날부터 60일 이내에 문화체육관광부장관에게 이의를 신청할 수 있다(관광진흥개발기금법 제2조 제4항).

핵심이론 89 납부금의 납부대상 및 부과제외

① 납부금의 납부대상 및 금액(관광진흥개발기금법 시행령 제1조의2)

㉠ 국내 공항과 항만을 통하여 출국하는 자로서 1만원의 범위에서 기금에 납부하여야 하는 자인 "대통령령으로 정하는 자"란 다음의 어느 하나에 해당하는 자를 제외한 자를 말한다.
1) 외교관여권이 있는 자
2) 2세(선박을 이용하는 경우에는 6세) 미만인 어린이
3) 국외로 입양되는 어린이와 그 호송인
4) 대한민국에 주둔하는 외국의 군인 및 군무원
5) 입국이 허용되지 아니하거나 거부되어 출국하는 자
6) 출입국관리법에 따른 강제퇴거 대상자 중 국비로 강제 출국되는 외국인
7) 공항통과 여객으로서 다음의 어느 하나에 해당되어 보세구역을 벗어난 후 출국하는 여객
• 항공기 탑승이 불가능하여 어쩔 수 없이 당일이나 그 다음 날 출국하는 경우
• 공항이 폐쇄되거나 기상이 악화되어 항공기의 출발이 지연되는 경우
• 항공기의 고장 · 납치, 긴급환자 발생 등 부득이한 사유로 항공기가 불시착한 경우
• 관광을 목적으로 보세구역을 벗어난 후 24시간 이내에 다시 보세구역으로 들어오는 경우
8) 국제선 항공기 및 국제선 선박을 운항하는 승무원과 승무교대를 위하여 출국하는 승무원

㉡ 납부금은 1만원으로 한다. 다만, 선박을 이용하는 경우에는 1천원으로 한다.

② 납부금의 부과제외(관광진흥개발기금법 시행령 제1조의3)

㉠ ①의 ㉠ 어느 하나에 해당하는 자는 관광진흥개발기금(기금)의 납부금 부과 · 징수권자(부과권자)로부터 출국 전에 납부금 제외 대상 확인서를 받아 출국 시 제출하여야 한다. 다만, 선박을 이용하여 출국하는 자와 승무원은 출국 시 부과권자의 확인으로 갈음할 수 있다.

㉡ ① ㉠의 7)에 따른 공항통과 여객이 납부금 제외 대상 확인서를 받으려는 경우에는 항공운송사업자가 항공기 출발 1시간 전까지 그 여객에 대한 납부금의 부과 제외 사유를 서면으로 부과권자에게 제출하여야 한다.

핵심예제

89-1. 관광진흥개발기금법령상 국내 공항과 항만을 통하여 출국하는 자로서 출국납부금의 납부대상자는?

[2016년 특별]

① 대한민국에 주둔하는 외국 군인의 배우자
② 선박을 이용하여 출국하는 6세 미만인 어린이
③ 항공기를 이용하여 출국하는 2세 미만인 어린이
④ 입국이 거부되어 출국하는 자

정답 ①

89-2. 관광진흥개발기금법령상 3세의 어린이가 국내 항만에서 선박을 이용하여 출국할 경우 기금에 납부하여야 할 금액은?

[2014년 정기]

① 0원
② 1천원
③ 5천원
④ 1만원

정답 ①

해설

89-1

출국납부금의 납부대상에서 제외되는 자(관광진흥개발기금법 시행령 제1조의2 제1항)

외교관여권이 있는 자, 2세(선박을 이용하는 경우에는 6세) 미만인 어린이, 국외로 입양되는 어린이와 그 호송인, 대한민국에 주둔하는 외국의 군인 및 군무원, 입국이 허용되지 아니하거나 거부되어 출국하는 자, 출입국관리법에 따른 강제퇴거 대상자 중 국비로 강제 출국되는 외국인, 공항통과 여객으로서 항공기 탑승이 불가능하여 어쩔 수 없이 당일이나 그 다음 날 출국하는 경우 · 공항이 폐쇄되거나 기상이 악화되어 항공기의 출발이 지연되는 경우 등에 해당되어 보세구역을 벗어난 후 출국하는 여객, 국제선 항공기 및 국제선 선박을 운항하는 승무원과 승무교대를 위하여 출국하는 승무원

89-2

국내 공항과 항만을 통하여 출국하는 자로서 대통령령으로 정하는 자는 1만원의 범위에서 대통령령으로 정하는 금액을 기금에 납부하여야 한다(관광진흥개발기금법 제2조 제3항). 하지만 선박을 이용하는 경우에는 6세 미만인 어린이는 출국납부금의 납부대상에서 제외된다(관광진흥개발기금법 시행령 제1조의2 제1항 제2호).

핵심이론 90 기금의 관리 및 회계연도

① 기금의 관리

㉠ 기금의 관리(관광진흥개발기금법 제3조)

- 기금은 문화체육관광부장관이 관리한다.
- 문화체육관광부장관은 기금의 집행 · 평가 · 결산 및 여유자금 관리 등을 효율적으로 수행하기 위하여 10명 이내의 민간 전문가를 고용한다. 이 경우 필요한 경비는 기금에서 사용할 수 있다.
- 민간 전문가의 고용과 운영에 필요한 사항은 대통령령으로 정한다.

㉡ 민간전문가(관광진흥개발기금법 시행령 제1조의4)

- 민간전문가는 계약직으로 하며, 그 계약기간은 2년을 원칙으로 하되, 1년 단위로 연장할 수 있다.
- 민간전문가의 업무분장 · 채용 · 복무 · 보수 및 그 밖의 인사관리에 필요한 사항은 문화체육관광부장관이 정한다.

② 기금의 회계연도(관광진흥개발기금법 제4조)

기금의 회계연도는 정부의 회계연도에 따른다.

[핵심예제]

관광진흥개발기금법령상 관광진흥개발기금의 관리에 관한 설명으로 옳지 않은 것은? [2014년 정기]

① 기금의 관리자는 문화체육관광부장관이다.
② 민간 전문가는 계약직으로 하며, 계약기간은 2년을 원칙으로 한다.
③ 민간 전문가 고용 시 필요한 경비는 기금에서 사용할 수 있다.
④ 기금의 집행 · 평가 · 결산 및 여유자금 관리 등을 효율적으로 수행하기 위하여 15명 이상의 민간 전문가를 고용한다.

정답 ④

해설

기금의 집행 · 평가 · 결산 및 여유자금 관리 등을 효율적으로 수행하기 위하여 10명 이내의 민간 전문가를 고용한다(관광진흥개발기금법 제3조 제2항).

핵심이론 91 기금의 대여 · 보조 · 출연

① 대여(관광진흥개발기금법 제5조 제1항)

기금은 다음의 어느 하나에 해당하는 용도로 대여(貸與)할 수 있다.

㉠ 호텔을 비롯한 각종 관광시설의 건설 또는 개수(改修)
㉡ 관광을 위한 교통수단의 확보 또는 개수
㉢ 관광사업의 발전을 위한 기반시설의 건설 또는 개수
㉣ 관광지 · 관광단지 및 관광특구에서의 관광 편의시설의 건설 또는 개수

② 보조(관광진흥개발기금법 제5조 제2항)

문화체육관광부장관은 기금에서 관광정책에 관하여 조사 · 연구하는 법인의 기본재산 형성 및 조사 · 연구사업, 그 밖의 운영에 필요한 경비를 출연 또는 보조할 수 있다.

③ 출연(관광진흥개발기금법 제5조 제5항)

기금은 신용보증을 통한 대여를 활성화하기 위하여 예산의 범위에서 다음의 기관에 출연할 수 있다.

㉠ 신용보증기금법에 따른 신용보증기금
㉡ 지역신용보증재단법에 따른 신용보증재단중앙회

[핵심예제]

91-1. 관광진흥개발기금법령상 관광진흥개발기금을 대여할 수 있는 경우에 해당하지 않는 것은? [2017년]

① 관광시설의 건설
② 카지노이용자에 대한 자금지원
③ 관광을 위한 교통수단의 확보
④ 관광특구에서의 관광 편의시설의 개수

정답 ②

91-2. 관광진흥개발기금법상 기금의 용도로서 옳지 않은 것은? [2015년 정기]

① 해외자본의 유치를 위하여 필요한 경우 문화체육관광부령으로 정하는 사업에 투자할 수 있다.
② 관광을 위한 교통수단의 확보 또는 개수(改修)에 대여할 수 있다.
③ 관광정책에 관하여 조사 · 연구하는 법인의 기본재산 형성 및 조사 · 연구사업, 그 밖의 운영에 필요한 경비를 보조할 수 있다.
④ 국내외 관광안내체계의 개선 및 관광홍보사업에 대여하거나 보조할 수 있다.

정답 ①

해설

91-1
① 관광진흥개발기금법 제5조 제1항 제1호
③ 관광진흥개발기금법 제5조 제1항 제2호
④ 관광진흥개발기금법 제5조 제1항 제4호

91-2
② 관광진흥개발기금법 제5조 제1항 제2호
③ 관광진흥개발기금법 제5조 제2항
④ 관광진흥개발기금법 제5조 제3항 제2호

핵심이론 92 기금의 대여 또는 보조

① 기금의 대여 또는 보조(관광진흥개발기금법 제5조 제3항)

기금은 다음의 어느 하나에 해당하는 사업에 대여하거나 보조할 수 있다.

㉠ 국외 여행자의 건전한 관광을 위한 교육 및 관광정보의 제공사업
㉡ 국내외 관광안내체계의 개선 및 관광홍보사업
㉢ 관광사업 종사자 및 관계자에 대한 교육훈련사업
㉣ 국민관광 진흥사업 및 외래관광객 유치 지원사업
㉤ 관광상품 개발 및 지원사업
㉥ 관광지 · 관광단지 및 관광특구에서의 공공 편익시설 설치사업
㉦ 국제회의의 유치 및 개최사업
㉧ 장애인 등 소외계층에 대한 국민관광 복지사업
㉨ 전통관광자원 개발 및 지원사업
㉩ 감염병 확산 등으로 관광사업자에게 발생한 경영상 중대한 위기 극복을 위한 지원사업
㉪ 그 밖에 관광사업의 발전을 위하여 필요한 것으로서 대통령령으로 정하는 사업

② 대여 또는 보조사업(관광진흥개발기금법 시행령 제2조)

"대통령령으로 정하는 사업"이란 다음의 사업을 말한다.

㉠ 관광진흥법에 따라 여행업을 등록한 자나 카지노업을 허가받은 자(관광진흥법 시행령에 따른 종합여행업을 등록한 자나 관광진흥법에 따라 카지노업을 허가받은 자가 관광진흥법에 따라 설립한 관광협회를 포함)의 해외지사 설치
㉡ 관광사업체 운영의 활성화
㉢ 관광진흥에 기여하는 문화예술사업
㉣ 지방자치단체나 관광진흥법에 따른 관광단지개발자 등의 관광지 및 관광단지 조성사업
㉤ 관광지 · 관광단지 및 관광특구의 문화 · 체육시설, 숙박시설, 상가시설로서 관광객 유치를 위하여 특히 필요하다고 문화체육관광부장관이 인정하는 시설의 조성
㉥ 관광 관련 국제기구의 설치

[핵심예제]

92-1. 관광진흥개발기금법상 관광진흥개발기금을 대여하거나 보조할 수 있는 사업으로 명시되지 않은 것은?

[2015년 특별]

① 관광상품 개발 및 지원사업
② 지역축제의 육성 및 활성화사업
③ 전통관광자원 개발 및 지원사업
④ 국내외 관광안내체계의 개선 및 관광홍보사업

정답 ②

92-2. 관광진흥개발기금법상 기금의 용도로 옳지 않은 것은?

[2021년]

① 국립공원에서의 자연생태계 보호
② 관광을 위한 교통수단의 확보 또는 개수(改修)
③ 호텔을 비롯한 각종 관광시설의 건설 또는 개수
④ 관광사업의 발전을 위한 기반시설의 건설 또는 개수

정답 ①

해설

92-1
① 관광진흥개발기금법 제5조 제3항 제5호
③ 관광진흥개발기금법 제5조 제3항 제9호
④ 관광진흥개발기금법 제5조 제3항 제2호

92-2
기금의 용도(관광진흥개발기금법 제5조 제1항)
- 호텔을 비롯한 각종 관광시설의 건설 또는 개수(改修)
- 관광을 위한 교통수단의 확보 또는 개수
- 관광사업의 발전을 위한 기반시설의 건설 또는 개수
- 관광지 · 관광단지 및 관광특구에서의 관광 편의시설의 건설 또는 개수

핵심이론 93 기금의 출자 및 여유자금 운용

① 기금의 출자

㉠ 출자(관광진흥개발기금법 제5조 제4항)
기금은 민간자본의 유치를 위하여 필요한 경우 다음의 어느 하나의 사업이나 투자조합에 출자(出資)할 수 있다.
- 관광진흥법에 따른 관광지 및 관광단지의 조성사업
- 국제회의산업 육성에 관한 법률에 따른 국제회의시설의 건립 및 확충 사업
- 관광사업에 투자하는 것을 목적으로 하는 투자조합
- 그 밖에 관광사업의 발전을 위하여 필요한 것으로서 대통령령으로 정하는 사업

㉡ 출자 대상 등(관광진흥개발기금법 시행령 제3조의4)
- "관광사업의 발전을 위하여 필요한 것으로서 대통령령으로 정하는 사업"이란 자본시장과 금융투자업에 관한 법률에 따른 집합투자기구 또는 사모집합투자기구나 부동산투자회사법에 따른 부동산투자회사에 의하여 투자되는 다음의 어느 하나의 사업을 말한다.
  - 법 제5조(기금의 용도) 제4항 제1호 또는 제2호에 따른 사업(관광진흥법에 따른 관광지 및 관광단지의 조성사업 또는 국제회의산업 육성에 관한 법률에 따른 국제회의시설의 건립 및 확충 사업)
  - 관광진흥법에 따른 관광사업
- 기금을 출자할 때에는 출자로 인한 민간자본 유치의 기여도 등 출자의 타당성을 검토하여야 한다.
- 기금 출자 및 관리에 관한 세부기준, 절차, 그 밖에 필요한 사항은 문화체육관광부장관이 정하여 고시한다.

② 여유자금의 운용(관광진흥개발기금법 시행령 제3조의2)
문화체육관광부장관은 기금의 여유자금을 다음의 방법으로 운용할 수 있다.
㉠ 은행법과 그 밖의 법률에 따른 금융기관, 우체국예금 · 보험에 관한 법률에 따른 체신관서에 예치
㉡ 국 · 공채 등 유가증권의 매입
㉢ 그 밖의 금융상품의 매입

[핵심예제]

93-1. 관광진흥개발기금법상 민간자본 유치를 위해 출자할 수 있는 사업이나 투자조합에 해당되지 않는 것은? [2013년 정기]

① 국 · 공채 등 유가증권의 매입
② 관광지 및 관광단지의 조성사업
③ 관광사업에 투자하는 것을 목적으로 하는 투자조합
④ 국제회의시설의 건립 및 확충 사업

정답 ①

93-2. 관광진흥개발기금법상 기금의 여유자금 운용방법으로 옳은 것은? [2014년 특별]

① 국 · 공채 등 유가증권의 매입
② 관광사업체 운영의 활성화
③ 관광진흥에 기여하는 문화예술사업 추진
④ 관광 관련 국제기구의 설치

정답 ①

해설

93-1
문화체육관광부장관은 기금의 여유자금을 국 · 공채 등 유가증권의 매입의 방법으로 운용할 수 있다(관광진흥개발기금법 시행령 제3조의2 제2호).

93-2
문화체육관광부장관은 기금의 여유자금을 은행법과 그 밖의 법률에 따른 금융기관, 우체국예금 · 보험에 관한 법률에 따른 체신관서에 예치, 국 · 공채 등 유가증권의 매입, 그 밖의 금융상품의 매입의 방법으로 운용할 수 있다(관광진흥개발기금법 시행령 제3조의2).

핵심이론 94 기금운용위원회

① 기금운용위원회의 설치(관광진흥개발기금법 제6조)

㉠ 기금의 운용에 관한 종합적인 사항을 심의하기 위하여 문화체육관광부장관 소속으로 기금운용위원회(위원회)를 둔다.
㉡ 위원회의 조직과 운영에 필요한 사항은 대통령령으로 정한다.

② 기금운용위원회의 구성(관광진흥개발기금법 시행령 제4조)

㉠ 기금운용위원회(위원회)는 위원장 1명을 포함한 10명 이내의 위원으로 구성한다.
㉡ 위원장은 문화체육관광부 제1차관이 되고, 위원은 다음의 사람 중에서 문화체육관광부장관이 임명하거나 위촉한다.
- 기획재정부 및 문화체육관광부의 고위공무원단에 속하는 공무원
- 관광 관련 단체 또는 연구기관의 임원
- 공인회계사의 자격이 있는 사람
- 그 밖에 기금의 관리 · 운용에 관한 전문 지식과 경험이 풍부하다고 인정되는 사람

③ 위원의 해임 및 해촉(관광진흥개발기금법 시행령 제4조의2)

문화체육관광부장관은 위원이 다음의 어느 하나에 해당하는 경우에는 해당 위원을 해임하거나 해촉(解囑)할 수 있다.

㉠ 심신장애로 인하여 직무를 수행할 수 없게 된 경우
㉡ 직무와 관련된 비위사실이 있는 경우
㉢ 직무태만, 품위손상이나 그 밖의 사유로 인하여 위원으로 적합하지 아니하다고 인정되는 경우
㉣ 위원 스스로 직무를 수행하는 것이 곤란하다고 의사를 밝히는 경우

④ 위원장의 직무(관광진흥개발기금법 시행령 제5조)

㉠ 위원장은 위원회를 대표하고, 위원회의 사무를 총괄한다.
㉡ 위원장이 부득이한 사유로 직무를 수행할 수 없을 때에는 위원장이 지정한 위원이 그 직무를 대행한다.

⑤ 위원회의 회의(관광진흥개발기금법 시행령 제6조)
㉠ 위원회의 회의는 위원장이 소집한다.
㉡ 회의는 재적위원 과반수의 출석으로 개의하고, 출석위원 과반수의 찬성으로 의결한다.

⑥ 간사(관광진흥개발기금법 시행령 제7조)
㉠ 위원회에는 문화체육관광부 소속 공무원 중에서 문화체육관광부장관이 지정하는 간사 1명을 둔다.
㉡ 간사는 위원장의 명을 받아 위원회의 서무를 처리한다.

⑦ 수당(관광진흥개발기금법 시행령 제8조)
회의에 출석한 위원 중 공무원이 아닌 위원에게는 예산의 범위에서 수당을 지급할 수 있다.

[핵심예제]

94-1. 관광진흥개발기금법령상 기금운용위원회에 관한 설명으로 옳은 것은? [2020년]

① 기금의 운용에 관한 종합적인 사항을 심의하기 위하여 국무총리 소속으로 기금운용위원회를 둔다.
② 기금운용위원회는 위원장 1명을 포함한 10명 이내의 위원으로 구성한다.
③ 위원장은 문화체육관광부장관이 된다.
④ 기금운용위원회의 조직과 운영에 필요한 사항은 문화체육관광부령으로 정한다.

정답 ②

94-2. 다음은 관광진흥개발기금법령상 기금운용위원회의 회의에 관한 조문의 일부이다. ㄱ, ㄴ에 들어갈 내용으로 옳은 것은? [2019년]

> 회의는 재적위원 (ㄱ)의 출석으로 개의하고, 출석위원 (ㄴ)의 찬성으로 의결한다.

① ㄱ – 3분의 1 이상 ㄴ – 과반수
② ㄱ – 3분의 1 이상 ㄴ – 3분의 2 이상
③ ㄱ – 과반수 ㄴ – 과반수
④ ㄱ – 3분의 2 이상 ㄴ – 3분의 1 이상

정답 ③

해설

94-1
② 관광진흥개발기금법 시행령 제4조 제1항
① 기금의 운용에 관한 종합적인 사항을 심의하기 위하여 문화체육관광부장관 소속으로 기금운용위원회를 둔다(관광진흥개발기금법 제6조 제1항).
③ 위원장은 문화체육관광부 제1차관이 된다(관광진흥개발기금법 시행령 제4조 제2항).
④ 위원회의 조직과 운영에 필요한 사항은 대통령령으로 정한다(관광진흥개발기금법 제6조 제2항).

94-2
기금운용위원회의 회의는 재적위원 과반수의 출석으로 개의하고, 출석위원 과반수의 찬성으로 의결한다(관광진흥개발기금법 시행령 제6조 제2항).

핵심이론 95 기금운용계획안 및 기금계정

① 기금운용계획안(관광진흥개발기금법 제7조)

㉠ 문화체육관광부장관은 매년 국가재정법에 따라 기금운용계획안을 수립하여야 한다. 기금운용계획을 변경하는 경우에도 또한 같다.

㉡ 기금운용계획안을 수립하거나 기금운용계획을 변경하려면 위원회의 심의를 거쳐야 한다.

② 기금계정

㉠ 기금계정의 설치(관광진흥개발기금법 제10조)
문화체육관광부장관은 기금지출관으로 하여금 한국은행에 관광진흥개발기금의 계정(計定)을 설치하도록 하여야 한다.

㉡ 기금계정(관광진흥개발기금법 시행령 제12조)
문화체육관광부장관은 한국은행에 관광진흥개발기금계정(기금계정)을 설치할 경우에는 수입계정과 지출계정으로 구분하여야 한다.

㉢ 납부금의 기금 납입(관광진흥개발기금법 시행령 제12조의2)
부과권자는 납부금을 부과 · 징수한 경우에는 지체 없이 납부금을 기금계정에 납입하여야 한다.

㉣ 대여기금의 납입(관광진흥개발기금법 시행령 제13조)
- 한국산업은행의 은행장이나 기금을 전대(轉貸)받은 금융기관의 장은 대여기금(전대받은 기금을 포함)과 그 이자를 수납한 경우에는 즉시 기금계정에 납입하여야 한다.
- 시행령 제13조(대여기금의 납입) 제1항에 위반한 경우에는 납입기일의 다음 날부터 시행령 제10조(기금의 대여이자 등)에 따른 연체이자를 납입하여야 한다.

㉤ 기금의 수납(관광진흥개발기금법 시행령 제14조)
재원이 기금계정에 납입된 경우 이를 수납한 자는 지체 없이 그 납입서를 기금수입징수관에게 송부하여야 한다.

㉥ 기금의 지출 한도액(관광진흥개발기금법 시행령 제15조)
- 문화체육관광부장관은 기금재무관으로 하여금 지출원인행위를 하게 할 경우에는 기금운용계획에 따라 지출 한도액을 배정하여야 한다.
- 문화체육관광부장관은 지출 한도액을 배정한 경우에는 기획재정부장관과 한국은행총재에게 이를 알려야 한다.
- 기획재정부장관은 기금의 운용 상황 등을 고려하여 필요한 경우에는 기금의 지출을 제한하게 할 수 있다.

㉦ 기금지출 한도액의 통지(관광진흥개발기금법 시행규칙 제2조)
문화체육관광부장관은 배정한 기금지출 한도액을 한국산업은행의 은행장에게 알린다.

핵심예제

95-1. 관광진흥개발기금법상 관광진흥개발기금(이하 '기금'이라 함)에 관한 내용으로 옳지 않은 것은? [2019년]

① 기금의 회계연도는 정부의 회계연도에 따른다.
② 문화체육관광부장관은 한국산업은행에 기금의 계정(計定)을 설치하여야 한다.
③ 문화체육관광부장관은 매년 국가재정법에 따라 기금운용계획안을 수립하여야 한다.
④ 기금은 문화체육관광부장관이 관리한다.

정답 ②

95-2. 관광진흥개발기금법상 기금지출관이 관광진흥개발기금의 계정을 설치하는 기관으로 옳은 것은? [2014년 특별]

① 한국산업은행 ② 기금운용위원회
③ 한국외환은행 ④ 한국은행

정답 ④

해설

95-1
문화체육관광부장관은 기금지출관으로 하여금 한국은행에 관광진흥개발기금의 계정을 설치하도록 하여야 한다(관광진흥개발기금법 제10조).

95-2
기금지출관이 관광진흥개발기금의 계정을 설치하는 기관은 한국은행이다(관광진흥개발기금법 제10조).

핵심이론 96 기금의 목적 외 사용 금지

① **목적 외의 사용 금지 등(관광진흥개발기금법 제11조)**

㉠ 기금을 대여받거나 보조받은 자는 대여받거나 보조받을 때에 지정된 목적 외의 용도에 기금을 사용하지 못한다.

㉡ 대여받거나 보조받은 기금을 목적 외의 용도에 사용하였을 때에는 대여 또는 보조를 취소하고 이를 회수한다.

㉢ 문화체육관광부장관은 기금의 대여를 신청한 자 또는 기금의 대여를 받은 자가 다음의 어느 하나에 해당하면 그 대여 신청을 거부하거나, 그 대여를 취소하고 지출된 기금의 전부 또는 일부를 회수한다.

- 거짓이나 그 밖의 부정한 방법으로 대여를 신청한 경우 또는 대여를 받은 경우
- 잘못 지급된 경우
- 관광진흥법에 따른 등록 · 허가 · 지정 또는 사업계획 승인 등의 취소 또는 실효 등으로 기금의 대여자격을 상실하게 된 경우
- 대여조건을 이행하지 아니한 경우
- 그 밖에 대통령령으로 정하는 경우

㉣ 다음의 어느 하나에 해당하는 자는 해당 기금을 대여받거나 보조받은 날부터 5년 이내에 기금을 대여받거나 보조받을 수 없다.

- 기금을 목적 외의 용도에 사용한 자
- 거짓이나 그 밖의 부정한 방법으로 기금을 대여받거나 보조받은 자

② **기금 대여의 취소 등(관광진흥개발기금법 시행령 제18조의2)**

㉠ "대통령령으로 정하는 경우"란 기금을 대여받은 후 관광진흥법에 따른 등록 또는 변경등록이나 같은 법에 따른 사업계획 변경승인을 받지 못하여 기금을 대여받을 때에 지정된 목적 사업을 계속하여 수행하는 것이 현저히 곤란하거나 불가능한 경우를 말한다.

㉡ 문화체육관광부장관은 취소된 기금의 대여금 또는 보조금을 회수하려는 경우에는 그 기금을 대여받거나 보조받은 자에게 해당 대여금 또는 보조금을 반환하도록 통지하여야 한다.

㉢ 대여금 또는 보조금의 반환 통지를 받은 자는 그 통지를 받은 날부터 2개월 이내에 해당 대여금 또는 보조금을 반환하여야 하며, 그 기한까지 반환하지 아니하는 경우에는 그 다음 날부터 시행령 제10조(기금의 대여이자 등)에 따른 연체이자율을 적용한 연체이자를 내야 한다.

③ **감독(관광진흥개발기금법 시행령 제19조)**

문화체육관광부장관은 한국산업은행의 은행장과 기금을 대여받은 자에게 기금 운용에 필요한 사항을 명령하거나 감독할 수 있다.

[핵심예제]

96-1. 관광진흥개발기금법상 '거짓이나 그 밖의 부정한 방법으로 대여를 신청한 경우 또는 대여를 받은 경우'에 관한 제재로 옳지 않은 것은? [2020년]

① 문화체육관광부장관은 기금의 대여를 신청한 자에 대하여 그 대여 신청을 거부한다.
② 문화체육관광부장관은 기금의 대여를 받은 자에 대하여 그 대여를 취소한다.
③ 문화체육관광부장관이 기금의 대여를 받은 자에 대하여 지출된 기금을 회수할 때는, 지출된 기금의 전부를 회수하여야 하며 일부회수는 인정되지 않는다.
④ 부정한 방법으로 대여를 받은 자는 해당 기금을 대여받은 날부터 3년 이내에 기금을 대여받을 수 없다.

정답 ③, ④(해설참조)

96-2. 관광진흥개발기금법령상 기금 대여의 취소 및 회수에 관한 내용으로 옳은 것은? [2016년 특별]

① 기금을 목적 외의 용도에 사용한 자는 그 사실이 발각된 날부터 3년 이내에 기금을 대여 받을 수 없다.
② 대여금 또는 보조금의 반환 통지를 받은 자는 그 통지를 받은 날부터 2개월 이내에 해당 대여금 또는 보조금을 반환하여야 한다.
③ 대여조건을 이행하지 아니하였음을 이유로 그 대여를 취소하거나 지출된 기금을 회수할 수 없다.
④ 기금을 보조받은 자는 문화체육관광부장관의 승인을 얻은 경우에 한하여 지정된 목적 외의 용도에 기금을 사용할 수 있다.

정답 ②

해설

96-1

③ 문화체육관광부장관이 기금의 대여를 받은 자에 대하여 지출된 기금을 회수할 때는, 지출된 기금의 전부 또는 일부를 회수한다(관광진흥개발기금법 제11조 제3항 제1호).
④ 부정한 방법으로 대여를 받은 자는 해당 기금을 대여받은 날부터 5년 이내에 기금을 대여받을 수 없다(관광진흥개발기금법 제11조 제4항 제1호).

※ 출제 당시 정답은 ③이었으나, 2021년 4월 13일 법령이 개정되어 ④도 정답에 해당한다.

96-2

② 관광진흥개발기금법 시행령 제18조의2 제3항
① 기금을 목적 외의 용도에 사용한 자는 해당 기금을 대여받거나 보조받은 날부터 5년 이내에 기금을 대여받거나 보조받을 수 없다(관광진흥개발기금법 제11조 제4항 제1호).
③ 대여조건을 이행하지 아니한 경우 대여를 취소하고 지출된 기금의 전부 또는 일부를 회수한다(관광진흥개발기금법 제11조 제3항 제4호).
④ 기금을 대여받거나 보조받은 자는 대여받거나 보조받을 때에 지정된 목적 외의 용도에 기금을 사용하지 못한다(관광진흥개발기금법 제11조 제1항).

핵심이론 97 납부금 부과 · 징수 업무의 위탁

① 납부금 부과 · 징수 업무의 위탁(관광진흥개발기금법 제12조)

㉠ 문화체육관광부장관은 납부금의 부과 · 징수의 업무를 대통령령으로 정하는 바에 따라 관계 중앙행정기관의 장과 협의하여 지정하는 자에게 위탁할 수 있다.

㉡ 문화체육관광부장관은 납부금의 부과 · 징수의 업무를 위탁한 경우에는 기금에서 납부금의 부과 · 징수의 업무를 위탁받은 자에게 그 업무에 필요한 경비를 보조할 수 있다.

② 납부금 부과 · 징수 업무의 위탁(관광진흥개발기금법 시행령 제22조)

문화체육관광부장관은 납부금의 부과 · 징수 업무를 지방해양수산청장, 항만공사법에 따른 항만공사 및 항공사업법에 따른 공항운영자에게 각각 위탁한다.

[핵심예제]

관광진흥개발기금법령상 문화체육관광부장관이 출국납부금의 부과 · 징수 업무를 위탁할 수 있는 자가 아닌 것은?

[2013년 특별]

① 지방해양수산청장
② 항만공사법에 따른 항만공사
③ 한국관광공사법에 따른 한국관광공사
④ 항공사업법에 따른 공항운영자

정답 ③(해설참조)

해설

문화체육관광부장관은 납부금의 부과 · 징수 업무를 지방해양수산청장, 항만공사법에 따른 항만공사 및 항공사업법에 따른 공항운영자에게 각각 위탁한다(관광진흥개발기금법 시행령 제22조).

※ 2017년 3월 29일 법령이 개정되어 항공법은 항공사업법으로 변경되었다.

제4절 국제회의산업 육성에 관한 법률

핵심이론 98 법의 목적 및 용어의 정의

① 목적(국제회의산업 육성에 관한 법률 제1조)

이 법은 국제회의의 유치를 촉진하고 그 원활한 개최를 지원하여 국제회의산업을 육성 · 진흥함으로써 관광산업의 발전과 국민경제의 향상 등에 이바지함을 목적으로 한다.

② 용어의 정의(국제회의산업 육성에 관한 법률 제2조)

㉠ 국제회의 : 상당수의 외국인이 참가하는 회의(세미나 · 토론회 · 전시회 · 기업회의 등을 포함)로서 대통령령으로 정하는 종류와 규모에 해당하는 것을 말한다.

㉡ 국제회의산업 : 국제회의의 유치와 개최에 필요한 국제회의시설, 서비스 등과 관련된 산업을 말한다.

㉢ 국제회의시설 : 국제회의의 개최에 필요한 회의시설, 전시시설 및 이와 관련된 지원시설 · 부대시설 등으로서 대통령령으로 정하는 종류와 규모에 해당하는 것을 말한다.

㉣ 국제회의도시 : 국제회의산업의 육성 · 진흥을 위하여 법 제14조(국제회의도시의 지정 등)에 따라 지정된 특별시 · 광역시 또는 시를 말한다.

㉤ 국제회의 전담조직 : 국제회의산업의 진흥을 위하여 각종 사업을 수행하는 조직을 말한다.

㉥ 국제회의산업 육성기반 : 국제회의시설, 국제회의 전문인력, 전자국제회의체제, 국제회의 정보 등 국제회의의 유치 · 개최를 지원하고 촉진하는 시설, 인력, 체제, 정보 등을 말한다.

㉦ 국제회의복합지구 : 국제회의시설 및 국제회의집적시설이 집적되어 있는 지역으로서 법 제15조의2(국제회의복합지구의 지정 등)에 따라 지정된 지역을 말한다.

㉧ 국제회의집적시설 : 국제회의복합지구 안에서 국제회의시설의 집적화 및 운영 활성화에 기여하는 숙박시설, 판매시설, 공연장 등 대통령령으로 정하는 종류와 규모에 해당하는 시설로서 법 제15조의3(국제회의집적시설의 지정 등)에 따라 지정된 시설을 말한다.

[핵심예제]

국제회의산업 육성에 관한 법률상 용어 정의로 옳지 않은 것은? [2014년 특별]

① 국제회의산업 – 국제회의의 유치와 개최에 필요한 국제회의시설, 서비스 등과 관련된 산업
② 국제회의 – 상당수의 외국인이 참가하는 회의(세미나 · 토론회 · 전시회 등 포함)로서 대통령령으로 정하는 종류와 규모에 해당하는 것
③ 국제회의 전담조직 – 국제회의산업의 진흥을 위하여 각종 사업을 수행하는 조직
④ 국제회의시설 – 국제회의의 개최에 필요한 회의시설, 전시시설 및 이와 관련된 부대시설 등으로서 지방자치단체가 정하는 종류와 규모에 해당하는 것

정답 ②, ④(해설참조)

해설

② 국제회의 : 상당수의 외국인이 참가하는 회의(세미나 · 토론회 · 전시회 · 기업회의 등 포함)로서 대통령령으로 정하는 종류와 규모에 해당하는 것(국제회의산업 육성에 관한 법률 제2조 제1호)
④ 국제회의시설 : 국제회의의 개최에 필요한 회의시설, 전시시설 및 이와 관련된 지원시설 · 부대시설 등으로서 대통령령으로 정하는 종류와 규모에 해당하는 것(국제회의산업 육성에 관한 법률 제2조 제3호)

※ 출제 당시 정답은 ④였으나, 2022년 9월 27일 법령이 개정되어 현재 ②도 정답에 해당한다.

핵심이론 99 국제회의

① 국제회의의 정의

상당수의 외국인이 참가하는 회의(세미나 · 토론회 · 전시회 · 기업회의 등을 포함)로서 대통령령으로 정하는 종류와 규모에 해당하는 것

② 국제회의의 종류 · 규모(국제회의산업 육성에 관한 법률 시행령 제2조)

㉠ 국제기구나 국제기구에 가입한 기관 또는 법인 · 단체가 개최하는 회의로서 다음의 요건을 모두 갖춘 회의
- 해당 회의에 5개국 이상의 외국인이 참가할 것
- 회의 참가자가 300명 이상이고 그 중 외국인이 100명 이상일 것
- 3일 이상 진행되는 회의일 것

㉡ 국제기구에 가입하지 아니한 기관 또는 법인 · 단체가 개최하는 회의로서 다음의 요건을 모두 갖춘 회의
- 회의 참가자 중 외국인이 150명 이상일 것
- 2일 이상 진행되는 회의일 것

㉢ 국제기구, 기관, 법인 또는 단체가 개최하는 회의로서 다음의 요건을 모두 갖춘 회의
- 감염병의 예방 및 관리에 관한 법률에 따른 제1급감염병 확산으로 외국인이 회의장에 직접 참석하기 곤란한 회의로서 개최일이 문화체육관광부장관이 정하여 고시하는 기간 내일 것
- 회의 참가자 수, 외국인 참가자 수 및 회의일수가 문화체육관광부장관이 정하여 고시하는 기준에 해당할 것

핵심예제

99-1. 다음 ㄱ, ㄴ에 들어갈 내용으로 옳게 짝지어진 것은?

[2014년 정기]

> 국제회의산업 육성에 관한 법령상의 국제회의는 국제기구에 가입하지 않은 단체가 개최하는 회의일 경우 아래의 요건을 모두 갖춘 회의이다.
> • 회의 참가자 중 외국인이 (ㄱ)명 이상일 것
> • (ㄴ)일 이상 진행되는 회의일 것

① ㄱ - 100, ㄴ - 2　② ㄱ - 100, ㄴ - 3
③ ㄱ - 150, ㄴ - 2　④ ㄱ - 150, ㄴ - 3

정답 ③

99-2. 국제회의산업 육성에 관한 법령상 국제회의에 해당하는 경우는?

[2017년]

① 국제기구가 개최하는 모든 회의
② 국제기구에 가입한 A단체가 개최한 회의로서 5일 동안 진행되었으며 외국인 참가인은 200명이고 총 참가인이 250명인 회의
③ 국제기구에 가입하지 아니한 B법인이 2일간 개최한 회의로서 160명의 외국인이 참가한 회의
④ 국제회의시설에서 개최된 국가기관의 회의로서 15개국의 정부대표가 각 5인씩 참가한 회의

정답 ③

해설

99-1

국제회의산업 육성에 관한 법령상의 국제회의는 국제기구에 가입하지 아니한 기관 또는 법인 · 단체가 개최하는 회의일 경우 회의 참가자 중 외국인이 150명 이상일 것, 2일 이상 진행되는 회의일 것의 요건을 모두 갖춘 회의이다(국제회의산업 육성에 관한 법률 시행령 제2조 제2호).

99-2

국제회의의 종류 · 규모(국제회의산업 육성에 관한 법률 시행령 제2조 참조)

국제회의는 다음의 어느 하나에 해당하는 회의를 말한다.

- 국제기구나 국제기구에 가입한 기관 또는 법인 · 단체가 개최하는 회의로서 다음의 요건을 모두 갖춘 회의
  - 해당 회의에 5개국 이상의 외국인이 참가할 것
  - 회의 참가자가 300명 이상이고 그 중 외국인이 100명 이상일 것
  - 3일 이상 진행되는 회의일 것
- 국제기구에 가입하지 아니한 기관 또는 법인 · 단체가 개최하는 회의로서 다음의 요건을 모두 갖춘 회의
  - 회의 참가자 중 외국인이 150명 이상일 것
  - 2일 이상 진행되는 회의일 것
- 국제기구, 기관, 법인 또는 단체가 개최하는 회의로서 다음의 요건을 모두 갖춘 회의
  - 감염병의 예방 및 관리에 관한 법률에 따른 제1급 감염병 확산으로 외국인이 회의장에 직접 참석하기 곤란한 회의로서 개최일이 문화체육관광부장관이 정하여 고시하는 기간 내일 것
  - 회의 참가자 수, 외국인 참가자 수 및 회의일 수가 문화체육관광부장관이 정하여 고시하는 기준에 해당할 것

핵심이론 100 국제회의 전담조직

① **국제회의 전담조직의 지정 및 설치(국제회의산업 육성에 관한 법률 제5조)**

㉠ 문화체육관광부장관은 국제회의산업의 육성을 위하여 필요하면 국제회의 전담조직("전담조직")을 지정할 수 있다.

㉡ 국제회의시설을 보유 · 관할하는 지방자치단체의 장은 국제회의 관련 업무를 효율적으로 추진하기 위하여 필요하다고 인정하면 전담조직을 설치 · 운영할 수 있으며, 그에 필요한 비용의 전부 또는 일부를 지원할 수 있다.

㉢ 전담조직의 지정 · 설치 및 운영 등에 필요한 사항은 대통령령으로 정한다.

② **국제회의 전담조직의 업무(국제회의산업 육성에 관한 법률 시행령 제9조)**

국제회의 전담조직은 다음의 업무를 담당한다.

㉠ 국제회의의 유치 및 개최 지원
㉡ 국제회의산업의 국외 홍보
㉢ 국제회의 관련 정보의 수집 및 배포
㉣ 국제회의 전문인력의 교육 및 수급(需給)
㉤ 지방자치단체의 장이 설치한 전담조직에 대한 지원 및 상호 협력
㉥ 그 밖에 국제회의산업의 육성과 관련된 업무

[핵심예제]

100-1. 국제회의산업 육성에 관한 법령상 문화체육관광부장관이 국제회의의 유치 · 개최의 지원에 관한 업무를 위탁할 수 있는 대상은? [2018년]

① 국제회의 전담조직
② 문화체육관광부 제2차관
③ 국회 문화체육관광위원회
④ 국제회의 시설이 있는 지역의 지방의회

정답 ①

100-2. 국제회의산업 육성에 관한 법령상 국제회의 전담조직의 담당업무가 아닌 것은? [2013년 특별]

① 국제회의의 유치 및 개최 지원
② 국제회의산업의 국내 홍보
③ 국제회의 관련 정보의 수집 및 배포
④ 국제회의 전문인력의 교육 및 수급

정답 ②

해설

100-1
문화체육관광부장관은 국제회의 유치 · 개최의 지원에 관한 업무를 국제회의 전담조직에 위탁한다(국제회의산업 육성에 관한 법률 시행령 제16조).

100-2
국제회의 전담조직은 국제회의산업의 국외 홍보 업무를 담당한다(국제회의산업 육성에 관한 법률 시행령 제9조 제2호).

핵심이론 101 국제회의산업육성기본계획

① **국제회의산업육성기본계획의 수립 등(국제회의산업 육성에 관한 법률 제6조)**

㉠ 문화체육관광부장관은 국제회의산업의 육성 · 진흥을 위하여 다음의 사항이 포함되는 국제회의산업육성기본계획(기본계획)을 5년마다 수립 · 시행하여야 한다.

- 국제회의의 유치와 촉진에 관한 사항
- 국제회의의 원활한 개최에 관한 사항
- 국제회의에 필요한 인력의 양성에 관한 사항
- 국제회의시설의 설치와 확충에 관한 사항
- 국제회의시설의 감염병 등에 대한 안전 · 위생 · 방역 관리에 관한 사항
- 국제회의산업 진흥을 위한 제도 및 법령 개선에 관한 사항
- 그 밖에 국제회의산업의 육성 · 진흥에 관한 중요 사항

㉡ 문화체육관광부장관은 기본계획에 따라 연도별 국제회의산업육성시행계획(시행계획)을 수립 · 시행하여야 한다.

㉢ 문화체육관광부장관은 기본계획 및 시행계획의 효율적인 달성을 위하여 관계 중앙행정기관의 장, 지방자치단체의 장 및 국제회의산업 육성과 관련된 기관의 장에게 필요한 자료 또는 정보의 제공, 의견의 제출 등을 요청할 수 있다. 이 경우 요청을 받은 자는 정당한 사유가 없으면 이에 따라야 한다.

㉣ 문화체육관광부장관은 기본계획의 추진실적을 평가하고, 그 결과를 기본계획의 수립에 반영하여야 한다.

㉤ 기본계획 · 시행계획의 수립 및 추진실적 평가의 방법 · 내용 등에 필요한 사항은 대통령령으로 정한다.

② **국제회의산업육성기본계획의 수립 등(국제회의산업 육성에 관한 법률 시행령 제11조)**

㉠ 문화체육관광부장관은 국제회의산업육성기본계획과 국제회의산업육성시행계획을 수립하거나 변경하는 경우에는 국제회의산업과 관련이 있는 기관 또는 단체 등의 의견을 들어야 한다.

㉡ 문화체육관광부장관은 국제회의산업육성기본계획의 추진실적을 평가하는 경우에는 연도별 국제회의산업육성시행계획의 추진실적을 종합하여 평가하여야 한다.

㉢ 문화체육관광부장관은 국제회의산업육성기본계획의 추진실적 평가에 필요한 조사 · 분석 등을 전문기관에 의뢰할 수 있다.

[핵심예제]

101-1. 국제회의산업 육성에 관한 법령상 국제회의산업육성기본계획의 수립 등에 관한 설명으로 옳지 않은 것은? [2018년]

① 국제회의산업육성기본계획은 5년마다 수립 · 시행하여야 한다.
② 국제회의산업육성기본계획에는 국제회의에 필요한 인력의 양성에 관한 사항도 포함되어야 한다.
③ 국제회의산업육성기본계획의 추진실적의 평가는 국무총리 직속의 전문평가기관에서 실시하여야 한다.
④ 문화체육관광부장관은 국제회의산업육성기본계획의 효율적인 달성을 위하여 관계 지방자치단체의 장에게 필요한 자료의 제출을 요청할 수 있다.

정답 ③

101-2. 국제회의산업 육성에 관한 법률상 국제회의산업육성기본계획에 포함되어야 할 사항으로 명시되지 않은 것은? [2015년 특별]

① 국제회의의 유치와 촉진에 관한 사항
② 국제회의의 원활한 개최에 관한 사항
③ 국제회의시설의 개별 부지 면적에 관한 사항
④ 국제회의시설의 설치와 확충에 관한 사항

정답 ③

해설

101-1
문화체육관광부장관은 기본계획의 추진실적을 평가하고, 그 결과를 기본계획의 수립에 반영하여야 한다(국제회의산업 육성에 관한 법률 제6조 제4항).

101-2
① 국제회의산업 육성에 관한 법률 제6조 제1항 제1호
② 국제회의산업 육성에 관한 법률 제6조 제1항 제2호
④ 국제회의산업 육성에 관한 법률 제6조 제1항 제4호

제3과목

핵심이론 102 국제회의시설

① 국제회의시설의 정의(국제회의산업 육성에 관한 법률 제2조 제3호)

"국제회의시설"이란 국제회의의 개최에 필요한 회의시설, 전시시설 및 이와 관련된 지원시설 · 부대시설 등으로서 대통령령으로 정하는 종류와 규모에 해당하는 것을 말한다.

② 국제회의시설의 종류 · 규모(국제회의산업 육성에 관한 법률 시행령 제3조)

㉠ 국제회의시설은 전문회의시설 · 준회의시설 · 전시시설 및 부대시설로 구분한다.

㉡ 전문회의시설은 다음의 요건을 모두 갖추어야 한다.

- 2천명 이상의 인원을 수용할 수 있는 대회의실이 있을 것
- 30명 이상의 인원을 수용할 수 있는 중 · 소회의실이 10실 이상 있을 것
- 옥내와 옥외의 전시면적을 합쳐서 2천제곱미터 이상 확보하고 있을 것

㉢ 준회의시설은 국제회의 개최에 필요한 회의실로 활용할 수 있는 호텔연회장 · 공연장 · 체육관 등의 시설로서 다음의 요건을 모두 갖추어야 한다.

- 200명 이상의 인원을 수용할 수 있는 대회의실이 있을 것
- 30명 이상의 인원을 수용할 수 있는 중 · 소회의실이 3실 이상 있을 것

㉣ 전시시설은 다음의 요건을 모두 갖추어야 한다.

- 옥내와 옥외의 전시면적을 합쳐서 2천제곱미터 이상 확보하고 있을 것
- 30명 이상의 인원을 수용할 수 있는 중 · 소회의실이 5실 이상 있을 것

㉤ 부대시설은 국제회의 개최와 전시의 편의를 위하여 전문회의시설 및 전시시설의 시설에 부속된 숙박시설 · 주차시설 · 음식점시설 · 휴식시설 · 판매시설 등으로 한다.

핵심예제

102-1. 국제회의산업 육성에 관한 법령상 국제회의시설 중 전문회의시설이 갖추어야 할 요건에 해당하지 않는 것은? [2015년 특별]

① 5개 국어 이상의 동시통역시스템을 갖출 것
② 2,000명 이상의 인원을 수용할 수 있는 대회의실이 있을 것
③ 30명 이상의 인원을 수용할 수 있는 중 · 소 회의실이 10실 이상 있을 것
④ 옥내와 옥외의 전시면적을 합쳐서 2천제곱미터 이상 확보하고 있을 것

정답 ①

102-2. 국제회의산업 육성에 관한 법령상 부대시설에 해당하는 경우는? [2017년]

① 전시시설에 부속된 판매시설
② 전문회의시설에 부속된 소회의시설
③ 준회의시설에 부속된 주차시설
④ 준회의시설에 부속된 숙박시설

정답 ①

해설

102-1

국제회의시설 중 전문회의시설은 2천명 이상의 인원을 수용할 수 있는 대회의실이 있을 것, 30명 이상의 인원을 수용할 수 있는 중 · 소회의실이 10실 이상 있을 것, 옥내와 옥외의 전시면적을 합쳐서 2천제곱미터 이상 확보하고 있을 것의 요건을 갖추어야 한다(국제회의산업 육성에 관한 법률 시행령 제3조 제2항).

102-2

부대시설은 전문회의시설 및 전시시설의 시설에 부속된 숙박시설 · 주차시설 · 음식점시설 · 휴식시설 · 판매시설 등으로 한다(국제회의산업 육성에 관한 법률 시행령 제3조 제5항).

핵심이론 103 전자국제회의 기반의 확충 및 국제회의 정보의 유통 촉진

① 전자국제회의 기반의 확충(국제회의산업 육성에 관한 법률 제12조)

㉠ 정부는 전자국제회의 기반을 확충하기 위하여 필요한 시책을 강구하여야 한다.

㉡ 문화체육관광부장관은 전자국제회의 기반의 구축을 촉진하기 위하여 사업시행기관이 추진하는 다음의 사업을 지원할 수 있다.

- 인터넷 등 정보통신망을 통한 사이버 공간에서의 국제회의 개최
- 전자국제회의 개최를 위한 관리체제의 개발 및 운영
- 그 밖에 전자국제회의 기반의 구축을 위하여 필요하다고 인정하는 사업으로서 문화체육관광부령으로 정하는 사업

② 국제회의 정보의 유통 촉진(국제회의산업 육성에 관한 법률 제13조)

㉠ 정부는 국제회의 정보의 원활한 공급 · 활용 및 유통을 촉진하기 위하여 필요한 시책을 강구하여야 한다.

㉡ 문화체육관광부장관은 국제회의 정보의 공급 · 활용 및 유통을 촉진하기 위하여 사업시행기관이 추진하는 다음의 사업을 지원할 수 있다.

- 국제회의 정보 및 통계의 수집 · 분석
- 국제회의 정보의 가공 및 유통
- 국제회의 정보망의 구축 및 운영
- 그 밖에 국제회의 정보의 유통 촉진을 위하여 필요한 사업으로 문화체육관광부령으로 정하는 사업

㉢ 문화체육관광부장관은 국제회의 정보의 공급 · 활용 및 유통을 촉진하기 위하여 필요하면 문화체육관광부령으로 정하는 바에 따라 관계 행정기관과 국제회의 관련 기관 · 단체 또는 기업에 대하여 국제회의 정보의 제출을 요청하거나 국제회의 정보를 제공할 수 있다.

핵심예제

103-1. 국제회의산업 육성에 관한 법령상 문화체육관광부장관이 전자국제회의 기반의 구축을 촉진하기 위하여 사업시행기관이 추진하는 사업을 지원할 수 있는 경우로 명시된 것은? [2019년]

① 국제회의 정보망의 구축 및 운영
② 국제회의 정보의 가공 및 유통
③ 인터넷 등 정보통신망을 통한 사이버 공간에서의 국제회의 개최
④ 국제회의 정보의 활용을 위한 자료의 발간 및 배포

정답 ③

103-2. 국제회의산업 육성에 관한 법률상 문화체육관광부장관이 국제회의 정보의 공급 · 활용 및 유통을 촉진하기 위하여 사업시행기관의 사업을 지원할 수 있다. 지원 대상 사업으로 옳지 않은 것은? [2013년 정기]

① 국제회의 전문 인력 및 정보의 국제 교류
② 국제회의 정보 및 통계의 수집 · 분석
③ 국제회의 정보의 가공 및 유통
④ 국제회의 정보망의 구축 및 운영

정답 ①

해설

103-1

문화체육관광부장관은 전자국제회의 기반의 구축을 촉진하기 위하여 사업시행기관이 추진하는 인터넷 등 정보통신망을 통한 사이버 공간에서의 국제회의 개최, 전자국제회의 개최를 위한 관리체제의 개발 및 운영, 사업을 지원할 수 있다(국제회의산업 육성에 관한 법률 제12조 제2항).

103-2

문화체육관광부장관은 국제회의 정보의 공급 · 활용 및 유통을 촉진하기 위하여 사업시행기관이 추진하는 국제회의 정보 및 통계의 수집 · 분석, 국제회의 정보의 가공 및 유통, 국제회의 정보망의 구축 및 운영, 사업을 지원할 수 있다(국제회의산업 육성에 관한 법률 제13조 제2항).

핵심이론 104 국제회의도시

① **국제회의도시의 지정 등(국제회의산업 육성에 관한 법률 제14조)**

㉠ 문화체육관광부장관은 대통령령으로 정하는 국제회의도시 지정기준에 맞는 특별시 · 광역시 및 시를 국제회의도시로 지정할 수 있다.

㉡ 문화체육관광부장관은 국제회의도시를 지정하는 경우 지역 간의 균형적 발전을 고려하여야 한다.

㉢ 문화체육관광부장관은 국제회의도시가 지정기준에 맞지 아니하게 된 경우에는 그 지정을 취소할 수 있다.

㉣ 문화체육관광부장관은 ㉠~㉢에 따른 국제회의도시의 지정 또는 지정취소를 한 경우에는 그 내용을 고시하여야 한다.

㉤ 국제회의도시의 지정 및 지정취소 등에 필요한 사항은 대통령령으로 정한다.

② **국제회의도시의 지정기준(국제회의산업 육성에 관한 법률 시행령 제13조)**

㉠ 지정대상 도시에 국제회의시설이 있고, 해당 특별시 · 광역시 또는 시에서 이를 활용한 국제회의산업 육성에 관한 계획을 수립하고 있을 것

㉡ 지정대상 도시에 숙박시설 · 교통시설 · 교통안내체계 등 국제회의 참가자를 위한 편의시설이 갖추어져 있을 것

㉢ 지정대상 도시 또는 그 주변에 풍부한 관광자원이 있을 것

③ **국제회의도시의 지정신청(국제회의산업 육성에 관한 법률 시행규칙 제9조)**

국제회의도시의 지정을 신청하려는 특별시장 · 광역시장 또는 시장은 다음의 내용을 적은 서류를 문화체육관광부장관에게 제출하여야 한다.

㉠ 국제회의시설의 보유 현황 및 이를 활용한 국제회의산업 육성에 관한 계획

㉡ 숙박시설 · 교통시설 · 교통안내체계 등 국제회의 참가자를 위한 편의시설의 현황 및 확충계획

㉢ 지정대상 도시 또는 그 주변의 관광자원의 현황 및 개발계획

㉣ 국제회의의 유치 · 개최 실적 및 계획

[핵심예제]

104-1. 국제회의산업 육성에 관한 법령상 국제회의도시를 지정할 수 있는 자는? [2014년 정기]

① 문화체육관광부장관
② 시 · 도지사
③ 시장 · 군수 · 구청장
④ 한국관광공사 사장

정답 ①

104-2. 국제회의산업 육성에 관한 법률상 국제회의도시의 지정기준으로 옳지 않은 것은? [2014년 특별]

① 지정대상 도시가 관광특구로 지정되어 있을 것
② 지정대상 도시에 국제회의시설이 있고, 해당 특별시 · 광역시 또는 시에서 이를 활용한 국제회의산업 육성에 관한 계획을 수립하고 있을 것
③ 지정대상 도시에 숙박시설 · 교통시설 · 교통안내체계 등 국제회의 참가자를 위한 편의시설이 갖추어져 있을 것
④ 지정대상 도시 또는 그 주변에 풍부한 관광자원이 있을 것

정답 ①

해설

104-1

문화체육관광부장관은 대통령령으로 정하는 국제회의도시 지정기준에 맞는 특별시 · 광역시 및 시를 국제회의도시로 지정할 수 있다(국제회의산업 육성에 관한 법률 제14조 제1항).

104-2

국제회의도시의 지정기준에는 지정대상 도시에 국제회의시설이 있고, 해당 특별시 · 광역시 또는 시에서 이를 활용한 국제회의산업 육성에 관한 계획을 수립하고 있을 것, 지정대상 도시에 숙박시설 · 교통시설 · 교통안내체계 등 국제회의 참가자를 위한 편의시설이 갖추어져 있을 것, 지정대상 도시 또는 그 주변에 풍부한 관광자원이 있을 것 등이 있다(국제회의산업 육성에 관한 법률 시행령 제13조).

핵심이론 105 국제회의복합지구

① 국제회의복합지구의 지정 등(국제회의산업 육성에 관한 법률 제15조의2)

㉠ 특별시장 · 광역시장 · 특별자치시장 · 도지사 · 특별자치도지사(시 · 도지사)는 국제회의산업의 진흥을 위하여 필요한 경우에는 관할구역의 일정 지역을 국제회의복합지구로 지정할 수 있다.

㉡ 시 · 도지사는 국제회의복합지구를 지정할 때에는 국제회의복합지구 육성 · 진흥계획을 수립하여 문화체육관광부장관의 승인을 받아야 한다. 대통령령으로 정하는 중요한 사항을 변경할 때에도 또한 같다.

㉢ 시 · 도지사는 국제회의복합지구 육성 · 진흥계획을 시행하여야 한다.

㉣ 시 · 도지사는 사업의 지연, 관리 부실 등의 사유로 지정목적을 달성할 수 없는 경우 국제회의복합지구 지정을 해제할 수 있다. 이 경우 문화체육관광부장관의 승인을 받아야 한다.

㉤ 시 · 도지사는 국제회의복합지구를 지정하거나 지정을 변경한 경우 또는 지정을 해제한 경우 대통령령으로 정하는 바에 따라 그 내용을 공고하여야 한다.

㉥ 지정된 국제회의복합지구는 관광진흥법에 따른 관광특구로 본다.

㉦ 국제회의복합지구 육성 · 진흥계획의 수립 · 시행, 국제회의복합지구 지정의 요건 및 절차 등에 필요한 사항은 대통령령으로 정한다.

② 국제회의복합지구의 지정 등(국제회의산업 육성에 관한 법률 시행령 제13조의2)

㉠ 국제회의복합지구 지정요건은 다음과 같다.

- 국제회의복합지구 지정 대상 지역 내에 전문회의시설이 있을 것
- 국제회의복합지구 지정 대상 지역 내에서 개최된 회의에 참가한 외국인이 국제회의복합지구 지정일이 속한 연도의 전년도 기준 5천명 이상이거나 국제회의복합지구 지정일이 속한 연도의 직전 3년간 평균 5천명 이상일 것. 이 경우 감염병의 확산으로 경계 이상의 위기경보가 발령된 기간에 개최된 회의에 참가한 외국인의 수는 회의에 참가한 외국인의 수에 문화체육관광부장관이 정하여 고시하는 가중치를 곱하여 계산할 수 있다.
- 국제회의복합지구 지정 대상 지역에 관광진흥법에 따른 관광숙박업의 시설로서 100실(4성급 또는 5성급으로 등급결정을 받은 호텔업의 경우에는 30실) 이상의 객실을 보유한 시설, 유통산업발전법에 따른 대규모점포, 공연법에 따른 공연장으로서 300석 이상의 객석을 보유한 공연장, 그 밖에 국제회의산업의 진흥 및 발전을 위하여 국제회의집적시설로 지정될 필요가 있는 시설로서 문화체육관광부장관이 정하여 고시하는 시설의 어느 하나에 해당하는 시설이 1개 이상 있을 것
- 국제회의복합지구 지정 대상 지역이나 그 인근 지역에 교통시설 · 교통안내체계 등 편의시설이 갖추어져 있을 것

㉡ 국제회의복합지구의 지정 면적은 400만 제곱미터 이내로 한다.

㉢ 특별시장 · 광역시장 · 특별자치시장 · 도지사 · 특별자치도지사("시 · 도지사")는 국제회의복합지구의 지정을 변경하려는 경우에는 다음의 사항을 고려하여야 한다.

- 국제회의복합지구의 운영 실태
- 국제회의복합지구의 토지이용 현황
- 국제회의복합지구의 시설 설치 현황
- 국제회의복합지구 및 인근 지역의 개발계획 현황

③ 국제회의복합지구 육성 · 진흥계획의 수립 등(국제회의산업 육성에 관한 법률 시행령 제13조의3)

㉠ 국제회의복합지구 육성 · 진흥계획에는 다음의 사항이 포함되어야 한다.

- 국제회의복합지구의 명칭, 위치 및 면적
- 국제회의복합지구의 지정 목적
- 국제회의시설 설치 및 개선 계획
- 국제회의집적시설의 조성 계획
- 회의 참가자를 위한 편의시설의 설치 · 확충 계획
- 해당 지역의 관광자원 조성 · 개발 계획
- 국제회의복합지구 내 국제회의 유치 · 개최 계획

- 관할 지역 내의 국제회의업 및 전시사업자 육성 계획
- 그 밖에 국제회의복합지구의 육성과 진흥을 위하여 필요한 사항

㉡ "대통령령으로 정하는 중요한 사항"이란 국제회의복합지구의 위치, 면적 또는 지정 목적을 말한다.

㉢ 시·도지사는 수립된 국제회의복합지구 육성·진흥계획에 대하여 5년마다 그 타당성을 검토하고 국제회의복합지구 육성·진흥계획의 변경 등 필요한 조치를 하여야 한다.

③ 부담금의 감면 등(국제회의산업 육성에 관한 법률 제15조의4)

㉠ 국가 및 지방자치단체는 국제회의복합지구 육성·진흥사업을 원활하게 시행하기 위하여 필요한 경우에는 국제회의복합지구의 국제회의시설 및 국제회의집적시설에 대하여 관련 법률에서 정하는 바에 따라 다음의 부담금을 감면할 수 있다.

- 개발이익 환수에 관한 법률에 따른 개발부담금
- 산지관리법에 따른 대체산림자원조성비
- 농지법에 따른 농지보전부담금
- 초지법에 따른 대체초지조성비
- 도시교통정비 촉진법에 따른 교통유발부담금

㉡ 지방자치단체의 장은 국제회의복합지구의 육성·진흥을 위하여 필요한 경우 국제회의복합지구를 국토의 계획 및 이용에 관한 법률에 따른 지구단위계획구역으로 지정하고 같은 법에 따라 용적률을 완화하여 적용할 수 있다.

핵심예제

105-1. 국제회의산업 육성에 관한 법령상 국제회의복합지구에 관한 설명으로 옳지 않은 것은? [2016년 특별]

① 국제회의복합지구의 지정요건 중 하나로 지정대상 지역 내에 전문회의시설이 있을 것을 요한다.
② 국제회의복합지구의 지정면적은 400만 제곱미터 이내로 한다.
③ 시·도지사는 국제회의복합지구를 지정한 날로부터 1개월 내에 국제회의복합지구 육성·진흥계획을 수립하여 문화체육관광부장관의 승인을 받아야 한다.
④ 시·도지사는 수립된 국제회의복합지구 육성·진흥계획에 대하여 5년마다 그 타당성을 검토하여야 한다.

정답 ③

105-2. 국제회의산업 육성에 관한 법령상 국제회의복합지구의 국제회의시설에 대하여 감면할 수 있는 부담금을 모두 고른 것은? [2016년 특별]

ㄱ. 초지법에 따른 대체초지조성비
ㄴ. 농지법에 따른 농지보전부담금
ㄷ. 산지관리법에 따른 대체산림자원조성비
ㄹ. 도시교통정비 촉진법에 따른 교통유발부담금

① ㄷ, ㄹ
② ㄱ, ㄴ, ㄷ
③ ㄱ, ㄴ, ㄹ
④ ㄱ, ㄴ, ㄷ, ㄹ

정답 ④

해설

105-1

시·도지사는 국제회의복합지구를 지정할 때에는 국제회의복합지구 육성·진흥계획을 수립하여 문화체육관광부장관의 승인을 받아야 한다(국제회의산업 육성에 관한 법률 제15조의2 제2항).

① 국제회의산업 육성에 관한 법률 시행령 제13조의2 제1항 제1호
② 국제회의산업 육성에 관한 법률 시행령 제13조의2 제2항
④ 국제회의산업 육성에 관한 법률 시행령 제13조의3 제3항

105-2
국가 및 지방자치단체는 국제회의복합지구 육성 · 진흥사업을 원활하게 시행하기 위하여 필요한 경우에는 국제회의복합지구의 국제회의시설 및 국제회의집적시설에 대하여 관련 법률에서 정하는 바에 따라 개발이익 환수에 관한 법률에 따른 개발부담금, 산지관리법에 따른 대체산림자원조성비, 농지법에 따른 농지보전부담금, 초지법에 따른 대체초지조성비, 도시교통정비 촉진법에 따른 교통유발부담금을 감면할 수 있다(국제회의산업 육성에 관한 법률 제15조의4 제1항).

핵심이론 106 국제회의집적시설

① 국제회의집적시설의 정의(국제회의산업 육성에 관한 법률 제2조 제8호)

"국제회의집적시설"이란 국제회의복합지구 안에서 국제회의시설의 집적화 및 운영 활성화에 기여하는 숙박시설, 판매시설, 공연장 등 대통령령으로 정하는 종류와 규모에 해당하는 시설로서 법 제15조의3(국제회의집적시설의 지정 등)에 따라 지정된 시설을 말한다.

② 국제회의집적시설의 지정 등(국제회의산업 육성에 관한 법률 제15조의3)

㉠ 문화체육관광부장관은 국제회의복합지구에서 국제회의시설의 집적화 및 운영 활성화를 위하여 필요한 경우 시 · 도지사와 협의를 거쳐 국제회의집적시설을 지정할 수 있다.

㉡ 국제회의집적시설로 지정을 받으려는 자(지방자치단체를 포함)는 문화체육관광부장관에게 지정을 신청하여야 한다.

㉢ 문화체육관광부장관은 국제회의집적시설이 지정요건에 미달하는 때에는 대통령령으로 정하는 바에 따라 그 지정을 해제할 수 있다.

㉣ 그 밖에 국제회의집적시설의 지정요건 및 지정신청 등에 필요한 사항은 대통령령으로 정한다.

③ 국제회의집적시설의 종류와 규모(국제회의산업 육성에 관한 법률 시행령 제4조)

"숙박시설, 판매시설, 공연장 등 대통령령으로 정하는 종류와 규모에 해당하는 시설"이란 다음의 시설을 말한다.

㉠ 관광진흥법에 따른 관광숙박업의 시설로서 100실(4성급 또는 5성급으로 등급결정을 받은 호텔업의 경우에는 30실) 이상의 객실을 보유한 시설

㉡ 유통산업발전법에 따른 대규모점포

㉢ 공연법에 따른 공연장으로서 300석 이상의 객석을 보유한 공연장

㉣ 그 밖에 국제회의산업의 진흥 및 발전을 위하여 국제회의집적시설로 지정될 필요가 있는 시설로서 문화체육관광부장관이 정하여 고시하는 시설

[핵심예제]

국제회의산업 육성에 관한 법령상 국제회의집적시설의 종류와 규모에 대한 설명 중 빈칸에 들어갈 내용이 순서대로 옳은 것은? [2016년 정기]

> • 관광진흥법에 따른 관광숙박업의 시설로서 ( )실 이상의 객실을 보유한 시설
> • 유통산업발전법에 따른 대규모점포
> • 공연법에 따른 공연장으로서 ( )석 이상의 객석을 보유한 공연장

① 30, 300 ② 30, 500
③ 100, 300 ④ 100, 500

정답 해설참조

해설

국제회의집적시설은 관광진흥법에 따른 관광숙박업의 시설로서 100실(4성급 또는 5성급으로 등급결정을 받은 호텔업의 경우에는 30실) 이상의 객실을 보유한 시설, 유통산업발전법에 따른 대규모점포, 공연법에 따른 공연장으로서 300석 이상의 객석을 보유한 공연장의 규모를 갖춘 시설이다(국제회의산업 육성에 관한 법률 시행령 제4조).

※ 출제 당시 정답은 ④였으나, 2022년 8월 2일 법령이 개정되었다. 개정된 법령에 따라 답을 구하려면 조건(4 · 5성급의 등급결정을 받은 호텔업 여부)이 추가적으로 제시되어야 한다. 따라서 현재 답은 알 수 없다.

핵심이론 107 재정의 지원 및 권한의 위탁

① **재정지원(국제회의산업 육성에 관한 법률 제16조)**

㉠ 문화체육관광부장관은 이 법의 목적을 달성하기 위하여 관광진흥개발기금법에 따른 국외 여행자의 출국납부금 총액의 100분의 10에 해당하는 금액의 범위에서 국제회의산업의 육성재원을 지원할 수 있다.

㉡ 문화체육관광부장관은 ㉠에 따른 금액의 범위에서 다음에 해당되는 사업에 필요한 비용의 전부 또는 일부를 지원할 수 있다.
- 법령에 따라 지정 · 설치된 국제회의 전담조직의 운영
- 국제회의 유치 또는 그 개최자에 대한 지원
- 법 제8조(국제회의산업 육성기반의 조성) 제2항 제2호부터 제5호까지의 규정에 따른 사업시행기관에서 실시하는 국제회의산업 육성기반 조성사업
- 법 제10조(국제회의 전문인력의 교육 · 훈련 등)부터 법 제13조(국제회의 정보의 유통 촉진)까지의 각 호에 해당하는 사업
- 법령에 따라 지정된 국제회의복합지구의 육성 · 진흥을 위한 사업
- 법령에 따라 지정된 국제회의집적시설에 대한 지원 사업
- 그 밖에 국제회의산업의 육성을 위하여 필요한 사항으로서 대통령령으로 정하는 사업

㉢ 지원금의 교부에 필요한 사항은 대통령령으로 정한다.

㉣ 지원을 받으려는 자는 대통령령으로 정하는 바에 따라 문화체육관광부장관 또는 법 제18조(권한의 위탁)에 따라 사업을 위탁받은 기관의 장에게 지원을 신청하여야 한다.

② **권한의 위탁**

㉠ 권한의 위탁(국제회의산업 육성에 관한 법률 제18조)
- 문화체육관광부장관은 국제회의 유치 · 개최의 지원에 관한 업무를 대통령령으로 정하는 바에 따라 법인이나 단체에 위탁할 수 있다.
- 문화체육관광부장관은 위탁을 한 경우에는 해당 법인이나 단체에 예산의 범위에서 필요한 경비(經費)를 보조할 수 있다.

㉡ 권한의 위탁(국제회의산업 육성에 관한 법률 시행령 제16조)
문화체육관광부장관은 국제회의 유치 · 개최의 지원에 관한 업무를 국제회의 전담조직에 위탁한다.

[핵심예제]

107-1. 국제회의산업 육성에 관한 법률상 재정지원에 관한 내용이다. 빈칸에 들어갈 숫자로 옳은 것은? [2015년 특별]

> 문화체육관광부장관은 이 법의 목적을 달성하기 위하여관광진흥개발기금법 제2조 제2항 제3호에 따른 국외 여행자의 출국납부금 총액의 100분의 ( )에 해당하는 금액의 범위에서 국제회의산업의 육성재원을 지원할 수 있다.

① 5 ② 10
③ 15 ④ 20

정답 ②

107-2. 국제회의산업 육성에 관한 법령상 문화체육관광부장관이 국제회의 유치 · 개최의 지원에 관한 업무를 위탁할 수 있는 대상은? [2018년]

① 국제회의 전담조직
② 문화체육관광부 제2차관
③ 국회 문화체육관광위원회
④ 국제회의 시설이 있는 지역의 지방의회

정답 ①

해설

107-1
문화체육관광부장관은 이 법의 목적을 달성하기 위하여 관광진흥개발기금법에 따른 국외 여행자의 출국납부금 총액의 100분의 10에 해당하는 금액의 범위에서 국제회의산업의 육성재원을 지원할 수 있다(국제회의산업 육성에 관한 법률 제16조 제1항).

107-2
문화체육관광부장관은 국제회의 유치 · 개최의 지원에 관한 업무를 국제회의 전담조직에 위탁한다(국제회의산업 육성에 관한 법률 시행령 제16조).

제 4 과목 관광학개론

제1절 관광의 기초

핵심이론 01 관광과 관광객의 개념

① 관광의 개념

㉠ 다시 돌아올 예정으로 일상의 생활권을 떠나 타국이나 타지역의 풍물, 제도, 문물 등을 관찰하여 견문을 넓히고 자연 풍경 등을 감상·유람할 목적으로 여행하는 것을 말한다.

㉡ 관광의 유사 개념 : 여행, 여가, 소풍, 유람, 기행, 피서, 방랑, 레저, 레크리에이션 등

㉢ 개념적 구성요소 : 이동성, 회귀성, 탈일상성 등

㉣ 관광(觀光)이 언급된 문헌

- 계원필경 – 관광육년(觀光六年)
- 고려사절요 – 관광상국(觀光上國) 진손숙습(盡損宿習)
- 조선왕조실록 – 관광방(觀光坊)
- 열하일기 – 위관광지상국래(爲觀光之上國來)

② 관광객의 개념

㉠ ILO(국제노동기구) : 24시간이나 그 이상의 기간 동안 거주지가 아닌 다른 나라를 방문하는 사람(국제관광객)으로 규정한다.

㉡ OECD(경제협력개발기구)

- 국제관광객 : 타국에서 24시간~6개월 간 체재하는 자
- 일시방문객 : 타국에서 24시간~3개월 간 체재하는 자

㉢ UNWTO(세계관광기구)

- 관광객
  - 보수가 주어지는 직업에 종사할 목적이 아닌 방문객
  - 방문국에서 24시간 이내 또는 1박 이상 체재하는 자
  - 비거주자, 해외동포, 항공기 승무원 등
- 비관광객 : 국경통근자, 유목민, 군인, 외교관, 통과객, 일시적·영구적 이주자 등

③ 관광수요의 개념

㉠ 관광수요의 정의 : 관광활동에 참가할 수 있는 관광객을 가리키며 관광의 주체이다.

㉡ 수요예측의 필요성

- 관광정책 수립 기초 자료로 활용
- 관광투자에 대한 예산 규모 결정
- 관광상품 가격 결정
- 마케팅 전략 수립 자료

㉢ 수요측정방법

- 정량적(양적) 방법
  - 객관적 자료의 정보를 이용하여 분석하는 방법이다.
  - 시계열 분석법, 인과모형 분석법, 회귀분석법 등
- 정성적(질적) 방법
  - 전문가의 의견을 사용해 미래의 결과를 주관적으로 예측하는 방법이다.
  - 델파이법, 시나리오 설정법, 주관적 평가법, 기술적 추정법, 역사적 예측방법, 전문가 패널 등

핵심예제

1-1. 관광의 일반적 개념에 관한 설명으로 옳지 않은 것은? [2015년 특별]

① 일상 생활권을 벗어난 장소적 이동을 전제로 한다.
② 관광이 종료되면 주거지로 돌아오는 회귀성이 있다.
③ 여가활동의 한 형태이다.
④ 취업을 목적으로 방문하는 경우도 포함한다.

정답 ④

1-2. 세계관광기구(UNWTO)에서 정한 관광객 범주에 포함되는 자를 모두 고른 것은? [2016년 특별]

ㄱ. 2주간의 국제회의 참석자
ㄴ. 1개월간의 성지순례자
ㄷ. 3개월 재직 중인 외교관
ㄹ. 1주간의 스포츠행사 참가자
ㅁ. 4시간 이내의 국경통과자

① ㄱ, ㄴ, ㅁ
② ㄱ, ㄴ, ㄹ
③ ㄱ, ㄷ, ㄹ
④ ㄷ, ㄹ, ㅁ

정답 ②

해설

1-1
관광이란 다시 돌아올 예정으로, 일상의 생활권을 떠나 타국 또는 타 지역을 관찰하여 견문을 넓히고, 자연 풍경 등을 감상 · 유람할 목적으로 여행하는 것을 말한다.

1-2
ㄷ · ㅁ. 세계관광기구에서 정한 비관광객에 포함된다.

핵심이론 02 관광의 구조 및 분류

① **관광의 구조**

㉠ 관광주체(관광객)
- 관광욕구 : 관광행동을 일으키는 데 필요한 심리적인 원동력
- 관광동기 : 관광행동으로 옮기게 하는 심리적 에너지
- 관광수요시장 : 관광욕구와 관광동기를 수반하여 형성된 시장

㉡ 관광객체(관광대상)
- 관광자원 : 자연환경, 인정, 풍습, 예절, 국민성, 민족성 등
- 관광시설 : 숙박시설 등의 관광시설과 그에 부가된 서비스 시설

㉢ 관광매체(관광사업)
- 공간적 매체 : 교통시설(도로, 수송수단), 운송시설 등
- 시간적 매체 : 휴게시설, 숙박시설, 편의시설 등
- 기능적 매체 : 통역안내원, 여행알선업자 및 관광기념품 판매업자 등

[관광의 구조 및 구성요소]

관광 주체	관광객 ↓ (관광욕구) 관광동기 ↓ 관광행동(관광수요시장)
관광 객체	관광대상 ↓ (관광자원, 관광시설) 관광행동(관광공급시장)
관광 매체	공간적 매체 시간적 매체 기능적 매체

② 관광의 분류

㉠ 국적과 국경에 의한 분류

국 경 / 국 적	국 내	국 외
자국민	국내관광 (Domestic Tourism)	국외관광 (Outbound Tourism)
외국인	외래관광 (Inbound Tourism)	외국인관광 (Overseas Tourism)

㉡ 세계관광기구(UNWTO)에 의한 분류

Internal 관광	국내관광 (Domestic Tourism)	+	외래관광 (Inbound Tourism)
National 관광	국내관광 (Domestic Tourism)	+	국외관광 (Outbound Tourism)
International 관광	국외관광 (Outbound Tourism)	+	외래관광 (Inbound Tourism)

핵심예제

2-1. 관광 구성요소에 관한 설명으로 옳은 것은? [2015년 특별]

① 관광매체는 관광사업으로 호텔업, 여행업, 교통업 등이 있다.
② 관광주체는 관광대상으로 자연자원, 문화자원, 위락자원 등이 있다.
③ 관광객체는 관광을 행하는 관광객을 의미한다.
④ 관광주체는 관광목적지를 의미한다.

정답 ①

2-2. 한국 국적과 국경을 기준으로 국제관광의 분류가 옳은 것은? [2019년]

① 자국민이 자국 내에서 관광 – Inbound Tourism
② 자국민이 타국에서 관광 – Outbound Tourism
③ 외국인이 자국 내에서 관광 – Outbound Tourism
④ 외국인이 외국에서 관광 – Inbound Tourism

정답 ②

해설

2-1

관광의 구조

• 관광주체 : 관광객
• 관광객체 : 관광대상
• 관광매체 : 관광사업체

2-2

① 자국민이 자국 내에서 관광 : Domestic Tourism
③ 외국인이 자국 내에서 관광 : Inbound Tourism
④ 외국인이 외국에서 관광 : Overseas Tourism

핵심이론 03 관광행동의 결정

① 관광동기 이론

㉠ 매슬로우(A. H. Maslow)의 욕구 단계설

단 계		정 의
제1단계	생리적 욕구	의·식·주 등의 가장 기본적인 욕구
제2단계	안전의 욕구	추위·질병·위험으로부터 자신을 보호하려는 욕구
제3단계	소속의 욕구	단체에 소속되어 애정을 주고받기를 원하는 욕구
제4단계	존경의 욕구	소속단체의 구성원으로 명예나 권력을 누리려는 욕구
제5단계	자아실현의 욕구	자신의 재능과 잠재력을 발휘하여 자기가 이룰 수 있는 모든 것을 성취하려는 최고수준의 욕구

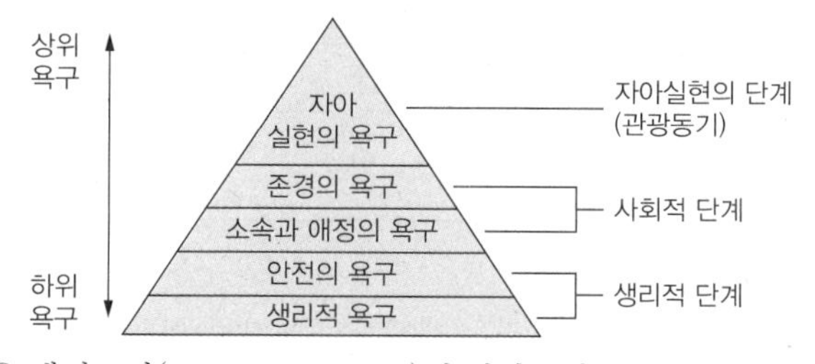

㉡ 매킨토시(R. W. McIntosh)의 관광동기

신체적·물리적 동기	• 육체·정신적 기분전환 • 건강관리 목적의 스포츠 참여
문화적 동기	• 외국, 관광지에 대한 호기심 • 역사적인 유적지에 대한 관심 • 미술, 음악, 건축 등에 대한 관심 • 국제적인 행사 참석
대인적 동기	• 친인척 방문 또는 새로운 사람과의 교류 • 색다른 환경에서의 특별한 경험 모색 • 자신의 사회적 환경으로부터 탈출
지위·위세 동기	• 교육, 학습, 사업, 직업적 목적 추구 • 취미활동 추구 • 자아 향상

㉢ Push – Pull 이론

• Push(추진요인)
  – 관광객의 행동을 일으키는 심리적 동기 및 통계적 변수를 의미한다.
  – 성별, 소득, 교육수준, 스트레스 등

• Pull(유인요인)
  – 관광객의 여행 충동을 끌어당길만한 매력적인 관광자원을 의미한다.
  – 나이트 라이프, 쾌적한 기후, 역사 유적지, 아름다운 해변, 문화 행사 등

② 관광객 구매의사 결정과정

문제인식 → 정보탐색 → 대안평가 → 구매결정 → 구매 후 평가

③ 관광의사결정에 영향을 미치는 요인

㉠ 개인적 요인 : 학습, 성격, 태도, 동기, 지각

㉡ 사회적 요인 : 가족, 문화, 사회계층, 준거집단

제4과목

[핵심예제]

3-1. 매킨토시(R. W. McIntosh)가 분류한 관광동기가 아닌 것은? [2015년 정기]

① 신체적 동기 ② 문화적 동기
③ 대인적 동기 ④ 자아실현 동기

정답 ④

3-2. 관광객 구매의사 결정과정을 바르게 나열한 것은? [2014년 정기]

① 정보탐색 – 문제인식 – 대안평가 – 구매결정 – 구매 후 평가
② 문제인식 – 대안평가 – 정보탐색 – 구매결정 – 구매 후 평가
③ 문제인식 – 정보탐색 – 대안평가 – 구매결정 – 구매 후 평가
④ 정보탐색 – 대안평가 – 구매결정 – 문제인식 – 구매 후 평가

정답 ③

3-3. 다음 설명에서 제시된 관광객 행동에 영향을 미치는 요인은 무엇인가? [2013년 특별]

> 어떤 개인의 행동, 구매행동 그리고 목표를 설정함에 있어 그에게 개인적 가치의 표준이나 규범을 제공하는 요소이다. 즉, 학교나 직장 동료, 스포츠 동호회원 등을 말한다.

① 사회계층
② 준거집단
③ 오피니언 리더
④ 촉매자

정답 ②

해설

3-1

매킨토시가 분류한 관광동기의 4가지 분류

- 신체적 · 물리적 동기
- 문화적 동기
- 대인적 동기
- 지위 · 위세 동기

3-2

일반적인 소비자들의 구매 의사결정 과정은 '문제인식 – 정보탐색 – 대안평가 – 구매결정 – 구매 후 평가'의 다섯 단계를 거친다.

3-3

관광행동에 영향을 미치는 사회 · 문화적 요인

가족, 친구, 관광객 자신이 속해 있는 준거집단, 사회계층, 하위문화 등

핵심이론 04 관광의 효과

① 관광의 효과

구 분	긍정적 효과	부정적 효과
경제적 효과	• 국가경제 및 지역사회의 개발 • 국제수지 개선 • 고용창출 증대 • 국민소득 · 조세수입에 기여 • 관광승수효과	• 물가 상승 • 고용 불안정성 • 산업구조 불안정성 • 기반시설 투자에 대한 위험부담
사회적 효과	• 성별, 직업 등 인구 구성 균등화 • 국제친선 도모 • 민간외교 활발 • 국민의식 수준 제고 • 여성의 지위 향상	• 주민 소득의 양극화 • 범죄율 상승 • 가족 구조 파괴 • 세대 간 갈등 심화
문화적 효과	• 지역문화 발전 • 역사적 문화 보존 · 보호 • 현대 건축양식 도입	• 토착문화 소멸 • 문화유산의 파괴 및 상실
환경적 효과	환경에 대한 인식 향상	• 교통 혼잡 • 환경오염 문제 발생

② 관광의 소득효과

㉠ 관광 소득효과는 관광산업 투자에 의한 경우와 관광객의 소비에 의한 경우로 구분할 수 있다.

㉡ 이를 기준으로 투자소득효과, 소비소득효과, 외화획득효과로 나눌 수 있다.

더 알아보기

외화가득률

- 특정 품목의 수출금액에서 수입원재료 가액을 차감한 금액을 비율로 표시한 것이다.
- 외래관광객에 의한 관광산업의 수입은 외화가득률이 일반 산업과 비교하여 일반적으로 높게 나타난다.
- 외화가득률이 높다는 것은 적은 투자로 높은 부가가치를 창출해 내고 있다는 의미이다.

$$\frac{\text{국제관광수입} - (\text{국제관광홍보비} + \text{면세품구입가격})}{\text{국제관광수입}} \times 100$$

핵심예제

4-1. 관광의 사회적 효과로 옳은 것을 모두 고른 것은? [2020년]

ㄱ. 지역 경제개발의 촉진
ㄴ. 교육적 효과
ㄷ. 국민의식 수준 제고
ㄹ. 국제수지 개선

① ㄱ, ㄴ ② ㄴ, ㄷ
③ ㄴ, ㄹ ④ ㄷ, ㄹ

정답 ②

4-2. 빈칸 안에 들어갈 용어로 옳은 것은? [2014년 특별]

외래관광객에 의한 관광산업의 수입은 ( )이 일반산업과 비교하여 일반적으로 높게 나타나며, 계산방법은 {국제관광수입-(국제관광홍보비+면세품구입가격)}/국제관광수입×100이다.

① 수입유발률 ② 외화가득률
③ 수출유발률 ④ 순이익비율

정답 ②

해설

4-1
ㄱ · ㄹ. 관광의 경제적 효과에 해당한다.

4-2
외화가득률은 특정 품목의 수출금액에서 수입원재료 가액을 차감한 금액을 비율로 표시한 것으로, 외래관광객에 의한 관광산업의 수입은 외화가득률이 일반산업과 비교하여 일반적으로 높게 나타난다.

핵심이론 05 고대와 중세 시대 관광의 발전사

① 고대(A.D. 476)
- ㉠ 이집트 시대 : 종교적인 목적의 신전순례 형태의 관광이 이루어졌다.
- ㉡ 그리스 시대
  - 최초의 관광동기는 신앙을 중심으로 형성되었다.
  - 체육(올림픽 경기), 요양, 종교(신전 참배) 등의 형태를 띠었다.
- ㉢ 로마 시대
  - 관광사업의 등장으로 군사용 도로가 정비 · 이용되었다.
  - 관광의 목적(종교, 요양, 예술, 등산, 식도락 등)이 다양했다.
  - 일부 특권계층에 한정되었다.
  - 로마 시대 관광여행 발달 원인
    - 군사용 도로의 정비
    - 완벽한 치안 유지
    - 화폐 경제의 발달로 인한 행동반경 증대
    - 학문의 발달, 지식수준의 향상으로 미지의 세계에 대한 동경이 강해짐
    - 관광사업의 등장으로 교통 발달, 도로 정비, 숙박시설 형성
    - 각 지방에서 생산되는 포도주를 마시면서 식사를 즐기는 식도락 여행이 유행

② 중세 시대(A.D. 476~1450)
- ㉠ 유럽 사회 혼란으로 인해 도로가 파괴되어 관광의 암흑기가 시작되었다.
- ㉡ 소수의 여행객을 위한 숙소로서 수도원, 교회가 이용되었다.
- ㉢ 십자군 원정으로 인한 육로 및 해로의 개발로 동 · 서양 교류가 확대되었다.
- ㉣ 중세 시대는 로마 교황을 정점으로 한 기독교 문화 공동체였으므로 성지순례관광이 성황을 이루었다.

[핵심예제]

5-1. 고대 그리스 시대의 주요 관광동기로 옳지 않은 것은?

[2013년 특별]

① 식도락　② 종 교
③ 체 육　④ 요 양

정답 ①

5-2. 서양 중세 시대 관광에 관한 설명으로 옳은 것은?

[2018년]

① 증기기관차 등의 교통수단이 발달되었다.
② 문예부흥에 의해 관광이 활성화되었다.
③ 십자군전쟁에 의한 동 · 서양 교류가 확대되었다.
④ 패키지여행상품이 출시되었다.

정답 ③

해설

5-1
관광동기에 식도락이 포함되기 시작한 것은 로마 시대에 해당한다.

5-2
중세에 들어 유럽의 사회조직은 혼란 상태에 빠졌으며, 로마 시대에 건설한 도로도 모두 파괴되어 관광여행은 자취를 감추었다. 십자군 원정은 관광부활의 계기가 되었는데, 육로 및 해로의 개발은 물론 동방에 대한 지식과 관심을 높였고, 동 · 서양의 교류를 확대시켰다.

핵심이론 06 근대와 현대관광의 발전사

① 근대관광(1450~1945)

㉠ 유럽관광
- 교양관광(Grand Tour)의 시대
  - 선박, 철도의 발달로 인해 국내여행에서 대륙여행으로 관광의 범위가 확대되었다.
  - 젊은 상류계층이 견문을 넓히기 위해 유럽의 여러 나라를 장기 여행하는 것이 유행하였다.
- 관광사업의 발전
  - 해외여행 : 교통의 발달로 관광여행객의 수가 크게 늘어났으며, 해외여행도 활기를 띠었다.
  - 숙박시설 : 관광량의 증가와 유산 계급의 출현으로 숙박시설이 고급화되어 호텔(Hotel)이 출현하였다.
  - 여행알선업 : 토마스 쿡(Thomas Cook)이 광고를 내어 여행단을 모집하고 단체 전세 열차의 운행을 시도하여 성공을 거둔 데서 비롯되었다.

㉡ 미국관광
- 태번(Tavern) : 유럽의 주점형식이 미국에 전해져 요리를 제공하는 숙박시설로 발전하였으며, 19세기에 이르러 호텔로 명칭이 바뀌었다.
- 커머셜호텔(Commercial Hotel) 시대
  - 스타틀러(E. M. Statler) : 버펄로 스타틀러 호텔을 건설하였다.
  - '일반 서민이 부담할 수 있는 가격으로 세계 최고의 서비스를 제공할 것'을 경영이념으로 하였다.
- 힐튼(C. N. Hilton) : 미국 호텔의 대형화 · 근대화를 이끌었다.

② 현대관광(제2차 세계 대전 이후)

㉠ 현대 관광사업의 특징
- 지방 문화, 예술의 발달에 의하여 관광활동의 내용이 풍부해졌다.
- 인간의 잠재적인 욕구의 자극으로 대중관광이 촉진되었다.
- 교통수단의 발달로 신속 · 편리 · 쾌적한 여행이 가능해졌다.

- 정치 · 경제 · 사회 · 문화의 발전으로 관광여행의 목적이 다양화되었다.
- 생활 의식이 변화하고 소득이 증가하면서 관광이 보편화되었다.

㉡ 대표적인 현대관광의 형태

- 복지관광(Social Tourism) : 경제적 · 환경적 상황이 어려운 사회적 약자를 관광에 참여할 수 있도록 돕는 정책 · 제도적 지원이다.
- 대중관광(Mass Tourism) : 대중이 여가활용 및 자기창조 등의 폭넓은 동기를 가지고 자연적으로 참여하는 관광을 의미한다.
- 대안관광 : 대량 관광 행위로 인해 발생하는 환경 · 사회 · 문화적 영향을 최소화하려는 새로운 관광 형태이다.
- 국제관광 : 자국의 경제력 회복을 위한 외화 소득 수단으로서 개발된 관광을 의미한다.
- 공정관광(Fair Tourism)
  - 책임관광, 녹색관광, 생태관광을 포함한다.
  - 여행자와 여행대상국의 국민이 평등한 관계를 맺는 여행이다.
  - 우리나라는 2007년 사회적 기업육성법 제정으로 활성화되었다.

③ 관광의 발전 단계

단계 \ 구분	시기	관광계층	관광 동기	조직자	조직동기
Tour 시대 (자연 발생적)	고대 ~1830년대 말	특권계층(귀족, 승려, 무사)과 일부 부유층의 평민	종교	교회	신앙심 향상
Tourism 시대 (매개 · 서비스적)	1840년대 초 ~제2차 세계대전	특권층과 부유층의 평민	지식욕	기업	이윤 추구
Mass Tourism 시대 (Social Tourism, 개발 · 조직적)	제2차 세계대전 이후 ~1990년	일반 대중을 포함한 국민	• 보양 • 오락	• 민간기업 • 공공단체 • 국가	• 이윤 추구 • 국민 후생의 증대
New Tourism (신관광)	1990년 이후	일반 대중을 포함한 국민	관광의 생활화	• 개인 • 가족	• 개성 추구 • 문제 해결

[핵심예제]

6-1. 근대시대의 유럽에서 '교육적 효과'를 궁극적인 목표로 삼았던 관광에 해당하는 것은? [2022년]

① Grand Tour
② Mass Tourism
③ City Tourism
④ Night Tourism

정답 ①

6-2. 공정관광(Fair Tourism)에 관한 설명으로 옳지 않은 것은? [2014년 특별]

① 책임관광, 녹색관광, 생태관광을 포함한다.
② 여행자와 여행 대상국의 국민이 평등한 관계를 맺는 여행이다.
③ 우리나라는 2007년 사회적 기업 육성법 제정으로 활성화되었다.
④ 55세 이상의 중장년층을 중심으로 하는 특별흥미여행이다.

정답 ④

6-3. 서양의 관광역사 중 Mass Tourism 시대에 관한 설명으로 옳은 것을 모두 고른 것은? [2016년 정기]

ㄱ. 역사교육, 예술문화학습 등을 목적으로 하는 그랜드 투어가 성행했다.
ㄴ. 생산성 향상, 노동시간 감축, 노동운동 확산 등으로 여가시간이 증가하기 시작했다.
ㄷ. 과학기술 발달로 인한 이동과 접근성이 편리해져 여행수요 증가가 가능해졌다.
ㄹ. 자유개별여행, 대안관광, 공정여행 등 새로운 관광의 개념이 등장했다.

① ㄱ, ㄴ ② ㄱ, ㄹ
③ ㄴ, ㄷ ④ ㄷ, ㄹ

정답 ③

해설

6-1
17세기 중반부터 19세기 초반까지 유럽의 젊은 상류층 자제들이 교육목적으로 이탈리아, 프랑스, 독일 등 유럽의 여러 나라를 순방했던 것을 Grand Tour(교양관광)라 한다.

6-2
특별흥미여행(특수목적관광, SIT ; Special Interest Tourism)은 여행객의 관심을 끌 수 있는 특별한 목적이나 테마를 가지고 운영되는 여행형태이다.

6-3
Mass Tourism 시대는 제2차 세계대전 이후 일반 대중 대상의 조직적인 관광시대를 말한다.
ㄱ. 그랜드 투어(Grand Tour)는 근대시대에 유럽의 젊은 상류층이 견문을 넓히기 위해 유럽의 여러 나라를 방문한 교양관광을 말한다.
ㄹ. 자유개별여행, 대안관광, 공정여행 등은 대중관광의 확대에 따른 문제의식에서 등장한 새로운 관광형태이다.

핵심이론 07 우리나라 관광의 발전사

① 삼국 시대
- ㉠ 외교나 종교 · 행정 · 전쟁 · 수양 등의 목적으로 일부 특권계층에게만 허용되었다.
- ㉡ 신라 화랑도는 산천 유람을 통해 심신 수련을 하였다.
- ㉢ 통일 신라 후기, 완도 청해진에 숙박시설인 '청해관'이 설치되었다.

② 고려 시대
- ㉠ 도로의 발달로 이동은 활발해졌으나 소수의 특권층에게만 허용되었다.
- ㉡ 고려 시대에는 사신들의 숙소로 '신창관'을 운영하였다.

③ 조선 시대
- ㉠ 보부상의 출현 등 특권층이 아닌 일반인들의 이동이 가능해지기 시작했다.
- ㉡ 숙박형태는 관용 여행자가 이용하는 '역(驛)', 평민들을 위한 '여사(旅舍)', 가난한 자에게 음식을 제공하고 여행자에게는 약을 제공하는 '원(院)'이 있었다.
- ㉢ 대불호텔 : 1888년 인천에 세워진 서양식 호텔이다.
- ㉣ 손탁호텔 : 1902년 서울에 세워진 서양식 호텔이다.

④ 1945년 이전(해방 전)
- ㉠ 일본여행협회 조선지부가 설치되었으나 일본인 등 외국인만을 위한 관광사업이라고 볼 수 있다.
- ㉡ 조선 수탈 목적의 철도가 부설되었다.
- ㉢ 1912년 : 부산과 신의주에 최초의 철도호텔이 세워졌다.
- ㉣ 1914년 : 조선호텔이 개관하였다.
- ㉤ 1915년 : 금강산호텔, 장안사호텔이 설립되었다.
- ㉥ 1925년 : 평양철도호텔이 설립되었다.
- ㉦ 1936년 : 최초의 상용호텔인 반도호텔이 설립되었다.

⑤ 1945년~현재(해방 후)

연 도	발전 내용
1940년대	• 1947년 최초의 외국인 관광단(Royal Asiatic Society) 내방 • 1948년 미국의 노스웨스트 항공사, 팬 아메리칸 항공사 영업 개시

1950년대	• 1950년 교통부 직영 관광호텔 등장 • 1953년 근로기준법 제정으로 연간 12일의 유급 휴가 보장 • 1954년 교통부 육운국 내에 관광과 설치 • 1957년 교통부가 IUOTO에 정회원으로 가입 • 1958년 중앙 관광 위원회(교통부 장관 자문) • 1958년 지방 관광 위원회(도지사 자문)
1960년대	• 1961년 관광사업진흥법 제정 • 1962년 국제관광공사 설립 • 1962년 통역안내원 시험제도 실시 • 1963년 대한관광협회 설립 • 1963년 전문 관광교육시설 신설 • 1963년 교통부 관광과를 관광국으로 승격 • 1964년 일본의 국외여행 자유화 • 1965년 한 · 일 국교 정상화 • 1965년 제14차 태평양지역관광협회 총회 개최 • 1965년 관광호텔종사원 자격시험제도 실시 • 1965년 관광정책심의회 설치 • 1966년 외국인 전문가에 의한 최초의 관광지 진단 • 1967년 최초의 국립공원 지정(지리산)
1970년대	• 1970년 경부고속도로 개통 • 1970년 관광호텔 등급제, 지배인제도 실시 • 1971년 전국의 관광지 10대 관광권 설정 • 1972년 관광진흥개발기금법 제정 • 1973년 대한관광협회중앙회를 한국관광협회로 개명 • 1974년 한국관광개발조사보고서 제출 • 1975년 관광단지개발촉진법 제정 • 1975년 관광기본법 제정 • 1975년 세계관광기구(UNWTO) 가입 • 1978년 외래관광객 100만명 돌파 • 1978년 경주 보문관광단지 조성 • 1979년 제28차 PATA 총회, 제5차 EATA 총회 개최
1980년대	• 1980년 제주도를 입국사증 면제 지역으로 지정 • 1982년 야간 통행금지 해제 • 1983년 제53차 ASTA 총회 개최 • 1986년 아시안 게임 개최 • 1988년 서울 올림픽 개최 • 1989년 국외여행 전면 자유화
1990년대	• 1990년 전국관광지 5대권 분류 • 1993년 제19차 EATA 총회 유치 • 1994년 한국 방문의 해 • 1995년 광주 비엔날레 창설 • 1996년 부산 국제영화제(BIFF) 개최
2000년대	• 2000년 외래관광객 500만명 유치, ASEM 회의 개최 • 2001년 UNWTO 총회와 한국방문의 해 개최 • 2002년 한 · 일 월드컵 공동 개최 • 2002년 부산 아시안게임 개최 • 2004년 Korean Wave 개최 • 2004년 제53차 PATA연차총회 개최 • 2005년 한 · 일 공동방문의 해 • 2005년 UNWTO 집행 이사회 의장국 선출 • 2008년 관광산업 경쟁력 강화 회의 • 2009년 의료관광 활성화 법적근거 마련 • 2009년 한국 MICE 육성협의회 출범
2010년대	• 2011년 UNWTO 총회 경주 유치 • 2012년 외래관광객 1,000만명 돌파 • 2013년 관광경찰 제도 출범 • 2014년 인천 아시안게임 개최 • 2018년 평창 동계올림픽 개최

[핵심예제]

7-1. 한국 관광역사에 관한 설명으로 옳은 것은? [2020년]

① 고려 시대에는 역(驛), 여사(旅舍), 원(院) 등이 설치되어 지역 간 원활한 교류가 이루어졌다.

② 우리나라 최초의 호텔은 서울의 근대식 호텔로 지어진 대불호텔이다.

③ 서울 영업소를 차리고 영업을 개시한 우리나라 최초의 민간항공사는 일본 항공사이다.

④ 1962년 국제관광공사가 설립되어 해외 선전과 외래 관광객 유치를 수행하였다.

정답 ④

7-2. 다음 중 잘못 연결된 것은? [2014년 정기]

① 1960년대 – 국제관광공사 설립

② 1970년대 – 관광기본법 제정

③ 1980년대 – 서울 올림픽 개최

④ 1990년대 – 부산 아시안게임 개최

정답 ④

제4과목

해설

7-1

① 역(驛), 여사(旅舍), 원(院) 등은 조선 시대에 설치되었다.

② 우리나라 최초의 호텔은 인천의 대불호텔로, 서양식 호텔이다.

③ 우리나라 최초의 민간항공사는 대한항공이다.

7-2

제14회 부산 아시안게임이 개최된 것은 2002년도이다.

핵심이론 08 관광사업의 정의 및 특성

① 관광사업의 정의

㉠ 관광수요 창출 및 적합한 사업활동을 통하여 관광의 다각적인 효과를 거두려는 인류의 평화와 복지를 위한 사업을 의미한다.

㉡ 관광의 효용과 그 문화적 · 사회적 · 경제적 효과를 목적으로 하는 조직적 활동으로서 관광왕래를 대상으로 한 서비스산업의 총칭이다.

② 관광과 관광사업의 관계

㉠ 관광주체와 관광객체 사이에 관광매체인 관광사업이 개입되면 관광의 효용성과 수요가 증대된다.

- 관광사업이 개입하지 않는 관광

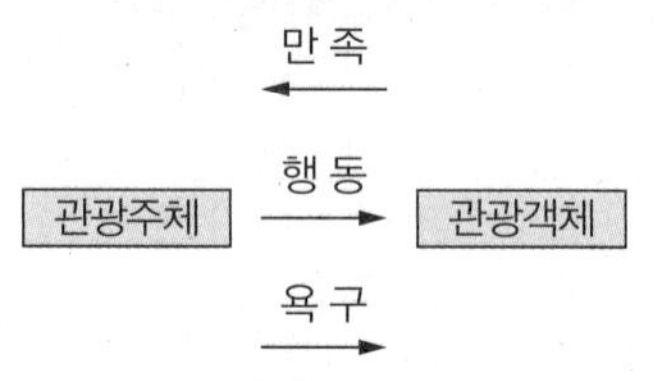

- 관광사업이 개입한 관광

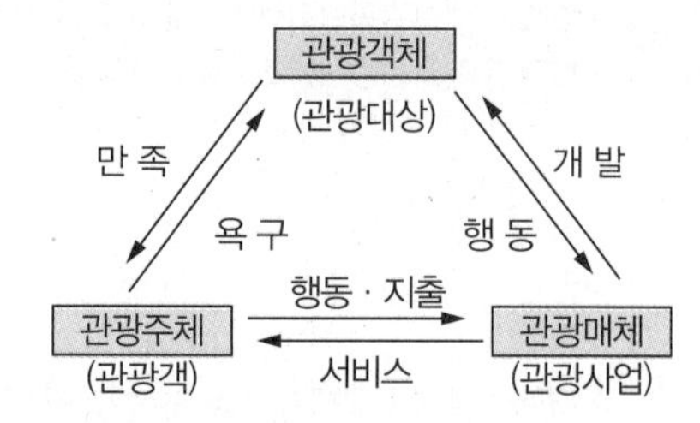

③ 관광사업의 특성

㉠ 복합성

- 사업주체의 복합성 : 관광사업은 공공기관과 민간기업이 분담하여 추진하는 사업으로 주관과 달성의 과정에 있어 복합성이 나타난다.
- 사업내용의 복합성 : 관광사업은 출판 · 방송 · 여행 · 교통 등 여러 업종이 모여 하나의 통합된 사업을 완성시킨다.

㉡ 입지의존성

- 관광지의 형성은 유 · 무형의 관광자원을 소재로 하여 이루어지기 때문에 입지의존성은 필연적이다.
- 관광지의 유형과 기후, 관광자원의 우열, 교통사정의 여하에 따라 의존적이다.

• 경영적 환경(시장의 규모, 현지조달가능 재료, 인력 공급 등)과 수요의 질(소비성향)에 영향을 받는다.

㉢ 변동성
- 사회적 요인 : 사회정세의 변화, 국제정세의 긴박한 상황, 정치적 불안, 폭동, 그 밖의 인간의 안전을 위협하는 것 등
- 경제적 요인 : 경제 불황, 소득 상황, 환율 시세의 상승, 운임의 변동, 관광여행 시의 외화 사용 제한 등의 조치 등
- 자연적 요인 : 기후, 지진, 태풍, 폭풍우 등의 파괴적 자연현상 등

㉣ 공익성
- 사회 · 문화적 측면 : 국위 선양, 국제친선의 증진, 국제문화의 교류, 국민의 보건 향상, 근로의욕의 증진 등
- 경제적 측면
  - 국민경제 측면 : 외화 획득과 경제 발전, 기술협력과 국제무역의 증진 등
  - 지역경제 측면 : 소득효과, 고용효과, 산업연관효과, 주민복지의 증진, 생활환경의 개선 및 지역개발의 효과 등

㉤ 서비스성
- 관광사업은 관광객에 대하여 서비스를 제공하는 영업을 중심으로 구성되어 있기 때문에 무형의 서비스가 가장 중요하다.

㉥ 비저장성
- 관광사업은 생산과 소비가 동시에 이루어지므로 호텔 객실이나 식사 등의 저장이 불가능하며 경영상의 탄력성이 없다.

[핵심예제]

8-1. 관광사업의 공익적 특성 중 사회 · 문화적 측면에서의 효과가 아닌 것은? [2019년]

① 국제문화의 교류　② 국민보건의 향상
③ 근로의욕의 증진　④ 외화획득과 소득효과

정답 ④

8-2. 관광사업의 특성에 해당되지 않는 것은? [예상 문제]

① 복합성　② 서비스 의존성
③ 입지 의존성　④ 저장성

정답 ④

해설

8-1

외화획득과 소득효과는 관광사업의 공익적 특성 중 경제적 측면의 효과이다.

8-2

관광사업의 특성

- 복합성
- 입지 의존성
- 변동성
- 공익성
- 서비스성
- 비저장성

핵심이론 09 관광사업의 분류

① 관광사업의 분류(관광진흥법 제3조 및 시행령 제2조)

관광사업		법률적 업종
여행업		• 종합여행업 • 국내외여행업 • 국내여행업
관광 숙박업	호텔업	• 관광호텔업 • 수상관광호텔업 • 한국전통호텔업 • 가족호텔업 • 호스텔업 • 소형호텔업 • 의료관광호텔업
	휴양 콘도미니엄업	–
관광객 이용시설업		• 전문휴양업 • 종합휴양업 • 야영장업 • 관광유람선업 • 관광공연장업 • 외국인관광 도시민박업 • 한옥체험업
국제회의업		• 국제회의시설업 • 국제회의기획업
카지노업		–
유원시설업		• 종합유원시설업 • 일반유원시설업 • 기타유원시설업
관광 편의시설업		• 관광유흥음식점업 • 관광극장유흥업 • 관광식당업 • 관광순환버스업 • 관광사진업 • 관광지원서비스업 • 관광펜션업 • 관광궤도업 • 관광면세업 • 외국인전용 유흥음식점업 • 여객자동차터미널시설업

② 한국관광 품질인증의 대상 사업(관광진흥법 시행령 제41조의10)

㉠ 야영장업
㉡ 외국인관광 도시민박업
㉢ 한옥체험업
㉣ 관광식당업
㉤ 관광면세업
㉥ 숙박업(관광숙박업 제외)
㉦ 외국인관광객면세판매장

[핵심예제]

9-1. 관광진흥법상 관광사업이 아닌 것은? [2020년]

① 유원시설업 ② 관광 체육시설업
③ 관광객 이용시설업 ④ 관광 편의시설업

정답 ②

9-2. 관광진흥법령상 한국관광 품질인증 대상 사업으로 옳은 것을 모두 고른 것은? [2018년]

ㄱ. 관광면세업
ㄴ. 한옥체험업
ㄷ. 관광식당업
ㄹ. 관광호텔업
ㅁ. 관광공연장업

① ㄱ, ㄴ, ㄷ ② ㄱ, ㄷ, ㄹ
③ ㄴ, ㄷ, ㄹ ④ ㄴ, ㄹ, ㅁ

정답 ①

해설

9-1
관광사업의 종류로는 여행업, 관광숙박업(호텔업, 휴양 콘도미니엄업), 관광객 이용시설업, 국제회의업, 카지노업, 유원시설업, 관광 편의시설업이 있다.

9-2
ㄹ · ㅁ. 관광진흥법령상 한국관광 품질인증 대상 사업에 포함되지 않는다.

핵심이론 10 관광지와 관광권

① **관광지** : 자연적 또는 문화적 관광자원을 갖추고 관광객을 위한 기본적인 편의시설을 설치하는 지역으로서 관광진흥법에 따라 지정된 곳을 말한다.

② **관광단지** : 관광객의 다양한 관광 및 휴양을 위하여 각종 관광시설을 종합적으로 개발하는 관광 거점 지역으로서 관광진흥법에 따라 지정된 곳을 말한다.

③ **관광특구**

㉠ 외국인 관광객의 유치 촉진 등을 위하여 관광 활동과 관련된 관계 법령의 적용이 배제되거나 완화된 곳을 말한다.

㉡ 관광 활동과 관련된 서비스 · 안내 체계 및 홍보 등을 집중적으로 조성할 필요가 있는 지역으로, 관광진흥법에 따라 지정된 곳을 말한다.

㉢ 시장 · 군수 · 구청장의 신청에 따라 시 · 도지사가 지정한다.

㉣ 외국인 관광객 수가 대통령령으로 정하는 기준[최근 1년간 10만명(서울특별시는 50만명)] 이상이어야 한다.

㉤ 관광안내시설, 공공편익시설 및 숙박시설 등이 갖추어져 외국인 관광객의 관광 수요를 충족시킬 수 있는 지역이어야 한다.

㉥ 관광 활동과 직접적인 관련성이 없는 토지의 비율이 대통령령으로 정하는 기준(10%)을 초과하지 아니하여야 한다.

㉦ 야간 영업시간 제한을 배제하여 운영할 수 있게 한다.

㉧ 관광특구로 처음으로 지정된 곳은 제주도, 경주시, 설악산, 유성, 해운대 5곳이다.

④ **관광권**

㉠ 고유한 관광자원을 보전 · 보호, 개발하기 위하여 단위로 설정한 지역을 말한다.

㉡ 국토 공간의 합리적 이용과 생활공간의 청결을 유지하며, 국민들의 정서 순화와 교화적 기능에 기여한다.

⑤ **생태 · 경관보전지역**

㉠ 자연상태가 원시성을 유지하고 있거나 생물다양성이 풍부하여 보전 및 학술적 연구가치가 큰 지역을 말한다.

㉡ 지형 또는 지질이 특이하여 학술적 연구 또는 자연경관의 유지를 위하여 보전이 필요하다.

㉢ 다양한 생태계를 대표할 수 있는 지역 또는 생태계의 표본지역이다.

㉣ 그 밖에 하천 · 산간계곡 등 자연경관이 수려하여 특별히 보전할 필요가 있는 지역으로서 대통령령이 정하는 지역을 말한다.

핵심예제

10-1. 관광객의 다양한 관광 및 휴양을 위하여 각종 관광시설을 종합적으로 개발하는 관광 거점 지역으로서, 관광진흥법에 의해 지정된 곳은? [2015년 정기]

① 관광단지 ② 자연공원
③ 관광지 ④ 관광특구

정답 ①

10-2. 관광특구에 관한 설명으로 옳지 않은 것은? [2020년]

① 관광특구는 시 · 도지사가 신청하고, 문화체육관광부장관이 지정한다.
② 관광특구는 외국인 관광객의 유치 촉진을 위하여 지정한다.
③ 관광특구는 야간 영업시간 제한을 배제하여 운영할 수 있게 한다.
④ 관광특구로 처음으로 지정된 곳은 제주도, 경주시, 설악산, 유성, 해운대 5곳이다.

정답 ①

해설

10-1

② 자연생태계나 경관을 대표할 만한 지역으로서 자연공원법에 따라 지정된 국립공원, 도립공원, 군립공원 및 지질공원을 말한다.

③ 자연적 또는 문화적 관광자원을 갖추고 관광객을 위한 기본적인 편의시설을 설치하는 지역으로서 관광진흥법에 따라 지정된 곳을 말한다.

④ 외국인 관광객의 유치 촉진 등을 위하여 관광 활동과 관련된 관계 법령의 적용이 배제되거나 완화되고, 관광활동과 관련된 서비스 · 안내 체계 및 홍보 등 관광 여건을 집중적으로 조성할 필요가 있는 지역으로 관광진흥법에 따라 지정된 곳을 말한다.

10-2

관광특구는 시장 · 군수 · 구청장의 신청에 따라 시 · 도지사가 지정한다.

제2절 관광여행업

핵심이론 11 여행업의 개념

① **여행업의 정의** : 여행자를 위한 계약 체결의 대리, 정보 안내, 여행 편의를 제공하는 업을 의미한다.

② **여행업의 등록기준**

구 분	정 의	자본금	사무실
종합 여행업	국내외를 여행하는 내국인 및 외국인을 대상으로 하는 여행업	5천만원 이상	소유권이나 사용권이 있을 것
국내외 여행업	국내외를 여행하는 내국인을 대상으로 하는 여행업	3천만원 이상	
국내 여행업	국내를 여행하는 내국인을 대상으로 하는 여행업	1천5백만원 이상	

③ **여행업의 기능**

구분	내용
판 매	여행상품을 여행객에게 효과적으로 판매하는 업무
정 산	여행비용의 청구, 지불, 견적 등의 업무를 수행
발 권	항공권, 숙박권, 승차권 등의 각종 쿠폰류를 발행하여 제공
상 담	여행자에게 필요한 상담, 정보, 요금 등 각종 서비스를 제공
수속 대행	해외여행에 대한 여권 · 사증 등 수속절차의 대행
예약 · 수배	여행에 필요한 예약, 변경, 취소 등의 업무를 수행
여정 관리	출국에서부터 입국할 때까지의 모든 일정을 관장하는 업무

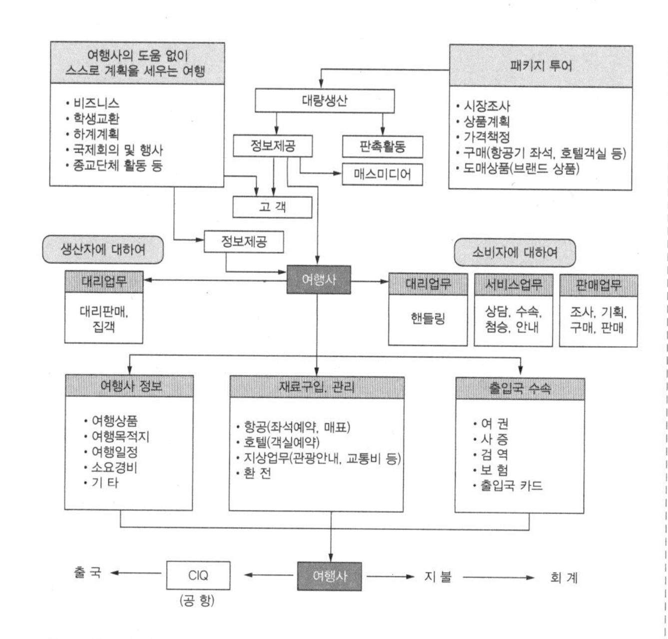

④ 여행업의 특성

㉠ 고정자본의 투자가 적다.
㉡ 계절성이 강하다.
㉢ 정치, 경제 등의 변화에 민감하다.
㉣ 노동에 대한 의존도가 높다.
㉤ 제품수명주기가 짧다.
㉥ 직원의 전문지식이 필수적이다.
㉦ 사무실의 위치의존도가 높다.
㉧ 다품종대량생산의 시스템산업이다.

핵심예제

11-1. 관광진흥법령상 여행업 등록을 위한 자본금 기준으로 옳은 것은? [2016년 특별]

① 일반여행업 – 1억 5천만원 이상
② 일반여행업 – 1억원 이상
③ 국외여행업 – 5천만원 이상
④ 국내여행업 – 3천만원 이상

정답 해설참조

11-2. 여행업의 기본 기능이 아닌 것을 모두 고른 것은? [2017년]

ㄱ. 예약 및 수배	ㄴ. 수속대행
ㄷ. 여정관리	ㄹ. 공익성
ㅁ. 상 담	ㅂ. 저렴한 가격

① ㄱ, ㄴ ② ㄷ, ㄹ
③ ㄹ, ㅂ ④ ㅁ, ㅂ

정답 ③

11-3. 여행업의 특성으로 옳지 않은 것은? [2015년 정기]

① 창업이 용이하다. ② 수요 탄력성이 높다.
③ 고정자산의 비중이 높다. ④ 노동집약적이다.

정답 ③

해설

11-1
출제 당시 정답은 ④였으나, 2021년 8월 10일 법령이 개정되어 현재는 정답이 없다.

11-2
여행업의 기능
• 상담기능
• 예약 · 수배기능
• 판매기능
• 발권기능
• 정산기능
• 수속대행기능
• 여정관리기능

11-3
여행업은 소규모 자본에 의한 경영형태를 가지고 있기 때문에 고정자본의 투자가 적다.

핵심이론 12 여행업 보험 및 여행인솔자

① 보험가입(관광진흥법 시행규칙 별표 3)

관광사업자는 관광객에게 손해가 발생하면 보험금을 지급할 것을 내용으로 하는 보험에 가입하거나 영업보증금을 예치하여야 한다.

(단위 : 천원)

직전 사업연도 매출액 \ 여행업의 종류(기획여행 포함)	국내 여행업	국내외 여행업	종합 여행업	국내외 여행업의 기획여행	종합 여행업의 기획여행
1억원 미만	20,000	30,000	50,000	200,000	200,000
1억원 이상 5억원 미만	30,000	40,000	65,000		
5억원 이상 10억원 미만	45,000	55,000	85,000		
10억원 이상 50억원 미만	85,000	100,000	150,000		
50억원 이상 100억원 미만	140,000	180,000	250,000	300,000	300,000
100억원 이상 1,000억원 미만	450,000	750,000	1,000,000	500,000	500,000
1,000억원 이상	750,000	1,250,000	1,510,000	700,000	700,000

② 국외여행 인솔자의 자격요건(관광진흥법 시행규칙 제22조)

㉠ 관광통역안내사 자격을 취득할 것

㉡ 여행업체에서 6개월 이상 근무하고 국외여행 경험이 있는 자로서 문화체육관광부장관이 정하는 소양교육을 이수할 것

㉢ 문화체육관광부장관이 지정하는 교육기관에서 국외여행 인솔에 필요한 양성교육을 이수할 것

[핵심예제]

12-1. 관광진흥법령상 일반여행업에서 기획여행을 실시할 경우 보증보험 가입금액 기준이 옳지 않은 것은? [2018년]

① 직전사업년도 매출액 10억원 이상 50억원 미만 – 1억원

② 직전사업년도 매출액 50억원 이상 100억원 미만 – 3억원

③ 직전사업년도 매출액 100억원 이상 1,000억원 미만 – 5억원

④ 직전사업년도 매출액 1,000억원 이상 – 7억원

정답 ①(해설참조)

12-2. 관광진흥법령상 국외여행 인솔자의 자격요건이 아닌 것은? [2017년]

① 관광통역안내사 자격을 취득할 것

② 여행업체에서 6개월 이상 근무하고 국외여행 경험이 있는 자로서 문화체육관광부장관이 정하는 소양교육을 이수할 것

③ 문화체육관광부장관이 지정하는 교육기관에서 국외여행 인솔에 필요한 양성교육을 이수할 것

④ 고등교육법에 의한 전문대학 이상의 학교에서 관광분야를 전공하고 졸업할 것

정답 ④

해설

12-1

직전사업년도 매출액 10억원 이상 50억원 미만 – 2억원

※ 2021년 9월 24일 법령이 개정되어 일반여행업에서 종합여행업으로 변경되었다.

12-2

국외여행 인솔자의 자격요건에 학력 및 전공은 해당사항이 없다.

핵심이론 13 여행의 분류

① 목적에 의한 분류

㉠ 겸목적 여행

- 공용여행 : 공무 출장, 시찰, 회의 참석 등의 목적을 가진 여행을 의미한다.
- 사용여행 : 경조, 연구, 조사, 방문 등의 목적을 가진 여행을 의미한다.

㉡ 순목적 여행 : 개인의 오락, 레크리에이션, 견학, 보건, 휴양상의 여행을 의미한다.

② 규모에 의한 분류

구 분	개인여행(9인 이하)	단체여행(10인 이상)
여행자	• 개인의 의사에 따른 자유로운 행동 • 일정의 변경이 용이함 • 여행 중 시간 손실이 많음 • 할인이 적음 • 값이 비싸짐 • 수배 절차가 복잡해짐	• 단체의 의사에 따라 행동 • 일정 변경이 어려움 • 유효한 시간 사용 가능 • 할인 혜택이 많음 • 값이 저렴해짐 • 수배가 일괄적임
여행사	• 계절 변동이 적음 • 안정된 수입원 • 수익률이 낮음 • 번잡한 업무	• 계절 변동이 심함 • 불안정한 요소가 많음 • 수익률이 높음 • 업무가 쉬움

③ 기획자에 따른 분류

㉠ 주최여행 : 여행사가 여정 · 여행조건 · 여행비용 등을 사전에 기획하여 참가자들을 모집하는 단체여행이다.

㉡ 공최여행 : 여행사가 그룹 혹은 단체의 대표와 일정 · 여행조건 등을 사전 협의 후 결정하여 실시하는 여행이다.

㉢ 청부여행(도급여행, 주문여행) : 여행객의 희망에 따라 여정을 작성하고, 이에 따른 여행조건 및 경비를 여행사에 제시하는 방식의 여행이다.

④ 안내 조건에 의한 분류

㉠ IIT(Inclusive Independent Tour) : 여행 출발 시 안내원을 동반하지 않고 목적지에 도착 후 현지 가이드 서비스를 받는 방식이다.

㉡ ICT(Inclusive Conducted Tour) : 안내원이 전체 여행기간을 책임지고 안내하는 방식으로 국내를 여행하는 외국인 단체여행에 많이 이용된다.

⑤ 여행인솔자(Tour Conductor)의 유무에 따른 분류

㉠ FIT(Foreign Independent Tour) : 국외여행을 여행인솔자 없이 여행자가 개인적으로 여행하는 형태(개인여행)이다.

㉡ FCT(Foreign Conducted Tour) : 국외여행 시작부터 완료까지 여행인솔자가 동행하는 형태(단체여행)이다.

⑥ 출입국 수속에 의한 분류

㉠ 기항지 상륙 여행(Shore Excursion) : 목적지로 가는 도중 다른 도시에 72시간 이내로 체류하는 경우 일시 상륙 허가를 받아 그 부근을 관광하는 것이다.

㉡ 통과 상륙 여행(Over Land Tour) : 동일 국가 내의 타 기항지까지 항해할 동안 통과 상륙의 허가를 얻은 3~7일 정도의 여행을 말하며, 동일 선박에 재승선할 때에 한한다.

㉢ 일반 관광 여행 : 입국 경로를 불문하고 국내에 입국하여 일정 기간 동안 체재하여 관광하는 여행(보통 외국인의 국내 관광)을 의미한다.

⑦ 여행 형태에 의한 분류

㉠ Package Tour : 여행의 모든 일정이 함께 포괄적으로 실시되는 여행

㉡ Series Tour : 여행목적, 여행기간, 여행코스가 동일한 형태로 정기적으로 실시되는 여행

㉢ Cruise Tour : 유람선여행

㉣ Convention Tour : 국제회의여행

㉤ Charter Tour : 전세여행

㉥ Incentive Tour : 포상여행

㉦ Interline Tour : 항공사가 가맹 여행사(Agent)를 초대하는 여행

㉧ Familiarization Tour(Fam Tour) : 사전답사여행, 관광지 홍보를 목적으로 여행도매상(관광기관, 항공사 등)이 여행 소매업자(여행사, 기자 등)를 초청하는 여행

㉨ Dark Tour : 역사적으로 비극적인 사건이 일어났던 곳들을 여행하며 반성하고 교훈을 얻는 여행

㉩ Budget Tour : 저렴한 비용의 여행

㉪ Educational Tourism : 관광객의 교양이나 자기개발을 주목적으로 하는 여행

ⓔ Ethnic Tourism : 다문화 관광의 일종으로 소수 민족의 문화 · 역사적 관광지 방문과 문화인과의 접촉을 통해 이민족의 독특한 생활문화를 체험하는 여행

핵심예제

13-1. 다음에서 설명하고 있는 여행형태는? [2015년 정기]

> 여행 출발 시 안내원을 동반하지 않고 목적지에 도착 후 현지 가이드 서비스를 받는 형태

① FIT여행(Foreign Independent Tour)
② IIT여행(Inclusive Independent Tour)
③ ICT여행(Inclusive Conducted Tour)
④ PT여행(Package Tour)

정답 ②

13-2. 다음 설명에 해당하는 것은? [2017년]

> 여행목적, 여행기간, 여행코스가 동일한 형태로 정기적으로 실시되는 여행

① Series Tour ② Charter Tour
③ Interline Tour ④ Cruise Tour

정답 ①

해설

13-1

① FIT여행(Foreign Independent Tour) : 여행안내원 없이 외국을 개인적으로 여행하는 형태
③ ICT여행(Inclusive Conducted Tour) : 안내원이 전체 여행기간을 책임지고 안내하는 방식
④ PT여행(Package Tour) : 모든 일정이 포괄적으로 실시되는 패키지 여행

13-2

② Charter Tour : 전세여행
③ Interline Tour : 항공사가 가맹 여행사(Agent)를 초대하는 여행
④ Cruise Tour : 유람선여행

핵심이론 14 여행업의 마케팅 및 여행상품

① 여행업 마케팅

㉠ 관광의 수요 · 공급 급증에 따라 여행상품을 대량생산 · 대량소비의 형태로 발전시켜왔다.

㉡ 여행상품을 기획 · 조성하여 판매하는 등의 적극적인 방법을 통하여 여행업계의 경영기반이 되게 하는 것을 말한다.

② 여행상품

㉠ 여행자들이 이용하는 제반 상품으로 여행사 여행상품, 숙박상품, 식사상품, 교통상품, 쇼핑상품 등을 포함한다.

㉡ 여행상품의 특징

- 무형성 : '서비스'라는 무형의 상품이다.
- 동시성 : 생산과 소비가 동시에 발생하므로 재고가 발생하지 않는다.
- 계절성 : 성수기, 비수기에 따라 수요의 편차가 극심하다.
- 주관성 : 동일 상품 또는 여행 전 · 후에 따라 개인차(평가)가 크다.
- 모방성 : 여행사 간 관광 상품의 모방이 쉽고 지적재산권의 보호의 개념이 없다.
- 결합성 : 교통수단, 숙박, 식사, 관광지 등의 서비스가 패키지 형태로 구성된다.
- 이동성 : 관광지로의 이동이 필수적이다.
- 소멸성 : 해당 시기가 경과하면 상품자체가 소멸한다.

㉢ 여행상품의 가격결정요인

- 기간 : 여행기간이 길수록 가격이 상승한다.
- 거리 : 목적지의 거리가 멀어질수록 가격이 상승한다.
- 계절 : 성수기에는 상대적으로 비싸고, 비수기에는 저렴하다.
- 상품의 내용
  - 숙박시설
  - 교통수단
  - 제공되는 식사의 내용 및 횟수
  - 방문하는 관광지의 횟수 및 시간
  - 단체의 규모
  - 관광일정

㉣ 여행상품의 마케팅

- 점포 판매(카운터 판매)
  - 고객의 방문을 기다려 점포에서 판매하는 방법으로 중규모 이상의 여행업자가 채택하는 방법이다.
  - 영업소의 위치가 고객이 쉽게 방문할 수 있는 곳에 있어야 한다.
  - 고객을 위한 쾌적한 공간이나 여행상담에 편리한 시설을 갖추어야 하므로 자금과 비용이 많이 소요되나 수익률이 높지 않다.
- 세일즈맨 판매
  - 세일즈맨에 의한 방문 판매는 영업소의 시설 부담을 줄일 수 있는 장점이 있으나 고객흥미를 유발할 수 있는 판매기술이 필요하다.
  - 단체여행이 주요 대상이 되며 개인여행에 비해 경제적 효과가 높으므로 경쟁이 치열하다.

[핵심예제]

14-1. 관광상품의 특성과 그에 따른 대응방안을 상호 연결한 것으로 옳지 않은 것은? [2015년 특별]

① 무형성 – 관광목적지의 안내책자 및 사진 준비
② 생산과 소비의 동시성 – 서비스인력의 숙련도 제고
③ 소멸성 – 초과예약
④ 계절성 – 성수기 가격할인

정답 ④

14-2. 여행상품 가격결정요소 중 상품가격에 직접적인 영향을 미치지 않는 것은? [2019년]

① 출발인원 수　② 광고 · 선전비
③ 교통수단 및 등급　④ 식사내용과 횟수

정답 ②

해설

14-1

여행을 하려는 사람들은 각 계절에 고르게 배분되는 것이 아니라 휴가시즌처럼 특정 시기에 편중된다. 따라서 비수기와 성수기라는 계절성의 문제를 해결하기 위해서는 성수기와 비수기에 따른 가격의 차등 적용을 두어야 한다.
④ 계절성 : 비성수기 가격할인

14-2

여행상품의 가격결정요인

- 여행기간
- 목적지까지의 거리
- 계 절
- 상품 내용(숙박시설, 식사 내용, 방문관광지, 단체의 규모, 관광일정)

핵심이론 15 여행실무

① 해외여행 수속업무

㉠ 수속절차
- 여권 등 국적증명 취득
- 방문국의 입국허가 취득
- 국제예방접종증명서(Yellow Card) 취득
- 국제항공권, 승선권, 각종 쿠폰의 예약 및 발행
- 외환수속

㉡ 여행에 필요한 증명서
- 여권(Passport)
  - 각국 정부가 여행자의 국적이나 신분을 증명하고 상대국에 그 보호를 의뢰하는 공문서이다.
  - 일반여권, 관용여권, 외교관여권 등으로 구분된다.
- 사증(Visa)
  - 여행하고자 하는 국가의 대사관이나 영사관을 방문하여 인터뷰, 여권검사 등을 거쳐 발급받는 일종의 입국허가증명서이다.
  - 체류사증, 통과사증, 관광사증, 상용사증 등으로 구분된다.
- 국제공인예방접종증명서 : 콜레라, 두창, 황열병 및 간염백신, 장티푸스, 신종인플루엔자 등의 예방접종카드를 제출해야 한다.
- 출입국신고서 : 국제선 이용 내 · 외국인은 출입국관리규정에 따라 출입국신고서를 작성하여 신고하여야 한다.

더 알아보기

TWOV(Transit Without Visa, 무사증체류)
다음 조건을 갖춘 관광객에 한하여 사증(Visa) 없이 단기체류를 허가하는 제도이다.
- 제3국으로 계속 여행할 수 있는 예약 확인된 항공권을 소지해야 한다.
- 제3국으로 계속 여행할 수 있는 여행서류를 구비해야 한다.
- 상호 국가 간에 외교관계가 수립되어 있어야 한다.

㉢ 출입국수속절차
- 출국관리의 순서 : 여권 · 사증의 취득 → 항공권 구입 → 예방접종 → 탑승수속 → 세관수속 → 출국 확인 → 탑승
- 입국관리의 순서(CIQ) : 세관(Customs) → 입국확인(Immigration) → 검역(Quarantine)

② 수배업무

㉠ 여행에 필요한 숙박, 교통수단 등 개별 요소들의 계약을 성사시킴으로써 하나의 여행상품을 만들어내는 업무이다.

㉡ 수배업무의 기본 사항
- 정확한 이해 : 고객의 요구를 제대로 이해하고 이에 부응하기 위해 정확하고 풍부한 자료를 구비, 대처하는 힘을 길러야 한다.
- 완벽한 준비 : 고객이 희망하는 운송회사 · 숙박시설과의 연결에 차질이 없게 한다.

㉢ 수배업무의 원칙

정확성	• 수배서의 기록 사항을 정확히 한다. • 자기 판단에 의한 수배업무 시행은 금지한다. • 말은 되도록 천천히, 정확하게 한다.
신속성	• 수배의 순서를 정하여 시행하며, 보류는 금지한다. • 통신시설과 사전 사입상품을 이용한다. • 늦어지는 경우에는 중간보고가 필요하다.
경제성	경비를 절약한다.
적절성	고객의 희망에 맞는 수배를 한다.
확인성	요금표, 시간표, 신청서를 확인한다.

③ 여행경비의 산출

㉠ 운 임
- 항공운임
  - 국제항공운송협회(IATA)에서 결정된다.
  - 일반적으로 교통수단, 숙박시설, 관광 등을 포괄하여 판매한다.
- 선박운임 : 각 선박별로 운임을 계산하여 왕복할인, 안내원할인, 단체할인 여부 등을 고려한다.

㉡ 지상 경비
- 지상 경비의 내역
  - 숙박비 : 장소, 시설, 등급, 규모, 시기 등에 따라 결정된다.
  - 식사비 : 조식 · 중식 · 석식의 3식을 기준으로 하여 결정된다.
  - 관광비 : 관광여행, 시찰여행 등에 따라 차이가 있다.
  - 교통비 : 기차, 버스, 선박, 렌터카 등의 이동수단에 따라 결정된다.
  - 인력비 : 여행 인솔자, 가이드 및 통역 등 여행 인력에 대한 비용이다.
  - Transper(공항 · 선착장 ↔ 숙소) : 1인당 비용, 사용 횟수, 차량의 종류 등에 따라 차이가 있다.
  - Porter(수화물 운반자) : 사전에 지상 경비에 포함시키는 것이 원칙이다.
  - 세금 : 선택 관광의 옵션사항인 경우 경비 중에 세금이 포함되지 않을 수 있다.
  - Tip : 사전에 정하는 것이 경제적이며, 이중지급 되지 않도록 주의해야 한다.
  - 광고 · 홍보비
- 기타 비용
  - 여행비용에 포함되는 항목 : 출장경비, 여행인솔자 운임, 화물에 드는 보험료, 광고 인쇄비, 가방 · 수화물 네임택 배포비용 등
  - 여행비용에 포함되지 않는 항목 : 여권발행비, 사증발급비, 예방접종비, 임의보험료, 개인적 여행비용 등

핵심예제

15-1. 무사증체류(TWOV ; Transit Without Visa)의 적용조건이 아닌 것은? [2013년 특별]

① 제3국으로 계속 여행할 수 있는 예약 확인된 항공권을 소지해야 한다.
② 제3국으로 계속 여행할 수 있는 여행서류를 구비해야 한다.
③ 상호 국가 간에 외교관계가 수립되어 있어야 한다.
④ 상호 국가 간에 사증면제협정이 체결되어 있어야 한다.

정답 ④

15-2. 여행객이 여행을 하기 위한 출국 절차 순서로 옳은 것은? [2013년 정기]

ㄱ. 수하물 보안검사
ㄴ. CIQ 검사
ㄷ. 탑승수속
ㄹ. 탑 승

① ㄱ － ㄴ － ㄷ － ㄹ
② ㄱ － ㄷ － ㄴ － ㄹ
③ ㄷ － ㄱ － ㄴ － ㄹ
④ ㄷ － ㄴ － ㄱ － ㄹ

정답 ③

해설

15-1
사증면제협정은 무사증체류의 조건에 해당하지 않는다.

15-2
탑승수속 → 수하물 보안검사 → CIQ → 출국라운지 대기 → 탑승

제4과목

제3절 관광숙박업

핵심이론 16 관광숙박업의 정의

① 관광숙박업의 종류(관광진흥법 제3조)

㉠ 호텔업

- 관광객의 숙박에 적합한 시설을 갖추어 제공하는 업이다.
- 숙박에 부수되는 음식 · 운동 · 오락 · 휴양 · 공연 또는 연수에 적합한 시설 등을 제공한다.

구 분	정 의
관광 호텔업	• 관광객의 숙박에 적합한 시설을 제공하는 업 • 숙박에 딸린 음식 · 운동 · 오락 · 휴양 · 공연 또는 연수에 적합한 시설 등을 제공
수상 관광 호텔업	수상에 구조물을 고정해놓고 관광객의 숙박에 적합한 시설 및 부대시설을 함께 갖추어 관광객에게 이용하게 하는 업
한국 전통 호텔업	한국전통의 건축물에 관광객의 숙박에 적합한 시설을 갖추거나 부대시설을 함께 갖추어 관광객에게 이용하게 하는 업
가족 호텔업	• 가족단위 관광객의 숙박에 적합한 시설 및 취사도구를 제공하는 업 • 숙박에 딸린 음식 · 운동 · 휴양 또는 연수에 적합한 시설을 제공
호스 텔업	• 배낭여행객 등 개별 관광객의 숙박에 적합한 시설을 제공하는 업 • 샤워장, 취사장 등의 편의시설 제공 • 외국인 및 내국인 관광객을 위한 문화 · 정보 교류시설 등을 제공
소형 호텔업	• 관광객의 숙박에 적합한 시설을 소규모로 갖춘 시설을 제공하는 업 • 숙박에 딸린 음식 · 운동 · 휴양 또는 연수에 적합한 시설을 제공
의료 관광 호텔업	• 의료관광객의 숙박에 적합한 시설 및 취사도구를 갖춘 시설을 제공하는 업 • 숙박에 딸린 음식 · 운동 또는 휴양에 적합한 시설을 제공

㉡ 휴양콘도미니엄업

- 관광객의 숙박과 취사에 적합한 시설을 갖추어 이를 당해 시설의 회원, 공유자 기타 관광객에게 제공하는 업이다.
- 숙박에 부수되는 음식 · 운동 · 오락 · 휴양 · 공연 또는 연수에 적합한 시설 제공한다.

구 분	공유제	회원제
권 리	• 시설 소유권 • 평생소유 가능 • 양도 가능	• 시설 이용권 • 양수 가능
세 금	취득세 · 등록세 · 재산세	취득세

② 관광숙박업의 발전요인

㉠ 여행의 양적 · 질적 변화 : 관광이 양적으로 증대되고 질적으로 다양화되면서 숙박업의 규모가 커지고 내용도 복잡해졌다.

㉡ 외부환경요인 : 건축기술의 진보는 고층호텔을 건축할 수 있게 하였고, 컴퓨터의 보급은 호텔의 업무처리 방식을 크게 발전시켰다.

㉢ 숙박업에 종사하는 사람들의 창의와 연구 : 훌륭한 경영자의 출현, 경영관리의 진보는 고객에게 저임금으로 양질의 서비스를 제공할 수 있게 하였다.

핵심예제

16-1. 다음에서 설명하는 관광숙박업의 종류는?

[2014년 정기]

> • 관광객의 숙박과 취사에 적합한 시설을 갖추어 이를 당해 시설의 회원, 공유자 기타 관광객에게 제공
> • 숙박에 부수되는 음식, 운동, 오락, 휴양, 공연 또는 연수에 적합한 시설 제공

① 관광호텔업　　② 휴양 콘도미니엄업
③ 가족호텔업　　④ 한국전통호텔업

정답 ②

16-2. 관광진흥법상 관광숙박업 분류 중 호텔업의 종류가 아닌 것은?

[2019년]

① 수상관광호텔업　　② 한국전통호텔업
③ 휴양 콘도미니엄업　　④ 호스텔업

정답 ③

해설

16-1
휴양 콘도미니엄업에 대한 설명이다.

16-2
호텔업의 종류
• 관광호텔업
• 수상관광호텔업
• 한국전통호텔업
• 가족호텔업
• 호스텔업
• 소형호텔업
• 의료관광호텔업

핵심이론 17 의료관광

① 의료관광의 특징
㉠ 질병의 치료를 넘어 건강상태에 따른 현지에서의 요양, 관광, 쇼핑, 문화체험 등의 활동을 겸하는 것을 의미한다.
㉡ 일반관광보다 이용객의 체류 일수가 길고 비용이 높기 때문에 고부가가치산업으로 각광받고 있다.
㉢ 웰빙과 건강추구형 라이프스타일 변화에 따라 융·복합 관광분야인 웰니스관광으로 확대되고 있다.
㉣ 치료·관광형의 경우 관광과 휴양이 발달한 지역에서 많이 나타난다.
㉤ 외국인 환자유치를 포함하는 의료서비스와 관광이 융합된 새로운 관광 상품 트렌드로 볼 수 있다.
㉥ 환자중심의 서비스와 적정수준 이상의 표준화된 서비스를 제공하기 위한 의료서비스 인증제도가 확산되고 있다.

② 의료관광의 성장요인
㉠ 건강에 대한 관심의 증가
㉡ 의료서비스 제도의 발전
㉢ 고령인구의 증가
㉣ 의료기술의 발전
㉤ 의료관광정보 접근이 용이

③ 외국인 의료관광 지원사업(관광진흥법 시행령 제8조의3)
㉠ 문화체육관광부장관은 외국인 의료관광을 지원하기 위하여 외국인 의료관광 전문인력을 양성하는 전문교육기관 중에서 우수 전문교육기관이나 우수 교육과정을 선정하여 지원할 수 있다.
㉡ 외국인 의료관광 안내에 대한 편의를 제공하기 위하여 국내외에 외국인 의료관광 유치 안내센터를 설치·운영할 수 있다.
㉢ 의료관광의 활성화를 위하여 지방자치단체의 장이나 외국인환자 유치 의료기관 또는 유치업자와 공동으로 해외마케팅사업을 추진할 수 있다.

제4과목

핵심예제

17-1. 우리나라의 의료관광에 관한 설명으로 옳은 것은? [2019년]

① 웰빙과 건강추구형 라이프스타일 변화에 따라 융·복합 관광분야인 웰니스관광으로 확대되고 있다.
② 최첨단 의료시설과 기술로 외국인을 유치하며 시술이나 치료 등의 의료에만 집중하고 있다.
③ 휴양, 레저, 문화활동은 의료관광의 영역과 관련이 없다.
④ 의료관광서비스 이용가격이 일반 서비스에 비해 저렴한 편이며, 체류 일수가 짧은 편이다.

정답 ①

17-2. 의료관광에 관한 설명으로 옳지 않은 것은? [2017년]

① 치료·관광형의 경우 관광과 휴양이 발달한 지역에서 많이 나타난다.
② 외국인 환자유치를 포함하는 의료서비스와 관광이 융합된 새로운 관광 상품 트렌드이다.
③ 환자중심의 서비스와 적정수준 이상의 표준화된 서비스를 제공하기 위해 의료서비스 인증제도가 확산되고 있다.
④ 주목적이 의료적인 부분이기 때문에 일반 관광객에 비해 체류기간이 짧고 체류비용이 저렴하다.

정답 ④

17-3. 의료관광산업의 성장요인에 포함되지 않은 것은? [2014년 특별]

① 의료기술의 발전
② 의료서비스 제도의 발전
③ 의료관광정보 접근의 어려움
④ 노령인구 증가 및 건강에 대한 관심 증대

정답 ③

해설

17-1

의료관광은 질병을 치료하는 등의 활동을 넘어 본인의 건강상태에 따라 현지에서의 요양, 관광, 쇼핑, 문화체험 등의 활동을 겸하는 것을 의미한다.

17-2

의료관광객은 일반관광객에 비해 체류기간이 길며, 미용이나 성형, 건강검진, 간단한 수술 등으로 찾는 환자의 경우 관광을 연계하여 머물기 때문에 체류비용이 크다.

17-3

이전보다 의료관광에 대한 정보의 접근이 용이해지고 있다.

핵심이론 18 숙박업의 발전사

① 숙소(Inn) 시대
㉠ 중세시대 십자군 원정을 계기로 성지순례 여행이 성행하며 각지의 교회가 숙박시설의 기능을 맡게 되었다.
㉡ 숙박시설의 쾌적함보다는 수면 · 음식 · 생명 · 재산보호와 관련된 최저 필요조건을 확보하는 것이 중요하였다.

② 그랜드 호텔(Grand Hotel) 시대
㉠ 19세기 중엽 유럽에서 '호텔'이라는 명칭으로 숙박시설이 출현하였다.
㉡ 상류계급의 세련된 생활양식을 기초로 한 호화로운 시설과 서비스가 특징이다.
㉢ 1850년 최초의 숙박업으로서 파리의 그랜드 호텔이 건설되었다.

③ 상업 호텔(Commercial Hotel) 시대
㉠ 18세기 영국에서 시작된 산업혁명의 영향으로 경제활동이 활발해짐으로써 상용여행이 급증하였다.
㉡ 미국인 스타틀러(E. M. Statler)가 일반 대중들이 부담 없는 가격으로 최고의 서비스를 누릴 수 있는 호텔을 건설하여 혁신을 이루었다.

④ 현대의 호텔
㉠ 대규모 호텔 체인의 출현 : 2차 세계대전 후 미국에서 쉐라톤(Sheraton)과 힐튼(Hilton)이 등장하여 호텔업계를 체인화하였다.
㉡ 모텔의 대두 : 도시의 중심지나 역전에 위치해 있었던 호텔과 달리 모텔은 도로변에 위치하여 충분한 주차장과 저렴한 요금으로 일반 대중을 만족시켰다.

⑤ 우리나라 숙박업의 발전과정

시기	내용
삼국 시대	• 신라 시대 – 역(驛) • 고려 시대 – 객사(客舍) • 조선 시대 – 역 · 원(院), 객주(客主)
1887년	시천여관 – 일본인이 세운 요정 · 숙박 전문 여관
1888년	대불호텔 – 인천에 세워진 우리나라 최초의 호텔
1902년	손탁호텔 – 서울에 세워진 서양식 호텔로 독일여성 손탁이 건립
1909년	하남호텔 – 구 이화여고 정문 앞에 위치
1912년	부산 · 신의주 철도호텔
1914년	조선호텔
1915년	금강산 금강호텔
1918년	내금강 장안사호텔
1925년	평양철도호텔
1936년	반도호텔 – 우리나라 최초의 상용호텔
1952년	대원호텔 – 최초의 민영호텔
1955년	금수장호텔 – 그랜드 앰배서더 서울의 전신
1957년	사보이호텔
1963년	워커힐호텔 – 최초의 극장식 호텔
1970년	조선호텔 – 자본과 경영이 분리 · 운영된 호텔
1976년	서울플라자호텔
1978년	하얏트호텔, 부산조선비치호텔, 코모도호텔, 경주코오롱호텔
1979~1980년	호텔신라, 호텔롯데, 경주도큐호텔, 부산서라벌호텔, 서울가든호텔
1983년	힐튼호텔
1986~1988년	스위스그랜드호텔, 인터컨티넨탈호텔, 라마다호텔, 롯데월드호텔
1990년	제주신라(리조트호텔)

핵심예제

1908년 미국 버팔로에 호텔을 건립하여 미국의 상용호텔 시대를 열게 하고, 호텔의 왕이라고 불리며 미국 호텔산업을 대중화시킨 사람은? [2013년 정기]

① Ellsworth Milton Statler
② Conrad Hilton
③ Kemmons Wilson
④ Ernest Henderson

정답 ①

해설
② 힐튼호텔(1919년 설립)의 창업자
③ 홀리데이 인(1952년 설립)의 창업자로 모텔의 체인화를 활성화
④ 1937년 Robert Moore와 함께 쉐라톤 호텔 창립

제4과목

핵심이론 19 호텔업 분류 및 특징

① 호텔업의 분류

㉠ 장소에 의한 분류

메트로폴리탄호텔 (Metropolitan Hotel)	대도시에 위치하여 수천 개의 객실을 보유한 대형 호텔(컨벤션호텔)
시티호텔 (City Hotel)	도시중심지의 호텔로서 각종 연회 · 회의 · 결혼식 · 전시회 · 발표회 등으로 이용
서버번호텔 (Suburban Hotel)	도시에서 멀리 떨어진 교외에 있는 호텔로서 주로 자동차를 이용하는 가족단위 관광객이 이용
컨트리호텔 (Country Hotel)	산간에 세워진 호텔로 계절 오락을 즐기는데 적합하며 마운틴호텔이라고도 함
에어포트호텔 (Airport Hotel)	공항 근처에 있는 호텔로서 탑승객이나 승무원이 주로 이용하며 에어텔이라고도 함
시포트호텔 (Seaport Hotel)	여객선이 입 · 출항하는 항구 근처에 위치한 호텔
터미널호텔 (Terminal Hotel)	철도역이나 공항터미널 또는 버스터미널 근처에 위치한 호텔
비치호텔 (Beach Hotel)	피서객과 휴양객을 대상으로 하는 해변에 위치한 호텔

㉡ 이용 목적에 의한 분류

상용호텔 (Commercial Hotel)	상용과 공용 목적의 비즈니스 호텔
컨벤션호텔 (Convention Hotel)	회의를 유치하기 위해 대회의장 및 주차장 시설을 완비한 대규모 호텔
휴양지호텔 (Resort Hotel)	관광 및 레크리에이션을 목적으로 휴양지와 온천지 등에 건축된 호텔
아파트먼트호텔 (Apartment Hotel)	장기체재객용 호텔
카지노호텔 (Casino Hotel)	카지노 및 쇼를 즐길 수 있는 부대시설을 갖춘 호텔

㉢ 숙박기간에 의한 분류

트랜지언트호텔 (Transient Hotel)	출장 목적 등 단기 체재객이 이용하는 호텔
레지덴셜호텔 (Residential Hotel)	주거용 호텔로서 1주일 이상 체재객을 대상으로 하는 호텔
퍼머넌트호텔 (Permanent Hotel)	1개월 이상의 장기체재객을 대상으로 하는 아파트식 호텔

㉣ 시설형태에 의한 분류

모텔 (Motel)	도로가에 건설된 주차장이 넓고 저렴한 호텔
보텔 (Botel)	보트로 여행하는 사람들이 이용하는 호텔
요텔 (Yachtel)	요트 여행객을 위한 숙박시설
플로텔 (Floatel)	여객선이나 유람선 등 해상을 운항하는 배에 있는 플로팅호텔
유스호스텔 (Youth Hostel)	청소년을 위한 숙박시설로 가격이 저렴한 시설
버젯모텔 (Budget Motel)	가족 단위 여행객을 대상으로 한 저렴하고 시설이 좋은 실비모텔

㉤ 요금지불방식에 의한 분류

미국식 플랜 (American Plan)	객실요금에 1일 3식(조식 · 중식 · 석식)을 포함하는 방식
유럽식 플랜 (European Plan)	객실요금과 식사요금을 분리하여 별도로 계산하는 방식
콘티넨탈식 플랜 (Continental Plan)	객실요금에 조식만 포함하는 방식
수정 미국식 플랜 (Modified American Plan)	객실요금에 1일 2식(조식 · 석식)을 포함하는 방식
혼합식 플랜 (Dual Plan)	고객의 요구에 따라 유럽식이나 미국식을 선택하는 방식

㉥ 규모에 의한 분류

소규모 호텔	150객실 이하
중규모 호텔	150~299객실
대규모 호텔	300~600객실
초대규모 호텔	600객실 이상

ⓢ 경영형태에 의한 분류

일반 체인호텔	• 모회사가 소유권에 대한 지분을 보유하여 임차 · 운영하는 형태 • 모회사가 경영기법에 대한 자문 제공, 공동 선전으로 비용 절감 • 상호, 상표, 건축양식 및 장식의 의무적인 동일화 • 발언권이 거의 없어 경영제도의 독창성에 제약을 받음
프랜차이징호텔	• 본사와 가맹호텔이 계약을 맺고 운영하는 형태 • 본사는 가맹호텔에게 브랜드 사용권이나 경영 노하우 등을 제공하고, 가맹호텔은 본사에 수수료를 제공 • 건물 외양 · 시설 · 객실 · 장식 · 비품 등은 동일하나 재무구조는 상이함 • 독립적으로 호텔기업을 소유하면서 운영할 수 있음
리퍼럴 조직호텔	단독경영 호텔들이 체인호텔에 대항하기 위하여 상호 협력하여 공동 선전, 판매전략 등을 통합하여 운영하는 형태
합자연쇄호텔	사회와 개인 투자가와의 합자에 의한 소유형식을 취함
위탁경영호텔	경영 노하우를 가진 호텔이 계약을 통해 다른 호텔을 경영하는 방식으로 Hilton방식이라고도 함
임차경영호텔	자금조달능력이 충분하지 않은 기업이 제3자의 건물을 임차하여 호텔사업을 영위하는 경우
개별경영호텔	한 개인의 소유로 운영되는 개별경영형태의 호텔

ⓞ 관광진흥법상 등급 체계에 따른 분류

• 호텔 등급 표지(관광진흥법 시행규칙 제19조)
등급에 따라 별 모양의 개수(5성, 4성, 3성, 2성, 1성)를 달리하는 방식으로 표시한다.

등 급	별개수	표지바탕색상
5성급	별 5개	고궁 갈색
4성급	별 4개	전통 감청색
3성급	별 3개	
2성급	별 2개	
1성급	별 1개	

• 호텔업의 등급결정 평가요소(관광진흥법 시행규칙 제25조)
 – 서비스 상태
 – 객실 및 부대시설의 상태
 – 안전 관리 등에 관한 법령 준수 여부

② 호텔업의 특징

㉠ 운영상의 특징
• 인적 서비스에 대한 의존성이 높다.
• 부서 간 긴밀한 협동이 필수적이다.
• 하루 24시간 연중무휴로 운영한다.

㉡ 회계상의 특징
• 고정자산(토지, 건물, 기계 · 설비 등)의 비율이 높다.
• 성수기 · 비성수기, 주중 · 주말 등 계절 및 시기에 따른 수입격차가 심하다.
• 전쟁, 허리케인, 금융위기, 여행지의 위생상태 등의 환경에 민감하다.
• 비저장성 상품으로 당일 판매되지 못한 상품의 가치는 소멸한다.

㉢ 시설상의 특징
• 시설 자체가 하나의 제품이기 때문에 일반 기업 시설에 비해 노후화가 빠르다.
• 로비(Lobby)와 같은 공공장소를 반드시 마련해야 한다.

[핵심예제]

19-1. 석식이 포함된 호텔 요금제도를 모두 고른 것은?

[2020년]

ㄱ. European Plan
ㄴ. Full America Plan
ㄷ. Modified American Plan
ㄹ. Continental Plan

① ㄱ, ㄴ
② ㄱ, ㄹ
③ ㄴ, ㄷ
④ ㄷ, ㄹ

정답 ③

제4과목

19-2. 위탁운영호텔(Management Contract Hotel)의 설명으로 옳지 않은 것은? [2014년 정기]

① 소유와 경영이 분리된 전문경영의 형태
② 소유주가 자본 투자
③ 소유주가 위탁운영회사에 경영수수료를 지불
④ 위탁운영회사가 경영 손실 발생 시 배상

정답 ④

19-3. 관광진흥법령상 2020년 현재 호텔업의 등급 체계는? [2020년]

① 무궁화 등급　② 별 등급
③ 다이아몬드 등급　④ ABC 등급

정답 ②

해설

19-1

ㄱ. 유럽식 플랜(European Plan)은 객실요금에 식사요금이 포함되지 않는다.

ㄹ. 콘티넨탈식 플랜(Continental Plan)은 객실요금에 조식만 포함한다.

19-2

위탁경영호텔은 호텔 상품의 판매를 직접 하지 않고 위탁료를 지불하는 조건으로 제3자에게 그 판매를 위임하는 형태이다. 경영계약일 경우 위탁자(소유주)는 경영수수료를 지불하게 되고, 수탁자(위탁운영회사)는 단순히 상호나 명의를 이용하여 판매하는 것이기 때문에 판매 손익은 위탁자에게 귀속된다.

19-3

호텔업의 등급은 별 모양의 개수로(5성급, 4성급, 3성급, 2성급, 1성급) 구분한다.

핵심이론 20 호텔실무

① 호텔의 기본조직

㉠ 객실부문 : 객실 판매, 서비스 · 유지관리 등의 전반적인 업무를 수행한다.

㉡ 식음료부문 : 식당, 라운지, 커피숍 등 식음료 서비스 업무를 수행한다.

㉢ 부대사업부문 : 오락, 연회, 위락시설 등의 서비스를 관리 · 제공한다.

㉣ 관리부문 : 호텔 운영 기획, 인사관리, 재정업무 등 호텔의 두뇌 역할을 한다.

② 프론트 오피스

㉠ 역할 : 호텔이 손님을 맞이하는 장소로 객실판매를 촉진 · 결정하고 조정 · 통제하는 업무를 수행한다.

㉡ 주요 업무

- 프론트 데스크 : 입 · 퇴숙, 예약, 안내, 결제 등의 서비스를 제공
- 예약 : 전화, 인터넷, 여행사, 방문객 등을 통한 객실 예약 서비스를 제공
- 유니폼서비스
  - Door Staff : 호텔 고객의 영접 · 환송, 차량 및 이용객 교통정리, 교통편 및 시내 안내 등
  - Bell Staff : 입 · 퇴숙 안내를 받은 고객의 수화물 운반, 현관 로비의 청결 및 안전관리 등
- 비즈니스센터 : 비즈니스 고객의 효율적인 업무수행을 위해 개인 비서기능을 담당
- Night Clerk : 프론트 데스크에서 야간에 근무를 하면서 업무일지를 작성하고 객실 영업보고서를 작성

③ 백 오피스

㉠ 역할 : 매출을 발생시키는 영업부문을 후방에서 지원하는 업무를 수행한다.

㉡ 주요 업무

- 인사/급여관리
- 구매/자재관리
- 원가관리
- 시설관리

④ House Keeping

㉠ 역할 : 객실 청소 및 관리, 기구와 비품의 선택과 관리, 세탁과 보급을 담당하는 부서로서 호텔의 재산관리와 호텔제품의 생산 및 창조 업무를 수행한다.

㉡ 인적 구성

- House Keeper : 호텔 객실 청소 및 정비
- Room Maid : 기본적인 청소업무와 작업장 관리
- House Man : 룸 메이드가 감당하기 힘든 일 전담 및 보조
- Linen Woman : 천류를 세탁하고 보수 · 정비

⑤ 실무 관련 용어

㉠ Turn Down Service : 취침 직전에 간단한 객실의 청소, 정리 · 정돈 등을 제공하는 서비스이다.

㉡ Turn Away Service : 초과예약으로 인하여 객실이 부족한 경우 예약손님을 정중히 다른 호텔로 안내하는 서비스이다.

㉢ Pressing Service : 투숙객을 대상으로 의류 다림질을 제공하는 서비스이다.

㉣ Paging Service : 호텔의 고객이나 외부 고객의 요청에 의해 만나고자 하는 고객을 찾아주거나 메시지를 전달해주는 서비스이다.

㉤ Concierge : 외국인들에게 관광지를 안내하거나 관광지를 중심으로 스케줄을 세워주는 업무이다.

㉥ CRO(Customer Relation Officer) : 비즈니스센터에서 근무하면서 고객이 필요로 하는 업무를 효율적으로 완수할 수 있도록 지원한다.

[핵심예제]

20-1. 호텔정보시스템 중 다음의 업무를 처리하는 것은?

[2015년 정기]

- 인사/급여관리
- 구매/자재관리
- 원가관리
- 시설관리

① 프론트 오피스 시스템(Front Office System)
② 백 오피스 시스템(Back Office System)
③ 인터페이스 시스템(Interface System)
④ 포스 시스템(POS System)

정답 ②

20-2. 호텔객실의 정비, 미니바(Mini Bar)관리, Turn-down 서비스 등을 주로 담당하는 부서의 명칭은?

[2013년 특별]

① 프론트 오피스 ② 컨시어즈
③ 하우스키핑 ④ 룸서비스

정답 ③

해설

20-1

매출을 발생시키는 영업부문을 후방에서 지원하는 기능을 가지고 있는 업무의 총칭(고객과 직접 접촉하지 않음)이다.

20-2

하우스키핑은 객실의 관리 및 객실에서 제공되는 모든 서비스를 담당하는 부서이다.

핵심이론 21 호텔객실의 종류

① 객실의 종류

㉠ Single Room : 1인용 침대 1개를 갖춘 객실

㉡ Double Room : 2인용 침대 1개를 갖춘 객실

㉢ Twin Room : 1인용 침대 2개를 갖춘 객실

㉣ Triple Room : 1인용 침대 3개 또는 트윈 룸에 엑스트라 베드(Extra Bed)가 추가된 객실

㉤ Quard Room : 4명이 잘 수 있도록 트리플 룸에 엑스트라 베드가 하나 더 추가된 객실

㉥ Studio Room : 더블이나 트윈 룸에 소파형의 침대를 갖춘 객실

㉦ Connecting Room : 객실 2개가 연결되어 내부의 문을 이용하여 상호 왕래가 가능한 객실

㉧ Suite Room : 침실에 응접실이 딸린 호화 객실

㉨ Parlour Room : 스위트룸에 딸린 응접실로 별도로 설계된 형태

㉩ Adjoining Room : 나란히 위치한 객실로서 Connecting Room과 동일하지만 내부 통용문이 없는 객실

㉪ Outside Room : 호텔건물의 바깥쪽에 위치하여 외부 전망이나 경치를 볼 수 있는 객실

㉫ Inside Room : 호텔 안쪽으로 위치하며 외부경관은 볼 수 없는 객실

㉬ Complimentary Room : 요금을 부과하지 않고 사용하는 객실로, 특별히 접대해야 하는 고객이나 판촉 촉진을 위한 초청고객 등이 해당됨

㉭ Executive Floor Room : 비즈니스 고객을 위한 특별 전용층에 위치한 객실

㉮ Blocking Room : 예약된 객실

㉯ On Change Room : 정비가 필요한 객실

㉰ Trunk Room : 손님의 화물을 장기간 보관할 수 있는 장소

㉱ House Use Room : 호텔 임원의 숙소로 사용되거나 호텔 사무실이 부족하여 객실을 사무실로 사용하는 경우

㉲ Handicap Room : 객실에 비치된 장치, 가구 및 비품 등이 물질적으로 손상되어 있는 객실로 객실가격이 저렴함

핵심예제

21-1. 1인용 침대 2개를 갖춘 호텔객실의 종류는? [2014년 특별]

① 싱글 베드룸
② 더블 베드룸
③ 트윈 베드룸
④ 트리플 베드룸

정답 ③

21-2. 다음 설명에 해당하는 호텔 객실은? [2015년 정기]

- 여행객 갑(甲)과 을(乙)이 옆방으로 나란히 객실을 배정받고 싶을 때 이용된다.
- 객실 간 내부 연결통로가 없다.

① 커넥팅 룸(Connecting Room)
② 핸디캡 룸(Handicap Room)
③ 팔러 룸(Parlour Room)
④ 어드조이닝 룸(Adjoining Room)

정답 ④

21-3. 다음은 무엇에 관한 설명인가? [2014년 정기]

호텔 임원의 숙소로 사용되거나 호텔 사무실이 부족하여 객실을 사무실로 사용

① Turn Over
② House Use Room
③ Complimentary Room
④ Day Use

정답 ②

해설

21-1

① 1인용 침대 1개
② 2인용 침대 1개
④ 1인용 침대 3개 또는 트윈에 엑스트라 베드가 추가된 형태

21-2

① 객실 2개가 연결되어 내부의 문을 이용하여 상호 왕래가 가능한 형태이다.

② 객실에 비치된 시설장치, 구조, 가구 및 비품 등이 물질적으로 손상되어 있는 객실로 객실 가격이 저렴하다.

③ 스위트 객실에 딸린 응접실로 별도로 설계된 형태이다.

21-3

① 주어진 기간 동안 재고량이 몇 번 순환되었는지에 대한 재고회전율

③ 요금을 부과하지 않고 사용하는 객실로, 특별히 접대해야 하는 고객이나 판촉 촉진을 위한 초청고객 등이 해당

④ 분할 요금

핵심이론 22 호텔객실의 요금

① **객실요금의 종류**

㉠ 공표요금(Tariff) : 호텔이 책정한 객실기본요금으로 할인사항은 고려되지 않는다.

㉡ 특별요금

- Complimentary Rate(무료요금) : 호텔에서 판매촉진 등을 목적으로 고객에게 무료로 객실을 제공하는 요금
- Discount Rate(할인요금)
  - Single Rate : 예약된 싱글룸이 호텔측의 사정으로 제공이 불가능할 경우 싱글룸 금액으로 더블룸이나 트윈룸을 제공하는 요금
  - Season Off Rate : 계절(비수기)할인 요금
  - Commercial Rate : 특정한 기업체 또는 사업을 목적으로 하는 비즈니스 고객에게 일정한 비율로 할인해 주는 요금
  - Group Rate : 단체고객 할인 요금
  - Guide Rate : 호텔측과 여행업자 사이에 적용되는 할인 요금
  - Family Plan : 부모와 같이 동행한 14세 미만 아동에게 무료로 엑스트라 베드를 제공하는 요금

㉢ 추가요금

- Midnight Charge : 예약한 고객이 당일 밤중이나 다음날 아침에 도착했을 경우 받는 야간 객실요금
- Hold Room Charge : 투숙객이 객실에 수하물을 두고 여행하는 경우나, 예약하고 도착이 늦어질 경우 등 객실을 사용하지 않았어도 부과되는 요금
- Over Charge : 고객이 Check-out 시간을 연장한 만큼 적용되는 추가요금
- Part Day Charge : 낮 시간 동안만 객실을 이용하고자 하는 고객에게 부과하는 주간객실요금

② **객실요금 산출방법**

㉠ 평균객실요금법(하워드 방법) : 총 건축비의 1/1,000을 평균객실료로 산정하는 방법이다.

제4과목

㉡ 휴버트 방법 : 연간 총 경비, 객실 수, 객실 점유율 등을 고려하여 연간 목표이익을 미리 설정하고 이를 달성할 수 있는 객실요금을 산출하는 방법이다.
㉢ 수용률 가격 계산방법 : 1년간 객실비용과 수용률을 예측하여 평균객실요금을 계산하는 방법이다.

핵심예제

22-1. 호텔에서 판매촉진 등을 목적으로 고객에게 무료로 객실을 제공하는 요금제는? [2016년 정기]

① Tariff Rack Rate
② Complimentary Rate
③ FIT Rate
④ Commercial Rate

정답 ②

22-2. 투숙객이 객실에 수하물을 두고 여행하는 경우나, 예약하고 도착이 늦어질 경우에 부과하는 객실요금은? [2013년 특별]

① Late Check Out Charge
② Hold Room Charge
③ Midnight Charge
④ Part Day Charge

정답 ②

22-3. 다음 설명에 해당하는 객실가격 산출방법은? [2018년]

연간 총 경비, 객실 수, 객실 점유율 등에 의해 연간 목표이익을 계산하여 이를 충분히 보전할 수 있는 가격으로 호텔 객실가격을 결정한다.

① 하워드 방법
② 휴버트 방법
③ 경쟁가격 결정방법
④ 수용률 가격 계산방법

정답 ②

해설

22-1
① 객실당 책정한 공표요금표
③ 개인고객 특별요금
④ 특정한 기업체나 사업을 목적으로 하는 비즈니스 고객에게 일정한 비율을 할인해 주는 요금

22-2
① 명시된 퇴숙시간을 넘겨 객실을 사용할 때 부과되는 추가요금이다.
③ 고객의 호텔 도착시간이 그 다음 날 새벽이나 아침이면, 호텔은 그 전날부터 객실을 비워두었으므로 그에 해당하는 객실요금을 받는 것을 말한다.
④ 객실 시간 사용에 대해 부과하는 분할요금으로 주로 온천지역이나 공항 등에 위치한 호텔에서 활용한다.

22-3
객실요금 산출방법 중 휴버트 방법에 대한 설명이다.

핵심이론 23 식음료 서비스의 종류

① 식음료부문 종사원
- ㉠ Manager : 지배인
- ㉡ Head Waiter : 웨이터 책임자
- ㉢ Assistant Waiter : 웨이터를 보좌하며 서비스 보조를 하는 사람
- ㉣ Wine Waiter : 음료 및 알코올류를 테이블에 서브하는 사람
- ㉤ Trolley Assistant Waiter : 준비된 요리를 싣고 다니며 고객에게 서브하는 사람
- ㉥ Cleaning Assistant : 접시 등을 닦아 보관실로 옮기는 사람
- ㉦ Bartender : 조주기술이 있는 사람
- ㉧ Carver : 큰 고기를 베어 서브하는 사람
- ㉨ Restaurant Cashier : 식당회계원

② 식사의 종류
- ㉠ Breakfast(아침식사)
  - American Breakfast : 계란요리가 곁들여진 아침식사
  - Continental Breakfast : 계란요리를 곁들이지 않은 아침식사
  - Vienna Breakfast : 계란요리와 빵, 커피 정도의 아침식사
  - English Breakfast : 미국식 조식에 생선요리가 포함되는 아침식사
- ㉡ Full Course(정식)
  - Appetizer(전채요리)
  - Soup(수프)
  - Fish(생선)
  - Entree(중심요리, 주로 육류)
  - Roast(조류 또는 육류)
  - Salad(샐러드)
  - Dessert(후식)
  - Beverage(음료)

③ 음료의 종류
- ㉠ Soft Drink : 커피, 홍차, 코코아 등
- ㉡ Hard Drink : 포도주, 위스키, 샴페인, 보드카 등
- ㉢ 양 주
  - 양조주(발효주) : 막걸리, Beer, Wine, Champagne
  - 증류주 : 소주, Whisky, Brandy, Gin, Rum, Vodka
  - 혼성주 : Benedictine, Curacao, Chartreuse
- ㉣ Cocktail
  - 여러 가지 양주에 과즙과 향미 등을 혼합하여 만든 음료이다.
  - 알코올 + 알코올 → Short Drink
  - 알코올 + 음료, 소다 → Long Drink
- ㉤ Wine
  - 식사 전(Aperitif Wine) : Vermouth, Sherry
  - 식사 중(Table Wine)
    - 생선요리 : 달지 않은 White Wine
    - 육류요리 : Red Wine
  - 식사 후(Dessert Wine) : Cognac, Liqueur
  - 발포성 와인(Sparkling Wine) : Champagne, Spumante, Cava, Sekt
  - 비발포성 와인(Still Wine) : Table Wine

④ 식당 서비스의 종류
- ㉠ Counter Service : 고객이 직접 조리과정을 보면서 식사를 할 수 있는 형태로, 주로 바, 라운지 등에서 볼 수 있는 서비스 방식이다.
- ㉡ American Service : 고객이 주문한 음식을 주방에서 접시에 담아 나가는 형태로, 가장 보편적인 서비스 방식이다.
- ㉢ Russian Service : 호텔연회 등에서 코스요리를 큰 플레터에 담아 고객에게 보여준 후, 서빙포크로 덜어 고객의 작은 접시에 직접 제공하는 서비스 방식이다.
- ㉣ Buffet Service : 사전에 여러 가지 음식을 준비하여 고객이 기호에 따라 가져다 식사하도록 하는 방식이다.

핵심예제

23-1. 어떤 음료에 데미따스(Demi Tasse)가 사용되는가? [2015년 특별]

① Brandy
② Whisky
③ Espresso
④ Fruit Punch

정답 ③

23-2. 다음에서 발포성 와인(Sparkling Wine)으로만 묶여 진 것은? [2014년 정기]

ㄱ. Champagne
ㄴ. Rot Wein
ㄷ. Shiraz
ㄹ. Spumante
ㅁ. Sekt
ㅂ. Riesling

① ㄱ, ㄴ, ㄷ
② ㄱ, ㄴ, ㄹ
③ ㄱ, ㄹ, ㅁ
④ ㄱ, ㅁ, ㅂ

정답 ③

23-3. 다음에서 설명하고 있는 서비스 제공 방식은? [2015년 정기]

- 고객이 직접 조리과정을 보면서 식사를 할 수 있는 형태
- 주로 바, 라운지, 스낵바 등에서 볼 수 있음
- 조리사가 요리를 직접 제공함

① 카운터 서비스(Counter Service)
② 러시안 서비스(Russian Service)
③ 뷔페 서비스(Buffet Service)
④ 플레이트 서비스(Plate Service)

정답 ①

해설

23-1
'데미따스'는 주로 식후에 제공하는 작은 용량의 에스프레소 커피 잔을 말한다.

23-2
발포성 와인(Sparkling Wine)
Champagne(프랑스 샹파뉴), Spumante(이탈리아), Cava(스페인), Sekt(독일) 등

23-3
카운터 서비스(Counter Service)에 대한 설명이다.
④ 플레이트 서비스(Plate Service) : 아메리칸 서비스의 한 종류

제4절 관광교통업

핵심이론 24 크루즈관광사업

① **크루즈선의 개념**

㉠ 순수한 관광활동을 목적으로 관광자원이 수려한 지역을 순회하며 안전하게 운항하는 선박이다.

㉡ 선내에 객실, 식당, 레크리에이션시설 등 관광객의 편의를 위한 각종 서비스시설을 제공한다.

② **크루즈관광의 개념**

㉠ 정기노선의 여객선이 아닌 여행업자 또는 선박업자가 포괄요금으로 여행객을 모집하는 관광이다.

㉡ 크루즈로 기항할 수 있는 부두는 제주항, 부산항, 인천항 등이 있다.

㉢ 1998년에 첫 출항이 이루어졌으며 이후 운항이 중단되었다가 재개되었다.

㉣ 크루즈 외래관광객은 꾸준히 증가하고 있는 추세이다.

③ **크루즈관광의 특징**

㉠ 운항목적이 지역 간의 화물이나 여객수송이 아니라 순수관광목적이다.

㉡ 관광자원이 수려한 항구 및 지역만을 운항한다.

㉢ 관광순항유람선 내에는 다양한 관광객 이용시설이 구비되어 있다.

㉣ 최고 수준의 서비스를 제공하는 호화관광이다.

㉤ 비정기적으로 운항하는 대형 또는 초대형 선박이다.

④ **크루즈관광산업의 발전방안**

㉠ 대중들이 크루즈 여행을 즐길 수 있도록 상품의 다양성을 확보해야 한다.

㉡ 계절적 수요에 맞게 탄력적인 운영을 시행해야 한다.

㉢ 간편한 입 · 출항 절차를 마련하여 승객들에게 편리성을 제공해야 한다.

㉣ 경쟁력 있는 주제별 선상프로그램의 개발을 통해 오락거리가 풍부한 여행상품으로 개발해야 한다.

⑤ **크루즈의 분류**

㉠ 선박규모 : 소형 크루즈, 중형 크루즈, 대형 크루즈, 초대형 크루즈 등

㉡ 항해지역 : 해양 크루즈, 연안 크루즈, 하천 크루즈 등

㉢ 항해목적 : 관광 크루즈, 세미나 크루즈(교육, 연수 등), 테마크루즈(오페라, 판촉 등) 등

㉣ 선박시장 : 일반대중시장, 고급시장, 호화시장, 염가시장, 탐험 · 모험시장, 틈새시장 등

㉤ 크루즈 성격 : 전통형 크루즈, 리조트형 크루즈, 고급형 크루즈, 호화형 크루즈, 특선형 크루즈 등

⑥ **크루즈업의 등록기준(관광진흥법 시행령 별표1)**

㉠ 일반관광유람선업에서 규정하고 있는 관광사업의 등록기준을 충족할 것

㉡ 욕실이나 샤워시설을 갖춘 객실을 20실 이상 갖추고 있을 것

㉢ 체육시설, 미용시설, 오락시설, 쇼핑시설 중 두 종류 이상의 시설을 갖추고 있을 것

[핵심예제]

24-1. 국내 크루즈업에 관한 설명으로 옳은 것은?

[2016년 정기]

① 크루즈로 기항할 수 있는 부두는 제주항이 유일하다.

② 1970년대부터 정기 취항을 시작하였다.

③ 법령상 관광객 이용시설업에 속한다.

④ 2010년 이후 입항 외래관광객이 꾸준한 하락세를 보이고 있다.

정답 ③

제4과목

24-2. 국내 크루즈산업의 발전방안으로 옳은 것은? [2019년]

① 크루즈 여행일수를 줄이고 특정 계층만이 이용할 수 있도록 하여 상품의 가치를 높인다.
② 계절적 수요에 상관없이 정기적인 운영이 필요하다.
③ 특별한 목적이나 경쟁력 있는 주제별 선상프로그램의 개발을 통해 체험형 오락거리가 풍부한 여행상품으로 개발해야 한다.
④ 까다로운 입·출항 수속절차를 적용해 질 좋은 관광상품이라는 인식을 심어준다.

정답 ③

24-3. 크루즈 유형의 분류기준이 다른 것은? [2017년]

① 해양 크루즈 ② 연안 크루즈
③ 하천 크루즈 ④ 국제 크루즈

정답 ④

해설

24-1
① 제주항, 부산항, 인천항 등이 있다.
② 첫 출항이 1998년에 이루어졌으며 이후 운항이 중단되었다가 재개되었다.
④ 크루즈 외래관광객은 꾸준히 증가하고 있는 추세이다.

24-2
① 대중들이 크루즈 여행을 즐길 수 있도록 분화하여 상품의 다양성을 확보해야 한다.
② 계절적 수요에 맞게 탄력적인 운영을 시행해야 한다.
④ 간편한 입·출항 절차를 마련하여 승객들에게 편리성을 제공해야 한다.

24-3
항해지역에 따른 크루즈 유형
- 해양 크루즈 : 일반적 개념의 크루즈로 대양을 항해하거나 국가 간 이동한다.
- 연안 크루즈 : 한 지역의 해안을 따라 항해하는 크루즈이다.
- 하천 크루즈 : 미시시피강이나 러시아의 크고 긴 강을 따라 항해하는 크루즈이다.

핵심이론 25 항공운송사업

① 항공운송사업의 개념

㉠ 타인의 수요에 응하여 항공기를 사용하여 유상으로 여객 또는 화물을 운송하는 사업을 말한다.
㉡ 분 류
- 정기항공운송사업 : 노선을 정하고 정기적으로 항공기를 운항하는 항공운송사업
- 부정기항공운송사업 : 부정기적으로 유상 운항하는 항공운송사업
- 항공기사용사업 : 타인의 수요에 응하여 항공기를 사용하여 유상으로 여객 또는 화물운송 외의 업무를 행하는 사업

② 항공운송사업의 특성

안전성	타 교통수단에 비해 낮은 사고율
고속성	타 교통수단에 비해 빠른 이동 속도
정시성	공표된 운항시간표를 준수하여 운항
쾌적성	기내 시설 · 서비스, 청결도 및 비행 상태 등이 우수
간이성	운영 중인 공항으로의 노선 개설이 용이
경제성	이용요금은 비싸지만 이동시간의 단축으로 경제적 효율성이 높음
공공성	특정 계층이 아닌 일반 대중을 대상으로 함
국제성	국가 간의 협약이 필요하며 각 국의 절차 및 규제에 따라야 함
자본 집약성	항공기 도입 · 운항, 감가상각, 부품, 정비 등에 막대한 자본이 투입됨

③ 항공운송사업의 문제점

㉠ 기종경쟁에 따른 자금부담, 금리부담 및 수급불균형 문제가 있다.
㉡ 사회환경과 그 변화에 영향을 받기 쉽다.
㉢ 공항의 정비상황에 따라 편수, 사용기재 등의 제한을 받게 된다.
㉣ 항공기 사고는 한 번 일어나면 피해도 크고 대형사고로 발전하므로 수요를 크게 감소시킬 수 있다.

④ 항공운임 등 총액표시제
㉠ 항공권 또는 항공권이 포함된 여행상품을 유류할증료 등을 포함한 총액으로 표시 · 광고 · 안내토록 의무화하여 항공교통이용자가 지불해야 할 총액을 쉽게 알 수 있도록 한 제도이다.
㉡ 항공 소비자 편익 강화를 위해 2014년 7월 15일부터 시행되고 있다.
㉢ 이행대상 : 국적항공사, 외국항공사, 항공운송총대리점업자, 여행업자
㉣ 대상상품 : 항공권 또는 항공권이 포함된 여행상품
㉤ 주요내용
- 기본운임
- 유류할증료
- 공항시설사용료
- 해외공항의 시설사용료
- 출국납부금(관광진흥개발기금법, 국제질병퇴치기금법)
- 편도 또는 왕복 여부
- 유류할증료 등의 변동가능 여부
- 유류할증료 금액에 대한 정보

⑤ 기내 특별식
㉠ 유아식(BBML) : 2세 미만 어린이용 식사
㉡ 아동식(CHML) : 2세부터 5세의 어린이용 식사
㉢ 베지테리언 기내식(VLML) : 육류 제품이나 생선을 사용하지 않은 베지테리언 기내식
㉣ 힌두교도용 기내식(HNML)
㉤ 유대교도용 기내식(KSML)
㉥ 이슬람교도용/무슬림 기내식(MOML)
㉦ 저염 기내식(LSML)
㉧ 당뇨병 대응 기내식(DBML)
㉨ 저지방 기내식(LFML)

더 알아보기

항공기 Time Table
- 출발예정시간(ETD ; Estimated Time of Departure)
- 실제출발시간(ATD ; Actual Time of Departure)
- 도착예정시간(ETA ; Estimated Time of Arrival)
- 실제도착시간(ATA ; Actual Time of Arrival)

핵심예제

25-1. 항공운송사업의 특성에 관한 설명으로 옳지 않은 것은? [2014년 정기]

① 안전성 – 다른 교통수단에 비해 훨씬 안전하지만, 세계의 각 항공사들은 안전성 확보를 경영활동에서 최고의 중요시책으로 삼고 있다.
② 수요의 고정성 – 항공운송사업은 예약기반으로 운영되는 사업으로 일정한 수요의 고정성이 확보되는 사업이다.
③ 자본 집약성 – 항공기 도입과 같은 거대한 고정자본의 투하, 감가상각, 부품의 공급, 정비에 필요한 시설 등에 막대한 자본이 필요하다.
④ 정시성 – 항공사 서비스에서 가장 중요한 품질이므로 항공사는 공표된 시간표를 준수한다.

정답 ②

25-2. '항공운임 등 총액표시제'에 관한 설명으로 옳지 않은 것은? [2015년 정기]

① 항공권 및 항공권이 포함된 여행상품의 구매 · 선택에 중요한 영향을 미치는 가격정보를 총액으로 제공토록 의무화한 것이다.
② 항공운임 및 요금, 공항시설사용료, 해외공항의 시설사용료, 출국납부금, 국제빈곤퇴치기여금 등이 포함된다.
③ '항공운임 등 총액표시제' 이행대상 상품은 국제 항공권 및 국제 항공권이 포함되어 있는 여행상품으로 제한하고 있다.
④ 항공 소비자 편익 강화를 위해 2014년 7월 15일부터 시행되고 있다.

정답 ③

25-3. 항공 기내특별식 용어와 그 내용의 연결이 옳은 것은? [2018년]

① BFML – 유아용 음식
② NSML – 이슬람 음식
③ KSML – 유대교 음식
④ VGML – 힌두교 음식

정답 ③

해설

25-1

항공운송사업의 특성

- 안전성
- 고속성
- 정시성
- 쾌적성
- 간이성
- 경제성
- 공공성
- 국제성
- 자본집약성

25-2

이행대상 상품은 항공권 또는 항공권이 포함된 여행상품이다.

25-3

① BBML : 유아용 음식

② MOML : 이슬람 음식

④ HNML : 힌두교 음식

핵심이론 26 저비용 항공사

① 국내 저비용 항공사

㉠ 다양한 노선, 서비스를 제공하는 대형 항공사와 달리 서비스 · 운영비용 등의 절감으로 저렴한 항공권을 제공하는 항공사를 말한다.

㉡ 에어서울, 에어부산, 진에어, 이스타항공, 제주항공, 티웨이항공 등이 있다.

② 저비용 항공사의 특징

㉠ 최소한의 기종을 운용하며 유지 · 관리 비용을 최소화한다.

㉡ 단거리 노선에 치중하고 중 · 장거리 노선을 최소화한다.

㉢ 인터넷을 적극적으로 활용하여 대행예약의 수수료와 인건비를 줄인다.

㉣ 교외 소도시의 저가 공항으로 취항하여 비용을 절감한다.

㉤ 조직 · 서비스를 단순화하여 비용을 절감한다.

㉥ 좌석클래스를 단일화한다.

㉦ 지점 간 노선(Point to Point) 방식으로 운항한다.

핵심예제

26-1. 다음 중 우리나라의 저가항공사가 아닌 것은? [2013년 특별]

① 이스타항공　　② 피치항공

③ 티웨이항공　　④ 진에어

정답 ②

26-2. 제주항공, 진에어, 이스타 등과 같은 저비용 항공사의 운영형태나 특징에 관한 설명으로 옳은 것은? [2019년]

① 중 · 단거리에 비해 주로 장거리 노선을 운항하고 제1공항이나 국제공항을 이용한다.

② 중심공항(Hub)을 지정해 두고 주변의 중 · 소도시를 연결(Spoke)하는 방식으로 운영한다.

③ 항공권 판매의 주요 통로는 인터넷이며 항공기 가동률이 매우 높다.

④ 여러 형태의 항공기 기종으로 차별화된 다양한 서비스를 제공한다.

정답 ③

26-3. 저가항공사의 일반적 특성이 아닌 것은?

[2016년 특별]

① Point to Point 운영
② Secondary Airport 이용
③ Online Sale 활용
④ Hub & Spoke 운영

정답 ④

해설

26-1

피치항공은 일본의 저가항공사이다.

26-2

①·②·④ 대형 항공사의 운영형태와 특징이라고 할 수 있다.

26-3

허브 앤 스포크

하나의 중심 거점을 두고 수많은 가지로 연결망을 구축하는 방식의 항공수출이다. 허브 앤 스포크 시스템은 노선이 많은 경우에 유리하다. 반면 포인트 투 포인트 시스템은 소수의 도시들만을 대상으로 항공서비스를 제공할 때 유리하다.

핵심이론 27 항공 국제기구

① 국제민간항공기구(ICAO)

명 칭	ICAO(International Civil Aviation Organization)
설 립	1947년에 국제민간항공조약(시카고 조약)에 기인하여 설립된 UN 전문기관
본 부	캐나다 몬트리올

㉠ 주요업무

- 국제민간항공의 안전하고도 정연한 발전을 확보한다.
- 평화적 목적을 위해서 항공기의 설계 및 운항의 기술을 장려한다.
- 국제민간항공을 위한 항공로, 공항 및 항공보안시설의 발달을 장려한다.
- 안전하고 정확하며 능률적·경제적인 항공운송에 대한 세계 제국민의 요구에 응한다.
- 불합리한 경쟁에 의해서 발생하는 경제적 낭비를 방지한다.
- 체약국의 권리가 충분히 존중될 것과 모든 체약국이 국제항공기업을 운영할 공정한 기회를 가지도록 확보한다.
- 체약국 간의 차별대우를 배제한다.
- 국제항공에 있어서의 비행의 안전을 증진한다.
- 국제민간항공의 모든 부분의 발달을 전향적으로 촉진한다.

② 국제항공운송협회(IATA)

명 칭	IATA(International Air Transport Association)
설 립	1945년 쿠바의 아바나에서 설립
본 부	캐나다 몬트리올, 스위스 제네바

㉠ 주요업무

- 항공사를 위하여 : 항공사의 제반 문제점에 대한 해결책을 제공하고 각 항공사의 경험과 정보 및 지식을 교환한다.
- 정부를 위하여 : 국제선 운임 및 요율을 결정함에 있어서 각국 정부 간의 조정·협상의 기회를 제공한다.

- 일반 대중을 위하여
  - 높은 수준의 효율적인 항공운송(안전성, 편의성)을 제공한다.
  - 경제성 있는 최저 운임을 보장한다.
  - 통일된 체제에 의해 손쉬운 해외여행을 가능하게 한다.

③ **동양항공사협회(OAA)**

명 칭	OAA(Orient Airlines Association)
설 립	1966년
본 부	필리핀 마닐라

동남아 지역에서 발생하는 항공운송 문제에 대해 협의·해결한다.

④ **아시아·태평양항공사협회(AAPA)**

명 칭	AAPA(Association of Asia Pacific Airlines)
설 립	1966년
본 부	말레이시아 쿠알라룸푸르

㉠ 민간항공의 개발과 안전, 편익을 도모한다.
㉡ 회원 간 유대 강화 및 과대경쟁을 방지한다.

핵심예제

27-1. 다음 설명에 해당하는 것은? [2020년]

- 1945년 쿠바의 아바나에서 결성된 국제항공기구
- 각국의 항공사 대표들로 구성된 비정부조직

① IATA ② ASTA
③ ICAO ④ PATA

정답 ①

27-2. 다음 관광 관련 국제기구 중 바르게 연결된 것은? [2018년]

① PATA – 아시아·태평양경제협력체
② IATA – 미국여행업협회
③ ICAO – 국제민간항공기구
④ UFTAA – 국제항공운송협회

정답 ③

해설

27-1
② 1931년에 설립된 미국여행업협회이다.
③ 1947년에 설립된 국제민간항공기구이다.
④ 1951년에 설립된 아시아·태평양 지역 관광협회이다.

27-2
① PATA – 아시아·태평양관광협회
② IATA – 국제항공운송협회
④ UFTAA – 세계여행협회연맹

핵심이론 28 항공사 코드 및 도시 코드

① 주요 국제 항공사 코드

구 분	ICAO 기준	IATA 기준
아메리칸항공	AAL	AA
에어프랑스	AFR	AF
에어캐나다	ACA	AC
영국항공	NAW	BA
독일항공	DLH	LH
네덜란드항공	KLM	KL
캐세이퍼시픽항공	CPA	CX
일본항공	JAL	JL
중국국제항공	CCA	CA
말레이시아항공	MAS	MH
필리핀항공	PAL	PR
싱가폴항공	SIA	SQ
러시아항공	AFL	SU
베트남항공	HVN	VN
타이항공	THA	TG
델타항공	DAL	DL
인도항공	AIC	AI

② 우리나라 항공사 코드

구 분	ICAO 기준	IATA 기준
대한항공	KAL	KE
아시아나항공	AAR	OZ
에어서울	ASV	RS
제주항공	JJA	7C
진에어	JNA	LJ
이스타항공	ESR	ZE
에어부산	ABL	BX
티웨이항공	TWB	TW

③ 우리나라 도시코드

도 시	코 드	도 시	코 드
서 울	SEL	인 천	ICN
김 포	GMP	제 주	CJU
부 산	PUS	광 주	KWJ
울 산	USN	양 양	YNY
예 천	YEC	대 구	TAE
진 주	HIN	청 주	CJJ
목 포	MPK	원 주	WJU
군 산	KUV	포 항	KPO

④ 우리나라의 국제공항

㉠ 인천국제공항
㉡ 김포국제공항
㉢ 청주국제공항
㉣ 대구국제공항
㉤ 김해국제공항
㉥ 제주국제공항
㉦ 양양국제공항
㉧ 무안국제공항

⑤ 항공 동맹

㉠ 개념 : 여러 항공사 간의 연합체

㉡ 종 류

- 대형항공사 항공동맹
  - 스타 얼라이언스(Star Alliance) : 아시아나 항공 가입
  - 스카이 팀(Sky Team) : 대한항공 가입
  - 원 월드(One world)
- 저비용항공사(LCC) 항공동맹 : 벨류 얼라이언스, 유플라이 얼라이언스

[핵심예제]

28-1. 항공사와 코드의 연결이 옳지 않은 것은?

[2015년 특별]

① JEJU AIR – 7C
② BRITISH AIRWAYS – BR
③ THAI AIRWAYS – TG
④ JIN AIR – LJ

정답 ②

28-2. 공항(도시)코드가 일치하지 않는 것은?

[2014년 특별]

① TAE – 대구
② PUS – 부산
③ ICN – 인천
④ KIP – 김포

정답 ④

28-3. 아시아나 항공이 가입하고 있는 1997년 설립된 항공 동맹체는?

[2020년]

① 원 월드(One World)
② 스카이 팀(Sky Team)
③ 스타 얼라이언스(Star Aliance)
④ 유플라이 얼라이언스(U-Fly Aliance)

정답 ③

해설

28-1

BRITISH AIRWAYS : BA

28-2

김포의 공항코드는 GMP이다.

28-3

스카이 팀(Sky Team)에는 대한항공이, 유플라이 얼라이언스(U-Fly Aliance)에는 이스타항공이 가입되어 있다.

핵심이론 29 여행자 면세 통관

① 관세면제금액(기본 면세 범위)

㉠ 여행자 1명당 면세 금액 : 미화 800달러 이하

㉡ 담배 면세범위

종 류		수 량
궐 련		200개비
엽궐련		50개비
전자담배	궐련형	200개비
	니코틴용액	20밀리리터(ml)
	기타유형	110그램
그 밖의 담배		250그램

㉢ 농림축수산물 및 한약재 등의 면세범위

품 목		면세통관범위
농림 축수산물	참기름	5kg
	참 깨	5kg
	꿀	5kg
	고사리, 더덕	5kg
	잣	1kg
	쇠고기	10kg
	돼지고기	10kg
	그 밖의 농림축수산물	품목당 5kg
한약재	인삼(수삼, 백삼, 홍삼 등 포함), 상황버섯, 차가버섯	300g
	녹 용	150g
	그 밖의 한약재	품목당 3kg

㉣ 기타 항목 면세범위

- 주류 : 1L 이하로서 미화 400달러 이하의 것 1병
- 향수 : 60밀리리터(ml)

② **출국 내국인 면세물품 구매한도액** : 제한없음

[핵심예제]

29-1. 우리나라 관세법령상 기본면세 범위에 관한 설명이다. 빈칸 안에 들어갈 내용으로 옳은 것은? [2015년 정기]

관세의 면제 한도는 여행자 1명의 휴대품 또는 별송품으로서 각 물품의 과세가격 합계 기준으로 미화 ( ) 이하로 한다.

① 400달러 ② 500달러
③ 600달러 ④ 800달러

정답 ④(해설참조)

29-2. 국내 입국 시 소액물품 자가사용 인정기준(면세통관범위)을 초과하는 것은? [2016년 정기]

① 인삼 3kg ② 더덕 3kg
③ 고사리 5kg ④ 참깨 5kg

정답 ①

29-3. 2019년 9월 7일 현재, 출국 시 내국인의 면세물품 총 구매한도액은? [2019년]

① 미화 4,000달러 ② 미화 5,000달러
③ 미화 6,000달러 ④ 미화 7,000달러

정답 해설참조

해설

29-1

여행자 1명당 면세 금액은 미화 800달러 이하이다.

※ 출제 당시 정답은 ③이었으나, 2022년 9월 6일 법령이 개정되어 800달러로 향상되었으므로 현재는 ④가 정답에 해당한다.

29-2

면세통관범위

- 인삼 : 300g
- 더덕 : 5kg
- 고사리 : 5kg
- 참깨 : 5kg

29-3

출제 당시 정답은 ②였으나, 2022년 3월 18일 법령이 개정되어 현재 한도는 없다.

핵심이론 30 항공 수화물

① 기내 반입 금지 물품(휴대 불가, 위탁 가능)

총기류 및 구성부품	• 모든 종류의 총기 • 압축공기총, 가스충전식 총 • 총기의 구성부품 • 실제 무기로 착각될 수 있는 복제 및 모방 총기 • 신호탄용 총, 활, 석궁, 화살, 창, 표창, 다트, 작살총, 새총 • 발사 기능이 없는 장난감은 객실 반입 가능
전자충격기 및 퇴치스프레이	• 전자충격기 등의 충격 장치 • 최루가스, 고추스프레이 등 화학물질을 담은 용기 • 호신용 스프레이류의 경우 1인당 1개(100mℓ이하) 위탁 가능
뾰족하거나 날카로운 물체	• 도끼, 손도끼, 큰 식칼 등 자르기 위해 고안된 물품 • 쇄빙도끼와 얼음을 깨는 송곳 • 면도칼날, 커터칼날, 다목적 칼, 접이식 칼, 외과용 메스 • 날의 길이가 6cm를 초과하는 칼, 가위 • 끝이 뾰족하거나 옆이 날카로운 무술용 장비 • 검과 사브르
공구류	• 망치, 쇠지레 • 드릴과 드릴부품 • 금속의 길이가 6cm를 초과하는 도구 • 톱 • 볼트건과 네일건
둔기 및 스포츠용품	• 야구 방망이와 소프트볼 방망이 • 아령, 볼링공 • 빙상용 스케이트 • 경찰봉이나 야경봉과 같은 곤봉 및 수갑류 • 무술 장비 • 공기가 1/3이상 주입된 공 및 풍선류는 위탁불가
인화성 물질	• 탄약류(실탄, 공포탄 등) • 복제 또는 모방 폭발장치 • 소형 성냥 또는 휴대용 라이터는 1인당 1개 휴대 가능
액체 · 분무 · 겔류	• 휴대물품으로 반입하는 경우 항공기내 휴대반입금지 물질 운영기준 적용 • 25~70도 이하의 알코올성 음료는 1인당 5L에 한해 위탁 가능 • 70도 초과의 알코올성 음료는 휴대 및 위탁 불가

② 휴대 및 위탁 반입 금지물품
- ㉠ 뇌 관
- ㉡ 기폭장치류
- ㉢ 군사 폭발 용품
- ㉣ 폭죽, 조명탄
- ㉤ 연막탄류
- ㉥ 화약 및 플라스틱 폭발물
- ㉦ 토 치
- ㉧ 토치라이터
- ㉨ 인화성가스 및 액체
- ㉩ 위험물질 및 독성물질

[핵심예제]

30-1. 2016년 4월 기준 인천공항 이용 시 항공기 내 반입 가능한 휴대수하물이 아닌 것은? [2016년 특별]

① 휴대용 담배 라이터 1개
② 휴대용 일반 소형 배터리
③ 접이식 칼
④ 와인 오프너

정답 ③

30-2. 항공기 위탁수하물로 반입이 가능한 물품은? [2015년 정기]

① 연료가 포함된 라이터
② 70도(%) 이상의 알코올성 음료
③ 공기가 1/3 이상 주입된 축구공
④ 출발 신호용 총

정답 ④

해설

30-1
끝이 뾰족하거나 날카로운 물체는 기내 반입 불가이다.

30-2
신호탄용 총은 기내 반입은 불가하지만 위탁은 가능하다.

핵심이론 31 항공 용어

① **패스트트랙**(Fast Track)
- ㉠ 교통약자, 출입국 우대자를 위한 서비스이다.
- ㉡ 패스트트랙 전용 출국장을 통해 편리하고 신속하게 출국 수속을 진행할 수 있다.

② **자동출입국심사**(Smart Entry Service)
- ㉠ 사전에 여권정보와 바이오정보(지문, 안면)를 등록한 후 자동출입국심사대에서 출입국심사가 진행된다.
- ㉡ 심사관의 대면심사를 대신해 자동출입국심사대를 이용하여 출입국심사가 이루어지는 시스템이다.
- ㉢ 취득한 바이오정보로 본인확인이 가능해야 하며, 바이오정보 제공 및 활용에 동의하여야 한다.

③ **APIS**(Advance Passenger Infomation System) : 특정 국가의 출입국 절차를 위해 승객의 관련 정보를 사전에 통보하는 입국심사 제도이다.

④ **셀프체크인**(Self Check In) : 무인자동화기기를 이용하여 좌석배정, 탑승권 발급 등 비행기를 타기 위한 절차를 직접 밟는 것이다.

⑤ **셀프백드랍**(Self Bag Drop) : 탑승객이 직접 본인의 수화물을 위탁하는 셀프서비스이다.

⑥ **PNR**(Passenger Name Record, **승객여객기록**) : 항공일정뿐만 아니라 부대정보까지 모두 포함하는 정보를 말한다.

⑦ **PTA**(Prepaid Ticket Advice, **항공여객운임 선불제도**) : 타 지점에 있는 사람을 위해 운임 지불 및 항공권을 발행할 수 있는 제도이다.

⑧ **BSP**(Bank Settlement Plan) : 항공사와 여행사가 은행을 통하여 항공권 판매대금 및 정산업무 등을 간소화하는 제도이다.

⑨ **ARNK**(Arrival Unknown) : 출발지와 도착지 사이에 항공편 이외의 다른 교통수단을 이용하는 구간을 의미한다.

⑩ **Transit**
- ㉠ 최종 목적지로 가는 도중 경유지에서 24시간 이내로 머무는 것이다.
- ㉡ 보통 기존 출발지에서 타고 왔던 비행기를 다시 타고 이동하는 경우가 많다.

⑪ Stop – over : 최종 목적지에 가는 도중 경유지에 내려서 일정 시간 이상(24시간 이상) 머무는 것이다.
⑫ Code Share : 다른 회사에서 운항하고 있는 노선을 협정에 의해 자사 편명으로 판매하는 것으로 좌석공유, 편명공유를 의미한다.
⑬ Transfer : 항공기 탑승 시 타고 왔던 비행기가 아닌 다른 비행기로 갈아타는 환승을 의미한다.

[핵심예제]

31-1. 다음 설명에 해당하는 것은? [2017년]

> 교통약자 및 출입국 우대자는 이용하는 항공사의 체크인카운터에서 대상자임을 확인받은 후 전용 출국장을 이용할 수 있다.

① 셀프체크인
② 셀프백드랍
③ 패스트트랙
④ 자동출입국심사

정답 ③

31-2. 자동출입국심사(Smart Entry Service)에 관한 설명으로 옳지 않은 것은? [2015년 정기]

① 사전에 여권정보와 바이오정보(지문, 안면)를 등록한 후 자동출입국심사대에서 출입국심사가 진행된다.
② 심사관의 대면심사를 대신해 자동출입국심사대를 이용하여 출입국심사가 이루어지는 시스템이다.
③ 복수여권 소지자는 물론 단수여권 소지자도 자동출입국심사대를 이용할 수 있다.
④ 취득한 바이오 정보로 본인확인이 가능해야 하며 바이오 정보 제공 및 활용에 동의하여야 한다.

정답 ③

해설

31-1

교통약자와 출입국 우대자에게 제공하는 서비스로 신속하고 편리하게 출국수속을 할 수 있다.

31-2

자동출입국심사 이용대상

- 주민등록증을 발급받은 대한민국 국민과 복수재입국허가를 받았거나 협정 등에 따라 재입국 허가가 면제되는 체류자격에 해당하는 등록외국인
- 주민등록증이 없는 만 14세 이상 17세 미만의 국민으로서 부모의 동의를 받고 부모와 동반하는 경우도 가족관계서류를 제출하여 이용가능
- 등록센터 방문 시 신분증과 여권자동판독이 가능한 복수여권을 소지하고 있어야 함

제5절 관광객이용시설업

핵심이론 32 주제공원(Theme Park)

① 주제공원의 개념

㉠ 특정한 주제의 비일상적인 공간을 창조하여 시설과 운영이 그 주제에 따라 통일적이고 독립적으로 이루어진다.

㉡ 관람객에게 꿈 · 희망 · 감동 · 교육적인 효과와 수준 높은 공연, 양질의 서비스가 함께 제공되는 공간이다.

② 주제공원의 특징

㉠ 구조적 특징

테마성	차별화된 콘셉트와 주제를 가지고 중심적인 테마와 연속되는 테마들이 연합적으로 구성된다.
종합성	놀이, 휴식, 전시, 체험, 교육 등을 일괄적으로 즐길 수 있는 종합적인 결합이 있어야 한다.
통일성	테마파크 안에 있는 모든 환경(건축양식, 시설 등)에 통일적인 이미지를 부여하여 주제를 실현하고 균형과 조화를 이룬다.
배타성	현실과 차단된 가상 · 허구의 공간이 되어야 한다.
비일상성	현실에서 벗어나 일상성을 배제하고 하나의 독립된 비일상적 공간을 창출한다.

㉡ 경영적 특징

- 입지의 제약이 적다.
- 지역경제에 큰 영향을 미친다.
- 초기 투자비용이 높고, 자본집약적인 산업이다.
- 전문 인력에 대한 의존도가 높고 인건비가 비싸다.
- 소프트웨어 진부화가 빨라 이용주기가 짧다.

③ 주제공원의 분류

㉠ 공간적 분류

구 분	내 용
자연공간 + 주제형	동 · 식물자연공원, 수족관, 바이오 공원 등
자연공간 + 활동형	자연리조트형 공원, 바다, 온천형 공원 등
도시공간 + 주제형	외국촌, 역사촌, 사이언스 공원 등
도시공간 + 활동형	도시리조트형 공원, 어뮤즈먼트파크, 워터파크 등

㉡ 주제별 분류

구 분	내 용
민 속	• 어느 시대 · 지역의 분위기를 재현하는 공원 • 민가, 민속, 공예, 예능, 외국 건축물, 외국 풍속 등
역 사	• 역사적 내용 · 인물의 당시 시대상황을 재현하는 공원 • 신화, 전설, 고대 유적, 역사(사건 · 인물) 등
생 물	• 생물의 서식환경을 재현하는 공원 • 동물, 새, 고기, 바다 생물, 식물 등
산 업	• 지역의 산업시설이나 목장 등을 개방하여 전시 • 지역산업시설, 전통공예, 목장 등
구조물	건물, 타워, 기념물, 성 등
기 타	예술, 놀이, 환상적인 창조물, 과학, 자연자원을 테마로 하는 형태 등

㉢ 형태별 분류 : 정보전시형, 시뮬레이션형, 이벤트형 등

④ 국내 주제공원의 문제점

㉠ 기다리는 시간이 너무 길다.

㉡ 시설 간의 거리가 멀어 고객들이 시설물에 접근하기가 쉽지 않다.

㉢ 입장료나 탑승비 등이 비싼 편이다.

㉣ 외국의 주제공원과 차별성이 거의 없다.

㉤ 쇼핑에 의한 수입은 아주 적은 수준이다.

[핵심예제]

32-1. 테마파크의 본질적 특성으로 옳지 않은 것은?

[2015년 정기]

① 주제성　② 이미지 통일성
③ 일상성　④ 배타성

정답 ③

32-2. 테마파크의 특성으로 옳은 것은? [2014년 특별]

① 테마성, 일상성　② 역동성, 비통일성
③ 테마성, 통일성　④ 역동성, 일상성

정답 ③

해설

32-1

테마파크(주제공원)는 일상에서는 체험할 수 없는 세계를 경험하게 하는 것이기 때문에 비일상성의 특징을 가지고 있다.

32-2

테마파크의 특징

- 테마성
- 종합성
- 통일성
- 배타성
- 비일상성

핵심이론 33 카지노업의 개념

① **카지노(Casino)사업의 개념**

㉠.전문 영업장을 갖추고 특정한 기구를 이용하여 우연의 결과에 따라 특정인에게 재산상의 이익을 주거나 손실을 주는 행위 등을 하는 업을 말한다.

㉡ 주로 호텔 내에 위치하여 관광객에게 오락을 제공하며 이용자의 체재기간 연장 및 지출 증대 등의 역할을 한다.

② **카지노업의 특성**

㉠ 긍정적 효과
- 외화 획득
- 세수 증대
- 고용창출 효과
- 호텔수입 증대 효과
- 상품개발 용이

㉡ 부정적 효과
- 범죄, 부패, 혼잡
- 투기와 사행심 조장
- 지하경제 위험
- 경제 파탄 위험

③ **세계 카지노업의 동향**

㉠ 카지노의 합법화와 확산추세
㉡ 카지노의 대형화와 복합 단지화 추세
㉢ 카지노의 레저산업화
㉣ 카지노 시장 성장에 따른 경쟁 강화

④ **카지노업의 시설기준(관광진흥법 시행규칙 제29조)**

㉠ 330제곱미터 이상의 전용 영업장
㉡ 1개 이상의 외국환 환전소
㉢ 카지노업의 영업종류 중 네 종류 이상의 영업을 할 수 있는 게임기구 및 시설
㉣ 문화체육관광부장관이 정하여 고시하는 기준에 적합한 카지노 전산시설

⑤ 우리나라 카지노업의 발전 과정

1961년	복표발행 · 현상기타사행행위단속법 제정
1967년	최초로 인천 올림포스호텔카지노 개설
1968년	주한 외국인 및 외래관광객 전용인 서울 워커힐호텔카지노 개장
1994년	관광진흥법 개정을 통해 카지노산업을 관광산업으로 규정
1995년	폐광지역개발지원에 관한 특별법 제정을 통해 내국인 카지노 설치 근거 마련
2007년	한 · 중 인적교류 활성화 방안으로 카지노 우수고객에 대하여 중국인 복수사증 발급대상 확대

⑥ 우리나라 카지노업의 현황

구 분	지 역	업체수
외국인 전용	서 울	3개
	부 산	2개
	인 천	1개
	강 원	1개
	대 구	1개
	제 주	8개
내 · 외국인 전용	강 원	1개
계	17개	

[핵심예제]

33-1. 카지노산업의 긍정적 효과가 아닌 것은? [2017년]

① 사행성 심리 완화
② 조세수입 확대
③ 외국인 관광객 유치
④ 지역경제 활성화

정답 ①

33-2. 외국인 전용 카지노가 설치되어 있지 않은 지역은? [2015년 특별]

① 대 구　　② 강 원
③ 경 기　　④ 부 산

정답 ③

33-3. 강원랜드 카지노에 관한 설명으로 옳은 것은? [2021년]

① 2003년 최초로 내국인 출입이 허용된 카지노이다.
② 2045년까지 내국인 출입이 허용 운영될 예정이다.
③ 강원도의 유일한 카지노이다.
④ 2020년 기준 국내 카지노 업체 중 매출액이 두 번째로 높다.

정답 ②

해설

33-1
카지노산업은 투기와 사행성 심리를 조장하여 경제 파탄의 위험에 놓일 수 있다.

33-2
국내에 카지노업체가 위치한 지역은 서울, 부산, 인천, 강원, 대구, 제주 등이다.

33-3
① 2000년 10월 최초로 내국인 출입이 허용된 카지노이다.
③ 강원랜드 카지노 외에 외국인을 대상으로 하는 알펜시아 카지노가 있다.
④ 2020년 기준 국내 카지노 업체 중 매출액이 첫 번째로 높다.

핵심이론 34 카지노게임의 종류

① 테이블게임(Table Game)

룰렛 (Roulette)	휠(Wheel) 안에 볼(Ball)이 회전하다 포켓(Pocket) 안에 들어간 번호가 위닝넘버(Winning Number)가 되는 게임
블랙잭 (Blackjack)	카드 숫자의 합이 21을 넘지 않는 한도 내에서 가장 높은 수의 합이 나오는 쪽이 이기는 게임
다이스 (Dice)	주사위 5개 중 2개를 던져 나오는 숫자의 합에 따라 승부가 결정되는 게임
포커 (Poker)	딜러가 참가자에게 카드 분배와 베팅을 한 후에 미리 정해진 규칙에 따라 가장 높은 순위의 카드를 가진 사람이 이기는 게임
바카라 (Baccarat)	딜러와 참가자 중 어느 한쪽을 택하여 카드 합이 9에 가까운 쪽이 승리하는 게임
다이사이 (Tai Sai)	베팅한 숫자 또는 숫자의 조합이 셰이커(주사위 용기)에 있는 세 개의 주사위와 일치하면 배당률에 의해 배당금이 지급되는 게임
키노 (Keno)	80개의 숫자가 매겨진 볼을 가지고 진행되며, 20개의 볼을 끌어내어 선택한 번호와 일치하는 정도에 따라 배당금이 지급되는 게임
빅휠 (Big Wheel)	딜러에 의해 회전된 휠이 멈추었을 때 휠 위에 부착된 가죽 띠가 멈출 곳을 예측하여 고객이 맞히면 이기는 게임
빠이 까우 (Pai Cow)	딜러가 일정한 방식으로 도미노를 분배해 참가자들 간에 높은 도미노 패를 가진 쪽이 승리하는 게임
판탄 (Fan Tan)	딜러가 단추모양의 버튼의 무리에서 불특정량을 분리하고 그 수를 4로 나눠 남는 나머지의 수를 맞히는 게임
조커 세븐 (Joker Seven)	딜러가 참가자에게 카드를 순차적으로 분배해 그 카드의 조합이 미리 정해놓은 조합과 일치하는지의 여부에 따라 승패를 결정하는 게임
라운드 크랩스 (Round Craps)	게임 참가자 중에서 주사위를 던지는 사람을 선정한 후 3개의 주사위를 던져 주사위 숫자의 조합이 참가자가 미리 선정한 조합과 일치하는지의 여부에 따라 승패를 결정하는 게임
트란타 콰란타 (Trent Et Quarante)	딜러가 양편으로 구분되는 참가자에게 각각 카드를 분배한 후 카드 숫자의 합이 30에 가까운 쪽이 승리하는 게임
프렌치 볼 (French Boule)	딜러가 일정한 숫자가 표시된 홈이 파인 고정판에 공을 굴려 정지되는 홈의 숫자를 알아맞히는 참가자에게 당첨금을 지급하는 게임
차카락 (Chuck-A-Luck)	딜러가 주사위를 특정한 용기에 넣고 흔들어 나타난 숫자를 맞힌 참가자에게 일정 금액의 당첨금을 지불하는 게임
빙고 (Bingo)	정해진 범위의 숫자가 무작위로 적혀진 빙고판에서 사회자가 부르는 숫자를 지워나가며 가장 빨리 가로, 세로, 사선으로 연결하는 것을 겨루는 게임
마작 (Mahjong)	보통 네 사람이 상아나 골재에 대쪽을 붙인 136개의 패를 가지고 여러 모양으로 짝을 지어 승패를 겨루는 게임
카지노 워 (Casino War)	딜러와 참가자가 한 장의 카드를 받고 어느 카드의 가치가 더 높은지에 따라 승패를 결정하는 게임

② 머신게임(Machine Game)

슬롯머신 (Slot Machine)	기계에 부착된 핸들이나 버튼을 사용하면 기계의 릴(Real)이 회전하다 멈추고 그 결과에 따라 미리 정해진 배당표에 의해 금액이 정해지는 기계
비디오게임 (Video Game)	기계에 릴 대신 모니터가 장착되어 있어 버튼을 눌러서 진행하는 게임

[핵심예제]

34-1. 다음 설명에 해당하는 카지노 게임은? [2020년]

> 휠(Wheel) 안에 볼(Ball)이 회전하다 포켓(Pocket) 안에 들어간 번호가 위닝넘버(Winning Number)가 되는 게임

① 빅 휠　② 바카라
③ 다이사이　④ 룰 렛

정답 ④

34-2. 아래 게임의 종류는 무엇이며 누구의 승리인가? [2019년]

> 홍길동이 카지노에서 게임을 벌이던 중 홍길동이 낸 카드 두 장의 합이 8이고 뱅커가 낸 카드 두 장의 합이 7이다.

① 바카라, 홍길동의 승리
② 바카라, 뱅커의 승리
③ 블랙잭, 홍길동의 승리
④ 블랙잭, 뱅커의 승리

정답 ①

34-3. 다음에서 설명하고 있는 카지노게임은? [2015년 특별]

> 딜러가 쉐이커 내에 있는 주사위 3개를 흔들어 주사위가 나타내는 숫자의 합 또는 조합을 알아 맞추는 참가자에게 소정의 당첨금을 지불하는 방식의 게임

① 다이사이 ② 블랙잭
③ 바카라 ④ 룰 렛

정답 ①

해설

34-1

① 휠이 멈추었을 때 휠 위의 가죽띠가 멈출 곳을 예측하여 고객이 맞히면 이기는 게임
② Banker와 Player 중 카드 합이 9에 가까운 쪽이 승리하는 게임
③ 베팅한 숫자 혹은 숫자의 조합이 셰이커(주사위 용기)에 있는 세 개의 주사위와 일치하면 배당률에 의해 배당금이 지급되는 게임

34-2

바카라는 딜러와 참가자 중 어느 한쪽을 택하여 카드 합이 9에 가까운 쪽이 승리하는 게임이다.

34-3

② 딜러와 참가자가 함께 카드의 숫자를 겨루는 것으로, 2장 이상의 카드를 꺼내어 그 합계를 21점에 가깝도록 만들어 딜러의 점수와 승부하는 카드 게임
③ Banker와 Player 중 카드 합이 9에 가까운 쪽이 승리하는 게임
④ 휠(Wheel) 안에 볼(Ball)이 회전하다 포켓(Pocket) 안에 들어간 번호가 위닝넘버(Winning Number)가 되는 게임

제6절 국제회의업

핵심이론 35 국제회의의 개념

① 국제회의의 정의

㉠ 특정 사람들이 특정 시기와 장소에 모여 의견과 정보를 교류하는 일련의 집회 및 행사를 말한다.

㉡ 국경을 초월한 사람 · 지식 · 정보 · 상품의 교류장으로서 각종 이벤트 · 전시회 등을 개최하는 행위의 총체라고 정의할 수 있다.

② 국제회의의 조건

㉠ 국제회의연합(UIA ; Union of International Associations)
- 국제회의를 국제기구가 주최 또는 후원하는 회의이다.
- 다음의 조건을 모두 만족해야 한다.
  - 참가국이 5개국 이상일 것
  - 참가자 수가 300명 이상일 것
  - 참가자 중 외국인이 40% 이상일 것
  - 회의기간이 3일 이상일 것

㉡ 국제컨벤션협회(ICCA ; International Congress & Convention Associations)
- 참가국을 순회하며 정기적으로 개최하는 회의이다.
- 컨벤션 관련분야 산업의 성장을 목적으로 1963년 유럽에서 설립되었다.
- 다음의 조건을 모두 만족해야 한다.
  - 참가국이 3개국 이상일 것
  - 참가자 수가 50명 이상일 것

㉢ 아시아컨벤션뷰로협회(AACVB ; Asian Association of Convention & Visitor Bureaus)
- 공인된 단체나 법인이 주최하는 단체회의, 학술심포지엄, 전시 · 박람회 등 다양한 형태의 모임이다.
- 다음의 조건을 모두 만족해야 한다.
  - 전체 참가자 중 외국인이 10% 이상일 것
  - 방문객이 1박 이상의 상업적 숙박시설을 이용할 것

㉣ 한국관광공사(KNTO ; Korea National Tourism Organization)

- 국제기구 본부에서 주최하거나 국내 단체가 주관하는 회의이다.
- 다음의 조건을 모두 만족해야 한다.
  - 참가국이 3개국 이상일 것
  - 참가자 중 외국인이 10명 이상일 것
  - 회의기간이 2일 이상일 것

③ 국제회의의 성격

㉠ 복합성을 가지고 있다.

㉡ 경제성과 공익성을 동시에 요구한다.

㉢ 전문성이 필요하다.

㉣ 시설서비스가 완벽하게 갖추어져야 한다.

㉤ 개최지역이나 국가에 경제적 · 사회문화적 · 정치적 · 관광적 측면에서 파급효과가 크다.

[핵심예제]

35-1. 국제회의기준을 정한 공인 단체명과 이에 해당하는 용어의 연결이 옳은 것은? [2019년]

① AACVA – 아시아 콩그레스 VIP 연합회

② ICAO – 국제 컨벤션 연합 조직

③ ICCA – 국제 커뮤니티 컨퍼런스 연합

④ UIA – 국제회의연합

정답 ④

35-2. 컨벤션과 관련분야 산업의 성장을 목적으로 1963년 유럽에서 설립된 컨벤션 국제기구는? [2016년 정기]

① WTTC ② ICAO

③ ICCA ④ IHA

정답 ③

해설

35-1

① AACVB : 아시아컨벤션뷰로협회

② ICAO : 국제민간항공기구

③ ICCA : 국제컨벤션협회

35-2

① WTTC : 세계여행관광협회

② ICAO : 국제민간항공기구

④ IHA : 국제호텔협회

핵심이론 36 국제회의의 분류

① 법률적 분류(국제회의산업 육성에 관한 법률 시행령 제2조)

㉠ 국제기구나 국제기구에 가입한 기관 또는 법인 · 단체가 개최하는 회의로서 다음의 종류와 규모에 해당하는 것을 말한다.

- 해당 회의에 5개국 이상의 외국인이 참가할 것
- 회의 참가자가 300명 이상이고 그 중 외국인이 100명 이상일 것
- 3일 이상 진행되는 회의일 것

㉡ 국제기구에 가입하지 아니한 기관 또는 법인 · 단체가 개최하는 회의로서 다음의 종류와 규모에 해당하는 것을 말한다.

- 회의 참가자 중 외국인이 150명 이상일 것
- 2일 이상 진행되는 회의일 것

㉢ 국제기구, 기관, 법인 또는 단체가 개최하는 회의로서 다음 각 목의 요건을 모두 갖춘 회의

- 감염병의 예방 및 관리에 관한 법률 제2조 제2호에 따른 제1급 감염병 확산으로 외국인이 회의장에 직접 참석하기 곤란한 회의로서 개최일이 문화체육관광부장관이 정하여 고시하는 기간 내일 것
- 회의 참가자 수, 외국인 참가자 수 및 회의일수가 문화체육관광부장관이 정하여 고시하는 기준에 해당할 것

② 형태적 분류

구분	내용
회의 (Meeting)	모든 종류의 모임을 총칭하는 가장 포괄적인 개념이다.
컨벤션 (Convention)	특정 분야에 관하여 전문성을 띠는 대규모 모임이나 회의로, 정보전달을 목적으로 한다.
세미나 (Seminar)	주로 교육적인 목적을 가진 회의로서 전문가의 주도하에 특정분야에 대한 각자의 지식이나 경험을 발표 · 토의한다.
워크숍 (Workshop)	문제해결능력의 일환으로서 특정문제나 과제에 관해 새로운 지식 · 기술 · 아이디어 등을 교환하는 회의이다.
컨퍼런스 (Conference)	주로 과학 · 기술 분야 등에서 정보 전달을 주목적으로 하는 각종 회의를 포괄적으로 의미한다.

콩그레스 (Congress)	컨벤션과 같은 의미의 대규모 실무회의로, 유럽지역에서 자주 사용한다.
포럼 (Forum)	한 주제에 대해 상반된 견해를 가진 동일 분야의 전문가들이 사회자의 주도하에 청중 앞에서 벌이는 공개 토론회이다.
심포지엄 (Symposium)	제시된 안건에 대해 전문가들이 연구결과를 중심으로 다수의 청중 앞에서 벌이는 공개 토론회이다.
패널토의 (Panel Discussion)	청중이 모인 가운데 다수의 연사가 사회자의 주도하에 서로 다른 분야의 전문가적 견해를 발표하는 공개 토론회로 청중도 자신의 의견을 발표할 수 있다.
화상회의 (Teleconference)	원거리 지역 간에 통신회선을 이용하여 회의 참가자가 화면을 통해 서로 얼굴을 보면서 진행하는 형태의 회의이다.
클리닉 (Clinic)	소그룹을 위해 특별한 기술을 훈련 · 강습하는 모임이다.
수련회 (Retreat)	분리된 지역에서 상호결속 혹은 단순한 휴식의 목적으로 운영되는 모임이다.
강연회 (Institute)	교육훈련의 기회를 제공하기 위해 전문 직업 내에서 형성되는 모임이다.
전시회 (Exhibition)	판매자에 의하여 제공된 상품과 서비스를 전시하는 모임이다.
박람회 (Exposition)	부스를 이용하여 예술, 과학, 산업 등의 분야를 조직적으로 전시하는 모임이다.
라운드테이블 (Round Table)	국가 간의 정상회담이나 기업 간의 회장 모임 등에 사용되는 용어이다.
인센티브 관광 (incentive Travel)	기업의 생산효율성 증대 및 광고효과 유발의 목적으로 고객에게 관광의 형태로 보상을 하는 것이다.

③ **성격별 분류**

㉠ 기업회의　㉡ 협회회의

㉢ 비영리단체회의　㉣ 정부기구회의

④ **회의목적에 의한 분류**

㉠ 교섭회의　㉡ 학술회의

㉢ 친선회의　㉣ 기획회의

㉤ 정기회의

핵심예제

36-1. 다음에서 설명하는 회의는? [2015년 특별]

> 대개 30명 이하의 규모이며, 주로 교육목적을 띤 회의로서 전문가의 주도하에 특정분야에 대한 각자의 지식이나 경험을 발표 · 토의한다. 발표자가 우월한 위치에서 지식의 전달자로서 역할을 한다.

① 포럼(Forum)

② 세미나(Seminar)

③ 패널토의(Panel Discussion)

④ 컨퍼런스(Conference)

정답 ②

36-2. 다음에서 설명하는 회의는? [2020년]

> 청중이 모인 가운데 2~8명의 연사가 사회자의 주도하에 서로 다른 분야에서의 전문가적 견해를 발표하는 공개 토론회로 청중도 자신의 의견을 발표할 수 있다.

① 포 럼

② 워크숍

③ 패널토의

④ 세미나

정답 ③

해설

36-1

① 한 주제에 대해 상반된 견해를 가진 동일 분야의 전문가들이 사회자의 주도하에 청중 앞에서 벌이는 공개토론회를 말한다.

③ 토의에 참가하는 참가자와 일반 청중으로 구성되며, 특정한 주제에 대해 상반되는 견해를 대표하는 사람들이 사회자의 진행에 따라 토의한다.

④ 컨벤션과 비슷한 의미를 가지고 있으며, 주로 과학 · 기술 분야 등에서 정보 전달을 주목적으로 하는 각종 회의를 포괄적으로 의미한다.

36-2

① 한 주제에 대해 상반된 견해를 가진 동일 분야의 전문가들이 사회자의 주도하에 청중 앞에서 벌이는 공개 토론회
② 문제해결능력의 일환으로서 참여를 강조하고 30~35명 정도의 인원이 특정문제나 과제에 관해 새로운 지식 · 기술 · 아이디어 등을 교환하는 회의
④ 대개 30명 이하의 규모로 주로 교육목적을 띤 회의

핵심이론 37 국제회의업의 개념

① 국제회의업의 종류
 ㉠ 국제회의시설업 : 대규모 관광 수요를 유발하는 국제회의를 개최할 수 있는 시설을 설치하여 운영하는 업이다.
 ㉡ 국제회의기획업 : 대규모 관광 수요를 유발하는 국제회의의 계획 · 준비 · 진행 등의 업무를 위탁받아 대행하는 업이다.
 ㉢ 국제회의 전담기관(CVB) : 컨벤션산업 진흥을 위해 관련단체들이 참여하여 마케팅 및 각종 지원 사업을 수행하는 전담기구이다.

② 국제회의업의 등록기준(관광진흥법 시행령 별표 1)
 ㉠ 국제회의시설업
  • 국제회의산업 육성에 관한 법률 시행령 제3조에 따른 회의시설 및 전시시설의 요건을 갖추고 있어야 한다.
  • 국제회의개최 및 전시의 편의를 위하여 부대시설로 주차시설과 쇼핑 · 휴식시설을 갖추고 있어야 한다.
 ㉡ 국제회의기획업
  • 자본금 : 5천만원 이상이어야 한다.
  • 사무실 : 소유권이나 사용권이 있어야 한다.

[핵심예제]

37-1. 다음 설명에 해당하는 것은? [2017년]

> 컨벤션산업 진흥을 위해 관련단체들이 참여하여 마케팅 및 각종 지원 사업을 수행하는 전담기구

① CMP　② KNTO
③ CVB　④ CRS

정답 ③

37-2. A는 국제회의업 중 국제회의기획업을 경영하려고 한다. 국제회의기획업의 등록 기준으로 옳은 것을 모두 고른 것은? [2019년]

> ㄱ. 2천명 이상의 인원을 수용할 수 있는 대회의실이 있을 것
> ㄴ. 자본금이 5천만원 이상일 것
> ㄷ. 사무실에 대한 소유권이나 사용권이 있을 것
> ㄹ. 옥내와 옥외의 전시면적을 합쳐서 2천제곱미터 이상 확보하고 있을 것

① ㄱ, ㄴ　② ㄱ, ㄹ
③ ㄴ, ㄷ　④ ㄷ, ㄹ

정답 ③

해설

37-1

CVB는 각국 정부 또는 지방자치단체 등이 국제회의산업의 중요성과 전문성을 인식하여 국제회의 유치와 운영에 관한 정보의 제공 · 자문 · 홍보 또는 지원을 전담하기 위해 설치한 조직이다.

① CMP : 국제컨벤션기획사
② KNTO : 한국관광공사
④ CRS : 항공예약시스템

37-2

국제회의기획업의 등록기준

- 자본금 : 5천만원 이상일 것
- 사무실 : 소유권이나 사용권이 있을 것

핵심이론 38 국제회의업의 효과 및 발전방안

① 국제회의업의 파급효과

㉠ 경제적 측면

- 긍정적 효과
  - 외화 획득으로 국제수지 개선
  - 고용 증대
  - 세수의 증대로 지역경제 활성화
  - 최신 정보 · 기술 입수
- 부정적 효과
  - 물가상승과 부동산 투기
  - 유흥 및 향락업소 성행

㉡ 사회 · 문화적 측면

- 긍정적 효과
  - 국제친선 도모
  - 시민의식 향상
  - 사회기반시설의 확충과 정비
  - 지역문화의 발전, 지방의 국제화
  - 도시환경의 개선
- 부정적 효과
  - 고유지역성 훼손
  - 교통혼잡 및 공해 유발
  - 사치와 소비풍조 조장
  - 지역문화자원의 상업화
  - 행사기간 중 국민생활의 불편

㉢ 정치적 측면

- 긍정적 효과
  - 개최국의 대외이미지 부각
  - 민간외교 기여
  - 평화통일 및 외교 정책 구현
  - 국가홍보효과
  - 국제적 영향력 증대
- 부정적 효과
  - 개최국의 정치이용화
  - 과다한 경제적 부담과 희생

㉣ 관광적 측면

- 긍정적 효과
  - 대규모의 외래관광객 유치
  - 관광진흥의 발전
  - 지역 이미지 제고
  - 비수기의 타개책
- 부정적 효과
  - 관광지역 주민의 소외 및 불이익성
  - 관광지 주변의 교통혼잡 · 소음 · 공해 발생
  - 관광지의 상업화

② 국제회의업의 기본방향과 발전방안

㉠ 기본방향

- 대국민 국제회의사업의 인식제고와 함께 지방정부와 협력체제를 강화한다.
- 컨벤션시설 및 기반시설 확충을 유도한다.
- 국제회의 전문인력을 양성한다.
- 지방국제회의 사업의 활성화를 도모한다.

㉡ 발전방안

- 국제회의도시를 조성한다.
- 국제컨벤션센터를 건립한다.
- 국제회의 전담기관을 설립한다.
- 국제회의 전문인력을 양성한다.
- 국제회의사업 운영주체에 대한 지원을 한다.

[핵심예제]

국제회의 산업의 파급효과 중 사회문화적 효과로 옳지 않은 것은? [2015년 정기]

① 세수(稅收) 증대
② 국제친선 도모
③ 지역문화 발전
④ 상호이해 증진

정답 ①

해설

세수의 증대는 경제적 측면의 효과에 해당한다.

핵심이론 39 컨벤션 센터

① 컨벤션 센터의 시설구성

㉠ 주시설 : 회의 · 전시 및 이벤트의 장

㉡ 지원시설 : 주시설의 관리유지 및 식음료서비스시설 등

㉢ 관련시설 : 참가자들을 위한 숙박 · 쇼핑 · 레크리에이션 시설 등

② 컨벤션 센터의 유형

㉠ 텔레포트형 : 정보를 수집하고 가공 · 발신하는 정보창출기능의 도모를 위한 정보산업관련기관이 집합해 있는 지역에 적합하다.

㉡ 테크노파크형 : 첨단산업, 연구개발, 주거 및 관광기능이 갖추어진 고도의 기술집적도시에 적합하다.

㉢ 컨벤션 리조트형 : 관광자원과 시설을 가지고 있는 관광목적지로서 컨벤션 개최와 관련된 지원 · 서비스기능을 보유하고 있는 관광지향적 도시나 관광휴양단지에 적합하다.

③ 해외 컨벤션 주요 현황

㉠ 컨벤션산업은 컨벤션을 개최하는 나라나 도시에 큰 경제적 이익을 주는 21세기 고부가가치 산업이다.

㉡ 저비용으로 많은 외화를 벌어들일 수 있고 정치 · 외교적으로도 국가의 위상을 높일 수 있다.

㉢ 세계 주요 나라와 도시들은 컨벤션산업의 경쟁력을 확보하고 시장을 선점하기 위해 체계적 정책으로 육성하고 있다.

④ 우리나라 컨벤션 센터 현황

지 역	센터명	전시면적(㎡)
서 울	COEX	36,007
	SETEC	7,948
	aT센터	7,422
경 기	KINTEX	108,566
인 천	SONGDO CONVENSIA	8,416
대 전	DCC	2,502
세 종	SCC	4,887
광 주	KDJ Center	12,027
군 산	GSCO	3,000
대 구	EXCO	25,159

제4과목

구 미	GUMICO	3,402
경 주	HICO	2,273
부 산	BEXCO	46,380
창 원	CECO	7,827
제 주	ICC Jeju	2,395

[핵심예제]

39-1. 2017년 현재 컨벤션센터 중 전시면적이 큰 순서대로 나열한 것은? [2017년]

① ICC Jeju – EXCO – COEX
② BEXCO – EXCO – ICC Jeju
③ EXCO – BEXCO – ICC Jeju
④ COEX – ICC Jeju – BEXCO

정답 ②

39-2. 국내 주요 컨벤션센터 명과 소재 지역이 바르게 연결된 것은? [2014년 정기]

① BEXCO – 대전 ② CECO – 제주
③ EXCO – 대구 ④ KINTEX – 창원

정답 ③

해설

39-1
우리나라 대표적 컨벤션 센터 중 규모의 크기는 부산의 BEXCO, 대구의 EXCO, 제주의 ICC Jeju순이다.

39-2
① BEXCO : 부산
② CECO : 창원
④ KINTEX : 일산

핵심이론 40 유니크 베뉴

① MICE의 정의

㉠ Meetings(회의), Incentives Travel(포상여행), Conventions(컨벤션), Exhibitions/Events(전시/이벤트)의 네 분야를 통틀어 말하는 서비스 산업이다.

㉡ 한국관광공사는 1979년부터 국제회의부(현 Korea MICE 뷰로)를 설치하여 MICE 산업 중앙전담기구로서의 역할을 담당하고 있다.

② 유니크 베뉴

㉠ MICE 행사를 회의 전문시설(컨벤션센터, 호텔 등)이 아닌 해당 도시의 전통과 매력을 느낄 수 있는 장소에서 개최하는 것으로 한국관광공사에서 선정하여 발표한다.

㉡ 각 시설의 특성, 활용성 등을 평가하여 2022년 기준 총 13개 지역, 39개 베뉴가 선정되었다.

지 역	개 수	선정베뉴
서 울	8개	• 노들섬 • 국립중앙박물관 • 문화비축기지 • 우리옛돌박물관 • 이랜드크루즈 • 플로팅 아일랜드 컨벤션 • 한국가구박물관 • 한국의 집
경 기	5개	• 한국만화영상진흥원 • 광명동굴 • 한국민속촌 • 현대 모터스튜디오 고양 • 현대유람선
인 천	3개	• 트라이보울 • 전등사 • 오크우드 프리미어 파노라믹65
강 원	7개	• 하슬라아트월드 • 강릉오죽한옥마을 • 원주한지테마파크 • DMZ박물관 • 알펜시아 스키점프센터 • 인제스피디움 • 남이섬
전 주	2개	• 왕의지밀 • 한국소리문화의전당

광 주	1개	• 국립아시아문화전당
경 주	2개	• 황룡원 • 국립경주박물관
김 해	1개	• 클레이아크 김해미술관
논 산	1개	• 선샤인스튜디오
천 안	1개	• 독립기념관
부 산	4개	• 뮤지엄 원 • 누리마루 APEC 하우스 • 더베이101 • 영화의 전당
대 구	1개	• 대구예술발전소
제 주	3개	• 생각하는 정원 • 본태박물관 • 제주민속촌
계	39개	–

[핵심예제]

2018년 한국관광공사 선정 KOREA 유니크베뉴가 아닌 장소는? [2018년]

① 서울 국립중앙박물관
② 부산 영화의 전당
③ 광주 월봉서원
④ 전주 한옥마을

정답 ③, ④(해설참조)

해설

현재 광주 지역 유니크 베뉴에는 국립아시아문화전당, 전주는 왕의지밀과 한국소리문화의 전당이 선정되어 있다.
※ 출제 당시 정답은 ④였으나, 현재는 ③ 또한 정답에 해당한다.

제7절 관광마케팅

핵심이론 41 마케팅의 개념

① 마케팅의 정의
㉠ 미국 마케팅학회(AMA ; American Marketing Association)
• 상품과 서비스를 생산자로부터 소비자 또는 사용자에게 유통시키는 기업활동이다.
• 개인과 조직의 목적을 충족시켜 주는 상호교환을 창조하기 위하여 아이디어나 재화 · 용역의 창안, 가격 결정, 촉진과 유통을 계획하고 실행하는 과정이다.
㉡ 코틀러(P. Kotler) : 이익을 올리면서도 선택한 고객층의 요구와 욕구를 충족시킬 목적하에 고객에게 돌아가는 기업의 자원 · 정책 · 제활동을 분석 · 조직화하고 계획 · 통제하는 기능이다.
㉢ 매카시(E. J. McCarthy) : 생산자로부터 소비자 또는 사용자에 이르기까지 소비자 만족과 기업의 목적을 달성하기 위해서 재화와 서비스 유통을 관리하는 기업활동의 수행이다.

② 마케팅의 전략
㉠ 마케팅 전략은 일반적으로 끊임없이 변화하고 경쟁적인 기업 환경조건에서 고객 확대와 기업 성장과 발전을 도모하는 통합적이고도 장기적인 경영방책이다.
㉡ 마케팅 활동은 일반적으로 마케팅 준비, 마케팅 전략, 마케팅 관리, 마케팅 실시의 4가지 단계적 과정에 의하여 실현된다.

③ 마케팅의 발달과정

생산지향	• 수요가 공급을 초과하던 시기 • 기업은 대량생산을 경영의 목표로 삼음
제품지향	• 수요와 공급이 균형을 이루는 단계 • 소비자들이 품질 좋은 제품을 선호하기 시작
판매지향	• 수요보다 공급이 초과하기 시작하는 단계 • 기업 간의 경쟁이 심화되어 효율적인 판매전략이 요구됨
마케팅지향	• 관점이 판매자 중심에서 구매자 중심으로 바뀌는 단계 • 고객의 욕구 충족을 최우선 목표로 삼음
사회적 마케팅 지향	• 소비자의 만족과 사회복지 공헌을 동시에 고려하는 단계 • 현재 기업의 사회적 책임이 부각되고 있음

핵심예제

관광마케팅 기본 개념의 시대별 변천 순서를 올바르게 나열한 것은? [2013년 정기]

ㄱ. 제품지향 개념
ㄴ. 사회적 마케팅지향 개념
ㄷ. 판매지향 개념
ㄹ. 생산지향 개념
ㅁ. 마케팅지향 개념

① ㄱ－ㄷ－ㄹ－ㅁ－ㄴ
② ㄱ－ㄹ－ㄷ－ㄴ－ㅁ
③ ㄹ－ㄷ－ㄱ－ㄴ－ㅁ
④ ㄹ－ㄱ－ㄷ－ㅁ－ㄴ

정답 ④

해설

마케팅의 발전과정

생산 개념 → 제품 개념 → 판매 개념 → 마케팅 개념 → 사회지향적 개념

핵심이론 42 마케팅 믹스

① 마케팅믹스(Marketing Mix)의 정의

㉠ 기업이 표적시장에서 마케팅목표를 달성하기 위하여 통제 가능한 마케팅 변수를 최적으로 배합하는 것을 말한다.

㉡ 마케팅 변수

- 4P : 제품(Product), 가격(Price), 유통(Place), 촉진(Promotion)
- 7P : 4P + 인적(People), 물리적 증거(Physical Evidence), 서비스 과정(Process)
- 8P : 4P + 종사원(Person), 패키징(Packaging), 프로그래밍(Programming), 제휴(Partnership)

상품 (Product)	• 고객의 욕구와 요구를 충족시켜 줄 수 있는 모든 것 • 교통, 시설, 장소, 상품, 서비스 등
유통 (Place)	• 고객에게 서비스 또는 제품을 전달하는 과정에 수반되는 모든 활동 • 예약 단계, 인터넷 활용 등 관광상품에 맞는 유통경로 구축
가격 (Price)	• 제품이나 서비스를 받기 위해 고객이 지불하는 금액 • 상품의 가치 측정, 소비자 만족도의 평가 도구
촉진 (Promotion)	• 제품의 가치를 고객들에게 홍보하는 활동 • 촉진수단은 광고, 판매촉진, 인적판매, PR로 구분 • 잡지, 신문, 텔레비전, 라디오, SNS 등을 주로 이용
인적요소 (Person)	• 판매 · 구매 활동에 영향을 끼치는 모든 사람 • 종업원, 관광업체 경영자, 고객 등
서비스 전달과정 (Process)	• 서비스에 고객의 참여를 어느 정도 유도할 것인지에 대한 의사결정 요인 • 고객참여수준, 활동흐름과정 등
물리적 증거 (Physical Evidence)	• 눈에 보이지 않는 서비스 품질을 소비자에게 확인시켜 주는 요인 • 시설 분위기, 장비, 종업원 복장 등
패키징 (Packaging)	• 두 개 이상의 상품을 하나로 묶어서 판매하는 것 • 여행 패키지, 호텔 패키지 등

프로그래밍 (Programming)	관광일정을 순차적으로 프로그램화하여 고객이 시간을 효율적으로 사용할 수 있도록 하는 활동
제휴 (Partnership)	관련 기업들이 공동의 목적을 달성하기 위해 전략적 제휴를 하는 활동

② **마케팅의 기본요소**

㉠ 욕구(Needs)와 필요(Wants)

- 욕구 : 사람이 무엇인가 부족함을 느끼고 있는 상태이다.
- 필요 : 욕구를 충족시키기 위한 여러 형태의 수단에 의하여 나타나는 열망이다.

㉡ 수요(Demands)

- 수요는 구매력이 뒷받침된 필요를 말한다.
- 욕구가 구매력과 구매의지에 의해 뒷받침될 때 비로소 구매로 이어지는 것이다.

㉢ 가치(Value)

- 가치는 편익과 비용이 서로 상쇄(Trade-off)되는 관계를 말한다.
- 소비자는 여러 대안 중에서 자신에게 가장 높은 가치를 실현시켜주는 대안을 선택한다.

③ **마케팅믹스의 효과**

㉠ 마케팅믹스 요소들의 결합은 시너지효과를 유발해 더욱 효과적인 마케팅전략배합을 가능하게 해준다.

㉡ 상충되는 믹스요소로 인해 고객이 느끼는 혼란이나 불만이 크게 줄어든다.

[핵심예제]

관광마케팅 믹스의 구성요소와 그 내용의 연결이 옳은 것은?

[2020년]

① 촉진(Promotion) - 관광종사원
② 유통(Place) - 호텔시설
③ 상품(Product) - 항공비용
④ 사람(People) - 관광업체 경영자

정답 ④

해설

① Promotion : 광고, 판매촉진
② Place : 여행 도매업자, 정부, 협회
③ Product : 교통, 관광지, 관광자원

핵심이론 43 관광마케팅 전략

① **관광마케팅의 정의(UNWTO)** : 시장조사, 예측, 선택을 통하여 자사의 관광상품이 시장에서 가장 좋은 위치를 선점하는 경영철학을 말한다.

② **관광마케팅의 특징**

㉠ 무형성 : 사전 체험 불가능, 서비스라는 무형의 상품 판매, 가치평가 불가능 등의 특징이 있다.

㉡ 소멸성 : 재고 및 저장이 불가능하여 당일 판매되지 않으면 소멸(호텔 객실, 비행기 좌석 등)한다.

㉢ 동시성 : 생산과 소비가 동시에 일어나며, 여행자 · 여행사와의 상호의존적 관계를 맺는다.

㉣ 이질성 : 여행제공자, 제공방법에 따라 서비스 품질 차이가 있으며, 서비스의 표준화 · 규격화가 어렵다.

㉤ 계절성 : 성수기와 비수기에 따라 수요가 달라진다.

㉥ 동질성 : 여행기초상품(객실, 항공좌석 등)이 비슷하여 경쟁우위 확보가 어렵다.

㉦ 보완성 : 관광사업은 서로 밀접한 영향을 미치며 서로 보완한다.

③ **관광마케팅 전략의 구분**

㉠ 시장범위에 따른 마케팅 전략

- 비차별적 마케팅 전략 : 전체 시장을 대상으로 단일 마케팅활동을 벌이는 전략이다.
- 차별적 마케팅 전략 : 세분 시장을 대상으로 각기 다른 마케팅믹스를 적용하는 전략이다.
- 집중적 마케팅 전략 : 전체 시장을 대상으로 한 마케팅 활동이 어려운 경우 세분 시장만을 목표시장으로 선정하여 마케팅활동을 집중하는 전략이다.
- 시장적소 마케팅 전략 : 세분화된 여러 시장부분 중 기업의 목적과 자원에 적합한 단일의 목표시장을 선정하고 거기에 마케팅활동을 집중하여 특화시키는 전략이다.

㉡ 업계지위에 따른 마케팅 전략

- 시장선도자전략 : 시장선도기업은 새로운 서비스의 추가, 서비스 질의 개선, 마케팅비용 지출 증대, 경쟁기업의 합병 등을 통해 공격을 방어해야 한다.
- 시장도전자전략 : 시장도전자는 경쟁기업이 소홀히 하는 지역이나 세분시장의 수요를 충족시키는 방법을 채택한다.
- 시장추종자전략 : 시장추종자는 시장선도자에 대해 공략하기보다는 추종하는 전략을 채택한다.

㉢ 상품수명주기에 따른 마케팅전략

단 계	구 분	내 용
도입기	정 의	시장 도입 단계로 이윤이 발생하지 않거나 매우 낮은 단계
	전 략	• 급속한 초기 고가전략 • 완만한 초기 고가전략 • 급속한 초기 저가전략 • 완만한 초기 저가전략
성장기	정 의	수요가 급속도로 성장하여 경쟁자의 진입이 많아지는 단계
	전 략	• 새로운 서비스 추가, 서비스 질 개선 • 새로운 목표시장 추구 • 새로운 유통경로 이용 • 가격에 민감한 고객을 유치하기 위한 가격인하
성숙기	정 의	치열한 경쟁으로 인해 매출증가율 및 이익이 둔화되는 단계
	전 략	• 시장수정전략 : 경쟁업체 고객유인, 새로운 목표시장 추가, 서비스의 비이용자를 이용자로 전환 • 제품수정전략 : 제품 · 서비스가 새로워 보이도록 하는 전략 • 마케팅믹스 수정전략 : 마케팅 믹스 수정으로 기업 매출액증대 도모
쇠퇴기	정 의	매출저하로 이익이 발생하지 않는 단계
	전 략	• 지출 감소, 사업 매각 • 기존 서비스의 새로운 용도 개발, 포지셔닝전략 수정

㉣ 기타 마케팅 전략

- 관계 마케팅 : 고객과의 관계를 형성 · 유지 · 발전시키는 것을 강조하는 마케팅이다.
- 내부 마케팅 : 고객에게 직접 서비스를 제공하는 직원을 대상으로 하는 마케팅이다.
- 직접 마케팅 : 일반적인 생산자 → 도매상 → 소매상의 유통경로를 따르지 않고 직접 고객에게서 주문을 받아 판매하는 마케팅이다.

㉤ AIO 분석

- 개념 : 소비자의 Activities(활동), Interest(관심), Opinion(의견)을 분석하는 기법이다.
- 분 석
  - Activities(활동) : 사람들이 자신의 시간을 어떻게 소비하는가?
  - Interest(관심) : 주위 환경에서 특별히 중요하게 고려하는 것은 무엇인가?
  - Opinion(의견) : 자신과 주위 세계에 대한 생각은 무엇인가?
- 특 징
  - 소비자 일상의 제반 행동과 대상, 사건, 상황에 대한 관심 정도 등을 측정한다.
  - 소비자의 특정 사물이나 사건에 대한 의견을 파악한다.

㉥ SWOT 분석

- 의 의 : 기업의 내부 · 외부환경을 분석하여 자사의 강점과 약점, 기회와 위협 요인을 규정하고, 이를 기반으로 마케팅 전략을 수립하는 데 사용되는 기법이다.
- SWOT 분석의 구성
  - 강점(Strength) : 기업 내부의 강점(자본력, 우수한 기술력, 유능한 인적자원 등)
  - 약점(Weakness) : 기업 내부의 약점(생산력 부족, 낮은 브랜드 인지도 등)
  - 기회(Opportunity) : 기업 외부에서 비롯된 사회 · 경제적인 기회
  - 위협(Threat) : 기업 외부에서 비롯된 사회 · 경제적인 위협

핵심예제

43-1. 비수기 수요의 개발, 예약시스템의 도입 등은 관광서비스 특징 중 어떤 문제점을 극복하기 위한 마케팅 전략인가? [2016년 정기]

① 무형성(Intangibility)
② 비분리성(Inseparability)
③ 소멸성(Perishability)
④ 이질성(Heterogeneity)

정답 ③

43-2. 관광산업에서 고객에게 직접 서비스를 제공하는 직원을 대상으로 하는 마케팅 용어는? [2016년 특별]

① 포지셔닝 전략(Positioning Strategy)
② 관계 마케팅(Relationship Marketing)
③ 내부 마케팅(Internal Marketing)
④ 직접 마케팅(Direct Marketing)

정답 ③

43-3. 마케팅전략 개발에 유용하게 이용될 수 있는 AIO 분석에 관한 설명으로 옳지 않은 것은? [2017년]

① 소비자의 관찰가능한 일상의 제반 행동이 측정 대상이다.
② 특정 대상, 사건, 상황에 대한 관심 정도가 측정 대상이다.
③ 소비자에게 강점과 약점으로 인식되는 요소를 찾아내는 것이다.
④ 소비자의 특정 사물이나 사건에 대한 의견을 파악한다.

정답 ③

해설

43-1

관광서비스는 제품과 달리 재고의 보관이 불가능하고, 서비스의 산출과 동시에 소멸되는 특성을 가지고 있다.

43-2

① 포지셔닝 전략(Positioning Strategy) : 시장 세분화를 기초로 정해진 표적시장 내 고객들의 마음에 시장분석, 고객분석, 경쟁분석 등을 기초로 하여 얻은 전략적 위치를 계획하는 것이다.

② 관계 마케팅(Relationship Marketing) : 고객과의 관계를 형성 · 유지 · 발전시키는 것을 강조하는 마케팅(상호작용적 마케팅)이다.

④ 직접 마케팅(Direct Marketing) : 기업의 마케팅 관리 측면에서 일반적인 생산자 → 도매상 → 소매상의 전통적 유통경로를 따르지 않고 직접 고객에게서 주문을 받아 판매하는 것이다.

43-3

AIO 분석은 시장 세분화 전략에서 Life Style을 분석할 때 Activities(활동), Interest(관심), Opinion(의견)에 따라 분석하는 방법이다.

③ SWOT 분석은 강점(Strength), 약점(Weakness), 기회(Opportunity), 위협(Threat)의 앞 글자를 따서 만든 단어로, 경영전략을 수립하기 위한 분석 도구이다.

핵심이론 44 시장세분화 전략

① **시장세분화의 정의** : 목표시장을 선정하기 위하여 전체 시장을 일정한 기준에 따라 동일한 특성을 갖는 고객 집단으로 세분화하는 것을 말한다.

② **시장세분화의 이점**

㉠ 관광객의 수요와 욕구를 정확하게 파악하여 유리한 마케팅전략 및 자원배분이 가능하다.

㉡ 기업의 내부환경을 평가하여 유리한 시장을 선택할 수 있다.

㉢ 이윤잠재력이 큰 시장에 자본 및 노력을 집중하여 마케팅예산 배분을 위한 지침을 제공한다.

㉣ 효과적인 판매촉진활동으로 관광객의 판매저항을 최소화할 수 있다.

㉤ 관광 상품을 수요의 특성에 맞게 조정할 수 있다.

③ **시장세분화의 요건**

㉠ 측정가능성 : 각 세분시장의 규모나 구매력 등이 정확히 측정 · 비교되어야 한다.

㉡ 접근가능성 : 마케팅활동을 통해 세분시장의 고객에게 서비스가 잘 전달되어야 한다.

㉢ 유지가능성 : 마케팅을 지속적으로 실행할 수 있을 만큼 수익성이 확보되어야 한다.

㉣ 실행가능성 : 기업은 효과적인 마케팅 프로그램을 수립하고 집행할 수 있는 능력을 보유해야 한다.

④ **시장세분화의 기준**

㉠ 지리학적 변수 : 지역, 인구밀도, 도시의 규모, 기후

㉡ 인구통계적 변수 : 성별, 연령, 가족규모, 수입, 직업, 교육, 종교, 인종, 사회

㉢ 심리분석적 변수 : 계층, 사회적 계층, 라이프스타일, 개성

㉣ 행동분석적 변수 : 구매횟수, 이용률, 추구하는 편익, 사용량, 상표충성도, 여행빈도

⑤ 표적시장 선정

㉠ 전체 관광시장을 여러 가지 기준에 의해 세분화한 뒤 이들 세분시장에서 특정 표적시장을 공략하는 과정을 뜻한다.

㉡ 표적시장을 선정할 때 고려해야 할 사항

- 기업의 자원
- 제공되는 서비스의 동질성
- 서비스상품의 수명주기
- 시장의 동질성
- 경쟁자의 전략

[핵심예제]

마케팅 시장세분화의 기준 중 인구통계적 세부 변수에 해당하지 않는 것은? [2019년]

① 성 별　　② 종 교
③ 라이프스타일　　④ 가족생활주기

정답 ③

해설

라이프스타일은 심리분석적 변수에 해당한다.

핵심이론 45 포지셔닝 및 STP 전략

① **포지셔닝(Positioning)의 개념**

㉠ 포지셔닝의 정의

- 목표시장 내의 고객 마음에 특정한 위치를 차지하도록 하는 제품서비스 및 마케팅믹스 개발을 말한다.
- 관광사업에서 제공하는 상품과 서비스에 대한 이미지를 경쟁업체와 차별화시켜 관광객의 마음속에 위치시키는 제반활동이다.
- 시장세분화를 기초로 선정된 표적시장에서 관광객 · 경쟁기업 · 자사 관광상품의 분석을 통해 전략적 위치를 계획하는 데 의의가 있다.

㉡ 포지셔닝의 유형

- 객관적 포지셔닝 : 상품이나 서비스의 물리적 · 객관적인 속성들과 관련된 측면을 반영하고 서비스 이미지를 창조하는 것이다.
- 주관적 포지셔닝 : 제품이나 상품의 주관적 속성과 관련된 것으로 소비자의 정신지각에 속하는 인지된 이미지를 말하며, 상표 포지셔닝이라고도 한다.

② **STP 마케팅 전략**

㉠ 시장세분화(Segmentation) : 소비자의 욕구를 고려하여 고객을 집단으로 나눈다.

㉡ 목표고객설정(Targeting) : 세분화된 시장 중 목표 세분시장을 선택한다.

㉢ 포지셔닝(Positioning) : 경쟁시장에서 상대적 우위를 확보하기 위해 전략적 위치를 확보한다.

[핵심예제]

45-1. 관광마케팅에서 자사제품을 경쟁사 제품에 비해 차별적으로 인식시키는 것은 무엇인가? [2014년 정기]

① 포지셔닝(Positioning)
② 시장 세분화(Market Segmentation)
③ SWOT 분석
④ 표적시장 선정(Target Marketing)

정답 ①

45-2. 관광마케팅의 STP 전략에 관한 설명으로 옳은 것은?

[2014년 특별]

① S는 Smart를 의미한다.
② S는 Segmentation을 의미한다.
③ P는 Purchasing을 의미한다.
④ P는 Pricing을 의미한다.

정답 ②

해설

45-1

포지셔닝(Positioning)은 관광사업에서 제공하는 상품과 서비스에 대한 이미지를 경쟁업체와 차별화시켜 관광객의 마음속에 위치시키는 제반활동이다.

45-2

STP 마케팅 전략

- S(Segmentation) : 시장 세분화
- T(Targeting) : 세분화된 시장 중 목표 세분시장 선택
- P(Positioning) : 목표 세분시장의 뇌리에 브랜드, 상품 등을 각인시킴

제8절 국제관광 및 관광정책

핵심이론 46 국제관광

① **국제관광의 정의** : 인종과 성별 · 언어 · 종교 · 국경을 초월하여 타국의 문물 · 제도 · 경관 등을 두루 관찰하고, 감상 · 유람하는 목적으로 외국을 순방하는 일련의 인간활동을 말한다.

② **국제관광의 의의**
  ㉠ 국제 간의 인간 및 문화교류를 통한 문화생활 향상에 크게 이바지하고 있다.
  ㉡ 지역 주민과의 접촉을 통하여 국가상호간의 이해증진을 도모하고 국제친선에 기여한다.
  ㉢ 소득격차가 상대적으로 적으면서 인구증가에 따른 도시화와 공업화가 급속히 진행되고 있는 국가에서부터 점차 확대되고 있다.

③ **국제관광의 구분[세계관광기구(UNWTO)]**
  ㉠ 역외관광(Inter-regional Tourism) : 특정지역에 속해 있는 관광자가 다른 지역에 있는 국가로 이동하는 형태이다.
  ㉡ 역내관광(Intra-regional Tourism) : 특정지역에 속해 있는 관광자가 근접 지역 내의 다른 국가로 이동하는 여행 형태이다.

④ **국제관광의 목적**
  ㉠ 교양 목적 : 타국의 문물 · 제도 · 풍습 · 관습 · 산업 등을 시찰하여 자기의 견문을 넓힌다.
  ㉡ 위락적 목적 : 타국의 풍경 · 자연 · 건조물 · 생활 · 행사 · 명소 · 고적 등을 감상 · 유람할 목적으로 즐거움을 추구하는 것이다.

⑤ **국제관광의 특징**
  ㉠ 외화를 버는 행위로 국가의 소득성향적 행위이다.
  ㉡ 제3차 산업의 일종으로 비교적 수익성 높은 산업이다.
  ㉢ 비경제적 요소에 크게 민감하기 때문에 적은 자본을 투자하여 최대의 편익을 얻을 수 있다.
  ㉣ 경제의 여러 분야에 직 · 간접으로 영향을 주는 다면적 제품이다.

ⓜ 다른 수출산업보다 더 많은 비금전적 편익, 즉 사회적 · 문화적인 부분을 수반한다.

⑥ 국제관광의 경제적 효과
- ㉠ 국민소득 창출
- ㉡ 고용증대
- ㉢ 재정수입 증대
- ㉣ 국제수지 개선

⑦ 국제관광의 발전요인
- ㉠ 국민소득의 향상
- ㉡ 여가시간의 증대
- ㉢ 국제교통수단의 발달

⑧ 국제관광객의 유치방안
- ㉠ 단체관광의 유치
- ㉡ 국외 선전 강화
- ㉢ 극동아시아의 관광권역화
- ㉣ 관광상품의 특성화
- ㉤ 항공노선과 좌석의 공급 확대

더 알아보기

마닐라 선언
1980년, 세계관광기구(UNWTO) 107개 회원국 대표단이 참석한 세계관광대회(WTC)에서 관광활동은 인간 존엄성의 정신에 입각하여 보장되어야 하며 세계평화에 기여해야 함을 결의하였다.

핵심예제

46-1. 국제관광의 의의로 옳은 것을 모두 고른 것은? [2019년]

ㄱ. 세계평화 기여
ㄴ. 문화교류 와해
ㄷ. 외화가득률 축소
ㄹ. 지식확대 기여

① ㄱ, ㄷ ② ㄱ, ㄹ
③ ㄴ, ㄷ ④ ㄴ, ㄹ

정답 ②

46-2. 역내관광(Intra-regional Tourism)의 예로 옳은 것은? [2017년]

① 한국인의 일본여행
② 독일인의 태국여행
③ 중국인의 캐나다여행
④ 일본인의 콜롬비아여행

정답 ①

46-3. 국제관광의 경제적 효과에 해당되지 않는 것은? [2014년 정기]

① 고용창출 ② 인구구조 변화
③ 국민소득 증대 ④ 국제수지 개선

정답 ②

해설

46-1
ㄴ. 문화교류를 증진한다.
ㄷ. 외화가득률을 확대한다.

46-2
역내관광은 특정지역에 속해 있는 관광자가 근접 지역 내의 다른 국가로 이동하는 여행 형태이다.

46-3
국제관광의 경제적 효과
- 국민소득 창출
- 고용증대
- 재정수입 증대
- 국제수지 개선

핵심이론 47 해외여행 안전정보

① 여행경보제도

㉠ 특정 국가(지역) 여행 · 체류 시 특별한 주의가 요구되는 국가 및 지역에 경보를 지정하여 위험수준과 이에 따른 안전대책의 기준을 안내하는 제도이다.

㉡ 세계 각 국가와 지역의 위험수준을 단계별로 구분하고 행동요령을 안내한다.

단계	경보	내용
1단계	남색경보 (여행유의)	신변안전 위험 요인 숙지 · 대비
2단계	황색경보 (여행자제)	• 예정자 : 불필요한 여행 자제 • 체류자 : 신변안전 특별유의
3단계	적색경보 (철수권고)	• 예정자 : 여행 취소 · 연기 • 체류자 : 긴요한 용무가 아닌 한 철수
4단계	흑색경보 (여행금지)	• 예정자 : 여행금지 준수 • 체류자 : 즉시 대피 · 철수

② 특별여행주의보

㉠ 중 · 장기적인 여행안전정보 제공에 초점을 둔 '여행경보제도'와 달리 '특별여행주의보'는 단기적인 위험 상황이 발생하는 경우에 발령한다.

단계	주의보	내용
1단계	적색 주의보	해당 국가 전체 또는 일부지역에 '적색경보(철수권고)'에 준하는 효과 발생
2단계	흑색 주의보	기존의 여행경보단계와는 관계없이 해당 국가전체 또는 일부지역에 '즉시대피'에 해당하는 효과 발생

③ 여행금지제도

㉠ 여권법 등 관련 규정에 따라 우리 국민들의 방문 및 체류가 금지되는 국가 및 지역을 지정한다.

㉡ 흑색경보단계인 '여행금지'로 지정된 국가 · 지역의 방문이 금지되며 이미 체류하고 있는 경우 즉시 대피 · 철수가 요구된다.

④ 신속해외송금지원제도

㉠ 해외에서 우리 국민이 소지품 분실, 도난 등 예상치 못한 사고로 일시적으로 궁핍한 상황에 처하여 현금이 필요할 경우에 제공되는 제도이다.

㉡ 국내 지인이 외교부 계좌로 입금하면 현지 대사관 및 총영사관에서 해외여행객에게 긴급 경비를 현지화로 전달한다.

㉢ 지원 대상

- 해외여행 중 현금, 신용카드 등을 분실하거나 도난당한 경우
- 교통사고 등 갑작스러운 사고를 당하거나 질병을 앓게 된 경우
- 불가피하게 해외 여행기간을 연장하게 된 경우, 기타 자연재해 등 긴급 상황이 발생한 경우

㉣ 지원한도 : 미화 3,000달러 이하

핵심예제

47-1. 외교부에서 해외여행을 하는 국민에게 제시하는 여행경보제도의 단계별 내용으로 옳지 않은 것은? [2015년 특별]

① 남색경보 – 여행유의 ② 황색경보 – 여행자제
③ 적색경보 – 여행경고 ④ 흑색경보 – 여행금지

정답 ③

47-2. 신속해외송금제도에서 허용하고 있는 송금한도액으로 옳은 것은? [2015년 정기]

① 미화 1,000달러 이하 ② 미화 2,000달러 이하
③ 미화 3,000달러 이하 ④ 미화 5,000달러 이하

정답 ③

해설

47-1

여행경보제도

- 남색경보 : 여행유의
- 황색경보 : 여행자제
- 적색경보 : 철수권고
- 흑색경보 : 여행금지

47-2

신속해외송금제도의 지원한도는 미화 기준으로 최고 3,000달러 이하이다.

핵심이론 48 국제관광기구

① UNWTO(United Nations World Tourism Organization) : 세계관광기구

구분	내용
설립 목적	• 세계 관광정책 조정 • 가맹국의 관광경제 발전 도모 • 각국의 사회적 · 문화적 우호 관계 증진
연 혁	• 1975년 설립 • 159개 회원국 보유
주요 활동	• 세계 관광통계자료 제공 • 정기 간행물(WTO News) 발간 • 교육, 연구, 세미나 개최

② PATA(Pacific Asia Travel Association) : 아시아태평양관광협회

구분	내용
설립 목적	• 태평양 · 아시아지역 관광진흥 개발 • 유럽, 미국 관광객 유치를 위한 공동 선전 활동 • 지역발전 도모
연 혁	• 1951년 설립 • 1963년 우리나라 가입
주요 활동	• 회원의 마케팅활동의 지원 • 관광통계 조사 연구, 교육 제공 • 교육 및 PR(PTN 발간 등)

③ ASTA(American Society of Travel Advisors) : 미국여행업협회

구분	내용
설립 목적	• 미주지역 여행업자 권익보호와 전문성 제고 • 과당 경쟁의 억제
연 혁	• 1931년 설립 • 1973년 한국관광공사 준회원 가입 • 1979년 한국지부 설립
주요 활동	• ASTA Trade Show 개최 • IDA(ASTA 국제부) 총회 • ASTA Travel News지 발간 • 교육사업, 회원업계 민원 처리

④ WTTC(World Travel and Tourism Council) : 세계관광협의회

구분	내용
설립 목적	관광산업의 사회적 인지도를 증진시키기 위해 설립된 민간 국제조직
연 혁	1990년 설립
주요 활동	• 관광 자문 제공 및 협력사업 전개 • Tourism For Tomorrow Awards 주관 • 세계관광정상회의 개최

⑤ ATMA(Asia Travel Marketing Association) : 아시아관광마케팅협회

구분	내용
설립 목적	동아시아 지역으로 구미주, 대양주 관광객 유치 증진
연 혁	1966년 설립
주요 활동	• 공동선전활동 • 뉴스레터, 홍보판촉물 발간 • 세미나, 워크샵 개최

⑥ WATA(World Association of Travel Agencies) : 세계여행자협회

구분	내용
설립 목적	• 회원 여행업자의 보호 • 세계의 관광객 왕래 촉진
연 혁	1948년 설립
주요 활동	• 지역분과위원회 활동 • 공동 판매 촉진 활동

⑦ EATA(East Asia Travel Association) : 동아시아관광협회

구분	내용
설립 목적	• 동아시아 지역의 관광진흥개발 • 공동 선전 활동
연 혁	1966년 설립
주요 활동	• 9개 지역 지부 활동 • EATA Manual 공동 포스터 및 선전영화 제작 • 집행위원회 및 선전분과위원회 활동

⑧ OECD Tourism Committee : OECD 관광위원회

구분	내용
설립 목적	• 관광의 지속적인 경제성장 도모 • 관광의 발전에 영향을 미치는 정책 및 구조적 변화 모니터링 • 의견을 교환하기 위한 논의의 장 제공
연 혁	1948년 설립
주요 활동	• 관광정책 분석 및 평가 • 관광관련 정책 및 전략에 대한 지식 및 경험을 공유하는 장 제공 • 관광산업 및 시장 분석 수행 • IFTTA(국제관광포럼) 개최

⑨ APEC Tourism Working Group : APEC 관광실무그룹

설립 목적	지속가능한 관광을 통하여 아태지역 내의 경제 발전을 촉진
연 혁	1991년 설립
주요 활동	• APEC 회원국들의 정보를 공유 플랫폼 역할 • 경제성장 엔진으로서 관광에 대한 이해 및 인식 증진 • 경쟁력 및 지역경제 통합 증진 • 관광인력 양성 강화 • 관광 부문에서 지속가능하고 포용적인 성장 도모

⑩ UFTAA(Universal Federation of Travel Agents Association) : 여행업자협회세계연맹

설립 목적	• 여행업자 지위 확립 • 정부기관과의 교섭기관으로서의 역할
연 혁	1966년 설립
주요 활동	• 관광전시회 개최 • 연합 회보 'COURRIER' 발간 • 회원 간 분쟁 조정

[핵심예제]

48-1. 세계관광기구(UNWTO)의 설명으로 옳지 않은 것은? [2015년 특별]

① 세계 각국의 정부기관이 회원으로 가입되어 있는 정부간 관광기구이다.
② 스페인의 수도 마드리드에 본부를 두고 있다.
③ 세계적인 여행업계의 발전과 권익보호를 위하여 설립된 기구이다.
④ 국제 간의 관광여행 촉진, 각 회원국 간의 관광 경제 발전 등을 목적으로 한다.

정답 ③

48-2. 다음에서 설명하고 있는 국제기구의 명칭은? [2015년 특별]

> 미주지역 여행업자 권익보호와 전문성 제고를 목적으로 1931년에 설립되었고, 미주지역이라는 거대한 시장을 배경으로 세계 140개국 2만 여명에 달하는 회원을 거느린 세계 최대의 여행업협회이다.

① ASTA ② PATA
③ UNWTO ④ WTTC

정답 ①

48-3. 약어와 조직명이 바르게 연결된 것은? [2014년 정기]

① IATA – 경제협력개발기구
② WATA – 세계여행업자협회
③ PATA – 세계관광기구
④ ASTA – 아시아 · 태평양관광협회

정답 ②

해설

48-1
세계관광기구의 설립 목적은 관광의 진흥과 개발을 촉진하여 경제성장과 사회적 기여를 극대화하는 데 있다. 여행업계의 발전과 권익보호를 위하는 것은 여행업협회 등의 목적이다.

48-2
② PATA : 아시아 · 태평양관광협회
③ UNWTO : 세계관광기구
④ WTTC : 세계여행관광협회

48-3
① IATA : 국제항공운송협회
③ PATA : 아시아 · 태평양관광협회
④ ASTA : 미국여행업협회

핵심이론 49 관광정책

① 관광정책의 개념
㉠ 관광정책 : 관광행정 활동을 종합적으로 조정하고 추진하기 위해 범위와 시정방향을 제시하는 방침을 말한다.
㉡ 관광행정 : 관광정책을 구체화시키는 관광의 장려·규제, 관광사업의 추진·조성·지도·감독·단속 등이 있다.

② 관광정책의 기본 목적
㉠ 국제관광에 의한 수지 개선
㉡ 국민후생
㉢ 국민관광

③ 관광정책의 이념

공익성	• 관광정책결정자의 도덕적 행위 규정 • 국민 삶의 질 향상이라는 공익적 · 복지적 성격 보유
민주성	• 국민의 의사를 반영한 정책 추구 • 정책 수립에 있어서 국민 참여성, 공개성, 투명성 등이 요구됨
지역성	• 지역의 지리 · 역사 · 문화 · 독자성 등의 특징을 바탕으로 한 정책 • 지역 전통과 문화의 계승 및 보전
효율성	• 목표달성률에 초점을 둔 개념 • 효과성과 능률성을 포함한 개념
형평성	• 가치와 기회를 균등하게 배분한 사회적 형평에 기초한 개념 • 관광 참여기회 제공 및 참여의 질 향상

④ 관광정책의 형성과정
관광정책 의제 설정 단계 → 관광정책 결정 단계 → 관광정책 집행 단계 → 관광정책 평가 단계

⑤ 관광정책의 주요 특징
㉠ 역동성 ㉡ 규범성
㉢ 공공성 ㉣ 복잡성
㉤ 순환성 ㉥ 미래지향성
㉦ 가치지향성

⑥ 국제관광정책의 수립에 있어서의 제약
㉠ 정책상의 제약
• 국가의 정책상 우선순위와 경제 개발 형태 및 방법
• 정부조직상의 관광행정구조
• 관계 부처의 사업이 관광에 직 · 간접적 영향을 미치는 경우
• 정부와 민간과의 관계
㉡ 경제상의 제약
• 관광투자의 규모와 자본
• 공업화의 수준
• 노동력
• 물가수준
㉢ 사회적 여건에 의한 제약
• 관광에 대한 국민의 태도와 외국인에 대한 접객 태도
• 기후 및 지리적 조건

⑦ 우리나라의 국제관광정책
㉠ 인바운드(Inbound) 정책 : 외국인의 국내여행에 초점을 둔 정책이다.
• 외래관광객 유치를 위한 홍보와 선전
• 산업진흥 조성 촉진
• 외래관광객 접대를 위한 숙식시설 확대
• 출입국 수속의 간편화와 국제 관계시설 정비
• 자연 보호 개발과 문화재 보존
• 민간조직, 행정기구 등의 관광기관
㉡ 아웃바운드(Outbound) 정책 : 내국인의 해외여행에 초점을 둔 정책이다.
• 경제적 의의
  – 국제관광에 의해 부의 흐름이 이동하므로 국제적인 부의 분해효과가 있다.
  – 관광 관련 산업의 발전으로 고용이 증대된다.
• 사회적 의의
  – 국제친선이나 민간 외교가 촉진되어 상호 이해의 증진 효과가 있다.
  – 문화 활동의 확대로 인해 국민복지가 증진된다.

⑧ 우리나라의 국제관광정책 발전 과정 : 인바운드 관광 → 국내관광 → 국외관광

⑨ 해외관광 협력정책

㉠ 의의 : 관광사업의 투자, 기업 진출, 기술원조 등을 통한 협조로 제외국의 관광사업을 발전시켜 사회적 · 경제적으로 공헌하려고 하는 대외정책이다.

㉡ 효과 : 상대국의 경제 발전을 도모하고 외화 획득의 증가와 산업진흥에 의한 고용을 증대시켜 국민소득의 증대와 생활환경의 개선에 기여한다.

㉢ 관광사업에 관한 원조 대상 내용
- 당사국의 관광개발에 대한 조사와 계획의 작성, 개발 기술 측면의 원조
- 관광자원의 개발 · 보호 및 관광루트의 설정 · 정비
- 관광 제시설 및 상 · 하수도 등의 공공시설과 환경 정비
- 관광경영기술의 원조와 관광종사자의 교육 등
- 관광투자와 산업진흥, 관광홍보

㉣ 쉥겐(Schengen)협약
- 유럽지역 약 26개국 국가들이 체결한 것으로, 가입국들 내에서 무비자로 자유롭게 여행과 통행을 할 수 있도록 한 협약이다.
- 가입국 : 그리스, 네덜란드, 노르웨이, 덴마크, 독일, 라트비아, 룩셈부르크, 리투아니아, 리히텐슈타인, 몰타, 벨기에, 스위스, 스웨덴, 스페인, 슬로바키아, 슬로베니아, 아이슬란드, 에스토니아, 오스트리아, 이탈리아, 체코, 포르투갈, 폴란드, 프랑스, 핀란드, 헝가리

핵심예제

49-1. 관광정책 형성과정을 단계별로 옳게 나열한 것은? [2016년 특별]

① 정책 의제설정 → 정책 집행 → 정책 평가 → 정책 결정
② 정책 의제설정 → 정책 평가 → 정책 집행 → 정책 결정
③ 정책 의제설정 → 정책 결정 → 정책 집행 → 정책 평가
④ 정책 수요파악 → 정책 평가 → 정책 집행 → 정책 결정

정답 ③

49-2. 다음 중 관광정책의 특성이 아닌 것은? [2014년 정기]

① 공공성　② 미래지향성
③ 영리추구성　④ 규범성

정답 ③

49-3. 우리나라 인바운드 관광수요에 부정적 영향을 미치는 요인을 모두 고른 것은? [2016년 정기]

ㄱ. 일본 아베 정부의 엔저 정책 추진
ㄴ. 미국의 기준금리 인상으로 인한 달러가치 상승
ㄷ. 중동위기 해소로 인한 국제유가 하락
ㄹ. 북한의 핵미사일 위협 확대

① ㄱ, ㄴ　② ㄱ, ㄹ
③ ㄷ, ㄹ　④ ㄴ, ㄷ, ㄹ

정답 ②

해설

49-1

관광정책 형성과정

관광정책 의제 설정 단계 → 관광정책 결정 단계 → 관광정책 집행 단계 → 관광정책 평가 단계

49-2

관광정책의 주요 특징
- 역동성
- 규범성
- 공공성
- 복잡성
- 순환성
- 미래지향성
- 가치지향성

49-3

엔저 정책은 일본 여행자를 상승시키고, 미사일 위협은 안전성 문제를 일으키기 때문에 우리나라 인바운드 관광수요에 부정적인 영향을 미칠 수 있는 요인들이다.

핵심이론 50 우리나라 관광단체

① 문화체육관광부

㉠ 관광 · 문화 · 예술 · 영상 · 광고 · 출판 · 간행물 · 체육과 관련한 관광정책 및 국제관광, 관광개발 등의 관광 진흥업무를 수행한다.

㉡ 관광개발기본계획

- 1992년에 시작되어 10년 주기로 수립되고 있다.
- 법정계획으로 규정되어 있다.

㉢ 제4차 관광개발기본계획(2022~2031)의 6대 추진전략

- 매력적 관광자원 발굴
- 지속가능 관광개발 가치 구현
- 편리한 관광편의 기반 확충
- 건강한 관광산업 생태계 구축
- 입체적 관광연계 · 협력 강화
- 혁신적 제도 · 관리 기반 마련

② 한국관광공사

㉠ 설립목적 : 관광진흥, 관광자원 개발, 관광산업의 연구 · 개발 및 전문인력의 양성 · 훈련에 관한 사업을 수행함으로써 국가경제 발전과 국민복지 증진에 이바지한다.

㉡ 주요사업(한국관광공사법 제12조)

- 국제관광 진흥사업
  - 외국인 관광객의 유치를 위한 홍보
  - 국제관광시장의 조사 및 개척
  - 관광에 관한 국제협력의 증진
  - 국제관광에 관한 지도 및 교육
- 국민관광 진흥사업
  - 국민관광의 홍보
  - 국민관광의 실태 조사
  - 국민관광에 관한 지도 및 교육
  - 장애인, 노약자 등 관광취약계층에 대한 관광 지원
- 관광자원 개발사업
  - 관광단지의 조성과 관리, 운영 및 처분
  - 관광자원 및 관광시설의 개발을 위한 시범사업
  - 관광지의 개발
  - 관광자원의 조사
- 관광산업의 연구 · 개발사업
  - 관광산업에 관한 정보의 수집 · 분석 및 연구
  - 관광산업의 연구에 관한 용역사업
- 관광 관련 전문인력의 양성과 훈련 사업
- 관광사업의 발전을 위하여 필요한 물품의 수출입업을 비롯한 부대사업으로서 이사회가 의결한 사업
- 관광통역안내전화(1330) : 내 · 외국인 관광객들에게 국내여행에 대한 다양한 정보를 안내해주는 서비스와 관광불편상담 등을 하고 있다.

③ 한국관광협회중앙회

㉠ 설립목적 : 우리나라 관광업계를 대표하여 업계 전반의 의견을 종합 조정하고, 국내외 관련 기관과 상호 협조함으로써 산업의 진흥과 회원의 권익 및 복리증진에 이바지한다.

㉡ 담당업무

- 관광사업의 발전을 위한 업무를 수행한다.
- 관광사업 진흥에 필요한 조사 · 연구 및 홍보를 담당한다.
- 관광 통계를 작성한다.
- 관광종사원의 교육과 사후관리를 담당한다.
- 회원의 공제사업 업무를 수행한다.
- 국가나 지방자치단체로부터 위탁받은 업무를 수행한다.
- 관광안내소를 운영한다.
- 위의 규정에 의한 업무에 따르는 수익사업을 진행한다.

④ 한국문화관광연구원

㉠ 설립목적 : 문화 · 관광 분야의 정책 연구 및 개발과 대안 제시를 위해 1987년 설립된 정책연구기관이다.

㉡ 담당업무 : 정책 개발 및 연구, 실태 조사, 자료 수집, 국제교류 등의 업무를 수행한다.

[핵심예제]

50-1. 행정기관과 관광 관련 주요 기능의 연결이 옳지 않은 것은? [2015년 정기]

① 법무부 – 여행자의 출입국 관리
② 외교부 – 비자면제 협정체결
③ 관세청 – 여행자의 휴대품 통관업무
④ 문화체육관광부 – 항공협정의 체결

정답 ④

50-2. 다음의 사업을 모두 수행하는 조직은? [2020년]

- 외국인의 관광객 유치를 위한 국제관광 진흥사업
- 취약계층의 관광지원을 위한 국민관광 진흥사업

① 한국관광협회중앙회
② 한국문화관광연구원
③ 한국관광공사
④ 유네스코 문화유산기구

정답 ③

해설

50-1
문화체육관광부에서는 관광정책 및 국제관광, 관광개발 등의 관광진흥업무를 담당한다.

50-2
① 우리나라 관광업계를 대표하여 업계의 전반적인 의견 종합 및 조정을 수행한다.
② 문화·관광 분야의 정책 개발 및 연구와 실태 조사를 수행한다.

핵심이론 51 유네스코 문화유산기구

① 유네스코(UNESCO)의 정의

㉠ 교육 · 과학 · 문화의 보급 및 교류를 통하여 국가간의 협력증진을 목적으로 설립된 국제연합전문기구이다.

㉡ 인류가 보존 보호해야할 문화, 자연유산을 세계유산으로 지정하여 보호한다.

② 우리나라 유네스코 유산의 종류

㉠ 세계유산 : '세계 문화 및 자연 유산 보호 협약'에 의하여 문화유산, 자연유산 혹은 복합유산으로 등재된 유산지역을 뜻한다.

세계유산	등재연도
석굴암 · 불국사	1995
해인사 장경판전	1995
종 묘	1995
화 성	1997
창덕궁	1997
경주역사유적지구	2000
고창 · 화순 · 강화 고인돌 유적	2002
제주 화산섬과 용암동굴	2007
조선왕릉	2009
한국의 역사마을 : 하회와 양동	2010
남한산성	2014
백제역사유적지구	2015
산사, 한국의 산지 승원(통도사, 부석사, 봉정사, 법주사, 마곡사, 선암사, 대흥사)	2018
한국의 서원(소수서원, 남계서원, 옥산서원, 도산서원, 필암서원, 도동서원, 병산서원, 무성서원, 돈암서원)	2019
한국의 갯벌(서천갯벌, 고창갯벌, 신안갯벌, 보성-순천갯벌)	2021

㉡ 무형문화유산 : '무형문화유산 보호 국제협약'에 의하여 인류무형문화유산 대표목록, 긴급보호가 필요한 무형문화유산목록 혹은 유산보호 우수사례목록으로 등재된 무형의 유산을 뜻한다.

무형문화유산	등재연도
종묘제례 및 종묘제례악	2001
판소리	2003
강릉단오제	2005
강강술래	2009
남사당놀이	2009
영산재	2009
제주 칠머리당 영등굿	2009
처용무	2009
가곡, 국악 관현반주로 부르는 서정적 노래	2010
대목장, 한국의 전통 목조 건축	2010
매사냥, 살아있는 인류 유산	2010
줄타기	2011
택견, 한국의 전통 무술	2011
한산 모시짜기	2011
아리랑, 한국의 서정민요	2012
김장, 김치를 담그고 나누는 문화	2013
농 악	2014
줄다리기	2015
제주해녀문화	2016
한국의 전통 레슬링(씨름)	2018
연등회, 한국의 등불축제	2020
한국의 탈춤	2022

㉢ 세계기록유산 : 국제자문위원회 회의의 권고에 따른 기록유산 중 유네스코 사무총장의 승인을 통해 최종 결정된 기록물을 뜻한다.

세계기록유산	등재연도
조선왕조실록	1997
훈민정음(해례본)	1997
불조직지심체요절 하권	2001
승정원일기	2001
일성록	2001
고려대장경판 및 제경판	2007
조선왕조 의궤	2007
동의보감	2009

제4과목

1980년 인권기록유산 5 · 18 광주 민주화운동 기록물	2011
난중일기 : 이순신 장군의 진중일기	2013
새마을운동 기록물	2013
KBS특별생방송 '이산가족을 찾습니다' 기록물	2015
한국의 유교책판	2015
국채보상운동 기록물	2017
조선왕실 어보와 어책	2017
조선통신사에 관한 기록 - 17~19세기 한일 간 평화구축과 문화교류의 역사	2017

[핵심예제]

51-1. 유네스코(UNESCO) 등재유산의 분류 유형으로 옳지 않은 것은? [2015년 정기]

① 종교유산 ② 세계유산
③ 인류무형유산 ④ 세계기록유산

정답 ①

51-2. 유네스코가 지정한 세계문화유산에 해당하지 않는 것은? [2015년 특별]

① 경복궁 ② 수원 화성
③ 창덕궁 ④ 하회와 양동마을

정답 ①

해설

51-1
유네스코 등재유산에는 세계유산, 무형문화유산, 세계기록유산이 있다.

51-2
경복궁은 유네스코 유산으로 지정되지 않았다.

핵심이론 52 국민관광정책

① 국민관광(National Tourism)의 정의

㉠ 국민관광이란 용어는 1975년 정부가 관광기본법을 제정하면서 처음으로 사용되었다.
㉡ 국민관광의 주체는 국민 전체이며, 공간적 범위는 국내외로, 자국민의 국내관광과 국외관광을 모두 포함하는 개념이다.
㉢ 세계관광기구(UNWTO) : 국적에 관계없이 한 나라에 거주하는 사람이 보수를 받는 이외의 목적으로 24시간 이상 거주지를 떠나 그 나라 지역 내를 여행하는 것이다.
㉣ 한국관광공사(1990) : 국민이 일상생활을 벗어나 귀환을 전제로 국내외를 이동하거나 체재하면서 관광하는 행위이다.

② 국민관광의 발전

1961년	• 관광사업진흥법 제정
1962년	• 국제관광공사 발족 • 국제관광공사법 제정 • 교통부 주관의 통역안내원 시험제도 실시
1967년	• 최초의 국립공원으로 지리산 지정
1972년	• 관광진흥개발기금법 제정
1975년	• 관광사업진흥법이 관광기본법과 관광사업법으로 분리
1977년	• 전국 36개소 관광지 지정 · 개발
1982년	• 국제관광공사가 한국관광공사로 개칭
1989년	• 해외여행 전면자유화 시행
2000년대	• 관광진흥 5개년 계획 시행
2013년	• 관광경찰제도 도입

③ 국내관광 활성화 정책

㉠ 구석구석캠페인 : 관광명소를 발굴하여 알리고 국내관광에 대한 새로운 인식 전환의 계기를 마련하기 위해 전개한 캠페인이다.
㉡ 여행주간 : 여름철에 집중된 여행 수요 분산 및 관광 활성화 등을 위해 봄과 가을에 일정한 시기를 정해 관광을 장려하는 제도이다.
㉢ 여행바우처 : 사회적 취약계층에게 여행기회를 지원하는 제도이다.

㉣ 관광두레 : 지역주민이 주도하여 지역을 방문하는 관광객을 대상으로 숙박, 여행알선 등의 관광사업체를 창업하고 자립 발전하도록 지원하는 사업이다.

㉤ 관광품질인증제 : 숙박, 쇼핑 등 관광접점 대상 품질 기준을 마련하여 국가적으로 단일화된 품질인증 및 마크를 부여하는 제도이다.

㉥ 대한민국 테마여행 10선

- 전국의 10개 권역을 대한민국 대표 관광지로 육성하기 위한 국내여행 활성화 사업이다.
- 인근 지역의 특색 있는 관광명소들을 연계하여 테마가 있는 관광코스를 제공한다.

권역	테마	지역
1권역	평화역사 이야기여행	인천 · 파주 · 수원 · 화성
2권역	드라마틱 강원여행	평창 · 강릉 · 속초 · 정선
3권역	선비이야기 여행	대구 · 안동 · 영주 · 문경
4권역	남쪽빛 감성여행	부산 · 거제 · 통영 · 남해
5권역	해돋이 역사기행	울산 · 포항 · 경주
6권역	남도바닷길	여수 · 순천 · 보성 · 광양
7권역	시간여행101	전주 · 군산 · 부안 · 고창
8권역	남도맛기행	광주 · 목포 · 담양 · 나주
9권역	위대한금강 역사여행	대전 · 공주 · 부여 · 익산
10권역	중부내륙 힐링여행	단양 · 제천 · 충주 · 영월

[핵심예제]

52-1. 국민관광에 관한 설명으로 옳은 것을 모두 고른 것은? [2018년]

> ㄱ. 국민관광 활성화 일환으로 1977년 전국 36개소의 국민관광지가 지정되었다.
> ㄴ. 국민관광은 관광에 대한 국제협력 증진을 목표로 한다.
> ㄷ. 국민관광은 출입국제도 간소화 정책을 실시하고 있다.
> ㄹ. 국민관광은 장애인, 노약자 등 관광취약계층을 지원한다.

① ㄱ, ㄴ ② ㄱ, ㄹ
③ ㄴ, ㄷ ④ ㄷ, ㄹ

정답 ②

52-2. 우리나라에서 최초로 제정된 관광법규는? [2016년 정기]

① 관광기본법 ② 관광사업진흥법
③ 관광사업법 ④ 관광진흥개발기금법

정답 ②

52-3. 문화체육관광부 선정 대한민국 테마여행 10선에 속하지 않는 도시는? [2018년]

① 전 주 ② 충 주
③ 제 주 ④ 경 주

정답 ③

해설

52-1

ㄴ. 국제관광은 관광에 대한 국제협력 증진을 목표로 한다.
ㄷ. 국제관광은 출입국제도 간소화 정책을 실시하고 있다.

52-2

① 관광기본법 : 1975년
② 관광사업진흥법 : 1961년
③ 관광사업법 : 1975년
④ 관광진흥개발기금법 : 1972년

52-3

① 시간여행101 : 전주 · 군산 · 부안 · 고창
② 중부내륙 힐링여행 : 단양 · 제천 · 충주 · 영월
④ 해돋이역사 기행 : 울산 · 포항 · 경주

제9절 관광과 환경

핵심이론 53 슬로시티

① 슬로시티의 정의
㉠ 1999년 이탈리아에서 몇몇 시장들에 의해 처음 시작되었다.
㉡ 자연과 전통문화를 보호하고 조화를 이루면서 속도의 편리함에서 벗어나 느림의 삶을 추구하자는 국제운동이다.

② 우리나라의 슬로시티 지정 현황
㉠ 전남 신안군 증도
㉡ 전남 완도군 청산도
㉢ 전남 담양군 창평면
㉣ 경남 하동군 악양면
㉤ 충남 예산군 대흥면
㉥ 전북 전주시 한옥마을
㉦ 경북 상주시 함창읍, 이안면, 공검면
㉧ 경북 청송군 주왕산면, 파천면
㉨ 강원도 영월군 김삿갓면
㉩ 충북 제천시 수산면
㉪ 충남 태안군 소원면
㉫ 경북 영양군 석보면
㉬ 경남 김해시 봉화마을, 화포천습지생태공원
㉭ 충남 서천군 한산면
㉮ 전남 목포시 외달도 · 달리도 · 1897 개항 문화거리
㉯ 강원도 춘천시 실레마을
㉰ 전남 장흥군 유치면, 방촌문화마을

핵심예제

53-1. 국제슬로시티연맹에 가입된 한국의 슬로시티가 아닌 곳은? [2020년]

① 담양군 창평면
② 완도군 청산도
③ 제주도 성산일출봉
④ 전주시 한옥마을

정답 ③

53-2. 슬로시티가 세계 최초로 시작된 국가는? [2018년]

① 이탈리아 ② 노르웨이
③ 포르투갈 ④ 뉴질랜드

정답 ①

해설

53-1
①·②·④ 이 외에도 신안군 증도, 예산군 대흥면 등이 있다.

53-2
슬로시티
1999년 10월 이탈리아 파올로 사투르니니(Paolo Saturnini) 전 시장을 비롯한 몇몇 시장들에 의해 처음 시작되었다.

핵심이론 54 국립공원

① 국립공원의 정의

㉠ 우리나라를 대표할 만한 자연생태계와 자연 · 문화 경관의 보전을 전제로 지속가능한 이용을 도모한다.

㉡ 환경부장관이 지정, 국가가 직접 관리하는 보호지역이다.

② 국립공원의 기능

㉠ 풍부한 종다양성을 지닌 자연 생태지역으로서 미래를 위한 유전자원의 보고

㉡ 청정한 자연환경과 수려한 경관지를 공공에 개방하고 제공하는 국민의 휴식처

㉢ 타 지역에서는 불가능한 자연과 생명의 신비에 대한 조사 · 연구를 통해 공공의 이익에 기여

㉣ 보전의 결과로 다양한 자연적 · 문화적 정서함양을 위한 교육의 장 제공

③ 국립공원의 지정 요건

㉠ 자연생태계 : 자연생태계의 보전상태가 양호하거나 멸종위기 야생동 · 식물, 천연기념물, 보호야생 동 · 식물 등이 서식할 것

㉡ 자연경관 : 자연경관의 보전상태가 양호하여 훼손이나 오염이 적으며 경관이 수려할 것

㉢ 문화경관 : 문화재 또는 역사적 유물이 있으며, 자연경관과 조화되어 보전의 가치가 있을 것

㉣ 지형보존 : 각종 산업개발로 경관이 파괴될 우려가 없을 것

㉤ 위치 및 이용편의 : 국토의 보전 · 관리측면에서 자연공원을 균형있게 배치할 수 있을 것

④ 우리나라의 국립공원

국립공원	소재지	지 정
지리산	전라남 · 북도, 경상남도	1967년
한려해상	전라남도, 경상남도	1968년
경 주	경상북도	1968년
계룡산	충청남도, 대전	1968년
설악산	강원도	1970년
한라산	제주특별자치도	1970년
속리산	충청북도, 경상북도	1970년
내장산	전라남도, 전라북도	1971년
가야산	경상남도, 경상북도	1972년
덕유산	전라북도, 경상남도	1975년
오대산	강원도	1975년
주왕산	경상북도	1976년
태안해안	충청남도	1978년
다도해해상	전라남도	1981년
북한산	서울시, 경기도	1983년
치악산	강원도	1984년
월악산	충청북도, 경상북도	1984년
소백산	충청북도, 경상북도	1987년
변산반도	전라북도	1988년
월출산	전라남도	1988년
무등산	광주시, 전라남도	2013년
태백산	강원도, 경상북도	2016년

[핵심예제]

국립공원으로만 묶은 것은? [2020년]

① 다도해해상 – 두륜산

② 경주 – 한려해상

③ 설악산 – 경포

④ 태안해안 – 칠갑산

정답 ②

해설

두륜산 · 경포 · 칠갑산은 도립공원에 해당한다.

MEMO

합격에 윙크(Win-Q)하다!

Win-Q

관광통역안내사 단기완성

제2편 5개년(2018~2022) 기출문제

2018년 기출문제

제1과목 관광국사

01 고조선 시대의 청동기 문화를 대표하는 유물 · 유적으로 옳지 않은 것은?

① 명도전
② 비파형 동검
③ 미송리식 토기
④ 고인돌(탁자식)

해설
고조선은 청동기 문화를 바탕으로 형성된 국가이다. 고조선의 문화범위를 알려주는 대표적인 유물 · 유적으로는 비파형 동검, 미송리식 토기, 고인돌(탁자식)이 있다.

02 다음은 무엇에 관한 설명인가?

> 통일신라의 중앙군으로 고구려와 백제인은 물론 말갈인까지 포함하여 편성하였다.

① 10위
② 10정
③ 9서당
④ 2군 6위

해설
통일신라의 중앙군은 9서당으로 신라인 외에도 피정복민인 고구려와 백제인, 말갈인까지 모두 포함하였다.
① 10위는 발해의 중앙군이고, ② 10정은 통일신라의 지방군이며, ④ 2군 6위는 고려의 중앙군이다.

03 장수왕의 업적으로 옳지 않은 것은?

① 평양 천도
② 영락 연호 사용
③ 백제 한성 함락
④ 광개토대왕릉비 건립

해설
영락이라는 연호를 사용한 왕은 고구려의 광개토대왕이다.

04 발해 5경 중 현재의 북한 지역에 설치되었던 것은?

① 중경 현덕부
② 동경 용원부
③ 상경 용천부
④ 남경 남해부

해설
발해 남경은 함경도에 위치하고 있다.

05 신라 선덕여왕 때 만들어진 것으로 옳지 않은 것은?

① 첨성대
② 황룡사
③ 분황사
④ 황룡사 9층탑

해설
황룡사는 신라 진흥왕 시기에 만들어진 사찰이다.

06 다음 빈칸에 들어갈 인물로 옳은 것은?

> 가야 출신의 (   )은(는) 가야금을 만들고 12악곡을 지었는데, 대가야 멸망 전에 신라에 투항하였다. 진흥왕의 사랑을 받던 그는 국원소경(충주)으로 가서 여러 제자를 길러 가야 음악을 신라에 전하는 데 기여하였다.

① 우 륵
② 왕산악
③ 옥보고
④ 백결선생

해설
② 왕산악은 고구려인으로 거문고를 제작하였다.
③ 옥보고는 통일신라 시기 거문고의 대가이다.
④ 백결선생은 신라인으로 방아타령을 지어 가난한 아내를 위로한 인물로 유명하다.

07 밑줄 친 '그'에 해당하는 인물은?

> 그의 아버지는 원성왕과의 왕위 다툼에서 패하였다. 그는 웅주(공주)를 근거로 반란을 일으켜 국호를 장안, 연호를 경운이라고 했다.

① 이자겸
② 김보당
③ 김헌창
④ 조위총

해설
김헌창은 무열왕의 후손 김주원의 아들이다. 김주원이 김경신(원성왕)에게 밀려 왕위에 오르지 못한 것을 두고 후일에 반란을 일으켰으나 실패하였다.
① 이자겸은 고려 인종 시기(1126)에 난을 일으켜 실패한 인물이다.
②·④ 김보당(1173)과 조위총(1174)은 무신집권에 반대하면서 난을 일으켰다.

08 백제의 부흥운동에 참여한 인물로 옳지 않은 것은?

① 복 신
② 도 침
③ 검모잠
④ 흑치상지

해설
복신과 도침, 흑치상지 등은 백제 부흥운동 세력이다.
③ 검모잠은 고구려 부흥운동을 대표하는 인물이다.

05 ② 06 ① 07 ③ 08 ③ 정답

09 밑줄 친 '이 나라'에 관한 설명으로 옳지 않은 것은?

> 이 나라의 성은 평지성과 산성으로 나뉘는데, 국내성은 평지성, 환도산성(산성자 산성)은 산성에 해당한다.

① 5부족 연맹을 통하여 발전하였다.
② 귀족 대표자 회의인 제가회의가 있었다.
③ 10월에는 동맹이라는 제천행사가 있었다.
④ 384년 처음으로 동진에서 불교를 받아들였다.

해설
이 나라는 고구려이다. 고구려는 372년 소수림왕 시기에 중국 전진으로부터 불교를 수용하게 된다.
④ 백제는 384년 침류왕 시기에 동진에서 불교를 받아들였다.

10 다음 중 금관이 발견된 유적을 모두 고른 것은?

> ㄱ. 장군총　　ㄴ. 천마총
> ㄷ. 정효공주묘　　ㄹ. 황남대총

① ㄱ, ㄷ
② ㄱ, ㄹ
③ ㄴ, ㄷ
④ ㄴ, ㄹ

해설
금관은 전 세계에서 현재까지 총 10여 점이 발견되었는데, 그 중에서 6개가 신라의 금관이다. 신라의 금관은 금관총, 서봉총, 금령총, 천마총, 황남대총, 경주 교동 고분에서 출토되었다.

11 다음 사건을 발생시기가 앞선 순으로 바르게 나열한 것은?

> ㄱ. 경대승 도방정치
> ㄴ. 묘청 서경천도운동
> ㄷ. 최충헌 교정도감 설치
> ㄹ. 삼별초 대몽항쟁

① ㄱ → ㄴ → ㄹ → ㄷ
② ㄱ → ㄷ → ㄴ → ㄹ
③ ㄴ → ㄱ → ㄷ → ㄹ
④ ㄴ → ㄷ → ㄹ → ㄱ

해설
ㄴ. 묘청의 서경천도운동은 1135년이다.
ㄱ. 경대승이 도방을 중심으로 권력을 장악하던 시기는 1179~1183년이다.
ㄷ. 최충헌이 교정도감을 설치했던 시기는 1209년이다.
ㄹ. 삼별초의 대몽항쟁 시기는 1270~1273년까지이다.

12 고려 시대에 건립된 건축물로 옳지 않은 것은?

① 구례 화엄사 각황전
② 예산 수덕사 대웅전
③ 안동 봉정사 극락전
④ 영주 부석사 무량수전

해설
① 구례 화엄사 각황전은 조선 후기를 대표하는 건축물이다.
② 예산 수덕사 대웅전, ③ 안동 봉정사 극락전, ④ 영주 부석사 무량수전은 고려 시대를 대표하는 건축물이다.

정답 09 ④ 10 ④ 11 ③ 12 ①

13 다음 사건을 발생시기가 앞선 순으로 바르게 나열한 것은?

ㄱ. 건원중보(철전) 주조
ㄴ. 삼국사기 편찬
ㄷ. 상정고금예문 인쇄
ㄹ. 직지심체요절 간행

① ㄱ → ㄴ → ㄷ → ㄹ
② ㄱ → ㄷ → ㄹ → ㄴ
③ ㄴ → ㄱ → ㄹ → ㄷ
④ ㄷ → ㄴ → ㄱ → ㄹ

해설
ㄱ. 고려 성종 때인 996년에 건원중보를 주조하였다.
ㄴ. 삼국사기는 고려 인종 때인 1145년도에 편찬하였다.
ㄷ. 상정고금예문은 대몽항쟁기인 1234년도에 인쇄하였다.
ㄹ. 직지심체요절은 고려 우왕 때인 1377년도에 간행하였다.

14 조선 전기의 경제 상황에 관한 설명으로 옳은 것은?

① 저화, 조선통보가 발행되었다.
② 상평통보가 전국적으로 유통되었다.
③ 조세와 지대의 금납화가 이루어졌다.
④ 시중에 동전이 부족한 전황이 발생하였다.

해설
②·③·④ 조선 후기의 경제상황에 대한 설명이다.
② 상평통보는 조선 후기에 널리 통용된 화폐이다.
③ 18세기 후반에는 대동미와 기타의 세금도 동전으로 납부할 수 있게 되었다.
④ 조선 후기에 양반지주들이나 상인들은 화폐를 유통의 수단으로만 이용한 것이 아니라 많은 화폐를 감추어 두고 고리대의 방식으로 부를 늘려갔다. 그래서 국가가 동전을 대량으로 발행할수록 감추어지는 화폐가 많아져 유통화폐의 부족현상을 가져왔는데, 이를 전황이라고 한다.

15 조선 시대 교육기관에 관한 설명으로 옳지 않은 것은?

① 서원과 서당은 사립교육기관이었다.
② 성균관의 입학자격은 생원과 진사를 원칙으로 하였다.
③ 잡학은 해당 기술 관청에서 직접 교육을 담당하였다.
④ 중앙에 향교를 두고 지방에 서학, 동학, 남학, 중학의 4부학당을 두었다.

해설
조선 시대 서울에는 최고 학부인 성균관과 서학, 동학, 남학, 중학의 4부학당이 있었다. 그리고 각 지방의 군현에는 향교가 있었다.

16 다음 빈칸에 들어갈 내용으로 옳은 것은?

남곤, 심정 등과 같은 공신들은 중종반정 이후 개혁을 추진하던 조광조 일파를 모함하여, 죽이거나 유배를 보냈다. 이 사건을 (　)라고 한다.

① 무오사화 ② 갑자사화
③ 기묘사화 ④ 을사사화

해설
조광조를 비롯한 대부분의 사림세력이 처형되거나 중앙정계에서 쫓겨난 사건을 기묘사화라고 한다.

17 다음의 업적과 관련된 왕으로 옳은 것은?

• 직전법 실시
• 진관체제 실시
• 경국대전 편찬 시작

① 태 조 ② 태 종
③ 세 종 ④ 세 조

해설
현직 관리에게만 수조권을 지급하는 직전법을 시행하고, 역대의 법전과 각종 명령 등을 종합하여 경국대전을 편찬하기 시작한 왕은 세조이다.

13 ① 14 ① 15 ④ 16 ③ 17 ④ 정답

18 조선 후기에 만들어진 것은?

① 악학궤범
② 인왕제색도
③ 향약집성방
④ 혼일강리역대국도지도

해설
② 인왕제색도는 조선 후기 화가인 정선의 대표작이다.
① 악학궤범은 조선 전기 성종 시기에 편찬된 음악이론서이다.
③ 향약집성방은 조선 전기 세종 시기에 편찬된 의학서이다.
④ 혼일강리역대국도지도는 조선 전기 태종 시기에 제작된 세계지도이다.

19 조선의 통치기구에 관한 설명으로 옳은 것을 모두 고른 것은?

> ㄱ. 춘추관은 역사서의 편찬과 보관을 맡았다.
> ㄴ. 장례원은 수도의 행정과 치안을 담당하였다.
> ㄷ. 사간원은 노비 문서의 관리와 노비 소송을 맡았다.
> ㄹ. 승정원은 왕의 비서기관으로 왕명의 출납을 담당하였다.

① ㄱ, ㄴ
② ㄱ, ㄹ
③ ㄴ, ㄷ
④ ㄷ, ㄹ

해설
ㄴ. 장례원은 노비소송만 전담하던 기구이다.
ㄷ. 사간원은 언론 전담기구로 왕권을 견제하는 역할을 담당하였다.

20 다음 빈칸에 들어갈 농업서로 옳은 것은?

> 조선 후기 신속은 (　)에서 이앙법과 그 밖의 벼농사 농법을 자세히 소개하였다.

① 농사직설
② 농상집요
③ 농가집성
④ 농정신편

해설
③ 농가집성은 조선 중기의 문신 신속이 1655년에 편찬한 농서로, 조선 전기의 농서인 농사직설에서 소홀히 다루었던 이앙법과 벼농사 농법에 대한 내용을 보태었다.
① 농사직설은 조선 전기 세종 때 만들어진 농업서적이다.
② 농상집요는 고려 말기에 원나라로부터 전해진 농업서적이다.
④ 농정신편은 구한말 고종 때 편찬된 농업서적이다.

21 조선 후기 저자와 역사서의 연결이 옳지 않은 것은?

① 유득공 – 발해고
② 안정복 – 동사강목
③ 한치윤 – 해동역사
④ 이종휘 – 연려실기술

해설
④ 〈연려실기술〉은 이긍익이 저술하였다.
조선 후기의 실학자들은 민족의 역사적 전통에 관심을 쏟았다. ① 유득공은 〈발해고〉를 저술하여 역사의식을 심화시켰고, ② 안정복은 〈동사강목〉에서 고조선부터 고려 말까지의 역사를 저술하여 한국사의 독자적 정통론을 체계화하였다. 한편, ③ 한치윤은 〈해동역사〉에서 다양한 외국자료를 인용하여 민족사 인식의 폭을 넓혔다.

정답 18 ② 19 ② 20 ③ 21 ④

22 다음 빈칸에 들어갈 인물로 옳은 것은?

> (　)은 실학자로서 '의산문답', '임하경륜' 등을 저술하고, 성리학의 극복과 지전설을 주장하였다.

① 이 익
② 홍대용
③ 유수원
④ 박지원

해설
홍대용은 청에 왕래하면서 얻은 경험을 토대로 의산문답, 임하경륜 등을 저술하였다.

23 밑줄 친 '이 단체'에 속한 인물로 옳지 않은 것은?

> 이 단체는 신채호에게 의뢰하여 작성한 조선 혁명 선언을 활동 지침으로 삼아 일제 요인 암살과 식민통치기관 파괴에 주력하였다.

① 윤봉길
② 나석주
③ 김익상
④ 김상옥

해설
의열단
1919년 김원봉이 중심이 되어 중국 지린에서 조직된 의열단은 1923년 신채호가 작성한 '조선 혁명 선언'을 활동 지침으로 삼아 매국노, 친일파 등에 대한 암살과 조선총독부, 동양척식주식회사와 같은 일제의 식민지배기관의 파괴를 활동 목표로 삼았다. 의열단 단원으로는 김익상, 김상옥, 김지섭, 나석주 등이 있다.
① 윤봉길은 한인애국단 단원이다.

24 (가)와 (나) 사이에 있었던 사건으로 옳은 것을 모두 고른 것은?

> (가) 고부군수 조병갑의 횡포로 농민들이 고부관아를 습격하였다.
> (나) 외세의 개입으로 사태가 악화될 것을 우려한 농민군과 관군은 전주 화약을 맺었다.

> ㄱ. 전라도 삼례에서 교조신원운동이 일어났다.
> ㄴ. 농민군이 황토현 전투에서 관군을 격파하였다.
> ㄷ. 공주 우금치 전투에서 농민군은 크게 패하였다.
> ㄹ. 정부는 진상조사를 위해 이용태를 안핵사로 파견하였다.

① ㄱ, ㄴ
② ㄱ, ㄷ
③ ㄴ, ㄹ
④ ㄷ, ㄹ

해설
(가) 1894년 1월에 전라도 고부에서 농민봉기가 일어났다. ㄹ. 이에 정부는 진상조사를 위해서 이용태를 안핵사로 파견하였다. 하지만 이용태는 일방적으로 농민군에게 책임을 돌리면서 농민봉기 참가자를 처벌하였다. 농민군은 다시 봉기하였고, ㄴ. 황토현 전투와 황룡촌 전투에서 관군을 격파하였다. 그리고 마침내 농민군은 전주성을 점령하였다. 상황이 복잡해지자 조선 정부는 농민군의 요구를 수용하는 대신 농민군이 전주성에서 철수한다는 내용의 (나) 전주 화약을 체결하였다.
따라서 (가)와 (나) 사이에 있었던 사건은 ③ 'ㄴ, ㄹ'이다.

22 ② 23 ① 24 ③ 정답

25 다음에서 설명하는 단체는?

> • 민족주의 세력과 사회주의 세력의 민족 유일당 운동으로 창립되었다.
> • 광주학생항일운동 당시 진상조사단을 파견하고 대규모 민중대회를 개최하려고 하였다.

① 신민회
② 신간회
③ 보안회
④ 권업회

해설
신간회는 식민지 시기 국내에서 조직된 최대의 민족운동단체이자 민족 해방이라는 공통의 목표를 위해 이념을 넘어 민족주의자들과 사회주의자들이 함께한 민족협동단체였다.

제2과목 관광자원해설

26 관광자원해설의 주요 목적이 아닌 것은?

① 관광객의 만족
② 관광객의 소비억제
③ 관광자원 훼손의 최소화
④ 관광자원에 대한 이해 향상

해설
관광자원해설의 주요 목적
관광객이 방문하는 관광지에 대해 보다 예리한 인식 · 감상 · 이해 능력을 갖게 도와주려는 데 있다. 자원을 해설해 준다는 것은 그 방문이 보다 풍요롭고 즐거운 경험이 되도록 도와주는 것이다. 또한 관광객으로 하여금 관광지에서 적절한 행동을 하도록 교육하거나 안내함으로써 자원의 훼손을 최소화할 수 있다.

27 다음 설명에 해당하는 것은?

> 조계산 자락에 위치하며, 나라를 빛낸 큰 스님 16분의 영정을 모시고 그 덕을 기리기 위해 세운 건물이다. 국보 제56호로 지정되었다.

① 구례 화엄사 각황전
② 보은 법주사 팔상전
③ 예산 수덕사 대웅전
④ 순천 송광사 국사전

해설
순천 송광사 국사전
조계산 자락에 위치한 송광사 국사전은 나라를 빛낸 큰 스님 16분의 영정을 모시고 그 덕을 기리기 위해 세운 건물이다. 주심포 중기 형식의 표준으로 평가되는 중요한 건축물로 국보로 지정되었다.

정답 25 ② / 26 ② 27 ④

28 궁궐과 정전(正殿)이 바르게 연결된 것은?

① 창덕궁 – 대조전
② 경희궁 – 자정전
③ 창경궁 – 명정전
④ 덕수궁 – 함녕전

해설
① 창덕궁 : 인정전
② 경희궁 : 숭정전
④ 덕수궁 : 중화전

29 법고춤에 관한 설명으로 옳지 않은 것은?

① 동작이 크고 활기가 있는 춤이다.
② 불교의식에서 행하는 무용의 하나이다.
③ 절에서는 조석(朝夕)의 예불이나 각종 의식에 쓰인다.
④ '물속에 사는 모든 중생을 제도한다'는 상징적인 의미를 포함한다.

해설
법고춤
불교의식무용인 작법무(作法舞)의 하나로 법고를 두드리며 추는 춤이다. 절에서 조석(朝夕)의 예불이나 각종 의식에 사용한다. 어느 춤보다 동작이 크고 활기가 있는 춤이며, 장중하고 활달한 멋을 지니고 있다.
④ 목어(木魚)는 나무로 긴 물고기 모양을 만들어 걸어 두고 두드리는 불구로, '물속에 사는 모든 중생을 제도한다'는 상징적인 의미를 지닌다.

30 한국의 슬로시티(Slow City)로 지정되지 않은 곳은?

① 강원도 철원군 원남면
② 경기도 남양주시 조안면
③ 전라남도 담양군 창평면
④ 충청북도 제천시 수산면

해설
한국의 슬로시티(한국슬로시티본부, 2022.12 기준)
- 전남 신안군 증도
- 전남 완도군 청산도
- 전남 담양군 창평면
- 경남 하동군 악양면
- 충남 예산군 대흥면
- 전북 전주시 한옥마을
- 경북 상주시 함창읍, 이안면, 공검면
- 경북 청송군 주왕산면, 파천면
- 강원도 영월군 김삿갓면
- 충북 제천시 수산면
- 충남 태안군 소원면
- 경북 영양군 석보면
- 경남 김해시 봉화마을, 화포천습지생태공원
- 충남 서천군 한산면
- 전남 목포시 외달도 · 달리도 · 1897 개항 문화거리
- 강원도 춘천시 실레마을
- 전남 장흥군 유치면, 방촌문화마을

※ 슬로시티 인증기간이 만료됨에 따라 ② 또한 정답에 해당한다.

31 한려해상 국립공원에 관한 설명으로 옳지 않은 것은?

① 1968년에 국립공원으로 지정되었다.
② 충무공 이순신이 전사한 노량지구를 포함한다.
③ 전라남도 홍도에서 신안군 · 진도군 · 완도군 · 고흥군 등에 걸쳐 위치한다.
④ 해금강지구는 십자굴을 비롯한 기암괴석과 노송, 동백숲 등이 절경을 이룬다.

해설
다도해해상 국립공원은 전라남도 홍도에서 신안군 · 진도군 · 완도군 · 고흥군 등에 걸쳐 위치하는 우리나라 최대 면적의 국립공원이다.

28 ③ 29 ④ 30 ①, ②(해설참조) 31 ③ 정답

32 다음 설명에 해당하는 화가는?

> • 주요 작품은 삼인문년도, 기명절지도, 호취도, 귀거래도 등이 있다.
> • 산수화, 도석 · 고사인물화, 화조영모화, 사군자 등 다양한 소재를 다루었다.

① 장승업
② 김득신
③ 심사정
④ 윤두서

해설
② 김득신 : 조선 후기의 화가로 김홍도의 화풍을 계승해 뛰어난 풍속화가로 이름을 떨쳤으며, 대표적인 작품으로 〈파적도〉, 〈풍속화첩〉 등이 있다.
③ 심사정 : 조선 후기 문인 화가이며, 대표적인 작품으로 〈강상야박도〉, 〈파교심매도〉 등이 있다.
④ 윤두서 : 정선, 심사정과 함께 조선 후기 삼재(三齋)로 일컬어진다. 대표적인 작품으로 〈윤두서 자화상〉, 〈해남윤씨가전고화첩〉 등이 있다.

33 국악의 분류 중 궁중음악으로 옳지 않은 것은?

① 아 악
② 기 악
③ 당 악
④ 향 악

해설
궁중음악으로는 향악, 당악, 아악 등이 있으며, 기악은 악기만으로 연주되는 음악을 말한다.

34 유네스코에 등재된 세계기록유산이 아닌 것은?

① 조선통신사기록물
② 새마을운동기록물
③ 물산장려운동기록물
④ 국채보상운동기록물

해설
유네스코 등재 세계기록유산
• 훈민정음(1997)
• 조선왕조실록(1997)
• 직지심체요절(2001)
• 승정원일기(2001)
• 조선왕조 의궤(2007)
• 해인사 대장경판 및 제경판(2007)
• 동의보감(2009)
• 일성록(2011)
• 5 · 18 민주화운동기록물(2011)
• 난중일기(2013)
• 새마을운동기록물(2013)
• 한국의 유교책판(2015)
• EBS 특별생방송 '이산가족을 찾습니다' 기록물(2015)
• 조선왕실 어보와 어책(2017)
• 국채보상운동기록물(2017)
• 조선통신사기록물(2017)

35 통일신라 시대 3대 금동불상에 해당하지 않는 것은?

① 경주 백률사 금동약사여래입상
② 경주 불국사 금동비로자나불상
③ 경주 구황동 금제여래입상
④ 경주 불국사 금동아미타여래좌상

해설
통일신라 시대 3대 금동불상
• 경주 백률사 금동약사여래입상(국보)
• 경주 불국사 금동비로자나불좌상(국보)
• 경주 불국사 금동아미타여래좌상(국보)

정답 32 ① 33 ② 34 ③ 35 ③

36 다음 중 석회동굴에 해당하는 것을 모두 고른 것은?

ㄱ. 성류굴
ㄴ. 김녕굴
ㄷ. 고씨굴
ㄹ. 협재굴
ㅁ. 만장굴

① ㄱ, ㄷ
② ㄱ, ㄹ
③ ㄴ, ㅁ
④ ㄷ, ㄹ

해설
석회동굴
고수굴, 고씨굴, 초당굴, 환선굴, 용담굴, 비룡굴, 관음굴, 성류굴, 노동굴 등
ㄴ. 김녕굴, ㄹ. 협재굴, ㅁ. 만장굴은 모두 용암동굴이다.

37 다음 설명에 해당하는 것은?

- 진주 관아의 행사 때 여흥으로 춘 춤이다.
- 부패한 양반과 파계승을 풍자한 무용극이다.
- 7인 배역이 등장해서 이야기를 엮어가는 형태이다.

① 무당춤
② 남 무
③ 농악무
④ 한량무

해설
한량무
진주 관아의 행사 때 여흥으로 춘 춤으로, 경상남도 무형문화재 제3호로 지정되었다. 한량역을 비롯하여 승려, 색시, 주모, 별감, 마당쇠, 상좌가 등장하며, 배역에 따라 다른 옷차림과 춤사위로 구성된다. 부패한 양반과 파계승 등을 응징하는 내용으로 조선 시대의 퇴폐성을 풍자하는 무용극이다.

38 개최 지역과 축제명의 연결이 옳은 것은?

① 광주광역시 – 추억의 7080충장축제
② 충청남도 – 한성백제문화제
③ 경상북도 – 함양산삼축제
④ 충청북도 – 해미읍성역사체험축제

해설
② 서울특별시 : 한성백제문화제
③ 경상남도 : 함양산삼축제
④ 충청남도 : 서산해미읍성축제
※ 추억의 7080충장축제는 추억의 충장축제로, 해미읍성역사체험축제는 서산해미읍성축제로 명칭이 변경되었다.

39 국가지질공원에 관한 설명으로 옳지 않은 것은?

① 교육 · 관광사업에 활용된다.
② 관리 · 운영현황을 4년마다 조사 · 점검한다.
③ 2012년에 한탄강과 임진강이 최초로 지정되었다.
④ 지구과학적으로 중요하고 경관이 우수한 지역이어야 한다.

해설
국가지질공원
지구과학적으로 중요하고 경관이 우수한 지역으로서 이를 보전하고 교육 · 관광사업 등에 활용하기 위해 환경부장관이 인증한 공원이다. 인증기간은 고시일로부터 4년이며, 4년마다 관리 · 운영현황을 조사 · 점검한다.
③ 2012년에 제주도와 울릉도 · 독도가 최초로 지정되었다.

40 도립공원으로 지정되지 않은 산은?

① 금오산
② 천마산
③ 칠갑산
④ 선운산

해설
도립공원 지정 현황
금오산, 남한산성, 모악산, 덕산, 칠갑산, 대둔산, 마이산, 가지산, 조계산, 두륜산, 선운산, 팔공산, 문경새재, 경포, 청량산, 연화산, 고복, 천관산, 연인산, 신안갯벌, 무안갯벌, 마라해양, 성산일출 해양, 서귀포 해양, 추자, 우도해양, 수리산, 제주 곶자왈, 벌교갯벌, 불갑산
② 천마산은 1983년 8월 29일 군립공원으로 지정되었다.

36 ① 37 ④ 38 ① 39 ③ 40 ② 정답

41 다음 설명에 해당하는 것은?

- 국가무형문화재 제6호로 지정되었다.
- 남부지역의 탈춤 전통을 잘 보여주는 탈놀이이다.
- 문둥탈 · 풍자탈 · 영노탈 · 농창탈 · 포수탈의 5마당으로 구성된다.

① 고성오광대
② 통영오광대
③ 마산오광대
④ 진주오광대

해설
통영오광대
경상남도 통영지역에서 행해지던 놀이로, 1964년 국가무형문화재로 지정되었다. 문둥탈 · 풍자탈 · 영노탈 · 농창탈 · 포수탈의 5마당으로 구성되며, 문둥이 · 말뚝이 · 원양반 · 둘째양반 등 총 31명의 배역이 등장한다. 우리나라 남부지역의 탈춤 전통을 잘 보여주는 탈놀이로 서민생활의 애환을 담고 있다.

42 관광농원사업에 관한 설명으로 옳지 않은 것은?

① 도시와 농어촌의 교류를 촉진한다.
② 농어촌지역과 농어업인의 소득증대를 도모한다.
③ 농어촌의 자연자원과 농림수산 생산기반을 이용한다.
④ 체육 및 휴양시설은 설치해서는 안 된다.

해설
관광농원사업(농어촌정비법 제2조 제16호 나목)
농어촌의 자연자원과 농림수산 생산기반을 이용하여 지역특산물 판매시설, 영농 체험시설, 체육시설, 휴양시설, 숙박시설, 음식 또는 용역을 제공하거나 그 밖에 이에 딸린 시설을 갖추어 이용하게 하는 사업이다.

43 소재지와 온천의 연결이 옳은 것은?

① 충청북도 – 도고온천, 수안보온천
② 경상북도 – 덕구온천, 백암온천
③ 전라남도 – 부곡온천, 척산온천
④ 충청남도 – 온양온천, 유성온천

해설
- 충청남도 : 도고온천, 온양온천
- 충청북도 : 수안보온천
- 경상남도 : 부곡온천
- 강원도 : 척산온천
- 대전광역시 : 유성온천

44 다음 설명에 해당하는 것은?

- 국가민속문화재 제5호로 지정되었다.
- 조선 시대 상류층의 가옥을 대표하는 건축물이다.
- 전주이씨(全州李氏) 이내번(李乃蕃)이 지은 것으로 전해진다.

① 경주 월암 종택
② 경주 최부자댁
③ 강릉 선교장
④ 정읍 김명관 고택

해설
강릉 선교장
전주이씨 이내번이 이주하면서 지은 집으로, 조선 시대 사대부의 살림집이다. 안채 · 사랑채 · 행랑채 · 별당 · 정자 등 민가로서는 거의 모자람이 없는 구조를 가지고 있다. 소장하고 있는 여러 살림살이들은 옛날 강릉지방 사람들의 생활관습을 보여주는 귀중한 자료가 되고 있다. 1967년 국가민속문화재로 지정되었다.

정답 41 ② 42 ④ 43 ② 44 ③

45 다음 설명에 해당하는 것은?

> 예안이씨(禮安李氏) 후손들을 중심으로 구성된 마을이며, 설화산과 봉수산을 잇는 지역에 위치한다.

① 고성 왕곡마을
② 안동 하회마을
③ 경주 양동마을
④ 아산 외암마을

해설
아산 외암마을
설화산과 봉수산을 잇는 지역에 위치한 외암마을은 약 500년 전 강씨와 목씨 등이 마을을 이루었으며, 조선 명조 때 이정(李挺)이 이주하면서 예안이씨(禮安李氏)가 대대로 살기 시작하였다. 그 후 이정의 후손들이 많은 인재를 배출하고 번창하면서 점차 양반촌의 면모를 갖추게 되었다.

46 전라북도의 관광지로 옳은 것은?

① 변산해수욕장, 백제가요정읍사
② 망상해수욕장, 청평사
③ 대천해수욕장, 마곡사
④ 율포해수욕장, 운주사

해설
② 강원도 : 망상해수욕장, 청평사
③ 충청남도 : 대천해수욕장, 마곡사
④ 전라남도 : 율포해수욕장, 운주사

47 강원랜드에 관한 설명으로 옳지 않은 것은?

① 복합리조트시설로 운영되고 있다.
② 강원도 정선군 사북읍에 위치하고 있다.
③ 폐광지역의 경제 활성화를 위해 설립되었다.
④ 1994년 관광진흥법 개정을 통해 내국인 출입을 허가 받았다.

해설
1995년 「폐광지역 개발 지원에 관한 특별법」 제정을 통해 1998년 내국인이 출입할 수 있는 카지노영업을 운영하는 강원랜드가 설립되었다.
④ 카지노업은 1994년 「관광진흥법」 개정을 통해 관광사업으로 규정되었다.

48 강과 댐의 연결이 옳은 것은?

① 영산강 – 팔당댐
② 낙동강 – 충주댐
③ 금강 – 대청댐
④ 섬진강 – 안동댐

해설
① 한강 : 팔당댐
② 한강 : 충주댐
④ 낙동강 : 안동댐

45 ④ 46 ① 47 ④ 48 ③ 정답

49 다음 유네스코에 등재된 세계유산(문화유산) 중 '산사, 한국의 산지승원'에 해당하는 것을 모두 고른 것은?

ㄱ. 양산 통도사	ㄴ. 영주 부석사
ㄷ. 안동 봉정사	ㄹ. 부산 범어사
ㅁ. 보은 법주사	ㅂ. 양양 낙산사
ㅅ. 공주 마곡사	ㅇ. 평창 월정사

① ㄱ, ㄴ, ㄷ, ㅁ, ㅅ
② ㄱ, ㄷ, ㄹ, ㅂ, ㅇ
③ ㄴ, ㄷ, ㅁ, ㅂ, ㅇ
④ ㄴ, ㄹ, ㅁ, ㅂ, ㅅ

해설
산사, 한국의 산지승원
2018년 유네스코 세계유산에 등재된 '산사, 한국의 산지승원'은 산지형 불교 사찰의 유형을 대표하는 양산 통도사, 영주 부석사, 안동 봉정사, 보은 법주사, 공주 마곡사, 순천 선암사, 해남 대흥사의 7개 사찰로 구성되어 있다.

50 다음 설명에 해당하는 것은?

> 동해안 최북단 강원도 고성군에 위치한 자연석호로, 이승만 전 대통령 등의 별장이 있다.

① 송지호
② 화진포
③ 영랑호
④ 청초호

해설
화진포
동해안 최북단 강원도 고성군에 형성된 자연석호로, 경관이 아름다워 강원도 기념물로 지정되었다. 오래전부터 수려한 경관으로 많은 별장이 건설되었고, 김일성, 이승만, 이기붕 등이 별장을 지었다.

제3과목 관광법규

01 관광기본법상 국가관광전략회의에 관한 설명으로 옳지 않은 것을 모두 고른 것은?

> ㄱ. 대통령 소속으로 둔다.
> ㄴ. 관광진흥의 주요 시책을 수립한다.
> ㄷ. 구성과 운영에 필요한 사항은 대통령령으로 정한다.
> ㄹ. 관광진흥계획의 수립에 관한 사항을 심의할 수는 있으나 조정할 수는 없다.

① ㄱ, ㄴ
② ㄱ, ㄹ
③ ㄴ, ㄷ
④ ㄴ, ㄹ

해설
국가관광전략회의(관광기본법 제16조)
- 관광진흥의 방향 및 주요 시책에 대한 수립 · 조정, 관광진흥계획의 수립 등에 관한 사항을 심의 · 조정하기 위하여 국무총리 소속으로 국가관광전략회의를 둔다.
- 국가관광전략회의의 구성 및 운영 등에 필요한 사항은 대통령령으로 정한다.

02 관광진흥법령상 A광역시 B구(구청장 甲)에서 관광사업을 경영하려는 자에게 요구되는 등록과 허가에 관한 설명으로 옳지 않은 것은?

① 관광숙박업의 경우 甲에게 등록하여야 한다.
② 종합유원시설업의 경우 甲의 허가를 받아야 한다.
③ 국제회의업의 경우 甲의 허가를 받아야 한다.
④ 카지노업의 경우 문화체육관광부장관의 허가를 받아야 한다.

해설
등록(관광진흥법 제4조 제1항)
여행업, 관광숙박업, 관광객 이용시설업 및 국제회의업을 경영하려는 자는 특별자치시장 · 특별자치도지사 · 시장 · 군수 · 구청장(자치구의 구청장을 말한다)에게 등록하여야 한다.

정답 49 ① 50 ② / 01 ② 02 ③

03 관광진흥법령상 관광 편의시설업에 해당하지 않는 것은?

① 관광유람선업 ② 관광식당업
③ 관광순환버스업 ④ 관광궤도업

해설
관광 편의시설업의 종류(관광진흥법 시행령 제2조 제1항 제6호)
- 관광유흥음식점업
- 관광극장유흥업
- 외국인전용 유흥음식점업
- 관광식당업
- 관광순환버스업
- 관광사진업
- 여객자동차터미널시설업
- 관광펜션업
- 관광궤도업
- 관광면세업
- 관광지원서비스업

04 관광진흥법령상 관광사업의 등록기준에 관한 설명으로 옳은 것은?

① 국외여행업의 경우 자본금(개인의 경우에는 자산평가액)은 5천만원 이상일 것
② 의료관광호텔업의 경우 욕실이나 샤워시설을 갖춘 객실은 30실 이상일 것
③ 전문휴양업 중 식물원의 경우 식물종류는 1,500종 이상일 것
④ 관광공연장업 중 실내관광공연장의 경우 무대는 100제곱미터 이상일 것

해설
관광사업의 등록기준(관광진흥법 시행령 별표 1)
① 국내외여행업의 경우 자본금(개인의 경우에는 자산평가액)은 3천만원 이상일 것
② 의료관광호텔업의 경우 욕실이나 샤워시설을 갖춘 객실은 20실 이상일 것
③ 전문휴양업 중 식물원의 경우 식물종류는 1,000종 이상일 것
④ 관광공연장업 중 실내관광공연장의 경우 무대는 70제곱미터 이상일 것
※ 출제 당시 정답은 ④였으나, 2019년 6월 11일 법령이 개정되어 현재 답은 없다.

05 관광진흥법령상 관광사업의 등록 등을 받거나 신고를 할 수 있는 자는?

① 피한정후견인
② 파산선고를 받고 복권되지 아니한 자
③ 관광진흥법에 따라 등록 등이 취소된 후 20개월이 된 자
④ 관광진흥법을 위반하여 징역의 실형을 선고받고 그 집행이 끝난 후 30개월이 된 자

해설
결격사유(관광진흥법 제7조 제1항)
다음의 어느 하나에 해당하는 자는 관광사업의 등록 등을 받거나 신고를 할 수 없고, 사업계획의 승인을 받을 수 없다. 법인의 경우 그 임원 중에 다음의 어느 하나에 해당하는 자가 있는 경우에도 또한 같다.
- 피성년후견인 · 피한정후견인
- 파산선고를 받고 복권되지 아니한 자
- 이 법에 따라 등록 등 또는 사업계획의 승인이 취소되거나 영업소가 폐쇄된 후 2년이 지나지 아니한 자
- 이 법을 위반하여 징역 이상의 실형을 선고받고 그 집행이 끝나거나 집행을 받지 아니하기로 확정된 후 2년이 지나지 아니한 자 또는 형의 집행유예 기간 중에 있는 자

06 관광진흥법령상 빈칸에 들어갈 내용이 순서대로 옳은 것은?

> 동일한 등급으로 호텔업 등급결정을 재신청하였으나 다시 등급결정이 보류된 경우에는 등급결정 보류의 ( )부터 ( ) 이내에 신청한 등급보다 낮은 등급으로 등급결정을 신청하거나 등급결정 수탁기관에 등급결정의 보류에 대한 이의를 신청하여야 한다.

① 결정을 한 날, 60일
② 결정을 한 날, 90일
③ 통지를 받은 날, 60일
④ 통지를 받은 날, 90일

03 ① 04 해설참조 05 ④ 06 ③ 정답

해설

등급결정의 재신청 등(관광진흥법 시행규칙 제25조의2 제3항)

동일한 등급으로 호텔업 등급결정을 재신청하였으나 다시 등급결정이 보류된 경우에는 등급결정 보류의 통지를 받은 날부터 60일 이내에 신청한 등급보다 낮은 등급으로 등급결정을 신청하거나 등급결정 수탁기관에 등급결정의 보류에 대한 이의를 신청하여야 한다.

07 관광진흥법령상 기획여행을 실시하는 자가 광고를 하려는 경우 표시해야 할 사항을 모두 고른 것은?

ㄱ. 여행경비
ㄴ. 최저 여행인원
ㄷ. 여행업의 등록번호
ㄹ. 식사 등 여행자가 제공받을 서비스의 내용

① ㄱ, ㄴ
② ㄱ, ㄷ
③ ㄴ, ㄷ, ㄹ
④ ㄱ, ㄴ, ㄷ, ㄹ

해설

기획여행의 광고(관광진흥법 시행규칙 제21조)

기획여행을 실시하는 자가 광고를 하려는 경우에는 다음의 사항을 표시하여야 한다. 다만, 2 이상의 기획여행을 동시에 광고하는 경우에는 다음의 사항 중 내용이 동일한 것은 공통으로 표시할 수 있다.

- 여행업의 등록번호, 상호, 소재지 및 등록관청
- 기획여행명 · 여행일정 및 주요 여행지
- 여행경비
- 교통 · 숙박 및 식사 등 여행자가 제공받을 서비스의 내용
- 최저 여행인원
- 보증보험 등의 가입 또는 영업보증금의 예치 내용
- 여행일정 변경 시 여행자의 사전 동의 규정
- 여행목적지(국가 및 지역)의 여행경보단계

08 관광진흥법령상 관광사업별로 관광사업자 등록대장에 기재되어야 할 사항의 연결이 옳은 것은?

① 휴양 콘도미니엄업 – 등급
② 제1종 종합휴양업 – 부지면적 및 건축연면적
③ 외국인관광 도시민박업 – 대지면적
④ 국제회의시설업 – 회의실별 1일 최대수용인원

해설

관광사업자 등록대장(관광진흥법 시행규칙 제4조)

비치하여 관리하는 관광사업자 등록대장에는 관광사업자의 상호 또는 명칭, 대표자의 성명 · 주소 및 사업장의 소재지와 사업별로 다음의 사항이 기재되어야 한다.

- 관광숙박업
  - 객실 수
  - 대지면적 및 건축연면적(폐선박을 이용하는 수상관광호텔업의 경우에는 폐선박의 총톤수 · 전체 길이 및 너비)
  - 법 제18조 제1항에 따라 신고를 하였거나 인 · 허가 등을 받은 것으로 의제되는 사항
  - 사업계획에 포함된 부대영업을 하기 위하여 다른 법령에 따라 인 · 허가 등을 받았거나 신고 등을 한 사항
  - 등급(호텔업만 해당)
  - 운영의 형태(분양 또는 회원모집을 하는 휴양 콘도미니엄업 및 호텔업만 해당)
- 전문휴양업 및 종합휴양업
  - 부지면적 및 건축연면적
  - 시설의 종류
  - 법 제18조 제1항에 따라 신고를 하였거나 인 · 허가 등을 받은 것으로 의제되는 사항
  - 사업계획에 포함된 부대영업을 하기 위하여 다른 법령에 따라 인 · 허가 등을 받았거나 신고 등을 한 사항
  - 운영의 형태(제2종 종합휴양업만 해당)
- 외국인관광 도시민박업
  - 객실 수
  - 주택의 연면적
- 국제회의시설업
  - 대지면적 및 건축연면적
  - 회의실별 동시수용인원
  - 법 제18조 제1항에 따라 신고를 하였거나 인 · 허가 등을 받은 것으로 의제되는 사항
  - 사업계획에 포함된 부대영업을 하기 위하여 다른 법령에 따라 인 · 허가 등을 받았거나 신고 등을 한 사항

정답 07 ④ 08 ②

09 **관광진흥법령상 등록기관 등의 장이 관광종사원의 자격을 가진 자가 종사하도록 해당 관광사업자에게 권고할 수 있는 관광업무와 그 자격의 연결이 옳지 않은 것은?**

① 외국인 관광객의 국내여행을 위한 안내(여행업) – 국내여행안내사
② 4성급 이상의 관광호텔업의 객실관리 책임자 업무(관광숙박업) – 호텔경영사 또는 호텔관리사
③ 휴양 콘도미니엄업의 총괄관리(관광숙박업) – 호텔경영사 또는 호텔관리사
④ 현관의 접객업무(관광숙박업) – 호텔서비스사

해설
관광 업무별 자격기준(관광진흥법 시행령 별표 4)

업 종	업 무	종사하도록 권고할 수 있는 자	종사하게 하여야 하는 자
여행업	외국인관광객의 국내여행을 위한 안내	–	관광통역안내사 자격을 취득한 자
	내국인의 국내여행을 위한 안내	국내여행안내사 자격을 취득한 자	–
관광숙박업	4성급 이상의 관광호텔업의 총괄관리 및 경영업무	호텔경영사 자격을 취득한 자	–
	4성급 이상의 관광호텔업의 객실관리 책임자 업무	호텔경영사 또는 호텔관리사 자격을 취득한 자	–
	3성급 이하의 관광호텔업과 한국전통호텔업 · 수상관광호텔업 · 휴양콘도미니엄업 · 가족호텔업 · 호스텔업 · 소형호텔업 및 의료관광호텔업의 총괄관리 및 경영업무	호텔경영사 또는 호텔관리사 자격을 취득한 자	–
	현관 · 객실 · 식당의 접객업무	호텔서비스사 자격을 취득한 자	–

10 **관광진흥법령상 카지노사업자가 관광진흥개발기금에 납부해야 할 납부금에 관한 설명으로 옳지 않은 것은?**

① 납부금 산출의 기준이 되는 총매출액에는 카지노영업과 관련하여 고객에게 지불한 총금액이 포함된다.
② 카지노사업자는 총매출액의 100분의 10의 범위에서 일정 비율에 해당하는 금액을 관광진흥개발기금법에 따른 관광진흥개발기금에 내야 한다.
③ 카지노사업자가 납부금을 납부기한까지 내지 아니하면 문화체육관광부장관은 10일 이상의 기간을 정하여 이를 독촉하여야 한다.
④ 문화체육관광부장관으로부터 적법한 절차에 따라 납부독촉을 받은 자가 그 기간에 납부금을 내지 아니하면 국세 체납처분의 예에 따라 징수한다.

해설
총매출액은 카지노영업과 관련하여 고객으로부터 받은 총금액에서 고객에게 지급한 총금액을 공제한 금액을 말한다(관광진흥법 시행령 제30조 제1항).

09 ① 10 ① 정답

11 **관광진흥법령상 카지노업의 허가를 받으려는 자가 갖추어야 할 시설 및 기구의 기준으로 옳지 않은 것은?**

① 330제곱미터 이상의 전용 영업장
② 1개 이상의 외국환 환전소
③ 카지노업의 영업종류 중 세 종류 이상의 영업을 할 수 있는 게임기구 및 시설
④ 문화체육관광부장관이 정하여 고시하는 기준에 적합한 카지노 전산시설

해설
카지노업의 시설기준 등(관광진흥법 시행규칙 제29조 제1항)
카지노업의 허가를 받으려는 자가 갖추어야 할 시설 및 기구의 기준은 다음과 같다.
- 330제곱미터 이상의 전용 영업장
- 1개 이상의 외국환 환전소
- 카지노업의 영업종류 중 네 종류 이상의 영업을 할 수 있는 게임기구 및 시설
- 문화체육관광부장관이 정하여 고시하는 기준에 적합한 카지노 전산시설

12 **관광진흥법령상 호텔업 등록을 한 자 중 의무적으로 등급결정을 신청하여야 하는 업종이 아닌 것은?**

① 관광호텔업
② 한국전통호텔업
③ 소형호텔업
④ 가족호텔업

해설
출제 당시 정답은 ④였으나 2019년 11월 20일 법령 개정으로 가족호텔업이 추가되어 현재 답은 없다.

13 **甲은 관광진흥법령에 따라 야영장업을 등록하였다. 동 법령상 甲이 지켜야 할 야영장의 안전 · 위생기준으로 옳지 않은 것은?**

① 매월 1회 이상 야영장 내 시설물에 대한 안전점검을 실시하여야 한다.
② 문화체육관광부장관이 정하는 안전교육을 연 1회 이수하여야 한다.
③ 야영용 천막 2개소 또는 100제곱미터마다 1개 이상의 소화기를 내부가 잘 보이는 보관함에 넣어 눈에 띄기 쉬운 곳에 비치하여야 한다.
④ 야영장 내에서 차량이 시간당 30킬로미터 이하의 속도로 서행하도록 안내판을 설치하여야 한다.

해설
야영장 내에서 차량이 시간당 20킬로미터 이하의 속도로 서행하도록 안내판을 설치하여야 한다(관광진흥법 시행규칙 별표 7).

14 **관광진흥법령상 관광사업시설에 대한 회원모집 및 분양에 관한 설명으로 옳지 않은 것은?**

① 가족호텔업을 등록한 자는 회원모집을 할 수 있다.
② 외국인관광 도시민박업을 등록한 자는 회원모집을 할 수 있다.
③ 호스텔업에 대한 사업계획의 승인을 받은 자는 회원모집을 할 수 있다.
④ 휴양 콘도미니엄업에 대한 사업계획의 승인을 받은 자는 그 시설에 대해 분양할 수 있다.

해설
분양 및 회원모집(관광진흥법 제20조 제1항)
관광숙박업이나 관광객 이용시설업으로서 대통령령으로 정하는 종류의 관광사업(휴양 콘도미니엄업 및 호텔업, 관광객 이용시설업 중 제2종 종합휴양업)을 등록한 자 또는 그 사업계획의 승인을 받은 자가 아니면 그 관광사업의 시설에 대하여 분양(휴양 콘도미니엄만 해당) 또는 회원모집을 하여서는 아니 된다.

정답 11 ③ 12 해설참조 13 ④ 14 ②

15 관광진흥법상 관광지 등에의 입장료 징수 대상의 범위와 그 금액을 정할 수 있는 권한을 가진 자는?

① 특별자치도지사
② 문화체육관광부장관
③ 한국관광협회중앙회장
④ 한국관광공사 사장

해설
입장료 등의 징수와 사용(관광진흥법 제67조)
- 관광지 등에서 조성사업을 하거나 건축, 그 밖의 시설을 한 자는 관광지 등에 입장하는 자로부터 입장료를 징수할 수 있고, 관광시설을 관람하거나 이용하는 자로부터 관람료나 이용료를 징수할 수 있다.
- 입장료 · 관람료 또는 이용료의 징수 대상의 범위와 그 금액은 관광지 등이 소재하는 지방자치단체의 조례로 정한다.

※ 출제 당시 정답은 ①이었으나 2020년 6월 9일 법령이 개정되어 현재 답은 없다.

16 관광진흥법령상 관광지 등 조성계획의 승인을 받은 자인 사업시행자에 관한 설명으로 옳지 않은 것은?

① 사업시행자는 개발된 관광시설 및 지원시설의 전부를 타인에게 위탁하여 경영하게 할 수 없다.
② 사업시행자가 수립하는 이주대책에는 이주방법 및 이주시기가 포함되어야 한다.
③ 사업시행자는 관광지 등의 조성사업과 그 운영에 관련되는 도로 등 공공시설을 우선하여 설치하도록 노력하여야 한다.
④ 사업시행자가 관광지 등의 개발 촉진을 위하여 조성계획의 승인 전에 시 · 도지사의 승인을 받아 그 조성사업에 필요한 토지를 매입한 경우에는 사업시행자로서 토지를 매입한 것으로 본다.

해설
사업시행자는 조성한 토지, 개발된 관광시설 및 지원시설의 전부 또는 일부를 매각하거나 임대하거나 타인에게 위탁하여 경영하게 할 수 있다(관광진흥법 제59조 제1항).

17 관광진흥법상 빈칸에 공통적으로 들어갈 숫자는?

> 관광진흥법 제4조 제1항에 따른 등록을 하지 아니하고 여행업 · 관광숙박업(제15조 제1항에 따라 사업계획의 승인을 받은 관광숙박업만 해당한다) · 국제회의업 및 제3조 제1항 제3호 나목의 관광객 이용시설업을 경영한 자는 ( )년 이하의 징역 또는 ( )천만원 이하의 벌금에 처한다.

① 1
② 2
③ 3
④ 5

해설
벌칙(관광진흥법 제82조 제1호·참조)
제4조 제1항에 따른 등록을 하지 아니하고 여행업 · 관광숙박업(제15조 제1항에 따라 사업계획의 승인을 받은 관광숙박업만 해당) · 국제회의업 및 제3조 제1항 제3호 나목의 관광객 이용시설업을 경영한 자는 3년 이하의 징역 또는 3천만원 이하의 벌금에 처한다.

18 관광진흥법상 관광지 및 관광단지를 지정할 수 없는 자는?

① 부산광역시장
② 한국관광공사 사장
③ 세종특별자치시장
④ 제주특별자치도지사

해설
관광지 및 관광단지는 문화체육관광부령으로 정하는 바에 따라 시장 · 군수 · 구청장의 신청에 의하여 시 · 도지사가 지정한다. 다만, 특별자치시 및 특별자치도의 경우에는 특별자치시장 및 특별자치도지사가 지정한다(관광진흥법 제52조 제1항).

15 해설참조 16 ① 17 ③ 18 ② 정답

19 **관광진흥법령상 관광지 등의 시설지구 중 휴양 · 문화 시설지구 안에 설치할 수 있는 시설은? (단, 개별시설에 부대시설은 없는 것으로 전제함)**

① 관공서
② 케이블카
③ 무도장
④ 전망대

해설
휴양 · 문화 시설지구 안에 설치할 수 있는 시설(관광진흥법 시행규칙 별표 19)

시설지구	설치할 수 있는 시설
관광 휴양 · 오락 시설지구	1. 휴양 · 문화시설 : 공원, 정자, 전망대, 조경휴게소, 의료시설, 노인시설, 삼림욕장, 자연휴양림, 연수원, 야영장, 온천장, 보트장, 유람선터미널, 낚시터, 청소년수련시설, 공연장, 식물원, 동물원, 박물관, 미술관, 수족관, 문화원, 교양관, 도서관, 자연학습장, 과학관, 국제회의장, 농 · 어촌휴양시설, 그 밖에 휴양과 교육 · 문화와 관련된 시설 2. 운동 · 오락시설 : 「체육시설의 설치 · 이용에 관한 법률」에 따른 체육시설, 이 법에 따른 유원시설 , 「게임산업진흥에 관한 법률」에 따른 게임제공업소, 케이블카(리프트카), 수렵장, 어린이놀이터, 무도장, 그 밖의 운동과 놀이에 직접 참여하거나 관람하기에 적합한 시설

※ 2019년 6월 12일 별표의 내용이 위와 같이 개정되었다.

20 **관광진흥법령상 한국관광 품질인증에 관한 설명으로 옳지 않은 것은?**

① 문화체육관광부장관은 품질인증을 받은 시설 등에 대하여 국외에서의 홍보 지원을 할 수 있다.
② 문화체육관광부장관은 거짓으로 품질인증을 받은 자에 대해서는 품질인증을 취소하거나 3천만원 이하의 과징금을 부과할 수 있다.
③ 야영장업은 품질인증의 대상이 된다.
④ 품질인증의 유효기간은 인증서가 발급된 날부터 3년으로 한다.

해설
문화체육관광부장관은 한국관광 품질인증을 받은 자가 거짓이나 그 밖의 부정한 방법으로 인증을 받은 경우에는 인증을 취소하여야 한다(관광진흥법 제48조의11 제1호).

21 **관광진흥개발기금법령상 관광개발진흥기금의 관리 및 회계연도에 관한 설명으로 옳은 것은?**

① 기금관리는 국무총리가 한다.
② 기금관리자는 기금의 집행 · 평가 등을 효율적으로 수행하기 위하여 20명 이내의 민간전문가를 고용한다.
③ 기금관리를 위한 민간전문가는 계약직으로 하며, 그 계약기간은 2년을 원칙으로 한다.
④ 기금 운용의 특성상 기금의 회계연도는 정부의 회계연도와 달리한다.

해설
① 기금은 문화체육관광부장관이 관리한다(관광진흥개발기금법 제3조 제1항).
② 문화체육관광부장관은 기금의 집행 · 평가 · 결산 및 여유자금 관리 등을 효율적으로 수행하기 위하여 10명 이내의 민간전문가를 고용한다. 이 경우 필요한 경비는 기금에서 사용할 수 있다(관광진흥개발기금법 제3조 제2항).
④ 기금의 회계연도는 정부의 회계연도에 따른다(관광진흥개발기금법 제4조).

2018년

정답 19 ④(해설참조) 20 ② 21 ③

22 관광진흥개발기금법령상 문화체육관광부장관의 소관 업무에 해당하지 않는 것은?

① 한국산업은행에 기금 대여
② 기금운용위원회의 위원장으로서 위원회의 사무를 총괄
③ 기금운용계획안의 수립
④ 기금을 대여받은 자에 대한 기금 운용의 감독

해설
② 위원장(문화체육관광부 제1차관)은 위원회를 대표하고, 위원회의 사무를 총괄한다(관광진흥개발기금법 시행령 제5조).
① 문화체육관광부장관은 한국산업은행이 기금의 대여업무를 할 수 있도록 한국산업은행에 기금을 대여할 수 있다(관광진흥개발법 시행령 제3조).
③ 문화체육관광부장관은 매년 「국가재정법」에 따라 기금운용계획안을 수립하여야 한다(관광진흥개발기금법 제7조 제1항).
④ 문화체육관광부장관은 한국산업은행의 은행장과 기금을 대여받은 자에게 기금 운용에 필요한 사항을 명령하거나 감독할 수 있다(관광진흥개발기금법 시행령 제19조).

23 국제회의산업 육성에 관한 법령상 국제회의산업육성기본계획의 수립 등에 관한 설명으로 옳지 않은 것은?

① 국제회의산업육성기본계획은 5년마다 수립·시행하여야 한다.
② 국제회의산업육성기본계획에는 국제회의에 필요한 인력의 양성에 관한 사항도 포함되어야 한다.
③ 국제회의산업육성기본계획의 추진실적의 평가는 국무총리 직속의 전문평가기관에서 실시하여야 한다.
④ 문화체육관광부장관은 국제회의산업육성기본계획의 효율적인 달성을 위하여 관계 지방자치단체의 장에게 필요한 자료의 제출을 요청할 수 있다.

해설
문화체육관광부장관은 기본계획의 추진실적을 평가하고, 그 결과를 기본계획의 수립에 반영하여야 한다(국제회의산업 육성에 관한 법률 제6조 제4항).

24 국제회의산업 육성에 관한 법령상 문화체육관광부장관이 국제회의의 유치·개최의 지원에 관한 업무를 위탁할 수 있는 대상은?

① 국제회의 전담조직
② 문화체육관광부 제2차관
③ 국회 문화체육관광위원회
④ 국제회의 시설이 있는 지역의 지방의회

해설
문화체육관광부장관은 국제회의의 유치·개최의 지원에 관한 업무를 국제회의 전담조직에 위탁한다(국제회의산업 육성에 관한 법률 시행령 제16조).

25 A광역시장 甲은 관할 구역의 일정지역에 국제회의복합지구를 지정하려고 한다. 이에 관한 설명으로 옳지 않은 것은?

① 甲은 국제회의복합지구를 지정할 때에는 국제회의복합지구 육성·진흥계획을 수립하여 문화체육관광부장관의 승인을 받아야 한다.
② 甲은 사업 지연 등의 사유로 지정목적을 달성할 수 없는 경우 문화체육관광부장관의 승인을 받아 국제회의복합지구 지정을 해제할 수 있다.
③ 甲이 지정한 국제회의복합지구는 관광진흥법 제70조에 따른 관광특구로 본다.
④ 甲이 국제회의복합지구로 지정하고자 하는 지역이 의료관광특구라면 400만 제곱미터를 초과하여 지정할 수 있다.

해설
국제회의복합지구의 지정 면적은 400만 제곱미터 이내로 한다(국제회의산업 육성에 관한 법률 시행령 제13조의2 제2항).

정답 22 ② 23 ③ 24 ① 25 ④

제4과목 관광학개론

26 2018년 한국관광공사 선정 KOREA 유니크베뉴가 아닌 장소는?

① 서울 국립중앙박물관 ② 부산 영화의 전당
③ 광주 월봉서원 ④ 전주 한옥마을

해설
유니크베뉴(Unique Venue)란 MICE 개최도시의 전통 콘셉트나 그 국가, 도시에서만 즐길 수 있는 독특한 매력을 느낄 수 있는 장소를 지칭한다. 한국관광공사는 한국을 대표하며 지역특색을 고루 갖춘 MICE 행사장소인 '코리아 유니크베뉴' 20개를 최종적으로 선정하여 발표하였다.

2018년 코리아 유니크베뉴

지 역	개 수	선정 베뉴
서 울	5개	국립중앙박물관
		DDP
		한국의 집
		삼청각
		새빛섬
부 산	3개	더베이101
		영화의 전당
		누리마루
대 구	2개	대구텍스타일컴플렉스
		83그릴
인 천	1개	현대크루즈
광 주	2개	월봉서원
		전통문화원
제 주	1개	생각하는 정원
강 원	1개	남이섬
경 기	1개	한국민속촌
경 남	1개	창원해양공원
경 주	2개	황룡원
		교촌한옥마을
고 양	1개	중남미문화원
계		20개

2022년 코리아 유니크베뉴

지 역	개 수	선정 베뉴
서 울	8개	노들섬
		국립중앙박물관
		문화비축기지
		우리옛돌박물관
		이랜드크루즈
		플로팅 아일랜드 컨벤션
		한국가구박물관
		한국의 집
경 기	5개	한국만화영상진흥원
		광명동굴
		한국민속촌
		현대 모터스튜디오 고양
		현대유람선
인 천	3개	트라이보울
		전등사
		오크우드 프리미어 파노라믹65
강 원	7개	하슬라아트월드
		강릉오죽한옥마을
		원주한지테마파크
		DMZ 박물관
		알펜시아 스키점프센터
		인제스피디움
		남이섬
전 주	2개	왕의지밀
		한국소리문화의전당
광 주	1개	국립아시아문화전당
경 주	2개	황룡원
		국립경주박물관
김 해	1개	클레이아크김해미술관
논 산	1개	선샤인스튜디오
천 안	1개	독립기념관

정답 26 ③, ④(해설참조)

부 산	4개	뮤지엄 원
		누리마루 APEC 하우스
		더베이101
		영화의 전당
대구	1개	대구예술발전소
제주	3개	생각하는 정원
		본태박물관
		제주민속촌
계		39개

※ 출제 당시 정답은 ④였으나 현재는 ③도 정답에 해당한다.

27 다음 관광자가 즐기는 카지노 게임은?

> 내가 선택한 플레이어 카드 두 장의 합이 9이고, 딜러의 뱅커 카드 두 장의 합이 8이어서 내가 배팅한 금액의 당첨금을 받았다.

① 바카라
② 키 노
③ 다이사이
④ 다이스

해설
① 바카라 : Banker와 Player 중 카드 합이 9에 가까운 쪽이 승리하는 카지노 게임이다.
② 키노 : 80개의 숫자가 매겨진 볼을 가지고 진행되며, 20개의 볼을 끌어내어 선택한 번호와 일치하는 정도에 따라 배당금이 지급되는 게임이다.
③ 다이사이 : 베팅한 숫자 또는 숫자의 조합이 셰이커(주사위 용기)에 있는 세 개의 주사위와 일치하면 배당률에 의해 배당금이 지급되는 게임이다.
④ 다이스 : 주사위 5개 중 2개를 던져 나오는 숫자의 합에 따라 승부가 결정되는 게임이다.

28 2017년 UIA(국제협회연합)에서 발표한 국제회의 유치 실적이 높은 국가 순서대로 나열한 것은?

① 한국 – 미국 – 일본 – 오스트리아
② 미국 – 벨기에 – 한국 – 일본
③ 한국 – 싱가포르 – 오스트리아 – 일본
④ 미국 – 한국 – 싱가포르 – 벨기에

해설
2017년 국제회의 개최 순위 및 건수

순 위	국가명	개최 건수
1	대한민국	1,297
2	싱가포르	877
3	벨기에	810
4	오스트리아	591
5	미 국	575
6	일 본	523
7	스페인	440
8	프랑스	422
9	독 일	374
10	태 국	312

※ 출처 : UIA, International Meeting Statistics Report
※ 2021 기준 미국 – 한국 – 일본 – 벨기에 – 프랑스 순이다.

27 ① 28 ③ 정답

29 **관광진흥법령상 일반여행업에서 기획여행을 실시할 경우 보증보험 가입금액 기준이 옳지 않은 것은?**

① 직전사업년도 매출액 10억원 이상 50억원 미만 – 1억원

② 직전사업년도 매출액 50억원 이상 100억원 미만 – 3억원

③ 직전사업년도 매출액 100억원 이상 1,000억원 미만 – 5억원

④ 직전사업년도 매출액 1,000억원 이상 – 7억원

해설

보증보험 등 가입금액(관광진흥법 시행규칙 별표 3)

<table>
<tr><th>여행업의 종류 (기획여행 포함) / 직전 사업 연도 매출액</th><th>국내외여행업의 기획여행</th><th>종합여행업의 기획여행</th></tr>
<tr><td>1억원 미만</td><td rowspan="4">200,000</td><td rowspan="4">200,000</td></tr>
<tr><td>1억원 이상 5억원 미만</td></tr>
<tr><td>5억원 이상 10억원 미만</td></tr>
<tr><td>10억원 이상 50억원 미만</td></tr>
<tr><td>50억원 이상 100억원 미만</td><td>300,000</td><td>300,000</td></tr>
<tr><td>100억원 이상 1,000억원 미만</td><td>500,000</td><td>500,000</td></tr>
<tr><td>1,000억원 이상</td><td>700,000</td><td>700,000</td></tr>
</table>

※ 2021년 9월 24일 법령이 개정되어 일반여행업에서 종합여행업으로 변경되었다.

30 **관광진흥법령상 다음 관광사업 중 업종대상과 지정권자 연결이 옳은 것은?**

① 관광펜션업 – 지역별 관광협회

② 관광순환버스업 – 지역별 관광협회

③ 관광식당업 – 특별자치시장 · 특별자치도지사 · 시장 · 군수 · 구청장

④ 관광~~유흥~~음식점업 – 특별자치시장 · 특별자치도지사 · 시장 · 군수 · 구청장

해설

관광편의시설업의 지정신청(관광진흥법 시행규칙 제14조 제1항)

관광편의시설업의 지정을 받으려는 자는 다음의 구분에 따라 신청을 하여야 한다.

- 관광유흥음식점업, 관광극장유흥업, 외국인전용 유흥음식점업, 관광순환버스업, 관광펜션업, 관광궤도업, 관광면세업 및 관광지원서비스업 : 특별자치시장 · 특별자치도지사 · 시장 · 군수 · 구청장
- 관광식당업, 관광사진업 및 여객자동차터미널시설업 : 지역별 관광협회

31 **호텔 객실요금에 조식만 포함되어 있는 요금제도는?**

① European Plan

② Continental Plan

③ Full American Plan

④ Modified American Plan

해설

① European Plan : 객실요금과 식사요금을 분리하여 별도로 계산하는 방식

③ American Plan : 객실요금에 1일 3식(아침, 점심, 저녁)을 포함하는 방식

④ Modified American Plan : 객실요금에 1일 2식(아침, 저녁)을 포함하는 방식

정답 29 ①(해설참조) 30 ④ 31 ②

32 국내 컨벤션센터와 지역 연결이 옳지 않은 것은?

① DCC – 대구
② CECO – 창원
③ SETEC – 서울
④ GSCO – 군산

해설
국내 지역별 컨벤션센터 현황

구 분	내 용
수도권	COEX(서울), SETEC(서울), aT센터(서울), KINTEX(일산), SONGDO CONVENSIA(송도), SCC(수원)
대전 · 세종	DCC(대전), SCC(세종)
전 북	GSCO(군산)
광 주	김대중컨벤션센터(광주)
대구 · 경북	EXCO(대구), GUMICO(구미), HICO(경주)
부산 · 경남	BEXCO(부산), CECO(창원)
제 주	ICC JEJU(서귀포)

33 항공 기내특별식 용어와 그 내용의 연결이 옳은 것은?

① BFML – 유아용 음식
② NSML – 이슬람 음식
③ KSML – 유대교 음식
④ VGML – 힌두교 음식

해설
항공 기내특별식 용어
③ KSML(유대교 음식) : 유대교의 율법에 따라 조리한 식사
① BBML(유아용 음식) : 생후 1년 미만 유아에게 적합한 식사
② MOML(이슬람 음식) : 이슬람교의 규정과 습관에 준거하여 준비한 식사
④ HNML(힌두교 음식) : 힌두교의 식사법과 관례에 따라 준비한 식사

34 다음 설명에 해당하는 객실가격 산출방법은?

> 연간 총 경비, 객실 수, 객실 점유율 등에 의해 연간 목표이익을 계산하여 이를 충분히 보전할 수 있는 가격으로 호텔 객실가격을 결정한다.

① 하워드 방법
② 휴버트 방법
③ 경쟁가격 결정방법
④ 수용률 가격 계산방법

해설
객실가격 산출방법
- 평균객실요금 계산방법 : 평균실료에 의거하여 객실요금을 산정하는 방법
- 휴버트 방법 : 연간 총 경비, 객실 수, 객실 점유율 등에 의해 연간 목표이익을 계산하는 방법
- 수용률 가격 계산방법 : 1년간 객실비용과 수용률로 평균객실요금을 계산하는 방법

35 문화체육관광부 선정 대한민국 테마여행 10선에 속하지 않는 도시는?

① 전 주
② 충 주
③ 제 주
④ 경 주

해설
대한민국 테마여행 10선
- 평화역사 이야기여행 : 인천 · 파주 · 수원 · 화성
- 드라마틱 강원여행 : 평창 · 강릉 · 속초 · 정선
- 위대한 금강역사여행 : 대전 · 공주 · 부여 · 익산
- 중부내륙 힐링여행 : 단양 · 제천 · 충주 · 영월
- 시간여행101 : 전주 · 군산 · 부안 · 고창
- 남도맛기행 : 광주 · 목포 · 담양 · 나주
- 선비이야기 여행 : 대구 · 안동 · 영주 · 문경
- 해돋이역사 기행 : 울산 · 포항 · 경주
- 남쪽빛감성여행 : 부산 · 거제 · 통영 · 남해
- 남도바닷길 : 여수 · 순천 · 보성 · 광양

32 ① 33 ③ 34 ② 35 ③ 정답

36 항공사와 여행사가 은행을 통하여 항공권 판매대금 및 정산업무 등을 간소화하는 제도는?

① PNR
② CMS
③ PTA
④ BSP

해설
BSP(Bank Settlement Plan)
IATA(국제항공운송협회)에서 운영하는 항공여객 판매대금 정산제도이다. 항공사와 여행사 간의 거래에서 발생하는 국제선항공 여객운임을 다자간 개별적으로 직접 결제하는 대신 은행을 통하여 일괄 정산하는 방식이다.

37 관광진흥법령상 한국관광 품질인증 대상 사업으로 옳은 것을 모두 고른 것은?

ㄱ. 관광면세업
ㄴ. 한옥체험업
ㄷ. 관광식당업
ㄹ. 관광호텔업
ㅁ. 관광공연장업

① ㄱ, ㄴ, ㄷ
② ㄱ, ㄷ, ㄹ
③ ㄴ, ㄷ, ㄹ
④ ㄴ, ㄹ, ㅁ

해설
한국관광 품질인증 대상 사업(관광진흥법 시행령 제41조의10)
- 야영장업
- 외국인관광 도시민박업
- 한옥체험업
- 관광식당업
- 관광면세업
- 숙박업(관광숙박업 제외)
- 외국인관광객면세판매장

38 2018년 문화체육관광부 지정 글로벌 육성축제를 모두 고른 것은?

ㄱ. 김제지평선축제
ㄴ. 자라섬국제재즈페스티벌
ㄷ. 진주남강유등축제
ㄹ. 보령머드축제
ㅁ. 화천산천어축제

① ㄱ, ㄴ, ㄹ
② ㄱ, ㄷ, ㄹ
③ ㄱ, ㄷ, ㅁ
④ ㄴ, ㄷ, ㅁ

해설
2018년 글로벌 육성축제로 김제지평선축제, 보령머드축제, 안동국제탈춤축제, 진주남강유등축제가 선정되었다.

39 관광의 긍정적 영향으로 옳지 않은 것은?

① 국제수지 개선
② 고용창출 증대
③ 기회비용 증대
④ 환경인식 증대

해설
관광의 긍정적 영향
- 국가경제 및 국제수지 개선
- 고용창출 증대
- 환경인식 증대
- 국제친선 도모
- 역사 유적 등의 보존 · 보호

정답 36 ④ 37 ① 38 ② 39 ③

40 서양 중세시대 관광에 관한 설명으로 옳은 것은?

① 증기기관차 등의 교통수단이 발달되었다.
② 문예부흥에 의해 관광이 활성화되었다.
③ 십자군전쟁에 의한 동 · 서양 교류가 확대되었다.
④ 패키지여행상품이 출시되었다.

해설
중세에 들어 유럽의 사회조직은 혼란 상태에 빠졌으며, 로마 시대에 건설한 도로도 모두 파괴되어 관광여행은 자취를 감추었다. 십자군 원정은 관광부활의 계기가 되었는데, 육로 및 해로의 개발은 물론 동방에 대한 지식과 관심을 높였고, 동 · 서양의 교류를 확대시켰다.

41 관광의 유사 개념으로 옳지 않은 것은?

① 여 행
② 예 술
③ 레크리에이션
④ 레 저

해설
여행, 여가, 소풍, 유람, 기행, 피서, 방랑, 레저, 레크리에이션

42 다음 이론을 주장한 학자는?

> **욕구 5단계 이론**
> 생리적 욕구 – 안전의 욕구 – 사회적 욕구 – 존경의 욕구 – 자아실현의 욕구

① 마리오티(A. Mariotti)
② 맥그리거(D. McGregor)
③ 밀(R. C. Mill)
④ 매슬로우(A. H. Maslow)

해설
매슬로우의 욕구 5단계 이론
- 1단계 욕구 : 생리적 욕구로 먹고 자는 등 최하위 단계의 욕구
- 2단계 욕구 : 안전에 대한 욕구로 추위 · 질병 · 위험 등으로부터 자신을 보호하는 욕구
- 3단계 욕구 : 애정과 소속에 대한 욕구로 어떤 단체에 소속되어 애정을 주고받는 욕구
- 4단계 욕구 : 자기존중의 욕구로 소속단체의 구성원으로 명예나 권력을 누리려는 욕구
- 5단계 욕구 : 자아실현의 욕구로 자신의 재능과 잠재력을 발휘하여 자기가 이룰 수 있는 모든 것을 성취하려는 최고수준의 욕구

43 재난 현장이나 비극적 참사의 현장을 방문하는 관광을 의미하는 것은?

① Eco Tourism
② Dark Tourism
③ Soft Tourism
④ Low Impact Toursim

해설
① Eco Tourism : 지역주민의 삶의 질을 증진시키고 환경을 보전할 수 있도록 하는 자연지역으로 떠나는 책임 있는 관광
③ Soft Tourism : 관광의 경제적 편익만을 강조한 개발이 아니라 지역주민과 찾아온 손님 간의 상호이해, 지역 문화적 전통 존중, 환경보존을 달성하도록 하는 관광
④ Low Impact Tourism : 환경에 대한 부정적인 영향을 최소화하는 지속가능한 관광

40 ③ 41 ② 42 ④ 43 ② 정답

44 관광의 구조가 바르게 연결된 것은?

① 관광주체 – 교통기관
② 관광객체 – 관광행정조직
③ 관광매체 – 자연자원
④ 관광주체 – 관광자

해설
관광의 구조
- 관광주체 : 관광자
- 관광객체 : 자연자원
- 관광매체 : 교통기관

45 2018년 기준 출국 내국인의 면세물품 총 구매한도액으로 옳은 것은?

① 미화 2,000달러
② 미화 2,500달러
③ 미화 3,000달러
④ 미화 3,500달러

해설
출제 당시 정답은 ③이었으나 이후 미화 5,000달러로 구매한도액이 완화되었다. 2022년 3월 18일 한 차례 더 법령이 개정되어 해당 조항이 삭제되었으므로 현재 답은 없다.

46 국민관광에 관한 설명으로 옳은 것을 모두 고른 것은?

ㄱ. 국민관광 활성화 일환으로 1977년 전국 36개소의 국민관광지가 지정되었다.
ㄴ. 국민관광은 관광에 대한 국제협력 증진을 목표로 한다.
ㄷ. 국민관광은 출입국제도 간소화 정책을 실시하고 있다.
ㄹ. 국민관광은 장애인, 노약자 등 관광취약계층을 지원한다.

① ㄱ, ㄴ
② ㄱ, ㄹ
③ ㄴ, ㄷ
④ ㄷ, ㄹ

해설
ㄴ. 국제관광은 관광에 대한 국제협력 증진을 목표로 한다.
ㄷ. 국제관광은 출입국제도 간소화 정책을 실시하고 있다.

47 다음 설명에서 A의 관점에 해당하는 관광은?

한국에 거주하고 있는 A는 미국에 거주하고 있는 B로부터 중국 여행을 마치고 뉴욕 공항에 잘 도착했다고 연락을 받았다.

① Outbound Tourism
② Overseas Tourism
③ Inbound Tourism
④ Domestic Tourism

해설
② Overseas Tourism : 외국인의 국외관광
① Outbound Tourism : 내국인의 국외관광
③ Inbound Tourism : 외국인의 국내관광
④ Domestic Tourism : 내국인의 국내관광

정답 44 ④ 45 해설참조 46 ② 47 ②

48 슬로시티가 세계 최초로 시작된 국가는?

① 이탈리아
② 노르웨이
③ 포르투갈
④ 뉴질랜드

해설
슬로시티
1999년 10월 이탈리아 파올로 사투르니니(Paolo Saturnini) 전 시장을 비롯한 몇몇 시장들에 의해 처음 시작된 것으로, 자연과 전통문화를 보호하고 조화를 이루면서 속도의 편리함에서 벗어나 느림의 삶을 추구하자는 국제운동이다.

49 다음을 정의한 국제 관광기구는?

> 국제관광객은 타국에서 24시간 이상 6개월 이내의 기간 동안 체재하는 자를 의미한다.

① UNWTO
② IUOTO
③ ILO
④ OECD

해설
OECD(경제협력개발기구)의 정의
- 국제관광객 : 타국에서 24시간 이상 6개월 이내의 기간 동안 체재하는 자
- 일시 방문객 : 타국에서 24시간 이상 3개월 이내의 기간 동안 체재하는 자

50 다음 관광 관련 국제기구 중 바르게 연결된 것은?

① PATA – 아시아 · 태평양경제협력체
② IATA – 미국여행업협회
③ ICAO – 국제민간항공기구
④ UFTAA – 국제항공운송협회

해설
① PATA : 아시아 · 태평양관광협회
② IATA : 국제항공운송협회
④ UFTAA : 세계여행협회연맹

48 ① 49 ④ 50 ③ 정답

2019년 기출문제

제1과목 관광국사

01 다음과 같이 생활한 시대에 널리 사용한 도구는?

> 사람들은 동굴이나 바위 그늘에서 살며 무리를 이루어 사냥감을 찾아다녔다.

① 반달돌칼
② 비파형 동검
③ 주먹도끼
④ 돌괭이

해설
주로 사냥, 채집을 통해 생활하고, 추위를 피해 동굴이나 바위 그늘에서 살았던 시기는 구석기 시대이다. 구석기 시대를 대표하는 도구는 주먹도끼이다.
① 반달돌칼, ② 비파형 동검은 청동기 시대를 대표하는 유물이다.
④ 돌괭이는 신석기 시대에 사용했던 농기구이다.

02 다음 중 신석기 시대에 사용한 토기를 모두 고른 것은?

> ㄱ. 빗살무늬 토기　　ㄴ. 미송리식 토기
> ㄷ. 붉은 간토기　　ㄹ. 덧무늬 토기

① ㄱ, ㄴ
② ㄱ, ㄹ
③ ㄴ, ㄷ
④ ㄷ, ㄹ

해설
ㄱ. 빗살무늬 토기와 ㄹ. 덧무늬 토기는 신석기 시대를 대표하는 토기이다. ㄴ. 미송리식 토기와 ㄷ. 붉은 간토기는 청동기 시대를 대표하는 토기이다.

03 삼한에 관한 설명으로 옳지 않은 것은?

① 변한에서는 철을 화폐처럼 사용하였다.
② 마한에서는 농경이 발달하고 벼농사를 지었다.
③ 진한에는 편두의 풍속이 있었다.
④ 변한에서는 다른 읍락의 생활권을 침범하면 노비와 소, 말로 변상하게 하였다.

해설
다른 부족의 경계를 침범할 경우에는 가축이나 노비로 변상해야 하는 책화의 풍습이 있었던 나라는 동예이다.

04 삼국 시대에 편찬된 역사책이 아닌 것은?

① 서 기
② 국 사
③ 신 집
④ 화랑세기

해설
④ 화랑세기는 통일신라 시기 김대문이 화랑들의 전기를 모아서 편찬한 책이다.
① 4세기 후반 백제 근초고왕때 박사 고흥이 서기를 편찬하였다.
② 신라 진흥왕 6년때 거칠부에 의해서 국사가 편찬되었다.
③ 고구려는 이문진에 의해서 신집이 편찬되었다.

정답 01 ③ 02 ② 03 ④ 04 ④

05 밑줄 친 '그'에 해당하는 인물은?

> 그는 불교 서적을 폭넓게 섭렵하고, 모든 것이 한마음에서 나온다는 일심 사상을 바탕으로 다른 종파들과 사상적 대립을 조화시키고 분파 의식을 극복하려고 하였다.

① 자 장
② 원 효
③ 의 상
④ 원 광

해설
원효는 모든 것이 한마음에서 나온다는 일심 사상을 바탕으로 다른 종파와의 사상적 대립을 완화하고자 화쟁 사상을 주장하였다. 또한, 극락에 가고자 하는 아미타 신앙을 직접 전도하며 불교 대중화의 길을 열었다.

06 발해 무왕 때의 역사적 사실에 관한 설명으로 옳은 것은?

① 발해를 정식 국호로 삼았다.
② 당의 산둥 반도를 공격하였다.
③ 수도를 중경에서 상경으로 옮겼다.
④ 당의 제도를 본떠 3성 6부제를 정비하였다.

해설
② 산둥지방을 공격한 왕은 발해 무왕이다.
① 발해 고왕인 대조영 시기에 발해는 정식 국호로 삼았다.
③ · ④ 발해 문왕 시기에 관한 설명이다.

07 신라 하대에 관한 설명으로 옳지 않은 것은?

① 중앙 귀족들 사이에 권력 다툼이 빈번해졌다.
② 지방에는 새로운 세력으로 호족이 등장하였다.
③ 교종과 선종의 통합 운동이 활발하게 전개되었다.
④ 승려의 사리를 봉안하는 승탑이 유행하였다.

해설
신라 하대에 유행한 사상은 선종이다. 선종은 신라 하대에 호족 층에서 큰 호응을 얻어 뚜렷한 종파를 형성하게 되었다. 교종과 선종의 통합운동이 활발하게 전개된 시기는 고려 시대이다.

08 다음 사건을 발생 시기가 앞선 순으로 바르게 나열한 것은?

> ㄱ. 관산성전투
> ㄴ. 매소성전투
> ㄷ. 황산벌전투
> ㄹ. 안시성전투

① ㄱ → ㄴ → ㄷ → ㄹ
② ㄱ → ㄹ → ㄷ → ㄴ
③ ㄴ → ㄱ → ㄹ → ㄷ
④ ㄴ → ㄷ → ㄱ → ㄹ

해설
ㄱ. 관산성전투는 백제 성왕이 신라 진흥왕의 배신으로 554년도에 일어난 전쟁이다.
ㄹ. 안시성전투는 645년도에 고구려가 당나라를 공격한 전투이다.
ㄷ. 황산벌전투는 660년도에 백제 장군 계백이 황산벌에서 김유신을 맞아 항전했으나 패배한 전쟁이다.
ㄴ. 매소성전투는 675년도에 신라가 당군을 격파한 전쟁이다.

05 ② 06 ② 07 ③ 08 ② 정답

09 삼국의 통치 체제에 관한 설명으로 옳지 않은 것은?

① 삼국 초기에 연맹을 구성한 각 부의 지배자는 독자적으로 자신의 영역을 통치하였다.
② 백제는 좌평을 비롯한 16등급의 관리가 있어 나랏일을 맡아보았다.
③ 관등제와 관직 체계의 운영은 신분제에 의해 제약을 받았다.
④ 신라에서 집사부 시중은 귀족회의를 주관하며 왕권을 견제하였다.

해설
신라에서 귀족회의인 화백회의를 주관하며 왕권을 견제하던 세력은 화백회의의 수상인 상대등이다.

10 고려의 국왕에 관한 설명으로 옳은 것은?

① 광종은 연등회와 팔관회를 부활시켰다.
② 공민왕은 원의 간섭에서 벗어나 황제를 칭하였다.
③ 인종은 왕권을 강화하기 위해 서경으로 천도하였다.
④ 성종은 주요 지역에 지방관을 파견하였다.

해설
① 연등회와 팔관회를 부활시킨 왕은 고려 현종이다.
② 공민왕은 원의 간섭에서 벗어나려고 했으나 공민왕이 시해되면서 개혁은 중단되었다.
③ 인종은 서경으로 천도하려고 했으나 결국은 포기하였다.

11 다음 상소문과 관련된 내용으로 옳은 것은?

> 창고는 비고 나라의 쓰임새는 부족하며 녹봉은 날로 감소하니 선비를 장려할 길이 없습니다.
> (중 략)
> 사전을 혁파하여 풍속을 바로잡고 민생을 넉넉히 하며, 널리 축적하여 나라의 용도에 두루 쓰이게 하십시오.
> –고려사–

① 과전법을 실시하여 문제를 해결하려 하였다.
② 교정도감을 설치하여 문제를 해결하려 하였다.
③ 고려 왕조를 지키려는 세력이 토지 제도의 개혁 방안을 제시한 것이다.
④ 개인에게 수조권을 주는 제도를 폐지하여 문제를 해결하였다.

해설
제시문은 고려 말 토지 제도의 문제에 관한 상소문이다. 고려 시대를 대표하는 토지 제도인 전시과제도는 고려 5대 임금 경종 때 시작되어 문종 때 완성되었지만, 바로 이 무렵부터 붕괴되기 시작했다. 국가에 반납해야 할 토지가 사유지로 세습되는 경향이 점점 커져서 더 이상 순환되지 않았기 때문이다. 결국 고려 말 1390년 공양왕 2년 때 고려왕조를 반대하던 세력인 조준, 정도전 등에 의해서 과전법이 실시되었다.
※ 출제 당시에는 ①이 '전시과제도의 문란에서 비롯된 문제를 지적하였다.'로 출제되었고, 전항 정답 처리되었다.

12 고려의 문화와 사상에 관한 설명으로 옳지 않은 것은?

① 토착신앙과 불교, 유교 등 다양한 신앙과 사상이 공존하였다.
② 북방 민족의 문화에 비해 한족의 문화를 높이 평가하였다.
③ 국사와 왕사 제도를 두어 불교에 국교의 권위를 부여하였다.
④ 고려 말 성리학자들은 이(理)와 기(氣)의 관계에 관한 연구를 심화하였다.

해설
이(理)와 기(氣)의 관계에 관한 논쟁이 심화된 시기는 16세기 조선시대이다.

2019년

정답 09 ④ 10 ④ 11 ①(해설참조) 12 ④

13 고려의 지방 사회에 관한 설명으로 옳은 것은?

① 향 · 소 · 부곡민은 천민 신분으로 과거를 볼 수 없었다.
② 소의 주민은 왕실에 소속된 농장을 관리하였다.
③ 지방 고을은 주현(主縣)과 속현(屬縣)으로 구분되었다.
④ 향리는 중인 신분으로 제술과에 응시할 수 없었다.

해설
① 향 · 부곡 · 소 등 특수지역의 주민은 양민이었지만 일반군현민에 비하여 사회적 처지가 낮았다.
② 소의 거주민은 금, 은, 철 등 광업품이나 수공업 제품을 생산하여 국가에 바쳤다.
④ 고려 시대 제술과와 명경과는 귀족과 향리의 자제가 응시하였다.

14 다음 중 삼별초가 항쟁한 곳을 모두 고른 것은?

ㄱ. 강동성
ㄴ. 귀주성
ㄷ. 용장산성
ㄹ. 항파두성

① ㄱ, ㄴ
② ㄱ, ㄹ
③ ㄴ, ㄷ
④ ㄷ, ㄹ

해설
삼별초는 배중손의 지휘 아래 ㄷ. 진도의 용장산성과 ㄹ. 제주도의 항파두성으로 근거지를 옮기면서 3년 동안 저항하였으나 몽골군과 정부연합군에게 진압되었다.

15 다음과 관련된 조선의 사회 현상으로 옳지 않은 것은?

아버지와 아들, 손자는 단일한 기가 서로 전하는 관계이니 살아서는 한 집에 살고자 하고 죽어서는 같은 묘역에 묻히고자 한다.

① 향음주례 확산
② 묘지 분쟁 빈발
③ 동성 촌락 형성
④ 남귀여가혼 쇠퇴

해설
① 향음주례는 향촌의 선비들이 학식과 연륜이 높은 향촌의 어른들을 모시고 술을 마시며 잔치를 하는 것으로 향촌의례의 하나이다.
② 같은 묘역에 묻히고자 하기 때문에 묘지 분쟁이 빈발했으리라 추측이 가능하다.
③ 아버지, 아들, 손자가 단일한 기를 전하고자 한 집에 살려고 하는 것으로 봐서는 동성 촌락 형성을 유추할 수 있다.
④ 남귀여가혼은 처가살이를 말하는 것인데 처가살이는 남성중심의 사회에서는 쇠퇴하게 된다.

16 조선 시대 붕당에 관한 설명으로 옳지 않은 것은?

① 척신 정치의 잔재 청산과 이조 전랑 임명 문제를 둘러싸고 동인과 서인으로 분열하였다.
② 효종의 적장자 자격 인정 여부를 둘러싸고 서인과 남인 사이에 예송논쟁이 전개되었다.
③ 영조는 노론과 소론의 강경파를 등용하여 서로 견제하게 하는 탕평책을 실시하였다.
④ 사람과 짐승의 본성이 같은지 여부를 둘러싸고 노론이 낙론과 호론으로 나뉘었다.

해설
영조는 당파의 시비를 가리지 않고 어느 당파든 온건하고 타협적인 인물을 등용하여 왕권을 강화시키는 데 주력하였다.

13 ③ 14 ④ 15 ① 16 ③ 정답

17 다음 도자기를 유행 시기가 앞선 순으로 바르게 나열한 것은?

ㄱ. 순청자	ㄴ. 청화백자
ㄷ. 분청사기	ㄹ. 상감청자

① ㄱ → ㄷ → ㄹ → ㄴ
② ㄱ → ㄹ → ㄴ → ㄷ
③ ㄱ → ㄹ → ㄷ → ㄴ
④ ㄴ → ㄷ → ㄹ → ㄱ

해설
ㄱ. 순청자는 10~11세기에 유행하였다.
ㄹ. 상감청자는 12세기에 유행하였다.
ㄷ. 분청사기는 고려말에 등장해서 15세기에 궁중이나 관청에서 널리 사용되었다.
ㄴ. 청화백자는 조선 시대 전반에 걸쳐서 생산되었으나 조선후기에 널리 보급되었다.

18 다음 중 조선 후기 개혁 정책에 관한 설명으로 옳은 것을 모두 고른 것은?

ㄱ. 모든 양반에게 선무군관포를 거두었다.
ㄴ. 토산물 공납을 토지에 부과하는 대동법을 실시하였다.
ㄷ. 시전 상인의 금난전권을 일부 품목만 남겨두고 철폐하였다.
ㄹ. 토지의 비옥도와 풍흉의 정도에 따라 전세를 차등 있게 거두었다.

① ㄱ, ㄴ ② ㄱ, ㄹ
③ ㄴ, ㄷ ④ ㄷ, ㄹ

해설
ㄱ. 균역법 시행 이후 절감된 군포수입을 보충하기 위해서 부유한 양인층을 대상으로 선무군관이라는 칭호를 주는 대신 군포 1필을 부과시켰다.
ㄹ. 토지를 비옥도에 따라 6등급, 그 해의 풍년이냐 흉년이냐에 따라 9등급으로 나누는 전분 6등법과 연분 9등법은 조선 전기인 세종 때 실시되었다.

19 조선 후기의 경제에 관한 설명으로 옳은 것은?

① 관영수공업이 확대되었다.
② 자작농이 증가하고 지주가 감소하였다.
③ 의주를 중심으로 평안도 지역에서 인삼을 재배하여 청에 수출하였다.
④ 국가에서 개인의 광산개발을 허용하고 세금을 거두었다.

해설
① 조선 후기에는 관영수공업이 줄고 민영수공업이 발달하였다.
② 조선 후기에는 농민들도 개간이나 매입을 통해서 자작지를 늘려갔고, 특히 대지주가 소유한 토지 규모가 더욱 증가하였다.
③ 인삼을 재배하여 부를 축적한 상인들은 개성 지역의 송상이다.

20 조선의 신분제에 관한 설명으로 옳지 않은 것은?

① 법제적인 신분 제도는 양인과 천인으로 구분하는 양 · 천제였다.
② 상민은 농민 · 수공업자 · 상인을 말하며 평민으로도 불렸다.
③ 서얼은 무과와 잡과에 응시할 수 있었다.
④ 노비는 가족을 구성할 수 있었으나 재산은 주인의 소유가 되었다.

해설
노비 중에 외거노비는 재산을 소유할 수 있었고, 소작을 하는 일반 농민과 처지가 비슷하였다.
※ 실제 기출에서는 ②가 '백정은 법제상 양인이지만 관습적으로는 천인으로 취급되었다.'로 출제되어 복수 정답 처리되었다.

정답 17 ③ 18 ③ 19 ④ 20 ④(해설참조)

21 조선 태종의 정치에 관한 설명으로 옳지 않은 것은?

① 사병을 혁파하였다.
② 6조의 기능을 강화하였다.
③ 호패법을 실시하였다.
④ 경국대전 편찬을 시작하였다.

해설
세조는 국가의 통치체제를 확립하기 위해서 각종 법전과 명령들을 종합하여 〈경국대전〉을 편찬하기 시작하였다.

22 조선 시대 건축에 관한 설명으로 옳은 것은?

① 인공적인 기교를 부린 정원 건축이 발달하였다.
② 현존하는 궁궐의 정전(正殿)은 익공 양식으로 건축하였다.
③ 일본의 과학기술을 적용하여 제작한 기구로 수원화성을 축조하였다.
④ 안채와 사랑채로 구분된 주택 구조가 발달하였다.

해설
① 인공적인 기교를 부린 정원 건축이 발달한 나라는 일본이다.
② 현존하는 궁궐의 정전은 주로 다포 양식이다.
③ 수원화성은 중국, 일본 등지에서 찾아볼 수 없는 평산성의 형태로 군사적 방어기능과 상업적 기능을 함께 보유하고 있는 성곽이다.

23 3·1 운동에 관한 설명으로 옳지 않은 것은?

① 아시아 각국의 민족운동에 자극이 되었다.
② 일제가 무단 통치에서 문화 통치로 바꾸는 계기가 되었다.
③ 비폭력, 무저항주의로 출발하였으나 점차 폭력적인 양상을 띠었다.
④ 비타협적 민족주의자와 사회주의자가 주도하였다.

해설
비타협적 민족주의자와 사회주의자가 주도하여 창립한 단체는 신간회이다(1927).

24 다음 설명과 관련된 조약으로 옳은 것은?

> 개화 정책의 일환으로 신식 군대인 별기군을 창설한 이후, 신식 군인에 비해 구식 군인에 대한 대우가 열악하였다. 이에 구식 군인들의 불만이 폭발하여 임오군란이 일어났다.

① 강화도조약
② 제물포조약
③ 한성조약
④ 을사조약

해설
임오군란 이후 일본은 일본공사관이 습격 받은 일을 구실로 제물포조약을 강요하였고, 조선에 군대를 주둔시켰다.

21 ④ 22 ④ 23 ④ 24 ② 정답

25 조선 건국 준비 위원회에 관한 설명으로 옳은 것을 모두 고른 것은?

ㄱ. 조선 건국 동맹을 바탕으로 결성하였다.
ㄴ. 치안대를 설치하여 질서 유지에 힘썼다.
ㄷ. 김성수, 송진우 등이 주도하였다.
ㄹ. 이승만을 주석으로, 여운형을 부주석으로 추대하였다.

① ㄱ, ㄴ
② ㄱ, ㄹ
③ ㄴ, ㄷ
④ ㄷ, ㄹ

해설
ㄷ. 송진우와 김성수를 바탕으로 결성된 것은 한국 민주당이다.
ㄹ. '조선인민공화국'에 대한 설명이다.

제2과목 관광자원해설

26 천연보호구역으로 지정된 곳이 아닌 것은?

① 홍 도
② 해금강
③ 설악산
④ 성산일출봉

해설
천연보호구역
보호할 만한 천연기념물이 풍부한 대표적인 구역을 선정하여 지정한다. 홍도, 한라산, 설악산, 강원도 양구와 인제에 걸쳐 있는 대암산과 대우산, 인제와 고성에 걸쳐 있는 향로봉과 건봉산, 문섬 · 범섬, 마라도, 독도, 성산일출봉, 차귀도, 창녕 우포늪 등이 있다.

27 다음 설명에 해당하는 것은?

- 1977년에 국민관광지로 지정되었다.
- 수온이 다른 온천에 비해 상대적으로 높은 온천이다.
- 경상남도에 위치한다.

① 수안보온천
② 도고온천
③ 마금산온천
④ 부곡온천

해설
부곡온천
- 경남 창녕군 부곡면에 위치
- 국내에서 가장 높은 78℃ 수온
- 해인사, 표충사, 곽재우와 17장수의 의령탑 등의 주변관광지
- 피부병, 관절염, 부인병, 신경통, 위장병, 무좀, 동맥경화 등에 효과

2019년

정답 25 ① / 26 ② 27 ④

28 다음 설명에 해당하는 것은?

- 국가무형문화재 제29호이다.
- 콧소리를 이용한 창법을 구사한다.
- 난봉가, 자진염불, 수심가 등이 있다.

① 서도소리
② 경기민요
③ 남도소리
④ 동부민요

해설

서도소리(서도민요)

평안도와 황해도 지방의 민요로 평안도의 수심가, 긴아리, 자진아리 황해도의 산염불, 자진염불, 긴난봉가, 자진난봉가, 몽금포타령 등이 있다.

29 관동팔경에 속하지 않는 것은?

① 화순 적벽
② 통천 총석정
③ 평해 월송정
④ 양양 낙산사

해설

관동팔경

- 통천 총석정
- 고성 삼일포
- 간성 청간정
- 양양 낙산사
- 강릉 경포대
- 삼척 죽서루
- 울진 망양정
- 평해 월송정

30 다음 설명에 해당하는 것은?

- 1970년에 국립공원으로 지정되었다.
- 천왕봉, 비로봉, 문장대 등이 있다.
- 정이품송(천연기념물 제103호), 망개나무(천연기념물 제207호) 등이 분포한다.

① 속리산 국립공원
② 계룡산 국립공원
③ 덕유산 국립공원
④ 오대산 국립공원

해설

속리산 국립공원

- 1970년 3월에 지정된 속리산 국립공원은 충북 보은군과 경북 상주시에 걸친 274.766km^{2}의 자연경관지이다.
- 태백산맥에서 갈라지는 소백산맥 중 천왕봉(1,058m)을 중심으로 북쪽에 비로봉, 입석대, 문장대, 관음봉, 묘봉 등 해발 1,000m 내외의 9개 산봉이 솟아나고 명산으로서의 지세 형성에 부족함이 없어 구봉산으로도 일컫는다.
- 속리산 내의 법주사는 수려한 자연경관과 함께 이 지역의 관광 가치를 더욱 돋보이게 하는 값진 문화관광자원이다. 법주사 입구에는 유명한 정이품송(천연기념물)이 자리하고 넓은 잔디밭을 지나 조금 오르면 수백년은 됨직한 노송과 도토리나무가 울창한 숲을 이루며 장관을 이루고 있는데, 이곳을 오리숲이라고 한다.
- 사찰로는 법주사가 유명하고, 법주사 쌍사자 석등(국보), 법주사 석련지(국보), 법주사 팔상전(국보) 등이 있다.
- 속리산을 중심으로 사내천은 남한강의 발원, 서남으로 흐르는 삼가천은 금강, 그리고 장각폭포 계곡은 낙동강의 시원이 되어 삼대강의 원류이다.

28 ① 29 ① 30 ① 정답

31 **판소리에 관한 설명으로 옳지 않은 것은?**

① 동편제는 구례, 순창 등을 중심으로 전승되었다.
② 현재 5마당이 전해지고 있다.
③ 2003년 유네스코 인류무형유산으로 지정되었다.
④ 춘향가, 심청가, 옹고집타령 등이 현재 불러지고 있다.

해설
송만재의 「관우희」에 춘향가, 심청가, 홍보가, 수궁가, 적벽가, 가루지기타령, 배비장타령, 장끼타령, 옹고집타령, 강릉매화타령, 왈자타령, 가짜신선타령이 기록되어 있지만, 오늘날에는 춘향가, 심청가, 홍보가, 수궁가, 적벽가 다섯 마당만 전해지고 있다.

32 **다음 설명에 해당하는 것은?**

- 국가무형문화재 제27호이다.
- 흰 장삼에 붉은 가사를 어깨에 매고 흰 고깔을 쓰고 추는 춤이다.
- 민속무용의 일종이다.

① 승 무
② 법고춤
③ 살풀이춤
④ 바라춤

해설
② 불교의식에서 행하는 무용의 하나로 동작이 크고 활기가 있는 춤이다.
③ 무당들이 무속의식으로 액을 풀어낸다는 춤으로, 광대나 기생들에 의해 계승되어 예술적으로 다듬어져 기방무용으로 발전했다.
④ 심벌즈처럼 생긴 바라를 들고 추는 춤으로, 흰 장삼에 두 손에 바라를 들고 장중하면서도 무겁지 않게 몸을 놀리는 동작이 특징이며 불교의식 무용 중 가장 화려하다.

33 **궁중음식 중 국경일이나 외국사신 접대를 위한 음식상은?**

① 제례상
② 진연상
③ 수라상
④ 어 상

해설
진연상
왕, 왕족의 생일, 혼인, 환갑, 세자책봉, 단오와 추석, 왕이 행차할 때, 외국사신을 맞을 때 차리는 궁중 음식상으로 조선 시대에는 진연도감, 진연청이라는 기구에서 진연에 관한 업무를 담당하였다.

34 **관광자원해설 기법 중 자기안내기법에 관한 설명으로 옳지 않은 것은?**

① 지적 욕구가 강하거나 교육수준이 높은 사람에게 효과적이다.
② 쌍방 간의 질의응답 능력이 결여되어 있다.
③ 방문자에게 지속적으로 흥미와 동기를 부여할 수 있다.
④ 인적해설기법에 비해 상대적으로 비용이 저렴하다.

해설
자기안내기법은 흥미와 동기를 지속적으로 부여할 수 없고, 독해자의 인식수준과 정신적 노력이 요구된다.

정답 31 ④ 32 ① 33 ② 34 ③

35 관광자원의 분류에 관한 설명으로 옳은 것은?

① 이용자중심형 관광자원은 당일 및 주말을 이용하여 방문할 수 있는 자원이다.
② 체재형 관광자원은 숙박하지 않고 이동하면서 보고 즐기는 자원이다.
③ 중간형 관광자원은 일과 후에 쉽게 접근할 수 있는 자원이다.
④ 무형 관광자원은 인적 자원과 비인적 자원으로 구분된다.

해설
① 이용자 중심형 : 일과 후에 쉽게 접근할 수 있는 이용자의 활동이 중심이 되는 지역에 위치한 관광자원이다.
② 체재형 : 숙박지역 내 혹은 주변에서 보고 즐길 수 있는 관광자원이다.
③ 중간형 : 거주지에서 1~2시간 정도 소요되는 거리에 위치한 이용자 활동과 자연자원 매력도가 대등한 조건을 갖는 관광자원이다.

36 국가무형문화재로 지정된 전통주가 아닌 것은?

① 문배주
② 면천 두견주
③ 교동 법주
④ 안동 소주

해설
④ 안동 소주 : 경상북도 무형문화재

37 다음 중 강의 길이가 긴 것부터 짧은 순으로 나열한 것은?

ㄱ. 한 강
ㄴ. 낙동강
ㄷ. 금 강
ㄹ. 영산강

① ㄱ > ㄴ > ㄷ > ㄹ
② ㄱ > ㄴ > ㄹ > ㄷ
③ ㄴ > ㄱ > ㄷ > ㄹ
④ ㄴ > ㄱ > ㄹ > ㄷ

해설
ㄴ. 낙동강 : 521km　ㄱ. 한강 : 514km
ㄷ. 금강 : 395km　ㄹ. 영산강 : 136km

38 백자에 관한 설명으로 옳은 것은?

① 고려 시대 대표적인 도자기이다.
② 청화백자는 푸른색의 코발트 안료로 그림을 그린 백자이다.
③ 상감백자는 철분이 많이 함유된 흙이나 안료를 사용한 백자이다.
④ 진사백자는 산화동을 안료로 바른 백자이다.

해설
백 자
- 순백자 : 백자태토로 그릇을 빚은 다음 무색 · 투명한 백자유약을 입혀 구운 백자로 백자의 90% 이상을 차지한다.
- 상감백자 : 고려 시대 상감청자의 기법을 그대로 계승한 것으로 15세기에만 제작되었다. 경기도 광주 우산리 · 번천리 등지의 가마에서 출토되었다.
- 청화백자 : 조선 시대에 새롭게 제작된 독특한 도자기로 푸른 코발트 안료로 문양을 나타낸다.
- 철화백자 : 석간주로 통칭되는 이 검붉은 색의 철화백자나 철채자기류는 생활자기로서 생산되어 임진왜란 이후 조선 말까지 일반서민들을 중심으로 애용되었다.
- 진사백자 : 붉은 색은 주로 산화동으로 인해 발색된 것인데, 혹 철분이나 기타 성분으로 인해 붉은 색을 띠는 경우가 있다. 붉은 색의 문양을 통칭하여 '진사문'이라고 한다.

35 ④ 36 ④ 37 ③ 38 ② 정답

39 경상남도에 위치하지 않은 마리나는?

① 통영 마리나
② 소호 요트 마리나
③ 진해 마리나
④ 삼천포 마리나

해설
소호 요트장은 전남 여수시 소호동에 위치한다.

40 다음은 어느 지역 향토음식에 관한 설명인가?

> 이 지역의 주요 향토요리는 칡부침, 산마루밥, 감자송편, 오징어순대, 닭갈비 등이 있다.

① 경기도
② 강원도
③ 전라도
④ 경상도

해설
향토음식이란 지방마다 생산되는 재료를 그 지방만의 방법으로 조리하여 과거로부터 현재까지 그 지방의 사람들이 먹고 있는 것이라 할 수 있다. 강원도 지역은 동해바다와 접하고 태백산맥이 관통하는 지역으로 감자, 옥수수, 도토리 등이 특산품이다. 이 특산품들을 이용한 향토음식들이 많다.

41 유네스코에 등재된 세계유산(문화유산)이 아닌 것은?

① 종 묘
② 남한산성
③ 해인사 장경판전
④ 숭례문

해설
숭례문은 대한민국 국보이지만 유네스코가 지정한 세계유산은 아니다.

유네스코 지정 대한민국 유산

구분	내용
세계유산	해인사 장경판전, 종묘, 석굴암 · 불국사, 창덕궁, 수원화성, 고창 · 화순 · 강화 고인돌 유적, 경주역사유적지구, 제주 화산섬과 용암동굴, 조선왕릉, 하회와 양동, 남한산성, 백제역사유적지구, 산사, 한국의 산지승원, 한국의 서원, 한국의 갯벌
무형문화유산	종묘제례악, 판소리, 강릉단오제, 강강술래, 남사당, 영산재, 제주 칠머리당영등굿, 처용무, 가곡, 대목장, 매사냥, 줄타기, 택견, 한산모시짜기, 아리랑, 장문화, 농악, 줄다리기, 제주해녀문화, 씨름, 연등회, 한국의 등불 축제, 한국의 탈춤
세계기록유산	훈민정음, 조선왕조실록, 직지심체요절, 승정원일기, 해인사 대장경판 및 제경판, 조선왕조의궤, 동의보감, 일성록, 5.18 민주화운동 기록물, 난중일기, 새마을운동 기록물, 한국의 유교책판, KBS '이산가족을 찾습니다', 조선왕실 어보와 어책, 국채보상운동기록물, 조선통신사 기록물

정답 39 ② 40 ② 41 ④

42 다음 설명에 해당하는 것은?

> • 활 모양으로 휘어져 있는 해안 자갈밭으로 그 끝은 수중절벽으로 이어져 장엄한 경관을 이루고 있다.
> • 명승 제3호로 지정되었다.

① 명주 청학동 소금강
② 여수 상백도 · 하백도 일원
③ 완도 정도리 구계등
④ 울진 불영사 계곡 일원

해설
① 율곡 이이가 작은 금강산이라는 뜻으로 불렸다는 이야기가 전해지는 곳으로 강원도 오대산에 위치한다.
② 사람이 살지 않는 39개의 섬으로 이루어졌으며, 거문도에서 약 28km 거리에 떨어져 있다.
④ 신라 진덕여왕 5년에 의상대사가 세운 것으로, 구룡폭포 근처 금강소나무 숲 속에 있다.

43 다음 설명에 해당하는 것은?

> • 사적 제5호로 지정되어 있다.
> • 538년 백제 성왕이 웅진에서 사비로 도읍을 옮겨 사용하였다.

① 부여 성흥산성
② 부여 부소산성
③ 부여 청산성
④ 부여 청마산성

해설
부소산성
충청남도 부여 쌍북리 부소산에 위치한 백제 시대 산성으로, 538년 백제 성왕이 웅진에서 사비로 천도한 후 백제가 멸망할 때까지 백제의 도읍지였다. 사적으로 지정되어 있다.

44 지역과 국보로 지정된 문화재의 연결이 옳지 않은 것은?

① 충남 보령 – 성주사지 낭혜화상탑비
② 전북 남원 – 실상사 백장암 삼층석탑
③ 충북 충주 – 탑평리 칠층석탑
④ 전남 나주 – 봉선 홍경사 갈기비

해설
봉선 홍경사 갈기비
고려 시대의 석비로, 충청남도 천안에 위치하며 1962년 12월 대한민국 국보로 지정되었다.

45 목조건축 양식 중 다포 양식으로 지어진 것을 모두 고른 것은?

> ㄱ. 통도사 대웅전
> ㄴ. 봉정사 극락전
> ㄷ. 경복궁 근정전
> ㄹ. 경복궁 경회루
> ㅁ. 수덕사 대웅전
> ㅂ. 창덕궁 인정전

① ㄱ, ㄴ, ㅂ
② ㄱ, ㄷ, ㅂ
③ ㄴ, ㄹ, ㅁ
④ ㄹ, ㅁ, ㅂ

해설
통도사 대웅전, 경복궁 근정전, 창덕궁 인정전은 대표적인 다포 양식 건축물이다. 이외에도 남대문, 동대문, 창경궁 명정전, 덕수궁 중화전, 화엄사 각황전, 금산사 미륵전, 봉정사 대웅전, 심원사 보광전, 석왕사 응진전 등이 다포 양식으로 지어졌다.

42 ③ 43 ② 44 ④ 45 ② 정답

46 설의 세시풍속에 해당하는 것을 모두 고른 것은?

ㄱ. 설 빔
ㄴ. 세 찬
ㄷ. 관등놀이
ㄹ. 윷놀이
ㅁ. 복조리

① ㄱ, ㄴ, ㄷ
② ㄱ, ㄷ, ㄹ
③ ㄱ, ㄴ, ㄹ, ㅁ
④ ㄴ, ㄷ, ㄹ, ㅁ

해설
- 설빔 : 설날 아침에 일찍 일어나 세수한 다음 미리 준비해 둔 새 옷으로 갈아입는 것
- 차례 : 온 가족이 사당에 모여 4대조상의 신주를 모셔두고 제사 지내는 것
- 세배 : 차례가 끝난 후 웃어른에게 새해 첫 인사를 큰 절로 하는 것
- 성묘 : 조상의 무덤에 세배를 드리는 것, 즉 묵은해를 보내고 새해를 맞이했다는 인사를 조상의 무덤에 고하는 것
- 세찬 : 설날 차례를 위해서 만드는 음식
- 세주 : 설날 차례에 사용하는 술
- 수세 : 섣달 그믐날 밤에 잠들면 눈썹이 센다고 하여 집에 등불을 밝히고 밤을 새우는 것
- 복조리 : 섣달 그믐날 자정이 지나서 팔거나 돌리는 조리
- 세화 : 설날 대문에 걸어두는 장군상, 귀두상, 선녀상, 호랑이상 같은 그림
- 소발 : 설날 저녁에 1년 동안 모아 두었던 머리털을 불에 태우는 것
- 설놀이 : 널뛰기, 윷놀이, 연날리기 등

47 다음 설명에 해당하는 것은?

- 원각사의 창건 내력을 기록함
- 성종 2년(1471)에 건립
- 보물 제3호

① 대원각사비
② 당간지주
③ 혜진탑비 귀부
④ 보신각종

해설
원각사의 창건 내력을 기록한 대한민국 보물인 것은 서울 탑골공원에 위치한 대원각사비이다.
② 당간을 세우기 위해 좌우에 떠받치기 위한 기둥을 의미한다. 당간이란 불가에서 사찰의 문전에 꽂는 기치의 하나인데, 속칭 괘불이라 하여 그 표면에 불화가 그려져 있다. 현재 남아있는 대표적인 것으로는 통일신라 때의 갑사 철당간(보물), 고려 시대 때의 용두사지 철당간(국보) 등이 있다.
③ 원종대사를 기리기 위한 것으로 절터에는 귀부와 이수만 남아 있으며, 귀부(받침돌)에 있는 거북의 머리 모양 등을 통해 통일신라 후기에서 고려 전기로 진전되는 탑비형식을 알 수 있다.
④ 제야의 종을 칠 때 사용되는 것으로 조선 세조 14년에 만들었다. 명문이 남아 있어 주조 연대를 파악할 수 있다.

48 농촌관광의 기대효과가 아닌 것은?

① 농촌 지역주민의 소득증대
② 농촌 지역경제의 활성화
③ 농촌과 도시와의 상호교류 촉진
④ 소득의 양극화

해설
농촌관광으로 도시와 농촌의 소득 재분배가 일어나고, 이를 통한 소득 양극화 완화 효과를 기대할 수 있다.

정답 46 ③ 47 ① 48 ④

49 슬로시티(Slow City) 지역에 관한 설명으로 옳은 것은?

① 신안군은 청산슬로길, 범바위 등이 있다.
② 완도군은 우리나라 최대 규모의 갯벌 염전을 가지고 있다.
③ 하동군은 대봉감, 야생 천연녹차로 유명하다.
④ 담양군은 황토밭 사과로 유명하다.

해설
① 전남 완도군 청산도에 관한 설명이다.
② 전남 신안군 증도 태평염전에 관한 설명이다.
④ 충남 예산군 대흥면에 관한 설명이다.

50 다음 설명에 해당하는 산업관광의 유형은?

- 금산 인삼시장
- 강화도 화문석시장
- 서울 남대문시장

① 상업관광
② 농촌관광
③ 어촌관광
④ 공업관광

해설
산업적 관광자원의 범위
- 농업관광자원 : 관광농원, 농장, 목장, 어장, 임업 등
- 공업관광자원 : 공장시설, 기술, 생산 공정, 생산품, 후생시설 등
- 상업관광자원 : 시장, 박람회, 전시회, 백화점 등

제3과목 관광법규

01 관광기본법의 내용으로 옳지 않은 것은?

① 지방자치단체는 관광에 관한 국가시책에 필요한 시책을 강구하여야 한다.
② 문화체육관광부장관은 매년 관광진흥에 관한 기본계획을 수립 · 시행하여야 한다.
③ 정부는 외국 관광객의 유치를 촉진하기 위하여 해외 홍보를 강화하고 출입국 절차를 개선하여야 하며 그 밖에 필요한 시책을 강구하여야 한다.
④ 정부는 매년 관광진흥에 관한 시책과 동향에 대한 보고서를 정기국회가 시작하기 전까지 국회에 제출하여야 한다.

해설
정부는 관광진흥의 기반을 조성하고 관광산업의 경쟁력을 강화하기 위하여 관광진흥에 관한 기본계획을 5년마다 수립 · 시행하여야 한다(관광기본법 제3조 제1항).

02 관광진흥법령상 기획여행을 실시하는 자가 광고를 하려는 경우에 표시하여야 하는 사항을 모두 고른 것은?

ㄱ. 교통 · 숙박 및 식사 등 여행자가 제공받을 서비스의 내용
ㄴ. 기획여행명 · 여행일정 및 주요 여행지
ㄷ. 여행일정 변경 시 여행자의 사전 동의 규정
ㄹ. 인솔자의 관광통역안내사 자격 취득여부
ㅁ. 여행자보험 최저 보장요건

① ㄱ, ㄴ, ㄷ
② ㄱ, ㄷ, ㅁ
③ ㄴ, ㄹ, ㅁ
④ ㄱ, ㄷ, ㄹ, ㅁ

49 ③ 50 ① / 01 ② 02 ① 정답

해설
기획여행의 광고(관광진흥법 시행규칙 제21조)
관광진흥법 제12조에 따라 기획여행을 실시하는 자가 광고를 하려는 경우에는 아래의 각 사항을 표시하여야 한다. 다만, 2 이상의 기획여행을 동시에 광고하는 경우에는 다음의 사항 중 내용이 동일한 것은 공통으로 표시할 수 있다.
- 여행업의 등록번호, 상호, 소재지 및 등록관청
- 기획여행명 · 여행일정 및 주요 여행지
- 여행경비
- 교통 · 숙박 및 식사 등 여행자가 제공받을 서비스의 내용
- 최저여행 인원
- 보증보험 등의 가입 또는 영업보증금의 예치 내용
- 여행일정 변경 시 여행자의 사전 동의 규정
- 여행목적지(국가 및 지역)의 여행경보단계

03 관광진흥법령상 관광종사원으로서 직무를 수행하는 데에 부정 또는 비위(非違) 사실이 있는 경우에 시 · 도지사가 그 자격을 취소하거나 자격의 정지를 명할 수 있는 관광종사원에 해당하는 자를 모두 고른 것은?

ㄱ. 국내여행안내사
ㄴ. 호텔서비스사
ㄷ. 호텔경영사
ㄹ. 호텔관리사
ㅁ. 관광통역안내사

① ㄱ, ㄴ
② ㄱ, ㅁ
③ ㄷ, ㄹ
④ ㄹ, ㅁ

해설
시 · 도지사 관할 관광종사원(관광진흥법 시행령 제37조)
관광진흥법 제40조 각 호 외의 부분 본문에서 "대통령령으로 정하는 관광종사원"이란 아래에 해당하는 자를 말한다.
- 국내여행안내사
- 호텔서비스사

04 관광진흥법령상 관광 편의시설업의 종류에 해당하지 않는 것은?

① 외국인전용 유흥음식점업
② 국제회의기획업
③ 관광순환버스업
④ 관광극장유흥업

해설
관광 편의시설업의 업종 목록(관광진흥법 시행규칙 별표 2)
- 관광유흥음식점업
- 관광극장유흥업
- 외국인전용 유흥음식점업
- 관광식당업
- 관광순환버스업
- 관광사진업
- 여객자동차터미널업
- 관광펜션업
- 관광궤도업
- 관광면세업
- 관광지원서비스업

2019년

정답 03 ① 04 ②

05 관광진흥법령상 관광숙박업을 경영하려는 자가 등록을 하기 전에 그 사업에 대한 사업계획을 작성하여 특별자치시장 · 특별자치도지사 · 시장 · 군수 · 구청장의 승인을 받은 때에는 일정 경우에 대하여 그 허가 또는 해제를 받거나 신고한 것으로 본다. 그러한 경우로 명시되지 않은 것은?

① 「농지법」 제34조 제1항에 따른 농지전용의 허가
② 「초지법」 제23조에 따른 초지전용(草地轉用)의 허가
③ 「하천법」 제10조에 따른 하천구역 결정의 허가
④ 「사방사업법」 제20조에 따른 사방지(砂防地) 지정의 해제

해설
사업계획 승인 시의 인 · 허가 의제 등(관광진흥법 제16조)
사업계획의 승인을 받은 때에는 아래의 허가 또는 해제를 받거나 신고를 한 것으로 본다.
- 「농지법」 제34조 제1항에 따른 농지전용의 허가
- 「산지관리법」 제14조 · 제15조에 따른 산지전용허가 및 산지전용신고, 같은 법 제15조의2에 따른 산지일시사용허가 · 신고, 「산림자원의 조성 및 관리에 관한 법률」 제36조 제1항 · 제4항 및 제45조 제1항 · 제2항에 따른 입목벌채 등의 허가 · 신고
- 「사방사업법」 제20조에 따른 사방지(砂防地) 지정의 해제
- 「초지법」 제23조에 따른 초지전용(草地轉用)의 허가
- 「하천법」 제30조에 따른 하천공사 등의 허가 및 실시계획의 인가, 같은 법 제33조에 따른 점용허가(占用許可) 및 실시계획의 인가
- 「공유수면 관리 및 매립에 관한 법률」 제8조에 따른 공유수면의 점용 · 사용허가 및 같은 법 제17조에 따른 점용 · 사용 실시계획의 승인 또는 신고
- 「사도법」 제4조에 따른 사도개설(私道開設)의 허가
- 「국토의 계획 및 이용에 관한 법률」 제56조에 따른 개발행위의 허가
- 「장사 등에 관한 법률」 제8조 제3항에 따른 분묘의 개장신고(改葬申告) 및 같은 법 제27조에 따른 분묘의 개장허가(改葬許可)

06 관광진흥법령상 여객자동차터미널시설업의 지정을 받으려는 자가 지정신청을 하여야 하는 기관은?

① 국토교통부장관
② 시 장
③ 군 수
④ 지역별 관광협회

해설
권한의 위탁(관광진흥법 시행령 제65조)
등록기관 등의 장은 법 제80조 제3항에 따라 다음 각 호의 권한을 한국관광공사, 협회, 지역별 · 업종별 관광협회, 전문연구 · 검사기관, 자격검정기관 또는 교육기관에 각각 위탁한다. 이 경우 문화체육관광부장관 또는 시 · 도지사는 제3호, 제3호의2, 제6호 및 제8호의 경우 위탁한 업종별 관광협회, 전문 연구 · 검사기관 또는 관광 관련 교육기관의 명칭 · 주소 및 대표자 등을 고시해야 한다.
- 관광 편의시설업 중 관광식당업 · 관광사진업 및 여객자동차터미널시설업의 지정 및 지정취소에 관한 권한 : 지역별 관광협회

07 관광진흥법상 전용영업장 등 문화체육관광부령으로 정하는 시설과 기구를 갖추어 문화체육관광부장관의 허가를 받아야 하는 관광사업에 해당하는 것은? (단, 다른 법령에 따른 위임은 고려하지 않음)

① 관광 편의시설업
② 종합유원시설업
③ 카지노업
④ 국제회의시설업

해설
허가와 신고(관광진흥법 제5조)
카지노업을 경영하려는 자는 전용영업장 등 문화체육관광부령으로 정하는 시설과 기구를 갖추어 문화체육관광부장관의 허가를 받아야 한다.

05 ③ 06 ④ 07 ③ 정답

08 관광진흥법령상 관광사업자 등록대장에 기재되어야 하는 사업별 기재사항으로 옳은 것은?

① 여행업 – 자본금
② 야영장업 – 운영의 형태
③ 관광공연장업 – 대지면적 및 건축연면적
④ 외국인관광 도시민박업 – 부지면적 및 시설의 종류

해설
관광사업자 등록대장(관광진흥법 시행규칙 제4조)
① 여행업 및 국제회의기획업 : 자본금
② 야영장업 : 부지면적 및 건축연면적, 시설의 종류, 1일 최대 수용인원
③ 관광공연장업 : 관광공연장업이 설치된 관광사업시설의 종류, 무대면적 및 좌석 수, 공연장의 총면적, 일반음식점 영업허가번호 · 허가연월일 · 허가기관
④ 외국인관광 도시민박업 : 객실 수, 주택의 연면적

09 관광진흥법령상 카지노업의 영업 종류 중 머신게임(Machine Game) 영업에 해당하는 것은?

① 빅 휠(Big Wheel)
② 비디오게임(Video Game)
③ 바카라(Baccarat)
④ 마작(Mahjong)

해설
카지노업의 영업 종류(관광진흥법 시행규칙 별표 8)
• 머신게임(Machine Game)
  – 슬롯머신(Slot Machine)
  – 비디오게임(Video Game)

10 관광진흥법상 문화체육관광부령으로 정하는 주요한 관광사업 시설의 전부를 인수한 자가 그 관광사업자의 지위를 승계하는 경우로 명시되지 않은 것은?

① 「민사집행법」에 따른 경매
② 「채무자 회생 및 파산에 관한 법률」에 따른 환가(換價)
③ 「지방세징수법」에 따른 압류 재산의 매각
④ 「민법」에 따른 한정승인

해설
관광사업의 양수(관광진흥법 제8조)
관광사업 시설의 전부를 인수한 자는 그 관광사업자의 지위를 아래의 어느 하나에 해당하는 절차에 따라 승계한다.
• 「민사집행법」에 따른 경매
• 「채무자 회생 및 파산에 관한 법률」에 따른 환가
• 「국세징수법」, 「관세법」 또는 「지방세징수법」에 따른 압류 재산의 매각
• 그 밖에 위의 규정에 준하는 절차

2019년

정답 08 ① 09 ② 10 ④

11 **관광진흥법령상 관광 업무별 종사하게 하여야 하는 자를 바르게 연결한 것은?**

① 내국인의 국내여행을 위한 안내 – 관광통역안내사 자격을 취득한 자
② 외국인 관광객의 국내여행을 위한 안내 – 관광통역안내사 자격을 취득한 자
③ 현관 · 객실 · 식당의 접객업무 – 호텔관리사 자격을 취득한 자
④ 4성급 이상의 관광호텔업의 총괄관리 및 경영업무 – 호텔관리사 자격을 취득한 자

해설
관광 업무별 자격기준(관광진흥법 시행령 별표 4)

업 종	업 무	종사하도록 권고할 수 있는 자	종사하게 하여야 하는 자
여행업	외국인관광객의 국내여행을 위한 안내	–	관광통역안내사 자격을 취득한 자
	내국인의 국내여행을 위한 안내	국내여행안내사 자격을 취득한 자	–
관광숙박업	4성급 이상의 관광호텔업의 총괄관리 및 경영업무	호텔경영사 자격을 취득한 자	–
	4성급 이상의 관광호텔업의 객실관리 책임자 업무	호텔경영사 또는 호텔관리사 자격을 취득한 자	–
	3성급 이하의 관광호텔업과 한국전통호텔업 · 수상관광호텔업 · 휴양콘도미니엄업 · 가족호텔업 · 호스텔업 · 소형호텔업 및 의료관광호텔업의 총괄관리 및 경영업무	호텔경영사 또는 호텔관리사 자격을 취득한 자	–
	현관 · 객실 · 식당의 접객업무	호텔서비스사 자격을 취득한 자	–

12 **관광진흥법령상 관광종사원인 甲이 파산선고를 받고 복권되지 않은 경우 받는 행정처분의 기준은?**

① 자격정지 1개월
② 자격정지 3개월
③ 자격정지 5개월
④ 자격취소

해설
관광종사원에 대한 행정처분 기준(관광진흥법 시행규칙 별표 17)
- 거짓이나 그 밖의 부정한 방법으로 자격을 취득한 경우
  - 1차 위반 : 자격취소
- 법 제7조 제1항 각 호의 어느 하나에 해당하게 된 경우
  - 1차 위반 : 자격취소
    (법 제7조 제1항 제2호 : 파산선고를 받고 복권되지 아니한 자)
- 관광종사원으로서 직무를 수행하는 데에 부정 또는 비위(非違) 사실이 있는 경우
  - 1차 위반 : 자격정지 1개월
  - 2차 위반 : 자격정지 3개월
  - 3차 위반 : 자격정지 5개월
  - 4차 위반 : 자격취소

13 **관광진흥법령상 유원시설업자는 그가 관리하는 유기기구로 인하여 중대한 사고가 발생한 경우 즉시 사용중지 등 필요한 조치를 취하고 특별자치시장 · 특별자치도지사 · 시장 · 군수 · 구청장에게 통보하여야 한다. 그 중대한 사고의 경우로 명시되지 않은 것은?**

① 사망자가 발생한 경우
② 신체기능 일부가 심각하게 손상된 중상자가 발생한 경우
③ 유기기구의 운행이 30분 이상 중단되어 인명 구조가 이루어진 경우
④ 사고 발생일부터 5일 이내에 실시된 의사의 최초 진단결과 1주 이상의 입원 치료가 필요한 부상자가 동시에 2명 이상 발생한 경우

11 ② 12 ④ 13 ④ 정답

해설
유기시설 등에 의한 중대한 사고(관광진흥법 시행령 제31조의2)
- 사망자가 발생한 경우
- 의식불명 또는 신체기능 일부가 심각하게 손상된 중상자가 발생한 경우
- 사고 발생일부터 3일 이내에 실시된 의사의 최초 진단결과 2주 이상의 입원 치료가 필요한 부상자가 동시에 3명 이상 발생한 경우
- 사고 발생일부터 3일 이내에 실시된 의사의 최초 진단결과 1주 이상의 입원 치료가 필요한 부상자가 동시에 5명 이상 발생한 경우
- 유기시설 또는 유기기구의 운행이 30분 이상 중단되어 인명 구조가 이루어진 경우

14 **관광진흥법령상 문화체육관광부장관이 문화관광축제의 지정 기준을 정할 때 고려하여야 할 사항으로 명시되지 않은 것은?**

① 축제의 특성 및 콘텐츠
② 축제의 운영능력
③ 해외마케팅 및 홍보활동
④ 관광객 유치 효과 및 경제적 파급효과

해설
문화관광축제의 지정 기준(관광진흥법 시행령 제41조의7)
- 축제의 특성 및 콘텐츠
- 축제의 운영능력
- 관광객 유치 효과 및 경제적 파급효과
- 그 밖에 문화체육관광부장관이 정하는 사항

15 **관광진흥법령상 관광숙박업이나 관광객 이용시설업으로서 관광사업의 등록 후부터 그 관광사업의 시설에 대하여 회원을 모집할 수 있는 관광사업에 해당하는 것은?**

① 전문휴양업
② 호텔업(단, 제2종 종합휴양업에 포함된 호텔업의 경우는 제외)
③ 야영장업
④ 관광유람선업

해설
분양 및 회원모집의 기준 및 시기(관광진흥법 시행령 제24조)
호텔업의 경우 관광사업의 등록 후부터 회원을 모집할 것

16 **관광진흥법령상 한국관광협회중앙회에 관한 내용으로 옳은 것은?**

① 한국관광협회중앙회가 수행하는 회원의 공제사업은 문화체육관광부장관의 허가를 받아야 한다.
② 한국관광협회중앙회는 문화체육관광부장관에게 신고함으로써 성립한다.
③ 한국관광협회중앙회의 설립 후 임원이 임명될 때까지 필요한 업무는 문화체육관광부 장관이 지정한 자가 수행한다.
④ 한국관광협회중앙회는 조합으로 지역별 · 업종별로 설립한다.

해설
② 협회를 설립하려는 자는 대통령령으로 정하는 바에 따라 문화체육관광부 장관의 허가를 받아야 한다(관광진흥법 제41조 제2항).
③ 협회의 설립 후 임원이 임명될 때까지 필요한 업무는 발기인이 수행한다(관광진흥법 시행령 제38조).
④ 지역별 관광협회 및 업종별 관광협회는 관광사업의 건전한 발전을 위하여 관광업계를 대표하는 한국관광협회중앙회를 설립할 수 있다(관광진흥법 제41조 제1항).

정답 14 ③ 15 ② 16 ①

17 관광진흥법령상 관광취약계층에 해당하는 자는? (단, 다른 조건은 고려하지 않음)

① 10년 동안 해외여행을 한 번도 못 한 60세인 자
② 5년 동안 국내여행을 한 번도 못 한 70세인 자
③ 「한부모가족지원법」 제5조에 따른 지원대상자
④ 「국민기초생활 보장법」 제2조 제11호에 따른 기준 중위소득의 100분의 90인 자

해설

관광취약계층의 범위(관광진흥법 시행령 제41조의3)

- 「국민기초생활 보장법」 제2조 제2호에 따른 수급자
- 「국민기초생활 보장법」 제2조 제10호에 따른 차상위 계층에 해당하는 사람 중 아래 어느 하나에 해당하는 사람
  - 「국민기초생활 보장법」에 따른 자활급여 수급자
  - 「장애인복지법」 제49조 제1항에 따른 장애수당 수급자, 제50조에 따른 장애아동수당 수급자
  - 「장애인연금법」 제5조에 따른 장애인연금 수급자
  - 「국민건강보험법 시행령」 별표2 제3호 라목에 해당하는 사람
- 「한부모가족지원법」 제5조에 따른 지원대상자
- 그 밖에 경제적 · 사회적 제약 등으로 인하여 관광 활동을 영위하기 위하여 지원이 필요한 사람으로서 문화체육관광부장관이 정하여 고시하는 기준에 해당하는 사람

18 관광진흥법령상 관광관련학과에 재학중이지만 관광통역안내의 자격이 없는 A는 외국인 관광객을 대상으로 하는 여행업에 종사하며 외국인을 대상으로 관광안내를 하다가 2017년 1월 1일 적발되어 2017년 2월 1일 과태료 부과처분을 받은 후, 재차 외국인을 대상으로 관광안내를 하다가 2019년 1월 10일 적발되어 2019년 2월 20일 과태료 부과처분을 받았다. 이 경우 2차 적발된 A에게 적용되는 과태료의 부과기준은? (단, 다른 감경사유는 고려하지 않음)

① 30만원
② 50만원
③ 60만원
④ 100만원

해설

과태료의 부과기준(관광진흥법 시행령 별표 5)

관광통역안내의 자격이 없는 사람은 외국인 관광객을 대상으로 하는 관광안내를 하여서는 안 된다는 법령을 위반하여 관광통역 안내를 한 경우, 1차 위반 시에는 150만원, 2차 위반 시에는 300만원의 과태료가 부과된다.

※ 출제 당시 100만원이었으나, 2020년 6월 2일 법령이 개정되어 현재 답은 없다.

17 ③ 18 해설참조 정답

19 **관광진흥법령상 관광특구에 관한 내용으로 옳은 것은?**

① 서울특별시장은 관광특구를 신청할 수 있다.
② 세종특별자치시장은 관광특구를 신청할 수 있다.
③ 최근 1년간 외국인 관광객 수가 5만 명 이상인 지역은 관광특구가 된다.
④ 문화체육관광부장관 및 시 · 도지사는 관광특구진흥계획의 집행 상황을 평가하고, 우수한 관광특구에 대하여는 필요한 지원을 할 수 있다.

해설

①·② 관광특구는 요건을 갖춘 지역 중에서 시장 · 군수 · 구청장의 신청(특별자치시 및 특별자치도의 경우는 제외한다)에 따라 시 · 도지사가 지정한다. 이 경우 관광특구로 지정하려는 대상지역이 같은 시 · 도내에서 둘 이상의 시 · 군 · 구에 걸쳐 있는 경우에는 해당 시장 · 군수 · 구청장이 공동으로 지정을 신청하여야 하고 , 둘 이상의 시 · 도에 걸쳐 있는 경우에는 해당 시장 · 군수 · 구청장이 공동으로 지정을 신청하고 해당 시 · 도지사가 공동으로 지정하여야 한다(관광진흥법 제70조).
③ 최근 1년간 외국인 관광객 수가 10만 명(서울특별시는 50만명)인 지역(관광진흥법 시행령 제58조)
④ 시 · 도지사는 관광특구진흥계획의 집행 상황을 평가하고, 우수한 관광특구에 대하여는 필요한 지원을 할 수 있다(관광진흥법 제73조 제1항).
※ 출제 당시 정답은 ④였으나, 2019년 12월 3일 법령이 개정되어 현재 답은 없다.

20 **관광진흥개발기금법상 관광진흥개발기금(이하 '기금'이라 함)에 관한 내용으로 옳지 않은 것은?**

① 기금의 회계연도는 정부의 회계연도에 따른다.
② 문화체육관광부장관은 한국산업은행에 기금의 계정(計定)을 설치하여야 한다.
③ 문화체육관광부장관은 매년 「국가재정법」에 따라 기금운용계획안을 수립하여야 한다.
④ 기금은 문화체육관광부장관이 관리한다.

해설

기금 계정의 설치(관광진흥개발기금법 제10조)
문화체육관광부장관은 기금지출관으로 하여금 한국은행에 관광진흥개발기금의 계정을 설치하도록 하여야 한다.

2019년

21 **다음은 관광진흥개발기금법령상 기금운용위원회의 회의에 관한 조문의 일부이다. ㄱ, ㄴ에 들어갈 내용으로 옳은 것은?**

> 회의는 재적위원 (ㄱ)의 출석으로 개의하고, 출석위원 (ㄴ)의 찬성으로 의결한다.

① ㄱ – 3분의 1 이상, ㄴ – 과반수
② ㄱ – 3분의 1 이상, ㄴ – 3분의 2 이상
③ ㄱ – 과반수, ㄴ – 과반수
④ ㄱ – 3분의 2 이상, ㄴ – 3분의 1 이상

해설

회의(관광진흥개발기금법 시행령 제6조)
- 위원회의 회의는 위원장이 소집한다.
- 회의는 재적위원 과반수의 출석으로 개의하고, 출석위원 과반수의 찬성으로 의결한다.

정답 19 해설참조 20 ② 21 ③

22 **관광진흥개발기금법령상 해외에서 8세의 자녀 乙과 3세의 자녀 丙을 동반하고 선박을 이용하여 국내 항만을 통하여 입국하는 甲이 납부하여야 하는 관광진흥개발기금의 총합은? (단, 다른 면제사유는 고려하지 않음)**

① 0원
② 2천원
③ 3천원
④ 3만원

해설
기금의 설치 및 재원(관광진흥개발기금법 제2조 제3항)
국내 공항과 항만을 통하여 출국하는 자로서 대통령령으로 정하는 자는 1만원의 범위에서 대통령령으로 정하는 금액을 기금에 납부하여야 한다.

23 **국제회의산업 육성에 관한 법령상 국제회의도시의 지정을 신청하려는 자가 문화체육관광부장관에게 제출하여야 하는 서류에 기재하여야 할 내용으로 명시되지 않은 것은?**

① 지정대상 도시 또는 그 주변의 관광자원의 현황 및 개발계획
② 국제회의 시설의 보유 현황 및 이를 활용한 국제회의산업 육성에 관한 계획
③ 숙박시설 · 교통시설 · 교통안내체계 등 국제회의 참가자를 위한 편의시설의 현황 및 확충계획
④ 국제회의 전문인력의 교육 및 수급계획

해설
국제회의도시의 지정신청(국제회의산업 육성에 관한 법률 시행규칙 제9조)
「국제회의산업 육성에 관한 법률」에 따라 국제회의도시의 지정을 신청하려는 특별시장 · 광역시장 또는 시장은 아래의 내용을 적은 서류를 문화체육관광부장관에게 제출하여야 한다.
- 국제회의 시설의 보유 현황 및 이를 활용한 국제회의산업 육성에 관한 계획
- 숙박시설 · 교통시설 · 교통안내체계 등 국제회의 참가자를 위한 편의시설의 현황 및 확충계획
- 지정대상 도시 또는 그 주변의 관광자원의 현황 및 개발계획
- 국제회의 유치 · 개최 실적 및 계획

24 **甲은 국제회의산업 육성에 관한 법령에 따른 국제회의 시설 중 전문회의시설을 설치하고자 한다. 이 경우 전문회의시설이 갖추어야 하는 충족요건 중 하나에 해당하는 것은?**

① 30명 이상의 인원을 수용할 수 있는 중 · 소회의실이 10실 이상 있을 것
② 「관광진흥법」 제3조 제1항 제2호에 따른 관광숙박업의 시설로서 150실 이상의 객실을 보유한 시설이 있을 것
③ 「유통산업발전법」 제2조 제3호에 따른 대규모점포 인근에 위치하고 있을 것
④ 「공연법」 제2조 제4호에 따른 공연장으로서 1천석 이상의 객석을 보유한 공연장이 있을 것

해설
전문회의 시설의 요건(국제회의산업 육성에 관한 법률 시행령 제3조 제2항)
- 2천명 이상의 인원을 수용할 수 있는 대회의실이 있을 것
- 30명 이상의 인원을 수용할 수 있는 중 · 소회의실이 10실 이상 있을 것
- 옥내와 옥외의 전시면적을 합쳐서 2천제곱미터 이상 확보하고 있을 것

22 ① 23 ④ 24 ① 정답

25 국제회의산업 육성에 관한 법령상 문화체육관광부장관이 전자국제회의 기반의 구축을 촉진하기 위하여 사업시행기관이 추진하는 사업을 지원할 수 있는 경우로 명시된 것은?

① 국제회의 정보망의 구축 및 운영
② 국제회의 정보의 가공 및 유통
③ 인터넷 등 정보통신망을 통한 사이버 공간에서의 국제회의 개최
④ 국제회의 정보의 활용을 위한 자료의 발간 및 배포

해설
전자국제회의 기반의 확충(국제회의산업 육성에 관한 법률 제12조 제2항)
문화체육관광부장관은 전자국제회의 기반의 구축을 촉진하기 위하여 사업시행기관이 추진하는 아래의 사업을 지원할 수 있다.
- 인터넷 등 정보통신망을 통한 사이버 공간에서의 국제회의 개최
- 전자국제회의 개최를 위한 관리체제의 개발 및 운영
- 그 밖에 전자국제회의 기반의 구축을 위하여 필요하다고 인정하는 사업으로서 문화체육관광부령으로 정하는 사업

제4과목 관광학개론

26 관광숙박업을 등록하고자 하는 홍길동이 다음 조건의 시설을 갖추고 있을 경우 등록할 수 있는 숙박업은?

- 욕실이나 샤워시설을 갖춘 객실이 29실이며, 부대시설의 면적 합계가 건축 연면적의 50% 이하이다.
- 홍길동은 임대차 계약을 통해 사용권을 확보하고 있으며, 영어를 잘하는 동생이 매니저로 일할 수 있다.
- 조식을 제공하고 두 종류 이상의 부대시설을 갖추고 있다.

① 가족호텔업
② 관광호텔업
③ 수상관광호텔업
④ 소형호텔업

해설
소형호텔업의 등록기준에 부합한다.
관광사업의 등록기준(관광진흥법 시행령 별표1) 참고

소형호텔업	• 욕실이나 샤워시설을 갖춘 객실을 20실 이상 30실 미만으로 갖추고 있을 것 • 부대시설의 면적 합계가 건축 연면적의 50퍼센트 이하일 것 • 두 종류 이상의 부대시설을 갖출 것. 다만, 「식품위생법 시행령」 제21조 제8호 다목에 따른 단란주점영업, 같은 호 라목에 따른 유흥주점영업 및 「사행행위 등 규제 및 처벌 특례법」 제2조 제1호에 따른 사행행위를 위한 시설은 둘 수 없다. • 조식 제공, 외국어 구사인력 고용 등 외국인에게 서비스를 제공할 수 있는 체제를 갖추고 있을 것 • 대지 및 건물의 소유권 또는 사용권을 확보하고 있을 것. 다만, 회원을 모집하는 경우에는 소유권을 확보하여야 한다.

정답 25 ③ / 26 ④

27 관광사업의 공익적 특성 중 사회 · 문화적 측면에서의 효과가 아닌 것은?

① 국제문화의 교류
② 국민보건의 향상
③ 근로의욕의 증진
④ 외화획득과 소득효과

해설
외화획득과 소득효과는 관광사업의 공익적 특성 중 경제적 측면의 효과이다.

28 아래 게임의 종류는 무엇이며 누구의 승리인가?

홍길동이 카지노에서 게임을 벌이던 중 홍길동이 낸 카드 두 장의 합이 8이고 뱅커가 낸 카드 두 장의 합이 7이다.

① 바카라, 홍길동의 승리
② 바카라, 뱅커의 승리
③ 블랙잭, 홍길동의 승리
④ 블랙잭, 뱅커의 승리

해설
- 바카라 : Banker와 Player 중 카드 합이 9에 가까운 쪽이 승리하는 카지노 게임이다.
- 블랙잭 : 카드 숫자의 합이 21을 넘지 않는 한도 내에서 가장 높은 수의 합이 나오는 쪽이 이기는 게임이다. 에이스는 1 또는 11로 계산되며, 그림카드는 10으로 계산된다. 카드를 추가로 받고 싶으면 '히트'라고 하며 그렇지 않으면 '스테이'라고 한다.

29 2019년 9월 7일 기준, 출국 시 내국인의 면세물품 총구매한도액은?

① 미화 4,000달러
② 미화 5,000달러
③ 미화 6,000달러
④ 미화 7,000달러

해설
외국으로 출국하는 내국인의 면세물품 총구매한도액은 없다.
※ 출제 당시 정답은 ②였으나, 2022년 3월 18일 법령이 개정되어 현재 답은 없다.

30 국제회의기준을 정한 공인 단체명과 이에 해당하는 용어의 연결이 옳은 것은?

① AACVA – 아시아 콩그레스 VIP 연합회
② ICAO – 국제 컨벤션 연합 조직
③ ICCA – 국제 커뮤니티 컨퍼런스 연합
④ UIA – 국제회의연합

해설
④ 국제회의연합(UIA ; Union of International Associations)
① 아시아컨벤션뷰로협회(AACVB ; Asian Association of Convention & Visitor Bureaus)
② 국제민간항공기구(ICAO ; International Civil Aviation Organization)
③ 국제회의컨벤션협회(ICCA ; International Congress & Convention Association)

27 ④ 28 ① 29 해설참조 30 ④ 정답

31 특정 국가의 출입국 절차를 위해 승객의 관련 정보를 사전에 통보하는 입국심사 제도는?

① APIS
② ARNK
③ ETAS
④ WATA

해설
APIS(Advance Passenger Infomation System)
출발지공항 항공사에서 예약이나 발권, 탑승수속 시 승객에 대해 필요한 정보를 수집하고 법무부와 세관에 통보하여 미국 도착 탑승객에 관한 사전 검사를 가능하게 함으로써 입국심사에 소요되는 시간을 단축시키는 미국의 사전 입국심사제도

32 제주항공, 진에어, 이스타 등과 같은 저비용 항공사의 운영형태나 특징에 관한 설명으로 옳은 것은?

① 중 · 단거리에 비해 주로 장거리 노선을 운항하고 제1공항이나 국제공항을 이용한다.
② 중심공항(Hub)을 지정해 두고 주변의 중 · 소도시를 연결(Spoke)하는 방식으로 운영한다.
③ 항공권 판매의 주요 통로는 인터넷이며 항공기 가동률이 매우 높다.
④ 여러 형태의 항공기 기종으로 차별화된 다양한 서비스를 제공한다.

해설
① · ② · ④ 대형 항공사 운영형태와 특징이라고 할 수 있다.
저가 항공사의 운영형태와 특징
- 최소한의 기종을 운용하며 유지 · 관리 비용을 최소화한다.
- 단거리 노선에 치중하여 서비스 수준의 기대가 높아지는 중 · 장거리 노선을 최소화한다.
- 인터넷을 적극적으로 활용하여 대행예약의 수수료와 인건비를 줄인다.
- 교외 소도시의 저가 공항으로 취항하여 비용을 절감한다.

33 우리나라의 의료관광에 관한 설명으로 옳은 것은?

① 웰빙과 건강추구형 라이프스타일 변화에 따라 융 · 복합 관광분야인 웰니스관광으로 확대되고 있다.
② 최첨단 의료시설과 기술로 외국인을 유치하며 시술이나 치료 등의 의료에만 집중하고 있다.
③ 휴양, 레저, 문화활동은 의료관광의 영역과 관련이 없다.
④ 의료관광서비스 이용가격이 일반 서비스에 비해 저렴한 편이며, 체류 일수가 짧은 편이다.

해설
의료관광은 질병을 치료하는 등의 활동을 넘어 본인의 건강상태에 따라 현지에서의 요양, 관광, 쇼핑, 문화체험 등의 활동을 겸하는 것을 의미한다.

34 국내 크루즈 산업의 발전방안으로 옳은 것은?

① 크루즈 여행일수를 줄이고 특정 계층만이 이용할 수 있도록 하여 상품의 가치를 높인다.
② 계절적 수요에 상관없이 정기적인 운영이 필요하다.
③ 특별한 목적이나 경쟁력 있는 주제별 선상프로그램의 개발을 통해 체험형 오락거리가 풍부한 여행상품으로 개발해야 한다.
④ 까다로운 입 · 출항 수속절차를 적용해 질 좋은 관광상품이라는 인식을 심어준다.

해설
① 대중들이 크루즈 여행을 즐길 수 있도록 분화하여 상품의 다양성을 확보한다.
② 계절적 수요에 맞게 탄력적인 운영을 시행한다.
④ 간편한 입 · 출항 절차를 마련하여 승객들에게 편리성을 제공한다.

정답 31 ① 32 ③ 33 ① 34 ③

35 여행상품 가격결정요소 중 상품가격에 직접적인 영향을 미치지 않는 것은?

① 출발인원 수
② 광고 · 선전비
③ 교통수단 및 등급
④ 식사내용과 횟수

해설
여행상품의 가격결정요인
- 여행기간
- 목적지까지의 거리
- 계 절
- 상품 내용
  - 숙박시설
  - 식사 내용
  - 방문관광지
  - 단체의 규모
  - 관광일정

36 관광진흥법상 관광숙박업 분류 중 호텔업의 종류가 아닌 것은?

① 수상관광호텔업
② 한국전통호텔업
③ 휴양콘도미니엄업
④ 호스텔업

해설
관광숙박업의 분류(관광진흥법 제3조 제2호)
- 호텔업 : 관광객의 숙박에 적합한 시설을 갖추어 이를 관광객에게 제공하거나 숙박에 적합한 시설을 갖추어 이를 관광객에게 제공하거나 숙박에 딸리는 음식 · 운동 · 오락 · 휴양 · 공연 또는 연수에 적합한 시설 등을 함께 갖추어 이를 이용하게 하는 업
- 휴양콘도미니엄업 : 관광객의 숙박과 취사에 적합한 시설을 갖추어 이를 그 시설의 회원이나 공유자, 그 밖의 관광객에게 제공하거나 숙박에 딸리는 음식 · 운동 · 오락 · 휴양 · 공연 또는 연수에 적합한 시설 등을 함께 갖추어 이를 이용하게 하는 업

37 다음 설명에 해당하는 여행업의 산업적 특성으로 옳은 것은?

> 여행업은 금융위기나 전쟁, 허리케인, 관광목적지의 보건 · 위생 등에 크게 영향을 받는다.

① 계절성 산업
② 환경민감성 산업
③ 종합산업
④ 노동집약적 산업

해설
① 계절성 산업 : 계절의 영향을 받아 영업이 되는 사업으로 해수욕장이나, 스키장 등이 해당한다.
④ 노동집약적 산업 : 생산요소에서 자본이 차지하는 비중이 낮고, 노동력의 비중이 높은 상품을 생산하는 산업을 말한다.

38 A는 국제회의업 중 국제회의기획업을 경영하려고 한다. 국제회의기획업의 등록 기준으로 옳은 것을 모두 고른 것은?

> ㄱ. 2천명 이상의 인원을 수용할 수 있는 대회의실이 있을 것
> ㄴ. 자본금이 5천만원 이상일 것
> ㄷ. 사무실에 대한 소유권이나 사용권이 있을 것
> ㄹ. 옥내와 옥외의 전시면적을 합쳐서 2천제곱미터 이상 확보하고 있을 것

① ㄱ, ㄴ
② ㄱ, ㄹ
③ ㄴ, ㄷ
④ ㄷ, ㄹ

35 ② 36 ③ 37 ② 38 ③ 정답

해설

국제회의업 등록기준

- 국제회의업을 경영하고자 하는 자는 특별자치시장 · 특별자치도지사 · 시장 · 군수 · 구청장에게 등록하여야 한다(관광진흥법 제4조 제1항).
- 국제회의시설업(「관광진흥법 시행령」 별표 1 제5호 가목)
  - 「국제회의산업 육성에 관한 법률 시행령」에 따른 회의시설 및 전시시설의 요건을 갖추고 있을 것
  - 국제회의 개최 및 전시의 편의를 위하여 부대시설로 주차시설과 쇼핑 · 휴식시설을 갖추고 있을 것
- 국제회의기획업(「관광진흥법 시행령」 별표 1 제5호 나목)
  - 자본금 : 5천만원 이상일 것
  - 사무실 : 소유권이나 사용권이 있을 것

39 한국 국적과 국경을 기준으로 국제관광의 분류가 옳은 것은?

① 자국민이 자국 내에서 관광 – Inbound Tourism
② 자국민이 타국에서 관광 – Outbound Tourism
③ 외국인이 자국 내에서 관광 – Outbound Tourism
④ 외국인이 외국에서 관광 – Inbound Tourism

해설

① 자국민이 자국 내에서 관광 : Domestic Tourism
③ 외국인이 자국 내에서 관광 : Inbound Tourism
④ 외국인이 외국에서 관광 : Overseas Tourism

40 1960년대 관광에 관한 설명으로 옳지 않은 것은?

① 관광기본법 제정
② 국제관광공사 설립
③ 관광통역안내원 시험제도 실시
④ 국내 최초 국립공원으로 지리산 지정

해설

① 1975년 「관광사업진흥법」이 관광기본법과 관광사업법으로 분리되었다.
② 1962년 국제관광공사가 발족되었다.
③ 1962년 교통부 주관의 통역안내원 시험제도가 실시되었다.
④ 1967년 최초의 국립고원으로 지리산이 지정되었다.

41 연대별 관광정책으로 옳은 것은?

① 1970년대 – 국제관광공사법 제정
② 1980년대 – 관광진흥개발기금법 제정
③ 1990년대 – 관광경찰제도 도입
④ 2000년대 – 제2차 관광진흥 5개년 계획 시행

해설

① 국제관광공사법 제정 : 1960년대
② 관광진흥개발기금법 제정 : 1970년대
③ 관광경찰제도 도입 : 2010년대

42 국제관광의 의의로 옳은 것을 모두 고른 것은?

ㄱ. 세계평화 기여
ㄴ. 문화교류 와해
ㄷ. 외화가득률 축소
ㄹ. 지식확대 기여

① ㄱ, ㄷ
② ㄱ, ㄹ
③ ㄴ, ㄷ
④ ㄴ, ㄹ

해설

ㄴ. 문화교류를 증진한다.
ㄷ. 외화가득률을 확대한다.

국제관광의 의의

- 현대 국제생활과 밀착된 개념으로서 국제시민생활의 필수적인 일부분으로 정착하여 국제 간의 인간 및 문화교류를 통한 문화생활 향상에 크게 이바지하고 있다.
- 관광객이 방문하는 지역의 주민과의 접촉을 통하여 국가상호간의 이해증진을 도모하고 국제친선에 기여한다.
- 일반적으로 생활수준 또는 경제성장률이 높거나 소득격차가 상대적으로 적으면서 인구증가에 따른 도시화와 공업화가 급속히 진행되고 있는 국가에서부터 점차 확대되고 있다.

정답 39 ② 40 ① 41 ④ 42 ②

43 세계관광기구(UNWTO)에 관한 설명으로 옳지 않은 것은?

① 1975년 정부 간 협력기구로 설립
② 문화적 우호관계 증진
③ 2003년 UNWTO로 개칭
④ 경제적 비우호관계 증진

해설
경제적 우호관계를 증진시킨다.

44 근접국가군 상호간 관광진흥 개발을 위한 국제관광기구로 옳은 것은?

① ASTA
② ATMA
③ IATA
④ ISTA

해설
② ATMA(Asia Travel Marketing Association) : 동아시아 지역으로 구미주 · 대양주 관광객 유치를 증진하기위해 1966년, 일본의 제의로 한국, 대만, 홍콩, 필리핀, 마카오 등 7개국을 중심으로 설립되었다.
① ASTA(American Society of Travel Advisors) : 미국여행업협회
③ IATA(International Air Transport Association) : 국제항공운송협회
④ ISTA(International Sightseeing and Tours Association) : 국제관광여행협회

45 마케팅 시장세분화의 기준 중 인구통계적 세부 변수에 해당하지 않는 것은?

① 성 별
② 종 교
③ 라이프스타일
④ 가족생활주기

해설
라이프스타일은 심리분석적 변수이다.

46 관광매체 중 공간적 매체로서의 역할을 하는 것은?

① 교통시설
② 관광객이용시설
③ 숙박시설
④ 관광기념품 판매업자

해설
② 관광객이용시설 : 시간적 매체
③ 숙박시설 : 시간적 매체
④ 관광기념품 판매업자 : 기능적 매체

47 관광의 사회적 측면에서 긍정적인 효과가 아닌 것은?

① 국제친선 효과
② 직업구조의 다양화
③ 전시 효과
④ 국민후생복지 효과

해설
전시 효과란 개인이 사회의 소비수준의 영향을 받아 타인의 소비방식을 따라하려는 심리경향을 가리키는 말로 관광의 긍정적인 효과와 거리가 멀다.

48 관광의사결정에 영향을 미치는 개인적 요인으로 옳은 것은?

① 가 족
② 학 습
③ 문 화
④ 사회계층

해설
관광의사결정에 영향을 미치는 요인
• 개인적 요인 : 학습, 성격, 태도, 동기, 지각
• 사회적 요인 : 가족, 문화, 사회계층, 준거집단

43 ④ 44 ② 45 ③ 46 ① 47 ③ 48 ② 정답

49 2018년에 UNESCO 세계유산에 등재된 한국의 산사에 해당하지 않는 것은?

① 통도사
② 부석사
③ 법주사
④ 청량사

해설
2018년 UNESCO 세계유산에 등재된 한국의 산사
- 양산 통도사
- 영주 부석사
- 안동 봉정사
- 보은 법주사
- 공주 마곡사
- 순천 선암사
- 해남 대흥사

50 국내 전시 · 컨벤션센터와 지역의 연결이 옳지 않은 것은?

① 대구 – DXCO
② 부산 – BEXCO
③ 창원 – CECO
④ 고양 – KINTEX

해설
우리나라의 대표적인 컨벤션 시설
- 서울 : COEX, aT센터, SETEC
- 대구 : EXCO
- 고양 : KINTEX
- 부산 : BEXCO
- 제주 : ICC Jeju
- 창원 : CECO

정답 49 ④ 50 ①

2020년 기출문제

제1과목 관광국사

01 다음 나라에 관한 설명으로 옳지 않은 것은?

① 동예는 족외혼을 엄격하게 지켰다.
② 삼한에는 제사장인 천군이 소도를 다스렸다.
③ 옥저의 특산물로는 과하마, 단궁, 반어피가 있었다.
④ 부여에는 12월에 열리는 영고라는 제천행사가 있었다.

해설
옥저의 특산물은 소금, 어물이 있다. 과하마, 단궁, 반어피를 특산물로 두고 있었던 곳은 동예이다.

02 고조선에 관한 설명으로 옳지 않은 것은?

① 기원전 108년 왕검성이 함락되어 고조선이 멸망하였다.
② 기원전 194년 위만은 우거왕을 몰아내고 스스로 왕이 되었다.
③ 기원전 3세기경에는 왕 밑에 상, 대부, 장군 등의 관직을 두었다.
④ 진 · 한 교체기에 위만은 1천여 명의 무리를 이끌고 고조선으로 들어왔다.

해설
기원전 194년 위만은 준왕을 몰아내고 스스로 왕이 되었다.

03 다음 빈칸에 들어갈 인물로 옳은 것은?

> 고려 무신 정권기 (　)은(는) 자기 집에 정방을 설치하여 관직에 대한 인사권을 장악하고, 서방을 설치하여 문신들을 교대로 숙위하도록 하였다.

① 최 우
② 최 항
③ 정중부
④ 최충헌

해설
최우는 정방 설치, 삼별초 조직, 문신 등용 등을 하였다.

04 단군의 건국에 관한 기록이 나타난 문헌으로 옳지 않은 것은?

① 동국여지승람
② 삼국유사
③ 제왕운기
④ 삼국사기

해설
단군의 건국에 관한 기록이 나타난 문헌
- 삼국유사
- 제왕운기
- 동국통감
- 동국여지승람

01 ③ 02 ② 03 ① 04 ④ 정답

05 조선 시대 교육기관에 관한 설명으로 옳지 않은 것은?

① 서원에서는 봄과 가을에 향음주례를 지냈다.
② 성균관에는 존경각이라 불리는 도서관이 있었다.
③ 향교는 부 · 목 · 군 · 현에 각각 하나씩 설치되었다.
④ 사부학당은 전국적으로 동학, 서학, 남학, 북학이 있었다.

해설
사부학당은 중학 · 동학 · 남학 · 서학이 있었다.

06 빈칸에 들어갈 내용이 올바르게 짝지어진 것은?

> 고려의 독자성을 보여주는 중앙 정치기구로 (ㄱ)은(는) 대외적으로 국방과 군사 문제를 담당했으며, (ㄴ)은(는) 대내적으로 법률과 격식 제정을 담당하였다.

① ㄱ – 비변사, ㄴ – 도병마사
② ㄱ – 도병마사, ㄴ – 식목도감
③ ㄱ – 상서도성, ㄴ – 교정도감
④ ㄱ – 식목도감, ㄴ – 상서도성

해설
도병마사와 식목도감
- 도병마사 : 국가의 중대사를 결정하는 국가 최고 회의 기관으로 국방 및 군사 문제를 담당함
- 식목도감 : 법 제정 및 각종 시행규정을 다루는 곳으로, 법률과 격식 제정을 담당함

07 조선 전기 문화상에 관한 설명으로 옳은 것은?

① 판소리와 탈놀이가 성행하여 서민문화가 발달하였다.
② 원과 아라비아 역법을 참고하여 칠정산을 편찬하였다.
③ 중인층의 시인들이 시사를 조직하여 문학 활동을 전개하였다.
④ 시조 형식을 벗어나 글자 수를 길게 늘여 쓴 사설시조가 유행하였다.

해설
① · ③ · ④ 조선 후기 문화상이다.

08 고려 시대 토지제도에 관한 설명으로 옳지 않은 것은?

① 불교 사찰에는 사원전을 지급하였다.
② 공음전은 자손에게 세습할 수 있었다.
③ 문종 때에는 토지 지급 대상을 현직 관료로 제한하였다.
④ 하급관리의 자제 중 관직에 오르지 못한 사람에게 외역전을 지급하였다.

해설
외역전을 지급한 대상은 향리이다. 하급관리의 자제 중 관직에 오르지 못한 사람에게는 한인전을 지급하였다.

2020년

정답 05 ④ 06 ② 07 ② 08 ④

09 대동법에 관한 설명으로 옳지 않은 것은?

① 가호를 단위로 공물을 부과하였다.
② 방납의 폐단을 개선하기 위해 실시하였다.
③ 현물 대신 쌀, 면포, 동전 등으로 납부하였다.
④ 경기도에서 시험적으로 시행하고 점차 확대되었다.

해설
대동법은 토지의 면적에 따라 1결당 미곡 12두로 대체하고, 쌀 · 삼베 · 무명 · 동전 등으로 납부하게 하는 제도이다.

10 조선 시대 관리 등용 제도에 관한 설명으로 옳은 것은?

① 소과는 무과 시험의 예비 시험이었다.
② 기술관을 뽑는 잡과는 분야별로 합격 정원이 있었다.
③ 제술과는 유교 경전에 대한 이해 능력을 시험하였다.
④ 5품 이상 관료의 자손은 과거를 거치지 않고 관료가 될 수 있었다.

해설
① 소과는 문과의 예비 시험이었다.
③ 유교 경전에 대한 이해 능력을 평가하는 시험은 명경과이다. 제술과는 문장 구사 능력 등을 평가하였다.
④ 5품 이상 관료의 자손이 과거를 거치지 않고 관료가 될 수 있었던 시기는 고려이다.

11 고려 시대 사회상에 관한 설명으로 옳은 것을 모두 고른 것은?

ㄱ. 태어난 차례대로 호적에 기재하여 남녀차별을 하지 않았다.
ㄴ. 사위와 외손자까지 음서의 혜택이 있었다.
ㄷ. 혼인 후에 곧바로 남자 집에서 생활하는 경우가 많았다.
ㄹ. 동족마을이 만들어지고 문중을 중심으로 서원과 사우가 세워졌다.

① ㄱ, ㄴ
② ㄱ, ㄹ
③ ㄴ, ㄷ
④ ㄷ, ㄹ

해설
ㄷ. 혼인 후에 곧바로 남자의 집에서 생활하는 것을 친영제도라 하는데, 이는 조선 후기에 정착한 제도이다.
ㄹ. 동족마을이 성행하고, 문중을 중심으로 서원과 사우가 세워진 것은 조선 후기이다.

12 조선 전기 과학기술에 관한 설명으로 옳은 것은?

① 천체관측기구인 혼의와 간의를 만들었다.
② 상정고금예문을 금속 활자로 인쇄하였다.
③ 토지측량기구인 앙부일구와 자격루를 제작하였다.
④ 질병처방과 국산약재가 소개된 향약구급방이 편찬되었다.

해설
② 상정고금예문은 고려 시대의 책으로, 금속활자를 사용하여 인쇄하였다고 알려져 있으나 현재에는 전해지지 않는다.
③ 앙부일구 · 자격루는 세종 시기에 만들어진 해시계와 물시계이다.
④ 향약구급방은 국산약재를 이용한 처방집으로 고려 시대에 편찬되었다.

정답 09 ① 10 ② 11 ① 12 ①

13 7세기 고구려 정세에 관한 설명으로 옳지 않은 것은?

① 장수왕이 수도를 평양으로 천도하였다.
② 연개소문이 정변을 통해 권력을 장악하였다.
③ 고구려가 나 · 당 연합군의 침입으로 멸망하였다.
④ 을지문덕이 살수에서 수나라의 군대를 물리쳤다.

해설
장수왕이 국내성에서 평양으로 천도하였던 시기는 5세기이다.

14 다음 중 신라 시대에 조성된 탑을 모두 고른 것은?

ㄱ. 황룡사 9층 목탑
ㄴ. 미륵사지 석탑
ㄷ. 정림사지 5층 석탑
ㄹ. 분황사 모전 석탑

① ㄱ, ㄴ
② ㄱ, ㄹ
③ ㄴ, ㄷ
④ ㄷ, ㄹ

해설
ㄴ · ㄷ. 백제 시대에 조성된 탑이다.
※ '신라 시대'라는 표현의 범위가 명확하지 않아 최종정답에서 전항 정답 처리되었다.

15 다음 내용과 관련된 신라의 국왕은?

• 성골 출신으로 왕위에 올랐다.
• 천문대로 추정되는 첨성대를 세웠다.
• 자장법사를 당나라에 보내 불법을 구하였다.

① 진성여왕
② 진덕여왕
③ 선덕여왕
④ 태종무열왕

해설
선덕여왕은 성골 출신으로 왕위에 오른 최초의 여성 왕이다. 첨성대 건립 외에도 분황사 창건, 황룡사 9층목탑을 세우는 등의 업적을 남겼다.

16 발해에 관한 설명으로 옳은 것은?

① 왕족은 고씨를 비롯한 5부 출신의 귀족이었다.
② 유력 집단의 우두머리는 이사금으로 추대되었다.
③ 고구려 유민과 말갈 집단이 지린성 동모산에서 건국하였다.
④ 소국들이 독자적인 정치 기반을 유지하는 연맹왕국이었다.

해설
① 왕족인 고씨와 5부 출신의 귀족들이 연합하여 정치를 주도하였던 곳은 고구려이다.
② 박 · 석 · 김 3성이 돌아가며 이사금으로 추대되었던 곳은 신라이다.
④ 소국들이 독자적 정치 기반을 유지하는 연맹왕국이었던 곳은 가야이다.

2020년

정답 13 ① 14 ②(해설참조) 15 ③ 16 ③

17 해방 전후 국제 회담을 시대 순으로 올바르게 나열한 것은?

> ㄱ. 얄타 회담
> ㄴ. 카이로 회담
> ㄷ. 포츠담 회담
> ㄹ. 모스크바 삼국 외상회의

① ㄱ → ㄴ → ㄹ → ㄷ
② ㄱ → ㄷ → ㄴ → ㄹ
③ ㄴ → ㄱ → ㄷ → ㄹ
④ ㄴ → ㄹ → ㄱ → ㄷ

해설
카이로 회담(1943.11) → 얄타 회담(1945.02) → 포츠담 회담(1945.07) → 모스크바 삼국 외상회의(1945.12)

18 다음 내용과 관련된 개혁은?

> • '구본신참'을 개혁의 기본 방향으로 설정하였다.
> • 대한국 국제를 반포하여 자주 독립국가임을 선포하였다.
> • 강력한 황제권을 기반으로 근대 국가 수립을 지향하였다.

① 갑신개혁
② 갑오개혁
③ 을미개혁
④ 광무개혁

해설
이 외에도 원수부 설치, 양전 및 지계 발급 사업 실시, 상공학교 건립 등을 추진하였다. 국방력의 강화, 상공업 및 교육의 발전을 확립하여 근대 자본주의 국가로의 전환을 꾀했다는 점에서 의의를 갖는다.

19 밑줄 친 '이 기구'에 관한 설명으로 옳은 것은?

> 선조 26년(1593) 국왕의 행차가 서울로 돌아왔으나 성 안은 타다 남은 건물 잔해와 시체로 가득했다. 선조는 이 기구를 설치하여 군사를 훈련시키라고 명하였다. 이에 유성룡이 주도하여 명나라의 기효신서를 참고하여 훈련법을 습득하고 조직을 갖추었다.

① 군병은 스스로 비용을 부담하였다.
② 정토군이 편성되어 여진의 침입에 대비하였다.
③ 부대 편성은 삼수군인 포수, 사수, 살수로 하였다.
④ 서울에 내영, 수원에 외영을 두어 국왕의 친위를 담당하였다.

해설
훈련도감에 대한 설명이다. 훈련도감은 임진왜란 중 설치된 것으로, 일정한 급료를 받는 직업적 상비군에 해당한다.

20 신간회에 관한 설명으로 옳지 않은 것은?

① 전국 140여 곳에 지회를 설립하였다.
② 비타협적 민족주의자들과 사회주의자들이 연합하였다.
③ 창립 초기 회장에 이상재, 부회장에 홍명희를 선출하였다.
④ 신채호가 작성한 조선 혁명 선언을 노선과 강령으로 삼았다.

해설
의열단에 대한 설명이다.

17 ③ 18 ④ 19 ③ 20 ④ 정답

21 신라 하대의 정세에 관한 설명으로 옳지 않은 것은?

① 백제의 침탈로 대야성이 함락되었다.
② 왕위 계승 문제로 김헌창이 봉기를 일으켰다.
③ 성주와 장군이라 칭하는 호족세력이 늘어났다.
④ 6두품 세력을 중심으로 골품제에 대한 불만이 높아졌다.

해설
대야성의 함락은 642년이다.

22 조선 시대 삼사에 관한 설명으로 옳지 않은 것은?

① 관리의 비리를 감찰하였다.
② 국왕에게 정책을 간언하였다.
③ 국왕에게 학문적 자문을 하였다.
④ 삼사는 사헌부, 사간원, 승정원을 말한다.

해설
삼 사
- 사헌부
- 사간원
- 홍문관

23 병자호란의 결과에 관한 설명으로 옳지 않은 것은?

① 청나라에 많은 양의 조공을 바쳤다.
② 청나라를 정벌하자는 북벌 운동이 대두되었다.
③ 4군과 6진을 설치하여 북방 영토를 확장하였다.
④ 청나라와 군신관계를 맺고 세자와 백성들이 포로로 끌려갔다.

해설
4군 6진은 여진족을 몰아내기 위한 행정 구역으로, 병자호란이 일어나기 이전에 개척하였다.

24 통일신라의 불교에 관한 설명으로 옳은 것은?

① 의상이 화엄 사상을 정립하였다.
② 이차돈의 순교로 불교를 공인하였다.
③ 담징이 법륭사 금당에 벽화를 남겼다.
④ 노리사치계가 일본에 불경과 불상을 전하였다.

해설
② · ④ 6세기, ③ 7세기에 해당한다.

25 다음 내용과 관련된 국왕은?

- 속대전을 반포하였다.
- 증수무원록을 간행하였다.
- 낙형, 압슬형, 주리형 등 고문을 폐지하였다.

① 숙 종
② 영 조
③ 정 조
④ 고 종

해설
영조의 탕평 정치로는 균역법 실시, 서원 정리, 이조 전랑의 권한 축소 등이 있다.

정답 21 ① 22 ④ 23 ③ 24 ① 25 ②

제2과목 관광자원해설

26 우리나라 관광자원을 자원특성에 따라 분류할 때 자연적 관광자원에 해당하지 않는 항목은?

① 온 천
② 풍 속
③ 동식물
④ 산 림

해설
풍속은 사회적 관광자원에 해당한다. 그 외에도 행사, 생활, 예술, 교육 등이 있다.

27 산업관광에 해당하지 않는 것은?

① 기업홍보관 견학
② 산업시찰
③ 박람회 견학
④ 템플스테이 체험

해설
산업관광은 산업과 참여 기업 및 지역경제 활성화에 기여하려는 목적에서 나온 관광으로, 1·2·3차 산업현장을 관광 대상으로 삼는다.
④ 템플스테이 체험은 불교문화 및 사찰에서의 생활을 체험하는 것으로 산업관광과는 거리가 멀다.

28 제3차 관광개발기본계획(2012~2021)에서 설정한 초광역 관광벨트에 해당하지 않는 것은?

① 백두대간 생태문화 관광벨트
② 수도권 관광벨트
③ 남해안 관광벨트
④ 동해안 관광벨트

해설
초광역 관광벨트
- 접경 및 내륙 관광벨트
  - 접경 : 한반도 평화생태 관광벨트
  - 내륙 : 백두대간 생태문화 관광벨트, 강변 생태문화 관광벨트
- 해안 관광벨트
  - 동해안 관광벨트
  - 서해안 관광벨트
  - 남해안 관광벨트

29 전라남도에 위치한 관광지가 아닌 것은?

① 홍길동 테마파크
② 장성호
③ 표충사
④ 화순온천

해설
표충사는 경상남도 밀양시에 있는 사찰이다.
※ 전라남도 해남군 대흥사에 표충사라는 사당이 있어 최종정답에서 전항 정답 처리되었다.

26 ② 27 ④ 28 ② 29 해설참조 정답

30 2020년에 세계지질공원으로 지정된 곳은?

① 한탄강
② 제주도
③ 청송군
④ 무등산

해설
2020년에 세계지질공원으로 지정된 곳은 한탄강이다. 제주도는 2010년, 청송군은 2017년, 무등산은 2018년에 세계지질공원으로 지정되었다.

31 2020년 선정된 언택트관광지 100선에 해당하지 않는 것은?

① 몽촌토성
② 국립 4.19 민주묘지
③ 잠실 롯데월드
④ 아차산

해설
언택트관광지
한국관광공사에서는 코로나19를 피하여 안전한 관광을 할 수 있도록 비대면(언택트) 관광지 100곳을 발표하였다. ①·②·④ 외에도 동두천자연휴양림, 한탄강주상절리길, 여강길, 잣향기푸른숲 등이 있다.

32 코리아 둘레길에 해당하지 않는 것은?

① 동해안의 해파랑길
② 비무장지대(DMZ)의 평화누리길
③ 남해안의 남파랑길
④ 지리산 둘레길

해설
코리아 둘레길
동·서·남해안 및 비무장지대 접경지역 등 한반도 둘레를 이어 걸을 수 있도록 한 길로, 총 길이는 4,500km이다.
- 동해안 : 해파랑길
- 서해안 : 서해랑길
- 남해안 : 남파랑길
- 비무장지대 접경지역 : DMZ 평화누리길

33 해당지역에 위치한 컨벤션센터의 연결로 옳지 않은 것은?

① 부산광역시 – COEX
② 경주시 – HICO
③ 제주특별자치도 – ICC JEJU
④ 경기도 고양시 – KINTEX

해설
COEX는 서울특별시 강남구에 위치한 컨벤션센터이다. 부산광역시의 컨벤션센터는 BEXCO이다.

정답 30 ① 31 ③ 32 ④ 33 ①

34 온천 – 해수욕장 – 동굴이 행정구역상 모두 같은 도(道)에 위치하는 것은?

① 덕구온천 – 함덕해수욕장 – 고씨(동)굴
② 수안보온천 – 선유도해수욕장 – 만장굴
③ 풍기온천 – 감포해수욕장 – 성류굴
④ 담양온천 – 송도해수욕장 – 고수동굴

해설
③ 풍기온천(경상북도) – 감포해수욕장(경상북도) – 성류굴(경상북도)
① 덕구온천(경상북도) – 함덕해수욕장(제주도) – 고씨(동)굴(강원도)
② 수안보온천(충청북도) – 선유도해수욕장(전라북도) – 만장굴(제주도)
④ 담양온천(전라남도) – 송도해수욕장(경상북도) – 고수동굴(충청북도)

35 다음 설명에 해당하는 안보관광자원은?

- 경기도 파주시에 위치하며, 6.25 전쟁의 비통한 한이 서려 있다.
- 망배단, 미얀마 아웅산 순국외교사절 위령탑 등이 설치되어 있다.

① 판문점
② 제4땅굴
③ 도라전망대
④ 임진각

해설
① 판문점 : 경기도 파주시 진서면에 위치하며, 널문리라고도 부른다. UN과 북한 측이 정전협정을 맺은 곳으로, 공동경비구역(Joint Security Area)이다.
② 제4땅굴 : 강원도 양구군 해안면에 위치하며, 양구 동북방 26㎞ 비무장지대 안에서 발견되었다. 북한군이 설치한 지뢰로 인해 산화된 군견을 기리는 묘와 충견비가 있다.
③ 도라전망대 : 경기 파주시 장단면에 위치하며, 1987년 일반인에게 공개되었다. 우리나라 서부전선 최북단에 위치한 전망대로 북한 풍경을 볼 수 있는 곳이다.

36 개최지역과 문화축제와의 연결로 옳지 않은 것은?

① 논산 – 딸기축제
② 금산 – 인삼축제
③ 기장 – 멸치축제
④ 진주 – 산천어축제

해설
산천어축제는 화천에서 개최되는 문화축제이다. 진주에서는 진주남강유등축제가 개최된다.

37 강원도에 위치한 국립공원으로만 옳게 나열한 것은?

ㄱ. 월출산
ㄴ. 설악산
ㄷ. 북한산
ㄹ. 월악산
ㅁ. 오대산

① ㄱ, ㄴ
② ㄴ, ㅁ
③ ㄷ, ㄹ
④ ㄹ, ㅁ

해설
월출산 – 전라남도, 북한산 – 경기도, 월악산 – 충청북도에 위치한다.

34 ③ 35 ④ 36 ④ 37 ② 정답

38 다음 설명에 해당하는 것은?

> • 조선왕조에 관한 방대한 규모의 사실적 역사기록과 국가의 기밀을 담고 있다.
> • 국보 제303호로 지정되어 있다.
> • 2001년 유네스코 세계기록유산으로 등재되어 있다.

① 조선왕조실록
② 승정원일기
③ 조선왕조의궤
④ 일성록

해설
① 조선왕조실록(국보) : 조선 시대 제1대 왕 태조부터 제25대 왕 철종까지 472년간의 역사를 기록한 책이다. 1997년 유네스코 세계기록유산으로 등재되었다.
③ 조선왕조의궤(보물) : 조선 시대 왕실 및 국가의 주요 행사와 관련 사실을 정리한 책이다. 2007년 유네스코 세계기록유산으로 등재되었다.
④ 일성록(국보) : 1760년(영조 36)부터 1910년(융희 4)까지 왕의 말과 행동을 날마다 기록한 책이다. 2011년 유네스코 세계기록유산으로 등재되었다.

39 국보의 지정기준으로 옳지 않은 것은?

① 보물에 해당하는 문화재 중 특히 역사적, 학술적, 예술적 가치가 큰 것
② 보물에 해당하는 문화재 중 제작 연대가 오래되었으며, 그 시대의 대표적인 것으로서, 특히 보존가치가 큰 것
③ 보물에 해당하는 문화재 중 특히 저명한 인물과 관련이 깊거나 그가 제작한 것
④ 보물에 해당하는 문화재 중 특히 금전적인 가치가 매우 높은 것

해설
국보의 지정기준(「문화재보호법」 시행령 별표 1의2)
• 보물에 해당하는 문화재 중 특히 역사적, 학술적, 예술적 가치가 큰 것
• 보물에 해당하는 문화재 중 제작 연대가 오래 되었으며, 그 시대의 대표적인 것으로서, 특히 보존가치가 큰 것
• 보물에 해당하는 문화재 중 조형미나 제작기술이 특히 우수하여 그 유례가 적은 것
• 보물에 해당하는 문화재 중 형태 · 품질 · 제재(製材) · 용도가 현저히 특이한 것
• 보물에 해당하는 문화재 중 특히 저명한 인물과 관련이 깊거나 그가 제작한 것

40 2019년 유네스코 세계문화유산으로 등재된 한국의 서원 중 행정구역상 같은 도(道)에 해당하지 않는 것은?

① 소수서원
② 옥산서원
③ 병산서원
④ 무성서원

해설
무성서원은 전라북도에 위치한다.
한국의 서원
• 소수서원(경상북도 영주시)
• 옥산서원(경상북도 경주시)
• 도산서원(경상북도 안동시)
• 병산서원(경상북도 안동시)
• 도동서원(대구광역시 달성군)
• 남계서원(경상남도 함양군)
• 무성서원(전라북도 정읍시)
• 필암서원(전라남도 장성군)
• 돈암서원(충청남도 논산시)

정답 38 ② 39 ④ 40 ④

41 양주별산대놀이에 관한 설명으로 옳지 않은 것은?

① 산대놀이는 중부지방의 탈춤을 가리키는 말이다.
② 서울 · 경기 지방에서 즐겼던 산대도감극의 한 갈래이다.
③ 춤과 무언극, 덕담과 익살이 어우러진 민중놀이이다.
④ 국가무형문화재 제5호이다.

해설
양주별산대놀이는 국가무형문화재 제2호이다. 국가무형문화재 제5호는 판소리이다.
※ 현재 문화재 지정번호 폐지가 추진되고 있으므로, 보기가 아닌 선지에서 지정번호를 묻는 문제는 출제되지 않을 것으로 보인다.

42 다음 설명에 해당하는 화가가 그린 그림은?

- 호가 완당이다.
- 서예에도 능통한 금석학자이다.
- '추사체'라는 독보적인 글씨체를 완성시켰다.

① 세한도
② 인왕제색도
③ 송하보월도
④ 몽유도원도

해설
김정희의 호는 추사가 널리 알려져 있으나, 완당이라는 호도 사용하였다.
② 겸재 정선의 작품이다. 인왕제색도는 서울 인왕산을 화폭에 담은 진경산수화로, 국보로 등재되어 있다. 진경산수화의 대가인 정선의 대표작이다.
③ 학포 이상좌의 작품이다. 달밤에 동자를 데리고 산책하는 고사(古事)를 담은 산수화이다.
④ 현동자 안견의 작품이다. 안평대군의 꿈 이야기를 듣고 그린 산수화이다.

43 성(城)의 구성에 관한 설명으로 옳지 않은 것은?

① 해자 – 성곽주위로 물을 채워서 적의 침입을 막는 시설
② 여장 – 공격과 방어에 유용하게 사용되는 낮은 철(凸)자형의 담장으로 쌓아놓은 시설
③ 옹성 – 성벽의 일부를 돌출시켜 적의 동태를 살피거나 공격하고 성벽을 타고 오르는 적병을 측면에서 공격할 수 있는 시설
④ 노대 – 산성과 같은 높은 곳에서 화살을 쏠 수 있는 시설

해설
성벽의 일부를 돌출시켜 적이 성벽을 오를 수 없도록 하는 시설은 치성이다. 옹성은 성문을 보호하기 위해 성문 밖에 쌓은 작은 성이다.

44 조선 시대 궁궐 건축물의 연결로 옳은 것은?

① 창덕궁 – 인정전, 교태전, 돈화문
② 경복궁 – 강녕전, 대조전, 광화문
③ 창경궁 – 명정전, 통명전, 홍화문
④ 덕수궁 – 근정전, 석조전, 숭례문

해설
① 인정전(창덕궁의 정전) – 교태전(경복궁의 내전) – 돈화문(창덕궁의 정문)
② 강녕전(경복궁의 내전) – 대조전(창덕궁의 내전) – 광화문(경복궁의 정문)
④ 근정전(경복궁의 정전) – 석조전(덕수궁의 서양식 석조 건물) – 숭례문(한양의 남쪽 정문)
※ 실제 시험에서 ③이 '통명전'의 오타인 '통영전'으로 출제되어 최종정답에서 전항 정답 처리되었으나, '통명전'으로 변경한다면 ③이 정답이다.

41 ④ 42 ① 43 ③ 44 ③(해설참조) 정답

45 사찰의 주요 건축물에 관한 설명으로 옳은 것은?

① 극락전은 보광전이라고도 하며, 중앙에 약사여래불, 좌측에 일광보살, 우측에 월광보살이 위치한다.
② 나한전은 응진전이라고도 하며, 아라한을 모신 곳이다.
③ 명부전은 대적광전, 대방광전이라고도 부르며, 중앙에 비로자나불을 주불로 하여 좌측에 관세음보살, 우측에 허공장보살이 위치한다.
④ 대웅전은 미래에 나타날 부처를 모신 곳이다.

해설
① 중앙에 약사여래불, 좌측에 일광보살, 우측에 월광보살이 위치하는 것은 약사전이다. 대개 극락전과 마주 보게끔 짓는다. 극락전은 아미타불을 모시는 법당으로, 아미타전 · 무량수전 · 이라고 부르기도 한다. 좌측에는 관세음보살, 우측에는 대세지보살이 위치한다.
③ 중앙에 비로자나불을 주불로 하고 좌측에 관세음보살, 우측에 허공장보살이 위치하는 것은 비로전이다. 명부전은 지장보살을 모시는 법당으로 염라대왕과 시왕(十王)을 봉안하여, 지장전 또는 시왕전이라고 부르기도 한다.
④ 미래에 나타날 부처를 모신 곳은 미륵전이다. 대웅전은 석가모니불을 모시는 법당이다.

46 다음 설명에 해당하는 것은?

- 이율곡의 생가
- 우리나라 주택건물 중에서 매우 오래된 것 중 하나
- 보물 제165호 지정

① 오죽헌 ② 낙성대
③ 이화장 ④ 소쇄원

해설
② 낙성대는 강감찬 장군의 출생지로, 서울특별시 시도기념물 제3호이다.
③ 이승만 초대 대통령의 사저로, 사적이다.
④ 양산보가 건립한 원우로, 명승이다. 조선 시대부터 지금까지 이어져 오는 민간정원이다.

47 불교 의식법구에 관한 설명으로 옳지 않은 것은?

① 반자는 금속으로 만든 쇠북이다.
② 목어는 나무를 고기모양으로 만들어 안을 텅 비워 두드리면 소리나도록 만든 것이다.
③ 법라는 동이나 철, 옥 및 돌 등으로 만든 악기이며, 불경을 읽을 때나 범패를 할 때 사용한다.
④ 운판은 주로 청동이나 철을 판판하게 펴서 구름모양으로 만든 것으로 식사 때 치는 것이다.

해설
동이나 철, 옥, 돌 등으로 만들며, 불경을 읽거나 범패를 할 때 사용하는 것은 경쇠이다. 법라는 권패라고도 하며 소라의 끝 부분에 피리를 붙인 악기이다. 대중을 모이게 하고 의식을 행할 때 사용한다.

48 단청에 관한 설명으로 옳지 않은 것은?

① 청, 적, 황, 백, 흑색의 5색을 쓴다.
② 상징과 식별, 은폐와 보호 및 물리 화학적 기능과 심리적 기능을 갖고 있다.
③ 단청장은 국가무형문화재 제48호로 지정되어 있다.
④ 우리나라 단청의 기원은 고려 시대부터이다.

해설
우리나라 단청의 기원은 고대의 단청이 남아 있지 않으므로, 정확한 연도를 파악할 수 없으나 삼국 시대의 여러 벽화고분을 통해 그 쓰임을 확인할 수 있다. 고구려 벽화고분에는 단청의 모습을 보여주는 채색무늬가 남아 있다.

정답 45 ② 46 ① 47 ③ 48 ④

49 다음 민속놀이에 해당하는 것은?

- 주로 전라남도 일대에서 행하여진다.
- 정월 대보름 전후에 행해지는 격렬한 남성의 집단 놀이이다.
- 국가무형문화재 제33호로 지정되어 있다.

① 광주 칠석 고싸움놀이
② 안동 차전놀이
③ 영산 줄다리기
④ 강강수월래

해설

② 안동 차전놀이(국가무형문화재) : 경상북도 안동지방에서 행하여지며, 정월 대보름에 마을의 청 · 장년 남자들이 '동채'라는 놀이 기구를 가지고 패를 나누어 벌이는 놀이이다.
③ 영산 줄다리기(국가무형문화재) : 경상남도 창녕군 영산면에서 행하여지며, 정월 대보름에 성인남녀가 두 편을 짜 노는 편싸움이다.
④ 강강수월래(국가무형문화재) : 전라남도 서남해안 지방에서 행하여지며, 음력 8월 한가위에 수십 명의 마을 처녀들이 손을 맞잡고 둥그렇게 원을 만들어 도는 놀이이다.

50 다음 설명에 해당하는 것은?

- 조선 시대 중 · 후기 대표적인 가옥들로 원형을 잘 보존하고 있다.
- 2010년 세계문화유산에 등재되었다.
- 월성 손씨와 여강 이씨의 동족마을이다.

① 경주 양동마을
② 고성 왕곡마을
③ 아산 외암마을
④ 낙안 민속마을

해설

② 고성 왕곡마을(국가민속문화재) : 다섯 봉우리로 이루어진 산들이 마을을 둘러싸고 있어 한국전쟁 때에도 대부분의 집이 폭격을 피할 수 있던 곳이다. 14세기 경부터 마을 위쪽에는 양근 함씨, 아래쪽에는 강릉 최씨가 모여 살았다.
③ 아산 외암마을(국가민속문화재) : 약 500년 전에 강씨와 목씨 등이 모여 살았으나, 조선 명종 때부터 이정(李挺) 일가가 낙향하여 정착하면서 예안 이씨의 후손이 살게 되어 양반촌이 되었다.
④ 낙안 민속마을(사적) : 마을 전체에서 서민가옥인 초가집을 볼 수 있으며, 여러 성씨가 모여 살았다.

49 ① 50 ① 정답

제3과목 관광법규

01 관광기본법상 다음 빈칸에 들어갈 내용은?

> 관광진흥의 방향 및 주요 시책에 대한 수립 · 조정, 관광진흥계획의 수립 등에 관한 사항을 심의 · 조정하기 위하여 국무총리 소속으로 (   )을 둔다.

① 지역관광협의회
② 국가관광전략회의
③ 한국관광협의중앙회
④ 한국문화예술위원회

해설
국가관광전략회의(관광기본법 제16조)
- 관광진흥의 방향 및 주요 시책에 대한 수립 · 조정, 관광진흥계획의 수립 등에 관한 사항을 심의 · 조정하기 위하여 국무총리 소속으로 국가관광전략회의를 둔다.
- 국가관광전략회의의 구성 및 운영 등에 필요한 사항은 대통령령으로 정한다.

02 관광진흥법령상 관광객 이용시설업의 종류가 아닌 것은?

① 관광공연장업
② 관광유람선업
③ 외국인관광 도시민박업
④ 여객자동차터미널시설업

해설
관광객 이용시설업의 종류(관광진흥법 시행령 제2조)
- 전문휴양업
- 종합휴양업(제1종, 제2종)
- 야영장업(일반, 자동차)
- 관광유람선업(일반, 크루즈업)
- 관광공연장업
- 외국인관광 도시민박업
- 한옥체험업

03 관광진흥법상 '관광단지'에 관한 정의이다. 빈칸에 들어갈 내용은?

> 관광객의 다양한 관광 및 휴양을 위하여 각종 관광시설을 종합적으로 개발하는 (   )지역으로서 이 법에 따라 지정된 곳

① 관광 거점
② 복합 시설
③ 관광 진흥
④ 관광 촉진

해설
관광단지란 관광객의 다양한 관광 및 휴양을 위하여 각종 관광시설을 종합적으로 개발하는 관광 거점 지역으로서 이 법에 따라 지정된 곳을 말한다(관광진흥법 제2조).

04 관광진흥법령상 지역별 관광협회에 지정 및 지정취소의 권한이 위탁된 관광 편의시설업은?

① 관광유흥음식점업
② 관광식당업
③ 관광펜션업
④ 관광순환버스업

해설
관광 편의시설업의 지정신청(관광진흥법 시행규칙 제14조 제1항)
- 지역별 관광협회 : 관광식당업, 관광사진업 및 여객자동차터미널시설업
- 특별자치시장 · 특별자치도지사 · 시장 · 군수 · 구청장 : 관광유흥음식점업, 관광극장유흥업, 외국인전용 유흥음식점업, 관광순환버스업, 관광펜션업, 관광궤도업, 관광면세업 및 관광지원서비스업

정답 01 ② 02 ④ 03 ① 04 ②

05 관광진흥법상 '한국관광 품질인증' 대상 사업이 아닌 것은?

① 휴양 콘도미니엄업
② 한옥체험업
③ 외국인관광 도시민박업
④ 야영장업

해설
한국관광 품질인증의 대상(관광진흥법 시행령 제41조의10)
- 야영장업
- 외국인관광 도시민박업
- 한옥체험업
- 관광식당업
- 관광면세업
- 숙박업(관광숙박업 제외)
- 외국인관광객면세판매장
- 그 밖에 관광사업 및 이와 밀접한 관련이 있는 사업으로서 문화체육관광부장관이 정하여 고시하는 사업

06 관광진흥법령상 의료관광호텔업의 등록기준에 충족된 것은?

① 객실별 면적이 15m²
② 욕실이나 샤워시설을 갖춘 객실이 30실
③ 다른 외국인환자 유치 의료기관의 개설자 또는 유치업자와 공동으로 등록
④ 외국인환자 유치 의료기관의 개설자가 설립을 위한 출연재산의 100분의 20을 출연

해설
① 객실별 면적이 19m² 이상일 것[관광진흥법 시행령 별표 1 제2호 사목 (3)]
③ 다른 외국인환자 유치 의료기관의 개설자 또는 유치업자와 공동으로 등록하지 아니할 것[관광진흥법 시행령 별표 1 제2호 사목 (9) (가) 2)]
④ 외국인환자 유치 의료기관의 개설자가 설립을 위한 출연재산의 100분의 30 이상을 출연할 것[관광진흥법 시행령 별표 1 제2호 사목 (9) (가) 3)]

07 관광진흥법령상 관광통역안내사 자격을 취득한 사람이 다른 사람에게 그 자격증을 대여한 경우에 그 자격을 취소할 수 있는 처분권자는?

① 한국관광협회중앙회장
② 시장 · 군수 · 구청장
③ 시 · 도지사
④ 문화체육관광부장관

해설
관광종사원의 자격 취소 처분권자(관광진흥법 제40조 제1항)
문화체육관광부장관(관광종사원 중 대통령령으로 정하는 관광종사원에 대하여는 시 · 도지사)은 제38조 제1항에 따라 자격을 가진 관광종사원이 다음의 어느 하나에 해당하면 문화체육관광부령으로 정하는 바에 따라 그 자격을 취소하거나 6개월 이내의 기간을 정하여 자격의 정지를 명할 수 있다.

08 관광진흥법령상 카지노사업자에게 금지되는 행위를 모두 고른 것은?

ㄱ. 내국인을 입장하게 하는 행위
ㄴ. 19세 미만인 자를 입장시키는 행위
ㄷ. 정당한 사유 없이 그 연도 안에 30일간 휴업하는 행위

① ㄱ, ㄴ
② ㄱ, ㄷ
③ ㄴ, ㄷ
④ ㄱ, ㄴ, ㄷ

해설
ㄷ. 정당한 사유 없이 그 연도 안에 60일 이상 휴업하는 행위가 금지된다(관광진흥법 제28조 제1항 제9호).

05 ① 06 ② 07 ④ 08 ① 정답

09 관광진흥법상의 관광사업 중 특별자치시장 · 특별자치도지사 · 시장 · 군수 · 구청장에게 등록해야 하는 관광사업을 모두 고른 것은?

ㄱ. 여행업
ㄴ. 관광숙박업
ㄷ. 유원시설업
ㄹ. 관광객 이용시설업
ㅁ. 관광편의시설업
ㅂ. 국제회의업

① ㄱ, ㄴ, ㄷ, ㄹ
② ㄱ, ㄴ, ㄹ, ㅂ
③ ㄱ, ㄷ, ㅁ, ㅂ
④ ㄴ, ㄷ, ㅁ, ㅂ

해설
관광사업의 등록(관광진흥법 제4조 제1항)
여행업, 관광숙박업, 관광객 이용시설업 및 국제회의업을 경영하려는 자는 특별자치시장 · 특별자치도지사 · 시장 · 군수 · 구청장(자치구의 구청장을 말함)에게 등록하여야 한다.

10 관광진흥법령상 기획여행을 실시하는 자가 광고하려는 경우 표시하여야 하는 사항을 모두 고른 것은?

ㄱ. 인솔자명
ㄴ. 여행업의 등록번호
ㄷ. 여행경비
ㄹ. 최저 여행인원
ㅁ. 기획여행명

① ㄱ, ㄴ, ㄹ
② ㄱ, ㄷ, ㄹ
③ ㄴ, ㄷ, ㅁ
④ ㄴ, ㄷ, ㄹ, ㅁ

해설
기획여행의 광고(관광진흥법 시행규칙 제21조)
- 여행업의 등록번호, 상호, 소재지 및 등록관청
- 기획여행명 · 여행일정 및 주요 여행지
- 여행경비
- 교통 · 숙박 및 식사 등 여행자가 제공받을 서비스의 내용
- 최저 여행인원
- 보증보험 등의 가입 또는 영업보증금의 예치 내용
- 여행일정 변경 시 여행자의 사전 동의 규정
- 여행목적지(국가 및 지역)의 여행경보단계

11 관광진흥법령상 관광사업자 A와 관광사업자가 아닌 B 및 C가 다음과 같이 상호를 사용하여 영업을 하고 있다. 이 법령에 위배되는 것은? (단, 타법은 고려하지 않음)

ㄱ. A는 관광숙박업으로 '만국관광호텔'이라는 상호를 사용하고 있다.
ㄴ. B는 관광펜션업으로 '추억관광펜션'이라는 상호를 사용하고 있다.
ㄷ. C는 관광공연장업으로 '기쁨관광공연'이라는 상호를 사용하고 있다.

① ㄱ, ㄴ
② ㄱ, ㄷ
③ ㄴ, ㄷ
④ ㄱ, ㄴ, ㄷ

해설
상호의 사용제한(관광진흥법 시행령 제8조)
관광사업자가 아닌 자는 다음의 업종 구분에 따른 명칭을 포함하는 상호를 사용할 수 없다.
- 관광숙박업과 유사한 영업의 경우 : 관광호텔과 휴양 콘도미니엄
- 관광유람선과 유사한 영업의 경우 : 관광유람
- 관광공연장업과 유사한 영업의 경우 : 관광공연
- 관광유흥음식점업, 외국인전용 유흥음식점업 또는 관광식당업과 유사한 영업의 경우 : 관광식당
- 관광극장유흥업과 유사한 영업의 경우 : 관광극장
- 관광펜션업과 유사한 영업의 경우 : 관광펜션
- 관광면세업과 유사한 영업의 경우 : 관광면세

정답 09 ② 10 ④ 11 ③

12 **관광진흥법상 유원시설업의 변경허가를 받지 아니하고 영업을 한 자에 대한 벌칙 기준은?**

① 1년 이하의 징역 또는 1천만원 이하 벌금
② 2년 이하의 징역 또는 2천만원 이하 벌금
③ 3년 이하의 징역 또는 3천만원 이하 벌금
④ 5년 이하의 징역 또는 5천만원 이하 벌금

해설
벌칙(관광진흥법 제84조)
유원시설업의 변경허가를 받지 아니하거나 변경신고를 하지 아니하고 영업을 한 자는 1년 이하의 징역 또는 1천만원 이하의 벌금에 처한다.

13 **관광진흥법령상 과징금에 관한 설명으로 옳은 것은?**

① 등록의 취소를 갈음하여 과징금을 부과할 수 있다.
② 위반의 정도가 심한 경우 5천만원의 과징금을 부과할 수 있다.
③ 과징금은 분할하여 낼 수 있다.
④ 과징금을 내야 하는 자가 납부기한까지 내지 아니하면 국세 체납처분의 예 또는 「지방행정제재 · 부과금의 징수 등에 관한 법률」에 따라 징수한다.

해설
과징금의 부과(관광진흥법 제37조)
- 관할 등록기관 등의 장은 관광사업자가 사업 정지를 명하여야 하는 경우로서 그 사업의 정지가 그 이용자 등에게 심한 불편을 주거나 그 밖에 공익을 해칠 우려가 있으면 사업 정지 처분을 갈음하여 2천만원 이하의 과징금(過徵金)을 부과할 수 있다.
- 과징금을 부과하는 위반 행위의 종류 · 정도 등에 따른 과징금의 금액과 그 밖에 필요한 사항은 대통령령으로 정한다.
- 관할 등록기관 등의 장은 과징금을 내야 하는 자가 납부기한까지 내지 아니하면 국세 체납처분의 예 또는 「지방행정제재 · 부과금의 징수 등에 관한 법률」에 따라 징수한다.

※ 출제 당시 답은 ④였으나, 2021년 9월 24일 법령이 개정되어 현재 ③도 답에 해당한다.

14 **관광진흥법령상 '관광사업자 단체'에 관한 설명으로 옳은 것은?**

① 업종별 관광협회는 업종별로 업무의 특수성을 고려하여 전국을 단위로 설립할 수 있다.
② 관광사업자, 관광 관련 사업자, 관광 관련 단체, 주민 등은 공동으로 지역의 관광진흥을 위하여 지역별 또는 업종별 관광협회를 설립할 수 있다.
③ 지역별 관광협회는 문화체육관광부장관의 설립허가를 받아야 한다.
④ 지역관광협의회는 관광사업의 건전한 발전을 위하여 관광업계를 대표하는 한국관광협회중앙회를 설립할 수 있다.

해설
② 관광사업자, 관광 관련 사업자, 관광 관련 단체, 주민 등은 공동으로 지역의 관광진흥을 위하여 광역 및 기초 지방자치단체 단위의 지역관광협의회를 설립할 수 있다(관광진흥법 제48조의9 제1항).
③ 업종별 관광협회는 문화체육관광부장관의 설립허가를, 지역별 관광협회는 시 · 도지사의 설립허가를 받아야 한다(관광진흥법 제45조 제2항).
④ 지역별 관광협회 및 업종별 관광협회는 관광사업의 건전한 발전을 위하여 관광업계를 대표하는 한국관광협회중앙회를 설립할 수 있다(관광진흥법 제41조 제1항).

12 ① 13 ③, ④(해설참조) 14 ① 정답

15 **관광진흥법령상 관광숙박업의 사업계획 변경승인을 받아야 하는 경우를 정한 규정이다. 빈칸에 들어갈 내용으로 옳은 것은?**

> 부지 및 대지 면적을 변경할 때에 그 변경하려는 면적이 당초 승인받은 계획 면적의 (   ) 이상이 되는 경우

① 100분의 3
② 100분의 5
③ 100분의 7
④ 100분의 10

해설
관광숙박업의 사업계획 변경승인을 받아야 하는 경우(관광진흥법 시행령 제9조)
- 부지 및 대지 면적을 변경할 때에 그 변경하려는 면적이 당초 승인받은 계획면적의 100분의 10 이상이 되는 경우
- 건축 연면적을 변경할 때에 그 변경하려는 연면적이 당초 승인받은 계획면적의 100분의 10 이상이 되는 경우
- 객실 수 또는 객실면적을 변경하려는 경우(휴양 콘도미니엄업만 해당)
- 변경하려는 업종의 등록기준에 맞는 경우로서, 호텔업과 휴양 콘도미니엄업 간의 업종변경 또는 호텔업 종류 간의 업종 변경

16 **관광진흥법령상 호텔업의 등록을 한 자가 등급결정을 신청해야 하는 호텔업은 모두 몇 개인가?**

> 관광호텔업, 수상관광호텔업, 한국전통호텔업, 가족호텔업, 소형호텔업, 의료관광호텔업

① 3
② 4
③ 5
④ 6

해설
보기에 있는 것이 모두 등급결정을 신청해야 하는 호텔업에 해당한다(관광진흥법 시행규칙 제25조 제1항).

2020년

17 **관광진흥법령상 관광특구에 관한 설명으로 옳은 것은?**

① 관광특구로 지정하기 위해서는 임야 · 농지 · 공업용지 또는 택지의 비율이 관광특구 전체면적의 20%를 초과하지 아니하여야 한다.
② 문화체육관광부장관은 관광특구진흥계획을 수립하고 시행하여야 한다.
③ 문화체육관광부장관은 관광특구의 활성화를 위하여 관광특구에 대한 평가를 3년마다 실시하여야 한다.
④ 관광특구는 외국인 관광객 수가 대통령령으로 정하는 기준 이하이어야 한다.

해설
① 관광특구 전체면적 중 관광활동과 직접적인 관련성이 없는 토지가 차지하는 비율이 10%를 초과하지 아니하여야 한다(관광진흥법 제70조, 관광진흥법 시행령 제58조 제2항).
② 특별자치시장 · 특별자치도지사 · 시장 · 군수 · 구청장은 관할 구역 내 관광특구를 방문하는 외국인 관광객의 유치 촉진 등을 위하여 관광특구진흥계획을 수립하고 시행하여야 한다(관광진흥법 제71조 제1항).
④ 외국인 관광객 수가 대통령령으로 정하는 기준 이상이어야 한다(관광진흥법 제70조 제1항 제1호).

정답 15 ④ 16 ④ 17 ③

18 관광진흥법령상 특별관리지역에 관한 설명으로 옳지 않은 것은?

① 특별관리지역의 지정권한은 문화체육관광부장관이 갖는다.
② 특별관리지역으로 지정하려면 수용 범위를 초과한 관광객의 방문으로 자연환경이 훼손되거나 주민의 평온한 생활환경을 해칠 우려가 있어 관리할 필요가 있다고 인정되어야 한다.
③ 특별관리지역에 대하여는 조례로 정하는 바에 따라 관광객 방문시간 제한 등 필요한 조치를 할 수 있다.
④ 특별관리지역을 지정 · 변경 또는 해제하려는 경우에는 해당 지역의 주민을 대상으로 공청회를 개최해야 한다.

해설
시 · 도지사나 시장 · 군수 · 구청장은 수용 범위를 초과한 관광객의 방문으로 자연환경이 훼손되거나 주민의 평온한 생활환경을 해칠 우려가 있어 관리할 필요가 있다고 인정되는 지역을 조례로 정하는 바에 따라 특별관리지역으로 지정할 수 있다. 이 경우 특별관리지역이 같은 시 · 도 내에서 둘 이상의 시 · 군 · 구에 걸쳐 있는 경우에는 시 · 도지사가 지정하고, 둘 이상의 시 · 도에 걸쳐 있는 경우에는 해당 시 · 도지사가 공동으로 지정한다(관광진흥법 제48조의3 제2항).

19 관광진흥법상 '500만원 이하'의 과태료의 부과 대상에 해당하는 자는?

① 등록을 하지 아니하고 여행업을 경영한 자
② 관광사업자가 아닌 자가 문화체육관광부령으로 정하는 관광표지를 사업장에 붙인 자
③ 관광통역안내의 자격이 없는 사람이 외국인 관광객을 대상으로 하는 관광통역안내를 한 자
④ 문화체육관광부령으로 정하는 영업준칙을 지키지 아니한 카지노사업자

해설
① 3년 이하의 징역 또는 3천만원 이하의 벌금이 부과된다(관광진흥법 제82조 제1호).
② 1차 위반 시 30만원, 2차 위반 시 60만원, 3차 이상 위반 시 100만원의 과태료가 부과된다(관광진흥법 시행령 별표 5).
④ 100만원 이하의 과태료가 부과된다(관광진흥법 제86조 제2항 제4호).

20 관광진흥개발기금법령상 기금운용위원회에 관한 설명으로 옳은 것은?

① 기금의 운용에 관한 종합적인 사항을 심의하기 위하여 국무총리 소속으로 기금운용위원회를 둔다.
② 기금운용위원회는 위원장 1명을 포함한 10명 이내의 위원으로 구성한다.
③ 위원장은 문화체육관광부장관이 된다.
④ 기금운용위원회의 조직과 운영에 필요한 사항은 문화체육관광부령으로 정한다.

해설
① 기금의 운용에 관한 종합적인 사항을 심의하기 위하여 문화체육관광부장관 소속으로 기금운용위원회를 둔다(관광진흥개발기금법 제6조 제1항).
③ 위원장은 문화체육관광부 제1차관이 된다(관광진흥개발기금법 시행령 제4조 제2항).
④ 위원회의 조직과 운영에 필요한 사항은 대통령령으로 정한다(관광진흥개발기금법 제6조 제2항).

18 ① 19 ③ 20 ② 정답

21 관광진흥개발기금법상 '거짓이나 그 밖의 부정한 방법으로 대여를 신청한 경우 또는 대여를 받은 경우'에 관한 제재로 옳지 않은 것은?

① 문화체육관광부장관은 기금의 대여를 신청한 자에 대하여 그 대여 신청을 거부한다.
② 문화체육관광부장관은 기금의 대여를 받은 자에 대하여 그 대여를 취소한다.
③ 문화체육관광부장관이 기금의 대여를 받은 자에 대하여 지출된 기금을 회수할 때는, 지출된 기금의 전부를 회수하여야 하며 일부회수는 인정되지 않는다.
④ 부정한 방법으로 대여를 받은 자는 해당 기금을 대여받은 날부터 3년 이내에 기금을 대여받을 수 없다.

해설
③ 문화체육관광부장관은 기금의 대여를 신청한 자 또는 기금의 대여를 받은 자가 다음 각 호의 어느 하나에 해당하면 그 대여 신청을 거부하거나, 그 대여를 취소하고 지출된 기금의 전부 또는 일부를 회수한다(관광진흥개발기금법 제11조 제3항).
④ 부정한 방법으로 대여를 받은 자는 해당 기금을 대여받은 날부터 5년 이내에 기금을 대여받을 수 없다(관광진흥개발기금법 제11조 제4항 제1호).
※ 출제 당시 정답은 ③이었으나, 2021년 4월 13일 법령이 개정되어 ④도 정답에 해당한다.

22 관광진흥개발기금법령상 국내 공항과 항만을 통하여 출국하는 자로서 관광진흥개발기금의 납부면제자에 해당하지 않는 사람은?

① 선박을 이용하는 4세 어린이
② 외국에 주둔하는 외국의 군인
③ 국외로 입양되는 어린이의 호송인
④ 「출입국관리법」 제46조에 따른 강제퇴거 대상자 중 국비로 강제 출국되는 외국인

해설
납부면제자(관광진흥개발기금법 시행령 제1조의2)
- 외교관여권이 있는 자
- 2세(선박을 이용하는 경우에는 6세)미만인 어린이
- 국외로 입양되는 어린이와 그 호송인
- 대한민국에 주둔하는 외국의 군인 및 군무원
- 입국이 허용되지 아니하거나 거부되어 출국하는 자
- 강제퇴거 대상자 중 국비로 강제 출국되는 외국인
- 공항통과 여객으로서 다음의 어느 하나에 해당되어 보세구역을 벗어난 후 출국하는 여객
  - 항공기 탑승이 불가능하여 어쩔 수 없이 당일이나 그 다음 날 출국하는 경우
  - 공항이 폐쇄되거나 기상이 악화되어 항공기의 출발이 지연되는 경우
  - 항공기의 고장 · 납치, 긴급환자 발생 등 부득이한 사유로 항공기가 불시착한 경우
  - 관광을 목적으로 보세구역을 벗어난 후 24시간 이내에 다시 보세구역으로 들어오는 경우
- 국제선 항공기 및 국제선 선박을 운항하는 승무원과 승무교대를 위하여 출국하는 승무원

23 국제회의산업 육성에 관한 법령상 국제회의시설에 관한 설명으로 옳지 않은 것은?

① 전문회의시설은 30명 이상의 인원을 수용할 수 있는 중 · 소회의실이 10실 이상 있어야 한다.
② 준회의시설을 200명 이상의 인원을 수용할 수 있는 대회의실이 있어야 한다.
③ 전시시설은 옥내와 옥외의 전시면적을 각각 2,000㎡ 이상 확보하고 있어야 한다.
④ 국제회의 개최와 전시의 편의를 위하여 전문회의시설에 부속된 음식점시설은 부대시설이다.

해설
전시시설의 요건(국제회의산업 육성에 관한 법률 시행령 제3조 제4항)
- 옥내와 옥외의 전시면적을 합쳐서 2,000㎡ 이상 확보하고 있을 것
- 30명 이상의 인원을 수용할 수 있는 중 · 소회의실이 5실 이상 있을 것

2020년

정답 21 ③, ④(해설참조) 22 ② 23 ③

24 **국제회의산업 육성에 관한 법률상 국제회의복합지구에 관한 설명으로 옳지 않은 것은?**

① 국제회의복합지구의 지정권자는 시 · 도지사이다.
② 시 · 도지사는 국제회의복합지구 육성 · 진흥계획을 시행하여야 한다.
③ 문화체육관광부장관은 사업의 지연, 관리 부실 등의 사유로 지정목적을 달성할 수 없는 경우 국제회의복합지구 지정을 해제할 수 있다. 이 경우 시 · 도지사의 승인을 받아야 한다.
④ 이 법에 따라 지정된 국제회의복합지구는 「관광진흥법」 제70조에 따른 관광특구로 본다.

해설
시 · 도지사는 사업의 지연, 관리 부실 등의 사유로 지정목적을 달성할 수 없는 경우 국제회의복합지구 지정을 해제할 수 있다. 이 경우 문화체육관광부장관의 승인을 받아야 한다(국제회의산업 육성에 관한 법률 제15조의2 제4항).

25 **국제회의산업 육성에 관한 법률상 국제회의산업육성기본계획(이하 '기본계획'이라 한다)의 수립에 관한 설명으로 옳지 않은 것은?**

① 기본계획은 5년마다 수립 · 시행하여야 한다.
② 기본계획에는 국제회의에 필요한 인력의 양성에 관한 사항이 포함되어 있어야 한다.
③ 지방자치단체의 장과 관련된 기관의 장은 문화체육관광부장관이 수립한 기본계획에 따라 연도별 국제회의산업육성시행계획을 수립 · 시행하여야 한다.
④ 문화체육관광부장관은 기본계획의 추진실적을 평가하고, 그 결과를 기본계획의 수립에 반영하여야 한다.

해설
문화체육관광부장관은 기본계획에 따라 연도별 국제회의산업육성시행계획을 수립 · 시행하여야 한다(국제회의산업 육성에 관한 법률 제6조 제2항).

제4과목 관광학개론

26 **여행업의 특성이 아닌 것은?**

① 고정자본의 투자가 크다.
② 계절성이 강하다.
③ 정치, 경제 등의 변화에 민감하다.
④ 노동집약적이다.

해설
여행업은 고정자본의 투자가 적다. 이 외의 특성으로는 비수기와 성수기 수요변화의 차이가 심하고, 인적 판매 비중이 높다는 점 등이 있다.

27 **다음 설명에 해당하는 것은?**

- 1945년 쿠바의 아바나에서 결성된 국제항공기구
- 각국의 항공사 대표들로 구성된 비정부조직

① IATA
② ASTA
③ ICAO
④ PATA

해설
② 1931년에 설립된 미국여행업협회이다.
③ 1947년에 설립된 국제민간항공기구이다.
④ 1951년에 설립된 아시아 태평양 지역 관광협회이다.

24 ③ 25 ③ / 26 ① 27 ① 정답

28 관광진흥법상 관광사업이 아닌 것은?

① 유원시설업
② 관광 체육시설업
③ 관광객 이용시설업
④ 관광 편의시설업

해설
관광사업의 종류로는 여행업, 관광숙박업(호텔업, 휴양 콘도미니엄업), 관광객 이용시설업, 국제회의업, 카지노업, 유원시설업, 관광 편의시설업이 있다.

29 여행업의 주요 업무가 아닌 것은?

① 수배업무
② 정산업무
③ 여정관리업무
④ 환전업무

해설
환전업무는 여행업의 주요 업무가 아니다. ①·②·③ 외의 특성으로는 수속대행업무, 상담업무 등이 있다.

30 저비용항공사(LCC)의 일반적인 특징이 아닌 것은?

① 좌석클래스의 단일화
② 조직의 단순화
③ 지점 간 노선(Point to Point)의 운항
④ 대형여객기 중심의 운항

해설
중·소형여객기를 중심으로 하여 운항한다. ①·②·③ 외의 특징으로는 기내서비스의 대폭 감소, 물이나 음료의 기내판매 등이 있다.

31 아시아나 항공이 가입하고 있는 1997년 설립된 항공 동맹체는?

① 원 월드(One World)
② 스카이 팀(Sky Team)
③ 스타 얼라이언스(Star Aliance)
④ 유플라이 얼라이언스(U-Fly Aliance)

해설
스카이 팀(Sky Team)에는 대한항공이, 유플라이 얼라이언스(U-Fly Aliance)에는 이스타항공이 속한다.

32 IATA 기준 항공사와 코드의 연결이 옳지 않은 것은?

① AIR BUSAN – BX
② JIN AIR – LJ
③ TWAY AIR – TW
④ JEJU AIR – JL

해설
제주항공의 코드는 7C이다.

33 석식이 포함된 호텔 요금제도를 모두 고른 것은?

ㄱ. European Plan
ㄴ. Full America Plan
ㄷ. Modified American Plan
ㄹ. Continental Plan

① ㄱ, ㄴ
② ㄱ, ㄹ
③ ㄴ, ㄷ
④ ㄷ, ㄹ

해설
ㄱ. 유럽식 플랜(European Plan)은 객실요금에 식사요금이 포함되지 않는다.
ㄹ. 콘티넨탈식 플랜(Continental Plan)은 객실요금에 조식만 포함한다.

2020년

정답 28 ② 29 ④ 30 ④ 31 ③ 32 ④ 33 ③

34 다음 설명에 해당하는 카지노 게임은?

> 휠(Wheel) 안에 볼(Ball)이 회전하다 포켓(Pocket) 안에 들어간 번호가 위닝넘버(Winning Number)가 되는 게임

① 빅 휠
② 바카라
③ 다이사이
④ 룰 렛

해설
① 휠이 멈추었을 때 휠 위의 가죽띠가 멈출 곳을 예측하여 고객이 맞히면 이기는 게임
② Banker와 Player 중 카드 합이 9에 가까운 쪽이 승리하는 게임
③ 베팅한 숫자 혹은 숫자의 조합이 셰이커(주사위 용기)에 있는 세 개의 주사위와 일치하면 배당률에 의해 배당금이 지급되는 게임

35 다음에서 설명하는 회의는?

> 청중이 모인 가운데 2~8명의 연사가 사회자의 주도하에 서로 다른 분야에서의 전문가적 견해를 발표하는 공개 토론회로 청중도 자신의 의견을 발표할 수 있다.

① 포 럼
② 워크숍
③ 패널토의
④ 세미나

해설
① 한 주제에 대해 상반된 견해를 가진 동일 분야의 전문가들이 사회자의 주도하에 청중 앞에서 벌이는 공개 토론회
② 문제해결능력의 일환으로서 참여를 강조하고 30~35명 정도의 인원이 특정문제나 과제에 관해 새로운 지식 · 기술 · 아이디어 등을 교환하는 회의
④ 대개 30명 이하의 규모로 주로 교육목적을 띤 회의

36 관광진흥법령상 2020년 기준 호텔업의 등급 체계는?

① 무궁화 등급
② 별 등급
③ 다이아몬드 등급
④ ABC 등급

해설
관광숙박업 중 호텔업의 등급은 5성급 · 4성급 · 3성급 · 2성급 및 1성급으로 구분한다(관광진흥법 시행령 제22조 제2항).

37 휴양 콘도미니엄 소유형태에 관한 설명으로 옳지 않은 것은?

① 소유권은 양도가 가능하다.
② 공유제는 평생소유가 가능하다.
③ 회원제와 공유제 모두 취득세 대상이다.
④ 시설 이용권은 양수가 불가능하다.

해설
휴양 콘도미니엄업은 관광사업에 해당하기 때문에 시설 이용권은 양수가 가능하다(관광진흥법 제8조 관광사업의 양수 등 참조).

38 국제슬로시티연맹에 가입된 한국의 슬로시티가 아닌 곳은?

① 담양군 창평면
② 완도군 청산도
③ 제주도 성산일출봉
④ 전주시 한옥마을

해설
① · ② · ④ 이 외에도 신안군 증도, 예산군 대흥면 등이 있다.

34 ④ 35 ③ 36 ② 37 ④ 38 ③ 정답

39 다음에서 설명하는 국제관광기구는?

> 1951년에 설립한 관민(官民) 합동기구로 관광진흥활동, 지역발전 도모 등을 목적으로 하는 국제관광기구이며, 우리나라는 1963년에 가입하여 활동하고 있다.

① APEC
② PATA
③ EATA
④ OECD

해설
① 1989년 설립한 아시아태평양경제협력체이며, 아시아 및 태평양 연안 국가들의 원활한 정책대화와 협의를 목적으로 한다.
③ 1966년에 설립한 동아시아관광협회이며, 동아시아 지역의 관광진흥개발을 목적으로 한다.
④ 1961년에 설립한 경제협력개발기구로, 관광산업의 조사 연구 및 관광통계작업 등을 한다.

40 다음의 사업을 모두 수행하는 조직은?

> • 외국인의 관광객 유치를 위한 국제관광 진흥사업
> • 취약계층의 관광지원을 위한 국민관광 진흥사업

① 한국관광협회중앙회
② 한국문화관광연구원
③ 한국관광공사
④ 유네스코 문화유산기구

해설
① 우리나라 관광업계를 대표하여 업계의 전반적인 의견 종합 및 조정을 수행한다.
② 문화 · 관광 분야의 정책 개발 및 연구와 실태 조사를 수행한다.

41 우리나라와 시차가 가장 많이 나는 곳은?

① 영국 – 런던
② 미국 – 로스앤젤레스
③ 호주 – 시드니
④ 태국 – 방콕

해설
② 17시간
① 9시간
③ · ④ 2시간

42 관광의 구조 중 관광매체에 관한 설명으로 옳지 않은 것은?

① 관광객과 관광욕구를 충족시켜 주는 관광대상을 결합시키는 역할을 한다.
② 철도, 비행기와 같은 교통수단, 도로, 수송시설은 공간적 매체에 해당한다.
③ 기능적 매체로 관광호텔과 같은 숙박, 휴게시설, 유흥 · 오락시설, 쇼핑시설이 있다.
④ 관광대상을 개발하고 관리하는 정부와 같은 공적기관의 역할 또한 관광매체에 포함한다.

해설
숙박, 휴게시설 등은 시간적 매체이다. 기능적 매체로는 관광가이드, 여행알선업자 등이 있다.

정답 39 ② 40 ③ 41 ② 42 ③

43 **한국 관광역사에 관한 설명으로 옳은 것은?**

① 고려 시대에는 역(驛), 여사(旅舍), 원(院) 등이 설치되어 지역 간 원활한 교류가 이루어졌다.
② 우리나라 최초의 호텔은 서울의 근대식 호텔로 지어진 대불호텔이다.
③ 서울 영업소를 차리고 영업을 개시한 우리나라 최초의 민간항공사는 일본 항공사이다.
④ 1962년 국제관광공사가 설립되어 해외 선전과 외래 관광객 유치를 수행하였다.

해설
① 역(驛), 여사(旅舍), 원(院) 등은 조선 시대에 설치되었다.
② 우리나라 최초의 호텔은 인천의 대불호텔로, 서양식 호텔이다.
③ 우리나라 최초의 민간항공사는 대한항공이다.

44 **관광관련 행정조직과 관련 업무 연결로 옳지 않은 것은?**

① 문화체육관광부 – 여권발급
② 외교부 – 사증(Visa) 면제협정의 체결
③ 보건복지부 – 관광업소의 위생관리
④ 환경부 – 국립공원의 지정

해설
여권발급을 담당하는 우리나라의 관광관련 행정조직은 외교부이다. 문화체육관광부는 관광진흥장기발전계획 및 연차별 계획의 수립, 관광관련법규의 연구 및 정비 등의 업무를 수행한다.

45 **세계관광기구(UNWTO)에서 국제관광객 통계를 위해 관광자로 분류되는 자는?**

① 외교관
② 군 인
③ 영구적 이주자
④ 항공사 승무원

해설
④ 외에도 비거주자, 해외교포가 있다.

46 **관광의 사회적 효과로 옳은 것을 모두 고른 것은?**

ㄱ. 지역 경제개발의 촉진
ㄴ. 교육적 효과
ㄷ. 국민의식 수준 제고
ㄹ. 국제수지 개선

① ㄱ, ㄴ
② ㄴ, ㄷ
③ ㄴ, ㄹ
④ ㄷ, ㄹ

해설
ㄱ · ㄹ. 관광의 경제적 효과에 해당한다.

43 ④ 44 ① 45 ④ 46 ② 정답

47 국립공원으로만 묶은 것은?

① 다도해해상 – 두륜산
② 경주 – 한려해상
③ 설악산 – 경포
④ 태안해안 – 칠갑산

해설
두륜산 · 경포 · 칠갑산은 도립공원에 해당한다.

48 관광특구에 관한 설명으로 옳지 않은 것은?

① 관광특구는 시 · 도지사가 신청하고, 문화체육관광부장관이 지정한다.
② 관광특구는 외국인 관광객의 유치 촉진을 위하여 지정한다.
③ 관광특구는 야간 영업시간 제한을 배제하여 운영할 수 있게 한다.
④ 관광특구로 처음으로 지정된 곳은 제주도, 경주시, 설악산, 유성, 해운대 5곳이다.

해설
관광특구는 시장 · 군수 · 구청장의 신청에 따라 시 · 도지사가 지정한다.

49 관광마케팅 믹스의 구성요소와 그 내용의 연결이 옳은 것은?

① 촉진(Promotion) – 관광종사원
② 유통(Place) – 호텔시설
③ 상품(Product) – 항공비용
④ 사람(People) – 관광업체 경영자

해설
① Promotion : 광고, 판매촉진
② Place : 여행 도매업자, 정부, 협회
③ Product : 교통, 관광지, 관광자원

50 다음 설명이 의미하는 것은?

> 전쟁과 학살 등 비극적 역사의 현장이나 엄청난 재난이 일어난 곳을 돌아보며 교훈을 얻기 위하여 떠나는 여행

① Green Tourism
② Mass Tourism
③ Eco Tourism
④ Dark Tourism

해설
① 녹색관광이라고 부르며, 농촌 지역의 자연, 문화, 생활, 산업 등을 체험하는 관광이다.
② 대중관광이라고 부르며, 대중이 참여하는 대규모의 관광이다.
③ 생태관광이라고 부르며, 생태계 훼손을 최소화하면서 자연을 체험하는 관광이다.

2020년

정답 47 ② 48 ① 49 ④ 50 ④

2021년 기출문제

제1과목 관광국사

01 신석기 시대에 관한 설명으로 옳은 것은?

① 명도전을 화폐로 사용하였다.
② 검은 간토기를 널리 사용하였다.
③ 바닥이 여(呂) · 철(凸)자형인 집을 짓고 거주하였다.
④ 사냥 · 채집 · 어로가 식량을 획득하는 주요 수단이었다.

해설
①·②·③ 철기 시대에 대한 설명이다.

02 다음 풍속을 가진 나라에 관한 설명으로 옳은 것은?

> 수해나 한해를 입어 오곡이 잘 익지 않으면, 그 책임을 왕에게 묻기도 하였다.
> –삼국지–

① 살인자는 사형에 처하였다.
② 덩이쇠를 화폐처럼 사용하였다.
③ 산둥지방의 제나라와 교역하였다.
④ 매년 무천이라는 제천 행사가 열렸다.

해설
보기의 나라는 부여이다. 부여는 4조목을 적용하여, 살인자는 사형에 처하였다.
② 변한, ③ 고조선, ④ 동예에 대한 설명이다.

03 옥저에 관한 설명으로 옳은 것은?

① 서옥제라는 혼인 풍속이 있었다.
② 도둑질을 한 자는 노비로 삼았다.
③ 낙랑군과 고구려의 지배를 받았다.
④ 지배자를 상가, 고추가 등으로 불렀다.

해설
①·④ 고구려, ② 고조선에 해당한다.

04 백제의 통치체제에 관한 설명으로 옳지 않은 것은?

① 제가들이 협의하여 주요 국사를 처리하였다.
② 22부의 실무 관청을 두어 행정을 분담하였다.
③ 지방에 방령, 군장이라 불리는 관리를 파견하였다.
④ 관리를 세 부류로 나누어 공복 색깔을 구별하였다.

해설
제가회의를 통해 국사를 처리한 곳은 고구려이다.
삼국의 회의
• 고구려 : 제가회의
• 백제 : 정사암회의
• 신라 : 화백회의

05 승려에 관한 설명으로 옳지 않은 것은?

① 원효는 불교 대중화에 앞장섰다.
② 자장은 황룡사 9층 목탑 건립을 건의하였다.
③ 의상은 현장의 제자로 유식학을 발전시켰다.
④ 담징은 일본에 종이와 먹의 제조 방법을 전하였다.

해설
유식학을 발전시킨 승려는 원측이다. 의상은 화엄종을 개창하고 부석사를 건립하였다.

01 ④ 02 ① 03 ③ 04 ① 05 ③ 정답

06 다음 연표에서 (가), (나)에 들어갈 역사적 사건으로 옳지 않은 것은?

백제, 평양성 공격 ▼	(가)	백제, 웅진 천도 ▼	(나)	백제, 국호 남부여로 변경 ▼

① (가) – 고구려가 신라를 침략한 왜를 격퇴하였다.
② (가) – 백제가 신라와 동맹을 맺었다.
③ (나) – 신라가 불교를 공인하였다.
④ (나) – 대가야가 신라에 병합되었다.

해설
백제, 평양성 공격(371) → 백제, 웅진 천도(475) → 백제, 국호 남부여로 변경(538) → 대가야 신라 병합(562)

07 발해 문왕에 관한 설명으로 옳지 않은 것은?

① 수도를 중경에서 상경으로 옮겼다.
② 인안이라는 독자적인 연호를 사용하였다.
③ 불교의 이상적 군주인 전륜성왕을 자처하였다.
④ 일본에 보낸 국서에서 스스로 천손이라 칭하였다.

해설
'인안'이라는 독자적 연호를 사용한 왕은 발해의 무왕이다. 문왕은 '대흥'이라는 연호를 사용하였다.

08 신라촌락문서(민정문서)에 관한 설명으로 옳지 않은 것은?

① 3년마다 다시 작성하였다.
② 일본의 정창원에서 발견되었다.
③ 가호를 9등급으로 구분한 것을 알 수 있다.
④ 인구를 연령에 따라 3등급으로 구분한 내용이 기재되어 있다.

해설
16~60세까지의 연령을 기준으로 6등급으로 구분하였다.

09 고려 광종이 추진한 정책으로 옳지 않은 것은?

① 과거 제도 시행
② 노비안검법 실시
③ 지방에 경학박사 파견
④ 백관의 공복 제정

해설
성종의 업적에 대한 설명이다.

10 다음에서 설명하는 정치기구는?

> 최고위 무신들로 구성된 회의기구로서 무신정변 직후부터 최충헌이 권력을 잡을 때까지 최고 권력기구였다.

① 도 당
② 도 방
③ 중 방
④ 교정도감

해설
보기에서 설명하는 기구는 중방이다. 중방은 2군 6위로 구성되어 있다.

11 고려 시대에 조성된 탑으로 옳은 것을 모두 고른 것은?

> ㄱ. 경천사지 10층 석탑
> ㄴ. 원각사지 10층 석탑
> ㄷ. 화엄사 4사자 3층 석탑
> ㄹ. 월정사 8각 9층 석탑

① ㄱ, ㄴ
② ㄱ, ㄹ
③ ㄴ, ㄷ
④ ㄷ, ㄹ

해설
ㄴ. 조선 시대, ㄷ. 통일신라 시대

2021년

정답 06 ④ 07 ② 08 ④ 09 ③ 10 ③ 11 ②

12 밑줄 친 '이 사람'에 관한 설명으로 옳지 않은 것은?

> 이 사람은 원나라 세조(쿠빌라이)의 딸인 제국대장공주의 아들로 연경(베이징)에 만권당이라는 연구기관을 설립하여 이제현 등 고려 학자와 조맹부 등 원나라 학자들이 교류하게 하였다.

① 정방을 폐지하였다.
② 심양왕에 책봉되었다.
③ 사림원의 기능을 강화하였다.
④ 정동행성 이문소를 폐지하였다.

해설
보기에서 설명하고 있는 사람은 충선왕이다.
④ 공민왕의 업적에 해당한다.
※ 정방 폐지는 충선왕과 공민왕 모두 실시하였다.

13 이황에 관한 설명으로 옳은 것을 모두 고른 것은?

> ㄱ. 주자서절요를 편찬하였다.
> ㄴ. 기호학파에 영향을 주었다.
> ㄷ. 향촌 공동체를 위한 해주 향약을 만들었다.
> ㄹ. 국왕에게 건의하여 백운동서원을 소수서원으로 사액받았다.

① ㄱ, ㄴ　　② ㄱ, ㄹ
③ ㄴ, ㄷ　　④ ㄷ, ㄹ

해설
ㄴ · ㄷ. 이이에 관한 설명이다.
• 이황 : 〈성학십도〉 저술, 주리론
• 이이 : 〈성학집요〉 저술, 주기론

14 세종의 업적에 관한 설명으로 옳지 않은 것은?

① 갑인자를 주조하였다.
② 북방에 4군 6진을 개척하였다.
③ 전분 6등법과 연분 9등법을 시행하였다.
④ 6조 직계제를 시행하여 의정부의 힘을 약화시켰다.

해설
6조 직계제를 시행한 왕은 태종, 세조이다.

15 다음에서 설명하는 의학서는?

> • 의학 백과사전의 형식이다.
> • 중국의 역대 의서를 집대성하였다.
> • 전순의 등에 의해 왕명으로 편찬되었다.

① 마과회통
② 의방유취
③ 향약집성방
④ 동의수세보원

해설
① 홍역에 대한 연구를 담은 책이다.
③ 우리의 풍토와 알맞은 약재, 치료 방법을 정리하여 담은 책이다.
④ 사람의 체질을 구분하여 치료하는 방법을 담은 책이다.

16 광해군 때의 역사적 사실에 관한 설명으로 옳지 않은 것은?

① 대동법이 시행되었다.
② 북벌운동이 전개되었다.
③ 북인 세력이 왕을 지지하였다.
④ 동의보감의 편찬이 완성되었다.

해설
북벌운동은 효종 때 전개되었다.

12 ④(해설참조) 13 ② 14 ④ 15 ② 16 ② 정답

17 다음에서 설명하는 인물은?

- 성호사설을 저술하였다.
- 6가지 폐단으로 노비제도, 과거제, 양반문벌제도, 사치와 미신, 승려, 게으름을 지적하였다.

① 이 익
② 유수원
③ 박지원
④ 홍대용

해설
보기에서 설명하는 인물은 이익으로, 한전제를 주장하였다.

18 다음에서 설명하는 조선 시대의 교육기관은?

- 성현에 대한 제사와 유생교육, 지방민의 교화를 위해 부 · 목 · 군 · 현에 설치하여 학생들을 국비로 가르쳤다.
- 학생들은 여름 농번기에 방학을 맞아 농사를 돌보고, 가을에 추수가 끝나면 기숙사인 재에 들어가 기거하면서 유학 경전을 공부했다.

① 4학
② 서 원
③ 향 교
④ 성균관

해설
① 4부학당을 말하는 것으로 중학 · 동학 · 남학 · 서학 등이 있다.
② 학문을 닦음과 동시에 향음주례를 지내는 곳으로 사립교육기관이다.
④ 조선 시대 최고 국립교육기관이다.

19 다음과 같은 사건이 일어난 시기를 연표에서 옳게 고른 것은?

경국대전 완성 ▼ (가) 무오사화 ▼ (나) 중종반정 ▼ (다) 임진왜란 ▼ (라) 인조반정 ▼

① (가)
② (나)
③ (다)
④ (라)

해설
경국대전 완성(성종) → 무오사화(연산군) → 중종반정(연산군, 중종) → 중신들의 부패가 극심하여 도적떼들이 나타남, 임꺽정 무리가 관군에 토벌당함(명종) → 임진왜란(선조) → 인조반정(광해군)

20 다음에서 설명하는 화가의 작품은?

진경산수화의 대가로서 금강산과 서울 주변의 수려한 경관을 독특한 필치로 그려냈다.

① 인왕제색도
② 몽유도원도
③ 송하보월도
④ 고사관수도

해설
보기의 화가는 정선이다. 〈인왕제색도〉 외에도 〈금강전도〉가 유명하다.
② 안 견
③ 이상좌
④ 강희안

2021년

21 조선 후기에 있었던 사실로 옳지 않은 것은?

① 균역법이 시행되었다.
② 직전법이 실시되었다.
③ 신해통공이 반포되었다.
④ 담배가 상품 작물로 재배되었다.

해설
직전법은 조선 세조 시기 실시되었다.

정답 17 ① 18 ③ 19 ③ 20 ① 21 ②

22 정조 때의 역사적 사실로 옳은 것은?

① 장용영 설치
② 속오례의 편찬
③ 삼정이정청 설치
④ 백두산 정계비 설치

해설
② 영조, ③ 철종, ④ 숙종 때의 역사적 사실에 해당한다.

23 다음 사건을 발생시기가 앞선 순으로 바르게 나열한 것은?

ㄱ. 한성근 부대가 문수산성에서 프랑스군을 격퇴하였다.
ㄴ. 거중조정 조항이 포함된 조 · 미 수호통상조약이 체결되었다.
ㄷ. 운요호 사건을 계기로 일본과 조선 사이에 강화도 조약이 체결되었다.
ㄹ. 영국은 러시아의 남하정책을 저지하기 위해 거문도를 점령하였다.

① ㄱ → ㄷ → ㄴ → ㄹ
② ㄱ → ㄹ → ㄷ → ㄴ
③ ㄹ → ㄱ → ㄴ → ㄷ
④ ㄹ → ㄱ → ㄷ → ㄴ

해설
ㄱ. 병인양요(1866) → ㄷ. 강화도 조약 체결(1876) → ㄴ. 조미수호통상조약 체결(1882) → ㄹ. 거문도 점령(1885)

24 (가)와 (나) 사이에 일어난 역사적 사실로 옳은 것을 모두 고른 것은?

(가) 국군과 유엔군은 압록강과 두만강 일대까지 진격하였다.
(나) 휴전협정이 체결되었다.

ㄱ. 인천상륙작전이 성공하였다.
ㄴ. 애치슨 선언이 발표되었다.
ㄷ. 흥남 철수 작전이 전개되었다.
ㄹ. 서울을 다시 내어주는 1 · 4 후퇴가 일어났다.

① ㄱ, ㄴ
② ㄱ, ㄹ
③ ㄴ, ㄷ
④ ㄷ, ㄹ

해설
(가) 1950년 10월, (나) 1953년 7월에 일어난 사실이다.
ㄷ. 1950년 12월
ㄹ. 1951년 1월
ㄱ. 1950년 9월
ㄴ. 1950년 1월

25 1920년대의 역사적 사실로 옳지 않은 것은?

① 민립대학설립 운동이 일어났다.
② 민족협동전선인 신간회가 창립되었다.
③ 상하이에서 국민대표회의가 개최되었다.
④ 의열투쟁을 위해 한인애국단이 조직되었다.

해설
한인애국단이 조직된 것은 1931년이다.

22 ① 23 ① 24 ④ 25 ④ 정답

제2과목 관광자원해설

26 관광자원해설 기법 중 매체이용해설에 관한 설명으로 옳지 않은 것은?

① 모형기법, 시청각기법을 활용한다.
② 최신장비 도입을 통해 관람객 관심 유도가 가능하다.
③ 매체 관리유지를 위한 정기적 보수가 필요하다.
④ 역사적 사실 재현에는 효과성이 낮은 방법이다.

해설
매체이용해설
- 재현에 특히 효과적인 해설 유형
- 최신장비 도입을 통해 관람객에게 호기심, 신비감을 주어 장시간 관심 유도 가능
- 고장에 대비하고 관리유지를 위해 정기적 보수가 필요함
- 모형기법, 실물기법, 청각기법, 시청각기법, 멀티미디어 재현시설기법, 시뮬레이션 기법 등이 있음

27 관광자원의 특성으로 옳지 않은 것은?

① 보존과 보호를 필요로 한다.
② 관광동기를 유발하는 매력성을 지닌다.
③ 관광자원의 가치는 변하지 않는 속성을 갖는다.
④ 관광자원의 범위는 다양하다.

해설
③ 가치의 변화에 대한 설명으로, 관광자원은 시대 · 사회구조에 따라서 그 가치를 달리한다.
① 보존과 보호의 필요성에 대한 설명이다.
② 매력성에 대한 설명이다.
④ 범위의 다양성에 대한 설명이다.

28 우리나라 국가지질공원에 관한 설명으로 옳지 않은 것은?

① 지구과학적으로 중요하고 경관이 우수한 지역이다.
② 인증기간은 고시일로부터 4년이다.
③ 교육 · 관광사업으로 활용한다.
④ 부산 7개 자치구가 최초 지정된 곳이다.

해설
부산 7개 자치구는 3번째로 지정된 곳이다. 최초로 지정된 곳은 울릉도 · 독도, 제주도이다.

29 호수관광자원에 관한 설명으로 옳은 것은?

① 우각호는 해안지역에 토사의 퇴적으로 생긴 호수이다.
② 석호는 하천의 곡류천에 이루어진 호수이다.
③ 충청북도 충주호, 강원도 소양호는 인공호이다.
④ 백두산 천지, 한라산 백록담은 칼데라호이다.

해설
③ 인공호는 충청북도 충주호, 강원도 소양호 외에 경기도 시화호가 있다.
① 해안지역에 토사의 퇴적으로 생긴 호수는 석호이다.
② 하천의 곡류천에 이루어진 호수는 우각호이다.
④ 백두산 천지는 칼데라호, 한라산 백록담은 화구호이다.

30 다음이 설명하는 코리아 둘레길은?

- 부산 오륙도에서 강원 고성 통일전망대까지 이르는 탐방로
- 동해안의 해변길, 숲길, 마을길을 잇는 탐방로

① 해파랑길
② 남파랑길
③ 서해랑길
④ DMZ 평화의 길

2021년

정답 26 ④ 27 ③ 28 ④ 29 ③ 30 ①

해설

코리아 둘레길

- 동해안(해파랑길) : 강원 고성~부산 오륙도 해맞이 공원
- 서해안(서해랑길) : 전라남도 해남군 땅끝~인천 강화
- 남해안(남파랑길) : 부산 오륙도 해맞이 공원~전라남도 해남군 땅끝
- 비무장지대 접경지역(DMZ 평화의 길) : 철원코스(철원평야, 한탄강), 파주코스(구 장단면사무소, 장단역 죽음의 다리), 고성코스(금강산, 해금강)

31 우리나라 도립공원에 관한 설명으로 옳은 것은?

① 전라북도 모악산 도립공원이 최초로 지정되었다.
② 마이산은 경상북도에 위치한 도립공원이다.
③ 전라남도의 월출산은 도립공원에서 국립공원으로 승격되었다.
④ 문경새재는 경상남도에 위치한 도립공원이다.

해설

① 경상북도 금오산 도립공원이 최초로 지정되었다.
② 마이산은 전라북도에 위치한 도립공원이다.
④ 문경새재는 경상북도에 위치한 도립공원이다.

32 지역과 관광단지 연결이 옳은 것은?

① 강원도 – 오시아노 관광단지
② 경상북도 – 감포해양 관광단지
③ 전라남도 – 마우나오션 관광단지
④ 경기도 – 구산해양 관광단지

해설

① 전라남도 해남 : 오시아노 관광단지
③ 경상북도 경주 : 마우나오션 관광단지
④ 경상남도 창원 : 구산해양 관광단지

33 우리나라 지역별 민속주가 아닌 것은?

① 한산의 소곡주
② 진도의 진양주
③ 면천의 두견주
④ 안동의 소주

해설

우리나라의 지역별 민속주

- 한산 소곡주
- 진도 홍주
- 면천 두견주
- 안동 소주
- 서울 문배주
- 전주 이강주
- 경주 교동법주
- 김천 과하주
- 제주 오메기술

34 강원랜드 카지노에 관한 설명으로 옳은 것은?

① 2003년 최초로 내국인 출입이 허용된 카지노이다.
② 2045년까지 내국인 출입이 허용 운영될 예정이다.
③ 강원도의 유일한 카지노이다.
④ 2020년 기준 국내 카지노 업체 중 매출액이 두 번째로 높다.

해설

① 2000년 10월 최초로 내국인 출입이 허용된 카지노이다.
③ 강원랜드 카지노 외에 외국인을 대상으로 하는 알펜시아 카지노가 있다.
④ 2020년 기준 국내 카지노 업체 중 매출액이 첫 번째로 높다.

35 관광레저형 기업도시에 관한 설명으로 옳지 않은 것은?

① 자족적 생활공간 기능을 갖추도록 한다.
② 전남 무주에서 시범사업중이다.
③ 국민 모두가 함께 누리는 관광휴양 도시를 추구한다.
④ 다양한 관광레저시설의 유기적 배치를 계획한다.

31 ③ 32 ② 33 ② 34 ② 35 ② 정답

해설
관광레저형 기업도시 시범사업 지역은 무주, 태안, 영암 · 해남이 선정되었으나, 무주는 경제침체 등으로 사업을 포기하여 개발구역 지정 해제되었다. 따라서 현재는 태안, 영암 · 해남만이 관광레저형 기업도시에 속한다.

36 관광두레에 관한 설명으로 옳지 않은 것은?

① 하드웨어 중심적 지역관광 활성화가 주요 목적이다.
② 관광두레PD는 주민사업체의 육성 및 창업을 현장에서 지원한다.
③ 주민사업체별 최대 5년간 지원이 가능한 사업이다.
④ 주민사업체는 매년 진단평가를 받는다.

해설
① 소프트웨어 중심적 지역관광 활성화가 주요 목적이다.
관광두레
관광과 두레의 합성어이며, 주민공동체 기반으로 지역 고유의 특색을 지닌 숙박 · 식음 · 여행 · 체험 · 레저 · 기념품 등을 생산 · 판매하는 관광사업체를 창업하고 경영할 수 있도록 지원하는 사업

37 2020년 선정된 지역 관광거점도시에 해당하는 것을 모두 고른 것은?

ㄱ. 강원 강릉시　　ㄴ. 경북 안동시
ㄷ. 충남 부여시　　ㄹ. 전남 목포시
ㅁ. 전북 전주시　　ㅂ. 충남 제천시

① ㄱ, ㄴ, ㄷ, ㅁ
② ㄱ, ㄴ, ㄹ, ㅁ
③ ㄴ, ㄷ, ㄹ, ㅂ
④ ㄷ, ㄹ, ㅁ, ㅂ

해설
관광거점도시
- 국제관광도시 : 부산
- 지역관광거점도시 : 강릉, 목포, 안동, 전주

38 하회별신굿탈놀이에 관한 설명으로 옳은 것을 모두 고른 것은?

ㄱ. 안동 하회동과 병산동에서 전승되는 탈놀이에 해당된다.
ㄴ. 마을의 안녕과 풍년을 기원하는 마을굿에서 유래되었다.
ㄷ. 가면극으로 사회풍자와 비판내용을 담고 있다.

① ㄱ
② ㄱ, ㄴ
③ ㄴ, ㄷ
④ ㄱ, ㄴ, ㄷ

해설
하회별신굿탈놀이(국가무형문화재)
3, 5년 혹은 10년마다 마을의 수호신 성황(서낭)님에게 마을의 평화와 농사의 풍년을 기원하는 굿으로 우리나라 가면극의 발생이나 기원을 밝히는 데 중요한 자료가 되고 있다.

39 다음이 설명하는 성곽의 유형은?

왕궁과 종묘사직, 의정부가 위치한 도읍을 방어하기 위해 축조한 성곽이다.

① 도 성
② 읍 성
③ 산 성
④ 장 성

해설
② 지방행정관서가 있는 고을에 축성되는 것으로, 관아와 민가를 함께 수용하는 성
③ 산의 지세를 활용하여 평야를 앞에 둔 산에 쌓은 성
④ 국경의 변방에 외적을 막기 위해 쌓은 성

정답 36 ① 37 ② 38 ④ 39 ①

40 경상북도에 있는 조선 시대 서원이 아닌 것은?

① 소수서원
② 도산서원
③ 병산서원
④ 심곡서원

해설
심곡서원은 경기도에 위치한 조선 시대 서원이다.

41 조선왕조실록에 관한 설명으로 옳지 않은 것은?

① 1997년 유네스코 세계기록유산에 등재되었다.
② 태조부터 25대 철종까지 472년간의 조선왕조 역사를 기록하였다.
③ 실록의 기술과 간행을 담당했던 사관의 독립성과 비밀을 제도적으로 보장하여 사실성과 신빙성을 확보하였다.
④ 국왕이 국정운영 내용을 매일 일기형식으로 기록한 공식기록물이다.

해설
국왕이 국정운영 내용을 매일 일기형식으로 기록한 공식기록물은 일성록이다. 조선왕조실록은 조선 태조부터 철종까지의 역사를 연 · 월 · 일의 순서에 따라 편년체로 기록한 책이다.

42 백제에서 조성한 불탑은?

① 익산 미륵사지 석탑
② 황룡사 9층 목탑
③ 불국사 석가탑
④ 중원 탑평리 7층 석탑

해설
② 신라, ③ · ④ 통일신라에 조성되었다.

43 유네스코 세계문화유산으로 등록된 조선 시대 궁궐은?

① 창덕궁
② 경복궁
③ 창경궁
④ 경희궁

해설
1997년 12월 창덕궁이 유네스코 세계문화유산으로 등록되었다.

44 유형문화재 중 국보가 아닌 것은?

① 익산 미륵사지 석탑
② 부여 정림사지 5층 석탑
③ 경주 불국사 다보탑
④ 보은 법주사 사천왕 석등

해설
④ 보물에 해당하며, 보은 법주사 쌍사자 석등이 국보에 해당한다.

45 다음이 설명하는 세시풍속은?

• 부녀자들은 그네뛰기를 하며, 남자들은 씨름을 즐겼다.
• 머리를 윤기 있게 만들기 위해 창포를 삶은 물에 머리를 감는다.
• 음력 5월 5일에 모내기를 끝내고 풍년을 기원하는 풍속이다.

① 추 석 ② 설 날
③ 단 오 ④ 정월 대보름

해설
① 음력 8월 15일로, 한가위, 가배일, 중추절이라고도 부른다. 추석의 풍속으로는 벌초, 차례, 강강술래 등이 있다.
② 새해의 첫 날로, 신정, 신일이라고도 부른다. 설의 풍속으로는 설빔, 차례, 세배, 성묘 등이 있다.
④ 음력 1월 15일로, 상원이라고도 부른다. 정월 대보름의 풍속으로는 줄다리기, 부럼깨기, 달맞이, 지신밟기 등이 있다.

40 ④ 41 ④ 42 ① 43 ① 44 ④ 45 ③ 정답

46 다음이 설명하는 우리나라 전통마을은?

> • 2010년 세계문화유산에 등재되었다.
> • 여강 이씨와 월성 손씨의 집성촌으로 조선 시대의 생활문화를 잘 보여준다.
> • 주요 건축물인 무첨당, 향단, 관가정 등 보물들과, 서백당, 이향정, 심수정 등의 국가 민속문화재가 있다.

① 왕곡마을　　② 외암마을
③ 무섬마을　　④ 양동마을

해설
① 국가민속문화재로, 강릉 함씨와 강릉 최씨, 용궁 김씨의 집성촌이다.
② 국가민속문화재로, 강씨와 목씨 등이 정착하여 마을을 이루었으며 조선 시대부터 예안 이씨가 대대로 살기 시작한 곳이다.
③ 국가민속문화재로, 반남 박씨와 선성 김씨의 집성촌이다.

47 유네스코에 등재된 세계기록유산이 아닌 것은?

① 훈민정음　　② 직지심체요절
③ 판소리　　④ 조선왕조 의궤

해설
판소리는 국가무형문화재이다.

48 전통건축양식에서 주심포공포양식으로 지어진 건축물이 아닌 것은?

① 경복궁 근정전　　② 봉정사 극락전
③ 부석사 무량수전　　④ 수덕사 대웅전

해설
경복궁 근정전은 다포양식으로 지어진 건축물이다.
• 주심포양식 : 봉정사 극락전, 부석사 무량수전, 수덕사 대웅전, 성불사 극락전 등
• 다포양식 : 남대문, 동대문, 경복궁 근정전, 창덕궁 인정전, 창경궁 명정전 등

49 우리나라 종묘에 관한 설명으로 옳지 않은 것은?

① 조선 시대 역대의 왕과 왕비 및 추존된 왕과 왕비의 신주를 모신 왕가의 사당이다.
② 문묘제향을 봉행하는 관학으로서 지방유학기관이다.
③ 종묘의 정전에는 19개의 신실에 조선 역대 왕 19명과 왕비 30명 등 49위의 신주를 모셨다.
④ 유교사당의 전형으로 건축이 간결하면서도 전체적으로 대칭을 이루는 구조이다.

해설
문묘제향을 봉행하는 관학으로서 지방유학기관은 향교이다.

50 경기도에 소재한 왕릉은?

① 광 릉
② 태 릉
③ 정 릉
④ 헌 릉

해설
① 경기도 남양주시에 위치하고 있다.
② 서울 노원구에 위치하고 있다.
③ 서울 성북구, 강남구에 위치하고 있다.
④ 서울 서초구에 위치하고 있다.

정답 46 ④ 47 ③ 48 ① 49 ② 50 ①

제3과목 관광법규

01 관광기본법상 관광진흥에 관한 기본계획에 포함되어야 하는 사항으로 명시되지 않은 것은?

① 국내외 관광여건과 관광 동향에 관한 사항
② 관광진흥을 위한 기반 조성에 관한 사항
③ 관광진흥을 위한 제도 개선에 관한 사항
④ 남북관광 교류 및 진흥에 관한 사항

해설
관광진흥계획의 수립(관광기본법 제3조 제2항)
- 관광진흥을 위한 정책의 기본방향
- 국내외 관광여건과 관광 동향에 관한 사항
- 관광진흥을 위한 기반 조성에 관한 사항
- 관광진흥을 위한 관광사업의 부문별 정책에 관한 사항
- 관광진흥을 위한 재원 확보 및 배분에 관한 사항
- 관광진흥을 위한 제도 개선에 관한 사항
- 관광진흥과 관련된 중앙행정기관의 역할 분담에 관한 사항
- 관광시설의 감염병 등에 대한 안전 · 위생 · 방역 관리에 관한 사항
- 그 밖에 관광진흥을 위하여 필요한 사항

02 관광진흥개발기금법상 기금의 용도로 옳지 않은 것은?

① 국립공원에서의 자연생태계 보호
② 관광을 위한 교통수단의 확보 또는 개수(改修)
③ 호텔을 비롯한 각종 관광시설의 건설 또는 개수
④ 관광사업의 발전을 위한 기반시설의 건설 또는 개수

해설
기금의 용도(관광진흥개발기금법 제5조 제1항)
- 호텔을 비롯한 각종 관광시설의 건설 또는 개수(改修)
- 관광을 위한 교통수단의 확보 또는 개수
- 관광사업의 발전을 위한 기반시설의 건설 또는 개수
- 관광지 · 관광단지 및 관광특구에서의 관광 편의시설의 건설 또는 개수

03 국제회의산업 육성에 관한 법률상 ( )에 들어갈 용어로 옳은 것은?

> ( )(이)란 국제회의시설, 국제회의 전문인력, 전자국제회의체제, 국제회의 정보 등 국제회의의 유치 · 개최를 지원하고 촉진하는 시설, 인력, 체제, 정보 등을 말한다.

① 국제회의산업 육성기반
② 국제회의복합지구
③ 국제회의집적시설
④ 국제회의 전담조직

해설
국제회의산업 육성기반이란 국제회의시설, 국제회의 전문인력, 전자국제회의체제, 국제회의 정보 등 국제회의의 유치 · 개최를 지원하고 촉진하는 시설, 인력, 체제, 정보 등을 말한다(국제회의산업 육성에 관한 법률 제2조 제6호).

04 관광진흥법령상 관광숙박업의 사업계획 변경에 관한 승인을 받아야 하는 경우가 아닌 것은?

① 부지 및 대지 면적을 변경할 때에 그 변경하려는 면적이 당초 승인받은 계획면적의 100분의 10 이상이 되는 경우
② 건축 연면적을 변경할 때에 그 변경하려는 연면적이 당초 승인받은 계획면적의 100분의 10 이상이 되는 경우
③ 호텔업의 경우 객실 수 또는 객실면적을 변경하려는 경우
④ 변경하려는 업종의 등록기준에 맞는 경우로서, 호텔업과 휴양 콘도미니엄업 간의 업종변경 또는 호텔업 종류 간의 업종 변경

01 ④ 02 ① 03 ① 04 ③ 정답

해설
관광숙박업의 사업계획 변경에 관한 승인을 받아야 하는 경우(관광진흥법 시행령 제9조 제1항)
- 부지 및 대지 면적을 변경할 때에 그 변경하려는 면적이 당초 승인받은 계획면적의 100분의 10 이상이 되는 경우
- 건축 연면적을 변경할 때에 그 변경하려는 연면적이 당초 승인받은 계획면적의 100분의 10 이상이 되는 경우
- 객실 수 또는 객실면적을 변경하려는 경우(휴양 콘도미니엄업만 해당한다)
- 변경하려는 업종의 등록기준에 맞는 경우로서, 호텔업과 휴양 콘도미니엄업 간의 업종변경 또는 호텔업 종류 간의 업종 변경

05 관광진흥법령상 카지노업의 허가를 받으려는 자가 문화체육관광부장관에게 제출하여야 하는 사업계획서에 포함되어야 하는 사항이 아닌 것은?

① 장기수지 전망
② 인력수급 및 관리계획
③ 카지노영업소 이용객 유치계획
④ 외국인 관광객의 수용 가능 인원

해설
사업계획서에 포함되어야 하는 사항(관광진흥법 시행규칙 제6조 제3항)
- 카지노영업소 이용객 유치계획
- 장기수지 전망
- 인력수급 및 관리계획
- 영업시설의 개요

06 관광진흥법령상 여객자동차터미널시설업의 지정 및 지정취소에 관한 권한이 있는 기관은?

① 지역별 관광협회
② 한국관광공사
③ 문화체육관광부장관
④ 시장 · 군수 · 구청장

해설
관광편의시설업의 지정신청(관광진흥법 시행규칙 제14조 제1항)
관광 편의시설업의 지정을 받으려는 자는 다음의 구분에 따라 신청을 하여야 한다.
- 관광유흥음식점업, 관광극장유흥업, 외국인전용 유흥음식점업, 관광순환버스업, 관광펜션업, 관광궤도업, 관광면세업 및 관광지원서비스업 : 특별자치시장 · 특별자치도지사 · 시장 · 군수 · 구청장
- 관광식당업, 관광사진업 및 여객자동차터미널시설업 : 지역별 관광협회

07 관광진흥법령상 기획여행을 실시하는 자가 광고를 하려는 경우 표시하여야 하는 사항이 아닌 것은?

① 여행경비와 최저 여행인원
② 기획여행명 · 여행일정 및 주요 여행지
③ 인솔자의 관광통역안내사 자격 취득여부
④ 여행일정 변경 시 여행자의 사전 동의 규정

해설
기획여행의 광고(관광진흥법 시행규칙 제21조)
- 여행업의 등록번호, 상호, 소재지 및 등록관청
- 기획여행명 · 여행일정 및 주요 여행지
- 여행경비
- 교통 · 숙박 및 식사 등 여행자가 제공받을 서비스의 내용
- 최저 여행인원
- 보증보험 등의 가입 또는 영업보증금의 예치 내용
- 여행일정 변경 시 여행자의 사전 동의 규정
- 여행목적지(국가 및 지역)의 여행경보단계

정답 05 ④ 06 ① 07 ③

08 관광진흥법령상 카지노업의 허가를 받으려는 자가 갖추어야 할 시설 및 기구의 기준에 해당하지 않는 것은?

① 1개 이상의 외국환 환전소
② 660제곱미터 이상의 전용 영업장
③ 문화체육관광부장관이 정하여 고시하는 기준에 적합한 카지노 전산시설
④ 관광진흥법령에 따른 카지노업의 영업종류 중 네 종류 이상의 영업을 할 수 있는 게임기구 및 시설

해설
카지노업의 시설기준(관광진흥법 시행규칙 제29조 제1항)
- 330제곱미터 이상의 전용 영업장
- 1개 이상의 외국환 환전소
- 카지노업의 영업종류 중 네 종류 이상의 영업을 할 수 있는 게임기구 및 시설
- 문화체육관광부장관이 정하여 고시하는 기준에 적합한 카지노 전산시설

09 관광진흥법상 한국관광협회중앙회 설립의 허가권자는?

① 대통령
② 시 · 도지사
③ 문화체육관광부장관
④ 시장 · 군수 · 구청장

해설
한국관광협회중앙회 설립(관광진흥법 제41조 제2항)
협회를 설립하려는 자는 대통령령으로 정하는 바에 따라 문화체육관광부장관의 허가를 받아야 한다.

10 관광진흥법령상 관광통계의 작성 범위로 명시되지 않은 것은?

① 관광사업자의 경영에 관한 사항
② 관광지와 관광단지의 현황 및 관리에 관한 사항
③ 외국인 방한(訪韓) 관광객의 관광행태에 관한 사항
④ 해외관광지에서 발생한 내국민피해에 관한 사항

해설
관광통계 작성 범위(관광진흥법 시행령 제41조의2)
- 외국인 방한(訪韓) 관광객의 관광행태에 관한 사항
- 국민의 관광행태에 관한 사항
- 관광사업자의 경영에 관한 사항
- 관광지와 관광단지의 현황 및 관리에 관한 사항
- 그 밖에 문화체육관광부장관 또는 지방자치단체의 장이 관광산업의 발전을 위하여 필요하다고 인정하는 사항

11 관광진흥법령상 관광사업에 관한 설명으로 옳지 않은 것은?

① 국제회의기획업 – 대규모 관광 수요를 유발하는 국제회의의 계획 · 준비 · 진행 등의 업무를 위탁받아 대행하는 업
② 국제회의시설업 – 대규모 관광 수요를 유발하는 국제회의를 개최할 수 있는 시설을 설치하여 운영하는 업
③ 관광공연장업 – 식품위생 법령에 따른 유흥주점 영업의 허가를 받은 자가 무도(舞蹈) 시설을 갖추어 노래와 춤을 감상하게 하거나 춤을 추게 하는 업
④ 한국전통호텔업 – 한국전통의 건축물에 관광객의 숙박에 적합한 시설을 갖추거나 부대시설을 함께 갖추어 관광객에게 이용하게 하는 업

08 ② 09 ③ 10 ④ 11 ③ 정답

해설
- 관광공연장업 : 관광객을 위하여 적합한 공연시설을 갖추고 공연물을 공연하면서 관광객에게 식사와 주류를 판매하는 업
- 관광극장유흥업 : 식품위생 법령에 따른 유흥주점 영업의 허가를 받은 자가 관광객이 이용하기 적합한 무도(舞蹈)시설을 갖추어 그 시설을 이용하는 자에게 음식을 제공하고 노래와 춤을 감상하게 하거나 춤을 추게 하는 업

12 관광진흥법령상 관광사업자가 아닌 자가 상호에 포함하여 사용할 수 없는 명칭으로 옳지 않은 것은?

① 관광펜션업과 유사한 영업의 경우 관광펜션
② 관광사진업과 유사한 영업의 경우 관광사진
③ 관광유람선업과 유사한 영업의 경우 관광유람
④ 관광공연장업과 유사한 영업의 경우 관광공연

해설
상호의 사용제한(관광진흥법 시행령 제8조)
- 관광숙박업과 유사한 영업의 경우 : 관광호텔과 휴양 콘도미니엄
- 관광유람선업과 유사한 영업의 경우 : 관광유람
- 관광공연장업과 유사한 영업의 경우 : 관광공연
- 관광유흥음식점업, 외국인전용 유흥음식점업 또는 관광식당업과 유사한 영업의 경우 : 관광식당
- 관광극장유흥업과 유사한 영업의 경우 : 관광극장
- 관광펜션업과 유사한 영업의 경우 : 관광펜션
- 관광면세업과 유사한 영업의 경우 : 관광면세

13 관광진흥법상 관광의 진흥 등에 관한 설명으로 옳지 않은 것은?

① 문화체육관광부장관은 관광에 관한 정보의 활용과 관광을 통한 국제 친선을 도모하기 위하여 관광과 관련된 국제기구와의 협력 관계를 증진하여야 한다.
② 지방자치단체의 장은 관광통계를 작성하기 위하여 필요하면 실태조사를 하거나, 개인에게 협조를 요청할 수 있다.
③ 문화체육관광부장관은 여행과 관광의 특성을 살리기 위하여 여행이용권을 「문화예술진흥법」에 따른 문화이용권과 통합하여 운영해서는 안 된다.
④ 국가는 장애인의 여행 및 관광 활동 권리를 증진하기 위하여 장애인 관광 지원 단체에 대하여 경비를 보조할 수 있다.

해설
문화체육관광부장관은 여행이용권의 이용 기회 확대 및 지원 업무의 효율성을 제고하기 위하여 여행이용권을 「문화예술진흥법」에 따른 문화이용권 등 문화체육관광부령으로 정하는 이용권과 통합하여 운영할 수 있다(관광진흥법 제47조의5 제6항).

14 관광진흥법령상 문화체육관광부장관이 문화관광축제의 지정 기준을 정할 때 고려해야 하는 사항으로 명시되지 않은 것은?

① 축제의 운영능력
② 지역주민 참여도
③ 축제의 특성 및 콘텐츠
④ 관광객 유치 효과 및 경제적 파급효과

해설
문화관광축제의 지정 기준(관광진흥법 시행령 제41조의7)
- 축제의 특성 및 콘텐츠
- 축제의 운영능력
- 관광객 유치 효과 및 경제적 파급효과
- 그 밖에 문화체육관광부장관이 정하는 사항

2021년

정답 12 ② 13 ③ 14 ②

15 관광진흥법상 지역관광협의회(이하 "협의회"라 한다)에 관한 설명으로 옳은 것은?

① 협의회가 수행하는 업무에는 지방자치단체로부터 위탁받은 업무가 포함된다.
② 협의회의 설립은 허가사항이 아니라 신고사항이다.
③ 협의회의 법적 성질은 권리능력 없는 사단이다.
④ 협의회는 수익사업을 해서는 안 된다.

해설
② 협의회에는 지역 내 관광진흥을 위한 이해 관련자가 고루 참여하여야 하며, 협의회를 설립하려는 자는 해당 지방자치단체의 장의 허가를 받아야 한다(관광진흥법 제48조의9 제2항).
③ 협의회는 법인으로 한다(관광진흥법 제48조의9 제3항).
④ 협의회는 지역의 관광수용태세 개선을 위한 업무, 지역관광 홍보 및 마케팅 지원 업무, 관광사업자, 관광 관련 사업자, 관광 관련 단체에 대한 지원 업무에 따르는 수익사업을 수행한다(관광진흥법 제48조의9 제4항).

16 관광진흥법령상 '한국관광 품질인증' 대상 사업에 해당하는 것은?

① 야영장업
② 전문휴양업
③ 관광공연장업
④ 관광유람선업

해설
한국관광 품질인증 대상 사업(관광진흥법 시행령 제41조의10)
- 야영장업
- 외국인관광 도시민박업
- 한옥체험업
- 관광식당업
- 관광면세업
- 숙박업(관광숙박업 제외)
- 외국인관광객면세판매장
- 그 밖에 관광사업

17 관광진흥법상 문화체육관광부장관의 관광개발기본계획에 포함되는 사항이 아닌 것은?

① 전국의 관광 여건과 관광 동향(動向)에 관한 사항
② 관광권역(觀光圈域)의 설정에 관한 사항
③ 관광자원 보호 · 개발 · 이용 · 관리 등에 관한 기본적인 사항
④ 권역의 관광 수요와 공급에 관한 사항

해설
관광개발기본계획(관광진흥법 제49조 제1항)
- 전국의 관광 여건과 관광 동향(動向)에 관한 사항
- 전국의 관광 수요와 공급에 관한 사항
- 관광자원 보호 · 개발 · 이용 · 관리 등에 관한 기본적인 사항
- 관광권역(觀光圈域)의 설정에 관한 사항
- 관광권역별 관광개발의 기본방향에 관한 사항
- 그 밖에 관광개발에 관한 사항

18 관광진흥법령상 관광지 및 관광단지로 지정 · 고시된 지역에서 원칙적으로 허가를 받아야 할 수 있는 행위로 명시되지 않은 것은?

① 토지분할
② 농작물의 경작
③ 가설건축물의 건축
④ 죽목(竹木)을 베어내거나 심는 행위

해설
관광지 및 관광단지로 지정 · 고시된 지역에서 허가를 받아야 할 수 있는 행위(관광진흥법 제52조의2 및 시행령 제45조의2 제1항)
관광지 등으로 지정 · 고시된 지역에서 건축물의 건축, 공작물의 설치, 토지의 형질 변경, 토석의 채취, 토지분할, 물건을 쌓아놓는 행위 등 대통령령으로 정하는 행위를 하려는 자는 특별자치시장 · 특별자치도지사 · 시장 · 군수 · 구청장의 허가를 받아야 한다. 허가받은 사항을 변경하려는 경우에도 또한 같다.
- 건축물의 건축
- 공작물의 설치
- 토지의 형질 변경
- 토석의 채취
- 토지분할
- 물건을 쌓아놓는 행위
- 죽목(竹木)을 베어내거나 심는 행위

15 ① 16 ① 17 ④ 18 ② 정답

19 **관광진흥법령상 서울특별시에서 관광특구로 지정되기 위하여 필요한 외국인 관광객 수는? (문화체육관광부장관이 고시하는 기준을 갖춘 통계전문기관의 통계결과 해당 지역의 최근 1년간 외국인 관광객 수를 기준으로 함)**

① 10만명 이상
② 30만명 이상
③ 50만명 이상
④ 100만명 이상

해설
관광특구의 지정요건(관광진흥법 시행령 제58조)
문화체육관광부장관이 고시하는 기준을 갖춘 통계전문기관의 통계결과 해당 지역의 최근 1년간 외국인 관광객 수가 10만명(서울특별시는 50만 명)인 것을 말한다.

20 **관광진흥개발기금법상 관광진흥개발기금(이하 "기금"이라 한다)에 관한 설명으로 옳지 않은 것은?**

① 기금의 회계연도는 관광진흥에 관한 기본계획에서 정하므로 정부의 회계연도에 따르지 아니한다.
② 기금은 문화체육관광부장관이 관리한다.
③ 기금의 운용에 따라 생기는 수익금은 기금 조성의 재원(財源)이 될 수 있다.
④ 기금은 민간자본의 유치를 위하여 필요한 경우 관광사업에 투자하는 것을 목적으로 하는 투자조합에 출자(出資)할 수 있다.

해설
기금의 회계연도는 정부의 회계연도에 따른다(관광진흥개발기금법 제4조).

21 **관광진흥개발기금법령상 관광진흥개발기금이 대여하거나 보조할 수 있는 사업을 모두 고른 것은?**

ㄱ. 국제회의의 유치 및 개최사업
ㄴ. 관광 관련 국제기구의 설치사업
ㄷ. 장애인에 대한 국민관광 복지사업
ㄹ. 관광사업 종사자에 대한 교육훈련사업

① ㄱ, ㄹ
② ㄱ, ㄴ, ㄷ
③ ㄴ, ㄷ, ㄹ
④ ㄱ, ㄴ, ㄷ, ㄹ

해설
관광진흥개발기금이 대여하거나 보조할 수 있는 사업(관광진흥개발기금법 제5조 제3항)
- 국외 여행자의 건전한 관광을 위한 교육 및 관광정보의 제공사업
- 국내외 관광안내체계의 개선 및 관광홍보사업
- 관광사업 종사자 및 관계자에 대한 교육훈련사업
- 국민관광 진흥사업 및 외래관광객 유치 지원사업
- 관광상품 개발 및 지원사업
- 관광지 · 관광단지 및 관광특구에서의 공공 편익시설 설치사업
- 국제회의의 유치 및 개최사업
- 장애인 등 소외계층에 대한 국민관광 복지사업
- 전통관광자원 개발 및 지원사업
- 감염병 확산 등으로 관광사업자에게 발생한 경영상 중대한 위기 극복을 위한 지원사업
- 그 밖에 관광사업의 발전을 위하여 필요한 것으로서 대통령령으로 정하는 사업
  - 여행업에 등록한 자나 카지노업을 허가받은 자의 해외지사 설치
  - 관광사업체 운영의 활성화
  - 관광진흥에 기여하는 문화예술사업
  - 지방자치단체나 관광단지개발자 등의 관광지 및 관광단지 조성사업
  - 관광지 · 관광단지 및 관광특구의 문화 · 체육시설, 숙박시설, 상가시설로서 관광객 유치를 위하여 특히 필요하다고 문화체육관광부장관이 인정하는 시설의 조성
  - 관광 관련 국제기구의 설치

정답 19 ③ 20 ① 21 ④

22 **관광진흥개발기금법상 관광진흥개발기금의 목적 외의 사용 금지 등에 관한 설명으로 옳은 것은?**

① 문화체육관광부장관은 기금의 대여를 받은 자가 거짓으로 대여를 받은 경우 그 대여를 취소하고 지출된 기금의 전부 또는 일부를 회수한다.
② 거짓으로 기금을 대여받은 자는 해당 기금을 대여받은 날부터 10년 이내에 기금을 대여받을 수 없다.
③ 대여받은 기금을 목적 외의 용도에 사용하였을 때에 그 대여를 취소할 수는 없다.
④ 기금을 보조받은 자가 지정된 목적 외의 용도에 기금을 사용할 경우 관할 행정청에 신고해야 하며, 그 신고가 수리된 후 그 기금을 사용할 수 있다.

해설

② 거짓으로 기금을 대여받은 자는 해당 기금을 대여받은 날부터 5년 이내에 기금을 대여받을 수 없다(관광진흥개발기금법 제11조 제4항).
③ 대여받은 기금을 목적 외의 용도에 사용하였을 때에는 대여 또는 보조를 취소하고 이를 회수한다(관광진흥개발기금법 제11조 제2항).

23 **다음은 국제회의산업 육성에 관한 법령상 국제회의가 되기 위한 요건에 관한 설명이다. ( )에 들어갈 내용으로 옳은 것은?**

> 국제기구에 가입하지 아니한 기관 또는 법인 · 단체가 개최하는 회의로서 다음의 요건을 모두 갖춘 회의
> • 회의 참가자 중 외국인이 (ㄱ)명 이상일 것
> • (ㄴ)일 이상 진행되는 회의일 것

① ㄱ – 100, ㄴ – 2
② ㄱ – 150, ㄴ – 2
③ ㄱ – 150, ㄴ – 3
④ ㄱ – 200, ㄴ – 3

해설

국제회의의 요건(국제회의산업 육성에 관한 법률 시행령 제2조 제2호)
국제기구에 가입하지 아니한 기관 또는 법인 · 단체가 개최하는 회의로서 다음의 요건을 모두 갖춘 회의
• 회의 참가자 중 외국인이 150명 이상일 것
• 2일 이상 진행되는 회의일 것

24 **국제회의산업 육성에 관한 법률상 국가가 국제회의복합지구 육성 · 진흥사업을 원활하게 시행하기 위하여 국제회의복합지구의 국제회의시설 및 국제회의집적시설에 대하여 관련 법률에서 정하는 바에 따라 감면할 수 있는 부담금을 모두 고른 것은?**

> ㄱ. 「산지관리법」에 따른 대체산림자원조성비
> ㄴ. 「학교용지 확보에 관한 특례법」에 따른 학교용지부담금
> ㄷ. 「농지법」에 따른 농지보전부담금
> ㄹ. 「도시교통정비 촉진법」에 따른 교통유발부담금

① ㄱ, ㄴ, ㄷ
② ㄱ, ㄴ, ㄹ
③ ㄱ, ㄷ, ㄹ
④ ㄴ, ㄷ, ㄹ

해설

부담금의 감면(국제회의산업 육성에 관한 법률 제15조의4 제1항)
• 「개발이익 환수에 관한 법률」에 따른 개발부담금
• 「산지관리법」에 따른 대체산림자원조성비
• 「농지법」에 따른 농지보전부담금
• 「초지법」에 따른 대체초지조성비
• 「도시교통정비 촉진법」에 따른 교통유발부담금

22 ① 23 ② 24 ③ 정답

25 국제회의산업 육성에 관한 법령상 국제회의도시의 지정 등에 관한 설명으로 옳지 않은 것은?

① 문화체육관광부장관은 국제회의도시를 지정하는 경우 지역 간의 균형적 발전을 고려하여야 한다.
② 국제회의도시로 지정되기 위해서는 지정대상 도시에 국제회의시설이 있고, 해당 특별시 · 광역시 또는 시에서 이를 활용한 국제회의산업 육성에 관한 계획을 수립하고 있어야 한다.
③ 국제회의도시로 지정되기 위해서는 지정대상 도시 또는 그 주변에 풍부한 관광자원이 있어야 한다.
④ 문화체육관광부장관은 국제회의도시의 지정 또는 지정취소를 한 경우 그 내용을 고시할 필요는 없다.

해설
국제회의도시의 지정 및 지정취소 등에 필요한 사항은 대통령령으로 정한다(국제회의산업 육성에 관한 법률 제14조 제5항).

제4과목 관광학개론

26 관광의 경제적 효과가 아닌 것은?

① 국제무역수지 개선
② 국제친선 및 평화 증진
③ 고용창출 효과
④ 조세수입 증가

해설
국제친선 및 평화 증진은 관광의 사회적 효과에 해당한다.

27 관광의 일반적 특성이 아닌 것은?

① 관광 후 주거지로 복귀
② 관광지에서 여가활동
③ 일상 생활권의 탈출
④ 구직을 목적으로 방문

해설
관광이란 사람이 다시 돌아올 예정으로 일상의 생활권을 떠나 타국이나 타지역의 풍물, 제도, 문물 등을 관찰하여 견물을 넓히고 자연 풍경 등을 감상 · 유람할 목적으로 여행하는 것이다.

28 관광의사결정에 영향을 미치는 개인적 요인이 아닌 것은?

① 동 기
② 학 습
③ 지 각
④ 준거집단

해설
관광의사결정에 영향을 미치는 요인
• 개인적 요인 : 학습, 성격, 태도, 동기, 지각
• 사회적 요인 : 가족, 문화, 사회계층, 준거집단

2021년

정답 25 ④ / 26 ② 27 ④ 28 ④

29 서양 중세시대 관광에 관한 설명으로 옳지 않은 것은?

① 십자군 전쟁에 의한 동 · 서양 교류가 확대되었다.
② 순례자의 종교관광이 주를 이루었으며 숙박시설은 주로 수도원이었다.
③ 동방의 비잔틴문화와 회교문화가 유럽인의 견문에 자극을 주었다.
④ 각 지역의 포도주를 마시며 식사를 즐기는 식도락가인 가스트로노미아(Gastronomia)가 처음 나타났다.

해설
가스트로노미아는 고대 로마 시대에 처음 나타났다.

30 연대별 관광정책으로 옳은 것을 모두 고른 것은?

ㄱ. 1960년대 – 현 한국관광공사의 전신인 국제관광공사 설립
ㄴ. 1970년대 – 관광사업진흥법 제정
ㄷ. 1980년대 – 관광진흥개발기금법 제정
ㄹ. 1990년대 – 관광업무 담당부처가 교통부에서 문화체육부로 이관

① ㄱ, ㄴ
② ㄱ, ㄹ
③ ㄴ, ㄷ
④ ㄷ, ㄹ

해설
ㄴ. 1960년대 : 관광사업진흥법 제정 및 공포
ㄷ. 1970년대 : 관광진흥개발기금법 제정 및 공포

31 중앙정부 행정부처와 관련 업무의 연결로 옳은 것을 모두 고른 것은?

ㄱ. 문화체육관광부 – 여권발급
ㄴ. 외교부 – 사증(Visa) 면제협정의 체결
ㄷ. 법무부 – 여행자의 출입국관리
ㄹ. 농림축산식품부 – 국립공원

① ㄱ, ㄴ ② ㄱ, ㄹ
③ ㄴ, ㄷ ④ ㄷ, ㄹ

해설
ㄱ. 외교부 : 여권발급
ㄹ. 환경부 : 국립공원 지정

32 국민관광에 관한 설명으로 옳지 않은 것은?

① 의료관광 활성화를 주요 목표로 한다.
② 1977년에 전국 36개소 국민관광지를 지정했다.
③ 노약자와 장애인 등 취약계층을 지원한다.
④ 내국인의 국내 · 외 관광을 의미한다.

해설
국민관광의 목적은 재노동 의욕 고취와 국민복지 증대이다.

33 관광관련 국제기구의 연결로 옳은 것은?

① WTTC – 세계여행관광협의회
② ASTA – 아시아여행업협회
③ PATA – 미주여행업협회
④ ICAO – 태평양아시아관광협회

해설
② ASTA : 미국여행업협회
③ PATA : 아시아태평양관광협회
④ ICAO : 국제민간항공기구

29 ④ 30 ② 31 ③ 32 ① 33 ① 정답

34 우리나라 인바운드(Inbound) 관광수요에 부정적 영향을 미치는 요인이 아닌 것은?

① 전쟁 및 테러
② 신종 전염병
③ 주변 국가와의 외교적 갈등 고조
④ 미국 달러가치 상승

해설
미국 달러가치 상승은 우리나라 인바운드 관광수요에 긍정적 영향을 미친다.

35 세계관광기구(UNWTO)의 분류상 국제관광객에 포함되지 않는 자는?

① 승무원
② 주둔 군인
③ 해외 교포
④ 스포츠 참가자

해설
주둔 군인은 비관광객에 해당한다.

36 다음 ( )에 들어갈 내용은?

> '관광특구'는 특별자치도를 제외한 시장, 군수, 구청장의 신청으로 (ㄱ)이(가) 지정하고, 관광특구 전체 면적 중 관광활동과 직접적인 관련성이 없는 토지가 차지하는 비율이 (ㄴ)일 것을 조건으로 하고 있다.

	ㄱ	ㄴ
①	시 · 도지사	10퍼센트
②	문화체육관광부장관	10퍼센트
③	시 · 도지사	20퍼센트
④	문화체육관광부장관	20퍼센트

해설
관광특구는 특별자치시 및 특별자치도를 제외한 시장 · 군수 · 구청장의 신청으로 시 · 도지사가 지정하고(관광진흥법 제70조 제1항), 관광특구 전체 면적 중 관광활동과 직접적인 관련성이 없는 토지의 비율이 10퍼센트를 초과하지 아니할 것(관광진흥법 시행령 제58조)을 조건으로 하고 있다.

37 매슬로우(A. H. Maslow)의 욕구계층 이론의 단계로 옳은 것은?

> ㄱ. 생리적 욕구
> ㄴ. 사회적 욕구
> ㄷ. 안전의 욕구
> ㄹ. 존경의 욕구
> ㅁ. 자아실현의 욕구

① ㄱ → ㄴ → ㄹ → ㄷ → ㅁ
② ㄱ → ㄷ → ㄴ → ㄹ → ㅁ
③ ㄴ → ㄷ → ㄹ → ㅁ → ㄱ
④ ㄷ → ㄱ → ㄴ → ㅁ → ㄹ

2021년

정답 34 ④ 35 ② 36 ① 37 ②

해설
매슬로우(A. H. Maslow)의 욕구 단계
- 제1단계 : 생리적 욕구
- 제2단계 : 안전의 욕구
- 제3단계 : 소속과 애정의 욕구(사회적 욕구)
- 제4단계 : 존경의 욕구
- 제5단계 : 자아실현의 욕구

38 2021년 9월 현재, 출국 시 내국인의 면세물품 총 구매한도액은?

① 미화 3,000달러
② 미화 4,000달러
③ 미화 5,000달러
④ 미화 6,000달러

해설
출제 당시 정답은 ③이었으나, 2022년 3월 18일 법령이 개정되어 외국으로 출국하는 내국인에게 보세판매장 물품을 판매하는 때의 구매한도액은 없으므로 현재 답도 없다.

39 우리나라 최초의 외국인전용 카지노는?

① 호텔인터불고대구 카지노
② 인천 올림포스호텔 카지노
③ 파라다이스롯데제주 카지노
④ 알펜시아 카지노

해설
우리나라 최초의 카지노는 1967년 개설한 인천 올림포스호텔 카지노로, 외국인 전용으로 허가를 받았다.

40 아시아 최초로 국제 슬로시티에 가입된 지역이 아닌 곳은?

① 신안 증도면
② 완도 청산면
③ 하동 악양면
④ 담양 창평면

해설
신안 · 완도 · 담양은 2007년 아시아 최초로 국제 슬로시티에 가입되었다. 하동은 2009년 국제 슬로시티에 가입되었다.

41 외교부에서 해외여행을 하는 자국민에게 제시하는 여행경보제도의 단계별 내용으로 옳은 것은?

① 남색 – 여행자제
② 황색 – 여행주의
③ 적색 – 철수명령
④ 흑색 – 여행금지

해설
여행경보제도 단계
- 1단계(남색경보) : 여행유의
- 2단계(황색경보) : 여행자제
- 3단계(적색경보) : 철수권고
- 4단계(흑색경보) : 여행금지

38 해설참조 39 ② 40 ③ 41 ④ 정답

42 다음의 국제회의 기준을 제시한 국제회의기구는?

> 국제단체 또는 국제기구의 국내지부가 주최하는 회의로서, 참가국 5개국 이상, 참가자수 300명 이상(외국인 40% 이상), 회의 기간 3일 이상의 조건을 만족하는 회의이다.

① UIA
② AACVB
③ ICCA
④ KTO

해설
UIA(Union of International Associations, 국제회의연합)에서 제시한 국제회의의 조건이다.

43 다음이 설명하는 요금 지불 방식은?

> • 객실요금에 아침, 점심, 저녁 1일 3식 포함
> • Full Pension이라고도 함

① European Plan
② Continental Plan
③ American Plan
④ Modified American Plan

해설
① 객실요금과 식사요금을 분리하여 별도로 계산하는 방식
② 객실요금에 조식만 포함되어 있는 방식
④ 객실요금에 1일 2식(아침, 저녁)을 포함하는 방식

44 국제회의의 시설과 지역의 연결이 옳은 것은?

① KINTEX – 대구
② EXCO – 고양
③ BEXCO – 부산
④ DCC – 창원

해설
① KINTEX : 일산
② EXCO : 대구
④ DCC : 대전

45 우리나라 면세점에 관한 설명으로 옳지 않은 것은?

① 문화체육관광부장관이 허가한 특허성 사업이다.
② 외국인의 면세물품 구매한도액은 제한이 없다.
③ 면세물품은 반입 · 반출에 엄격한 통제를 받는다.
④ 입국 내 · 외국인의 면세범위는 미화 600달러까지이다.

해설
① 면세점은 관세청의 특허를 받아야 한다.
④ 입국 내 · 외국인의 면세범위는 미화 800달러까지이다.
※ 출제 당시 정답은 ①이었으나, 2022년 9월 6일 법령이 개정되어 현재 ④도 정답에 해당한다.

46 다음이 설명하는 회의는?

> 한 가지 주제에 대하여 상반된 동일 분야의 전문가들이 청중 앞에서 공개토론하는 형식으로서 청중들의 참여가 활발하다. 쌍방의 의견이나 토론 내용 요약 시 사회자가 중립적 역할을 한다.

① Seminar　② Forum
③ Panel　④ Congress

2021년

정답 42 ① 43 ③ 44 ③ 45 ①, ④(해설참조) 46 ②

해설
① 보통 30명 이하의 규모로, 주로 교육적인 목적을 가진 회의로서 전문가의 주도하에 특정분야에 대한 각자의 지식이나 경험을 발표 · 토의한다.
③ 청중이 모인 가운데 2~8명의 연사가 사회자의 주도하에 서로 다른 분야에서의 전문가적 견해를 발표하는 공개 토론회로 청중도 자신의 의견을 발표할 수 있다.
④ 국제규모의 회의로, 유럽지역에서 자주 사용된다.

47 IATA(국제항공운송협회)가 부여한 항공사와 코드의 연결이 옳지 않은 것은?

① KOREAN AIR – KE
② ASIANA AIRLINES – OZ
③ JEJU AIR – 7C
④ JIN AIR – BX

해설
JIN AIR의 IATA 기준 코드는 LJ이다.

48 다음이 설명하는 것은?

- 내국인의 국내여행
- 국내거주 외국인의 국내여행

① Intrabound
② Internal Tourism
③ National Tourism
④ Interline Tour

해설
Intra와 Bound를 결합한 것으로, 내국인의 국내여행을 말한다.

49 다음의 연결이 옳지 않은 것은?

① 트윈룸(Twin Room) – 싱글 베드 2개
② 더블룸(Double Room) – 2인용 베드 1개
③ 커넥팅룸(Connecting Room) – 정비가 필요한 방
④ 블로킹룸(Blocking Room) – 예약된 방

해설
커넥팅룸(Connecting Room)은 객실 2개가 연결되어 내부의 문을 이용하여 상호 왕래가 가능한 형태의 객실이다.

50 관광마케팅 믹스의 구성요소와 그 내용의 연결이 옳지 않은 것은?

① 상품(Product) – 항공 기내좌석 및 승무원서비스
② 가격(Price) – 항공료
③ 유통(Place) – 항공 기내식
④ 촉진(Promotion) – TV 또는 SNS광고

해설
유통(Place)은 여행 도매업자, 정부, 협회 등이 해당한다. 항공 기내식은 상품(Product)이다.

47 ④ 48 ① 49 ③ 50 ③ 정답

2022년 기출문제

제1과목 관광국사

01 신석기 시대에 관한 설명으로 옳은 것을 모두 고른 것은?

> ㄱ. 대표적인 유적으로 서울 암사동 유적, 양양 오산리 유적 등이 있다.
> ㄴ. 움집에 살면서 정착생활을 시작하였다.
> ㄷ. 고인돌과 독무덤을 만들었다.
> ㄹ. 농업생산력의 발달로 계급분화가 이루어졌다.

① ㄱ, ㄴ
② ㄱ, ㄹ
③ ㄴ, ㄷ
④ ㄷ, ㄹ

해설
ㄷ. 고인돌, 독무덤은 청동기 시대, 철기 시대를 대표하는 유물이다.
ㄹ. 청동기 시대에 농업생산력의 발달로 계급분화가 이루어졌다.

02 청동기 시대에 관한 설명으로 옳은 것은?

① 거친무늬 거울을 만들었다.
② 주로 동굴이나 막집에서 살았다.
③ 빗살무늬 토기에 음식을 저장하였다.
④ 소를 이용하여 땅을 갈고 농사를 지었다.

해설
② 구석기 시대에 대한 설명이다.
③ 신석기 시대에 대한 설명이다.
④ 삼국 시대에 대한 내용이다.

03 다음 습속을 가진 나라에 관한 설명으로 옳은 것은?

> 부락을 함부로 침범하면 벌로 생구와 소 · 말을 부과하는데 이를 책화라고 한다.
> –『삼국지』 위서 동이전 –

① 무천이라는 제천행사를 지냈다.
② 민며느리제라는 풍속이 있었다.
③ 제가회의에서 국가의 중대사를 결정하였다.
④ 제사장인 천군과 신성 지역인 소도가 있었다.

해설
보기에서 설명하는 나라는 동예이다.
② 옥저, ③ 고구려, ④ 삼한에 대한 설명이다.

04 고구려에서 제작된 문화유산으로 옳지 않은 것은?

① 호우총 출토 호우명 청동그릇
② 금동 연가 7년명 여래 입상
③ 강서대묘 사신도
④ 사택지적비

해설
④ 사택지적비는 백제의 문화유산이다.

정답 01 ① 02 ① 03 ① 04 ④

05 고구려 소수림왕의 업적으로 옳지 않은 것은?

① 불교 수용
② 태학 설립
③ 녹읍 지급
④ 율령 반포

해설
③ 녹읍은 신라의 토지 제도이다. 신문왕(689) 대 녹읍이 폐지되었으며, 경덕왕(757) 대 녹읍이 부활한 기록이 있다.

06 신라 골품제에 관한 설명으로 옳지 않은 것은?

① 혈연에 따른 폐쇄적인 신분제도였다.
② 관등의 상한선이 골품에 따라 정해져 있었다.
③ 골품은 가옥 규모나 수레 종류 등을 규제하였다.
④ 왕은 진골에서 나왔고, 중앙 관서의 장관은 6두품이 맡았다.

해설
④ 왕은 성골 또는 진골에서 나왔으며, 중앙 관서의 장관은 진골이 독점하였다. 6두품은 제6관등인 아찬까지 올라갈 수 있었으나, 주요 관서 장관은 제5관등인 대아찬 이상의 관등을 소지해야 했으므로 6두품은 장관직 승진에 제한이 있었다.

07 발해의 통치 제도에 관한 설명으로 옳지 않은 것은?

① 당의 3성 6부제를 수용하여 정치 제도를 마련하였다.
② 전국을 5경 15부 62주로 나누어 다스렸다.
③ 정당성의 대내상이 국정을 총괄하였다.
④ 감찰사라는 감찰 기구를 두었다.

해설
④ 발해의 감찰 기구는 중정대이다. 고려 시대 중정대와 유사한 기능을 하는 어사대가 있었으며, 충렬왕 대 어사대의 명칭이 감찰사로 개칭되었다.

08 통일신라 토지 제도에 관한 설명으로 옳은 것은?

① 관리를 18품으로 나누어 전지와 시지를 지급하였다.
② 하급 관리에게 구분전을 지급하였다.
③ 공신에게 역분전을 지급하였다.
④ 백성에게 정전을 지급하였다.

해설
①·②·③ 고려의 토지 제도에 관한 설명이다. 태조 대에는 공로를 기준으로 하여 역분전을 지급하였으며, 고려 경종 대에는 관등에 따라 전지·시지를 지급하는 시정전시과가 실시되었다. 5품 이상의 고위 관리에게는 공음전을, 하급 관리나 군인들의 유가족에게는 구분전을 지급하였다.

05 ③ 06 ④ 07 ④ 08 ④ 정답

09 통일신라 말기 6두품 출신 학자가 아닌 것은?

① 최 충
② 최치원
③ 최승우
④ 최언위

해설
최충은 고려 중기의 학자로, 은퇴 후 자신의 집에 사립교육기관인 9재 학당을 설립하였다. 9재 학당은 최충의 시호를 따 문헌공도라고도 칭해졌다.

10 고려 시대 주요 승려들의 활동 시기가 앞선 순으로 옳게 나열된 것은?

ㄱ. 의 천	ㄴ. 보 우
ㄷ. 지 눌	ㄹ. 균 여

① ㄱ → ㄴ → ㄷ → ㄹ
② ㄱ → ㄹ → ㄷ → ㄴ
③ ㄹ → ㄱ → ㄷ → ㄴ
④ ㄹ → ㄴ → ㄱ → ㄷ

해설
ㄹ. 균여 : 923~973
ㄱ. 의천 : 1055~1101
ㄷ. 지눌 : 1158~1210
ㄴ. 보우 : 1509~1565

11 고려 시대 성종의 업적으로 옳은 것은?

① 정계와 계백료서를 남겼다.
② 독자적인 연호를 사용하였다.
③ 쌍기의 건의로 과거제를 시행하였다.
④ 지방에 12목을 설치하고 지방관을 파견하였다.

해설
① 태조의 업적이다.
② · ③ 광종의 업적이다.

12 고려의 대외 관계 중 거란과 관련이 있는 사건으로 옳지 않은 것은?

① 서희가 외교 담판을 벌여 강동 6주를 확보하였다.
② 윤관이 동북 9성을 쌓고 군대를 주둔시켰다.
③ 개경이 함락되어 현종이 나주로 피란하였다.
④ 강감찬이 귀주에서 승리를 거두었다.

해설
윤관은 여진족의 침입과 약탈에 대응하여 별무반을 조직하고 동북 9성을 쌓았다.

정답 09 ① 10 ③ 11 ④ 12 ②

13 조선 시대 정치 기구에 관한 설명으로 옳지 않은 것은?

① 사헌부는 관리의 비리를 감찰하였다.
② 삼사는 회계와 출납의 업무를 맡았다.
③ 한성부는 수도의 치안과 행정을 관장하였다.
④ 춘추관은 역사서의 편찬과 보관을 담당하였다.

해설
회계와 출납의 업무를 맡았던 것은 고려 시대의 삼사이다. 조선 시대의 삼사는 사헌부, 사간원, 승정원을 말하며 권력의 독점 및 부정을 막기 위해 언론 활동을 중시하였다.

14 조선 시대 과거 제도에 관한 설명으로 옳은 것을 모두 고른 것은?

ㄱ. 3년마다 정기적으로 실시하는 식년시가 있었다.
ㄴ. 잡과는 역과, 이과, 음양과, 율과로 이루어졌다.
ㄷ. 무과는 대과와 소과의 구별이 있었다.
ㄹ. 생원 · 진사 시험 절차에는 초시, 복시, 전시가 있었다.

① ㄱ, ㄴ
② ㄱ, ㄹ
③ ㄴ, ㄷ
④ ㄷ, ㄹ

해설
ㄷ. 무과는 소과를 거치지 않고 대과만 시행한다.
ㄹ. 생원 · 진사 시험인 소과에는 초시, 복시만이 있었다.

15 조선 태종 대의 역사적 사실로 옳은 것은?

① 동국문헌비고를 편찬하였다.
② 칠정산 내외편을 편찬하였다.
③ 혼일강리역대국도지도를 제작하였다.
④ 기기도설을 참고하여 배다리를 제작하였다.

해설
① 영조, ② 세종, ④ 정조에 관한 내용이다.

16 다음에서 설명하는 작품은?

- 세종 대에 한글로 지어 간행하였다.
- 조선 왕조의 창업을 송영한 노래로 125장에 이르는 서사시이다.

① 동문선
② 용비어천가
③ 동명왕편
④ 월인천강지곡

해설
① 조선 성종 대에 서거정 등이 편찬한 시문집이다.
③ 고려 후기 이규보가 지은 것으로, 동명왕의 업적을 칭송하는 영웅 서사시이다.
④ 조선 전기 세종이 석가의 공덕을 찬양하며 지은 시가로 한글 문헌이다.

13 ② 14 ① 15 ③ 16 ② 정답

17 **조선 전기에 편찬된 서적으로 옳은 것은?**

① 임원경제지
② 청장관전서
③ 동국여지승람
④ 오주연문장전산고

해설
① 조선 후기 서유구가 지은 것로 농촌의 살림살이에 대한 백과사전식 저서이다. 농업, 상업, 의학, 예술 및 취미와 관련된 내용이 포함되어 있다.
② 조선 후기 학자 이덕무의 저술을 모두 모아 엮은 전집이다.
④ 조선 후기 학자 이규경이 변증설의 방식을 사용하여 지은 백과사전식 저서이다.

18 **조선 후기 경제상에 관한 설명으로 옳은 것을 모두 고른 것은?**

ㄱ. 광산 전문 경영인 덕대가 등장하였다.
ㄴ. 담배, 인삼 등 상품 작물을 재배하여 높은 수익을 올렸다.
ㄷ. 해동통보와 활구를 주조하여 화폐로 유통하였다.
ㄹ. 농사직설과 금양잡록 간행을 통해 농업 기술을 정리하였다.

① ㄱ, ㄴ
② ㄱ, ㄹ
③ ㄴ, ㄷ
④ ㄷ, ㄹ

해설
ㄷ. 고려, ㄹ. 조선 전기에 관한 내용이다.

19 **조선 시대 서원에 관한 설명으로 옳지 않은 것은?**

① 향음주례를 행하였다.
② 주세붕이 세운 백운동 서원이 시초이다.
③ 입학 자격은 생원시와 진사시 합격자를 대상으로 하였다.
④ 사액서원은 국가로부터 서적, 노비, 토지 등을 지급받았다.

해설
③ 입학 자격이 생원시 · 진사시 합격자인 곳은 성균관이다.

20 **조선 후기 사회상에 관한 설명으로 옳지 않은 것은?**

① 대동법 실시로 공인층이 형성되었다.
② 생활 공간을 장식하는 민화가 유행하였다.
③ 공명첩, 납속책 등으로 신분제가 동요되었다.
④ 자동시보장치가 된 물시계로 자격루를 제작하였다.

해설
④ 조선 전기 사회상에 대한 설명으로 자격루(물시계), 앙부일구(해시계) 등의 시간측정기구가 제작되었다.

2022년

정답 17 ③ 18 ① 19 ③ 20 ④

21 다음 내용과 관련된 인물은?

- 도교 기관인 소격서를 폐지하였다.
- 경연과 언론 활동의 활성화를 주장하였다.
- 현량과를 실시하여 사림 세력을 등용하였다.

① 길 재
② 김종직
③ 조광조
④ 송시열

해설
① 고려 왕조에 대한 충성심을 지킨 인물로 정몽주, 이색과 함께 고려삼은으로 불린다.
② 사림을 대표하는 인물로 김종직이 쓴 조의제문을 빌미로 무오사화가 발생하였다.
④ 북벌론을 주장한 인물로 북벌 정책을 꾀하던 효종에 의해 등용되었으나, 효종–송시열의 북벌론에는 견해의 차가 있었다.

22 조선 시대 균역법을 시행한 국왕은?

① 태 종
② 숙 종
③ 영 조
④ 정 조

해설
① 태종은 8도 정비, 향 · 소 · 부곡 폐지, 호패법 시행, 신문고 설치 등의 정책을 펼쳤다.
② 숙종은 대동법을 전국으로 확대 실시하였으며, 상평통보 발행을 명하여 전국적으로 유통되도록 하였다.
④ 정조는 수원화성을 축조하여 상공인을 유치하였다.

23 흥선 대원군이 시행한 정책으로 옳지 않은 것은?

① 환곡의 폐단을 막기 위해 사창제를 실시하였다.
② 혜상공국을 혁파하고 지조법을 개혁하였다.
③ 대전회통을 편찬하여 통치 규범을 정비하였다.
④ 양반에게도 군포를 징수하는 호포제를 실시하였다.

해설
② 갑신정변 시기의 14개조 정강이다.

24 다음에서 설명하는 단체는?

- 비밀 결사 단체이다.
- 태극서관을 설립하여 출판 활동을 하였다.
- 평양에 대성학교, 정주에 오산학교를 세워 인재를 양성하였다.

① 신간회
② 신민회
③ 대한자강회
④ 헌정연구회

해설
① 비타협적 민족주의 진영과 사회주의 진영의 민족 유일당 운동으로 창립되었다.
③ 헌정연구회를 계승한 단체로 고종 퇴위반대운동을 주도하다 강제로 해체되었다.
④ 입헌군주제 수립을 목표로 하였으며 을사늑약 체결에 반대하다 해산되었다.

21 ③ 22 ③ 23 ② 24 ② 정답

25 다음 사건을 발생시기가 앞선 순으로 옳게 나열한 것은?

ㄱ. 5 · 18 민주화 운동
ㄴ. 남북한 유엔 동시 가입
ㄷ. 6월 민주 항쟁
ㄹ. 6 · 15 남북 공동 선언

① ㄱ → ㄴ → ㄹ → ㄷ
② ㄱ → ㄷ → ㄴ → ㄹ
③ ㄴ → ㄱ → ㄷ → ㄹ
④ ㄴ → ㄱ → ㄹ → ㄷ

해설
ㄱ. 1980년
ㄷ. 1987년
ㄴ. 1991년
ㄹ. 2000년

제2과목 관광자원해설

26 관광자원의 개념적 특성으로 옳지 않은 것은?

① 매력성과 유인성
② 유한성과 보존성
③ 이동성과 소모성
④ 다양성과 복합성

해설
관광자원은 비이동성과 비소모성의 특성을 지닌다.

27 관광자원해설기법 중 인적서비스기법이 아닌 것은?

① 담 화
② 재 현
③ 자기안내
④ 동 행

해설
관광자원해설기법
- 인적 해설 : 담화해설기법, 동행해설기법(거점식, 이동식), 재현기법
- 비인적 해설 : 자기안내해설기법(해설판, 해설센터, 전시판), 전자장치 이용기법(전자전시판, 멀티미디어시스템, 무인정보안내소)

28 호수와 지명의 연결로 옳은 것은?

① 화진포 – 강원도 고성군
② 송지호 – 강원도 원주시
③ 경포호 – 강원도 속초시
④ 영랑호 – 강원도 춘천시

해설
② 송지호 : 강원도 고성군
③ 경포호 : 강원도 강릉시
④ 영랑호 : 강원도 속초시

정답 25 ② / 26 ③ 27 ③ 28 ①

29 동굴관광자원 중 용암동굴이 아닌 것은?

① 고수굴
② 김녕굴
③ 만장굴
④ 협재굴

해설
동굴의 종류
- 석회동굴 : 고수굴, 고씨굴, 초당굴, 환선굴, 도담굴, 용담굴, 비룡굴 등
- 용암동굴 : 만장굴, 김녕사굴, 빌레못굴, 협재굴, 황금굴, 쌍용굴 등
- 해식동굴 : 금산굴, 산방굴, 용굴, 오동도굴, 정방굴 등

30 강원도 지역에 있는 국립공원에 해당하는 것을 모두 고른 것은?

ㄱ. 설악산	ㄴ. 소백산
ㄷ. 태백산	ㄹ. 오대산
ㅁ. 치악산	ㅂ. 덕유산

① ㄱ, ㄴ, ㄷ, ㄹ
② ㄱ, ㄷ, ㄹ, ㅁ
③ ㄴ, ㄷ, ㅁ, ㅂ
④ ㄴ, ㄹ, ㅁ, ㅂ

해설
ㄴ. 충북 · 경북 지역에 위치하고 있다.
ㅂ. 전북 · 경남 지역에 위치하고 있다.

31 우리나라 최초로 지정된 도립공원은?

① 마이산 도립공원
② 금오산 도립공원
③ 팔공산 도립공원
④ 선운산 도립공원

해설
1970년 금오산이 우리나라 최초의 도립공원으로 지정되었다.

32 농촌관광의 경제적 기대효과가 아닌 것은?

① 농촌 지역경제의 활성화
② 농촌 지역주민의 소득증대
③ 유휴자원의 소득자원화
④ 농촌과 도시와의 상호교류 촉진

해설
농촌의 기대효과
- 경제적 효과 : 농촌 지역의 활성화, 농촌 지역주민의 소득증대, 유휴자원의 소득증대
- 사회적 효과 : 농촌과 도시의 상호교류 촉진, 지역의 미래 인재 확보, 인구유입을 통한 인적네트워크 확대
- 환경적 효과 : 농촌환경 보전의 재원 확보 및 자극제 역할 담당, 환경문제 교육을 위한 장 제공

33 지역과 특산물의 연결로 옳지 않은 것은?

① 담양 – 죽세공품
② 안동 – 한천
③ 강화 – 화문석
④ 금산 – 인삼

해설
안동의 특산물로는 고춧가루, 대추, 산마가루, 하회탈, 한우, 풍산한지, 삼베 등이 있다. 한천은 밀양의 특산물에 해당한다.

29 ① 30 ② 31 ② 32 ④ 33 ② 정답

34 북한 지역에 위치한 관동 8경은?

① 삼척의 죽서루
② 평해의 월송정
③ 양양의 낙산사
④ 고성의 삼일포

해설
관동 8경
통천의 총석정, 고성의 삼일포, 간(고)성의 청간정, 양양의 낙산사, 강릉의 경포대, 삼척의 죽서루, 울진의 망양정, 평해의 월송정

35 지역과 축제명의 연결로 옳은 것은?

① 양양 – 산천어축제
② 진도 – 영등제
③ 무주 – 빙어축제
④ 안동 – 머드축제

해설
① 화천 : 산천어축제
③ 인제 : 빙어축제
④ 보령 : 머드축제

36 유네스코 세계문화유산에 등재된 민속마을은?

① 안동 하회마을
② 북촌 한옥마을
③ 전주 한옥마을
④ 한국 민속촌

해설
안동 하회마을은 2010년 '한국의 역사마을 : 하회와 양동'이라는 명칭으로 유네스코 세계문화유산에 등재되었다.

37 카지노에 관한 설명으로 옳은 것은?

① 호텔업에 대한 의존도가 낮다.
② 강원랜드는 외국인만 출입 가능하다.
③ 주변국가의 정치 · 경제 · 사회 등의 영향을 받지 않는다.
④ 외화획득이 높은 서비스 산업이다.

해설
① 호텔영업에 대한 기여도와 의존도가 높다.
② 강원랜드는 내 · 외국인을 대상으로 하는 카지노이다.
③ 카지노는 관광산업에 해당하므로 주변국가의 정치 · 경제 · 사회 등에 따라 직접적인 영향을 받는다.

38 다목적댐에 해당하는 것은?

① 평화의 댐
② 수어댐
③ 광동댐
④ 임하댐

해설
다목적댐
• 한강 유역 : 소양강, 충주, 횡성
• 낙동강 유역 : 안동, 임하, 합천, 남강, 밀양 등
• 금강 유역 : 용담, 대청
• 섬진강 유역 : 섬진강, 주암
• 기타 : 부안, 보령, 장흥

2022년

정답 34 ④ 35 ② 36 ① 37 ④ 38 ④

39 다음 설명에 해당하는 것은?

- 탈을 쓰고 벌이는 전통 가면극이다.
- 주로 산신제와 함께 벌어지며 국가무형문화재 제43호로 지정되어 있다.
- 문둥이마당, 양반마당, 영노마당, 할미마당 등으로 구성되어 있다.

① 양주별산대놀이
② 처용무
③ 남사당놀이
④ 수영야류

해설
① 춤 · 무언극 · 덕담 · 익살이 어우러진 민중놀이로, 서울 · 경기 지방에서 즐겼던 산대도감극의 한 갈래이다.
② 국가무형문화재와 유네스코 인류무형문화유산으로 등재된 궁중무용이다. 궁중무용에서 사람 가면을 쓰고 추는 유일한 춤이다.
③ 서민들을 위한 놀이로, 꼭두쇠를 비롯하여 최소 40명에 이르는 남자들로 구성된 남사당패가 농 · 어촌을 돌며 행하는 놀이이다.
※ 수영야류는 문둥이마당이 없는 것이 특징이므로 보기의 설명에 오류가 있어 전항 정답처리되었다.

40 유네스코 등재 인류무형문화유산이 아닌 것은?

① 택 견
② 줄타기
③ 은산별신제
④ 영산재

해설
유네스코 등재 인류무형문화유산
- 종묘제례 및 종묘제례악(2001)
- 판소리(2003)
- 강릉단오제(2005)
- 강강술래(2009)
- 남사당놀이(2009)
- 영산재(2009)
- 처용무(2009)
- 제주칠머리당영등굿(2009)
- 가곡(2010)
- 대목장(2010)
- 매사냥(2010)
- 택견(2011)
- 줄타기(2011)
- 한산모시짜기(2011)
- 아리랑(2012)
- 김장문화(2013)
- 농악(2014)
- 줄다리기(2015)
- 제주해녀문화(2016)
- 씨름(2018)
- 연등회, 한국의 등불 축제(2020)
- 한국의 탈춤(2022)

41 한국의 전통 지붕에 관한 설명으로 옳은 것은?

① 모임지붕은 책을 엎어 놓은 것과 같은 형태로 고려 이전에 주로 사용되었다.
② 맞배지붕은 지붕면이 4면으로 되어 있어 숭례문과 같은 도성의 문에 사용되었다.
③ 우진각지붕은 하나의 꼭짓점에서 지붕골이 만나는 형태이다.
④ 팔작지붕은 경복궁 근정전, 부석사 무량수전과 같이 권위적인 건축에 많이 사용되었다.

해설
① 모임지붕은 하나의 꼭짓점에서 지붕골이 만나는 형태로 주로 정자에 사용된다.
② 맞배지붕은 책을 엎어 놓은 것과 같은 형태로 고려 이전에 주로 사용되었다.
③ 우진각지붕은 지붕면이 4면으로 되어 있어 숭례문과 같은 도성의 문에 사용되었다.

39 해설참조 40 ③ 41 ④ 정답

42 경복궁 내 건축물이 아닌 것은?

① 인정전
② 자경전
③ 사정전
④ 강녕전

해설
인정전은 창덕궁의 건물에 해당한다.

43 불교의 수인에 관한 설명으로 옳지 않은 것은?

① 지권인은 진리는 하나라는 것을 의미한다.
② 전법륜인은 두려움을 없애주고 평정을 주는 힘을 가진다는 것을 의미한다.
③ 선정인은 참선할 때 짓는 수인이다.
④ 항마촉지인은 깨달음을 얻는 모습을 형상화한 것이다.

해설
② 두려움을 없애주고 평정을 주는 힘을 가진다는 것을 의미하는 수인은 시무외인이다. 전법륜인은 설법할 때 짓는 수인이다.

44 불교 사찰의 입구에 있는 문으로 기둥이 일렬로 서있다는 뜻을 가진 문은?

① 천왕문
② 일주문
③ 금강문
④ 해탈문

해설
① 사천왕문이라고도 하며, 불법을 수호하는 사천왕이 있는 문이다. 금강문의 역할을 대신하기도 한다.
③ 일주문 다음으로 위치하는 문이며, 속세의 더러움을 씻어내는 곳이다.
④ 모든 번뇌를 벗어버리는 곳이다.

45 다음의 석탑 중 국보로 지정된 가장 오래된 석탑은?

① 미륵사지 석탑
② 불국사 다보탑
③ 원각사지 십층석탑
④ 월정사 팔각구층석탑

해설
미륵사지 석탑은 목조탑 양식을 모방한 것으로 우리나라 최고(最古)의 석탑이다.

46 다음 설명에 해당하는 서원은?

- 사적 제55호로 지정되어 있다.
- 경북 영주시에 위치하고 있다.
- 임금이 현판을 하사한 최초의 서원(사액서원)이다.

① 필암서원
② 도동서원
③ 소수서원
④ 도산서원

해설
① 김인후를 추모하기 위해 세운 서원으로 전남 장성군에 위치하고 있다. 윤봉구(청절당 처마 밑), 송준길(대청마루), 송시열(확연루)이 쓴 현판이 걸려 있다.
② 김굉필을 추모하기 위해 세운 서원으로 대구 달성군에 위치하고 있다. 강당 · 사당 등은 보물로 지정되었으며, 신도비 · 은행나무 등을 포함한 서원 전역은 사적으로 지정되었다.
④ 퇴계 이황을 추모하기 위해 세운 서원으로 경북 안동시에 위치하고 있다. 선조 8년 국왕에게 이름을 받아 사액서원으로 자리 잡았다.

정답 42 ① 43 ② 44 ② 45 ① 46 ③

47 다음 설명에 해당하는 민요는?

- 국가무형문화재 제57호로 지정되어 있다.
- 태평가, 늴리리야, 도라지타령 등이 있다.
- 평조가락이 많아 부드럽고 서정적이며 경쾌하다.

① 경기민요
② 남도민요
③ 동부민요
④ 서도민요

해설
서울 · 경기 지방의 민요로 아리랑 · 경복궁타령 · 군밤타령 · 늴리리야 · 도라지타령 등이 있다.

48 백자의 종류 중 진사백자에 관한 설명으로 옳은 것은?

① 코발트계 청색 안료로 그림을 그리고 구워낸 백자이다.
② 표면에 음각으로 문양을 새기고 자토로 메워 검은색으로 나타낸 백자이다.
③ 철분 안료로 문양을 그려 다갈색으로 나타낸 백자이다.
④ 산화동으로 문양을 그려 붉은색으로 나타낸 백자이다.

해설
① 청화백자에 대한 설명이다.
② 상감백자에 대한 설명이다.
③ 철화백자에 대한 설명이다.

49 두견주에 관한 설명으로 옳은 것은?

① 지방무형문화재로 지정되어 있다.
② 경주 최씨 문중에서 전승되어 온 청주이다.
③ 충남 면천지역에서 전승되어 온 진달래향의 청주이다.
④ 함경도 토속주로 문배나무 과일향이 나는 특징이 있다.

해설
① 두견주는 국가무형문화재에 해당한다.
② 국가무형문화재인 경주 교동법주에 대한 설명이다.
④ 국가무형문화재인 서울 문배주에 대한 설명이다.

50 조선의 왕릉 중 서삼릉이 아닌 것은?

① 희 릉
② 예 릉
③ 익 릉
④ 효 릉

해설
서삼릉은 경기도 고양시에 위치한 왕릉으로, 희릉 · 효릉 · 예릉이 있다.

47 ① 48 ④ 49 ③ 50 ③ 정답

제3과목 관광법규

01 관광기본법 조문의 일부이다. ( )에 들어갈 내용은?

> • (ㄱ)는 매년 관광진흥에 관한 시책과 동향에 대한 보고서를 정기국회가 시작하기 전까지 국회에 제출하여야 한다.
> • (ㄴ)는 관광에 관한 국가시책에 필요한 시책을 강구하여야 한다.

① ㄱ – 국가, ㄴ – 국가관광전략회의
② ㄱ – 정부, ㄴ – 국회
③ ㄱ – 정부, ㄴ – 지방자치단체
④ ㄱ – 국무총리, ㄴ – 지방자치단체

해설
• 정부는 매년 관광진흥에 관한 시책과 동향에 대한 보고서를 정기국회가 시작하기 전까지 국회에 제출하여야 한다(관광기본법 제4조).
• 지방자치단체는 관광에 관한 국가시책에 필요한 시책을 강구하여야 한다(관광기본법 제6조).

02 관광진흥법상 민간개발자에 해당하지 않는 것은?

① 관광단지를 개발하려는 개인
② 관광단지를 개발하려는 상법에 따라 설립된 법인
③ 관광단지를 개발하려는 민법에 따라 설립된 법인
④ 관광단지를 개발하려는 한국관광공사법에 따라 설립된 한국관광공사

해설
민간개발자의 정의(관광진흥법 제2조 제8호)
"민간개발자"란 관광단지를 개발하려는 개인이나 상법 또는 민법에 따라 설립된 법인을 말한다.

03 관광진흥법상 한국관광협회중앙회의 업무를 모두 고른 것은?

> ㄱ. 관광 통계
> ㄴ. 관광안내소의 운영
> ㄷ. 관광종사원의 교육
> ㄹ. 관광사업 진흥에 필요한 조사

① ㄱ, ㄹ
② ㄴ, ㄷ
③ ㄴ, ㄷ, ㄹ
④ ㄱ, ㄴ, ㄷ, ㄹ

해설
한국관광협회중앙회의 업무(관광진흥법 제43조 제1항)
• 관광사업의 발전을 위한 업무
• 관광사업 진흥에 필요한 조사 · 연구 및 홍보
• 관광 통계
• 관광종사원의 교육과 사후관리
• 회원의 공제사업
• 국가나 지방자치단체로부터 위탁받은 업무
• 관광안내소의 운영
• 위의 규정에 의한 업무에 따르는 수익사업

04 관광진흥법령상 한국관광 품질인증 대상에 해당하는 관광사업은?

① 종합여행업
② 한옥체험업
③ 관광호텔업
④ 크루즈업

정답 01 ③ 02 ④ 03 ④ 04 ②

해설
한국관광 품질인증의 대상(관광진흥법 시행령 제41조의10)
- 야영장업
- 외국인관광 도시민박업
- 한옥체험업
- 관광식당업
- 관광면세업
- 숙박업(관광숙박업 제외)
- 외국인관광객면세판매장
- 그 밖에 관광사업 및 이와 밀접한 관련이 있는 사업으로서 문화체육관광부장관이 정하여 고시하는 사업

05 **관광진흥법령상 관광통역안내의 자격을 가진 사람이 관광안내를 하면서 자격증을 패용하지 않은 경우 부과될 수 있는 벌칙은?**

① 1만원의 벌금
② 3만원의 과태료
③ 30만원의 벌금
④ 150만원의 과태료

해설
과태료의 부과기준(관광진흥법 시행령 별표 5)
관광통역안내의 자격을 가진 사람이 관광안내를 하는 경우에는 자격증을 패용하여야 한다는 법령을 위반하여 관광통역 안내를 한 경우, 1차 위반 시에는 3만원, 2차 위반 시에는 3만원, 3차 이상 위반 시에는 3만원의 과태료가 부과된다.

06 **관광진흥법상 시 · 도지사(특별자치도지사 제외)가 수립하는 권역별 관광개발계획에 포함되어야 할 사항이 아닌 것은?**

① 관광권역의 설정에 관한 사항
② 환경보전에 관한 사항
③ 관광지 연계에 관한 사항
④ 관광지 및 관광단지의 실적 평가에 관한 사항

해설
관광개발기본계획 등(관광진흥법 제49조 제2항)
시 · 도지사(특별자치도지사 제외)는 기본계획에 따라 구분된 권역을 대상으로 다음 각 호의 사항을 포함하는 권역별 관광개발계획(이하 "권역계획")을 수립하여야 한다.
- 권역의 관광 여건과 관광 동향에 관한 사항
- 권역의 관광 수요와 공급에 관한 사항
- 관광자원의 보호 · 개발 · 이용 · 관리 등에 관한 사항
- 관광지 및 관광단지의 조성 · 정비 · 보완 등에 관한 사항
- 관광지 및 관광단지의 실적 평가에 관한 사항
- 관광지 연계에 관한 사항
- 관광사업의 추진에 관한 사항
- 환경보전에 관한 사항
- 그 밖에 그 권역의 관광자원의 개발, 관리 및 평가를 위하여 필요한 사항

07 **관광진흥법령상 관광사업의 종류에 관한 설명으로 옳은 것은?**

① 국내외여행업 – 국내외를 여행하는 내국인을 대상으로 하는 여행업
② 휴양 콘도미니엄업 – 관광객의 숙박에 적합한 시설을 갖추어 이를 관광객에게 제공하거나 이용하게 하는 업
③ 국내여행업 – 국내를 여행하는 내국인과 외국인을 대상으로 하는 여행업
④ 국제회의기획업 – 대규모 관광수요를 유발하는 국제회의를 개최할 수 있는 시설을 설치하여 운영하는 업

05 ② 06 ① 07 ① 정답

해설
② 휴양 콘도미니엄업 : 관광객의 숙박과 취사에 적합한 시설을 갖추어 이를 그 시설의 회원이나 공유자, 그 밖의 관광객에게 제공하거나 숙박에 딸리는 음식 · 운동 · 오락 · 휴양 · 공연 또는 연수에 적합한 시설 등을 함께 갖추어 이를 이용하게 하는 업(관광진흥법 제3조 제1항 제2호 나목)
③ 국내여행업 : 국내를 여행하는 내국인을 대상으로 하는 여행업(관광진흥법 시행령 제2조 제1항 제1호 다목)
④ 국제회의기획업 : 대규모 관광 수요를 유발하는 국제회의의 계획 · 준비 · 진행 등의 업무를 위탁받아 대행하는 업(관광진흥법 시행령 제2조 제1항 제4호 나목)

08 관광진흥법령상 관광숙박업의 종류에 해당하지 않는 것은?

① 관광펜션업
② 호스텔업
③ 소형호텔업
④ 의료관광호텔업

해설
관광사업의 종류(관광진흥법 제3조 제1항, 시행령 제2조 제1항 제2호)
- 호텔업
  - 관광호텔업
  - 수상관광호텔업
  - 한국전통호텔업
  - 가족호텔업
  - 호스텔업
  - 소형호텔업
  - 의료관광호텔업
- 휴양 콘도미니엄업

09 관광진흥법령상 관광사업 중 허가를 받아야 하는 관광사업은?

① 관광유람선업
② 관광면세업
③ 일반유원시설업
④ 종합휴양업

해설
허가와 신고(관광진흥법 제5조 제1항 · 제2항, 시행령 제7조)
- 카지노업을 경영하려는 자는 전용영업장 등 문화체육관광부령으로 정하는 시설과 기구를 갖추어 문화체육관광부장관의 허가를 받아야 한다.
- 유원시설업 중 대통령령으로 정하는 유원시설업(종합유원시설업 및 일반유원시설업)을 경영하려는 자는 문화체육관광부령으로 정하는 시설과 설비를 갖추어 특별자치시장 · 특별자치도지사 · 시장 · 군수 · 구청장의 허가를 받아야 한다.

10 관광진흥법령상 변경등록사항이 아닌 것은?

① 여행업의 상호 또는 대표자의 변경
② 외국인관광 도시민박업의 형태와 면적의 변경
③ 호텔업의 부대시설 위치 · 면적 및 종류의 변경
④ 야영장업의 부지 면적 변경

해설
변경등록(관광진흥법 시행령 제6조 제1항)
- 사업계획의 변경승인을 받은 사항(사업계획의 승인을 받은 관광사업만 해당)
- 상호 또는 대표자의 변경
- 객실 수 및 형태의 변경(휴양 콘도미니엄업을 제외한 관광숙박업만 해당)
- 부대시설의 위치 · 면적 및 종류의 변경(관광숙박업만 해당)
- 여행업의 경우에는 사무실 소재지의 변경 및 영업소의 신설, 국제회의기획업의 경우에는 사무실 소재지의 변경
- 부지 면적의 변경, 시설의 설치 또는 폐지(야영장업만 해당)
- 객실 수 및 면적의 변경, 편의시설 면적의 변경, 체험시설 종류의 변경(한옥체험업만 해당)

정답 08 ① 09 ③ 10 ②

11 **관광진흥법령상 사업계획승인을 받은 경우 그 사업계획에 따른 관광숙박시설의 건축이 가능한 용도지역을 모두 고른 것은?**

ㄱ. 일반주거지역
ㄴ. 준주거지역
ㄷ. 준공업지역
ㄹ. 자연녹지지역

① ㄴ, ㄷ
② ㄱ, ㄴ, ㄹ
③ ㄱ, ㄷ, ㄹ
④ ㄱ, ㄴ, ㄷ, ㄹ

해설
관광숙박업의 건축지역(관광진흥법 제16조 제5항, 시행령 제14조)
사업계획의 승인 또는 변경승인을 받은 경우 그 사업계획에 따른 관광숙박시설 및 그 시설 안의 위락시설로서 「국토의 계획 및 이용에 관한 법률」에 따라 지정된 다음의 용도지역의 시설에 대하여는 같은 법 제76조 제1항을 적용하지 아니한다. 다만, 주거지역에서는 주거환경의 보호를 위하여 대통령령으로 정하는 사업계획승인기준에 맞는 경우에 한한다.
- 상업지역
- 주거지역 · 공업지역 및 녹지지역 중 대통령령으로 정하는 지역
  - 일반주거지역
  - 준주거지역
  - 준공업지역
  - 자연녹지지역

12 **관광진흥법령상 관광사업의 등록기준으로 옳은 것은?**

① 관광공연장업의 경우 50제곱미터 이상의 무대를 갖추고 있을 것
② 국내여행업의 경우 자본금(개인의 경우에는 자산평가액)은 1천 500만원 이상일 것
③ 가족호텔업의 경우 객실별 면적이 33제곱미터 이상일 것
④ 관광호텔업의 경우 욕실이나 샤워시설을 갖춘 객실을 20실 이상 갖추고 있을 것

해설
관광사업의 등록기준(관광진흥법 시행령 별표 1)
① 관광공연장업의 경우 70제곱미터 이상의 무대를 갖추고 있을 것
③ 가족호텔업의 경우 객실별 면적이 19제곱미터 이상일 것
④ 관광호텔업의 경우 욕실이나 샤워시설을 갖춘 객실을 30실 이상 갖추고 있을 것

13 **관광진흥법령상 분양 및 회원모집에 관한 설명으로 옳은 것은?**

① 관광호텔업으로 등록한 경우에는 회원모집과 분양이 가능하다.
② 휴양 콘도미니엄업으로 등록한 경우에는 회원모집과 분양이 가능하다.
③ 종합휴양업으로 등록한 경우에는 회원모집과 분양이 가능하다.
④ 야영장업으로 등록한 경우에는 회원모집과 분양이 가능하다.

해설
분양 및 회원 모집(관광진흥법 제20조 제1항, 시행령 제23조 제1항)
관광숙박업이나 관광객 이용시설업으로서 대통령령으로 정하는 종류의 관광사업(휴양 콘도미니엄업 및 호텔업, 관광객 이용시설업 중 제2종 종합휴양업)을 등록한 자 또는 그 사업계획의 승인을 받은 자가 아니면 그 관광사업의 시설에 대하여 분양(휴양 콘도미니엄만 해당) 또는 회원 모집을 하여서는 아니 된다.

11 ④ 12 ② 13 ② 정답

14 **관광진흥법령상 국내에서 카지노를 경영하는 카지노 사업자의 연간 총매출액이 200억원이라면, 카지노 사업자가 납부해야 하는 관광진흥개발기금의 납부금은?**

① 5억 1천만원
② 5억 6천만원
③ 10억 1천만원
④ 14억 6천만원

해설
연간 총매출액이 100억원을 초과하는 경우 관광진흥개발기금 납부금 징수율은 4억 6천만원 + 총매출액 중 100억원을 초과하는 금액의 100분의 10(관광진흥법 시행령 제30조 제2항 제3호)이다. 총매출액인 200억원 중 100억원을 초과하는 금액이 100억원이므로, 100억원의 100분의 10 금액인 10억과 4억 6천만원을 합하여 계산한다.

15 **관광진흥법령상 호텔업의 등급결정 등에 관한 설명으로 옳지 않은 것은?**

① 등급결정을 신청하여야 하는 관광숙박업은 관광호텔업, 수상관광호텔업, 한국전통호텔업, 가족호텔업, 소형호텔업, 의료관광호텔업이다.
② 호텔업의 등록을 한 자는 호텔업의 등급 중 희망하는 등급을 정하여 시 · 도지사에게 등급결정을 신청하여야 한다.
③ 시설의 증 · 개축 또는 서비스 및 운영실태 등의 변경에 따른 등급 조정사유가 발생한 경우에는 등급 조정사유가 발생한 날부터 60일 이내에 등급신청을 해야 한다.
④ 등급신청은 호텔을 신규 등록한 경우에는 호텔업 등록을 한 날부터 60일 이내에 해야 한다.

해설
호텔업(관광호텔업, 수상관광호텔업, 한국전통호텔업, 가족호텔업, 소형호텔업 또는 의료관광호텔업 해당)의 등록을 한 자는 문화체육관광부장관으로부터 등급결정권을 위탁받은 법인(이하"등급결정 수탁기관")에 호텔업의 등급 중 희망하는 등급을 정하여 등급결정을 신청해야 한다(관광진흥법 시행규칙 제25조 제1항).

16 **관광진흥법령상 소형호텔업의 등록기준으로 옳지 않은 것은?**

① 욕실이나 샤워시설을 갖춘 객실을 30실 이상 갖추고 있을 것
② 부대시설의 면적 합계가 건축 연면적의 50퍼센트 이하일 것
③ 대지 및 건물의 소유권 또는 사용권을 확보하고 있을 것(다만, 회원을 모집하는 경우에는 소유권을 확보할 것)
④ 조식 제공, 외국어 구사인력 고용 등 외국인에게 서비스를 제공할 수 있는 체제를 갖추고 있을 것

해설
소형호텔업의 등록기준(관광진흥법 시행령 별표 1 제2호 바목)
• 욕실이나 샤워시설을 갖춘 객실을 20실 이상 30실 미만으로 갖추고 있을 것
• 부대시설의 면적 합계가 건축 연면적의 50% 이하일 것
• 두 종류 이상의 부대시설을 갖출 것. 다만, 단란주점영업, 유흥주점영업 및 사행행위를 위한 시설은 둘 수 없다.
• 조식 제공, 외국어 구사인력 고용 등 외국인에게 서비스를 제공할 수 있는 체제를 갖추고 있을 것
• 대지 및 건물의 소유권 또는 사용권을 확보하고 있을 것. 다만, 회원을 모집하는 경우에는 소유권을 확보하여야 한다.

17 **관광진흥법령상 카지노영업소에 내국인(해외이주법 제2조에 따른 해외이주자는 제외)을 과실로 입장시킨 경우에 카지노 사업자가 받게 되는 행정처분의 기준으로 옳은 것은?**

① 1차 위반 시 – 경고
② 2차 위반 시 – 시정명령
③ 3차 위반 시 – 사업정지 1개월
④ 4차 위반 시 – 사업정지 2개월

정답 14 ④ 15 ② 16 ① 17 ③

해설
행정처분의 기준(관광진흥법 시행령 별표 2)
카지노영업소에 내국인(해외이주법 제2조에 따른 해외이주자는 제외)을 입장하게 하는 경우
- 고의로 입장시킨 경우
  - 1차 위반 시 : 사업정지 3개월
  - 2차 위반 시 : 취소
- 과실로 입장시킨 경우
  - 1차 위반 시 : 시정명령
  - 2차 위반 시 : 사업정지 10일
  - 3차 위반 시 : 사업정지 1개월
  - 4차 위반 시 : 사업정지 3개월

18 **관광진흥법령상 문화체육관광부장관에게 등록하지 않은 국외여행 인솔자에게 내국인의 국외여행을 인솔하게 한 관광사업자가 받게 되는 행정처분의 기준으로 옳지 않은 것은?**

① 1차 위반 시 – 사업정지 10일
② 2차 위반 시 – 사업정지 20일
③ 3차 위반 시 – 사업정지 40일
④ 4차 위반 시 – 사업정지 3개월

해설
행정처분의 기준(관광진흥법 시행령 별표 2)
문화체육관광부장관에게 등록하지 않은 국외여행 인솔자에게 국외여행을 인솔하게 한 경우
- 1차 위반 시 : 사업정지 10일
- 2차 위반 시 : 사업정지 20일
- 3차 위반 시 : 사업정지 1개월
- 4차 위반 시 : 사업정지 3개월

19 **관광진흥법령상 관광종사원의 관광 업무별 권고 자격 기준으로 옳지 않은 것은?**

① 4성급 이상의 관광호텔업의 총괄관리 및 경영업무 – 호텔관리사 자격을 취득한 자
② 현관 · 객실 · 식당의 접객업무 – 호텔서비스사 자격을 취득한 자
③ 내국인의 국내여행을 위한 안내 – 국내여행안내사 자격을 취득한 자
④ 4성급 이상의 관광호텔업의 객실관리 책임자 업무 – 호텔경영사 또는 호텔관리사 자격을 취득한 자

해설
4성급 이상의 관광호텔업의 총괄관리 및 경영업무를 종사하도록 권고할 수 있는 자는 호텔경영사 자격을 취득한 자이다(관광진흥법 시행령 별표 4).

20 **관광진흥개발기금법상 관광진흥개발기금의 재원으로 옳지 않은 것은?**

① 정부로부터 받은 출연금
② 관광진흥법 제30조에 따른 납부금
③ 기금의 운용에 따라 생기는 수익금
④ 관세법에 따른 보세판매장 특허수수료의 전부

해설
기금의 설치 및 재원(관광진흥개발기금법 제2조 제2항)
- 정부로부터 받은 출연금
- 「관광진흥법」 제30조에 따른 납부금
- 출국납부금
- 「관세법」 제176조의2 제4항에 따른 보세판매장 특허수수료의 100분의 50
- 기금의 운용에 따라 생기는 수익금과 그 밖의 재원

18 ③ 19 ① 20 ④ 정답

21 **관광진흥개발기금법령상 국내 공항을 통해 출국하려는 경우, 관광진흥개발기금의 납부대상에 해당하는 자는?**

① 국외로 입양되는 7세의 어린이와 성인인 호송인
② 대한민국에 주둔하는 외국의 군무원
③ 입국이 거부되어 출국하는 자
④ 출입국관리법에 따른 강제퇴거 대상자 중 자비로 출국하는 외국인

해설
납부대상(관광진흥개발기금법 시행령 제1조의2 제1항)
관광진흥개발기금법에서 "대통령령으로 정하는 자(국내 공항과 항만을 통하여 출국하는 자로서 대통령령으로 정하는 금액을 기금에 납부하여야 하는 자)"란 다음의 어느 하나에 해당하는 자를 제외한 자를 말한다.
• 외교관여권이 있는 자
• 2세(선박을 이용하는 경우에는 6세) 미만인 어린이
• 국외로 입양되는 어린이와 그 호송인
• 대한민국에 주둔하는 외국의 군인 및 군무원
• 입국이 허용되지 아니하거나 거부되어 출국하는 자
• 출입국관리법 제46조에 따른 강제퇴거 대상자 중 국비로 강제 출국되는 외국인
• 공항통과 여객으로서 보세구역을 벗어난 후 출국하는 여객
• 국제선 항공기 및 국제선 선박을 운항하는 승무원과 승무교대를 위하여 출국하는 승무원

22 **아빠, 8세의 딸, 12세의 아들이 국내 항만을 통해 선박을 이용하여 출국하는 경우, 관광진흥개발기금법령상 이들 가족이 납부해야 하는 출국납부금의 총액은? (단, 이들은 납부 제외자에 해당하지 않음)**

① 2천원
② 3천원
③ 2만원
④ 3만원

해설
납부금의 금액(관광진흥개발기금법 시행령 제1조의2 제2항)
납부금은 1만원으로 한다. 다만, 선박을 이용하는 경우에는 1천원으로 한다.

23 **국제회의산업 육성에 관한 법령상 국제회의의 종류·규모에 관한 조문의 일부이다. ( )에 들어갈 내용은?**

> 1. 국제기구나 국제기구에 가입한 기관 또는 법인·단체가 개최하는 회의로서 다음 각 목의 요건을 모두 갖춘 회의
> 가. 해당 회의에 (ㄱ)개국 이상의 외국인이 참가할 것
> 나. 회의 참가자가 (ㄴ)명 이상이고 그 중 외국인이 (ㄷ)명 이상일 것
> 다. 3일 이상 진행되는 회의일 것

① ㄱ – 3, ㄴ – 300, ㄷ – 100
② ㄱ – 3, ㄴ – 500, ㄷ – 150
③ ㄱ – 5, ㄴ – 300, ㄷ – 100
④ ㄱ – 5, ㄴ – 500, ㄷ – 150

해설
국제회의의 종류·규모(국제회의산업 육성에 관한 법률 시행령 제2조 제1호)
국제기구나 국제기구에 가입한 기관 또는 법인·단체가 개최하는 회의로서 다음의 요건을 모두 갖춘 회의
• 해당 회의에 5개국 이상의 외국인이 참가할 것
• 회의 참가자가 300명 이상이고 그 중 외국인이 100명 이상일 것
• 3일 이상 진행되는 회의일 것

24 **국제회의산업 육성에 관한 법령상 국제회의집적시설로 지정될 수 있는 시설이 아닌 것은?**

① 관광진흥법에 따른 관광숙박업의 시설로서 150실의 객실을 보유한 시설
② 유통산업발전법에 따른 대규모점포
③ 국제회의산업 육성에 관한 법률에 따른 국제회의시설로서 3천명의 인원을 수용할 수 있는 대회의실이 있는 시설
④ 공연법에 따른 공연장으로서 700석의 객석을 보유한 공연장

정답 21 ④ 22 ② 23 ③ 24 ③

해설

국제회의집적시설의 종류와 규모(국제회의산업 육성에 관한 법률 시행령 제4조)

"숙박시설, 판매시설, 공연장 등 대통령령으로 정하는 종류와 규모에 해당하는 시설"이란 다음의 시설을 말한다.

- 「관광진흥법」에 따른 관광숙박업의 시설로서 100실(4성급 또는 5성급으로 등급결정을 받은 호텔업의 경우에는 30실) 이상의 객실을 보유한 시설
- 「유통산업발전법」에 따른 대규모점포
- 「공연법」에 따른 공연장으로서 300석 이상의 객석을 보유한 공연장
- 그 밖에 국제회의산업의 진흥 및 발전을 위하여 국제회의집적시설로 지정될 필요가 있는 시설로서 문화체육관광부장관이 정하여 고시하는 시설

25 국제회의산업 육성에 관한 법률상 국가 및 지방자치단체가 국제회의복합지구의 국제회의시설에 대해서 감면할 수 있는 부담금이 아닌 것은?

① 하수도법에 따른 원인자부담금
② 초지법에 따른 대체초지조성비
③ 농지법에 따른 농지보전부담금
④ 개발이익 환수에 관한 법률에 따른 개발부담금

해설

부담금의 감면 등(국제회의산업 육성에 관한 법률 제15조의4 제1항)

국가 및 지방자치단체는 국제회의복합지구 육성 · 진흥사업을 원활하게 시행하기 위하여 필요한 경우에는 국제회의복합지구의 국제회의시설 및 국제회의집적시설에 대하여 관련 법률에서 정하는 바에 따라 다음의 부담금을 감면할 수 있다.

- 「개발이익 환수에 관한 법률」에 따른 개발부담금
- 「산지관리법」에 따른 대체산림자원조성비
- 「농지법」에 따른 농지보전부담금
- 「초지법」에 따른 대체초지조성비
- 「도시교통정비 촉진법」에 따른 교통유발부담금

제4과목 관광학개론

26 관광객이 관광지의 수용력을 초과 방문하여 발생하는 관광현상으로 옳은 것은?

① Over Tourism
② Alternative Tourism
③ Sustainable Tourism
④ Local Tourism

해설

관광객이 관광지의 수용력을 넘어설 만큼 방문하여 환경 · 사회적으로 문제가 발생하는 현상을 말한다. 과잉관광이라고도 부른다.

27 근대시대의 유럽에서 '교육적 효과'를 궁극적인 목표로 삼았던 관광에 해당하는 것은?

① Grand Tour
② Mass Tourism
③ City Tourism
④ Night Tourism

해설

Grand Tour

17세기 중반부터 19세기 초반까지 유럽의 상류층 자제들이 지식과 견문을 넓히기 위하여 유럽의 여러 나라를 순방하는 것을 Grand Tour(교양관광)라고 부른다.

25 ① / 26 ① 27 ① 정답

28 세계관광기구(UNWTO)가 규정한 관광객 중 관광통계에 포함되지 않는 것은?

① 해외교포
② 승무원
③ 당일방문객
④ 국경통과자

해설
세계관광기구(UNWTO)의 비관광객
국경통근자, 유목민, 군인, 외교관, 일시적 · 영구적 이주자 등

29 관광의 발전단계와 핵심 관광동기의 연결로 옳지 않은 것은?

① Tour시대 – 종교 동기
② Tourism시대 – 지식 동기
③ Mass Tourism시대 – 위락 동기
④ New Tourism시대 – 과시 동기

해설
④ New Tourism시대는 관광의 생활화 동기이다.

30 현재 우리나라의 관광사업자단체에 해당하지 않는 것은?

① 한국관광펜션업협회
② 한국관광안내사협회
③ 한국호텔업협회
④ 한국여행업협회

해설
관광사업자단체(관광협회)
- 업종별 협회 : 한국호텔업협회, 한국여행업협회, 한국MICE협회, 한국카지노업관광협회, 한국종합유원시설협회, 한국외국인관광시설협회, 한국관광펜션업협회, 한국관광유람선업협회, 대한캠핑장협회, 한국PCO협회, 한국휴양콘도미니엄경영협회
- 지역관광협회(시 · 도 단위) : 서울특별시, 부산광역시, 대구광역시, 인천광역시, 광주광역시, 대전광역시, 울산광역시, 세종특별자치시, 경기도, 강원도, 충청북도, 충청남도, 전라북도, 전라남도, 경상북도, 경상남도, 제주특별자치도관광협회

31 건전한 국민관광의 발전을 도모하기 위해 최초로 시행된 관광관련 법률은?

① 관광사업법
② 관광진흥법
③ 관광기본법
④ 국민관광육성법

해설
관광기본법(1975년 제정)
이 법은 관광진흥의 방향과 시책의 기본을 규정함으로써 국제친선의 증진과 국민경제의 향상을 기하고 건전한 국민관광의 발전을 도모함을 목적으로 한다(「관광기본법」 제1조).
① 1976년 지정되었으며 1987년 관광진흥법으로 제명을 변경 후 폐지되었다.
② 1987년 제정되었다.

2022년

정답 28 ④ 29 ④ 30 ② 31 ③

32 문화체육관광부가 국민관광 활성화를 위해 추진한 관광상품 개발 사업에 해당하지 않는 것은?

① 한국관광의 별
② 한국관광 100선
③ 따로 함께 걷는 대한민국
④ 코리아순례길

해설
문화체육관광부가 추진한 관광상품은 코리아순례길이 아니라 '코리아둘레길'이다. 코리아둘레길은 동 · 서 · 남해안 및 DMZ 접경지역 등 우리나라 외곽을 하나로 이은 약 4,500km의 걷기여행길이다.

33 다음 국민관광정책들이 시행되었던 시기 순으로 옳게 나열한 것은?

ㄱ. 관광진흥법 제정
ㄴ. 지리산 국립공원 지정
ㄷ. 대전엑스포 개최
ㄹ. 해외여행 자유화 실시

① ㄱ – ㄴ – ㄷ – ㄹ
② ㄴ – ㄱ – ㄹ – ㄷ
③ ㄷ – ㄹ – ㄱ – ㄴ
④ ㄹ – ㄷ – ㄱ – ㄴ

해설
ㄴ. 1967년
ㄱ. 1987년
ㄹ. 1989년
ㄷ. 1993년

34 주요 항공사와 IATA코드 연결로 옳은 것을 모두 고른 것은?

ㄱ. 일본항공 – JL
ㄴ. 베트남항공 – VN
ㄷ. 필리핀항공 – FL
ㄹ. 대한항공 – KE

① ㄱ, ㄴ, ㄷ
② ㄱ, ㄴ, ㄹ
③ ㄱ, ㄷ, ㄹ
④ ㄴ, ㄷ, ㄹ

해설
필리핀항공의 IATA 코드는 PR이다.

35 국제관광기구의 약자와 명칭의 연결로 옳은 것을 모두 고른 것은?

ㄱ. PATA – 아시아 · 태평양관광협회
ㄴ. ASTA – 호주여행업협회
ㄷ. ICCA – 국제회의협회
ㄹ. APEC – 아시아 · 태평양관광협력기구

① ㄱ, ㄴ
② ㄱ, ㄷ
③ ㄴ, ㄷ
④ ㄴ, ㄹ

해설
ㄴ. ASTA는 미국여행업협회이다.
ㄹ. APEC은 아시아 · 태평양경제협력체이다.

32 ④ 33 ② 34 ② 35 ② 정답

36 다음 관광 형태에 관한 설명으로 옳은 것은?

> 미국인 Smith가 미국에서 출발하여 일본과 우리나라를 관광한 후 미국으로 귀국하는 것

① 국내관광(Domestic Tourism)
② 국외관광(Outbound Tourism)
③ 국제관광(International Tourism)
④ 국민관광(National Tourism)

해설
국제관광(International Tourism)
국외관광(Outbound Tourism, 자국민이 타국에서 관광) + 외래관광(Inbound Tourism, 외국인이 자국 내에서 관광) + 해외관광(Overseas Tourism, 외국인이 외국에서 관광)

37 관광개발의 섹터에 따른 관광개발 주체의 연결로 옳지 않은 것은?

① 제1섹터방식 – 관광개발기업 주도
② 제2섹터방식 – 민간 주도
③ 제3섹터방식 – 공공 + 민간 주도
④ 혼합섹터방식 – 공공 + 민간 + 지역센터 주도

해설
① 제1섹터방식 : 공공 주도

38 문화체육관광부에서 2020년에 선정한 '지역관광거점도시'에 해당하지 않는 곳은?

① 강원도 강릉시
② 전라남도 목포시
③ 경상북도 경주시
④ 전라북도 전주시

해설
2020년 국제 관광도시는 부산광역시이며, 지역관광거점도시는 전라남도 목포시, 전라북도 전주시, 강원도 강릉시, 경상북도 안동시가 있다.

39 관광진흥법상 카지노가 허가되는 시설로 옳은 것은?

① 국제회의업 시설의 부대시설
② 국내를 왕래하는 여객선
③ 휴양콘도미니엄
④ 가족호텔

해설
카지노업의 허가 요건(관광진흥법 제21조 제1항)
문화체육관광부장관은 카지노업의 허가신청을 받으면 다음의 어느 하나에 해당하는 경우에만 허가할 수 있다.
- 국제공항이나 국제여객선터미널이 있는 특별시 · 광역시 · 특별자치시 · 도 · 특별자치도(이하 "시 · 도"라 한다)에 있거나 관광특구에 있는 관광숙박업 중 호텔업 시설(관광숙박업의 등급 중 최상 등급을 받은 시설만 해당하며, 시 · 도에 최상 등급의 시설이 없는 경우에는 그 다음 등급의 시설만 해당한다) 또는 대통령령으로 정하는 국제회의업 시설의 부대시설에서 카지노업을 하려는 경우로서 대통령령으로 정하는 요건에 맞는 경우

2022년

정답 36 ③ 37 ① 38 ③ 39 ①

40 **다음 설명에 해당하는 기구는?**

> 해당 도시나 지역을 대표하여 컨벤션뿐만 아니라 전시회 · 박람회 및 인센티브 관광 등 MICE와 관련된 행사를 유치하는 데 필요한 업무와 정보를 제공해주는 국제회의 전담기구

① CVB
② UIA
③ ICCA
④ KTO

해설

② UIA(국제회의연합) : 1907년 벨기에에서 설립된 비영리 기구로 국제기관 및 협회 간 정보교류와 발전을 목적으로 창설
③ ICCA(세계국제회의전문협회) : 정기적인 회의로 최소 3개국 이상을 순회하면서 개최되고 참가자가 50명 이상인 회의
④ KTO(한국관광공사) : 관광관련 국민의 삶의 질 향상, 국민의 공익증진을 위한 기관

41 **관광진흥법령상 크루즈업의 등록기준 중 ( )에 들어갈 내용으로 옳은 것은?**

> • 욕실이나 샤워시설을 갖춘 객실을 (ㄱ)실 이상 갖추고 있을 것
> • 체육시설, 미용시설, 오락시설, 쇼핑시설 중 (ㄴ) 종류 이상의 시설을 갖
> 추고 있을 것
> • 식당 · 매점 · (ㄷ)을(를) 갖추고 있을 것

	ㄱ	ㄴ	ㄷ
①	20	2	휴게실
②	20	3	환전소
③	30	2	휴게실
④	30	3	환전소

해설

크루즈업의 등록기준(「관광진흥법」시행령 별표 1)

• 일반관광유람선업에서 규정하고 있는 관광사업의 등록기준을 충족할 것
  – 일반관광유람선업 등록기준
    ⓐ 「선박안전법」에 따른 구조 및 설비를 갖춘 선박일 것
    ⓑ 이용객의 숙박 또는 휴식에 적합한 시설을 갖추고 있을 것
    ⓒ 수세식화장실과 냉 · 난방 설비를 갖추고 있을 것
    ⓓ 식당 · 매점 · 휴게실을 갖추고 있을 것
    ⓔ 수질오염을 방지하기 위한 오수 저장 · 처리시설과 폐기물처리시설을 갖추고 있을 것
• 욕실이나 샤워시설을 갖춘 객실을 20실 이상 갖추고 있을 것
• 체육시설, 미용시설, 오락시설, 쇼핑시설 중 두 종류 이상의 시설을 갖추고 있을 것

42 **항공운송사업의 특성으로 옳지 않은 것은?**

① 안전성
② 고속성
③ 유연성
④ 경제성

해설

항공운송사업의 특성

서비스성, 안전성, 고속성, 정시성, 쾌적성과 편리성, 노선개설의 용이성, 경제성, 공공성, 자본집약성

40 ① 41 ① 42 ③ 정답

43 **호텔의 특성에 따른 분류와 호텔 유형 연결로 옳지 않은 것은?**

① 숙박기간 – Residential Hotel
② 입지조건 – Airport Hotel
③ 숙박목적 – Commercial Hotel
④ 숙박규모 – Transient Hotel

해설
트랜지언트 호텔은 숙박기간에 의해 분류한 것으로, 주로 1~2일 머무는 단기 체재객들이 이용하는 호텔이다.

44 **호텔업의 특성으로 옳지 않은 것은?**

① 인적서비스에 대한 의존성
② 낮은 위험부담
③ 계절성
④ 고정자산 과다

해설
호텔업은 계절에 따라 수입격차가 심하고 환경에 따라서도 크게 영향을 받는 업종이므로 위험부담이 크다.

45 **우리나라 카지노산업의 파급효과로 볼 수 없는 것은?**

① 지역경제 활성화
② 지역의 고용창출 효과
③ 과도한 이용으로 인한 사회적 부작용
④ 관광진흥개발기금 재원 감소

해설
카지노사업자는 총매출액의 100분의 10의 범위에서 일정 비율에 해당하는 금액을 관광진흥개발기금에 내야 한다(관광진흥법 제30조 제1항). 따라서 카지노산업은 관광진흥개발기금 재원을 확대시키는 효과가 있다.

46 **스마트관광도시의 사업목표로 옳지 않은 것은?**

① 기술 기반 미래관광 서비스 · 인프라 육성
② 혁신 기업의 참여를 통한 새로운 관광산업 발전기반 마련
③ 지역 경쟁력 강화를 통한 지역관광 활성화
④ 스마트관광 생태계 구현을 통한 웰니스관광 개발

해설
스마트관광도시는 관광 · 기술 요소를 융 · 복합하여 관광객을 대상으로 차별화된 경험 · 편의 · 서비스를 제공하고, 이로 인해 쌓인 정보를 분석하여 지속적으로 관광 콘텐츠 및 인프라를 개선하고 발전시키는 관광도시를 말한다. 스마트관광도시의 목표는 기술 기반 미래 관광서비스 · 인프라 육성, 혁신 기업의 참여를 통한 新관광산업 발전 기반 마련, 지역 경쟁력 강화를 통한 지역관광 활성화이다.

47 **관광사업의 기본적 성격에 관한 설명으로 옳지 않은 것은?**

① 안전성
② 복합성
③ 입지의존성
④ 공익성과 기업성

해설
관광사업의 특성으로는 복합성, 입지의존성, 변동성, 공익성, 서비스성이 있다.

48 **국제의료관광코디네이터의 역할로 옳지 않은 것은?**

① 외국인환자 공항 영접 · 환송서비스
② 외국인환자 통역서비스
③ 외국인환자 진료서비스
④ 외국인환자 의료사고 및 컴플레인 관리

해설
진료서비스는 의사만이 가능하다. 국제의료관광코디네이터는 외국인환자의 진료서비스를 지원하는 역할을 한다.

2022년

정답 43 ④ 44 ② 45 ④ 46 ④ 47 ① 48 ③

49 다음은 우리나라 여행업에 관한 설명이다. ( )에 들어갈 내용으로 옳은 것은?

- 국내여행업은 다양한 국민관광 수요를 충족하기 위해 1982년 허가제에서 (ㄱ)로 변경되었다.
- 국내외를 여행하는 내국인 및 외국인을 대상으로 하는 여행업은 2021년 일반여행업에서 (ㄴ)으로 변경되었고, 자본금은 (ㄷ) 이상이어야 한다.

	ㄱ	ㄴ	ㄷ
①	등록제	국내외여행업	1억원
②	등록제	종합여행업	5천만원
③	신고제	국내외여행업	1억원
④	신고제	종합여행업	5천만원

해설

1982년 국내여행업이 허가제에서 등록제로 변경되었으며, 2021년 법령이 개정되어 일반여행업에서 종합여행업으로 명칭이 변경되었다. 종합여행업의 자본금은 5천만원 이상이어야 한다.

50 관광의사결정에 영향을 미치는 사회·문화적 요인으로 옳지 않은 것은?

① 문 화
② 동 기
③ 준거집단
④ 가 족

해설

관광의사결정에 영향을 미치는 요인

- 개인적 요인 : 학습, 성격, 태도, 동기, 지각
- 사회적 요인 : 가족, 문화, 사회계층, 준거집단

49 ② 50 ② 정답

좋은 책을 만드는 길
독자님과 함께하겠습니다.

도서나 동영상에 궁금한 점, 아쉬운 점, 만족스러운 점이
있으시다면 어떤 의견이라도 말씀해 주세요.
SD에듀는 독자님의 의견을 모아 더 좋은 책으로 보답하겠습니다.

www.sdedu.co.kr

Win-Q 관광통역안내사 필기 + 무료동영상(최신기출해설 1회분)

개정2판1쇄 발행	2023년 02월 06일 (인쇄 2022년 12월 16일)
초 판 발 행	2021년 07월 05일 (인쇄 2021년 05월 31일)
발 행 인	박영일
책 임 편 집	이해욱
편 저	SD 관광교육연구소
편 집 진 행	김은영 · 민한슬
표지디자인	김지수
편집디자인	홍영란 · 박서희
발 행 처	(주)시대고시기획
출 판 등 록	제10-1521호
주 소	서울시 마포구 큰우물로 75 [도화동 538 성지 B/D] 9F
전 화	1600-3600
팩 스	02-701-8823
홈 페 이 지	www.sdedu.co.kr
I S B N	979-11-383-3965-0 (13320)
정 가	28,000원